ZZ SINGLE

Customer:
William Johnson

L WED AM

Le devenir de la nation quebecoise: Selon Maurice Seguin, Guy Fregault et Michel Brunet, 1944-1969 (French

Lamarre, Jean

No CD

W4-S030-26-09

Used - Verv Good

TX-810-426

9782921114974

Picker Notes:
M ______ 2 ______
WT ______ 2 ______
CC ______

42191236

[AmazonCA] _betterworldbooks_: 702-3896423-4830638

1 Item

1039108449

Saturday Singles HD

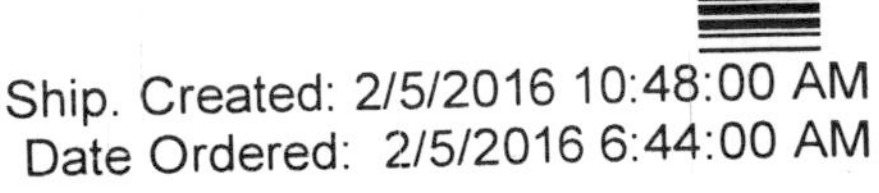

Ship. Created: 2/5/2016 10:48:00 AM
Date Ordered: 2/5/2016 6:44:00 AM

LE DEVENIR DE LA NATION QUÉBÉCOISE

selon Maurice Séguin, Guy Frégault et Michel Brunet (1944-1969)

Jean Lamarre

LE DEVENIR DE LA NATION QUÉBÉCOISE

selon Maurice Séguin, Guy Frégault et Michel Brunet (1944-1969)

Cet ouvrage a été publié grâce à une subvention de la Fédération canadienne des sciences sociales, dont les fonds proviennent du Conseil de recherches en sciences humaines du Canada et avec l'appui du Programme de subvention globale du Conseil des Arts du Canada et du ministère de la Culture du Québec.

Coordination éditoriale: Andrée Laprise

Couverture: *La spirale du silence,* 1990, Claire Lamarre.

Si vous désirez être tenu au courant des publications
des ÉDITIONS DU SEPTENTRION
vous pouvez nous écrire au
1300, av. Maguire, Sillery (Québec) G1T 1Z3
ou par télécopieur (418) 527-4978

1300, av. Maguire
Sillery (Québec)
G1T 1Z3

Dépôt légal – 4e trimestre 1993
Bibliothèque nationale du Québec

Distribution au Canada: Prologue

Données da catalogage avant publication (Canada)

Lamarre, Jean, 1955-

Le devenir de la nation québécoise: selon Maurice Séguin, Guy Frégault et Michel Brunet: 1944-1969

Comprend des réf. bibliogr. et un index.

ISBN 2-921114-97-6

1. Québec (Province) - Historiographie. 2. Séguin, Maurice, 1918- . 3. Frégault, Guy, 1918-1977. 4. Brunet, Michel, 1917-1985. 5. École historique de Montréal. 6. Historiens - Québec (Province) - Montréal. I. Titre.

FC2909.L35 1993 971.4'0072 C93-097327-5
F1052.95.L35 1993

À Fernand Dumont sans qui ce livre
n'aurait jamais vu le jour.

Remerciements

Ce livre constitue une version remaniée d'une thèse soutenue à l'Université Laval au printemps de 1992. Cette recherche n'aurait pu être menée à terme sans le concours et l'appui de diverses personnes. En premier lieu, je veux remercier mon directeur et mon codirecteur de thèse, messieurs Fernand Dumont et Fernand Harvey, pour leurs observations, leurs suggestions critiques, leur constante disponibilité, ainsi que pour le support moral qu'ils m'ont généreusement prodigué. De même, monsieur Jean-Pierre Wallot a droit à toute ma gratitude pour les nombreuses observations qu'il m'a suggérées dans le but de publier ce livre.

J'aimerais aussi exprimer ma reconnaissance à madame Lilianne Frégault pour l'aide qu'elle m'a apportée à divers moments de ma démarche, ainsi qu'à madame Tatiana Démidoff-Séguin et à monsieur Gérard Payer pour leurs aimables autorisations. Je voudrais aussi remercier messieurs Robert Comeau, René Durocher, Pierre Tousignant et Jean-Pierre Wallot, ainsi que mesdames Lilianne Frégault et Tatiana Démidoff-Séguin pour les entrevues qu'ils et qu'elles m'ont m'accordées.

Plusieurs autres personnes ont aussi droit à ma reconnaissance. J'aimerais plus particulièrement dire merci à madame Juliette Lalonde-Rémillard, madame Marie Léveillée ainsi qu'à monsieur François David de l'Institut d'histoire de l'Amérique française; à monsieur Denis Plante du Service des archives de l'Université de Montréal; à monsieur Therrien des Archives du Petit séminaire de Québec; à madame Lucie Pagé ainsi qu'à madame Dussault du Centre de recherches en civilisation canadienne-française; à Diane Thibeault pour son soutien technique et, surtout, à Thérèse Fournier, ma compagne, qui a lu plusieurs fois tous mes chapitres et qui connaît maintenant autant que moi, et bien malgré elle, les historiens de l'École de Montréal.

Enfin, je n'aurais pu mener à bien cette recherche sans l'aide financière successive du fonds FCAR, de l'Université du Québec à Rimouski, et de ma tante, madame Geneviève Lamarre, qui, par-delà sa mort soudaine, m'a permis de poursuivre mes travaux avec plus d'enthousiasme.

Introduction

L'entrée du Québec dans la modernité a été burinée dans la conscience collective des nouvelles générations comme la liquidation tardive et difficile d'une société arriérée — dominée par le conservatisme de Duplessis et le cléricalisme — grâce au combat héroïque livré par ceux qui, groupés autour de *Cité libre*, militaient en faveur de la modernisation et de la démocratie sociale. Mais à trop insister sur la lutte qu'a eu à mener l'Ange de lumière contre la bête tapie dans l'ombre, on ne fait pas que ramener le réel à une simplification massive qui sert de caution à un nouveau mythe des origines: on court le risque de déplacer le niveau et la signification des enjeux collectifs qui sous-tendaient alors le devenir de la société québécoise et qui perdurent toujours dans le présent. Bien sûr, il ne faudrait pas non plus opérer une réduction inverse en minimisant la réalité des conflits et des rapports de force objectifs qui ont opposé les anciennes structures autoritaires aux revendications multiformes pour la liberté que l'on observe au cours des années cinquante. Les transformations subites qu'a connues la société québécoise à compter des années soixante et le caractère résolument nationaliste de ces manifestations contrastent tellement avec la décennie antérieure qu'elles font souvent perdre de vue que les principaux intellectuels qui, à cette époque, se sont opposés le plus vigoureusement au cléricalisme et à Duplessis rejetaient en même temps la perspective nationaliste. Il faut dire que la conjoncture internationale de l'après-guerre ainsi que le type de nationalisme de survivance qui existait à cette époque à l'intérieur de la société québécoise invitaient à un tel rejet. Par contre, il s'est trouvé d'autres intellectuels qui, plutôt que de rêver ingénument à l'avènement d'une civilisation unique et universelle qui reposerait sur la liberté de la personne, ont préféré travailler à repenser la signification de notre itinéraire collectif. Par là, ils ont non seulement rendu à nouveau vivant le lien que le présent entretient avec le passé, mais aussi, sinon surtout, ils ont repensé en profondeur à la fois ce qu'est la nation et le nationalisme, ce qui leur a valu l'étiquette de néo-nationalistes.

Bien que des hommes, comme Gérard Filion ou André Laurendeau, aient été associés par certains auteurs à ce renouveau, ce livre se propose de mettre en lumière que le néo-nationalisme, tel qu'il s'est affirmé au cours de la Révolution tranquille puis cristallisé au sein des mouvements indépendantistes, a pour origine véritable le travail et la réflexion de trois historiens qui ont commencé à enseigner à l'Université de Montréal à la fin des années quarante: Maurice Séguin, Guy Frégault et Michel Brunet. En effet, en rénovant la tradition historiographique qui régnait jusqu'alors, ils ont par la même occasion liquidé les dimensions idéalistes qui s'attachaient au nationalisme traditionnel de survivance et qui le confinaient dans l'apolitisme.

Dans la perspective la plus ample, chercher à appréhender les relations existant entre l'historiographie et la société dont elle fait partie, c'est analyser l'évolution particulière de la tradition interprétative que l'historiographie met en jeu pour répondre et apporter une signification d'ensemble aux problèmes cruciaux qu'affronte, en un débat permanent, une société aux prises avec l'historicité, c'est-à-dire avec le déploiement des potentialités des forces qui jouent en elle. Ces problèmes, l'historiographie les révèle par le maintien ou la transformation de ses objets et des périodes qu'elle privilégie, des référents et des problématiques dont elle use, problèmes qu'elle aide en même temps à résoudre par le biais de son pouvoir de refiguration du processus historique. Toutefois, il ne faut pas perdre de vue que, malgré le caractère collectif qui s'attache à la production d'œuvres historiques, celles-ci n'en renvoient pas moins à des individus singuliers dont l'habitus culturel et les expériences particulières qui jalonnent la trame de leur vie constituent le véritable point d'intersection entre les indéterminations plus globales qui agitent une société et les réponses plus cohérentes qu'ils proposent à leurs contemporains. Selon ce point de vue, l'étude, de ce qu'il est convenu aujourd'hui d'appeler l'École de Montréal, constitue un point d'ancrage exceptionnel et ce pour deux raisons principales. D'une part, la manière de «faire de l'histoire» de ces historiens et l'étape qu'ils ont marquée dans l'évolution de l'historiographie québécoise se situent dans un entre-deux que l'on peut nettement circonscrire chronologiquement. D'autre part, ces historiens ont constitué une école historique au sens fort du terme.

En effet, au moment où se constitue l'École historique de Montréal, l'historiographie québécoise a déjà un siècle d'existence. Curieusement, c'est que malgré les transformations sociales et économiques qui sont intervenues entre-temps, la définition de l'identité collective — que la montée du conservatisme clérical a fixée en plein milieu du XIXe siècle, alors que la société était majoritairement rurale — perdure toujours. Cette définition fait référence, pour l'essentiel, à la sphère culturelle et elle est sous-tendue par un projet de conservation qui fait de la «fidélité au passé» et à ses traditions, la condition indispensable de la survivance nationale. Ce projet tient tout entier dans une formule que Lionel Groulx a largement diffusée: «Notre maître, le passé».

Globalement, la longévité de cette tradition historiographique s'explique du fait que les principaux groupes sociaux de la société canadienne-française — le clergé surtout — qui se sont imposés au cours du régime de l'Union ont réussi à maintenir leur position jusqu'à la Révolution tranquille. Du milieu du XIXe siècle jusqu'au milieu du siècle suivant, le clergé va mettre de l'avant un nationalisme conservateur et religieux qui va s'affirmer comme idéologie dominante, mais non monolithique. Cette idéologie définissait la société québécoise comme une société organique, égalitaire et rurale que guidait des élites éclairées; société qui pouvait «s'autodéterminer parallèlement à la société canadienne-anglaise urbaine, industrielle et bourgeoise[1]». Aussi, ce nationalisme est-il dominé par le conservatisme et le respect de l'ordre établi. Dépossédée du pouvoir politique et économique, refoulée dans l'agriculture puis dans le prolétariat, la société canadienne-française s'est définie à partir des signes de sa dépossession: elle a promu, par la voix du clergé, la société rurale «au rang de l'idéal[2]». Parallèlement à la mise en forme et à la prégnance de cette idéologie, notre société a établi les cadres à partir desquels elle se constituera en chrétienté. Richard Arès en a souligné les trois traits principaux: «1. une union — de fait sinon de droit — de l'Église et de l'État; 2. un entremêlement des institutions civiles, accompagné d'un rôle dominant des clercs; 3. un rayonnement de la foi des individus sur le plan social et dans la vie publique[3].»

Curieusement, c'est au moment où la société québécoise a commencé à connaître ses premiers bouleversements que notre historiographie s'est mise à faire de la période française un objet privilégié et idéalisé. En effet, cet intérêt s'est développé à la fin du XIXe siècle et a persisté jusqu'à la

Deuxième Guerre mondiale. C'est ainsi qu'on se retrouve, au milieu du XXe siècle, avec une historiographie qui exalte les vertus des héros fondateurs, offrant une «image d'un passé compensatoire» où «les siècles écoulés pouvaient être garants des décennies à venir[4]», alors que la société québécoise connaissait, depuis quelques décennies, des bouleversements majeurs qui ne pouvaient que rendre de plus en plus obsolète la définition de soi et les objectifs généraux que proposait l'idéologie de la survivance nationale à la nation canadienne-française. Bien sûr, d'autres voix s'étaient élevées. Jules-Paul Tardivel et, pour un temps, l'*Action française* iront même jusqu'à envisager l'indépendance du Québec tandis qu'Errol Bouchette proposera à ses compatriotes de s'emparer de l'industrie à la place du sol. Mais, à tout prendre, un écart important s'était creusé, au tournant des années cinquante, entre les pratiques sociales effectives et la représentation de soi que véhiculait le nationalisme de survivance.

Au cours des années trente, le Québec avait eu à faire l'expérience, à l'exemple de la plupart des autres nations du globe, de la misère soudaine engendrée par une crise économique planétaire. Toutefois, puisque la crise, par son caractère mondial, avait en quelque sorte une origine extérieure, elle n'a pas suscité de modifications fondamentales de nos représentations de soi. Même que, pour plusieurs, elle est plutôt apparue comme une confirmation éclatante de la supériorité du mode de vie rural et des valeurs chrétiennes qui y sont associées face au «matérialisme» et à «l'individualisme» du monde urbain et industriel qui, alors qu'il commençait à prendre forme, s'est soudainement écroulé comme un château de cartes en entraînant les masses dans la misère. Puis, la Deuxième Guerre mondiale, grâce à son cadre lointain d'opération, a permis la poursuite, à un rythme plus accéléré, de l'industrialisation et de l'urbanisation qui s'étaient amorcées un siècle plus tôt. Le bouleversement des cadres sociaux et des genres de vie qui s'ensuivit devait créer un terrain propice à la fermentation culturelle, qu'a d'ailleurs favorisé l'apparition de nouveaux moyens de communication de masse, et marquer l'entrée du Québec dans la modernité. Surtout, on assiste au lendemain de l'après-guerre à l'apparition d'une nouvelle catégorie d'intellectuels. Comme le souligne Jean Hamelin: «l'émergence dans l'après-guerre d'une intelligentsia, liée au développement des universités, des mass media et des mouvements sociaux, est un avènement historique[5]». C'est pourquoi, elle a dû disputer sa place au soleil. Il était, d'une certaine manière, naturel que cette nouvelle intelligentsia s'oppose aux élites traditionnelles qui leur bloquaient les principaux canaux de promotion sociale. Mais, surtout, ces élites se distinguent en termes de vision du monde. Ainsi, alors que la nouvelle intelligentsia cherche à favoriser l'émergence d'une société urbaine, sécularisée, démocratique, plus rationnelle et plus adaptée aux réalités du monde moderne, les anciennes élites, qui détiennent toujours le pouvoir, cherchent avant tout à protéger le statu quo. Souvent coincée entre le trône et l'autel, la nouvelle intelligentsia qui émerge au cours de l'après-guerre s'est d'abord efforcée de faire la critique de l'idéologie et des institutions traditionnelles. Rapidement, avec la progression des préoccupations sociales, ces «intellectuels de la modernité», au nom de la démocratie, du progrès et de la rationalité, vont se transformer en «spécialistes de la modernisation[6]».

Les années quarante et cinquante constituent le moment où toute une génération va commencer à rompre avec l'ancienne évaluation morale du monde pour tenter de jeter un regard plus objectif sur le milieu ambiant. C'est là un mouvement d'ensemble et un trait d'époque qui se manifestent tout aussi bien à l'université que dans les milieux syndicaux ou dans la littérature. En effet, malgré l'immobilité apparente de surface que l'on observe dans les deux décennies qui ont précédé la Révolution tranquille, ces années se caractérisent globalement par la mise en place d'un «nouvel espace idéologique[7]» qui, graduellement, est venu mettre en question les référentiels qui assuraient, depuis longtemps déjà, l'essentiel de l'identité nationale et l'unité de la culture.

Ce nouvel espace idéologique prend sa source dans les années trente. Mais c'est au cours de l'après-guerre qu'il prendra forme. Toutefois, il s'agit moins d'une rupture que d'une multiplication soudaine des lectures possibles de la situation. Ainsi, de nouvelles alternatives vont s'opposer à d'anciens choix quant au type de société qu'il convient de conserver ou de construire. À l'exemple d'autres sociétés qui ont fait l'expérience de la modernité, le Québec est confronté à la mise en question et à la disparition graduelle de la pertinence sociale des normes et des valeurs fondées sur la tradition, qui lui assuraient jusqu'alors une représentation cohérente de soi, au profit de nouvelles normes et valeurs dont la cohérence globale n'est peut-être pas toujours évidente, mais où trouve à se manifester le caractère essentiellement dynamique des sociétés que cherchent justement à réprimer les sociétés où la tradition domine.

Le nouvel espace idéologique qui prend forme au lendemain de l'après-guerre est dominé par l'idéologie de la modernisation. Cette idéologie se structure autour de l'idée que le Québec est en retard sur les autres sociétés occidentales et qu'il faut s'attacher prioritairement à les rattraper.

Cette idéologie qui s'inspire du néo-libéralisme se donne pour tâche de «combler les retards historiques du Québec sur le plan socio-économique en prônant la modernisation de l'État et son utilisation comme outil d'émancipation sociale et nationale[8]».

Selon Fernand Dumont, trois traits principaux caractérisent ce nouvel espace idéologique. Premièrement, «l'après-guerre aura vu d'abord la réduction de la tradition nationaliste à des systèmes abstraits. [...] Ce qui constituait auparavant une tradition un peu vivante devenait un ensemble de déductions abstraites. Là ne pouvaient plus se découvrir ni des raisons de vivre ni la figure de l'avenir[9].» La transformation des genres de vie et des conditions de travail, l'émancipation soudaine des femmes, la multiplication de milieux sociaux hétérogènes, la dissolution de la contrainte paroissiale, l'accession à l'univers de consommation de masse pour une partie grandissante de la population et l'ouverture sur le monde que provoque l'apparition de la télévision rendent possibles l'émergence de valeurs, d'attitudes et d'identités nouvelles. Dans ce contexte, la contrainte que pouvait exercer la chrétienté québécoise devenait de plus en plus difficile à supporter.

Aussi, comme deuxième trait de ce nouvel espace idéologique voit-on poindre de divers horizons une «volonté de décolonisation spirituelle[10]» où l'hégémonie de la chrétienté québécoise est mise en question. Ce renversement dans la lecture de la situation au cours de l'après-guerre est un signe des temps. L'ouverture sur le monde, le développement des sciences de l'homme et, par conséquent, l'apparition d'une intelligentsia mieux armée par la spécialisation intellectuelle concourent à cet état de chose. En effet, et ceci constitue le troisième trait de ce nouvel espace idéologique, l'activité scientifique, sous le couvert d'une objectivité d'où toute idéologie serait absente, est apparue comme une formule de rechange pour interpréter et orienter adéquatement le devenir de la société québécoise. C'est dans cette perspective que la modernisation de la société québécoise, soit la rationalisation de ses modes de fonctionnement, s'est imposée comme la seule solution pouvant mettre un terme aux retards et aux divers blocages qu'auraient entretenus les élites traditionnelles.

Cette volonté de changement est conçue et diffusée par la nouvelle intelligentsia qui a émergé au lendemain de l'après-guerre. Elle s'appuie sur une conception plus orthodoxe de la science et sur l'extension des pratiques et des valeurs associées au néo-libéralisme, qui constituent aussi, depuis Keynes, le nouveau credo des pays occidentaux, enfin, dans l'occasion du «visa idéologique[11]» que lui offre la pensée issue du renouveau catholique en France. Des divers débats qui naissent de ces influences, deux options idéologiques vont s'affirmer avec plus de relief. Pour reprendre l'expression qu'a popularisée Michel Brunet, le drame de conscience que l'intelligentsia du Canada français va éprouver au cours des années cinquante pourrait se résumer en une formule: «*Canadians* ou Canadiens?» En effet, l'intelligentsia s'entend pour reconnaître que les Canadiens français sont inférieurs économiquement à la minorité anglophone qui habite leur province, que la culture est sclérosée, que les institutions doivent se moderniser et se séculariser, tandis que l'État devrait jouer un rôle plus dynamique à l'intérieur de la société québécoise. Par contre, les diagnostics s'opposent lorsqu'il s'agit d'expliquer l'origine de ces retards et de ces handicaps. Pour les nouveaux spécialistes en sciences sociales de l'Université Laval et les rédacteurs de *Cité libre*, les causes principales de nos diverses carences sont internes à la société québécoise et relèvent de facteurs culturels. Plus particulièrement, l'idéologie de la survivance, qui est une idéologie nationale, et le cléricalisme seraient les principaux responsables de nos diverses déficiences. De plus, l'exemple récent des fascismes européens constituait un argument supplémentaire pour condamner tout nationalisme, principal obstacle à leurs yeux à l'émancipation et à la liberté individuelle.

En ces années où le gouvernement fédéral développe des politiques sociales d'avant-garde que Duplessis combat au nom de l'autonomie provinciale, en invoquant souvent la rhétorique usée de l'idéologie de la survivance, le choix apparaîtra extrêmement net pour une partie de l'intelligentsia. Pour les tenants du néo-nationalisme, courant de pensée qu'a développé et incarné l'École historique de Montréal, l'infériorité économique des Canadiens français, le caractère rétrograde de leurs institutions, l'influence disproportionnée qu'exerce le clergé au sein de la société, ainsi que l'idéologie de la survivance nationale ne sont que les conséquences diverses de la rupture qu'a provoquée la Conquête anglaise dans le devenir de la nation canadienne-française. Et cette division qui intervient au sein de l'intelligentsia autour de la question nationale constitue un trait supplémentaire de ce nouvel espace idéologique qui prend forme au tournant des années cinquante.

C'est dans ce terreau initial que nos historiens de l'École de Montréal ont vécu leur adolescence et les débuts de leur vie adulte. La pression des influences extérieures, l'évolution de l'organisation sociale interne et le chassé-croisé culturel, dont ces années cruciales allaient nous donner le spectacle, devaient être à l'origine d'un important bouillonnement idéologique où, de divers horizons, l'on cherchera, chacun pour son compte, à interpréter la signification d'ensemble de ces transformations pour mieux identifier et justifier par la suite les options qui semblent s'offrir à la société globale.

C'est à ce point d'arrivée et au cœur de ce creux que l'équilibre des anciennes structures significatives, à partir desquelles la société québécoise s'interprétait jusqu'alors, va être progressivement rompu et être l'objet d'une série de remises en question qui proviendront d'horizons extrêmement diversifiés. Les transformations de l'historiographie, qui vont apparaître chez les historiens de l'École de Montréal, s'interprètent en fonction de ce cadre plus général de mutations sociales qui leur ont donné jusqu'à un certain point naissance et auxquelles elles vont participer en retour.

Il faut dire que ces historiens se distinguent de la plupart de leurs prédécesseurs en ce qu'ils ne sont ni des autodidactes ni des ecclésiastiques. Ils ont été formé dans les universités et ils vont aussi être parmi les premiers universitaires de métier, avec leurs collègues de Laval, à se consacrer exclusivement à la recherche et à l'enseignement de l'histoire du Canada. Ces historiens, qui étaient disciples de Groulx à l'origine, appartiennent au surplus à la même génération. En effet, Michel Brunet est né en 1917, tandis que ses deux collègues sont nés en 1918. De même, facteur non négligeable, ils ont vécu à Montréal, ville commerciale où se manifeste beaucoup plus ouvertement qu'à Québec le problème de la coexistence entre Canadiens français et Canadiens anglais. On se retrouve ainsi devant un groupe cohérent d'historiens qui, en plus de partager les expériences qui s'attachent à leur génération, ont une formation analogue ainsi qu'un même souci d'objectivité qui va se manifester, au départ, par la volonté de rectifier certaines perspectives ou certains jugements, que pouvait véhiculer la tradition historiographique antérieure, en donnant à la recherche historique un caractère résolument scientifique qui la dissocierait de la littérature et des entreprises apologétiques où celle-ci se confinait le plus souvent. Cette première rupture qui intervient dans la manière de «faire de l'histoire», que révèlent surtout les premières œuvres de Guy Frégault, ne remettait cependant pas véritablement en question le schéma d'ensemble que véhiculait la tradition antérieure. Toutefois, cet écart — joint aux perpectives originales que Frégault avaient, depuis longtemps, mises en relief à propos des déficiences idéologiques étonnantes et manifestes de ses compatriotes — allait instituer l'horizon à partir duquel cette fracture devait se révéler beaucoup plus sérieuse au moment où Maurice Séguin allait proposer, dans sa thèse de doctorat, son hypothèse voulant que la Conquête ait exercé — et exerce toujours — ses effets sur le devenir de la nation canadienne-française.

Selon l'interprétation antérieure, la Conquête a peut-être représenté une épreuve particulièrement importante pour le devenir de la nation mais, somme toute, cette épreuve a été surmontée et n'a fait que raffermir la volonté de survivre des Canadiens français. Pour Séguin, au contraire, la Conquête a non seulement brisé les possibilités de développement de la nation, catastrophe dont le Canada français porte encore les traces profondes dans tous les aspects de sa vie collective, mais elle a aussi amené les Canadiens français à cultiver des illusions sur eux-mêmes et à pratiquer un nationalisme diminué qui perdure toujours dans le présent et dont l'historiographie antérieure et les idéologies dominantes sont les plus éclatantes manifestations. Il serait difficile d'imaginer rupture plus radicale.

La production historiographique des historiens de l'École de Montréal offre l'avantage d'être, à son point d'origine, bien délimitée dans le temps tout en offrant un pôle de cohérence extrême et schismatique qui permet, à ce moment, de mieux cerner comment s'est effectuée la dialectique entre héritage et innovation qui a abouti à la rénovation de la tradition historiographique antérieure, tout en autorisant une meilleure articulation entre cette dynamique et les enjeux plus globaux qui sous-tendent cette période particulièrement riche en débats de toutes sortes. De même, cette production historiographique est assez bien délimitée à son point d'arrivée, en ce sens que l'historiographie que pratiquaient ces historiens, à l'exemple de leurs devanciers, privilégiait le politique et la nation comme foyer central d'intelligibilité du déroulement de l'action historique. Aussi, même s'ils ont rénové en profondeur la signification de ce que constitue une nation et par là, donné une interprétation plus objective du devenir de la nation canadienne-française, ils ont quand même repris à leur compte les principaux référents qui permettaient à l'historiographie traditionnelle de refigurer globalement l'expérience du temps d'une collectivité. D'où ce nouvel écart qui se manifeste à compter du milieu des années soixante au moment où l'histoire économique et sociale allait s'affirmer comme pratique historiographique dominante et délaisser le politique et la nation comme cadre principal de l'intelligibilité historique. Cette nouvelle manière de «faire de l'histoire» allait peut-être mener à une connaissance plus approfondie de certains groupes sociaux et des divers aspects de la vie collective que l'historiographie antérieure négligeait ou rejetait dans ses marges, mais elle devait rendre particulièrement ardue la tâche de réunir, en une perspective globale et cohérente, la multiplicité de ces différents secteurs du passé, contribuant ainsi à un certain éclatement des perspectives.

Reste à préciser en quoi nos trois historiens ont constitué une école historique au sens fort du terme.

À quelles conditions peut-on être véritablement autorisé à parler d'une école historique ou, plus largement d'une école de pensée? À prime abord, trois critères principaux peuvent être retenus. Premièrement, cette notion suggère une rupture et des oppositions par rapport à une tradition antérieure ou à des traditions concurrentes, que ce soit en termes de méthodes, de problématiques ou d'explications. Deuxièmement, elle évoque inévitablement une grande unanimité de la part de ses adhérents. Enfin, elle fait référence à la nécessité d'une certaine diffusion. L'École de Montréal rencontre ces trois critères. Mais ce que l'on a désigné sous l'appellation de l'École de Québec ou de l'École des Annales y répond aussi, alors que l'on est en présence de groupes d'historiens passablement différents. Pour mieux délimiter la spécifité de la réalité que recouvre la notion d'école, il peut être utile de faire un détour par la philosophie puisque c'est dans cette discipline que cette notion a d'abord été employée. André Lalande distingue dans cette perspective deux significations principales au terme d'école. D'une part, il est employé, au sens strict, pour qualifier un «groupe de philosophes ayant non seulement une doctrine commune, mais une organisation, un lieu de réunion, un chef et même le plus souvent une succession de chefs expressément désignés». D'autre part, au sens large, cette expression désigne un «ensemble de philosophes professant une même doctrine, ou du moins admettant tous une certaine thèse philosophique considérée comme capitale[12]». De ces deux significations, la seconde est beaucoup plus pertinente pour notre propos. En effet, il serait difficile de parler d'organisation ou même de chef, au sens strict, pour définir l'École historique de Montréal. Par contre, il est indéniable que ces trois historiens admettent tous la même hypothèse qu'ils considèrent comme capitale pour expliquer le devenir de la nation canadienne-française. Ce dernier point est le plus fondamental puisqu'il permet de mieux comprendre en quoi Guy Frégault, Maurice Séguin et Michel Brunet ont constitué une école historique au sens fort du terme. En effet, l'École des Annales, comme l'École de Québec, renvoie peut-être vers un groupe cohérent d'historiens qui est en position de rupture par rapport à la manière traditionnelle de «faire de l'histoire», mais ce qui les rassemble et suscite chez eux une certaine convergence, c'est beaucoup plus une conception semblable du métier d'historien qu'une thèse ou une hypothèse commune concernant le devenir global de leur société qu'ils auraient développée et propagée en commun. C'est ce qui distingue fondamentalement l'École de Montréal de l'École de Québec[13].

Avant de m'attacher à l'analyse des étapes qui ont mené à la constitution de la cohérence particulière que les historiens de l'École de Montréal ont construit par le biais de leur production historiographique, il convient de mettre en relief ce qui la sous-tend. Il s'agira d'établir, dans un premier temps, les caractéristiques générales qui s'attachent à l'évolution des traditions historiographiques anglophones et francophones pour mettre en relief l'état de ces traditions au moment où les trois historiens de l'École de Montréal les ont reçues en héritage, pour pouvoir ainsi cerner d'un peu plus près comment s'est effectué le passage entre la tradition et l'innovation. Plus particulièrement, il s'agira de répondre aux deux questions suivantes. D'une part, quelle est la signification d'ensemble du devenir du Canada que ces traditions ont constituée? D'autre part, quels sont les mécanismes historiographiques qu'elles ont privilégiés pour comprendre le devenir du Canada?

C'est à partir de cet arrière-plan que je pourrai aborder plus spécifiquement la production historiographique de l'École de Montréal entre 1944 et 1969, c'est-à-dire de la publication des premières œuvres majeures de Guy Frégault jusqu'à la parution de la seule œuvre de synthèse que Michel Brunet ait publiée[14]. Toutefois, cette production historiographique pose deux problèmes. Malgré l'interprétation globale et extrêmement cohérente qu'elle met en jeu, elle n'en renvoie pas moins à une production extrêmement diversifiée et inégale. Guy Frégault est un spécialiste du Régime français, Maurice Séguin du Régime anglais et Michel Brunet de l'histoire des États-Unis! Par ailleurs, l'objectif de ce livre étant d'en arriver à comprendre ce qui, dans le plus vaste contexte social, a été à l'origine de la constitution des principales idées directrices sur lesquelles repose cette réinterprétation de l'histoire et d'en marquer les étapes, comment trois historiens, dont les objets de recherche diffèrent tellement, ont-ils pu en arriver à devenir unanimes quant à la validité de cette réinterprétation? C'est pourquoi le cheminement personnel et la production de ces trois historiens seront analysés séparément. Pour chacun d'eux, il s'agira de mettre en étroite relation les expériences personnelles avec la production historiographique subséquente qu'ils vont offrir à leurs contemporains en portant attention aux diverses réactions et influences à laquelle elle va donner lieu. Le cheminement différent et, à certains points de vue, analogue de ces trois historiens et la conclusion à peu près unanime à laquelle ils aboutissent quant à la signification d'ensemble du devenir de la nation canadienne-française offrent ainsi l'avantage de nous donner trois voies d'accès privilégiées qui mettent un peu plus en relief ce qui a pu sous-tendre la constitution, au cœur des années cinquante, d'un type de conscience historique qui a été peu étudié jusqu'à présent. La cohérence extrême que cette conscience historique met en jeu permet d'appréhender les autres choix possibles dont cette historiographie s'est d'abord nourrie puis dégagée et contre lesquels elle s'est édifiée en proposant une contre-argumentation.

Dans un premier temps, je m'attacherai à la vie et à la carrière de Maurice Séguin puisque c'est dans sa thèse de doctorat que l'on retrouve explicitement les principales idées directrices qui vont mener à la constitution de l'École de Montréal. Dans un deuxième et un troisième temps, je reprendrai la même perspective pour la vie et la carrière de Guy Frégault et de Michel Brunet. L'on verra alors en quel sens l'œuvre et les premiers écrits de Frégault ont contribué à affermir ces premières idées directrices, alors que l'œuvre de Michel Brunet prolonge, de manière originale, les acquis de ses deux collègues. Enfin, je présenterai les principales conclusions auxquelles ce tour d'horizon nous convie.

Notes

1. Gérald Fortin, «Le nationalisme canadien-français et les classes sociales», *Revue d'histoire de l'Amérique française*, 22, 4 (mars 1969), p. 529.
2. Fernand Dumont, «Idéologies au Canada français, 1850-1900: quelques réflexions d'ensemble», *Recherches sociographiques*, 10, 2-3 (mai-décembre 1969), p. 153.
3. Richard Arès, s.j., «L'évolution de l'Église au Canada français de 1940 à 1975 — Survivance et déclin d'une chrétienté», dans F. Dumont, J. Hamelin, J.-P. Montminy, dir., *Idéologies au Canada français 1940-1976, vol. III: les Partis politiques — L'Église*, Québec, Les Presses de l'Université Laval, 1981, p. 270.
4. Jean Blain, «Économie et société en Nouvelle-France: l'historiographie des années 1950-1960 — Guy Frégault et l'école de Montréal», *Revue d'histoire de l'Amérique française*, 28, 2 (septembre 1974), p. 163-164.
5. Jean Hamelin, *Histoire du catholicisme québécois: le XX*[e] *siècle — vol. II — De 1940 à nos jours*, Montréal, Boréal Express, 1984, p. 135.
6. Marcel Fournier, *L'entrée dans la modernité — Science, culture et société au Québec*, Montréal, Édition Saint-Martin, 1986, p. 9.

7. Voir à ce propos: Fernand Dumont, «Une révolution culturelle?», dans F. Dumont, J. Hamelin, J.-P. Montminy, dir., *Idéologies au Canada français 1940-1976, vol I: La presse — La littérature*, Québec, Les Presses de l'Université Laval, 1981, p. 5-31.

8. Fernand Harvey, «L'histoire des travailleurs québécois: les variations de la conjoncture et de l'historiographie», dans Fernand Harvey, dir., *Le mouvement ouvrier au Québec*, Montréal, Boréal Express, 1981, p. 11.

9. Fernand Dumont, «Vie intellectuelle et société depuis 1945: la recherche d'une nouvelle conscience», dans Pierre de Grandpré, dir., *Histoire de la littérature française du Québec*, vol. II, Montréal, Beauchemin, 1969, p. 19.

10. Fernand Dumont, «Une révolution culturelle?», *op. cit.*, p. 13.

11. C'est là l'une des principales hypothèses que propose André J. Bélanger dans son livre *Ruptures et constantes — Quatre idéologies du Québec en éclatement: la Relève, la JEC, Cité libre*, Montréal, Parti Pris, Hurtubise, HMH, 1977, 219 p.

12. André Lalande, *Vocabulaire technique et critique de la philosophie*, Paris, Presses universitaires de France, neuvième édition, 1962, p. 260.

13. Voir aussi à ce propos: Marcel Trudel, *Mémoires d'un autre siècle*, Montréal, Boréal, 1987, p. 191.

14. Bien sûr, Maurice Séguin a fait paraître, en 1973, un important texte intitulé «Le Québec». Toutefois, le tiers de ce document constitue une reprise textuelle de ses conférences télévisées de 1962. De même, sa thèse, dont il accepta la publication en 1970, date de 1947.

Première partie

LA TRADITION HISTORIOGRAPHIQUE AU TOURNANT DES ANNÉES QUARANTE

CHAPITRE I

LA TRADITION HISTORIOGRAPHIQUE CANADIENNE-ANGLAISE

Il serait présomptueux de penser qu'il est possible de retracer exhaustivement, en deux courts chapitres, l'évolution de l'historiographie canadienne-anglaise et canadienne-française, alors qu'il faut ce volume pour être à même de le faire pour trois historiens. Par contre, malgré la diversité des travaux que nous offrent ces deux traditions historiographiques, c'est toujours à la signification d'ensemble d'un même objet, le Canada, que ces traditions se sont surtout attachées. C'est dans cette perspective globale que la notion de tradition prend tout son sens. En effet, l'œuvre historique, pour variable qu'elle soit, n'est pas contingente. De même, il serait excessif de soutenir qu'elle est complètement déterminée par le contexte social environnant. Elle est plutôt, surtout au XIXe siècle, partie prenante des mécanismes sociaux et idéologiques dont la visée est de rendre intelligible une situation d'ensemble à une communauté de conscience. Par la signification explicite qu'elle met en jeu, l'œuvre historique témoigne d'un travail qui s'effectue au cœur de l'entrelacement des débats permanents qu'une société entretient avec elle-même sur ses origines et la signification de son devenir. Avant que l'historiographie ne s'engage en des renouveaux méthodologiques, qui manifestent des modifications plus profondes des référents qui soutenaient «l'empire du croyable disponible», le trait distinctif des œuvres du XIXe siècle et des premières décennies du XXe siècle est justement la relative stabilité de leur interprétation d'ensemble. Toutefois — et c'est ce qui révèle les enjeux sociaux qui sous-tendent cette interprétation d'ensemble — lorsque l'on compare la tradition historiographique canadienne-française et canadienne-anglaise il n'est pas difficile de voir qu'elles ont leur cohérence propre. Puisque l'École de Montréal s'est constituée en étant à la fois en réaction et dans le prolongement de ces deux traditions, il faut chercher à dégager les fondements sur lesquels repose leur cohérence respective. Plus précisément, il s'agit de mettre à jour, dans une perspective globale, les procédés historiographiques qui ont amené chacune de ces deux traditions à qualifier et à définir la signification d'ensemble du devenir du Canada.

L'évolution de l'historiographie anglophone et francophone au Canada, depuis le début du XIXe jusqu'au tournant de la Deuxième Guerre mondiale, a pour caractéristique centrale de s'être développée en parallèle même si ces deux historiographies ont eu de nombreux points de contact. En plus d'agir comme révélateur additionnel de nos «deux solitudes», le cheminement séparé de nos deux historiographies manifeste aussi jusqu'à quel point le cadre de mise en intrigue, que privilégie une tradition historiographique dominante, est lié aux structures sociales plus globales et aux idéologies qui y circulent et, une fois ce cadre validé, comment il peut intervenir à son tour dans l'interprétation qu'une suite de générations se fait du passé. Globalement, ces deux traditions s'opposent au niveau de la philosophie de la vie qu'elles mettent en jeu. Mais, plus particulièrement, cette opposition est liée au fait que l'une et l'autre n'avaient pas le même problème d'ensemble à résoudre. Pour l'historiographie canadienne-française, il s'agissait d'interpréter la signification du devenir du Canada français à l'intérieur d'une société plus englobante que la Conquête a rendu britannique. L'historiographie anglophone, quant à elle, s'est surtout employée à définir un fondement à l'identité de la société canadienne-anglaise qui puisse la distinguer de leurs anciens compatriotes devenus Américains. Dans un premier temps, cette historiographie s'est attachée à se définir comme société britannique en mettant en relief les liens politiques qui unissaient le Canada à l'Empire. Dans un deuxième temps, une fois que le Canada est devenu un pays autonome, cette historiographie a délaissé l'histoire constitutionnelle pour s'attacher à la particularité de son expérience comme société nord-américaine en portant attention aux contraintes géographiques et aux forces économiques qui sont à l'origine du Canada actuel. La présence des Canadiens français à l'intérieur du pays ne constituait qu'un problème secondaire que l'historiographie anglophone avait, par ailleurs, résolu dès le départ. En effet, la Conquête n'avait-elle pas permis de leur octroyer la liberté anglaise tout en assurant un développement économique qu'ils étaient, semble-t-il, incapables d'amorcer et de mener à bien par eux-mêmes? En 1943, un historien canadien-anglais s'interrogeant sur les causes du clivage existant entre ces deux traditions résumait, de la manière suivante, le problème du point de vue des historiens anglophones:

> *No doubt in a large measure unconsciously [...], the English-speaking Canadian hates the idea of the existence of a large body of people in Canada who are quite unassimilated to his standards and to his point of view; he cannot do anything about it, but at least he can preserve the fiction of his cherished Canadian unity and Canadian nationality by pretending that they are not really there [...], by Rotarian clichés about the complete understanding that exists between the two races in Canada*[1].

On ne saurait expliquer, à la fois, la stabilité de la tradition historiographique canadienne-française, les métamorphoses successives de l'historiographie anglophone et le peu de relations entre les deux historiographies, sans faire appel aux cadres sociaux et aux idéologies au cœur desquels nos deux historiographies ont évolué. Les thèmes qui ont été privilégiés par ces deux traditions sont un indice que «l'espace d'expérience» et, par conséquent, «l'horizon d'attente» de ces deux sociétés diffèrent totalement. En effet, la société anglophone, au contraire de la société francophone, n'a jamais eu à faire l'expérience de la conquête militaire, ni non plus celle de la mise en minorité progressive de sa population avec toutes les conséquences qui en découlent pour son avenir. Aussi, comme le faisait remarquer Michel Brunet, «le Canada anglais, à cause de circonstances particulières, parmi lesquelles un état d'esprit colonial prolongé occupe la première place, n'a pas eu d'historien national. Celui-ci se manifeste habituellement dans les sociétés qui ont été victimes d'un statut de subordination et qui ont dû lutter pour s'en libérer[2].» Pour la société anglophone, l'«Autre» n'est pas un envahisseur étranger dont on aspire à se libérer. Ce sont d'anciens compatriotes, devenus républicains, dont on a surtout le souci de se différencier en s'appuyant sur le lien monarchique et impérial qui unit le Canada à sa métropole. Toutefois, avec l'évolution des relations économiques et constitutionnelles entretenues avec la mère patrie, l'historiographie anglophone ne pouvait éviter d'avoir à élucider, pour elle-même et pour la société tout entière, la signification que pouvait recouvrir l'autonomie croissante dont le Canada faisait l'expérience depuis l'obtention du gouvernement responsable. N'ayant aucun événement considérable à sa disposition qui puisse nettement départager son devenir et servir de symbole à une identité nouvelle, l'obtention du gouvernement responsable et les diverses étapes qui ont amené le Canada à une plus grande autonomie au sein de l'Empire ont servi de cadre principal à partir duquel s'est édifiée la tradition historiographique anglophone. C'est pourquoi, comme le souligne Carl Berger, *«the development of self-government in Canada was invariably described as slow, continuous, and analogous to the processes of organic evolution*[3]*»*. Aussi, du milieu du XIXe siècle jusqu'à l'orée des années trente, l'historiographie anglophone s'est surtout attachée «à décrire l'évolution du pays de l'état de colonie à celui de *dominion*[4]».

Au cours des années vingt et trente, l'historiographie anglophone, après avoir longtemps entretenu le mythe impérial, s'est soudainement mise à la recherche d'un fondement solide à partir duquel il serait possible de définir une identité nationale propre aux Canadiens, au moment même où la relation coloniale devenait de plus en plus ténue. Par contre, malgré cette volonté de définir une identité canadienne originale — et c'est là l'ambiguïté principale de la tradition historiographique anglophone — les historiens et la société dont ils font partie, ressentent une profonde fierté de vivre sous le régime des institutions et de la «liberté» britanniques, fierté qui accompagne un attachement *«to the core»* envers l'Empire. Jusqu'aux années vingt et même dans les trois décennies suivantes, la majorité des historiens et des intellectuels anglophones s'entendent pour dire que le Canada forme une nationalité nouvelle, mais que celle-ci ne prend toute sa signification qu'en regard du lien entretenu avec le Commonwealth des nations britanniques. Il faut dire que sans ces liens économiques, politiques, culturels et sentimentaux qui le lient à la patrie d'origine, le Canada anglais aurait eu du mal à définir ce qui le différenciait vraiment des États-Unis. Dans le même temps,

> *the notion that nationalism and historical scholarship could be mixed only to the detriment of the latter, and that the nationalist history of French Canada was inward looking and self-centered, if not downright self-pitying and parochial, was common in English Canada*[5].

Pour les Canadiens anglais, le refus des Canadiens français de se fondre dans le grand tout canadien constituait la preuve du caractère rétrograde de cette société puisqu'elle était incapable de reconnaître la supériorité des institutions britanniques et, par là, de communier à ses idéaux... nationalistes!

Entre les années 1815 et 1920, les historiographies anglophone et francophone, par-delà leurs différences, offrent par contre la similitude de porter quasi exclusivement leur attention sur le politique et d'être écrite par des amateurs. Puis, à partir des années vingt, l'historiographie anglophone va rompre avec ces deux dernières tendances pour faire place à l'histoire économique et aux professionnels de l'histoire, alors qu'il faut attendre encore plusieurs décennies avant que le même phénomène ne se produise au Canada français.

Comme on le verra plus loin, il n'est pas difficile d'apercevoir que cette métamorphose de l'historiographie anglophone est la conséquence directe d'une institutionnalisation plus précoce et plus dynamique de la pratique historienne au niveau universitaire. En effet, en plus de concourir à la formation de spécialistes de l'histoire et d'être à l'origine de la constitution des fonds d'archives, cette institutionnalisation a aussi créé un climat propice à l'introduction de nouvelles théories ou d'apports conceptuels provenant de sciences sociales connexes. De plus, ces nouveaux angles de lecture sont intimement liés à l'expérience personnelle que certains historiens ont fait de problèmes qui ont une dimension plus collective. La transformation de l'historiographie anglophone permet ainsi, par la même occasion, de mettre en relief les modifications du «pensable» qui ont autorisé l'introduction de ces nouveaux angles de lecture. L'historiographie anglophone constitue, en ses premiers avatars, un exemple privilégié qui met un peu plus en relief le processus par lequel un cadre de mise en intrigue, jusqu'alors privilégié par une tradition historiographique dominante, peut être appelé à se modifier.

Les origines (1815-1920)

Les premiers écrits à caractère historique rédigés au Canada anglais sont apparus dès les premières décennies du XIXe siècle. Toutefois, ces récits ont servi, la plupart du temps, d'introduction à des ouvrages de compilations statistiques et géographiques qui visaient avant tout des fins publicitaires dans le but avoué d'attirer l'immigration anglophone au Canada. Deux ouvrages font exceptions. L'intérêt de ceux-ci réside dans le fait qu'ils seront à l'origine de la tradition historiographique voulant que la Conquête ait libéré les Canadiens de la tutelle oppressante d'une métropole féodale et corrompue, tout en faisant d'eux des hommes libres. Ainsi, William Smith, dans son *History of Canada* (1815), présente la Conquête comme étant une guerre dont l'objectif principal était la libération des Canadiens. Il écrit:

> *How happy, then, ought the Canadians to be, that God in his Providence, has severed them from the ancient stock to which they belonged, and committed them to care of a Monarch, who, by making the success of his arms the means of extending his beneficence, has an incontestible right to their affectionate fidelity.*

Dans le même esprit, John Fleming, un homme d'affaires de Montréal, va publier *Political Annals of Lower Canada* en 1828. Pour ce dernier, la guerre de la Conquête visait surtout à libérer les Canadiens d'une tutelle oppressante. Son objectif était *«less from views of ambition and the security of the other Colonies, than from the hope of improving their situation, and endowing them with the privileges of freemen*[6]*»*. Toutefois, selon lui, même en devenant des hommes libres, les Canadiens ne peuvent échapper à leurs atavismes. C'est pourquoi, ils seront incapables de faire prospérer leur pays puisqu'il leur manque le dynamisme propre aux véritables colonisateurs que sont les Britanniques. Jean-Pierre Wallot, commentant le livre de Fleming, écrit à ce propos:

> Contrairement aux Américains qui, avec leurs économies, s'établissent au cœur de la forêt vierge de façon à élargir la zone défrichée, travail qui implique de la persévérance, de l'économie et du courage, [ce qui est] le propre des Anglo-Saxons, les Canadiens français *«present the characteristics of an old and corrupted society, in a new Country, requiring the vigilance of Priests, and the power of Feudal Superiors to keep them in order, and prevent them from becoming wild as the aborigines of the Country...»* Jamais les Canadiens ne pourront coloniser la province. D'où ils devraient encourager l'entrée des immigrants britanniques qui, eux, ont l'énergie et le courage requis pour la tâche immense qui les attend[7].

Ces préjugés entretenus envers les Canadiens français ont pris forme dès les premières années qui ont suivi la Conquête. Fleming n'a le mérite que de les avoir explicitement formulés dans le cadre d'une interprétation d'ensemble. Ils connaîtront par contre une fortune considérable. Ils seront repris, au fil du temps, par les historiens et les principaux interprètes du Canada anglais: de lord Durham à Kingsford en passant par Parkman. Toutefois, il ne faudrait pas donner trop d'emphase à cette représentation de la Conquête ou des Canadiens français puisque ces questions ont toujours été très secondaires pour l'historiographie anglophone.

Il faut attendre le milieu du XIXe siècle pour assister à la naissance véritable de l'historiographie anglophone. À ce propos, deux historiens retiennent surtout l'attention. Il y a d'abord Robert Christie, alors député à l'Assemblée législative des Canadas-Unis, qui publia entre 1848 et 1855 son *History of the Late Province of Lower Canada, from the Commencement to the Close of its Existence as a Separate Province.* Mais c'est à John Mercier McMullen, historien amateur et Irlandais d'origine, que revient le privilège d'être à l'origine de la tradition qui allait dominer l'historiographie anglophone jusqu'aux années trente lorsqu'il fit paraître, en 1855, *The History of Canada from Its First Discovery to the Present Time.* Écrite au lendemain de l'accession à la responsabilité ministérielle et au moment où le Canada vivait dans l'euphorie d'une phase d'expansion économique, l'auteur s'attache à mettre en relief la signification de cette accession à la responsabilité ministérielle et à faire l'apologie des institutions britanniques. McMullen en profite aussi pour laisser libre cours aux préjugés qu'il entretient envers les Canadiens français.

> *Following Lord Durham's opinions, McMullen also set a pattern for the future with his contempt for the indolence and stagnation of the Old Régime, his doubts about the capacities of French Canadians to exercise constitutional freedoms, and his conviction that all progressive impulses derived from the industrious, energetic, and orderly Britons*[8].

Dès les années 1860, les historiens anglophones auraient eu le sentiment d'écrire l'histoire d'une nation en formation à l'intérieur du cadre impérial. Il faut dire qu'entre-temps le Canada a commencé à émettre sa propre monnaie d'argent et, surtout, a fait valoir son droit de créer ses propres tarifs douaniers en frappant d'une taxe d'entrée certaines importations britanniques (1859), alors que le traité de réciprocité est toujours en vigueur avec les États-Unis[9]. Parmi ces œuvres, qui vont faire du gouvernement responsable le thème central à partir duquel les événements du récit vont tirer leur principe d'intelligibilité, il faut mentionner plus particulièrement l'ouvrage de John Charles Dent, *The Last Forty Years: Canada since the Union of 1841*, paru en 1881, et surtout la monumentale *History of Canada*, série de dix volumes publiée entre 1887 et 1898 par William Kingsford. Pour cette tradition historiographique, le Rapport Durham apparaît comme le document le plus important de notre histoire «*because its author saw that Canadian self-government and nationality could be reconciled with the maintenance of the imperial tie*[10]».

Le processus de l'évolution constitutionnelle du Canada a été, jusqu'aux années trente, le thème privilégié de l'historiographie anglophone puisque, même dans les premières décennies du XXe siècle, l'ambiguïté que recèle la signification dernière de cette évolution a permis de réunir tant les historiens ouvertement impérialistes (G. M. Wrong et C. Martin) que ceux qui y voient le signe de la souveraineté prochaine du

Canada (J. Ewart et O. D. Skelton). De plus, en représentant cette transition comme étant le résultat d'une évolution organique, cette historiographie politique ne pouvait éviter d'assumer par la même occasion une perspective téléologique.

Parallèlement à cette tradition dominante, surtout au cours des années qui suivent la Confédération, on assiste à une multiplication d'études historiques qui ont un caractère local (généalogique ou régional) plutôt que national. De plus, l'historiographie anglophone de cette période n'a pas non plus échappé, à l'exemple de celle du Canada français et de l'Europe, à la vogue du roman historique et de l'histoire romantique. Cependant, le développement de cette tendance au Canada anglais est surtout lié à l'œuvre de l'historien américain Francis Parkman[11] pour qui la lutte entre Anglais et Français jusqu'à la cession de la Nouvelle-France se présente sous l'aspect d'un *«titanic engagement between Protestant individualism and Catholic authoritarianism*[12]*»*. L'influence importante de Parkman a aussi contribué à renforcer les préjugés entretenus envers les Canadiens français. Selon ce dernier, pour reprendre les mots de G. Wrong, les Canadiens français étaient *«a king-ridden, priest ridden folk, ignorant, lacking virility, and ineffective as colonizers*[13]*»*.

Au cours des trois dernières décennies du XIXe siècle, l'histoire fait son entrée dans les universités canadiennes-anglaises. D'abord à Queen's, en 1870, puis à Dalhousie en 1881. Mais ce n'est qu'en 1895 qu'elle fera l'objet d'un enseignement séparé à McGill. Trois historiens, G. M. Wrong, A. Shortt, Arthur G. Doughty vont plus particulièrement exercer une influence déterminante sur le paysage universitaire des deux premières décennies du XXe siècle.

C'est à G. M. Wrong qu'échoit l'honneur de veiller à la naissance et au développement du département d'histoire de l'Université de Toronto. Impérialiste convaincu et se définissant d'abord comme un britannique, Wrong va contribuer à l'orientation idéologique de l'historiographie universitaire anglophone puisque pour combler ces nouveaux postes d'enseignement disponibles, il lui sera naturel d'envoyer ses meilleurs étudiants parfaire leur formation à Oxford, en Angleterre, plutôt qu'aux États-Unis. Comme la plupart des impérialistes de l'époque, Wrong partage l'opinion voulant que le *«Canada possessed a "national type" and a life of its own*[14]».

Wrong n'a jamais fait beaucoup de travail d'archives. Il a surtout abordé l'histoire en terme de loi morale et a vu, dans le déroulement de celle-ci, le résultat d'une lutte perpétuelle pour le progrès. Lié d'amitié avec J. Edmond Roy et l'abbé A. Gosselin, il aurait même eu une certaine admiration pour la stabilité de l'ordre social et la ferveur religieuse du Canada français[15]. Aussi sera-t-il partisan du mouvement de «bonne entente» qui voit le jour à cette époque suite aux tensions suscitées par la guerre des Boers, le règlement XVII en Ontario et la crise de la conscription de 1917.

Adam Shortt, deuxième figure de proue de cette historiographie universitaire naissante, est un historien de tendance libérale qui est surtout connu pour être le premier historien canadien-anglais à étudier l'économie canadienne dans une perspective historique. Il est venu à l'histoire sans avoir de préparation spéciale en ce sens puisqu'il avait étudié la philosophie, la physique, la botanique et la chimie. Sa carrière universitaire débute en 1885 alors qu'il est nommé professeur de philosophie à Queen's, où il a d'ailleurs fait ses études. Il deviendra directeur du département d'économie politique à la même université, poste qu'il occupera de 1891 à 1908. Sa formation en philosophie morale et en économie politique l'a sensibilisé au courant allemand qui, au nom d'une économie plus éthique et humaine, remettait en question les présupposés classiques du libéralisme économique anglais pour lesquels l'ordre économique repose sur des lois immuables dont l'équilibre est le résultat d'une politique de «laisser faire». Selon ce nouveau courant de pensée, qui connut par la suite des adeptes en Angleterre et aux États-Unis, l'ordre économique devait plutôt être interprété en fonction du temps et du lieu ou, selon une expression plus contemporaine, de la conjoncture. À ce moment, l'État, s'il est soucieux du bien-être général de sa population, doit cesser d'être neutre et intervenir pour corriger les aléas de l'économie.

Deux conséquences découlent de cette nouvelle perspective. D'une part, si les phénomènes économiques ne sont pas liés à des lois immuables, ils doivent être soumis aux mêmes règles d'observation objective que les sciences naturelles ont développé pour soumettre la nature à leur examen. D'autre part, la variabilité des phénomènes économiques qui structure la conjoncture, met en relief, par la même occasion, la dimension éthique qui s'attache aux mécanismes de l'économie. C'est pourquoi Shortt pouvait dire en 1893: *«All political and social problems [...] have an ethical basis, just as all physiological questions have a chemical basis.»* Dans le même esprit, il affirmait en 1912 que *«This is an age of expert[16]...»* Aussi croit-il, dans la lignée des Allemands et des Américains, que les hommes publics et l'élite cultivée en général ont besoin d'être éduqué pour remplir adéquatement leurs rôles. C'est cette critique du libéralisme économique qui l'amènera à analyser l'histoire économique canadienne. Admirateur de Lord Acton et tenant du libre-échange, seul moyen selon lui d'assurer la paix mondiale, il publiera en 1904 un pamphlet critiquant la pratique de l'impérialisme économique, pamphlet qu'aurait admiré Henri Bourassa[17].

Quoique l'histoire économique ait connu d'importants développements au cours des années trente, c'est surtout par sa contribution au développement et à l'organisation des fonds d'archives, qu'il a mené en étroite association avec Arthur G. Doughty, archiviste en chef à Ottawa de 1904 à 1935, que le travail de Shortt a connu le plus d'impact sur l'historiographie anglophone. Cette collaboration amènera la publication, grâce à une subvention spéciale du gouvernement fédéral, d'une sélection de documents d'archives autrement inaccessibles, sélection à laquelle vont aussi participer George M. Wrong, Charles Colby, ainsi que deux historiens canadiens-français, J. E. Roy et l'abbé A. Gosselin. Mais la réalisation la plus importante de Shortt et Doughty demeure la publication de *Canada and its Provinces*, série de vingt-trois volumes parue entre 1913 et 1917 — rédigée par plus d'une centaine de collaborateurs — qui exercera une influence déterminante sur l'évolution subséquente de l'historiographie anglophone.

Selon Carl Berger, sans ce travail préliminaire d'organisation des archives auquel se sont livrés Shortt et Doughty, la renaissance de l'historiographie anglophone au cours des années vingt et trente aurait été impensable.

Métamorphose et repli (1920-1950)

Au cours des années vingt, l'histoire politique continue de dominer le paysage historiographique. Toutefois, plusieurs phénomènes concurrents vont conduire le Canada anglais à une interrogation de fond sur la nature de son identité collective et engager, par la même occasion, l'historiographie à se remettre en question. En effet, jusqu'alors, les idéologies officielles, que l'historiographie anglophone avait contribué à créer, s'appuyaient sur «le cadre impérial pour expliquer l'émergence de la fédération canadienne[18]». Mais, en ces années qui suivent la Première Guerre mondiale, le cadre colonial n'existe plus, pour ainsi dire, qu'à l'état de souvenir puisque la fin du conflit mondial a permis au Canada d'affirmer pleinement son autonomie nationale en signant, pour son propre compte, le traité mettant fin aux hostilités et en adhérant comme nation à part entière à la Ligue des nations nouvellement créée, situation de fait que le Statut de Westminster de 1931 ne viendra qu'entériner.

Cette évolution politique coïncida avec une translation soudaine des principaux bailleurs de fonds de l'économie canadienne. En 1913, le capital britannique et américain représentaient, respectivement, 73% et 21,5% de tous les investissements étrangers au Canada. En 1926, l'investissement britannique a chuté à 50%, alors que le capital américain s'est hissé jusqu'à 53%[19]. Cette intégration de notre économie au continent nord-américain — qui devait connaître une seconde phase d'accélération à compter de la Seconde Guerre mondiale — va faire apparaître, dans les milieux intellectuels les plus diversifiés, le besoin de définir et d'édifier une culture proprement canadienne.

Ajoutons que ce rapprochement avec les États-Unis n'est pas qu'économique, il est aussi culturel. En effet, avec le développement de la radio et du cinéma, la culture de masse américaine, surtout à partir des années trente, ne connaît plus de frontières. De la même manière, la culture savante américaine va aussi exercer son influence puisque de plus en plus d'étudiants canadiens vont poursuivre leurs études aux États-Unis pour obtenir un doctorat. Les historiens n'échappent pas à ce mouvement. Comme le rapporte Carl Berger, «*in 1927 the editor of the* Canadian Historical Review *listed 54 doctoral dissertations underway, or recently completed, on Canadian topics; 44 of these were being done in the United States, 32 by students whose first degree was Canadian*[20]». Il faut préciser qu'avant la Première Guerre mondiale, les historiens anglophones, la plupart du temps autodidactes, ne se préoccupaient pas beaucoup de théorie. Même Adam Shortt, qui a inauguré la recherche en histoire économique canadienne, ne s'en embarrassait pas. Mais, en ces premières décennies du XXe siècle, le positivisme triomphe en Europe et aux États-Unis et rend quasi général le souci de développer une historiographie plus objective par le recours à une méthodologie rigoureuse. L'influence combinée de l'historiographie américaine, la spécialisation croissante des historiens canadiens et le recours systématique aux archives, qui caractérise cette décennie, va amener, au cours des années trente, la nouvelle génération d'historiens canadiens-anglais à réévaluer son passé.

En outre, dans cette période où les tensions entre les pays européens laissent entrevoir le prochain conflit mondial, les relations pacifiques et amicales que le Canada entretient avec les États-Unis ont pris la figure d'un symbole puisque ces deux pays possèdent aussi la plus grande frontière commune du monde à ne pas être protégée militairement. Se reconnaissant de plus en plus comme des habitants de l'Amérique du Nord, les Canadiens, comme le souligne Blair Neatby, ne pouvaient éviter de se demander s'ils étaient «du même moule que les autres Nord-Américains, semblables à tous égards aux citoyens des États-Unis, ou étaient-ce des Nord-Américains "pas comme les autres"?[21]» Cette interrogation de fond amènera les historiens canadiens-anglais à s'interroger sur ce qu'ils partagent et sur ce qui les distingue de leur puissant voisin, interrogation qui sera au cœur des métamorphoses que l'historiographie anglophone subira au cours des années trente.

Curieusement, dans ce travail de comparaison — et ceci atteste de la vigueur de l'historiographie américaine —, les historiens canadiens-anglais vont emprunter les perspectives et les hypothèses déjà développées par les historiens américains pour interpréter l'histoire des États-Unis. Deux «écoles» de pensée principales vont se partager le territoire historiographique du Canada anglais, au cours des années trente: l'École de la Frontière et l'École laurentienne. Grâce à ces deux nouvelles écoles de pensée, le point d'ancrage de l'historiographie anglophone se déplace du politique vers la géographie. En effet, plutôt que de faire du politique «le foyer de la vie collective» d'où dérivent les autres aspects de la vie nationale, ces deux approches vont faire de la géographie la contrainte de base à partir de laquelle il est possible d'interpréter le devenir subséquent de la nation. Pour les tenants de la thèse de la «frontière», la géographie est surtout envisagée du point de vue des incidences qu'elle exerce sur les comportements et la psychologie des individus, influences qui expliquent ensuite le caractère distinctif de la nation et de ses institutions, tandis que pour les adeptes de la thèse «laurentienne», la géographie est une contrainte initiale qui oriente le développement d'un type d'organisation économique sur lequel le politique va s'aligner et, par là, devenir le fondement de la nation.

La réévaluation du passé par l'historiographie canadienne-anglaise s'est véritablement amorcée lorsque l'on se mit à comparer l'expérience canadienne et américaine à l'aide de la thèse de la «frontière» — thèse qui domine alors l'historiographie américaine — dans le but de vérifier sa validité et sa pertinence pour comprendre l'évolution du Canada[22]. En effet, la théorie de la «frontière» a été formulée explicitement pour la première fois en 1893 par l'Américain Frederick Jackson Turner qui voulait expliquer le processus par lequel ont émergé les institutions démocratiques qui vont servir de fondement à la nation américaine[23]. Cette théorie repose sur le postulat que le milieu environnant exerce une influence particulière et décisive sur la personnalité des individus et la nature des institutions qui s'y développent. Pour Turner, l'histoire américaine est celle d'un mouvement continu vers l'Ouest qui résulte de l'attrait qu'exercent les terres libres. Libéré des contraintes culturelles, économiques et politiques de l'ancienne société, le pionnier, en se tournant vers l'Ouest et ne pouvant compter que sur ses propres ressources, va développer des aptitudes particulières, telles que l'individualisme, qui seront à l'origine d'une plus grande égalité sociale et servir de fondement à la société américaine. De plus, lorsque ces hommes auront des demandes à formuler, c'est vers le gouvernement local, plutôt que la métropole, qu'ils se tourneront d'abord, parce que seul celui-ci comprend leurs véritables besoins, ce qui contribuera à l'émergence d'une conscience nationale.

La première allusion à la thèse de la «frontière» à voir le jour dans l'historiographie canadienne-anglaise est attribuée à W. N. Sage lorsqu'il fit paraître, dans le *Canadian Historical Association Report* de 1928, un article intitulé «Some Aspects of the Frontier in Canadian History[24]». Rapidement, cette thèse connut de nombreux adeptes. Toutefois, le Canada n'a jamais fait l'expérience, à l'exemple des États-Unis, d'une «frontière» en expansion continuelle. Seule la Nouvelle-France a été confrontée, et ce d'une manière plus absolue qu'aux États-Unis, aux conditions idéales où la «frontière» aurait dû exercer normalement un maximum d'influence. Au lieu de cela, comme l'a fait remarquer John L. McDougall en 1929, les Français se seraient contentés de vivre dans *«an excessively stable, unadventurous, society... They created on the banks of the St. Lawrence a replica of the French society wich they had left*[25]*.»* C'est ce qui expliquerait pourquoi les coureurs de bois n'ont jamais surgi du couvert de la forêt en brandissant des pétitions pour la défense des droits et de la liberté. Puisque le Canada n'a jamais fait l'expérience d'une «frontière» en expansion continue, aucun historien canadien-anglais n'a repris la thèse de la «frontière» dans son intégralité pour interpréter le devenir du Canada. Mais, en cette période où le développement soudain de la crise économique se conjugue à un désir de définir une identité canadienne originale, la thèse de la «frontière», en permettant de déplacer les préoccupations historiographiques du politique et de ses grands hommes vers le social et l'économique, proposait une lecture des événements beaucoup plus appropriée aux préoccupations du présent. Appliquée à des contextes particuliers, cette thèse permettait aussi d'apporter un nouvel éclairage aux interprétations traditionnelles. Frank

Underhill, par exemple, s'est inspiré de la thèse de la «frontière» pour expliquer l'origine des partis politiques canadiens comme étant le produit d'une opposition Est-Ouest liée à des intérêts économiques divergents.

Underhill n'est pas vraiment représentatif de la nouvelle génération d'historiens qui voit le jour au cours des années trente. Toutefois, il est intéressant de noter que ses conceptions, voulant que ce soient les intérêts économiques qui expliquent la vie politique canadienne, l'amèneront à dénoncer le mythe, entretenu par l'histoire constitutionnelle, de la coopération entre les deux races puisque les conflits qui sous-tendent cette «mythologie» n'auraient pas un caractère ethnique mais économique. Ainsi, selon lui, *«the two races [...] have never coalesced, have never understood one another or tried to understand one another*[26]*»*. Trois autres historiens seront à l'origine des tendances historiographiques nouvelles qui voient le jour au cours de cette décennie: Harold A. Innis, Arthur R. M. Lower et Donald G. Creighton.

Harold A. Innis

Harold A. Innis est, quant à lui, particulièrement représentatif de cette nouvelle génération d'historiens que la crise économique et les interrogations entourant la nature et le fondement de la spécificité de l'identité canadienne a amené à entrer en réaction contre l'historiographie littéraire et politique. Ayant fait ses études à l'Université de Chicago, où il rédigera une thèse sur la compagnie de chemins de fer Pacifique canadien, Innis amorcera ses recherches en histoire économique dès qu'il sera engagé, en 1920, comme professeur au département d'économie politique de l'Université de Toronto. À partir de ce moment, il occupera tous ses étés, jusqu'au début des années trente, à explorer le nord de la plupart des provinces canadiennes. Cette expérience, en plus de le familiariser avec la géographie du Canada, devait aussi le sensibiliser à l'impact de l'industrialisation en «zones frontières» et l'amener à remettre en question les postulats traditionnels de la croissance économique qui, prenant jusqu'alors les pays européens comme modèles, ont négligé le caractère particulier des conditions qui entourent la croissance économique des nouveaux pays.

Pour développer une nouvelle approche, qui sera à l'origine de l'hypothèse laurentienne, Innis s'inspirera des travaux de l'historien canadien W. A. Mackintosh et de la géographe écossaise Marion I. Newbigin, pour soutenir que la spécificité de l'histoire canadienne, contrairement à ce qu'avançait jusqu'alors l'historiographie traditionnelle, n'est pas le résultat d'une évolution politique graduelle, mais repose avant tout sur des fondements géographiques et économiques. En effet, dans *The Fur Trade in Canada: An Introduction to Canadian Economic History* (1930), Innis soutient que l'évolution du Canada est liée à l'établissement d'une relation commerciale stable, entre la colonie et la métropole, fondée sur la disponibilité d'un produit principal *(staple)* dont le développement économique de la colonie va dépendre puisque celle-ci va exploiter et développer ce *staple* en fonction du double impératif que lui imposent la géographie du territoire et la persistance de la demande métropolitaine pour ce produit.

Mackintosh, professeur à Queen's et ancien diplômé de Harvard, avait déjà proposé, dès 1923, d'analyser l'évolution de l'économie canadienne à partir de l'hypothèse développée, en 1909, par l'historien américain G. S. Callender voulant que le développement économique d'une colonie soit directement tributaire de la relation commerciale que celle-ci entretient avec les autres pays du monde et que ce commerce se structure essentiellement autour d'un produit d'exportation principal. Toutefois, c'est grâce à l'essai de géographie intitulé *Canada: the Great River, the Lands and the Men* (1927) que publia M. I. Newbigin en 1927, qu'Innis devait trouver le point d'appui à partir duquel il sera à même de développer la signification que pouvait recéler sa théorie des *staples* pour l'histoire du Canada. En effet, dans son essai, Newbigin s'interrogeait sur ce que pouvait constituer l'originalité de l'expérience canadienne par rapport à celle des États-Unis.

> *Her general conclusion, écrit Carl Berger, was that the French were the first to confront the thrust and grain of the land and that their experience established patterns of activity and modes of responses that influenced later stages of development. The entire history of Canada hinged on the solution to the twin problems of maintaining access to the sea and internal expansion based on products that could find their natural outlet by way of the St. Lawrence. The parallel between the fur trade and the river with the wheat economy and transcontinental railways was neither fortuitous nor insignificant. Canada was essentially what New France had been*[27].

Grâce aux suggestions de ces deux prédécesseurs, l'historien du Pacifique canadien avait tous les éléments en main pour soutenir que le Canada n'était pas le résultat d'une volonté exclusivement politique, mais le produit d'une relation commerciale activée par le marché métropolitain et atlantique qui a déterminé l'exploitation successive de produits principaux, en fonction des contraintes géographiques propres à l'Amérique du Nord. L'exploitation de la morue de l'Est a fait place à celle des fourrures, puis du bois et du blé de l'Ouest. Le développement de l'économie va ainsi, dans un mouvement continu, délimiter l'unité politique du pays.

Cette représentation de l'histoire du Canada, en mettant en relief le rôle commercial essentiel de la métropole dans le développement du Canada, tranchait à la fois avec l'historiographie politique traditionnelle qui insistait surtout sur l'union morale existant entre le Canada et la Grande-Bretagne, ainsi que sur les divers conflits qui ont graduellement amené le Canada à gagner son autonomie politique. L'interprétation d'Innis venait même à la rescousse du nationalisme de tendance impérialiste puisque la relation commerciale entre métropolitains et colons, en répondant aux intérêts complémentaires de chacun des partenaires, plutôt que d'être une occasion de conflits était en fait source de «symbiose[28]».

La crise économique et l'argumentation nationaliste que véhiculait *The Fur Trade* explique le succès important de ce livre qui, cependant, se manifeste moins par le volume des ventes en librairie que par la multiplication des études qui ont adopté son point de vue au cours de la décennie[29]. Deux autres historiens, A. R. M. Lower et Donald G. Creighton, qui ont commencé à publier des œuvres majeures au cours de la même décennie, mais dont l'influence s'étend bien au-delà, méritent d'être signalés. Toutefois, cette influence est davantage liée à la perspective nationaliste qui sous-tend leurs œuvres qu'au fait que ces deux historiens participent à la nouvelle vague des études d'histoire économique et sociale.

Arthur R. M. Lower

À première vue, les premières publications d'Arthur Lower, plus particulièrement *The Trade in Square Timber* (1932) et *The North American Assault on the Canadian Forest: A History of the Lumber Industry between Canada and the United States* (1938), semblent s'inscrire dans le prolongement de l'œuvre de Mackintosh et d'Innis puisqu'à partir de l'exemple du bois, il met en lumière le rôle essentiel de la métropole dans le développement d'un *staple.* Toutefois, à la différence d'Innis, la vie quotidienne des hommes qui exploitent un *staple* en zone frontière et les traits qui caractérisent leurs vies exercera sur lui une sorte de fascination. C'est qu'en plus d'être influencé par les travaux d'Innis, Lower est aussi un adepte de Turner[30]. De plus, il a toujours eu un faible pour les historiens romantiques du XIXe siècle qui, à l'exemple de Parkman, réussissaient par des artifices littéraires à créer une représentation haute en couleurs du passé qui parvenait à captiver l'imagination du lecteur. Selon Lower, l'orientation Est-Ouest des forces économiques, où l'Ouest devient en quelque sorte le support économique de l'Est, n'empêche pas pour autant la «frontière» d'exercer son influence psychologique et sociale sur les hommes qui sont appelés à y travailler et à y vivre. Dans le contexte d'exploitation d'un *staple,* c'est la «frontière» qui constitue pour Lower la dimension principale à privilégier.

Toutefois, à un niveau plus profond, ce qui informe toute l'œuvre de celui que l'on surnommera bientôt «l'abbé Groulx du Canada anglais» c'est, avant tout, le souci nationaliste de mettre à jour les conditions à partir desquelles une communauté nationale et une démocratie sociale typiquement nord-américaine sont apparues au Canada. Tout en reconnaissant le rôle fondamental qu'a joué la métropole dans l'exploitation des ressources du Canada, il s'élève contre ce type de rapport unidirectionnel qui, en plus d'entretenir une mentalité coloniale néfaste à l'émergence d'une conscience nationale canadienne, menace de laisser le pays *«squeezed dry and thrown aside like a sucked orange»* parce que *«the business had to go on*[32]*»*. C'est ici qu'intervient l'influence de la «frontière» puisque, même si elle ne s'est pas déployée sur un front continu comme aux États-Unis et que, de plus, elle s'est développée à l'intérieur d'un rapport colonial sous le couvert d'institutions monarchiques, l'exploitation des *staples* en zones frontières aurait quand même fait émerger, selon Lower, l'esprit démocratique et égalitaire propre à cette expérience. En 1938, Lower pouvait écrire à ce propos que l'histoire du Nouveau-Monde *«has been largely the story of man's struggle with nature. It is the war with the wilderness wich has been the ever-present factor, the constant influence shaping the mentality and the conduct of every inhabitant*[33]*.»* De plus, il ne faudrait pas sous-estimer l'importance que Lower accorde à la menace américaine dans la formation d'une conscience nationale canadienne originale.

Toutefois, ce qui fait l'originalité profonde de Lower c'est qu'en s'attachant, à la suite d'Underhill et d'Innis, à mettre en relief ce qui peut bien constituer la spécificité de l'expérience canadienne comme pays nord-américain, il sera amené à souligner avec force, à l'opposé de la plupart de tous ses prédécesseurs, l'importance de la présence des Canadiens français dans le déroulement de l'histoire canadienne, en rappelant que c'est dans l'existence de deux grands groupes ethniques au

Canada que repose *«the primary antithesis of Canadian history»*. En effet, au lendemain de la crise de la conscription, il pouvait dire dans son adresse présidentielle qu'il présentait à la Canadian Historical Association:

> *Of all our clashes, who will deny that the deep division between French and English is the greatest, the most arresting, the most difficult? Here is the most resounding note in our history, the juxtaposition of two civilizations, two philosophies, two contradictory views of the fundamental nature of man. For the historian, to neglect it is to leave the battle line*[34].

Les Canadiens anglais, mis à part peut-être l'historien A. L. Burt, n'avaient jamais été intéressés jusqu'alors à étudier l'histoire de la Nouvelle-France ou à se pencher méthodiquement sur le Canada français. L'attention dévolue au Canada français, par l'historiographie et les idéologies au Canada anglais, s'articulait autour de deux perspectives principales et jusqu'à un certain point paradoxales. En effet, autant le Canada français apparaît, dans l'historiographie anglophone, comme une quantité négligeable quand ce n'est pas une société arriérée et antidémocratique, menée par son clergé, aisément satisfaite d'elle-même et qui, par son indolence, a toujours nui au progrès et au développement économique du Canada, autant, dans ce monde de l'entre-deux-guerres déchiré par les tensions entre nations, l'existence du Canada français prend figure de symbole au sein de la tradition impérialiste canadienne. Ainsi, l'Acte de Québec de 1774, en reconnaissant à une population non britannique le droit de conserver ses lois, sa langue et sa religion propres au sein de l'Empire, avait créé un précédent qui, par la suite, est devenu le symbole de la supériorité et de l'esprit de tolérance qui animerait les institutions britanniques, surtout si l'on pense que l'Angleterre n'accordera des droits à sa propre population catholique qu'en 1829. L'historien A. L. Burt qui, dans son *Old Province of Quebec* (1933), a particulièrement développé cette dernière perspective, voyait, par exemple, dans ces concessions faites aux Canadiens français par l'Acte de Québec,

> *a watershed in the history of the British Empire, for the French in Canada were the first considerable body of an alien race to taste that liberty wich is larger than English liberty and is the secret of the modern British Commonwealth of nations*[35].

Les tenants de cette deuxième perspective s'inspirent des théories de lord Acton voulant que le principe des nationalités, en donnant le droit aux peuples de disposer d'eux-mêmes, engendre des tensions, quand ce n'est pas des conflits armés, qui sont inconciliables avec l'exercice d'une liberté véritable. Selon Lord Acton, la liberté individuelle, l'esprit de tolérance et le progrès de la civilisation sont liés à l'existence d'un État multinational, à l'exemple de l'Empire britannique ou de l'Empire austro-hongrois, plutôt qu'à l'autodétermination d'une nation ethniquement homogène[36].

Lower, sans rompre complètement avec ces deux représentations paradoxales, oriente différemment l'angle de lecture habituel lorsqu'il affirme que la présence de deux grands groupes ethniques constitue l'élément fondamental de l'histoire canadienne. Mais, c'est en privilégiant la Conquête de 1760 plutôt que l'accession à la responsabilité ministérielle comme élément central de notre histoire[37] et, surtout, c'est en soulignant la signification que la Conquête a pu recouvrir du point de vue des vaincus que Lower se distingue de ses devanciers.

> *It is hard for people of English speech (except those of the Southern States) to understand the feelings of those who must pass under the yoke of conquest, for there is scarcely a memory of it in all their tradition. Conquest is a type of slavery and of that too they have no memory, except of masters. Conquest, like slavery, must be experienced to be understood.*
>
> *But anyone can at least intellectually perceive what it means. The entire life-structure of the conquered is laid open to their masters. They become second-rate people*[38].

Poursuivant son analyse des conséquences psychologiques de la Conquête, Lower va même souligner, après Garneau et Groulx, que la résistance passive demeurait, en ces circonstances, la seule option disponible pour la majorité de la population.

> *The educated may make their peace, learn the foreign language and find many areas in common, but the humble cannot cross the gulf: they feel pushed aside in their own homes. Hence it is that nationalism always lives longest [...] in the hearts of the people who seek to maintain their own ways by the passiveness of their behavior and little by little, as opportunity offers, edge forward into any chance space left vacant by their masters*[39].

En adoptant le point de vue des vaincus, Lower cherche en fait à retrouver, dans le but de l'élucider, la base essentielle sur laquelle repose l'antithèse permanente de l'histoire canadienne puisque, écrit-il, «*clearly the first of Canadian problems was last*[40]». Toutefois, selon lui, cette antithèse ne réside pas seulement dans une différence de langue et de religion. Beaucoup plus fondamentalement, elle est le résultat d'une confrontation inévitable entre les buts divergents que poursuivent nécessairement deux types de société, une société commerciale et une société paysanne, sociétés qui renvoient à deux philosophies opposées de la vie: «*Close analysis of the antithesis between commercialism and agrarianism pushes it beyond race and religion. There lurks in it some basic contrast in the attitude towards life*[41].»

Face à ces philosophies de la vie diamétralement opposées, Lower a une attitude ambivalente. D'une part, même s'il trouve que les Canadiens français sont *«parochial, oversensitive and self-centred*[42]*»*, il jalouse en même temps leur homogénéité culturelle et démographique au sein d'un cadre géographique bien délimité ainsi que la relation harmonieuse que cette société paysanne entretiendrait avec la nature. Mais, en plus, l'expérience de la Conquête a eu pour effet d'augmenter la cohésion déjà existante en entretenant un intense désir de préserver un style de vie dont les racines historiques sont profondes, ce qui confère au Canada français tous les attributs d'une communauté nationale véritable. D'autre part, même s'il admire l'esprit d'entreprise des Canadiens anglais, qui a amené le développement économique du Canada, l'individualisme qui les anime et l'exploitation anarchique des ressources dans un but de profit à courte vue, le manque d'enracinement historique de la population du Canada anglais et les dangers d'une immigration hétérogène ont aussi créé, en contrepartie, une société atomisée plutôt qu'une communauté nationale consciente d'elle-même: *«It gives us the opportunists, the exploiters, the men with no past and little future*[43]*.»* Selon Lower, ces deux philosophies de la vie sont irréconciliables et le Canada ne peut échapper à la dualité nationale. Toutefois, l'antithèse de l'histoire canadienne pourra être partiellement résolue du jour où les Canadiens français et les Canadiens anglais cesseront de s'appuyer sur leurs particularismes, en jetant constamment les yeux sur leurs anciennes métropoles, pour ne s'identifier qu'à la patrie qui leur est commune et se définir avant tout comme Canadiens. En plus de la menace américaine, le seul dénominateur commun permettant l'émergence de cette nationalité unique, Lower l'aperçoit dans l'expérience mutuelle que les deux groupes principaux ont fait de la diversité de l'environnement.

> *If a common focus is to be found, it must come out of the common homeland itself. If the Canadian people are to find their soul, they must seek for it, not in the English language or the French, but in the little ports of the Atlantic provinces, in the flaming autumn maples of the St. Lawrence valley, in the portages and lakes of the Canadian Shield, in the sunsets and relentless cold of the prairies, in the foothill, mountain and sea of the west and in the unconquerable vastnesses of the north. From the land, Canada, must come the soul of Canada. [...] Canada has been built in defiance of geography. Its two coasts were bridged by a transcontinental railway almost in defiance of common sense*[44].

On comprend ainsi pourquoi le Canada est avant tout pour lui «*a supreme act of faith*[45]».

Donald G. Creighton

Donald G. Creighton est l'historien qui exercera la plus grande influence sur les orientations de l'historiographie canadienne-anglaise au cours des années quarante et cinquante puisque son œuvre rejoint, réunit et prolonge originalement les diverses tendances historiographiques qui, à l'exception de la thèse de la «frontière», se sont imposées au Canada anglais entre les années vingt et cinquante. Curieusement, quoiqu'il trouve son point de départ dans l'œuvre d'Harold Innis et dans une relecture de l'essai de géographie de Marion Newbigin, ses travaux vont décrire en l'espace de vingt ans un curieux cercle qui l'amènera à renouer avec le souci littéraire qui anime l'histoire politique traditionnelle et dont les biographies des grands hommes politiques constituent le prototype.

D'Innis, Creighton va reprendre et populariser la théorie des *staples* qui met particulièrement en évidence le rôle de la métropole dans le développement économique du Canada. Mais Creighton élargira ce rôle en soutenant que la métropole a appuyé et prêté son concours à chaque démarche entreprise par le Canada pour mener à bien son expansion territoriale et consolider son autonomie politique dans le but de résister à l'expansionnisme américain. À la différence d'Innis, qui cherchait par le biais de l'histoire économique à mettre en forme une théorie de la croissance économique adaptée à la réalité du continent nord-américain, l'objectif de Creighton est de donner à l'évolution politique du Canada un fondement économique qui est lui-même tributaire des contraintes et des possibles que recèle la géographie particulière de l'Amérique du Nord. En effet, Creighton avait particulièrement retenu l'idée d'Innis voulant que le Canada ne se soit pas développé contre la géographie, mais grâce à elle. Cette idée va se fortifier par une relecture du livre de Newbigin, qui avait déjà inspirée Innis, et, à partir de ces deux points d'appui, Creighton va élaborer l'un des thèmes majeurs que l'on retrouvera dans toute son œuvre subséquente, à savoir que le Saint-Laurent est à l'origine du Canada moderne.

Dans son premier ouvrage intitulé *The Commercial Empire of the St. Lawrence, 1760-1850* (1937), le Saint-Laurent, comme infrastructure de communication, n'est pas seulement un élément essentiel de la géographie de l'Amérique du Nord, il est une source vivante d'inspiration, sirène moderne qui fait entendre son appel aux hommes aventureux et énergiques, en faisant naître en eux le désir d'édifier un empire commercial à l'échelle du continent.

> *(The great river) ...possessed a geographical monopoly; and it shouted its uniqueness to adventurers. The river meant mobility and distance... [...] The whole west, with all its riches, was the dominion of the river. To the unfettered and ambitious, it offered a pathway to the central mysteries of the continent. The river meant movement, transport, a ceaseless passage west and east, the long procession of river-craft—canœs, bateaux, timber rafts and steamboats—which followed each other into history. It seemed the destined pathway of North American trade; and from the river there rose, like an exhalation, the dream of western commercial empire. The river was the basis of a great transportation system by which the manufactures of the old world could be exchanged for the staple products of the new. This was the faith of successive generations of northerners. The dream of the commercial empire of the St. Lawrence runs like an obsession through the whole of Canadian history; and men followed each other through life, planning and toiling to achieve it. The river was not only a great actuality: it was the central truth of a religion. Men lived by it, at once consoled and inspired by its promises, its whispered suggestions, and its shouted commands; and it was a force in history, not merely because of its accomplishments, but because of its shining, ever-receding possibilities*[46].

À la lecture de ces lignes, écrites non sans talent littéraire, il n'est pas difficile d'apercevoir que le Saint-Laurent devient, pour Creighton, l'élément essentiel par lequel l'histoire canadienne tire son intelligibilité. Pour lui, l'unité géographique du fleuve, avec son système de lacs et de rivières, recèle le projet d'un pays unitaire qui, à défaut de se réaliser sous l'aspect d'un empire commercial à la proportion du continent, s'édifiera par défaut et à une échelle plus réduite sous une forme politique. Ce projet, toutefois, n'ira pas sans une série de conflits, car si le Saint-Laurent est la source qui inspire cette vision grandiose, il peut arriver que certains hommes cherchent à le réaliser de toutes leurs forces, tandis que d'autres demeurent complètement sourds à cet appel. L'histoire canadienne peut, dès lors, se départager en deux catégories d'acteurs principaux.

D'un côté se profilent les hommes d'entreprises, les visionnaires à l'esprit aventureux qui constituent la classe des marchands anglophones. *«For them the conquest was the capture of a giant river system and the transference of commercial power.»* C'est pourquoi l'immigration anglophone qui précède celle des loyalistes est surtout composée *«not of farmers and frontiersmen, but of commercial brains and capital and energy»*.

Pour ces hommes, *«the St. Lawrence was not a farmland but a commercial system. [...] they came with the single, simple objective of making money by trade»*. De cette immigration initiale a lentement émergé une classe commerciale *«devoted to the river and dedicated to the realization of its promises»*. Aussi, *«this commercial group [...] was the most self-conscious, purposeful and assertive of all the Canadian social classes»*. Selon Creighton, *«the merchants became a political power because they controlled and represented a commercial system of enormous potentialities; and it was the commercial system which, in turn, dictated their main political demands»*. À ce moment, les deux objectifs principaux de cette classe de marchands seront d'assurer le développement de l'empire commercial et, pour y arriver, ils essaieront de s'accaparer du pouvoir politique à Québec. C'est que les hommes politiques métropolitains, en créant, pour des motifs d'harmonie politique, la province de Québec en 1763, puis en subdivisant le pays en deux provinces avec l'Acte constitutionnel de 1791, vont à l'encontre de l'unité géographique de l'empire commercial. De même, *«the old-fashioned bureaucracy of Quebec attempted to preserve and strengthen the authoritarian, military and feudal elements in the colony of the St. Lawrence, in the alleged interest of the French Canadians*[47]*»*.

De l'autre côté, face aux marchands aventureux et énergiques se tiennent les nouvelles communautés agricoles du Haut-Canada issues de l'immigration loyaliste et, surtout, les Canadiens français. Immédiatement après la Conquête, les Anglais et les Français seront amenés à collaborer étroitement ensemble parce que *«the northern commercial system, which depended upon the co-operation of the two races, helped to reconcile the French and the British to one another*[48]*»*. C'est que, selon Creighton, *«the fur trade was a unifying force»!* Il n'y aurait eu, selon lui, aucune rupture au moment de la Conquête puisque, au surplus, les principales institutions du pays, en particulier le régime seigneurial, ont réussi à se maintenir. Toutefois, la société canadienne-française, par son conservatisme excessif, se révèle rapidement, aux marchands anglophones du XVIIIe siècle, comme l'obstacle principal au développement de l'empire commercial qu'ils rêvent d'édifier *«and what goaded them to fury was the Canadian's lack of enterprise, their persistent failure to move with the swiftly moving times. [...] Moved by absurd fears and by undiscerning pride, they had made the defence of their moribund institutions a point of honour*[49]*.»* Pour Creighton, et par là il rejoint en quelque sorte le point de vue de Lower, l'histoire du Canada jusqu'à nos jours, malgré la diversité des perspectives qu'elle recèle, peut se résumer en un affrontement, non pas de races et de religions, mais entre deux âges économiques que sous-tendent deux philosophies opposées de la vie.

Cette lecture des événements n'est pas nouvelle en soi. À la même époque, l'historien américain Charles A. Beard avait réinterprété l'histoire de la guerre civile américaine comme étant le point culminant d'un conflit opposant deux types de systèmes économiques. Cet angle de lecture, Creighton va le développer dès le début des années trente dans deux articles, publiés en 1931 et 1933, où il interprète la rébellion du Bas-Canada de 1837-1838 comme un *«contrast between two classes, between two ages of economic and social development»* qui renvoie à un *«straight conflict between an agressive mercantile body and a dormant peasantry*[50]*»*. À l'exemple des historiens de sa génération, Creighton considère le Canada français comme une société rétrograde et juge son nationalisme indésirable.

Dans *The Commercial Empire*, la classe des marchands caressait le rêve d'édifier un empire commercial à l'échelle du réseau hydrographique du Saint-Laurent. Mais, en 1783, le manque de vision des négociateurs métropolitains les amènent à négocier une nouvelle frontière entre le Canada et les États-Unis qui met fin à cet espoir. Puis, dans *Dominion of the North* (1944), la création de la Confédération et le développement des chemins de fer, qui prolongent l'axe naturel du Saint-Laurent, apparaissent à Creighton comme une solution de rechange politique au vieux rêve de réaliser l'unité du nord du continent sur la base de l'orientation des infrastructures économiques. En somme, bien que Creighton adopte un point de vue différent, il finit par rejoindre la même perspective téléologique que l'historiographie politique traditionnelle avait développée pour rendre compte de l'évolution constitutionnelle du Canada.

Les conceptions de Creighton, voulant qu'il soit nécessaire que l'organisation politique du pays se proportionne à l'unité géographique de ses infrastructures économiques, ne sont pas étrangères aux préoccupations grandissantes de certains intellectuels anglophones qui, au moment de la crise économique, préconisent une plus grande implication de l'État dans l'économie, dans l'espoir de la juguler. Même les provinces, dépassées par l'ampleur de la crise, espèrent le secours du fédéral. De son côté, ce dernier ne manque pas de se heurter rapidement à son manque de pouvoir puisque les interventions qu'il propose pour sortir le pays du marasme sont jugées inconstitutionnelles par le Conseil privé. C'est à partir de ce contexte qu'il faut interpréter le rapport que Creighton va soumettre en

1939 à la Commission Rowell-Sirois (1937-1940), chargée d'enquêter sur les relations entre le gouvernement fédéral et celui des provinces, rapport où il soutient que les «Pères» de la Confédération avaient en vue de créer un gouvernement central fort qui faisait du gouvernement des provinces l'analogue de conseils municipaux et que s'il n'en a pas été ainsi, c'est que les diverses décisions rendues par le Conseil privé en faveur des provinces depuis 1867 sont le résultat d'une incompréhension profonde de la nature réelle de l'Acte de l'Amérique du Nord Britannique.

Cette perspective, Creighton la reprendra et la précisera dans *Dominion of the North* et dans sa biographie en deux volumes de *John A. Macdonald* (1952; 1955)[51], qui amorcera le repli de l'historiographie anglophone vers cette forme plus traditionnelle de pratique historienne qui se prolongera jusqu'au début des années soixante.

Conclusion

L'image qui domine la tradition historiographique anglophone est celle d'une nation de bâtisseurs qui sont sûrs d'eux-mêmes. Le Canada est leur œuvre et, dans cette entreprise d'édification continue, ils n'ont pas rencontré d'obstacles majeurs, si ce n'est ce poids mort, cette paysannerie retardataire tournée vers le passé que sont les Canadiens français, qu'ils ont eu à supporter parce qu'ils avaient eu, autrefois, la grandeur d'âme de leur permettre de survivre.

Cette représentation de soi se départage en deux temps. D'une part, du milieu du XIXe siècle jusqu'au tournant des années trente, l'histoire constitutionnelle constitue le pivot central qui assure l'intelligibilité d'ensemble du devenir du Canada. Mais le Canada dont il s'agit prend surtout sa signification par rapport au cadre impérial dont il constitue l'une des parties constituantes.

D'autre part, de 1930 à 1950, sous l'influence conjuguée de l'évolution constitutionnelle du pays, de la spécialisation en histoire, de l'apport conceptuel d'autres sciences sociales et d'interrogations qui ont cours dans le plus large contexte social, l'historiographie anglophone va délaisser l'histoire constitutionnelle et le cadre impérial pour tenter de cerner les contours d'une identité canadienne originale. La géographie du pays ainsi que les caractéristiques propres qui s'attachent au développement d'une économie coloniale en constitueront le premier fondement. Mais, par un curieux cercle, ce fondement géo-économique va cautionner en retour la réalité politique canadienne que l'on définit, cette fois-ci, comme une entité nationale autonome.

Notes

1. E. R. Adair, cité par Carl Berger, *The Writing of CANADIAN HISTORY — Aspects of English-Canadian Historical Writing since 1900*, Toronto, Buffalo et London, University of Toronto Press, (1976), 1986, p. 184.
2. Michel Brunet, «Lionel Groulx (1878-1967), historien national», *Québec — Canada anglais, deux itinéraires, un affrontement*, Montréal, HMH, 1968, p. 71.
3. Carl Berger, *op. cit.*, p. 34.
4. Blair Neatby, *La grande dépression des années 30 —La décennie des naufragés*, Montréal, Édition La Presse, (1972), 1975, p. 24.
5. Carl Berger, *op. cit.*, p. 185.
6. Cité par Michel Brunet, «The British Conquest: Canadian Social Scientists and the Fate of the Canadiens», *Canadian Historical Review*, 40, 2 (juin 1959), p. 95.
7. Jean-Pierre Wallot, «Notes bibliographiques», *Revue d'histoire de l'Amérique française*, 20, 3 (décembre 1966), p. 488.
8. Carl Berger, *op. cit.*, p. 2.
9. La Confédération (1867) et surtout la «Politique nationale» (1879) de Macdonald contribueront aussi à amplifier ce sentiment. De même, toute une série de transformations va graduellement rendre désuet le pouvoir du parlement britannique de désavouer la législation canadienne tandis que, parallèlement à cette évolution, le rôle du gouverneur général va prendre un caractère de plus en plus symbolique.
10. Carl Berger, *op. cit.*, p. 33.
11. Son œuvre principale, publiée entre 1865 et 1892, consiste en une série de sept ouvrages sur la Nouvelle-France, collection qui porte le titre général de *France and England in North America.*
12. Carl Berger, *op. cit.*, p. 4.
13. Cité par Carl Berger, *ibid.*, p. 20.
14. Cité par Carl Berger, *ibid*, p. 11.
15. Il faut dire que George Wrong était aussi un pasteur anglican. Voir à ce propos: Ramsay Cook, «An interview with A.R.M. Lower», Eleanor Cook, dir., *The Craft of History*, Toronto, Canadian Broadcasting Corporation, 1973, p. 41.
16. Cité par Carl Berger, *op, cit.*, p. 23, 24.
17. *Imperial Preferential Trade from a Canadian Point of View.*
18. Serge Gagnon, «Historiographie canadienne ou les fondements de la conscience nationale», dans André Beaulieu, Jean Hamelin et B. Bernier, dir., *Guide d'histoire du Canada*, Québec, Les Presses de l'Université Laval, 1969, p. 10.
19. Voir à ce propos: Kari Levitt, *La capitulation tranquille: les «multinationales» — pouvoir politique parallèle?*, Outremont, L'Étincelle, (1970), 1972, p. 75-82.
20. Carl Berger, *op. cit.*, p. 140-141.
21. Blair Neatby, *op. cit.*, p. 13.
22. Il faut préciser que la notion de frontière en français n'a pas la même signification que celle de «frontier» en anglais qui est ici le sens visé. En effet, frontière renvoie à «boundary», alors que «frontier» se traduit plutôt par «frange pionnière». Cette dernière notion comporte une connotation dynamique que ne possède pas, en

français, la notion de frontière *(boundary)* qui renvoie plutôt à l'idée d'une limite d'influence, alors que «frontier» représente une force en expansion. Voir à ce propos: Claude Raffestin, «Éléments pour une théorie de la frontière», *Diogène*, 134 (avril-juin 1986), p. 6.
23. Voir à ce propos: Claude Fohlen, «La frontière: une explication de l'histoire américaine», *L'Amérique anglo-saxonne de 1815 à nos jours*, Paris, Presses Universitaires de France, 1965, p. 303-325.
24. Voir à ce propos: Serge Gagnon, *op. cit.*, p. 15.
25. Cité par Carl Berger, *op. cit.*, p. 119.
26. Cité par Carl Berger, *ibid.*, p. 64.
27. *Ibid.*, p. 93.
28. Voir à ce propos: Louise Dechêne, «Coup d'œil sur l'historiographie de la Nouvelle-France», *Études canadiennes/Canadian Studies*, 3, (1977), p. 47; Carl Berger, *op. cit.*, p. 96.
29. Carl Berger rapporte qu'il a fallu 15 ans pour épuiser les 1000 copies de la première édition. *Ibid.*, p. 97.
30. Même en 1966, Lower pouvait dire que l'essai de Turner de 1893, était *«the most formative piece of writing in modern history»*. Cité par Carl Berger, *ibid.*, p. 118.
31. *Ibid.*, p. 136.
32. A. R. M. Lower, *Colony to Nation —A History of Canada*, Toronto, London, New York, Longmans, Green & Company, 1946, cité par Carl Berger, *ibid.*, p. 123.
33. A. R. M. Lower, *The North American Assault on the Canadian Forest*, cité par Carl Berger, *ibid.*, p. 117.
34. A. R. M. Lower, «Two Ways of Life: The Primary Antithesis of Canadian History», *Canadian Historical Association Report/Société Historique du Canada*, 1943, p. 5.
35. A. L. Burt, *The Old Province of Quebec*, cité par Carl Berger, *op. cit.*, p. 43. Selon Burt, il importe peu que ces concessions aient été motivées pour contenir l'agitation américaine puisque, malgré tout, un «principe» a quand même été établi à cette occasion. *Ibid.*
36. Carl Berger, *ibid.*, p. 40. On verra, dans un chapitre subséquent, le rôle que ces idées de Lord Acton ont joué chez les fédéralistes de *Cité libre.*
37. En plus de la Conquête, la Confédération constitue selon lui l'autre moment capital de l'histoire canadienne. Voir Ramsay Cook, «An Interview with A. R. M. Lower», *op. cit.*, p. 25.
38. A. R. M. Lower, *Colony to Nation...*, *op. cit.*, p. 63.
39. *Ibid.*, p. 64.
40. *Ibid.*, p. 559.
41. *Ibid.*, p. 69.
42. *Ibid.*, p. 559. De plus Lower pense que, sans la Conquête, les Canadiens français auraient été incapables de développer eux-mêmes des institutions démocratiques. Voir Carl Berger, *op. cit.*, p. 120.
43. A. R. M. Lower, *Colony to Nation...*, *op. cit.*, p. 69.

44. *Ibid.*, p. 560.
45. *Ibid.*, p. 561.
46. Donald G. Creighton, *The Empire of the St-Lawrence*, Toronto, Macmillan, (1937), 1956, p. 6-7.
47. *Ibid.*, p. 22, 23, 28, 35.
48. *Ibid.*, p. 35. Dans un ouvrage subséquent, *Dominion of the North* (1944), Creighton souligne que c'est l'intendant Talon et les marchands de fourrures français qui, les premiers, ont aperçu les immenses possibilités commerciales que recélait le fleuve et qu'ils ont tenté, mais sans succès, d'édifier cet empire commercial. Voir Carl Berger, *op. cit.*, p. 217.
49. Donald G. Creighton, *op. cit.*, p. 33, 159, 160.
50. Cité par Carl Berger, *op. cit.*, p. 211.
51. Dans le compte rendu critique du premier volume de Creighton, Michel Brunet écrit: «Lorsqu'il analyse le projet de confédération tel qu'exposé par celui-ci [Macdonald], il semble vouloir mettre en pièces tous ceux qui s'opposent, de nos jours, à la centralisation fédérale. Il n'a pas oublié qu'il a été conseiller de la Commission Rowell-Sirois. Sa foi impérialiste et son admiration pour les institutions britanniques atteignent des sommets où Macdonald lui-même ne s'est peut-être jamais rendu.» Michel Brunet, *Revue d'histoire de l'Amérique française*, 6, 4 (mars 1953), p. 581.

Chapitre II

LA TRADITION HISTORIOGRAPHIQUE CANADIENNE-FRANÇAISE

Les origines (1837-1915)

L'historiographie canadienne-française est apparue dans la foulée des conflits parlementaires, de la rébellion de 1837-1838 et de l'imposition de l'Acte d'Union. À la différence du Canada anglais, ces événements expriment l'état de dépendance et d'infériorité dans lequel se trouvent les Canadiens français depuis la Conquête. Aussi, la naissance de l'historiographie au Canada français est-elle d'abord liée à un sentiment d'inquiétude quant à son avenir. Avant même la naissance de l'historiographie, le Canada français s'est d'abord défini en opposition à cette population qui, économiquement et politiquement, accapare les postes de commande et qui démographiquement n'a pas tardé à occuper, et de loin, la première place. C'est par rapport à ces signes inverses (du pouvoir, de la langue et de la religion) qu'aurait pris forme, dès les premières décennies qui succèdent à la Conquête, le nationalisme canadien-français. Mais, par le jeu de transformation des structures sociales qu'ont provoqué la rébellion de 1837-1838, l'Acte d'Union et la montée du pouvoir clérical, ce nationalisme, d'abord revendicateur et libéral, est devenu conservateur et religieux. C'est qu'entre 1840 et 1870, le clergé va affirmer ses assises sociales et bientôt on assistera «dans les milieux nationalistes à un curieux processus d'identification de la religion à la nation[1]».

Notre historiographie est née sous le signe du libéralisme et évoluera au rythme des avatars du nationalisme. La première *Histoire du Canada* (1837-1844) a été rédigée par Michel Bibaud. Mais Bibaud est un bureaucrate, un «collaborateur» du régime, selon l'expression de Michel Brunet. C'est ce qui l'amènerait, semble-t-il, à faire preuve d'une partialité particulièrement évidente dans l'interprétation qu'il donne à certains événements. Guy Frégault nous donne un exemple extrêmement net de cette partialité, en commentant le compte rendu que Bibaud a fait des quatre-vingt-douze résolutions dans son œuvre:

> L'historien pourrait citer le texte de ce document [...] Économe d'espace, Bibaud se borne «à n'en donner que la substance». On s'attendrait à lire un véritable résumé du texte historique. Il n'en est rien. Bibaud écrit simplement:
>
> «La première résolution donc, renferme une proposition que plusieurs de celles qui suivent inculqueraient n'avoir été vraie que dans le passé.
>
> «La 2ème fait suivre une assertion vraie d'une assertion fausse et calomniatrice.
>
> «...La 6ème contient une exagération historique suivie d'une assertion fausse.
>
> «La 7ème est une continuation de l'histoire commencée dans la précédente.
>
> «La 8ème était l'inverse de la vérité...»
>
> Et l'on se rend ainsi jusqu'à 92. C'est, on le voit, un procédé de réfutation plutôt facile. Après avoir dit quatre-vingt-douze fois: «C'est faux, donc ce n'est pas vrai», l'auteur conclut imperturbable: «Tel est le résumé d'une œuvre dont on aurait pu trouver nulle part le pendant, l'eût-on cherché dans les annales de la plus grande démence révolutionnaire[2].»

De plus, Bibaud se limite à une chronologie stricte et, par là, il ne propose aucune interprétation d'ensemble.

Ce n'est qu'avec la parution de l'*Histoire du Canada* de François-Xavier Garneau que notre historiographie va développer une interprétation globale de l'histoire du Canada français. Ce schéma d'ensemble connaîtra une fortune durable puisqu'il s'imposera à la tradition historiographique canadienne-française pendant un siècle, indépendamment des jugements particuliers que Garneau porte sur les événements et que ses successeurs vont parfois contredire. Les trois premiers volumes de l'*Histoire du Canada depuis sa découverte jusqu'à nos jours* paraissent entre 1845 et 1848. En 1852, il réédite son œuvre en y ajoutant un quatrième volume qui conduit maintenant le récit de 1791 jusqu'en 1840. La première et la seconde éditions furent mal reçues par la critique qui juge cette histoire trop libérale et anticléricale. Dans ses deux premiers volumes, Garneau traçait un portrait peu avantageux de Mgr de Laval, fustigeait les institutions d'Ancien régime au nom de la démocratie et de la liberté tout en s'opposant au pouvoir temporel de l'Église. Surtout, il s'élevait contre l'interdiction faite aux Huguenots d'émigrer en Nouvelle-France au lendemain de la révocation de l'édit de Nantes.

> S'il fallait expulser une des deux religions, écrit Garneau en 1845, il aurait mieux fallu, dans l'intérêt de la colonie, faire tomber cette exclusion sur les catholiques qui émigraient peu; il [Richelieu] portait un coup fatal au Canada en fermant l'entrée aux Huguenots d'une manière formelle [...] sans cette politique, nous ne serions pas, nous Canadiens, réduits à défendre pied à pied contre une mer envahissante, notre langue, nos lois et notre nationalité[3].

Peu après la parution de ce premier volume, le directeur du séminaire de Québec pouvait écrire à l'abbé Ferland:

> L'auteur [...] juge de tout à la faveur des philosophes qui nous font la grâce de regarder la religion comme bonne pour le peuple, mais qui voudraient aussi la faire un instrument entre les mains du pouvoir. Il a en vue l'intérêt matériel du pays, & il veut que devant cet intérêt tout autre intérêt disparaisse. Son œuvre sous le rapport religieux n'est pas une œuvre nationale. Tous ceux qui sont le plus avancés dans le patriotisme reconnaissent que la religion catholique est un des soutiens de notre nationalité. L'auteur semble regretter qu'elle soit la nôtre, & la signale comme n'étant pas propre à favoriser les progrès de l'industrie &c[4].

Cependant, en 1848, Garneau se voit ouvrir les archives épiscopales après avoir reconnu, dans son troisième volume, le rôle central que le clergé a commencé à jouer pour la sauvegarde de la nation à compter de la Conquête. En 1859, paraît une troisième édition épurée par les soins d'un membre du clergé mais, dans l'ensemble, la philosophie et les jugements qui inspirent l'œuvre demeurent identiques. Par contre, c'est dans son quatrième volume, paru en 1852, que Garneau va délaisser la pensée libérale pour adopter le langage de la pensée conservatrice qui, dans le sillage de LaFontaine, prend consistance autour de lui.

Garneau a été influencé par l'historiographie libérale et romantique européenne qui, de Herder à Michelet en passant par Thierry, va user des métaphores du peuple et de la race pour donner aux événements la figure d'une totalité organique. C'est à partir de cette abstraction commode que Garneau va pouvoir interpréter globalement le sens de notre histoire en la présentant comme une lutte perpétuelle pour assurer la survivance de la nation. En effet, la définition de l'identité collective chez Garneau repose sur un projet de conservation qui s'organise autour de deux référents majeurs.

On retrouve d'abord celui du peuple en qui Garneau aperçoit le moteur de l'action historique. En effet, à l'exemple des écrivains du XIXe siècle, il ne s'attarde ni sur sa composition ni sur ses conditions concrètes d'existence pour en faire une totalité abstraite[5]. C'est que le peuple, au XIXe siècle, n'est pas entendu au sens d'une population effective, mais évoque plutôt un «principe» que l'idéologie libérale et la tradition parlementaire ont privilégié comme référent central[6]. Toutefois, chez Garneau, le peuple représente moins un «principe» qu'une «volonté».

Cette représentation volontariste du peuple repose sur l'emploi de son deuxième référent principal — celui de lutte — qui, tout en donnant consistance à cette abstraction que constitue le peuple, permet de l'engager, comme totalité, dans le processus du devenir. Grâce à l'emploi de ces deux référents, Garneau peut démontrer que, malgré la Conquête, notre histoire se présente sous le signe de la continuité. À la lutte militaire que les Canadiens ont mené contre l'Indien et l'Anglais, a succédé la lutte politique pour la conservation de leurs traditions.

> Si l'on envisage l'histoire du Canada dans son ensemble, depuis Champlain jusqu'à nos jours, on voit qu'elle a deux phases, la domination française et la domination anglaise, que signalent, l'une, les guerres contre les tribus sauvages et contre les provinces qui forment aujourd'hui les États-Unis; l'autre, la lutte morale et politique des Canadiens pour conserver leur religion et leur nationalité[7].

Ce dernier objectif rompt avec la philosophie du progrès et de dépassement qui se retrouve au cœur de la pensée libérale et qui informe toute son œuvre. Il le propose à regret. L'échec de l'insurrection de 1837-1838 et la promulgation de l'Acte d'Union ne sont pas étrangers à ce changement d'attitude. En effet, une fois perdu le rêve d'une indépendance future, les Canadiens, maintenant mis en minorité politique, ne peuvent avoir d'autres espoirs que celui de travailler à conserver leur nationalité.

Il faut dire qu'au moment où Garneau rédige son *Histoire du Canada*, le Canada français, d'abord menacé de disparition par l'Acte d'Union, a réussi à s'assurer une certaine reconnaissance de fait par le jeu des alliances politiques, avant d'en obtenir une de droit avec l'avènement du gouvernement responsable. Quoique pour Garneau la destinée du peuple canadien-français soit «de lutter sans cesse[8]», cette lutte incessante n'a pas, selon lui, pour objectif la libération brutale du Canada français. Les exemples du soulèvement de 1837-1838, de l'imposition de l'Acte d'Union et de la lutte politique entourant l'avènement du gouvernement responsable sont là pour démontrer que c'est par la réforme des institutions britanniques que le Canada français pourra assurer, à tout le moins, la conservation de ses traditions. Pour Garneau, c'est là, désormais, le seul objectif viable.

> Que les Canadiens soient fidèles à eux-mêmes; qu'ils soient sages et persévérants, qu'ils ne se laissent pas emporter par le brillant des nouveautés sociales ou politiques! Ils ne sont pas assez forts pour se donner carrière sur ce point. [...] Pour nous, une partie de notre force vient de nos traditions; ne nous en éloignons ou ne les changeons que graduellement[9]...

Nous sommes loin de l'image de bâtisseurs que l'historiographie anglophone va commencer à développer à partir de cette époque.

Cette interprétation de la signification de notre histoire et de notre destinée devait, globalement, demeurer valide pour à peu près un siècle et valoir à son auteur le qualificatif d'historien national. Selon Fernand Ouellet, cette relative stabilité interprétative s'explique par le fait que, jusqu'au milieu du XXe siècle, notre historiographie a surtout été pratiquée par des autodidactes qui, à part la France, n'entretenaient que peu de contact avec les historiographies étrangères, y compris l'historiographie canadienne-anglaise, diminuant d'autant les chances d'assurer son renouvellement[10]. Mais cette stabilité s'explique aussi, sinon surtout, du fait qu'au lendemain de la querelle libérale-ultramontaine de 1850-1870 — où le clergé a réussi à établir son ascendant sur la société canadienne-française — l'interprétation de Garneau devait servir de canevas à l'argumentation de l'idéologie de la survivance nationale qui allait rapidement amener «la conversion des valeurs conservatrices en valeurs nationales[11]». C'était en quelque sorte inévitable puisque, comme l'a mis en évidence Benedetto Croce à propos du XIXe siècle européen, l'Église de Rome et le libéralisme formaient littéralement deux religions opposées[12]. Aussi, le clergé, soucieux d'assurer sa suprématie sociale en se donnant un fondement historique, d'autant plus aisé à fournir qu'il détenait le contrôle des archives, va mettre en lumière et exalter son rôle historique à l'époque de la Nouvelle-France tout en continuant à insister sur la fonction de suppléance qu'il aurait rempli à compter de la Conquête. L'œuvre de l'abbé Ferland (1861; 1865) et celle de l'abbé Faillon (1865-1866) réaliseront cet objectif et, au lieu du peuple, «c'est Dieu qui est l'agent principal du développement historique[13]». Cette mise en évidence du rôle de la

Providence comme agent historique devait s'inscrire dans le prolongement du mouvement par lequel nos origines allaient faire l'objet d'une valorisation extrême et être, par la même occasion, à la source du mythe de notre vocation missionnaire.

Aux côtés de cette historiographie à caractère religieuse, l'histoire constitutionnelle devait aussi connaître un certain succès. Toutefois, à la différence de la tradition historiographique anglophone, ce n'est pas la signification que cette évolution revêt à l'intérieur du cadre impérial qui retient d'abord l'attention. Prolongeant l'interprétation de Garneau voulant que la lutte du peuple canadien-français se déroule désormais sur le plan politique, ces historiens vont s'attacher à faire ressortir le contraste qui aurait existé dans la conduite des hommes politiques canadiens-français avant et après l'Union. Louis-Philippe Turcotte sera le premier historien canadien-français à magnifier le rôle que ces derniers auraient joué à compter de l'Union[14]. Selon lui, aux luttes stériles de Papineau, qui ont entravé le progrès du pays tout entier et mis en péril la survivance même des Canadiens français, LaFontaine et son équipe, qui sont des conservateurs, vont opposer une politique de collaboration entre les deux races. Non seulement, selon Turcotte, les Canadiens français sont à l'origine de l'obtention du gouvernement responsable, mais grâce à cette victoire, ils peuvent désormais vivre sur un pied d'égalité avec les Canadiens anglais. Selon cette perspective, la Confédération apparaît comme la consécration officielle de la conquête de cette égalité politique. Cinquante ans plus tard, Thomas Chapais reprendra cette interprétation dans son *Cours d'histoire du Canada*.

Serge Gagnon, reprenant en cela l'interprétation des historiens de l'École de Montréal, expliquera cette mutation de notre historiographie, qui de laïque et libérale est devenue cléricale et conservatrice, en portant attention au contexte de sujétion de la communauté nationale qui, à son tour, commanderait le développement du pouvoir clérical puisque, selon son hypothèse, «la religion valeur refuge est une caractéristique des peuples dominés, le messianisme de même[15]». Il serait exagéré de prétendre — et Gagnon est le premier à le dire —, que notre historiographie ou que nos idéologies se sont réduites à ce cadre clérical et conservateur: c'est là une tradition dominante, mais non exclusive. Ainsi, une historiographie à tendance plus libérale (L. O. David) et même anticléricale (Benjamin Sulte) a pu voir le jour dans le dernier quart du XIXe siècle[16]. De même, dans la première moitié du XXe siècle, certains auteurs ont aussi abordé notre histoire selon des angles de lectures plus économiques (Joseph-Noël

Fauteux), tandis que d'autres effectuaient certaines synthèses spécialisées. Toutefois, comme le rapporte Jean Blain, la plupart de ces travaux à caractère plus systématique «ont rôle d'appendices à une histoire où le national et le politique règnent en maîtres[17]». Il faut souligner que ce monolithisme de nos idéologies, que révèle la stabilité de notre historiographie, apparaît aussi comme une réaction de compensation face aux transformations globales qui commencent à affecter la société québécoise dès le dernier quart du XIXe siècle. Le développement de l'industrialisation, de l'urbanisation et l'émigration aux États-Unis se présentent pour les élites sociales comme autant de menaces à notre survivance nationale. Aussi, en mettant encore plus en évidence la fragilité de notre situation, ces grands problèmes collectifs provoqueront un plus grand raidissement du réflexe conservateur, qui était déjà le nôtre, et amènera notre historiographie, de la fin du XIXe siècle jusqu'à la Deuxième Guerre mondiale, à faire de la Nouvelle-France un âge d'or qui deviendra de plus en plus le lieu privilégié de son investigation.

C'est à partir de ce contexte qu'il faut comprendre le succès de l'interprétation de Garneau car, si elle a pu servir de canevas durable à l'idéologie de la survivance nationale, c'est que la périodisation qu'elle fait intervenir est liée à un projet idéologique de conservation qui repose sur une appréhension particulière du temps. En effet, à l'inverse, par exemple, de la Révolution tranquille, qui fonde la légitimité de son projet idéologique en insistant sur la discontinuité historique qu'implique la récusation du passé, l'interprétation de Garneau va plutôt insister sur la continuité de notre histoire, grâce à la médiation que permet d'introduire l'idée de lutte incessante qui, par les connotations étendues qu'elle met en jeu, peut se plier à diverses organisations sémantiques où dominent les représentations de la résistance et de l'opposition qui font corps contre l'obstacle. C'est à partir de ces représentations, où les métaphores biologiques prédominent, que l'unité de la nation peut devenir à la fois le sujet et l'objet de l'action historique. Ce n'est pas que Garneau n'ait pas aperçu toute la portée de la rupture qu'a provoquée la Conquête. Au contraire, il la souligne plus vigoureusement que bien d'autres historiens[18]. C'est justement parce que la nation lui apparaît en péril constant et parce qu'il veut nous donner des raisons d'espérer pour le présent et l'avenir, que Garneau va faire de la lutte incessante, le principe par lequel la dualité de notre histoire puisse accéder à une signification d'ensemble qui, curieusement, n'ira pas sans se charger, au fil du temps, de connotations parfois surprenantes comme en témoigne ce passage de Frégault.

> ...c'est en combattant pour se maintenir et se développer que le Canada français restera fidèle à lui-même. Il s'affirmera en s'opposant. C'est là, d'ailleurs, une loi universelle. Sans la résistance de l'air, l'avion volerait-il? [...] Avant 1760, les Canadiens défendaient leur œuvre civilisatrice; plus tard, ils colletteront leurs adversaires à la tribune. [...] il existe une réelle analogie entre l'ère antérieure à la Conquête et la période qui la suit. Simplement, aux combats d'hommes, succédaient les batailles d'idées[19].

Que l'on puisse ainsi passer du combat d'hommes aux batailles d'idées en s'appuyant sur des principes aéronautiques illustrent bien jusqu'à quel point l'idée de lutte recèle un pouvoir de connotation particulièrement étendu, tout en permettant, en même temps, de ramener la multiplicité des événements — qui forment inévitablement la trame du devenir — à une intrigue unique où l'on peut aisément localiser un début, un milieu et une fin. En subdivisant notre histoire à partir de cet événement considérable que fut la Conquête, «la colonisation française de la vallée du Saint-Laurent s'est vite imposée comme une période close, refermée sur elle-même et qui ne rejoignait le présent qu'en ce qu'elle contenait le précieux dépôt des origines de la nation canadienne-française[20]». C'est au cours de cette période que «l'être national», pour reprendre la formule de Jean Blain, non seulement se serait formé, mais aurait atteint le plein potentiel de son développement. Aussi, après la Conquête, la survivance apparaissait-elle non seulement comme un objectif souhaitable, mais comme le seul possible.

Avant que ne prenne forme l'interprétation néo-nationaliste de l'École de Montréal, les conséquences de la Conquête étaient niées au profit de représentations compensatoires où les Canadiens français apparaissaient maîtres de leur destin, à condition de demeurer unis et de respecter les traditions ancestrales. Trois événements politiques ont servi plus particulièrement à entretenir cette illusion. Il y eut d'abord l'Acte de Québec de 1774, qui fut longtemps présentée comme notre «Grande Charte», où le conquérant magnanime nous aurait reconnu, malgré une Conquête encore fraîche, le droit de survivre comme entité distincte en reconnaissant l'existence de nos traditions culturelles. Puis, en second lieu, l'avènement du gouvernement responsable fut présenté comme l'étape majeure à partir de laquelle une collaboration franche s'est établie entre Canadiens français et Canadiens anglais sous le signe de l'égalité. En plus de mettre fin aux «querelles stériles» et aux préjugés entretenus par les deux «races», cette collaboration allait enfin mener le Canada tout entier sur la voie de la prospérité. Enfin, la Confédération allait symboliser l'apogée de cette ascension vers la reconnaissance de nos droits puisqu'un «pacte» y aurait été scellé entre deux peuples désormais égaux et soucieux de travailler désormais au bien commun des deux races.

Cette représentation, qui fait de la deuxième période de notre histoire le théâtre d'une lutte dont l'essentiel de ses manifestations se déroule dans l'arène politique, a particulièrement été illustrée par Thomas Chapais; ce dernier voulait ainsi mettre en évidence jusqu'à quel point l'évolution constitutionnelle du pays porte l'empreinte des luttes parlementaires difficiles que les Canadiens français ont dû mener pour garantir la conservation de leurs droits et assurer leur survivance nationale. Toutefois, Chapais ne fait pas que résumer l'interprétation historiographique traditionnelle, il porte à son apogée le credo clérico-nationaliste voulant que la survie du Canada français repose sur le respect mutuel des deux peuples fondateurs que garantit le jeu des institutions et dont le «Pacte confédératif» constitue le symbole. Cette lecture politique de la lutte pour la survivance, ne laissait, somme toute, que peu de place au particularisme de la nation canadienne-française puisque Chapais dissimule mal son penchant «bonententiste» et son admiration pour les institutions britanniques sous lesquelles, par décret providentiel, les Canadiens français ont le bonheur de vivre. Il faut dire que Chapais était intimement lié à «l'establishment» politique du temps.

Le magistère de Groulx

> Car être, pour un peuple comme pour l'individu, ce n'est pas seulement faire nombre et figurer. C'est dépasser le niveau de la morne existence; c'est posséder l'intégrité de son moi, le plein exercice de ses facultés, c'est s'épanouir dans la beauté de sa personnalité morale.
>
> LIONEL GROULX, *Notre avenir politique.*

Il appartiendra à Groulx, qui dominera l'historiographie canadienne-française entre les années 1915 et 1945, de mettre en relief ce particularisme car, à la différence de Chapais, tout ne va pas pour le mieux dans le meilleur des mondes au Canada français. Non pas que Groulx remette en question le caractère politique de notre lutte pour la survivance nationale. Tout au contraire, il y retrouve «les fondements du nationalisme canadien-français[21]». Dans le prolongement de Garneau, il pouvait écrire, en 1912, dans son premier ouvrage d'importance intitulé *Une croisade d'adolescents:* «Le grand fait de notre histoire, celui qui la domine et l'explique, n'est rien d'autre qu'une lutte continuelle et héroïque pour la survivance[22].» Par contre, à la différence de Chapais, la Conquête ne lui apparaîtra pas comme un bienfait providentiel.

De la même manière, la Confédération, loin de garantir notre survie, aurait plutôt contribué à notre mise en minorité progressive à l'intérieur du Canada, tout en ayant pour effet de dissoudre «en nous les idées de patrie ou de nationalité[23]». Aussi est-ce l'inquiétude qui domine le nationalisme de Groulx. Cette inquiétude est entretenue à la fois par le sentiment d'être un «petit peuple» perdu au sein d'un continent anglophone et protestant, mais aussi par le sort que subissent les Canadiens français à l'intérieur des autres provinces canadiennes en dépit du «pacte solennel» qu'ont scellé les deux races lors de la Confédération. Cette inquiétude est liée à un contexte plus vaste. Ainsi, la montée de l'industrialisation et de l'urbanisation ont mené à la prolétarisation massive des Canadiens français. De plus, on retrouve le danger permanent que constitue le fait de vivre en Amérique du Nord près du «Moloch américain». Pour Groulx, «nous sommes l'arbre aux feuilles à l'envers», toujours menacé par la tempête prochaine qui pourrait s'abattre et nous faire entrer dans le néant. En effet, à la différence de la plupart des nationalités, nous ne pouvons, selon lui, devenir des Canadiens français par le seul fait d'habiter une portion du territoire qui s'appelle le Canada français puisque la caractéristique principale de notre existence nationale est d'être continuellement en péril. Il y a d'abord le problème du nombre: «3 millions d'âmes coincées, en un bout de continent, par une masse énorme de 150 millions.» Puis, il y a l'anglomanie scolaire qui est en train de faire «de nous une race aux allures d'écrevisse[24]». À ces menaces s'ajoutent celle de la modification récente de notre environnement qui se manifeste par la diminution de notre importance relative au sein de la Confédération et, plus sournoisement, par la pénétration économique et morale de notre milieu par «l'américanisme[25]». Mais surtout, c'est le spectacle de la déchéance de notre paysannerie qui l'amène à réagir le plus vigoureusement puisque, la vocation paysanne étant pour lui notre première «constante de vie», la prolétarisation des Canadiens français, qui ne cesse de prendre de l'ampleur depuis quelques décennies, vient menacer notre survie même en tant que nation[26]. Il n'y a pas que la paysannerie qui soit entraînée dans cette chute, même les classes dirigeantes et les hommes d'affaires canadiens-français en seraient aussi affectés. Ce qui l'étonne le plus dans ce processus, c'est la docilité et la résignation avec laquelle les Canadiens français se laisseraient déposséder de leurs richesses naturelles pour se satisfaire du rôle de serviteurs dans leur propre pays alors que «ce petit peuple [...] porte dans ses veines le sang bleu des conquérants de l'Amérique[27]». Ce contraste va nourrir et informer toute son œuvre.

> À un petit peuple en train de perdre son histoire, sa civilisation, son âme, ma tâche aurait consisté à lui rappeler son passé, les éléments spirituels de sa culture, de sa civilisation, et par là, lui faire retrouver son âme, et du même coup, le destin que Dieu y a inscrit[28].

Ce travail de redressement dont Groulx va se faire le porte-parole virulent repose sur une conception particulière de la société et du rôle de l'histoire qui plonge ses racines dans la pensée du XIXe siècle.

La race, le milieu et la Providence

En effet, pour Groulx, comme pour les historiens du siècle antérieur, la société ou la nation sont toujours représentées comme étant l'analogue d'un être vivant. Cette conception, il la mettra en relief dès la première page de *La naissance d'une race*, en reprenant une définition de Fustel de Coulanges.

> L'histoire [...] n'est pas l'accumulation des événements de toute nature qui se sont produits dans le passé. Elle est la science des sociétés humaines. [...] Chacune de ces sociétés fut un être vivant; l'historien doit en décrire la vie[29].

Cette métaphore de l'être vivant, que vient renforcer l'idée d'une lutte pour la survivance nationale, pose à son tour le problème complexe des rapports que cet être vivant entretient nécessairement avec le milieu environnant, problème qui a fait de la géographie l'auxiliaire privilégié de l'histoire au XIXe siècle. C'est là un problème ancien que l'on peut faire remonter jusqu'à Hippocrate, mais qui ne s'articule en une synthèse cohérente qu'avec Montesquieu au XVIIIe siècle. Dans les premières décennies du XXe siècle, Lucien Febvre caractérisait ce problème de la manière suivante:

> Il y a, ne disons pas deux grands problèmes: le mot impliquerait l'existence de données définies et de certitudes préalables qui font par trop défaut ici, — il y a deux ensembles, vastes et confus, de questions mal délimitées que tout esprit curieux d'histoire rencontre dès l'abord sur son chemin. Deux mots, deux étiquettes plutôt servent à les désigner. On parle communément du «Problème de la Race» et du «Problème du Milieu[30].»

En employant le concept de race, Groulx ne fait donc que reprendre un terme qui, malgré son imprécision[31], est déjà consacré par la tradition. Ce n'est qu'avec la montée des fascismes en Europe et le déclenchement des hostilités qu'il sera facile d'en faire, à rebours, un disciple de Gobineau et le chef de file de l'école raciste au Canada français[32]. Avant ces événements, il est intéressant de noter que la principale controverse dont Groulx fasse état, concernant l'emploi qu'il fait du mot race, est liée au fait qu'il apparaîtrait «prétentieux» et excessif à plusieurs de parler de la naissance d'une race nouvelle au Canada français puisque l'on se trouverait, à ce moment, à renier nos origines françaises. Dans la préface de la 2e et de la 3e édition de *La naissance d'une race*, Groulx désire s'expliquer sur ce point.

> D'aucun nous ont fait grief de ce mot «race», terme qui serait impropre et prétentieux appliqué au peuple canadien-français. [...] «Variété dans la famille française», disons-nous; voilà où s'arrête notre prétention. [...] La naissance d'une race au Canada n'implique donc aucunement la rupture de cette race nouvelle avec son vieux passé français. À moins que ce ne soit sortir de la race française que d'y constituer un type nouveau, une «variété[33]».

Quelques années plus tard, Frégault avouera que c'est pour éviter ces «stériles querelles de langage» qu'il préfère utiliser le concept de «civilisation» à celui de race[34].

Le concept de milieu est tout aussi ambigu. Taine, qui a intéressé Groulx «assez longuement[35]», et qui a exercé en son temps une influence considérable, ne le limitait pas au seul milieu physique. Il y incorporait «tout ce qui environne un être humain: climat, sol, institutions aussi et religion et gouvernement, ce qui, ensemble, constitue "l'atmosphère matérielle, morale, intellectuelle dans laquelle l'homme vit et se meut".» Il faut ajouter que la théorie de l'évolution, depuis qu'elle avait mis en évidence le rôle de l'environnement dans l'évolution des espèces animales, avait rendu extrêmement commune l'idée que le milieu environnant pouvait exercer une influence déterminante sur celles-ci. Alors, comme le souligne Lucien Febvre, «il était logique d'en conclure (ces faits étant incontestables) que le milieu avait un pouvoir de transformation qui ne devait point s'arrêter aux insectes ou aux animaux quelconques — mais s'exercer également sur les êtres humains[36]». Aussi, quoique Groulx fasse de «l'action de la géographie» une influence majeure dans le processus de constitution de la «race nouvelle», il n'entend pas non plus, à l'exemple de Taine, «exclure de la composition du milieu, les institutions politiques qui ont régi les premières générations canadiennes, ni surtout l'Église, la puissance spirituelle qui ordonna leur vie supérieure[37]».

Selon Groulx, race et milieu sont deux réalités complémentaires qui, par l'action de transformations réciproques qu'elles exercent l'une sur l'autre, tout en étant à l'origine de la «race nouvelle», vont aussi permettre que germe «dans l'esprit des premières générations, l'idée de patrie.» Cette relation dialectique repose à la fois sur la métaphore de l'être vivant et sur celle de la lutte. En effet, parlant de la différence de milieux entre l'ancienne patrie et celle qui prend forme en Nouvelle-France Groulx écrira: «Plus ces différences de milieux sont accentuées, plus elles exigent du pionnier des réactions vives, profondes, qui créent des aptitudes, des habitudes nouvelles, hérédités prochaines dont la transmission constitue la Race. Les éléments politiques et moraux du milieu ajoutent, en Nouvelle-France, à l'action de la géographie, la complètent et l'accroissent[38].»

Il faut ajouter que, pour Groulx, la race canadienne-française n'est pas un produit de l'histoire seulement: elle a été «voulue[39]» et «créée par Dieu[40]». En effet, la Providence est pour lui une cause première mais non exclusive qui, à l'exception de la Conquête, va intervenir à chaque tournant de notre histoire. C'est pourquoi la relation que Groulx établit entre la race et le milieu, en plus de recouvrir une plus large dialectique entre la nature et la culture, le primitif et le civilisé, ne s'exerce pas au hasard: «une société humaine, une race, un peuple [...] ne sont ce qu'ils doivent être, n'atteignent leur condition normale, leur vraie grandeur, leur vraie beauté, que constitués selon le plan de Dieu, dans un ordre temporel organisé en fonction de l'être suprême[41]». De la même manière, «il ne saurait exister [...] de plus haute forme de civilisation que le catholicisme[42]». Mais les naissances de races nouvelles sont rares. C'est pourquoi, la Providence aurait veillé à ce que les premiers colons soient choisis par une immigration sélective et avec un soin tout particulier pour leurs bonnes mœurs et parce qu'ils étaient de souches paysannes. En plus de provenir du pays d'Europe qui a porté à son plus haut le flambeau de la civilisation chrétienne, le plus fort contingent d'immigrants est arrivé en Nouvelle-France au cours du XVIIe siècle, c'est-à-dire au moment où la culture française, par ses œuvres classiques, son idéal religieux et missionnaire, atteignait son apogée avant que les «lumières» du libéralisme n'engagent la France sur les voies de l'athéisme et de la tourmente révolutionnaire. Dieu va même veiller avec un soin tout particulier à la venue au monde du petit peuple canadien-français en lui prévoyant «les heures solennelles, les labeurs surhumains». Aussi, «pendant que les efforts s'arc-boutent, que les volontés se tendent et vibrent d'héroïsme, les âmes se surélèvent; en elles se mettent à éclore les hautes vertus[43]». La Nouvelle-France, forte de ses sources paysannes, catholiques et françaises, et des épreuves particulières que la Providence lui avait ménagées, a ainsi donné naissance à une race où son élévation spirituelle se compare à la pureté de ses origines.

Selon cette perspective, si les Canadiens français constituent une variété à l'intérieur de la famille française, il faut entendre par là que cela fait de nous, comme disait Duplessis, des «Français améliorés». En effet, pour Groulx, l'originalité profonde de notre première histoire réside dans le fait que la société de la Nouvelle-France est une «parfaite» bouture de la France car «c'est ici que la mère-patrie allait exporter le meilleur de ses institutions, la plus pure essence de son esprit[44]». On verra plus loin que ce sera là l'un des tous premiers motifs pour lequel Frégault va commencer à se distancer de Groulx.

Le rôle de l'histoire

Cette représentation du passé — qui fait que notre première histoire manifesterait au plus haut point l'intention divine qui a présidé à la mise en place de son «architecture» —, va faire de cette époque, où une race nouvelle est venue à l'être, le moment privilégié où se sont constituées nos traditions authentiques. Toutefois, sous l'impact de la Conquête, de la Confédération, de la crise économique, de l'urbanisation et de l'américanisme, ces traditions, qui sont comme le suc même de l'être national, vont subir de profondes altérations. C'est ce contraste entre l'hier et l'aujourd'hui, entre le plan divin qui prévalait à l'origine et la situation qui se profile sous ses yeux, qui va amené Groulx à exacerber le rôle qu'il prête à l'histoire. En effet, pour Groulx, «l'histoire demeure qui peut tout réparer[45]». Reprenant Gonzague de Reynold, il écrivait à ce propos:

> Toute nation, lorsqu'elle veut se relever d'une longue décadence, regarde nécessairement en arrière, au-delà de cette décadence, vers l'époque la plus grande, la plus féconde et la plus glorieuse de son histoire. Elle y puise des exemples, surtout des raisons d'espérer: «Ce que je fus, je puis l'être encore.» Pour relever un peuple déprimé, c'est donc trop peu de chose que quelques réformes sporadiques. Lui insuffler des raisons idéales de vie, renouer ses traditions vivantes, le rejeter dans les lignes de force de son histoire, voilà qui importe par-dessus tout[46].

Ce rôle de gardienne de la tradition, qu'il assigne à l'histoire, l'amènera à faire du passé un réservoir d'exemples pour répondre aux défis que pose le présent. Dans la suite du devenir, il ne s'agit pas pour Groulx d'ouvrir la porte à l'inédit et aux changements, mais bien d'être fidèle à l'intention qui prévalait à l'origine, c'est-à-dire à la tradition[47]. À l'exemple de ce que Paul Rozenberg disait à propos des romantiques anglais, pour Groulx «la tradition n'est pas survivance mais instrument de survie; non pas folklore mais pôle d'opposition à l'organisation de la misère renforcée[48]». Par là, l'histoire à faire devient indissociable de l'histoire à écrire mais, par la même occasion, l'avenir devient en quelque sorte interdit.

Ce passé exemplaire dont il faut retrouver l'intention originelle, Groulx précise qu'il n'a pas à l'inventer puisque «la réalité est assez belle pour nous dispenser de la surfaire[49]». Il semble d'ailleurs qu'il n'y ait pour lui que des héros en Nouvelle-France[50]. Parmi ceux-ci, Dollard des Ormeaux constitue l'exemple achevé. L'idéal que ce dernier représente à ses yeux, il va le proposer à la jeunesse et l'ériger en véritable culte. Cette figure l'obsède au point où trois des sept pseudonymes d'écrivain qu'il utilise habituellement reprennent le nom de l'un des compagnons de Dollard[51].

Toutefois, le rôle que Groulx assigne à l'histoire ne se limite pas à l'émulation que peut provoquer dans le présent le rappel de ces grandes figures du passé. L'histoire n'est pas seulement un réservoir d'exemples; elle constitue aussi une force qui continue à exercer ses effets dans le présent. La race, la nation ou le peuple représentent pour lui une véritable totalité organique où la puissance de l'hérédité n'a d'égale que sa passion de vivre. Le temps de la Nouvelle-France c'est, avant tout, le temps des origines, c'est-à-dire le moment où, après une gestation plus ou moins prolongée, l'être national a pris forme et a développé des caractéristiques qui lui appartiennent en propre. Et c'est à l'historien de dégager les lignes maîtresses de cette «architecture» nouvelle, de révéler sa psychologie particulière pour arriver à mettre en relief l'intention originale qui s'y manifeste pour que, dans la suite du devenir, l'on puisse respecter ce plan initial qu'a inspiré la Providence. En ce sens, le passé est, pour Groulx, une sorte d'archétype.

> Après André Beaunier, je me suis plu à rappeler un axiome aussi ancien que l'antique sagesse: «Notre Maître le passé», c'est-à-dire: le Passé, maître d'avenir. [...] si l'Histoire est directrice de vie, maîtresse d'avenir et de modernité, nul ne contestera l'importance, pour chaque peuple, non seule-

ment d'apprendre son histoire, mais plus encore de la comprendre et de la maintenir ce qu'elle est. L'on a jamais jugé intelligent, si je ne m'abuse, l'acte d'un navigateur qui, mettant à la voile pour un grand voyage, commencerait par fausser sa boussole ou par la jeter à la mer[52].

Si l'histoire est cette boussole qui doit nous indiquer le Nord, c'est qu'il y a une autre histoire qui nous entraîne et qui menace de nous égarer[53]. Ce risque, les Canadiens français en font l'expérience depuis la Conquête. Mais depuis l'avènement de l'industrialisation et de l'urbanisation, dont ils sont plus souvent qu'à leur tour les victimes, le danger d'égarement n'a jamais été si grand. Selon Groulx, l'une des conséquences les plus graves de ces événements est la perte de la conscience nationale que l'on observe chez les Canadiens français. Toutefois, puisque l'histoire est une boussole salvatrice, cette érosion graduelle serait aussi le résultat de l'éclipse d'un demi-siècle qui a suivi les débuts de l'enseignement de l'histoire à l'Université Laval qu'avait inauguré l'abbé Ferland au XIXe siècle. Pour Groulx, c'est là «l'un des plus grands malheurs des Canadiens français, dans l'ordre national» car «l'histoire est une science d'action, [...] [qui] fournit, en somme, son meilleur aliment au sentiment national[54]».

Les années de la crise économique ont rendu encore plus tangibles les menaces d'anéantissement dont le «petit peuple» canadien-français porterait déjà les marques. En ces années, où l'on évoque nos origines paysannes pour encourager le mouvement de retour à la terre et à l'agriculture familiale, c'est-à-dire où l'exemple du passé, en ces moments de complète incertitude, paraît particulièrement riche d'enseignement, les paroles de Groulx devaient trouver un terrain extrêmement propice. Devant ces transformations soudaines qui affectent le milieu national, transformations qui apparaissent à plusieurs comme une rançon à payer face à l'industrialisation et à l'urbanisation qui s'est développée au cours des cinquante dernières années, Groulx va confier à l'histoire la tâche de «préserver un peuple des faux aiguillages». Aussi, puisque «la nation évoque l'idée de culture» et que, par éducation nationale, Groulx entend «une prise de possession de notre culture[55]», la réforme de l'éducation nationale va lui apparaître comme la tâche la plus urgente à laquelle il faut s'attacher pour reconstituer notre conscience nationale défaillante.

> En face des maladies périodiques, germes de mort dont sont la proie les entités morales comme les autres, c'est la tâche d'une éducation intelligente de refaire constamment le point pour un peuple, de polariser ses énergies en mal de dispersion ou d'égarement, de lui rendre sa foi en ses destinées. Et voilà aussi ce que nous attendons, chez nous, d'une éducation nationale

régénérée. Elle devra restaurer, dans l'âme du peuple canadien-français, avec l'idée de nationalité, la foi au destin contenu en une telle idée[56].

Faire «le point»; «polariser ses énergies en mal de dispersion»; «restaurer l'idée de nationalité»; «rendre sa foi en ses destinées», autant d'expressions qui mettent en relief cette conception du rôle de l'histoire qui, comme le soulignait Fernand Dumont, vise d'abord chez Groulx à établir «une continuité de sens, [...] un retour à des archétypes qui puissent fonder un destin[57]».

La controverse Maheux/Groulx

Ce rôle que Groulx prête à l'historiographie pour la réfection de la conscience nationale, va être pris à partie au début des années quarante par la publication de deux séries de conférences prononcées par l'abbé Arthur Maheux, alors archiviste au Séminaire de Québec. Toutefois, il est plus juste de dire que la controverse porte moins sur le rôle de l'historiographie dans la formation d'une conscience nationale que sur la nature de cette réalité nationale ou, plus précisément, sur l'équivoque régnant depuis l'Union et la Confédération sur la réalité de la nation ou, pour être plus précis, de la patrie[58].

Pour Groulx, le «pacte fédéral» avait eu pour effet de semer la confusion autour de l'idée de patrie en introduisant la «dualité nationale». Pour sa part, l'abbé Maheux va reprendre le thème, qui a vu le jour au lendemain de l'Union, d'un Canada bilingue et biculturel dont la prospérité repose sur la reconnaissance d'une nécessaire dépendance mutuelle entre les deux principales ethnies. Il va aussi lui greffer celui plus récent — dans le sillage du nationalisme pancanadien de Henri Bourassa et du développement d'une conscience nationale au Canada anglais — voulant que l'évolution constitutionnelle du pays, en libérant le Canada des dernières entraves coloniales, soit le signe que le Canada est maintenant une nation à part entière où Canadiens anglais et Canadiens français peuvent vivre sur un pied d'égalité.

Cette opposition entre Maheux et Groulx, sur la question de savoir quelle est la nation ou la patrie véritable des Canadiens français, n'est pas récente. En 1904, par exemple, elle devait donner lieu à un important débat où les adversaires du moment sont Jules-Paul Tardivel et Henri Bourassa. Pour le premier, qui réagit au propos du *Nationaliste*, organe de presse de la Ligue nationaliste canadienne que vient de fonder l'année précédente Olivar Asselin, il ne fait pas de doute que:

Notre nationalisme à nous est le nationalisme canadien-français. [...] les nôtres pour nous, sont les Canadiens français; la patrie, pour nous, nous ne disons pas que c'est précisément la province de Québec, mais le Canada français; la nation que nous voulons voir se fonder à l'heure marquée par la divine Providence, c'est la nation canadienne-française. Ces messieurs de la Ligue paraissent se placer à un autre point de vue. On dirait qu'ils veulent travailler au développement d'un sentiment canadien, indépendamment de toute question d'origine, de langue, de religion[59].

Bourassa, en qualité d'interprète de la Ligue, réfutera Tardivel en s'appuyant sur les articles du programme:

Notre nationalisme a nous est le nationalisme canadien fondé sur la dualité des races et sur les traditions particulières que cette dualité comporte. Nous travaillons au développement du patriotisme canadien qui est à nos yeux la meilleure garantie de l'existence des deux races et du respect mutuel qu'elles se doivent. [...] La patrie, pour nous, c'est le Canada tout entier, c'est-à-dire une fédération de races distinctes et de provinces autonomes. La nation que nous voulons voir se développer, c'est la nation canadienne, composée des Canadiens français et des Canadiens anglais, c'est-à-dire de deux éléments séparés par la langue et la religion, et par les dispositions légales nécessaires à la conservation de leurs traditions respectives, mais unies dans un sentiment de confraternité, dans un commun attachement à la patrie commune[60].

Il faut dire qu'il ne déplairait pas à Groulx de voir se développer au Canada, sous le signe d'une franche égalité, une véritable relation de dépendance mutuelle dont les Canadiens français n'auraient pas à acquitter tous les frais en étant «le Jonas perpétuel qu'on jette à l'eau chaque fois que la barque va de travers[61]». Mais Groulx ne saurait ramener sa représentation de la nation à la dimension d'une entité essentiellement politique qui, au surplus, rassemblerait deux «races» dont la langue, l'histoire et les traditions diffèrent complètement. Pour Groulx, dans le prolongement de Taine, nation et culture sont liées.

Si nous nous reportons à la définition même de la nationalité, il nous a toujours paru, quant à nous, qu'il existe telle chose au Canada qu'un groupe humain nettement caractérisé, ayant sa langue, son histoire, son droit, un héritage de traditions, de culture et d'aspirations communes, et gardant, en dépit de ses misères et des directives anarchiques de ses intellectuels, le vouloir-vivre collectif[62].

Cette divergence de points de vue, quant à la nature de la nation, devait amener l'abbé Maheux à affirmer que l'enseignement de notre histoire nationale n'aurait fait, jusqu'alors, que distiller la haine entre les deux races. C'est pourquoi, il lui apparaît urgent de soumettre le passé à un nouvel éclairage pour faire de l'historiographie et de son enseignement dans les écoles, un instrument de concorde entre Canadiens français et Canadiens anglais, plutôt qu'un facteur de désunion. Pour réaliser cet objectif, l'adoption d'un manuel unique lui semble la seule solution apte à résoudre les problèmes qui les opposent. De plus, ce serait aux Canadiens français de donner l'exemple.

> Enlevons nous-mêmes les obstacles que nous trouvons sur la route de la bonne entente entre les deux groupes canadiens; donnons encore l'exemple. [...] À nous d'utiliser l'Histoire, pour inspirer à la jeunesse la très positive notion d'égalité entre les deux groupes du Canada[63].

Dans la première série de conférences parue en 1941 sous le titre *Ton histoire est une épopée — Nos débuts sous le régime anglais*, l'abbé Maheux entend démontrer, en procédant par comparaison avec l'histoire de quelques pays européens et plus spécialement en effectuant un parallèle avec les atrocités que commettent Hitler et Mussolini au même moment en Europe, qu'en fait la Conquête a été pour nous une véritable «idylle[64]» et qu'à tout considérer, le régime anglais, sous la gouverne de James Murray, avait été bienveillant et paternel. Le père Archange Godbout, dans la recension qu'il a effectué de la controverse qui a suivi la publication de ces conférences, pouvait dire avec ironie: «Le Canadien français a tellement reçu qu'il devrait se montrer satisfait et, au lieu d'exiger de nouvelles faveurs, penser plutôt à acquitter sa dette de reconnaissance[65].» On peut comprendre à ce moment qu'aux yeux de Groulx, l'abbé Maheux soit du «Chapais aggravé[66]».

Moins de deux ans plus tard, Maheux allait récidiver avec la publication d'une autre série de conférences, intitulée *Pourquoi sommes-nous divisés?* Son objectif est de passer en revue les diverses causes qui «retardent la réalisation de l'Unité nationale[67]». Reprenant le flambeau loyaliste, Maheux va minimiser les différences qui s'attacheraient aux deux principaux groupes nationaux et ramener les motifs de querelles au rang de simples préjugés nuisibles au progrès et à la prospérité du Canada qu'il faut, dès lors, travailler à abattre. Pour Maheux, surtout en ces lendemains de plébiscite où les susceptibilités sont extrêmes, il est temps que cessent nos luttes fratricides. L'école et l'histoire en seront les instruments privilégiés: «Lorsque maîtres et élèves auront lancé vers le Ciel leurs ferventes supplications pour un Canada uni, comment la leçon d'histoire pourrait-elle respirer ou inspirer la haine[68]?»

Sans oser attaquer Groulx directement, l'abbé Maheux va mettre en question, par des allusions subtiles, sa manière de concevoir et de pratiquer l'histoire. Mais, derrière Groulx, c'est au schéma de Garneau que Maheux désire s'attaquer.

> Notons aussi qu'on rencontre [...] des malfaiteurs sans le savoir, je veux dire des maîtres qui conçoivent l'histoire, disons à la manière de Michelet, c'est-à-dire comme une suite de conflits entre peuples, entre nations, entre groupes, entre classes. D'après cette conception romantique, l'exposé des faits historiques ne prend de l'intérêt que s'il se présente sous la forme de heurts, de conflits, de querelles et de batailles; il s'agit, pour l'historien et pour le professeur d'histoire, de tout ramener à des luttes, d'accentuer les caractères des moindres conflits[69].

Selon Maheux, c'est l'influence du romantisme qu'il faut blâmer pour avoir introduit cette idée de lutte qui conditionne l'architecture de notre historiographie depuis Garneau. Le romantisme aurait aussi amené notre historiographie à être par trop lyrique et larmoyante. Plus encore, c'est au romantisme à qui il faut imputer l'attachement irraisonné qui, selon Maheux, existe au Canada français envers la mère patrie. En effet, selon lui, le peuple Canadien, n'ayant eu à compter que sur lui-même pendant la période de la colonisation de la Nouvelle-France, n'aurait pas été véritablement affecté par la conquête: «la séparation n'était guère sensible, et il s'en accommoda très vite; il ne voyait plus dans la France une mère patrie». Aussi, «vers 1850, les Canadiens français de toutes classes ne voyaient plus dans la France qu'un souvenir qui s'estompait de plus en plus et qui entrait dans le domaine de la légende». Quelques années plus tard, c'est le romantisme qui, en fait, va «allumer dans le cœur des Canadiens français, à l'égard de la France, un amour qui n'y avait jamais été bien chaud». Il faut dire, qu'à l'exemple de Lower avec qui il est lié, rien ne lui «déplaît davantage que l'esprit colonial». Toutefois, Maheux précise que «nos compatriotes anglais n'ont pas fait mieux [...] En bons coloniaux, comme nous, ils tenaient leurs yeux fixés sur l'Europe, au lieu de regarder la seule Amérique, le seul Canada.» Maintenant que le Canada est devenu une nation indépendante, rien, selon Maheux, ne peut venir entraver notre marche vers l'unité nationale puisque, déjà, «il n'existe plus de mères patries, ni en Angleterre, ni en France. Nous n'avons plus qu'une patrie, qui est le Canada[70]».

C'est donc dans le but de mettre en relief cette réalité politique nouvelle et, par là, de promouvoir la bonne entente entre les deux groupes ethniques, que Maheux va plaider en faveur d'une histoire qui, en minimisant les conflits, serait plus objective et plus propice à réaliser l'unité nationale. Mais ces prises de position en faveur d'une histoire plus objective vont aussi l'amener à proposer une série d'hypothèses originales dont la plus audacieuse est, sans contredit, celle où il met en doute l'origine paysanne de nos premiers colons. Ainsi, selon Maheux, le plan de colonisation des autorités françaises ne visait pas à constituer une colonie agricole, mais avait comme objectif premier, en plus de l'évangélisation, celui de développer le commerce et l'industrie. Cette hypothèse l'amènera à soutenir, bien avant Maurice Séguin, Guy Frégault ou Michel Brunet, que le travail agricole «n'est pas une “vocation” originelle, c'est une nécessité qui s'est imposée dans la suite de notre histoire[71]».

Cette nécessité, il ne l'interprétera toutefois pas comme une conséquence de la Conquête. Il l'attribuera plutôt à la politique de conservation excessive qu'a provoquée, depuis le milieu du XIXe siècle, la lutte pour la survivance nationale qui nous a amené à accumuler des retards incompatibles avec les exigences d'une société moderne. Pour Maheux, il est urgent de combler ces retards, car c'est par la science «que notre peuple trouvera sa libération[72]». Curieusement, la nouvelle génération de spécialistes des sciences sociales de Laval, et même des cité-libristes ne diront pas autre chose.

Peu de temps après la parution de ce livre de Maheux, Groulx prononcera une conférence au titre provocateur qui demeure, selon lui, «la plus dure[73]» qu'il ait jamais prononcée: *Pourquoi nous sommes divisés*. Par ce ton affirmatif, Groulx entendait non seulement servir la réplique à l'abbé Maheux, mais il entendait aussi le faire à tous ceux qui, comme lui à cette époque, étaient trop facilement enclins à présenter les Canadiens français comme des extrémistes et à leur faire porter tout le poids de l'odieux de la mésentente qui sévissait entre les deux «races».

> Extrémistes les Canadiens français! Je ne connais chez eux qu'une forme d'extrémisme: l'extrémisme dans la candeur et la bonasserie; l'extrémisme dans l'aplatissement devant l'Anglais. Si nos compatriotes méritent un reproche, ce n'est pas d'avoir la rancune tenace, ni le pardon difficile; c'est d'avoir la mémoire trop courte et de croire ingénument que le coup qu'on leur porte, c'est toujours le dernier[74].

Comme ces propos le laissent entendre, ce ne sont pas les hypothèses à caractère historique de Maheux qui retiennent l'attention de Groulx. Par contre, ce qu'il critique vertement, c'est sa conception voulant que la bonne entente procède d'une histoire prétendument objective mais qui, pour ce faire, doit être «passée au rabot ou à la lime» et son encre «mêlée de miel et d'un peu de suif de mouton». Pour Groulx, la meilleure façon d'en arriver à une véritable bonne entente entre les deux races, «ce n'est pas de faire, des Canadiens français, un peuple de naïfs et d'esclaves, mais un peuple aux yeux ouverts et d'une échine aussi dure que l'échine anglaise[75]».

Que Groulx ait surtout porté attention aux propos bon-ententistes voulant minimiser les sources de conflits entre Canadiens français et Canadiens anglais, alors que le mouvement de centralisation fédérale, la censure de guerre et surtout la crise de la conscription agissaient comme catalyseurs en portant cette opposition à son paroxysme, expliquent jusqu'à un certain point que les hypothèses inédites de Maheux n'aient pas occupé beaucoup de place dans cette controverse.

Conclusion

À la différence de l'historiographie canadienne-anglaise, l'image qui domine la tradition canadienne-française est loin d'être une nation de bâtisseurs. En fait, contrairement à leurs collègues anglophones, les historiens canadiens-français ont eu, dès l'origine, à résoudre ce que Lower appelait *«the primary antithesis of Canadian history»*. En effet, alors qu'il était d'usage pour les historiens canadiens-anglais de faire, plus souvent qu'autre chose, abstraction de la présence des Canadiens français à l'intérieur du pays, il était difficile, pour ne pas dire impossible, aux Canadiens français de faire de même.

François-Xavier Garneau devait proposer la première interprétation d'ensemble qui allait, par la même occasion, servir de cadre général à l'idéologie de la survivance nationale au Canada français. Deux différences essentielles s'attachent à cette tradition historiographique francophone par rapport à la tradition anglophone. D'une part, l'interprétation d'ensemble du devenir du Canada français est demeurée éminemment stable. Plusieurs facteurs expliquent cette stabilité. La composition des élites traditionnelles de la société canadienne-française ainsi que les idéologies qu'elles supportent et diffusent n'ont pas subi de modifications essentielles au cours d'un siècle, même si l'industrialisation et l'urbanisation avaient déjà commencé à modifier profondément la réalité sociale sous-jacente.

D'autre part, à la différence du Canada anglais, on constate la faible institutionnalisation de l'historiographie au niveau universitaire et le sous-développement généralisé de nos universités au moment même où, au cours de la première moitié du XXe siècle, les universités anglophones amorcent leur expansion. Ce sous-développement apparaît comme un facteur déterminant pour rendre compte de la stabilité de notre tradition historiographique. De même, contrairement au Canada anglais, il n'y avait, pour ainsi dire, à peu près aucun historien canadien-français qui ait reçu une formation spécialisée en histoire en plein milieu du XXe siècle. Il était donc difficile, par la même occasion, de profiter de l'apport conceptuel d'autres sciences sociales qui, elles aussi, étaient des parentes pauvres des milieux universitaires.

C'est pourquoi l'historiographie canadienne-française, au tournant des années quarante, véhicule encore deux mythes tenaces: celui des origines providentielles qui cohabite avec l'idéalisation des traditions paysannes; celui de l'égalité politique. Selon ce dernier mythe, tous les problèmes qui opposent les Canadiens français aux Canadiens anglais ne seraient que le résultat de préjugés qu'il faudrait, dès lors, travailler à abattre. De Louis-Philippe Turcotte à l'abbé Maheux, en passant par Chapais, c'était là en quelque sorte le credo obligé. Il est révélateur que ce soit Lionel Groulx qui ait mis en doute ce deuxième mythe, alors qu'il a travaillé à magnifier le premier. Surtout, personne n'avait véritablement osé, jusqu'alors, porter atteinte au schéma de la lutte pour la survivance.

C'est à ce point d'arrivée que Guy Frégault, Maurice Séguin et Michel Brunet vont commencer à exercer leur métier d'historien.

Notes

1. Fernand Ouellet, «Nationalisme canadien-français et laïcisme au XIXe siècle», *Recherches sociographiques*, 4, 1 (janvier-avril 1963), p. 60.
2. Guy Frégault, «Michel Bibaud, historien loyaliste», *L'Action universitaire*, 11, 4 (décembre 1944), p. 7.
3. François-Xavier Garneau, *Histoire du Canada*, vol. I, 1845, p. 157; 494. Cité par Serge Gagnon, *Le Québec et ses historiens de 1840 à 1920 — La Nouvelle-France de Garneau à Groulx*, Québec, Les Presses de l'Université Laval, 1978, p. 303-304.
4. Louis-Jacques Gasault à Ferland, 14 novembre 1845. Cité par Serge Gagnon, *ibid.*, p. 322.
5. Voir à ce propos: Fernand Dumont, «Des embarras de l'interprète à l'avenir de l'interprétation», dans *Construction/destruction sociale des idées: alternances, récurrences, nouveautés*, Montréal, Cahiers de l'ACFAS, 1987, p. 17.
6. Voir à ce propos: Gérard Mairet, «Peuple et Nation», dans François Châtelet et Gérard Mairet, dir., *Les idéologies*, vol. III, Marabout, 1981, p. 51-52.
7. François-Xavier Garneau, *Histoire du Canada français*, Montréal, Les Amis de l'histoire, Paris, François de Beauval, 1969, vol. I, p. 14.

8. F.-X. Garneau, cité par Fernand Dumont, «De l'idéologie à l'historiographie: le cas canadien-français», *Chantiers*, Montréal, Hurtubise, HMH, 1973, p. 113.
9. F.-X. Garneau, *Histoire du Canada* (1852). Cité par Serge Gagnon, *op. cit.*, p. 317.
10. Voir Fernand Ouellet, «L'émergence dans le Canada du XXe siècle de l'histoire comme science sociale», *Mémoires de la Société Royale du Canada*, quatrième série, 20, 1982, p. 38.
11. Nadia F. Eid, *Le clergé et le pouvoir politique au Québec — Une analyse de l'idéologie ultramontaine au milieu du XIXe siècle*, Montréal, Hurtubise, HMH, 1978, p. 285-286.
12. Voir Benedetto Croce, *Histoire de l'Europe au XIXe siècle*, Paris, Gallimard, coll. «Idées», (1932), 1973, p. 43-84.
13. Serge Gagnon, *Le Québec et ses historiens...*, *op. cit.*, p. 416.
14. Voir Jean Lamarre, *Louis-Philippe Turcotte, historien de l'Union: une étude de sociologie de la connaissance historique*, mémoire de maîtrise, Université Laval, 1983, p. 54-112.
15. Serge Gagnon, *op. cit.*, p. 415.
16. *Ibid.*, p. 348-391.
17. Jean Blain, «Économie et société en Nouvelle-France: le cheminement historiographique dans la première moitié du XXe siècle», *Revue d'histoire de l'Amérique française*, 26, 1 (juin 1972), p. 24.
18. Voir Serge Gagnon, *Le Québec et ses historiens...*, *op. cit.*, p. 314-315.
19. Guy Frégault, «L'enseignement de l'histoire du Canada 4. La Conquête», *L'École canadienne*, 21, 1 (septembre 1945), p. 26.
20. Jean Blain, *op. cit.*, p. 5.
21. Lionel Groulx, *Mes Mémoires*, Montréal, Fides, 1972, vol. III, p. 241.
22. Cité par Henri d'Arles (pseud. de l'abbé Joseph-Henri Beaudé), «Chapais et Groulx», *Nos historiens*, Montréal, Bibliothèque de l'Action française, 1921, p. 231-232.
23. Lionel Groulx, «L'éducation nationale et les écoles normales», *L'Action nationale*, 4, 6 (sept. 1934), p. 11. Déjà en 1924, Groulx veut être très clair là-dessus: «Le pacte fédéral recula soudain les frontières du patriotisme. À notre petite patrie canadienne-française il superposa la patrie "canadienne" tout court, et, par cette évolution profonde, introduisit chez nous la dualité nationale. [...] Hélas! pourquoi faut-il qu'au lieu de nous guider par ces clartés, nous ayons passé notre temps depuis un demi-siècle à hésiter entre notre particularisme et le grand tout canadien, ou, plus exactement, à nous débattre dans l'incohérence?» *Notre Maître, le passé*, vol. I, Montréal, Bibliothèque de l'Action française, 1924, p. 15.
24. Lionel Groulx, *Directives*, Montréal, Éditions du Zodiaque, 1937, p. 10, 238, 144, 153. Notons que la caractéristique des écrevisses est de nager à reculons.
25. Voir Lionel Groulx, «L'éducation nationale et les écoles normales», *op. cit.*, p. 7.
26. Groulx va résumer sa pensée à ce propos dans une conférence qu'il prononcera en 1931 et qui a paru en 1935 sous le titre de «La Déchéance de notre Classe

paysanne» dans *Orientations*, Montréal, Éditions du Zodiaque, p. 56-92. C'est cette conférence qui a inspiré la thèse de doctorat de Maurice Séguin.
27. Lionel Groulx, *Directives, op. cit.*, p. 166.
28. Lionel Groulx, *Mes mémoires*, Montréal, Fides, 1970, vol. I, p. 13-14.
29. Cité par Lionel Groulx, *La naissance d'une race*, Montréal, Granger frères, (1919), 1938, 3e éd., p. 15.
30. Lucien Febvre, *La terre et l'évolution humaine*, Paris, Albin Michel, (1922), 1970, p. 11.
31. Groulx définit en ces termes ce qu'il entend par le concept de race: «Une grave erreur serait de prétendre expliquer une race ou les modalités d'un groupement humain par la seule géographie. Le mot race représente, sans doute, un ensemble de faits physiques, mais il englobe aussi, dit excellemment M. Brunhes, des amalgames de faits psychiques et de faits sociaux.» *La naissance d'une race, op. cit.*, p. 71. Les concepts de race, de nation et de peuple étaient, à la fin du XIXe siècle et au début du XXe siècle, souvent employés l'un pour l'autre.
32. Voir Guy Frégault, «Le mythe de M. le chanoine Groulx», *L'Action nationale*, 24, 3 (nov. 1944), p. 166-167; Lionel Groulx, *Mes Mémoires, op. cit.*, vol. I, p. 154.
33. Lionel Groulx, *La naissance d'une race, op. cit.*, p. 10-11.
34. Guy Frégault, «Le chanoine Groulx a abordé l'histoire par ses sommets», *Le Devoir*, 1er mars 1946, p. 8.
35. Lionel Groulx, *Mes Mémoires, op. cit.*, vol. I, p. 267.
36. Lucien Febvre, *op. cit.*, p. 23, 25.
37. Lionel Groulx, *La naissance d'une race, op. cit.*, p. 72.
38. *Ibid.*, p. 237, 128.
39. Lionel Groulx, *Mes Mémoires*, Montréal, Fides, 1971, vol. II, p. 20.
40. Lionel Groulx, *La naissance d'une race, op. cit.*, p. 283.
41. Lionel Groulx, *Mes Mémoires, op. cit.*, vol. II, p. 357.
42. *Ibid.* Voir aussi *La naissance d'une race, op. cit.*, p. 106-107.
43. Lionel Groulx, *La naissance d'une race, op. cit.*, p. 176.
44. Lionel Groulx, «L'originalité de notre histoire», dans (En coll.), *Centenaire de l'histoire du Canada de F.-X. Garneau*, Montréal, Société Historique de Montréal, 1945, p. 34.
45. Lionel Groulx, *Mes Mémoires, op. cit.*, vol. II, p. 328.
46. Lionel Groulx, *Directives, op. cit.*, p. 240.
47. En 1924, Groulx écrivait que l'histoire «révèle le plan selon lequel s'est développé le passé. De l'ensemble des actes des ancêtres, de leurs résolutions, de leurs attitudes dans le labeur quotidien comme aux heures plus graves, se dégage une pensée particulière, une intention longue et perpétuelle, qui est la tradition.» *Notre Maître, le passé, op. cit.*, vol. I, 1924, p. 17-18. En associant l'histoire à la tradition, le rapport passé/présent se trouve en quelque sorte inversé puisque la tradition peut être définie comme un «devenir qui englobe la connaissance présente et la réunit au passé.» Pierre Fruchon, «Compréhension et vérité dans les sciences de l'esprit», *Archives de philosophie*, 29, 1966, p. 297.
48. Paul Rozenberg, *Le romantisme anglais*, cité par Jean Chesneaux, *Du passé faisons table rase?*, Paris, Petite collection Maspero, 1976, p. 55.

49. Lionel Groulx, *Directives*, *op. cit.*, p. 161.
50. Ainsi dans *Directives,* on peut lire: «Sous l'ancien régime, l'énergie française s'est déployée en trois domaines bien nets; trois types de héros s'y détachent en vigoureux relief: l'explorateur, le défricheur, l'évangélisateur.» p. 158.
51. Ceux-ci sont Jacques Brassier, Alonié de Lestres et Nicolas Tillemont.
52. Lionel Groulx, «L'originalité de notre histoire», *op. cit.*, p. 31-32.
53. Voir Fernand Dumont, «Actualité de Lionel Groulx», dans Maurice Filion, dir., *Hommages à Lionel Groulx*, Montréal, Leméac, 1978, p. 73.
54. Lionel Groulx, «L'éducation nationale ...», *op. cit.*, p. 10, 11.
55. Lionel Groulx, *Directives*, *op. cit.*, p. 210, 142, 146.
56. Lionel Groulx, «L'éducation nationale...», *op. cit.*, p. 21.
57. Fernand Dumont, «Du début du siècle à la crise de 1929: un espace idéologique», dans (En coll.), *Idéologies au Canada français 1900-1929*, Québec, Les Presses de l'Université Laval, 1974, p. 9.
58. Voir Lionel Groulx, *Mes Mémoires*, *op. cit.*, vol. IV, p. 48-49. Il faut dire que Groulx et Maheux n'en sont pas à leur premier affrontement. Déjà, en 1923, c'est-à-dire aux lendemains de la naissance du mouvement de la bonne entente, ils avaient croisé le fer au cours de la querelle qui a entouré la parution, en 1922, de *L'Appel de la Race*. Voir à ce propos: *Mes Mémoires*, *op. cit.*, vol. II, p. 95-97.
59. Jules-Paul Tardivel, *La Vérité*, 2 avril 1904, cité par Arthur Maheux, «Le nationalisme canadien-français à l'aurore du XXe siècle», *Canadian Historical Association Report*, 1945, p. 68.
60. Henri Bourassa, *Le Nationaliste*, 25 avril 1904, cité par Arthur Maheux, *ibid.*, p. 69.
61. Il ajoute: «C'est dire encore que, dans la maison de famille, nous voulons notre place au salon comme les autres et que nous n'acceptons pas d'être renvoyés à la petite chambre de la servante.» Lionel Groulx, «Pourquoi nous sommes divisés», cité dans *Mes Mémoires*, *op. cit.*, vol. IV, p. 49.
62. Lionel Groulx, «L'éducation nationale...», *op. cit.*, p. 20-21.
63. Arthur Maheux, *Ton histoire est une épopée — Nos débuts sous le régime anglais*, Québec, Les Éditions du Bois-Francs, 1941, p. 4, 6.
64. *Ibid.*, p. 28-29. Lower, avec qui Maheux s'était lié d'amitié, écrivait, pour sa part, deux ans plus tard: *«No one can suggest that the English conquest was cruel, as conquests go, or the English government harsh. If the French in Canada had had a choice of conquerors they could not have selected more happily.»* A. R. M. Lower, «Two Ways of Life...», *op. cit.*, p. 9. De plus, il semble que l'abbé Maheux accepte l'idée de la conquête providentielle. En effet, dans l'une des nombreuses annotations qu'il a faites de la conférence de Groulx intitulée «Pourquoi nous sommes divisés», Maheux inscrit, à la page sept, en marge d'un passage où Groulx remet en question cette interprétation: «Voilà un rude coup de pied à tous nos évêques du passé, qui ont employé cette expression ou son équivalent.» Plus loin, à la page vingt-neuf, Groulx revient sur cette question et Maheux ajoute: «C'est ça, moquez-vous de nos évêques!» Fonds Maheux, C65/5.
65. Archange Godbout, o.f.m., «Les préoccupations en histoire et les thèses de M. l'Abbé Maheux», *Culture*, 4 (1943), p. 40.

66. Cité par Jean-Pierre Wallot, «Groulx, historiographe», *Revue d'histoire de l'Amérique française*, 32, 3 (décembre 1978), p. 408.
67. Arthur Maheux, *Pourquoi sommes-nous divisés?*, Montréal, Beauchemin, 1943, p. 7.
68. *Ibid.*, p. 156.
69. *Ibid.*, p. 149.
70. Arthur Maheux, *Pourquoi sommes-nous divisés?*, *op. cit.*, p. 131, 133, 187, 188, 136. Cette idée que le Canada est désormais la seule mère patrie est empruntée à A. R. M. Lower. Voir à ce sujet Carl Berger, *The Writing of Canadian History*, Toronto, University of Toronto Press, (1976), 1986, p. 112.
71. Arthur Maheux, *op. cit.*, p. 55.
72. *Ibid.*, p. 124.
73. Lionel Groulx, *Mes Mémoires*, *op. cit.*, vol. II, p. 266.
74. Lionel Groulx, *Pourquoi nous sommes divisés*, Montréal, Les éditions de l'Action nationale, 1943, p. 11-12.
75. *Ibid.*, p. 6, 7.

Deuxième partie

MAURICE SÉGUIN

Chapitre III

LES ANNÉES DE FORMATION

Cheminement de carrière: 1918-1984

Maurice Séguin est né le 7 décembre 1918 à Horse Creek en Saskatchewan où ses parents — agriculteurs et Québécois d'origine — étaient venus s'établir un an auparavant. Ceux-ci avaient répondu à l'appel de sir Wilfrid Laurier invitant les Canadiens français à venir fonder une communauté au Sud de la Saskatchewan. Dès 1922, déçus de leur expérience, et voyant que Maurice, leur aîné, ne pourrait recevoir une instruction française et catholique — puisque comme le rapporte Jean-Pierre Wallot, «le gouvernement n'autorise que des écoles anglo-protestantes[1]» —, ses parents décident de revenir au Québec où ils abandonneront l'agriculture en s'établissant dans l'est de Montréal dans la paroisse ouvrière de Saint-Vincent-de-Paul[2]. En 1926, après avoir été retenu deux ans à la maison par ses parents qui jugent sa santé trop fragile, Maurice Séguin commence ses études primaires à l'école Champlain qui, chose assez rare pour l'époque, était sous direction laïque depuis sa fondation en 1870[3].

En 1934, alors qu'il a quinze ans, il entreprend ses études classiques chez les Jésuites: d'abord au collège Saint-Ignace (1934-1940) puis au collège Jean-de-Brébeuf (1940-1942) où il est reçu bachelier ès arts.

En juin 1942, n'ayant pas soumis à temps sa demande d'admission pour être admis à l'École polytechnique, il s'inscrira, par défaut, à l'École des hautes études commerciales qui ne rencontre pas ses attentes. Aussi décide-t-il, en janvier 1943, de se réorienter, selon les conseils que lui avait prodigué François Hertel[4] qui enseignait au collège Jean-de-Brébeuf, et de se diriger vers la Faculté des lettres de l'Université de Montréal. En 1944, il en sort licencié ès lettres et enseigne l'histoire et la géographie au collège Sainte-Marie au cours de l'année 1944-1945[5]. Il songe un moment à répondre à une offre d'emploi affichée à un babillard où l'on demande un enseignant pour Esquimalt, localité située sur l'île de Vancouver[6]. Il décidera plutôt de s'ouvrir à Lionel Groulx — qui deviendra son directeur de thèse — de son projet d'entreprendre une recherche doctorale en histoire du Canada, alors qu'en cette matière il n'avait assisté qu'à un seul cours à l'Université de Montréal: celui de Groulx[7]. À ce moment, il n'a pas encore choisi son sujet. Mais, bientôt, une conférence prononcée par Lionel Groulx en 1931[8] lui fournit son objet: *La «nation canadienne» et l'agriculture (1760-1850)*. Séguin y travaillera nuit et jour pendant trois ans, et soutiendra sa thèse le 14 novembre 1947 devant un jury composé de Lionel Groulx, Guy Frégault et Jean-Pierre Houle. Elle ne sera publiée qu'en 1970.

Le 10 novembre, soit quatre jours avant la soutenance, l'Institut d'histoire de l'Amérique française voyait officiellement le jour. Il en deviendra le secrétaire-trésorier, poste qu'il occupera jusqu'à ce que la maladie l'amène à quitter son poste en septembre 1970 où il sera remplacé par Paul-André Linteau.

Parallèlement à cette occupation extra-universitaire, Maurice Séguin est engagé, à l'été de 1948, comme chargé de cours au nouvel Institut d'histoire de la Faculté des lettres de l'Université de Montréal. En 1949, Lionel Groulx quitte l'Université de Montréal, libérant ainsi pour Maurice Séguin un poste qu'il réservait à l'origine à Guy Frégault. À l'automne de 1950, il deviendra professeur agrégé puis, au départ de Guy Frégault de l'Université de Montréal en 1959, professeur titulaire de la chaire Lionel-Groulx.

Sa carrière universitaire ne correspond pas au profil habituel. Non seulement il a peu publié, mais les rares textes qu'il a laissés lui ont été littéralement arrachés par des éditeurs qui le talonnaient. Par contre, il était prodigue de son temps. Pour lui, le contact direct avec les étudiants, par le biais de son enseignement et des innombrables discussions enflammées qu'il poursuivait souvent tard le soir à la cafétéria de l'Université, avaient plus de portée pédagogique que n'importe quelle publication. À l'exemple des Grecs, il croyait que l'art de convaincre réside dans l'argumentation. Très habile dans la pratique de cet art, on comprend ainsi mieux pourquoi sa pensée, comme on le verra, connaîtra un retentissement étonnant. Maurice Séguin est décédé le 28 août 1984.

L'homme: l'éducateur

Contrairement à ses deux futurs collègues, Guy Frégault et Michel Brunet, Maurice Séguin n'a pas laissé de publications, de conférences ou de correspondance de jeunesse. D'ailleurs, cette économie d'écriture, qui se maintiendra tout au long de son existence, n'a pas manqué de rendre plusieurs observateurs perplexes. Pour répondre aux interrogations de ceux qui se demandaient à quoi pouvait bien tenir cette absence quasi totale de publications[9] de la part de celui qui a établi les premières bases qui allait mené à une réinterprétation globale de notre histoire nationale, Maurice Séguin avait coutume de dire qu'il ne voulait pas froisser Lionel Groulx: «Je n'entreprendrai jamais de polémique avec lui parce qu'il m'a initié à l'histoire, qu'il m'a donné le goût de l'histoire. Puis je lui dois personnellement ma carrière à l'Université de Montréal[10].» Toutefois, à la mort de ce dernier, il n'y eut pas cette avalanche de livres et d'articles à laquelle plusieurs étaient en droit de s'attendre. Pour expliquer cette retenue, j'ai évoqué la préférence que Séguin pouvait avoir pour la parole plutôt que pour l'écriture. Mais des proches et des collègues ont aussi tour à tour évoqué son mépris pour les «plumitifs», sa «phobie de la page blanche», son «perfectionnisme paralysant[11]» ou encore sa timidité[12]. De même, autre exemple qui met en relief le caractère énigmatique de sa personnalité, pour certains, «Séguin [...] jouissait de toute provocation intellectuelle et ses réparties cinglantes ont embroché plus d'un contradicteur imprudent», alors que pour d'autres «il ne recherchait pas la confrontation car il n'était pas un homme de pouvoir[13]».

La plupart de ceux qui ont écrit sur Séguin commencent habituellement par décrire sommairement sa vie et son œuvre pour s'interroger rapidement par la suite sur les raisons qui ont motivé ce refus de publier. Je pense qu'il faut adopter une attitude inverse et considérer ce problème comme une voie d'accès privilégiée aux sources par lesquelles une interrogation éminemment personnelle sur des problèmes collectifs en est venue à faire école. C'est d'ailleurs, en quelque sorte, le conseil que madame Séguin nous a donné: «Il est possible que chacun essaie d'interpréter le refus d'écrire de Maurice selon des normes généralement admises pour analyser un caractère, alors qu'en ce qui le concerne, il faut essayer de comprendre selon son propre raisonnement et se servir des clés qu'il nous a laissées[14].»

Cette retenue paradoxale et pour le moins énigmatique apparaît comme une constante de vie qui s'alimente à des expériences personnelles et à des traits particuliers de sa personnalité dont le poids excède, sans les récuser, les interprétations usuelles et circonstancielles qui sont habituellement invoquées.

Maurice Séguin a toujours été un être solitaire. Ainsi, ayant été retenu deux ans par la maladie avant de débuter ses études, il a toujours été plus âgé que ses compagnons d'études. Déjà, cette expérience en faisait un être à part. L'un de ses amis de collège, Charles A. Lussier, nous dépeint l'impression qu'il a laissé à ses confrères de classe.

> Tout au début des années trente, Maurice s'amène au collège en étranger, et cela pour plusieurs raisons. D'abord, il est plus âgé que nous tous et nous n'osons pas l'aborder. Ensuite, il se cache derrière des lunettes épaisses qu'une vue déficiente lui impose depuis longtemps. Il nous tient donc naturellement à distance. Est-ce en raison de cette quasi-infirmité qu'il ne participera à aucun sport durant toutes ses études, aggravant, si je puis dire, sa réputation d'intellectuel désincarné? Il nous regarde comme on jette une œillade à des enfants. Il ne nous voit pas ou nous évite. Il ne joue pas avec nous. Que faut-il de plus pour en faire un étranger[15]?

Exclu, par les circonstances, de la sociabilité propre aux jeunes de cet âge, Séguin, bien qu'il n'en fasse pas montre, n'en souffre pas moins secrètement[16]. Comme il arrive souvent à ceux qui sont mis au ban par leurs jeunes confrères, Séguin va plutôt briller au niveau scolaire, tout en demeurant «imperturbable[17]». Il faut dire que «dès sa plus tendre enfance», il a manifesté une curiosité intellectuelle qui l'amène à s'interroger sur «le pourquoi des choses». «Quand la réponse reçue ne le satisfait pas, écrit Michel Brunet, il s'empresse de poser d'autres questions[18].» Au collège, tout semble l'intéresser. La poésie, le roman, le théâtre, la musique classique et même les arts plastiques le passionnent. À une époque où l'appétit de connaître est toujours freiné par l'imposition stricte de l'index, son camarade Charles A. Lussier lui révèle que François Hertel, professeur au collège Brébeuf, lui «avait tracé un programme de lectures hors circuit et voyait à [lui] procurer tous ces livres qu'il considérait comme classiques, anciens ou contemporains[19]». Maurice Séguin bénéficiera ainsi, à son tour, de la bienveillance de ce Jésuite complaisant.

Au cours de ses années d'études, plusieurs professeurs ont exercé une influence importante sur le jeune Séguin. On retrouve d'abord Eugène Nepveu, professeur à l'école primaire Champlain. Habitant le même quartier, il recevra le jeune Séguin à plusieurs reprises au sein de sa famille. De plus, Eugène Nepveu est un «nationaliste convaincu» et, de surcroît, «membre militant de la Société Saint-Jean-Baptiste[20]». Il devient la personne toute désignée pour répondre à l'interrogation qui, tous les jours, interpellerait, selon Brunet, ce jeune écolier de douze ans.

> Chaque jour où il se rend à l'école, il passe quatre fois devant l'une des rares usines du quartier où quelques dizaines de personnes y gagnent péniblement leur vie: *Living Room Furniture Company Limited*. Pourquoi donner un nom anglais à une entreprise située dans un quartier francophone à près de 100%, dont les employés et les clients sont également francophones? Cela lui semble absurde! [...] Pour répondre à sa question, son instituteur lui explique que l'économie du Québec était dominée par les Anglais et que ceux-ci, même s'ils étaient la minorité, avaient imposé leur langue dans le monde de l'industrie, du commerce et de la finance[21].

Au collège St-Ignace, il fait l'expérience de la vie austère: «Les élèves s'engageaient à ne pas fumer, à ne pas aller au cinéma et à ne pas fréquenter les jeunes filles[22].» Son professeur de versification, le père Pelleguino, s.j., qui possédait une culture plus étendue que ses collègues, lui aurait communiqué son amour de la littérature en lisant du Maupassant à ses étudiants. Au collège Brébeuf, il fait d'abord la «découverte d'un nouveau milieu d'enfants gâtés et privilégiés qui ne craignent pas l'autorité». Puis, il y eut Joseph d'Anjou, professeur d'apologétique qui, contrairement à la pratique courante à cette époque, cherchait à solliciter les questions des élèves. Même que ce dernier «n'hésitait pas, comme l'écrit Michel Brunet, à jeter un œil critique sur la Compagnie de Jésus où il découvrait "beaucoup d'œufs morts".» Enfin, et surtout, il y avait François Hertel qui, en plus de veiller à lui procurer des livres sous le manteau, devait aussi l'orienter en 1943 vers la Faculté des lettres de l'Université de Montréal. Hertel, ce professeur de philosophie et écrivain qui pouvait dire «je ne monterais pas sur l'échafaud pour aucune des thèses thomistes», et qui n'hésitait pas à explorer diverses avenues pour en arriver à mieux connaître l'homme et le monde, alors que l'horizon philosophique de l'époque se limitait pour l'essentiel aux écrits du «docteur angélique», devait exercer sur Séguin une influence décisive. En effet, Séguin l'avait en quelque sorte pris pour modèle. Il faut dire que dès le moment où il étudiait à St-Ignace, Maurice Séguin avait choisi de devenir Jésuite. Une fois à Brébeuf, il renoncera à son projet de vie religieuse. Son ami de collège, Charles A. Lussier, rapporte à ce propos l'anecdote suivante.

> Lorsque Maurice se présenta aux autorités de la Compagnie de Jésus, le Père Provincial lui aurait demandé quel était son idéal du jésuite. Maurice aurait répondu: «Le père Rodolphe Dubé (François Hertel)!» Le Provincial aurait répliqué: «Nous en avons déjà un de trop; il vous faudra l'oublier.»

Là-dessus, Maurice se serait rebiffé et aurait abandonné tout projet de vie religieuse. Pour lui, la liberté de pensée était trop vitale pour la sacrifier, dès le noviciat, à des diktats semblables. Au début des années quarante, il fallait du courage pour afficher autant de détermination et un tel respect de la liberté de conscience et d'opinion[23].

En choisissant les Jésuites, Maurice Séguin trahissait, en quelque sorte, son attirance pour une vie d'études et sa vocation d'éducateur. Cette vocation d'éducateur, il va l'actualiser très jeune en se portant volontaire pour diriger une troupe d'«Éclaireurs» en 1935[24].

Le scoutisme au Canada français en est, à cette époque, à ses premières manifestations, mais il est déjà très populaire dans les milieux anglo-saxons. Lionel Groulx — toujours lui! — pour éviter que les jeunes ne s'emballent comme leurs «aînés pour les clubs neutres et pour la folichonnerie des Knights of Colombus» avait décidé de lancer, non «sans hésitation ni même quelque tremblement», le mouvement scout au Canada français. En effet, en 1925, pendant ses vacances à Saint-Donat, Groulx avait eu l'occasion «d'observer d'assez près un campement de jeunes scouts anglo-protestants[25]».

> Au fond de leur baie de sable du lac Archambault, je les ai vus nicher leur matelas ou paillasse au sommet des grands pins et dormir là, tranquilles, quelquefois bercés dans la musique du vent et des vagues. Surpris parfois par un orage sur le lac, ils ont abordé à *L'Abitation*. Puis, je les ai rencontrés dans leurs randonnées de règle, randonnées à trois camarades et d'une durée de huit jours, à travers les lacs et les bois des environs. Munis d'un canot, d'un peu de nourriture, de leur équipement ordinaire, ils apprennent à se débrouiller: ils jouent à l'explorateur, tiennent un journal de leur aventure, décrivent les régions parcourues. Et je me suis dit: quelle merveilleuse méthode d'éducation tout de même! Quoi de plus propre à développer l'esprit de débrouillardise, d'initiative, d'observation! Et ces fiers garçons, que je verrai si calmes, si sûrs d'eux-mêmes, à des milles de leur campement, qu'ils m'ont paru différents des nôtres, autrement plus délurés que nos petits Canadiens, si longtemps enveloppés dans les jupes de leurs mères. Le scoutisme m'a conquis[26].

En 1926, suite à un article de *L'Action française*, le mouvement scout canadien-français est officiellement créé sous le patronnage des Jésuites de Montréal. Dans l'esprit de Groulx, la création d'un tel mouvement répond bien sûr à un objectif pédagogique: faire des hommes, cultiver la volonté et l'esprit de débrouillardise. Mais cet objectif est subordonné au dessein d'en faire un mouvement d'esprit patriotique conforme aux idéaux et aux valeurs du Canada français.

> Nous avions essayé d'emprunter au scoutisme une bonne part de ses méthodes d'éducation. [...] Mais nous voulons alors d'un scoutisme qui soit nôtre, conforme à nos traditions. Nous le voulons autonome. Et il le sera dans sa mystique et jusque dans son nom: «Éclaireurs canadiens-français». Nous étions alors quelques-uns à penser et à croire fortement que, sans s'isoler, le Canada français devait s'attacher à ses institutions originales. En fortifiant puissamment son particularisme, il pourrait réaliser sa mission de peuple catholique[27].

Toutefois, rapporte toujours Groulx, grâce aux intrigues des partisans d'un canadianisme tout court, le cardinal Villeneuve se laisse influencer et «impose sa volonté[28]». En 1935, alors que le mouvement scout canadien-français «venait d'être promu au rang de groupe d'Action catholique[29]», on décidait de le rattacher au scoutisme international.

> Les résistants, y compris ceux de Montréal, n'ont qu'à s'incliner. Les Éclaireurs ont vécu. On adopte un projet d'affiliation à la Boy Scout Association. Le titre de Canadien français est retranché aux Scouts fédérés; l'Union Jack remplace le drapeau de Carillon; la blouse verte internationale remplace la blouse bleue des Éclaireurs[30].

Le rappel de ces événements est important puisque c'est justement en 1935 que Maurice Séguin va se porter volontaire pour diriger la troupe du collège St-Ignace. Pendant six ans, il organisera des camps d'été, et cela malgré le fait que les autorités du collège St-Ignace aient supprimé, en 1937, le mouvement scout parce qu'elles y voyaient «un pouvoir parallèle[31]». En 1941, on retrouverait même Maurice Séguin à la tête de quatre patrouilles.

On comprend ainsi mieux pourquoi l'on découvre autant de cahiers se rapportant au scoutisme dans le Fonds Maurice-Séguin. Ceux-ci offrent un double intérêt. D'une part, contrairement aux autres types de manuscrits que l'on y retrouve, il est possible de les situer assez exactement dans le temps. D'autre part, à travers l'analyse qu'il y fait du but, des moyens et de la méthode à mettre en œuvre pour atteindre les résultats escomptés par le scoutisme, Maurice Séguin nous révèle, en même temps que sa passion d'éducateur, les idées générales du temps auxquelles il participe et sa tendance précoce à effectuer des schémas logiques qui, comme on s'en apercevra bientôt, en font l'analogue, avant la lettre, des *Normes* qu'il commencera à élaborer dix ans plus tard.

Son engagement dans le scoutisme recoupe la ligne de la courbe de celle de son projet de vie religieuse. Destiné, comme Jésuite, à une vie d'études et à une vocation d'éducateur, il a pu commencer à faire l'expérience de celle-ci au collège, mais il lui restait à faire l'apprentissage de celle-là. Car le scoutisme pour Séguin, à l'exemple de ceux qui prennent en charge et militent au sein des mouvements de jeunesse qui commencent à poindre à cette époque, est envisagé dans une optique essentiellement pédagogique.

Toutefois, cette pédagogie est particulière puisqu'en mettant l'accent sur des activités plus pratiques que spirituelles, où le corps et le jeu prennent le premier rôle au détriment de l'esprit, elle venait en quelque sorte en contradiction avec les préceptes de l'humanisme chrétien tel que défini dès le XVIe et XVIIe siècles et que nos collèges classiques ont véhiculé, pour l'essentiel, jusqu'en 1960[32]. L'objectif de cette éducation humaniste consistait à former un idéal d'homme équilibré, «l'honnête homme», qui est «non pas un intellectuel professionnel, mais un esprit curieux, cultivé, de goût sûr[33]», c'est-à-dire un homme où domine un choix de valeurs spirituelles conçu comme idéal, transcendant et universel.

> En forgeant l'idéal de «l'honnête homme», le XVIIe siècle ne proposait pas seulement à l'élite de la société un idéal de modération et d'équilibre dans l'usage de toutes les facultés. Par un alliage judicieux de la culture générale avec le bon goût et la politesse des manières, il entendait que l'homme réalise pleinement la définition antique qui faisait de lui un «animal raisonnable[34]».

Cette éducation classique était complétée par l'apprentissage des soins à donner au «corps par un régime de vie convenable tout en le développant par des exercices physiques». De plus, comme le souligne Claude Galarneau, «la connaissance et le savoir-vivre ne pouvaient néanmoins suffire à préparer un catholique. Ce ne sont que les deux premiers volets d'un tryptique complété par l'éducation morale[35].» On peut ainsi comprendre les «tremblements» de Lionel Groulx puisque toute cette philosophie éducationnelle vient, en quelque sorte, en contradiction avec les méthodes et les objectifs du scoutisme anglo-saxon d'abord orientés vers le «pragmatisme» et «l'utilitarisme[36]». Maurice Séguin, dans ses cahiers sur le scoutisme, cherchera essentiellement à résoudre les contradictions que posent l'introduction du scoutisme dans les milieux canadiens-français et qui, inévitablement, renvoient au problème national.

Dans un document intitulé «Art de penser[37]», Séguin résume les différences qui opposent les méthodes d'éducation française, dont nous sommes les héritiers, et l'éducation «en Amérique», c'est-à-dire anglosaxonne. À propos de «l'éducation en France», on peut lire:

Les collèges forment [ou formaient] des hommes convaincus que rien — sauf les productions de l'intelligence, ne compte beaucoup. Les Français instruits — à part ceux que les réalités spirituelles influencent, parviennent rarement à voir la vie comme elle est. Phantasme: le cerveau se suffit à lui-même. [...]

Aujourd'hui — le lycéen va au gymnase... Mais il a toujours 10 heures de travail contre 2 de récréation. Le champion au jeu n'est pas un héros.

La littérature a détrôné la science... Inconvénient: il a des idées générales sur les grands monuments littéraires avant de les connaître. Il a le complexe français des «formules claires-simples». Cela peut mener à l'insincérité. [...]

Conséquences: [...] On n'agit pas — on parle. [...]

Il pensera les pensées de son entourage et leur éducation n'aura pas été un art de penser.

En ce qui a trait à «l'éducation en Amérique», Séguin note:

L'éducation reste celle des colons défricheurs. Les écoles sont surtout destinées à développer la force physique et sa contrepartie spirituelle: l'énergie: corps superbes, capacité de se tirer d'affaire. Les sports sont en Amérique la partie essentielle de l'éducation. Et sport ne veut pas dire culture. Impossible de concilier un peu de culture avec trop d'athlétisme. [...]

Agitation, joie de se jeter, de se battre, d'arriver — tout cela dans son genre est une assez bonne façon de regarder la vie — mais ce n'est pas de la culture. La pensée n'est pas conciliable avec la bousculade. [...]

L'action et la volonté — l'emporte sur l'intelligence. [...]

On sort du collège avec une idée plus ou moins arrêtée que la culture est un luxe — un superflu. [...]

Il pensera comme les autres. Son éducation n'aura pas été un art de penser.

Chacune de ces méthodes d'éducation pose en soi un dilemme puisqu'aucune d'elles ne constitue un «art de penser» et que toutes deux prédisposent finalement à «penser comme les autres». En fait, ces méthodes d'éducation se présentent à la manière d'une figure inversée et renvoient à une série de dualismes qu'il faut, selon Séguin, réconcilier par une «pédagogie active». C'est ce qu'il tente de débrouiller, tout en conservant la hiérarchie des valeurs, dans un document intitulé «Théorie-Doctrine[38]»:

Pédagogie active

En éducation — apprendre à un enfant à vivre c'est lui apprendre à se conduire. Donc: faire agir l'enfant et non pas agir à sa place.

Tant qu'on n'a pas fait aimer, désirer, collaborer, tant qu'on a pas déclenché un mécanisme qui permettra d'agir par soi-même — on n'a rien fait en éducation.

«Méthode active» veut donc dire: faire collaborer — intéresser l'enfant à sa propre formation. «Veuille bien faire son Salut»

Peu à peu l'influence [1] de l'éducateur doit se faire de plus en plus discrète. Au début de l'éducation, l'enfant est à zéro — puis graduellement... c'est lui qui arrive à l'âge d'homme fera tout. *[sic]* [...]

[1] influence qui ne consiste au fond qu'à poser les conditions favorables à la germination de la vie

Équilibre général

1. [...] chaque manifestation de vie se voit accorder l'importance qui lui revient. [...]

2. Donner au corps sa place d'instrument intime — de coprincipe nécessaire.

3. Mettre les valeurs de l'esprit avant celle du corps. (Ce qui ne signifie nullement mépriser le corps — diminuer le corps n'augmente pas ipso facto l'âme...) [...]

4. Même à l'intérieur du «connaître» faire leur juste part à l'imagination et à la raison — à la science et au jugement (À la pensée et à l'action)

5. Mettre les valeurs de l'âme avant celle de l'intelligence. [...]

6. Au-dessus de la logique et pour guider la volonté — il y a la morale.

7. Et par-dessus la morale naturelle la morale surnaturelle. [...]

8. Composer ainsi dans l'harmonie «la justesse» l'équilibre le maximum de valeur humaine — pour atteindre le maximum de valeur sociale et nationale (Sans recherche prématurée de l'utile — même pour les autres)

Avec synergie

+ agir avec tout l'être à la fois.

+ Entretenir des activités «totales, intégrales» — i.e.: qui exigent le fonctionnement harmonieux, équilibré de toutes les puissances de l'homme dans une intime compénétration.

+ Mener une vie — sans dualisme

i.e.: à la fois pensée et agie
sociale et individuelle

corporelle et intellectuelle
humaine et divine

«Une activité matérielle qui s'épanouisse en pensée. Une pensée [...] pour prendre forme dans le concret. «Pour se matérialiser»

Michel Brunet, lorsqu'il va étudier à l'École normale, manifestera le même souci pédagogique en soulignant l'importance, pour un professeur, de cesser d'être un «éteignoir» et de «poser des questions propres à soulever l'intérêt des élèves et à mettre en activité toutes leurs facultés intellectuelles[39]». À la même époque, Guy Frégault, influencé en cela par les écrits de Charles Péguy et le mouvement de *L'Ordre nouveau*, combattra lui aussi tous les dualismes qui pourraient venir entraver l'entreprise de liberté et d'accomplissement de la personne humaine. Ces quelques réflexions pédagogiques de Séguin réunissent, en quelque sorte, les préoccupations que ses deux futurs collègues ont développées isolément. Toutefois, il faut ajouter que permettre à l'enfant «d'agir par soi-même», «entretenir des activités "totales, intégrales"», ce sont là des représentations de fond que Séguin va, quelques années plus tard, faire dériver de l'individu vers la nation en utilisant le premier comme postulat de base à partir duquel il va élaborer son système de *Normes* et, le second, comme l'un des principaux référents de base à partir duquel il lui sera possible de rendre intelligible, dans sa thèse de doctorat, les conséquences de la Conquête sur la vie économique des Canadiens. J'aurai l'occasion de revenir plus loin sur ces deux œuvres. Pour l'instant, il importe d'approfondir la signification que recouvrent ces notions «d'agir par soi-même» et «d'activités totales, intégrales» en tentant d'en cerner l'origine.

La notion «d'agir» provient d'une lecture du livre de Jacques Maritain, *Art et scholastique* (1935), dont Séguin a fait le résumé[40]. On peut y lire:

> L'ordre pratique s'oppose à l'ordre spéculatif parce que l'homme y tend à autre chose que le seul connaître. S'il connaît, ce n'est plus pour se reposer dans la vérité et pour en jouir [...]; c'est pour se servir [...] de ses connaissances en vue de quelque œuvre ou action. [...]
>
> L'ordre pratique lui-même se divise en deux domaines parfaitement distincts. Le domaine de l'Agir et le domaine du Faire.[...]
>
> L'Agir consiste dans l'usage libre en tant que libre *[sic]* de nos facultés[41], usage relevant de notre appétit ou Volonté qui tend au bien de l'homme. Cet usage est bon s'il est conforme à la vrai *[sic]* fin de toute la vie humaine. Le domaine de l'Agir est donc le domaine de la Moralité ou du bien humain comme tel. [...]
>
> Par opposition, le Faire est l'action productrice considérée non pas par rapport à l'usage qu'en la posant nous faisons de notre liberté — mais purement par rapport à la chose produite ou à l'œuvre prise en soi. [...] Ainsi le FAIRE est ordonné à telle fin particulière et non à la fin commune de la vie[42].

Quant à l'idée «d'activités totales, intégrales», elle fait référence — tout comme, du reste, la notion «d'agir» — à cette tentative de réconcilier les figures inversées que constituent les méthodes d'éducation française et américaine. D'une part, cette volonté de réconciliation, qui en est aussi une de dépassement, plonge ses racines dans l'humanisme chrétien traditionnel. Ainsi, par exemple, on retrouve dans un résumé de lecture que Séguin a fait du livre de François Charmot, s.j., *La Teste bien faictes, études sur la formation de l'intelligence*, (1931), les quelques définitions suivantes:

> L'humanisme — considéré au point de vue de HUMANISATION *(sic)* est l'épanouissement progressif de sa complexe nature dans l'unité et dans l'équilibre.

Plus loin on peut lire:

> Comme humanisation, le christianisme est une VIE. Il ne suffit plus de connaître, il faut vivre[43].

Mais, d'autre part, Séguin ne fait pas que puiser aux sources traditionnelles de l'humanisme. Il s'alimente aussi au climat social et culturel particulier qu'a provoqué la crise économique et dans lequel il lui a été donné de vivre son adolescence et le début de sa vie adulte à l'instar, d'ailleurs, de Guy Frégault et de Michel Brunet. De plus, on peut penser que son expérience de la solitude a augmenté la sensibilité qu'il manifeste vis-à-vis d'un climat général, et pourtant diffus, qui en amène plusieurs à ressentir profondément le poids de certaines contraintes, difficiles à identifier, qui font obstacles à la réalisation de potentialités individuelles: à l'épanouissement de la personne. Au cours des années trente, la culture n'est peut-être pas «devenue folle[44]» comme en France, mais elle a amené la formation d'une vision du monde, que toute une génération de contemporains — Français et Canadiens français, jeunes intellectuels pour la plupart — a partagée sous le mode de l'inquiétude. Plutôt que d'un *Dieu caché*, comme Lucien Goldmann l'a caractérisé à propos de Racine et de Pascal, on pourrait parler, pour prendre le risque d'une formule provisoire, du sentiment d'une «Vie cachée» dont l'œuvre et la vie de Saint-Denys-Garneau sont le symbole au Canada français et que le personnalisme, en France, a singulièrement mis en relief.

Au cours des années de la crise économique, on assiste à la formation d'un sentiment qui fait que l'individu a l'impression d'exister, mais pas de vivre pleinement et qu'une série d'obstacles viendrait entraver les possibilités d'accomplissement de la personne. Déjà l'enseignement dans les collèges classiques prédisposait au surgissement de ce sentiment. En effet, comme le souligne Jean-Marie Domenach, l'enseignement humaniste d'un «*corpus* classique témoigne de cette coupure entre un discours logique, épuré, et la protestation de la sensibilité, du désir, de la vie[45]». Guy Frégault, reprenant les principaux thèmes du mouvement de *L'Ordre nouveau*, l'exprimait à la même époque sous tous les tons: il faut mettre fin aux excès inverses de l'idéalisme et du matérialisme pour retrouver le point focal qu'est l'être humain et travailler à son accomplissement afin que chaque homme puisse «vivre son destin de *personne* responsable et libre[46]». Bientôt, le mot «épanouissement», comme le rapporte Gabrielle Roy dans son autobiographie, sera sur «toutes les bouches[47]». La crise économique, en provoquant celle des valeurs, a joué le rôle de catalyseur dans la formation de ce sentiment. Toutefois, ces appels expriment à la fois un besoin et un malaise.

Comme besoin, ces appels à la vie et à l'épanouissement ne sont que la manifestation d'un processus beaucoup plus général qui englobe les tendances issues de la naissance et du développement du libéralisme dans nos sociétés occidentales et dont les années trente représentent un moment charnière dans l'évolution de celui-ci. Ce processus, que Gilles Lipovetsky appelle le «procès de personnalisation», «a promu et incarné massivement une valeur fondamentale, celle de l'accomplissement personnel, celle du respect de la singularité subjective, de la personnalité incomparable[48]». Il ne faudrait pas exagérer l'importance du développement de ce processus au cours de ces années difficiles au Canada français. Mais il ne faudrait pas non plus minimiser son influence comme le laissent entrevoir, par exemple, les écrits et les préoccupations du jeune Séguin et, comme on le verra plus loin, de Frégault. Mais ce «procès de personnalisation» étant apparu en Occident au sein de sociétés autoritaires, où la tradition domine et où les rôles sont rigoureusement définis, le malaise était inévitable; surtout au Canada français qui, à cette époque, était une société cléricale et conservatrice par excellence. Aussi est-ce la rencontre de ce sentiment diffus et des contraintes sociales et culturelles qui freinent son émergence qui m'autorise à parler de vision du monde, justement parce qu'elle renvoie à un sentiment implicite, que partagent des groupes sociaux particuliers, et qui se manifeste dans diverses œuvres culturelles.

Sans trop anticiper, on peut apercevoir, au creux du devenir de ce processus de personnalisation, les oppositions et les options qui, globalement, s'offrent à la société québécoise et qui vont bientôt prendre des contours plus explicites au cours des années cinquante. À un extrême, on retrouvera les tenants du nationalisme traditionnel, déjà en perte de vitesse, pour qui l'individu doit se plier à la règle du «crois ou meurs», c'est-à-dire à l'autorité. À l'autre extrême vont se tenir les propagandistes de la liberté individuelle qui voient dans le nationalisme un obscurantisme d'un autre âge qui constitue, avec le cléricalisme, l'un des principaux obstacles à l'émancipation des individus. Entre les deux, et c'est ce qui alimentera bien des controverses, il y aura les néo-nationalistes pour qui l'épanouissement individuel passe d'abord par celui de la nation puisque l'individu ne peut faire abstraction des structures sociales et politiques qui pèsent sur les potentialités de son devenir. J'aurai l'occasion de revenir plus avant sur ce sujet. Pour l'instant, revenons à notre ami Séguin.

Les réflexions pédagogiques que Séguin développe dans ses carnets s'inscrivent dans cet alentour plus vaste. Son objectif est de lever les obstacles qui s'opposent à l'épanouissement individuel, en conciliant les aspects de la vie, que les méthodes d'éducation française et américaine avaient opposées, à l'aide d'une pédagogie appropriée à la clientèle particulière que constitue une troupe de scout. Pour Séguin, le mouvement scout vise un objectif global: celui d'être un apprentissage intégral de la VIE. Dans un document intitulé «Pédagogie», et curieusement daté de 1932, où, en des formules télégraphiques caractéristiques, Séguin s'évertue à définir les buts et les techniques du scoutisme, ainsi que les objectifs d'éducation morale poursuivis en regard de la psychologie de l'enfant, on peut lire en guise d'introduction ce commentaire: «Un milieu captivant, libre, organisé où l'enfant VIT une vie[49].» Dans un autre document sur le scoutisme, toujours en guise d'introduction, il développe le schéma suivant des objectifs à poursuivre:

Fournir à l'enfant	
un milieu où	non une classe. différence entre savoir et vivre
pour acquérir des habitudes	la fréquentation d'un milieu où elles sont présentes — en facilite l'acquisition
on lui laisse vivre	en pédagogie active, il faut faire collaborer le plus possible
une vie équilibrée,	chaque manifestation de vie est à son rang — selon l'ordre des valeurs. Vers l'harmonie.
synergique,	agir avec toutes les puissances de l'être en même temps.

adaptée au développement psychologique,	différence entre équilibre de l'homme et de l'enfant donc: au début: une aventure active. passionnante
et au fond à développer	choisir les disciplines selon leur action sur tels défauts ou qualités de chaque enfant.

et où — simultanément — dans la mesure du possible
on fait ensemble l'expérience de l'existence ordinaire
pour s'aider à y pratiquer
les habitudes acquises de vie équilibrée[50]

Toutefois, cet objectif global «de vie équilibrée» est aussi lié à des objectifs secondaires qui renvoient, d'une part, au problème national du Canada français et, d'autre part, à celui que pose l'existence de deux grands groupes sociaux à l'intérieur de la société de l'époque: ceux qui reçoivent une formation humaniste, c'est-à-dire les «professionnels» (et les hommes d'Église) qui constitueront l'élite de demain et ...les autres. Selon que l'on a affaire à l'une ou à l'autre de ces clientèles, les buts, les moyens, la méthode, les résultats, les problèmes et même la conclusion diffèrent.

Quand le «sujet» sont des «enfants du peuple», des «futurs travailleurs dans les métiers manuels», le but du scoutisme est d'«être prêt à servir et sauver son prochain en toutes circonstances». Par contre, lorsque le «sujet» est «un enfant aux études "humanistes"», le but devient: «Développer le maximum possible de valeur humaine pour atteindre — en même temps — le maximum de valeur sociale, nationale.» Quant on envisage ces buts par rapport aux moyens à employer, il s'agit, pour les premiers, de tendre «vers une école technique — vers la formation professionnelle d'hommes de métiers [manuels]» tandis que, pour les seconds, il s'agit de les orienter:

VERS

le goût de l'«idée» associée au sens de l'adaptation et de la réalisation dans le concret — Subordonner les occupations de soutien aux occupations d'épanouissement.

Puis, lorsque l'on compare les méthodes et les résultats selon ces deux grands groupes, il n'y a rien d'étonnant à ce que la «méthode» de l'un soit le «FAIRE» et que le «résultat» du second devienne «un intellectuel capable d'agir». Pour les jeunes des milieux populaires, il s'agira «d'apprendre par des JEUX», tandis que pour les autres il faut aller au-delà des jeux:

> VIVRE (...pour éviter l'encyclopédie)
>
> Que cette VIE soit d'abord une AVENTURE qui enthousiasme l'enfant au point de le pousser à acquérir les moyens de la vivre sans qu'il soit nécessaire d'employer des JEUX.

Globalement, le scoutisme ne pose pas de problème réel tant aux «enfants du peuple» qu'aux enfants qui font des «études humanistes». En effet, avec les premiers, on obtiendra «un débrouillard bien équipé — Un jeune apprenti bien orienté», tandis que pour les seconds ce sera «un catholique, un français cultivé: une VALEUR humaine. Un chrétien "bien faict". Un intellectuel capable d'agir. [...] Un homme ouvert à l'humain.» Pour ce dernier groupe, il y a «passage possible et prévu de cette AVENTURE-VIE à la VIE ordinaire». De plus, il y a aussi «possibilité d'unifier la vie puisque l'idéal présenté n'est autre que celui d'un français catholique cultivé[51]». Mais, dans ce dernier cas, Séguin ajoute en conclusion: «Ce n'est plus du "Scoutisme B-P" — Dilemme.»

Pour les enfants des milieux populaires, le «passage» s'effectue «du JEU au RÉEL». Mais à l'intérieur de ce groupe, Séguin introduit une deuxième catégorie, «les milieux "secondaires"», qui lui fait problème. En effet, pour les «milieux secondaires» il y aurait «impossibilité de synthétiser sa vie sous le signe du Scoutisme, l'idéal d'un français catholique instruit et cultivé étant plus haut que celui du Scout de Baden-Powell.» Aussi, pense-t-il, il y aurait lieu de développer pour ces derniers une sorte de «mouvement "ANALOGUE"» puisque, selon Séguin:

> Servir et sauver son prochain — partout,
> S'éduquer physiquement, intellectuellement, moralement
>
> Buts nobles et justes
>
> Mais, les circonstances pour lesquelles on doit être prêt:
> accidents, services ordinaires, etc
>
> les moyens mis à la disposition de l'enfant pour être prêt [...]
>
> et la formation professionnelle toute tournée vers les métiers et la «pratique»
>
> trahissent une philosophie de la vie.
>
> À n'insister que sur ces circonstances
> ces moyens
> ces occupations

on tend vers le pragmatisme
l'utilitarisme

Le Scoutisme de Baden-Powell est de philosophie anglo-saxonne

Le scoutisme authentique est peut-être utilisable dans nos milieux ouvriers français. (à étudier)

Mais — il ne saurait être introduit — tel que l'a conçu Baden-Powell — dans nos milieux secondaires

sans danger de TRAHISON NATIONALE (?)

On peut catholiciser le scoutisme anglo-saxon,
mais on ne saurait le rendre Français
sans bouleverser sa philosophie
et par suite le MODIFIER, le repenser

L'intérêt que Maurice Séguin a porté au mouvement scout apparaît donc comme une tentative pour réconcilier, sous le signe d'une pédagogie active qui se veut aussi œuvre d'éducation nationale, les aspects de la vie que les méthodes d'éducation française et américaine avaient soigneusement séparées. On peut poser l'hypothèse, mais sans lui donner plus d'importance qu'elle n'en a, que le solitaire qu'a été Séguin, espère faire vivre aux jeunes une dimension de la vie qui lui a, semble-t-il, fait cruellement défaut, c'est-à-dire cette «différence entre savoir et vivre». De plus, comme je le soulignais plus haut, la vie dans un collège classique, surtout pour les internes, ne prédisposait pas tellement les jeunes collégiens de l'époque à faire l'expérience de cette «vie équilibrée, synergique» qui leur permettrait d'«agir avec toutes les puissances de l'être en même temps» comme Séguin l'entrevoit et le propose. En somme, ce souci pédagogique s'alimente à la fois à l'idéal d'homme équilibré que propose l'humanisme chrétien et au «climat» plus général de l'époque qui, pour plusieurs, est recherche inquiète des conditions propres à assurer une vie épanouie. D'ailleurs, comme le souligne madame Séguin, il semble que son mari ait tendu toute sa vie à réaliser les conditions de cette vie équilibrée: «Maurice était un intellectuel et un travailleur manuel. Il disait que seuls les sports utiles étaient importants, l'effort physique quand il débouchait sur une réalisation concrète[52].»

Sur cette période qui précède son apprentissage d'historien, on peut ajouter qu'en plus du scoutisme, Séguin a aussi exercé sa vocation d'éducateur alors qu'il était encore en classe de Philosophie au collège Brébeuf puisqu'il y a été «auxiliaire». En effet, il y «enseigne les sciences naturelles (3 classes d'éléments latins, 2 classes de syntaxe et 2 classes de méthode)[53]».

Notes

1. Jean-Pierre Wallot, «À la recherche de la nation: Maurice Séguin», dans Robert Comeau, dir., *Maurice Séguin, historien du pays québécois vu par ses contemporains*, Montréal et Québec, VLB éditeur, 1987, p. 33. Par commodité, les références aux écrits de Guy Frégault, Michel Brunet et Maurice Séguin s'effectueront de la manière suivante. La lettre majuscule indique la première lettre du nom de famille des auteurs. Les chiffres subséquents renvoient au rang que cet écrit occupe dans la bibliographie consacrée à ces auteurs, que l'on retrouve à la fin de ce livre, et à la page d'où cette citation est tirée. Ainsi, par exemple, F. 7 p. 29 renvoie à la page 29 du 7e texte de Guy Frégault qui s'intitule «Lettre».
2. *Ibid.*, p. 33.
3. Voir Pierre Tousignant, «Esquisse biographique et carrière universitaire de Maurice Séguin (1918-1984)», dans Robert Comeau, *ibid.*, p. 13.
4. Pseudonyme d'écrivain du père Rodolphe Dubé, s.j.
5. À propos de ces années et de ces changements successifs d'orientation, Pierre Tousignant, *op. cit.*, p. 14.
6. Voir à ce propos: Fonds Michel-Brunet, Notes manuscrites, P136/C,121. Michel Brunet a laissé des notes manuscrites qui retracent les diverses expériences marquantes de l'enfance et de l'adolescence de Maurice Séguin jusqu'à l'époque où ce dernier publie son article «La Conquête et la vie économique des Canadiens» dans *L'Action nationale* en 1946. Je tiens à préciser que ces souvenirs, que Séguin a confiés à Brunet, constituent une vue rétrospective des choses. Aussi, puisqu'elles résultent d'une reconstruction, elles sont sujettes à caution. Il ne faudrait donc pas les interpréter sur le même plan que les pièces manuscrites qui proviennent du Fonds Maurice-Séguin.
7. Voir Jean-Pierre Wallot, *op. cit.*, p. 37; Jean Blain, «Maurice Séguin ou la rationalisation de l'histoire nationale», préface à *La «nation canadienne» et l'agriculture (1760-1850)*, Trois-Rivières, Boréal Express, 1970, p. 23.
8. «Quelques autres causes de nos insuffisances». Cette conférence a paru en brochure sous le titre de «La déchéance incessante de notre classe moyenne», Montréal, L'imprimerie Populaire Ltée, 1931, puis elle a été rééditée sous le titre de «La Déchéance de notre Classe paysanne», dans *Orientations*, Montréal, Éditions du Zodiaque, 1935, p. 56-92.
9. Consulter la bibliographie des publications de Maurice Séguin à la fin de ce livre.
10. Propos rapporté par Michel Lapalme, «Le nouveau chanoine Groulx s'appelle Séguin», *Magazine MacLean*, 6, 4 (avril 1966) p. 16.
11. B. 252 p. 14; Robert Comeau, *op. cit.*, p. 255, 253, 270.
12. Voir B. 252 p. 14; Marc Thibault, «L'énigme Maurice Séguin», dans Robert Comeau, *op. cit*, p. 230. Sa femme, par contre, pense exactement le contraire: «Parce qu'il a peu écrit, plusieurs ont cru qu'il était timide. C'est drôle, car c'est la dernière chose que je penserais à dire de lui.» Tatiana Démidoff-Séguin, «Le souvenir est sans dialogue», dans Robert Comeau, *ibid.*, p. 26.

13. *Ibid.*, p. 32, 268.
14. Tatiana Démidoff-Séguin, *op. cit.*, p. 26.
15. Charles A. Lussier, «Le collégien imperturbable», dans Robert Comeau, *op. cit*, p. 223.
16. *Ibid.*, p. 224. Cette solitude sera un trait de sa vie. On retrouve d'ailleurs dans le Fonds Séguin une liste de conseils pratiques sur la manière de se faire des amis, liste dactylographiée qui ne comporte malheureusement aucune indication sur la période où elle a été rédigée. P221/boîte 2455.
17. *Ibid.*, p. 224.
18. B. 252 p. 11.
19. Charles A. Lussier, *op. cit.*, p. 224.
20. B. 252 p. 11.
21. *Ibid.*, p. 11, 14.
22. À moins d'avis contraire, les renseignements qui suivent proviennent du Fonds Michel-Brunet, P136/C,121.
23. Charles A. Lussier, *op. cit.*, p. 227. François Hertel, devait d'ailleurs payer le prix de son anticonformisme en se faisant expulser de la Compagnie de Jésus en 1947.
24. Voir Fonds Michel-Brunet, P136/C,121; Charles-A. Lussier, *op. cit.*, p. 226. Lussier parle d'une troupe de «Louveteaux». Il semble toutefois qu'il n'y ait eu, à cette époque, que des «Éclaireurs». Voir Lionel Groulx, *Mes Mémoires*, *op. cit.*, vol. IV, p. 220-221.
25. Lionel Groulx, *Mes Mémoires*, *op. cit.*, vol. II, p. 322, 320.
26. *Ibid.*, p. 320.
27. Lionel Groulx, *Mes Mémoires*, *op. cit.*, vol. IV, p. 220-221.
28. Lionel Groulx, *Mes Mémoires*, *op. cit.*, vol. II, p. 324.
29. Lionel Groulx, *Mes Mémoires*, *op. cit.*, vol. IV, p. 221.
30. Lionel Groulx, *Mes Mémoires*, *op. cit.*, vol. II, p. 324.
31. Fonds Michel-Brunet, P136/C,121.
32. Voir Claude Galarneau, *Les collèges classiques au Canada français*, Montréal, Fides, 1978, p. 165.
33. Philippe Aries, «L'histoire pour grand public», *Notre Temps*, 11 janvier 1947, p. 2.
34. Pierre Viau, «La fin de l'humanisme classique», dans (En coll.), *Options humanistes*, Paris, Les Éditions ouvrières, 1968, p. 16. Cette conception de l'honnête homme renvoie au principe de Montaigne voulant qu'il est préférable d'avoir «la teste bien faicte que bien pleine.»
35. Claude Galarneau, *op. cit.*, p. 201, 211.
36. Fonds Maurice-Séguin, P221, boîte 2455. Document sans date intitulé «Vie canadienne et théorie».
37. Fonds Maurice-Séguin, P221, boîte 2455. Les notes manuscrites et les résumés de lecture de Maurice Séguin comportent de nombreuses abréviations dont j'ai cru bon de régulariser la ponctuation.
38. Fonds Maurice-Séguin, P221, boîte 2455.

39. B. 285, 12 janvier 1941.
40. Jacques Maritain, *Art et scolastique*, Paris, L. Rouart, 1935, 312 p.
41. Maritain précise: «non par rapport aux choses elles-mêmes ou aux œuvres que nous produisons, mais purement par rapport à l'usage que nous faisons de notre liberté.» *ibid.*, p. 8.
42. Fonds Maurice-Séguin, P221, boîte 2455.
43. Fonds Maurice Séguin, P221, boîte 2455.
44. Jean-Marie Domenach, *Ce qu'il faut enseigner*, Paris, Seuil, 1989, p. 68.
45. *Ibid.*, p. 70. Voir aussi Claude Galarneau, *op. cit.*, p. 212-215.
46. F. 4 p. 87. On retrouve de plus, dans le Fonds Maurice-Séguin (P221/boîte 2455), un résumé de l'un des livres importants du mouvement de *L'Ordre nouveau* écrit par Robert Aron et Arnaud Dandieu, *La Révolution nécessaire*, Paris, Grasset, 1933, 300 p.
47. Gabrielle Roy, *La détresse et l'enchantement*, Montréal, Boréal Express, 1984, p. 83.
48. Gilles Lipovetsky, *L'ère du vide — Essais sur l'individualisme contemporain*, Paris, Gallimard, 1983, p. 13.
49. Fonds Maurice-Séguin, P221, boîte 2455.
50. Document manuscrit intitulé «Vie canadienne et théorie», Fonds Maurice-Séguin, P221, boîte 2455. À moins d'avis contraire, toutes les citations subséquentes proviennent de ce document.
51. Il est curieux de noter qu'au cours de ces années et à l'exemple du jeune Frégault, Maurice Séguin préfère utiliser le qualificatif de Français, à Canadiens ou Canadiens français, pour nous désigner. Et il ne faudrait pas penser que Séguin fait, par là, référence à la culture humaniste, produit français par excellence, puisque dans ce même document, comme on le verra plus loin, il parle de «nos milieux ouvriers français».
52. Tatiana Démidoff-Séguin, *op. cit.*, p. 22.
53. Fonds Michel-Brunet, P136/C,121.

Chapitre IV

L'HISTORIEN NATIONALISTE

La venue à l'histoire

Lorsque Séguin décide de mettre fin à son projet de vie religieuse, il est sur le point de terminer ses études au collège Brébeuf. On peut penser que c'est ce changement soudain d'orientation qui amène Maurice Séguin à vivre une certaine indécision, ce qui explique pourquoi un homme méthodique comme lui ait pu présenter une demande d'admission en retard à l'École polytechnique pour s'inscrire, à la place, à l'École des hautes études commerciales[1]. Quand on songe au cheminement ultérieur de Maurice Séguin, ces choix paraissent curieux. Il faut toutefois se rappeler qu'à cette époque les causes de l'infériorité économique des Canadiens français sont présentées comme étant le résultat d'une carence de formation dans le domaine des affaires. Séguin raconte à ce sujet: «On nous disait, la priorité, la seule priorité dans l'immédiat, c'est l'économie. Allez aux H.E.C., ne faites pas un avocat, ne faites pas un notaire[2].» Toutefois, comme le rapporte Michel Brunet, «l'atmosphère de l'école le déçoit compte tenu de sa conception du salut économique[3]».

Esdras Minville est alors directeur de l'École depuis quatre ans[4]. Selon ce dernier, qui suit en cela E. Bouchette, Édouard Montpetit et Lionel Groulx, les problèmes économiques des Canadiens français doivent être envisagés dans un perspective nationale. De plus, bien que l'École doive, dans son esprit, former avant tout des administrateurs, il privilégiait, comme la plupart des intellectuels de l'époque, la formation générale afin d'éviter la «spécialisation hâtive[5]». Mais, en même temps, il désire que l'École mette sur pied un centre de documentation, qui verra le jour sous la forme de la collection des «Études sur notre milieu[6]», dont l'objectif est de mettre à la portée du gouvernement et des grandes entreprises des renseignements factuels susceptibles d'orienter leurs actions. Je ne crois pas que l'on puisse retrouver dans tout cela les motifs qui pourraient expliquer la déception de Séguin. Toutefois, Minville est lié aux cercles de l'École sociale populaire et des Semaines sociales qui désirent appliquer les enseignements des encycliques pontificales pour juguler à la fois la crise économique et l'infériorité économique des Canadiens français par le biais de la coopération et du corporatisme[7]. Voilà, semble-t-il, ce qui chatouille un peu plus Séguin.

En effet, seulement quatre ans plus tard, Séguin, sans renier la nécessité d'une économie à échelle humaine, plaidera en faveur d'une économie canadienne-française plus diversifiée qui ferait aussi place à la grande industrie et au grand commerce. Pour Séguin, «le grand drame» de l'histoire des Canadiens français, ce sera d'être «une nation pour laquelle le développement économique intégral était de règle comme pour toute autre et à laquelle [...] ont manqué les moyens d'arriver, par elle-même et pour son propre compte, au développement économique intégral, y compris la formation de la grande industrie[8]».

Il faut dire que plusieurs lieux communs véhiculés par la pensée de l'époque chatouillaient déjà notre ami Séguin. Dès 1938, il n'acceptait pas le point de vue de l'un de ses professeurs de versification qui, proposant une dissertation sur le problème économique du Canada français, orientait celle-ci vers la «question de compétence», alors que Séguin y voyait surtout un problème d'ordre institutionnel et constitutionnel. De même, il s'élève, l'année suivante, contre la théorie de la psychologie des peuples que propage l'un de ses professeurs de Belles-lettres. Pour être plus précis, «cette explication passe-partout lui devient anathème». Enfin, il rejette cet autre lieu commun voulant que l'école serait la grande responsable de notre infériorité économique. Il a lu Victor Barbeau, «tout probablement en 1939», qui développe, après plusieurs autres, cette argumentation[9]. Toutefois, note Michel Brunet,

> Le même Barbeau constate le succès économique des immigrants. Séguin se demande comment expliquer le succès des immigrants — le dernier immigrant venu — et le sort des Canadiens français. L'école seule ne peut être tenue responsable[10].

Un problème obsède Séguin depuis longtemps: celui de la place qu'occupent les Canadiens français au sein de la Confédération et, plus particulièrement, celui de l'infériorité économique des Canadiens français. On se souvient qu'Eugène Nepveu avait répondu à cette interrogation précoce alors que Séguin n'avait que douze ans. De plus, l'expérience que ses parents ont fait de l'Ouest «canadien» n'a pas manqué de l'instruire sur l'existence d'une certaine dualité nationale. Ainsi, «quand sa mère, rapporte Michel Brunet, lui rappelait le lieu de sa naissance, elle ne pouvait s'empêcher de commenter: "Pourquoi appeler ça l'Ouest canadien puisque tout y est anglais?"[11]» Dans le même ordre d'idées, Séguin, dans un résumé de lecture du livre d'Esdras Minville, *Invitation à l'étude* (1943), pouvait écrire, à propos d'un passage où il est question du «canadianisme tout court», ce commentaire promis à une fortune singulière: «Depuis 1914 on parle beaucoup de "Canadianisme" mais est-ce que "Canadien" veut dire: "Canadian"[12]?» Enfin, le cours d'histoire du Canada de Lionel Groulx que Séguin a suivi à Montréal l'aurait «amené à réfléchir davantage sur l'économique[13]». Il faut ajouter qu'il a suivi ce cours au moment de la célèbre polémique entre Maheux et Groulx. Séguin va même assister à la conférence de Groulx; il avait pu se procurer un billet à l'université même. Rapidement, le problème de l'infériorité économique des Canadiens français lui apparaîtra lié à des facteurs d'ordre constitutionnel. En 1944, il prépare même, «à la demande du directeur du *Quartier Latin*», un article où il analyse la situation politique au Canada[14]. Il y dénoncera «l'incohérence du système bipolaire. Plutôt que de continuer à se paralyser mutuellement, pourquoi ne pas se séparer. Au Québec d'en sortir[15].» Alors qu'il était étudiant à la Faculté des lettres, la politique intéresse Séguin au point où il aurait songé pour un temps à y œuvrer[16].

C'est à ce moment qu'il s'ouvre à Groulx de son projet de faire une thèse en histoire... économique! Jusqu'alors, mis à part l'*Essai sur l'Industrie au Canada sous le régime français* (1927) de Joseph-Noël Fauteux et les travaux d'Errol Bouchette, d'Esdras Minville et de quelques autres, l'histoire économique avait été un genre peu pratiqué au Canada français. Qu'est-ce qui a bien pu pousser Séguin à opter pour une telle voie de recherche? En plus de l'intérêt que Séguin manifeste envers les questions économiques dans le but d'en arriver à comprendre les causes de l'infériorité économique des Canadiens français, il est une autre raison fondamentale qui explique pourquoi il a été amené à aborder ce domaine encore relativement vierge et que Séguin nous livre lui-même:

> Quand j'ai commencé à m'intéresser à l'histoire on nous disait que l'histoire politique, que l'histoire nationale était faite; Esdras Minville avait même écrit: «Il n'y a pratiquement plus rien à dire depuis que le chanoine Groulx a écrit» et, jeune étudiant, je me suis lancé du côté de l'histoire économique[17].

Ainsi, avant de développer son interprétation novatrice, Séguin n'en partage pas moins certains lieux communs de son temps. Il nous en donne un exemple au moment même où il entreprend sa recherche doctorale. En effet, ne bénéficiant pas de bourse d'études pour la durée de ses recherches doctorales, puisqu'à cette époque seuls les étudiants qui poursuivaient des études à l'étranger pouvaient espérer recevoir une telle bourse, Séguin, pour survivre, «enseignera pendant un an [1944-1945] l'histoire et la géographie au collège Sainte-Marie[18]». Ce cours d'histoire du Canada, qui couvre les régimes français et britannique jusqu'en 1931, et dont on retrouve copie dans le Fonds Maurice-Séguin[19], est un recueil de lieux communs. Il aurait été difficile qu'il en soit autrement compte tenu de la situation. Ainsi, on peut y lire, par exemple, que «(L'histoire) le Passé est un maître. Il nous apprend à vivre dans le présent»; que «notre pays doit beaucoup à la volonté tenace de Champlain et au zèle des missionnaires» et que les 2500 personnes qui, selon Séguin, constituent en 1663 la population de la Nouvelle-France sont «des braves et des saints!». De même, la périodisation et les jugements d'ensemble qu'il introduit n'offrent rien, non plus, de particulièrement original. Le Régime français est subdivisé en cinq périodes principales que caractérisent certaines grandes figures: Champlain, Maisonneuve, Dollard, Talon, etc., tandis que la périodisation du Régime britannique, qui en compte sept, fait référence à autant de régime constitutionnel plutôt qu'à des individus.

Globalement, le régime français y est présenté sous la figure d'un développement inégal, mais continu, jusqu'à ce que s'amorce, en 1754, les premiers affrontements qui vont mener à «l'écroulement» final de la Nouvelle-France. Le résultat de cet écroulement sera «Pour les Français: fin de la puissance française en Amérique. Pour les Canadiens: une catastrophe qui les replace sur le plan héroïque. Terrible lutte pour rester Canadiens.» Aussi est-ce sous le signe de la lutte pour la survivance que s'amorce et s'interprète le régime britannique. Toutefois, selon les notes du cours en question, cette lutte se déroulera en deux temps:

> A. 1760-1867. Cent ans de luttes et de succès — au milieu d'épreuves dont on se relève vite — grâce à une politique <u>nationale</u> intelligente et courageuse.

B. 1867-1945... Quatre-vingts ans de revers continus causés par la perte du sens national: on ignore que Québec est un État français — la perte du sens politique: on se divise en partis politiques.

Un peu plus loin, l'exposé se fait plus explicite. Si la première moitié du Régime britannique se caractérise par des succès continus, c'est que:

Cette marche constante vers plus de liberté est due: 1e à une politique nationale: les Canadiens français avaient conscience de former une nation distincte

unie: les Canadiens français savaient faire bloc sous un seul chef sans division partisane

courageuse: les Canadiens français n'avaient pas peur de réclamer fermement leurs droits

2e à une structure sociale solide: la paysannerie

3e à un accroissement naturel de population qui jusque vers 1850 leur a donné la majorité.

Inversement, et ici le ton du cours tranche un peu plus par rapport aux interprétations habituelles qui sont véhiculées à l'époque, les «revers continus» de la seconde moitié du Régime britannique s'expliquent par:

1e une politique antinationale: on ignore que Québec est un État français et que les Canadiens français forment une nation distincte. (Canadien tout court!)

partisane: les Canadiens français se divisent en partis politiques à la remorque de la section anglaise de ces partis.

et lâche: les Canadiens français laissent constamment violer leurs droits sous prétexte de «bonne entente»: ils perdent l'esprit d'offensive.

2e l'évolution de la paysannerie vers le prolétariat urbain

3e la perte de la majorité: les Canadiens français émigrent; les étrangers immigrent

Cette reculade constante a eu les résultats suivants:

1e Les Canadiens français ne sont pas maîtres dans Québec (leur État) où ils sont 81% de la population [...]

2e les Canadiens français ne sont pas respectés dans le Canada — où ils forment 30% de la population (le groupe ethnique le plus nombreux) on ne tient pas compte de leur avis pour décider de la politique du pays.

Cette interprétation que Maurice Séguin livre à ses étudiants de syntaxe et qu'il reprend pour l'essentiel de Groulx, nous permet d'appréhender, en raccourci, l'image du passé que ce dernier a reçu de la tradition historiographique que partagent ses contemporains avant qu'il ne s'attache à la réinterpréter et à la rectifier, selon l'expression de Jean Blain, à l'aide d'une «logique indéfectible[20]» dans sa thèse de doctorat. En effet, rapporte Séguin, «c'est en faisant cette histoire économique que je me suis aperçu que ce qu'on m'avait enseigné au point de vue de l'histoire politique, au point de vue de l'histoire nationale, après deux ou trois ans de recherches pour ma thèse, je n'y croyais plus[21]». Cependant, il est significatif de retrouver, parmi les trois grands éléments qu'il privilégie pour expliquer les «progrès» puis les «revers continus» sous le Régime britannique, les thèmes mêmes qu'il approfondira tout au long de sa carrière d'historien, c'est-à-dire la paysannerie, qui constituera le point de départ de ses recherches, puis le problème de la variation de la conscience nationale canadienne-française — problème plus secondaire, mais qui va lui servir à illustrer un phénomène d'ensemble — enfin celui, plus essentiel, des relations entre nations majoritaires et minoritaires.

De la même manière, la décision d'arrêter son choix sur «La Nation canadienne et l'agriculture», comme objet de sa recherche doctorale n'est pas, non plus, arbitraire. À ce sujet, Jean-Pierre Wallot souligne avec raison que «même une biographie très sommaire [de Séguin] plonge vers des racines et des expériences de vie qui ont nourri son intérêt pour l'agriculture [...] et le sort réservé à la nation canadienne-française, par sa situation de minorité dans la Confédération. Maurice Séguin descend d'une lignée de cultivateurs[22].» De plus, il ne faudrait pas perdre de vue que la croyance en la vocation essentiellement agricole des Canadiens français est toujours une représentation dominante au cours des années trente et quarante. L'industrialisation et l'urbanisation, parce qu'elles provoquent l'exode rural et la prolétarisation des Canadiens français, apparaissent comme un Janus, sorte de miroir aux alouettes, qui amène lentement mais sûrement la déchéance de cette classe qui incarnerait à elle seule le lieu des traditions authentiques et, par conséquent, de la fidélité nationale. Victor Barbeau constitue, parmi tant d'autres, un exemple surprenant de cet état d'esprit. Ainsi, quoiqu'il ait été l'un de ceux qui, au cours des années trente, ait dressé, dans *Mesure de notre taille* (1936), le tableau le plus saisissant de notre infériorité économique, il va soutenir, dans son ouvrage subséquent, que c'est parce que nos élites n'ont pas su répondre aux besoins suscités par notre vocation paysanne que les Canadiens français connaissent un problème d'infériorité économique.

> Nous sommes un peuple de paysans. Nous le sommes par atavisme, par vocation et par nécessité. [...] Nos bourgeois sont des paysans endimanchés; nos chômeurs, des paysans déracinés; nos hommes d'État, des paysans

ingrats et oublieux. [...] Tout eût dû être conçu, préparé, décidé en fonction de la terre. De la politique à l'enseignement, tout eût dû tourner autour de cet axe, de ce pivot. [...] La terre au détriment de tout le reste, voilà ce qu'il aurait fallu. [...] Ce dont je blâme avant tout nos administrateurs [...] C'est de nous avoir ravalés au rang d'îlotes en négligeant l'agriculture au profit de l'industrie[23].

On retrouve de plus, dans ce livre, l'idée que la richesse est un facteur de ramollissement des volontés et qu'il est préférable à ce moment de développer notre économie par «en bas» grâce aux petites et moyennes industries. La prise de conscience de notre infériorité économique n'est donc pas, encore une fois, alimentée par «ce qui est», mais par «ce qui devrait être», c'est-à-dire par des à priori philosophiques et moraux qui baignent dans l'esprit du temps plutôt que d'être une analyse objective de la situation. Lorsque Séguin décide de s'attacher à l'étude de «La nation canadienne et l'agriculture», il plonge au cœur du plus grand lieu commun de l'époque.

Groulx, dans sa conférence de 1931, caractérisait la déchéance de la classe paysanne comme un «désolant acheminement, depuis 75 à 80 ans, des petits propriétaires agricoles vers le prolétariat[24]». Ce processus de prolétarisation qui, selon Groulx, s'est d'abord manifesté dans les campagnes avant d'atteindre les villes, se caractérise par un mouvement d'exode rural qui s'exerce selon deux directions: l'émigration aux États-Unis et «l'émigration à l'intérieur», c'est-à-dire vers les chantiers et les usines où les Canadiens français ne font pas que devenir des prolétaires, mais des prolétaires résignés «à la domesticité, aux emplois subalternes, au prolétariat perpétuel». Pour Groulx, les causes de ce double exode se ramènent, pour l'essentiel, à deux causes: «Sol improductif, sol inaccessible, deux mots qui fournissent toute l'explication.» Mais, si le sol est devenu improductif et inaccessible, Groulx y voit le résultat du manque de prévoyance des dirigeants politiques qui, dans une province à majorité rurale, n'ont jamais fait d'efforts véritables pour mettre en œuvre une politique agricole vigoureuse. Selon Groulx, pour empêcher que l'habitant ne s'enlise dans la routine et rende le sol improductif, il aurait fallu que les dirigeants veillent, par exemple, à créer des écoles d'agriculture. De même, pour rendre le sol accessible, il fallait construire des routes de colonisation, contrer l'accaparement des terres par les spéculateurs et veiller à prévenir les «impositions abusives» des redevances que certains seigneurs font peser sur leurs censitaires depuis la Conquête. Aussi, le résultat de cette imprévoyance politique a fait qu'«un peuple de propriétaires est devenu, en moins d'un demi-siècle, un peuple de prolétaires, [...] aujourd'hui résigné à son prolétariat[25]».

En somme, ce qui est posé ici, c'est moins le problème de l'agriculture considéré comme un secteur parmi d'autres de l'activité économique, que le problème de l'infériorité économique des Canadiens français envisagé d'un point de vue national. En 1936, Groulx va faire ressortir cet aspect en ces termes: «ce n'est pas seulement, comme en d'autres pays, l'écart souvent anormal entre les ressources d'une poignée de grands possédants et la masse des non-possédants ou des petits possédants, mais cette particularité que les uns et les autres ne sont pas, en cette province, de même famille, de même nationalité[26]». De plus, puisque «l'attachement au sol» est, depuis longtemps, présenté comme «le signe de la fidélité» et de toutes les vertus grâce auxquelles la nation canadienne-française a réussi à assurer sa survivance, le problème de la «déchéance de la classe paysanne» renvoie directement à celui de l'infériorité économique des Canadiens français, et c'est sous cet angle nécessairement national que Séguin va aborder le problème de l'agriculture.

Groulx, pour conclure cet examen des causes de cette déchéance qui mène à l'infériorité économique des Canadiens français, va faire appel à la dignité et au devoir pour contrer ce mouvement implacable: «dignité de race fondatrice qui n'a pas été faite pour la servitude en son pays natal, qui ne doit jamais servir où elle peut commander; devoir par conséquent de développer elle-même son pays», tout en veillant à mettre en place «une politique agricole de grande envergure[27]». Il faut dire que, selon Groulx, l'histoire à faire est d'abord affaire de volonté. Maurice Séguin, Guy Frégault et Michel Brunet en viendront à s'opposer à cette représentation des choses, que partagent les cité-libristes, en faisant remarquer que Lionel Groulx fonde habituellement ses explications sur les personnes plutôt que sur les institutions ou sur les structures: «En fait Groulx — comme tous les définisseurs de situation du Canada français — part de l'hypothèse que ses compatriotes ont toujours eu la liberté d'organiser leur vie collective[28].»

Dans sa thèse, Maurice Séguin va reprendre les principaux éléments de l'argumentation de Groulx. Toutefois, plutôt que de porter son attention sur les individus, sur les politiciens, sur l'accapareur de terre et sur les mauvais seigneurs —, il situera son analyse dans une perspective beaucoup plus large. En effet, sa thèse repose sur un postulat implicite qui résulte de la mise en relation de quelques idées directrices, qu'il a puisées à des sources diverses, et qui pourrait s'énoncer de la manière suivante: la croissance économique, dont une société agricole représente un stade particulier, obéit à des lois générales et universelles de développement qui accomplissent plus ou moins rapidement leur logique interne selon le cadre des contraintes géographiques et politiques propres à la situation particulière de chaque nation. Plus une économie se développe, plus elle tend à accroître et à diversifier ses activités; progrès continu et inévitable qui, tout en permettant à une nation d'accéder à des stades de développement successifs, contribue à créer un état d'équilibre entre les divers secteurs d'activité économique. Mais, comme nous allons le voir, ce postulat implicite, qui s'inspire des principes de l'économie politique, s'inscrit dans le cadre plus vaste de l'univers de représentations qui sourd de sa formation humaniste et de son souci, qu'il partage avec toute une génération, de réconcilier tous les dualismes en vue de réaliser les conditions propices à l'épanouissement. En effet, les nations, comme les individus, ne tendent-elles pas à «entretenir des activités "totales, intégrales"» et à «agir avec tout l'être à la fois» dans le but d'accéder à une «vie équilibrée»? Dans un premier aperçu des choses, cette représentation fonctionnelle et systémique avant la lettre, à partir de laquelle Séguin réinterprètera l'histoire du Canada, apparaît comme un déplacement général des référents habituellement utilisés par l'historiographie canadienne-française. Aussi, étant donné l'importance que la thèse de doctorat de Maurice Séguin va prendre comme pièce centrale devant mener à la constitution d'une nouvelle école de pensée historique, je m'attarderai un peu plus longuement sur les diverses sources qui l'ont inspirée.

Les idées directrices

Dès le départ, ses lectures l'orientent vers une première idée directrice: les difficultés de l'agriculture ne sont pas d'ordre technique, mais sont essentiellement liées à des lois économiques et universelles. En effet, Séguin, même s'il ne l'indique pas dans sa bibliographie, a lu *Introduction to Economic History*, de N. S. B. Gras qui a été l'un des premiers auteurs américains à développer une description théorique des divers stades par lesquels une société doit tour à tour accéder avant de pouvoir briguer le statut de métropole[29]. Dans le résumé de lecture qu'il en a fait[30], on peut lire, à propos du troisième stade économique qui correspond au «Settled Village Economy» que ce dernier est le résultat de «l'enracinement de nomades occupés à l'agriculture sous forme de "village" — microcosme presque fermé. Sa fonction économique n'était pas le commerce mais l'élevage et l'agriculture.» Le quatrième stade se caractérise, quant à lui, par la «Town Economy»:

> La ville est un ancien village qui a dépassé les autres au point de vue commercial d'abord. Le commerce existait auparavant — cf. les marchés. La ville commence quand naît une classe de commerçants exclusivement occupés de commerce et possédant leurs magasins — en plus des marchés. [...] L'économie urbaine permet à un plus grand nombre d'hommes de suivre leur vocation — et de ne pas tous être de force des cultivateurs ou des éleveurs.

Enfin, comme dernier stade, on retrouve la «Metropolitan Economy». À ce niveau, «la différence avec l'économie de ville n'est que dans l'ordre des grandeurs.» Toutefois, en plus d'être «le foyer du commerce local», elle est aussi «le centre par lequel les relations économiques ordinaires avec le monde extérieur sont nouées et maintenues.» Donc, on a affaire à un «grand développement du commerce en gros» et, ainsi, à «2 sortes de commerce: intramétropolitain; extramétropolitain.»

Ce qui ressort de cette théorie, c'est que la dynamique des stades du développement économique n'est pas liée à des décisions d'ordre politique, mais relève des lois de l'économie, c'est-à-dire de l'accroissement du commerce et des marchés commerciaux. Toutefois, puisque le passage d'un stade économique à un autre provoque l'augmentation de la population des villages puis de celle des villes au détriment de la campagne, comment interpréter le mouvement d'exode rural qui, inévitablement, semble accompagner ce phénomène, surtout qu'il intervient alors même que les conditions de vie des agriculteurs se sont améliorées dans le sillage du développement économique plus général?

Daniel Zola, dans un ouvrage intitulé *L'agriculture moderne* (1917), tente de répondre à cette question. Selon lui, résume Séguin, l'exode rural est un «déplacement normal, économiquement progressif vers le commerce et l'industrie» parce que suite au développement de l'économie, «l'agriculture, plus riche, consomme davantage des produits industriels et développe l'industrie qui recrute dans les campagnes ses ouvriers». Aussi, «il convient de l'accepter comme une nécessité, comme une conséquence de notre évolution économique générale». Même si Zola met en relief le fait que c'est là un «déplacement normal», il ne répond pas à la question de savoir en quoi, justement, il est normal qu'un tel déplacement se produise.

Doreen Warriner dans un ouvrage intitulé *Economics of Peasant Farming* (1939), va, quant à elle, se faire plus explicite. Elle aussi souligne ce processus qui fait que «dans une économie progressive, les ressources humaines doivent continuellement tendre à sortir de l'agriculture». Mais, à la différence de Zola, elle explique de façon plausible ce déplacement «normal» par trois phénomènes complémentaires: par la différence de productivité du capital investi dans le secteur industriel et agricole; par l'élasticité contraire de la demande des produits pour ces deux secteurs; enfin, l'action combinée de ces deux premiers phénomènes entraîne à son tour une importante différence de rénumération entre les ouvriers agricoles et industriels. Pour toutes ces raisons:

> L'exode rural doit être considéré comme un développement normal d'une société progressive (économiquement) parce que la demande de nourriture ne croît pas au même taux que le revenu per capita. Cet exode a lieu même quand le revenu de l'agriculteur est à la hausse — à cause de la différence relative constante avec le revenu de l'industriel.

Mais l'exode rural et les progrès de l'industrialisation entraînent à leur tour une augmentation du niveau de vie agricole puisque les «facteurs du bien-être économique agricole — ne se distinguent pas de ceux du bien-être économique en général dans le pays entier». La question de la richesse ou de la pauvreté des agriculteurs ne tient pas à des facteurs politiques mais, essentiellement, «relève de questions économiques». Le rôle du marché dans la vie agricole ressort alors pleinement. En effet, «le revenu n'est pas petit parce que les fermes sont petites mais les fermes demeurent petites parce que les revenus sont bas». De même, «une économie rurale domestique stricte est inconcevable. C'est quand les paysans ne se "suffisent" pas (dans un pays industriel) qu'ils forment une classe indépendante, équilibrée, stable.» L'exode rural devient alors «un signe de l'accroissement de la productivité».

Même François-Albert Angers, pour qui, à cette époque, l'agriculture demeure la planche de salut de notre survivance nationale, endosse cette interprétation[31]. Il faut dire qu'il a lu et qu'il conseille la lecture du livre de Warriner. Aussi, selon lui,

> ...ce n'est pas dans les facteurs techniques, mais dans les facteurs économiques qu'il faut rechercher les difficultés de l'agriculture du Québec. Et j'ajoute que [...] ce ne sont pas des facteurs d'ordre local [...] mais d'ordre universel. [...] Comment pourrait-on passer de l'économie dite primitive à cette économie progressive sans l'intervention de l'exode rural? [...] C'est

> ce mouvement de la terre vers les centres industriels qui crée en même temps le marché des produits agricoles. [...] Par là, nous arrivons à la conclusion paradoxale que la faible rentabilité de l'agriculture, cause d'exode rural, est une condition nécessaire du développement d'une économie progressive[32]...

La majeure partie de ces arguments valent pour les sociétés qui connaissent déjà l'industrialisation. Mais, au Canada français se pose un problème supplémentaire. Comment expliquer que la majorité de la population, qui est canadienne-française ait eu à subir tous les contrecoups du développement de cette économie progressive, alors que la minorité canadienne-anglaise en retirait tous les avantages, c'est-à-dire tous les profits? Ce problème de fond ne renverrait-il pas aux conditions préalables qui rendent possible l'enclenchement du processus d'industrialisation, c'est-à-dire aux conditions à partir desquelles s'est réalisée l'accumulation du capital au Canada français?

Sur cette question des conditions de l'accumulation du capital dans une société préindustrielle, Doreen Warriner ne s'étend pas beaucoup. Par contre, elle souligne avec force que «la pauvreté agricole ne mène qu'à des industries non capitalistes (artisanat).» N. B. S. Gras, par contre, avait présenté l'extension des marchés et du commerce comme la principale condition du développement économique. Pour une jeune colonie, le développement du commerce est inextricablement lié aux besoins des marchés métropolitains. Séguin devait retrouver cette question sous la plume d'Émile Salone, de Donald Creighton et d'Esdras Minville.

Séguin a fait un résumé du livre de Salone, *La colonisation de la Nouvelle-France* (1905), «sous l'angle de l'agriculture». Toutefois, le commentaire qu'il réserve pour cet ouvrage dans sa bibliographie évoque une tout autre perspective.

> L'auteur semble avoir parfaitement raison de donner comme l'une de ses conclusions que le développement économique de la Nouvelle-France devait nécessairement être assez limité parce que cette colonie n'offrait aucun complément (sauf pour les fourrures) à l'économie de la métropole[33].

C'est que le livre de Salone n'a pas, comme tel, pour objet l'agriculture. Son objectif principal est d'évaluer les diverses étapes et les résultats de la colonisation française en Amérique. Pour ce faire, il ne néglige pas de souligner l'importance du Saint-Laurent comme artère commerciale, les contraintes climatiques et géographiques, le rôle de la métropole et des multiples activités nécessaires à cet effort de colonisation qui, et de loin, déborde largement l'agriculture. Quel sera le bilan de cet effort?

> Toute colonisation qui réussit a pour dernière étape de son évolution, la création d'un peuple nouveau, qui, de jour en jour, devient plus capable de se passer du secours de la mère patrie, de subsister, de grandir par ses propres forces. Au moment où il va tomber sous la domination étrangère, ce résultat est acquis au Canada[34].

Cette analyse de Salone, comme le fait remarquer Guy Frégault en 1970, vient démontrer que «le postulat sur lequel repose implicitement l'œuvre de Parkman — celui d'une Nouvelle-France qui, sans manquer de séduction, n'est pas, au fond, une société viable — manque de fondement scientifique, puisque le peuple issu de la Nouvelle-France vit toujours en tant que groupe humain organisé et différencié. Salone est l'anti-Parkman.» Frégault ajoute que même si Salone, en conclusion, commet la «faute significative» de formuler l'hypothèse voulant que les Canadiens de 1760 n'aient été que des laboureurs, «il se trouve que, dans son livre même, elle est réfutée, écrasée, anéantie par la masse de faits qu'apportent de nombreux et solides chapitres sur le développement économique et l'organisation de la colonie[35]». On comprend ainsi mieux pourquoi Séguin se soit inspiré de cet ouvrage pour rédiger la section de son introduction qui porte sur la vie économique au Canada avant 1760[36]. C'est que cette œuvre de Salone prépare et complète à la fois le terrain sur lequel Creighton et Minville vont entraîner Séguin.

De Creighton, Séguin a lu *The Commercial Empire of the St. Lawrence, 1760-1850* (1937). Dans le résumé qu'il en a donné dans sa bibliographie, on peut lire: «Ce volume expose clairement le point de vue des marchands britanniques des colonies nord-américaines: leur volonté de faire du Saint-Laurent la voie commerciale de tout l'intérieur du continent et les luttes qu'ils durent soutenir contre les Canadiens du Québec[37].» Ce livre exercera une influence importante sur le jeune Séguin. Jusqu'alors, et même pour l'abbé Maheux qui pourtant prenait plaisir à fréquenter les historiens anglophones, à peu près aucun historien canadiens-français, et surtout pas l'abbé Groulx[38], ne s'était mis à l'heure des nouvelles tendances historiographiques qui avaient vu le jour au cours des années trente au Canada anglais. Sans reprendre tout ce que j'ai pu dire plus haut, à propos de ce livre de Creighton, il importe de reprendre ici quelques points essentiels.

Creighton, en rédigeant *The Commercial Empire*, poursuivait un objectif nationaliste bien précis. En effet, inspiré par les écrits d'Harold Innis et de Marion Newbigin, Creighton espère donner à la réalité politique qu'est le Canada, un fondement économique qui s'appuie sur la réalité géographique du continent nord-américain. C'est pourquoi le Saint-Laurent, par la dimension considérable de son réseau hydrographique, lui apparaîtra comme la contrainte géographique initiale à partir de laquelle l'histoire du Canada tire son intelligibilité. Pour Creighton, le Saint-Laurent, avant que le traité de Versailles de 1783 ne viennent créer une frontière artificielle, constituait une invitation permanente à l'exploitation des ressources du continent nord-américain qui, par ses dimensions, recelait tout le potentiel nécessaire à l'édification d'un véritable empire commercial. Selon lui, ce potentiel n'est pas passé inaperçu des Français du temps de la Nouvelle-France et, par conséquent, n'a pas manqué non plus d'éveiller leur appétit commercial. Séguin, dans son résumé qu'il a fait du livre de Creighton, écrit à ce propos:

> Cette artère incomparable a fait rêver à un empire commercial les Français, les Marchands Anglais (1760-1850) — (et explique le Canada actuel) [...] L'empire français intérieur fut une pénétration, non une occupation — et fut commercial — non agricole.
>
> Et ce grand trait commercial — dominera la vie canadienne jusqu'à la Conquête — et continua près d'un siècle après 1760. [...] La philosophie commerciale du Saint-Laurent passa aux vainqueurs. [...] La Conquête lia davantage le Canada à l'Europe. (Angleterre) Nouvelle impulsion commerciale.

De plus, ajoute Séguin,

> Fait significatif: les premiers émigrés britanniques au Canada ne sont pas des fermiers mais des marchands. Il a fallu 1774-1783 pour faire considérer le Canada par les Anglais comme autre chose qu'une colonie pour commerce. *[sic]* [...] La terre n'a jamais été exploitée commercialement. [...] Premier mode du commerce: la fourrure. — Le commerce d'un produit de luxe — qui lie davantage à l'Europe[39].

En adoptant le point de vue de la classe des marchands et en mettant en relief le rôle du Saint-Laurent comme infrastructure commerciale, les diverses luttes politiques qu'a connues le pays dans le premier siècle après la Conquête ne s'interprètent pas, selon Creighton, comme un simple conflit de race et de religion, mais comme un affrontement socio-économique qui se proportionne aux réalités économiques que sous-tendent les impératifs géographiques du continent nord-américain. Marchands contre paysans, capitalistes contre prolétaires ajoute Séguin, lord Durham ne dira pas autre chose dans son rapport[40]. De même, en mettant en relief le rôle des *staples* dans le développement économique du pays, Creighton donnait pleine extension à l'importance que les marchés commerciaux occupent dans toute entreprise de colonisation.

On retrouve chez ces divers auteurs l'origine des principales idées directrices qui vont amener Séguin à orienter sa recherche en fonction du postulat implicite, que j'ai défini plus haut, et qui l'amènera à envisager l'évolution de l'agriculture canadienne principalement en fonction du facteur marché et des contraintes géographiques et politiques qui le conditionnent. Cet angle de lecture, qui constitue en soi une originalité pour l'historiographie canadienne-française de l'époque, va inspirer l'ensemble de la démonstration à laquelle Séguin se livre dans la première partie de sa thèse qui est aussi la plus volumineuse. Mais la lecture d'un article d'Esdras Minville, intitulé «La colonisation[41]» (1943), dont Séguin ne prend connaissance qu'une fois «profondément engagé dans son travail de doctorat,» va permettre à Séguin de donner plus d'ampleur, dans la deuxième partie de sa thèse, à son postulat de départ, pour accéder à une signification d'ensemble de l'histoire des Canadiens français au cours du siècle qui suit la Conquête, tout en trouvant réponse au problème de l'origine de l'infériorité économique des Canadiens français. D'où, comme le note Jean Blain, «la structure pour le moins étrange de la thèse dont la majeure partie apparaît comme un avant-propos que l'auteur, déjà obsédé par le souci de l'explication globale, juge lui-même non essentiel[42]».

Cet article de Minville soulève un problème de fond auquel Séguin n'a pas porté attention de prime abord, puisqu'il n'en fait aucune mention dans le résumé de lecture qu'il en a laissé; et Minville lui-même, dans la suite de son article, a été incapable d'aller au bout des conséquences que suggéraient sa propre logique[43]. En effet, écrit Minville, «dans la province de Québec, on se fait de la colonisation une idée tout à fait particulière. [...] La colonisation apparaît [...] essentiellement comme le début de l'agriculture, et c'est comme tel qu'elle est conçue, organisée et traitée. [...] Une question se pose naturellement: pourquoi en sommes-nous venus à cette notion diminuée de la colonisation?» Avant de poser cette question cruciale, Minville commence toutefois par définir la notion de colonisation: «coloniser, au sens ordinaire du mot, c'est prendre possession d'un territoire, en mettre en valeur les ressources, en vue si possible d'y établir une population[44]». C'est là, rappelle Minville, l'esprit qui a guidé les diverses métropoles européennes qui ont participé aux entreprises de colonisation au cours des XVIe et XVIIe siècles. Sur les cinq continents, elles ont d'abord donné l'impulsion puis accordé leur soutien constant à ces jeunes colonies jusqu'à ce qu'elles deviennent des «nations nouvelles».

> Ces colonies [...], avec la protection et l'appui de leurs pays d'origine, ont utilisé les sols agricoles quand il y en avait aux fins les mieux appropriées; elles ont utilisé les forêts, les exploitant à leur usage et au bénéfice de la métropole; elles ont mis en valeur les gisements miniers, organisé les pêcheries, le commerce, etc. [...] Et leur action colonisatrice a donné naissance à des nations nouvelles.

La Nouvelle-France n'a pas fait exception à la règle:

> ...si les autorités de la Nouvelle-France attachent toute l'importance qu'il faut au défrichement, à l'agriculture, elles ne négligent pour autant ni les autres ressources, ni les autres modes d'activité. [...] Ils s'appliquent à diversifier les moyens de subsistance autant que les ressources du territoire le permettent. Pour eux, coloniser c'est bâtir un pays, édifier une nation, et leur action est à la mesure de leurs idées[45].

Selon Minville, si les Canadiens français en sont venus à une «conception diminuée» de la colonisation, la cause profonde réside dans le changement de métropole.

> À partir de ce moment, la politique, c'est-à-dire l'orientation générale de la multitude et de son activité, ne sera plus faite pour les 65,000 fils de Français restés au pays, bien qu'ils continuassent de former le gros de la population. Elle sera conçue selon un autre esprit et pour une autre fin que le progrès voulu pour lui-même de la population conquise. Et de ce moment là commence ce qui peut être considéré comme la tragédie sous-jacente de toute notre histoire, à savoir, l'obligation pour notre peuple de s'accommoder, sans trop sacrifier de sa personnalité propre, de cadres politiques, économiques et sociaux conçus dans un esprit différent du sien et à d'autres fins que son progrès à lui. [...] ces 65 000 vaincus [...] se réfugient donc en eux-mêmes, et sur le plan social entreprennent d'opposer l'inertie aux influences qui désormais vont s'exercer sur eux. [...]
>
> La population entière est donc refoulée vers la terre. Et la conquête du sol sera désormais et pour de nombreuses générations l'unique moyen de vie et d'expansion économiques. À partir de ce moment, coloniser, c'est essaimer d'une terre à l'autre [...] C'est sur cette notion diminuée — mais diminuée pour cause — de la colonisation que nous vivons encore. Peuple de faiseurs de terre, nous l'avons été un peu par vocation sans doute, mais aussi beaucoup parce que les circonstances durant longtemps ne nous ont guère permis d'être autre chose[46].

Autrement dit, le changement de métropole n'a pas seulement amené les Canadiens à se replier dans l'agriculture, chose connue depuis longtemps[47], mais leur esprit a été amené à subir une déformation analogue. Phénomène beaucoup plus profond sur lequel Séguin insistera avec force avant que Brunet ne reprenne, selon son style bien particulier, le bâton du pèlerin[48].

La thèse de Séguin en est une d'histoire économique. Aussi la référence aux actions des individus et des groupes sociaux qui, habituellement, abonde dans l'historiographie canadienne-française traditionnelle est-elle absente du récit de Séguin. À l'exemple de Creighton, il commence par mettre en relief l'importance des «impératifs géographiques» qui ont conditionné l'orientation générale du développement économique de la colonie. Après avoir fait l'examen de ces contraintes à l'époque de la Nouvelle-France, Séguin en conclut que «l'Empire français d'Amérique répondit à l'invitation inscrite dans la géographie même de l'intérieur américain [...] Mais ce fut avant tout une pénétration commerciale.» En effet, «une colonie est, de par sa nature, lancée dès son origine dans le commerce extérieur. C'est par la vente, hors de son territoire, de matières premières, fruit de l'exploitation de ses ressources naturelles, qu'elle commence et accentue son développement économique et qu'elle tâche d'équilibrer les nombreuses importations d'objets non encore fabriqués chez elle.» Seule la traite des fourrures offrait de telles possibilités commerciales puisque la métropole n'avait pas besoin de s'approvisionner en bois. De même, l'agriculture nordique de la Nouvelle-France étant de même nature que celle qui se pratique en France, il devenait impossible d'y trouver un débouché payant pour ces produits. Mais l'économie de la Nouvelle-France ne pouvait pas reposer entièrement sur ce *staple* unique: «la difficulté d'écarter les étrangers des marchés dont la colonie aurait pu disposer en Amérique, forcèrent les colons-agriculteurs à se replier sur une économie de subsistance de type paysan[49]».

> De la vie économique du Canada, avant 1760, se dégagent les conclusions suivantes. La colonie s'adapta aux données physiques [...] Les autorités s'employèrent à diversifier les modes de vie [...] Les Canadiens, aidés des Français, [...] procédaient à la colonisation au sens plein du mot; ils s'efforçaient d'implanter, dans un territoire neuf, des activités agricoles, industrielles, commerciales aussi avancées que l'admettait, en ces temps, un pays d'Amérique.
>
> Sans ignorer l'esprit paysan, cette tendance à la suffisance économique, à la satisfaction, à l'indolence même, chez une certaine classe agricole, il

importe d'autre part de constater chez beaucoup de Canadiens, sous le régime français, un esprit commercial et d'entreprise. Les Canadiens ne furent pas, avant 1760, que des exploitants du sol, même si ce type économique l'emportait en nombre[50].

Après la Conquête, les impératifs géographiques qui avait fait de la Nouvelle-France «un pays de forêts, de fourrures et de pêche» et dont «la rigueur du climat laissait présager une agriculture [...] dont les possibilités commerciales seraient fatalement limitées[51]» continuent de jouer. Ménageant ses conclusions pour plus tard, Séguin invite le lecteur à simplement constater pour le moment que les Britanniques héritent de la structure commerciale de la Nouvelle-France, alors que les Canadiens français sont refoulés dans l'agriculture au point où, «pour plus d'un siècle après la Conquête, presque toute la vie économique des Canadiens s'identifiera avec la vie agricole, de sorte qu'étudier l'agriculture des Canadiens de 1760 à 1850, c'est couvrir à peu près tout le champ de leur vie économique durant cette période[52]».

Dans la première partie de sa thèse, Séguin se propose d'examiner l'agriculture de «l'intérieur», c'est-à-dire à partir des facteurs qui conditionnent son évolution interne. Ayant déjà soulevé, dans son introduction, l'importance des marchés commerciaux pour une jeune colonie, Séguin se propose de soumettre les facteurs «sol improductif» et «sol inaccessible», que Groulx présentait comme les causes principales de la prolétarisation des Canadiens français, à la variable «marché». Je dis bien soumettre, car le facteur marché n'est pas une explication supplémentaire que Séguin ajoute aux deux premières. En fait, une fois qu'il introduit le facteur marché, «le sol inaccessible» et le «sol improductif» deviennent de véritables variables dépendantes. En d'autres termes, ces causes qu'identifiaient Groulx sont en fait, pour Séguin, des conséquences du manque de débouchés payants pour les produits agricoles.

En effet, après avoir démontré que le marché, tant intérieur qu'extérieur, est inapte à soutenir une agriculture prospère et que le véritable marché commercial se retrouve dans le commerce des pelleteries, puis dans celui du bois — commerce qui favorise avant tout «le petit nombre» des Britanniques — Séguin conclut en précisant que si le sol est improductif, c'est qu'en l'absence d'un marché agricole payant, «les paysans canadiens [...] n'éprouveront pas la tentation de produire davantage et ne sentiront pas la nécessité de redresser leur agriculture déficiente[53]». Selon Séguin, si les Canadiens étaient déjà portés, du fait de leur esprit paysan, à négliger le commerce, l'absence de débouchés commerciaux pour les produits de la ferme va, en retour, entretenir cet esprit paysan. Cette interdépendance, qui conduit à une «terre peu rénumératrice[54]», explique aussi la stagnation des techniques agricoles puisque si l'esprit paysan représente en soi un obstacle à l'amélioration des techniques, il faut bien plus en rechercher les causes du côté du manque de stimulant économique que provoque l'absence de marchés commerciaux.

> Pour beaucoup de raisons, mais surtout parce que la terre était peu rémunératrice, le paysan demeura dans sa routine. Et les champs des vieilles paroisses devenaient, en général, presque une «terre improductive[55]».

La question du «sol inaccessible» est plus complexe. D'une part, Séguin y voit, là encore, la conséquence de la médiocrité des marchés. Mais, d'autre part, la question de l'accessibilité du sol recoupe celle du mode légal d'aliénation des terres, c'est-à-dire à la différence existant entre les seigneuries et les cantons. Les deux premières générations de paysans canadiens qui suivent la Conquête, même en étant pauvres, retrouvent dans les seigneuries déjà existantes tout le sol nécessaire à l'expansion rapide de leur population. Mais, quant survint la troisième génération, les conséquences de la faiblesse du marché apparurent en pleine lumière. Dans son article qu'il publia dans *l'Action nationale*, un an avant de terminer sa thèse, et où il présente ses principales conclusions, quant aux conséquences qu'a eu la Conquête sur la vie économique des Canadiens, Séguin se fait plus explicite sur cette question.

> La question du territoire embrasse le cas des seigneuries et celui des cantons. À partir de 1820, 1830, les seigneuries facilement colonisables sont presque entièrement concédées. Aussi les Canadiens réclamèrent-ils alors la création de nouvelles seigneuries parce que le mode seigneurial d'obtenir de la terre était conforme à leurs moyens; au lieu d'acheter leur terre, ils préféraient, faute de capitaux, payer annuellement cens et rentes. Là encore se retrouve un effet de la faiblesse du marché[56].

Par contre, la faiblesse du marché, qui engendre un état de pauvreté chronique chez les Canadiens, est l'occasion pour Séguin de réhabiliter le régime seigneurial en faisant ressortir le rôle essentiel qu'il a joué dans «la lutte nationale entre Canadiens et Britanniques pour posséder le Bas-Canada[57]». Jusqu'alors l'existence du régime seigneurial après la Conquête était décriée pour les abus qu'on y observerait dans l'augmentation des cens et rentes, «impositions abusives» qui faisaient dire à Groulx que «la tenure seigneuriale se classe donc, à cette époque, parmi les institutions sociales qui ont cessé de répondre à leur fin[58]». Séguin démontre au contraire que l'augmentation des cens et rentes, compte tenu de l'indice général des prix, a été tout ce qu'il y a de plus raisonnable et, qu'à tout prendre, «la survie du régime après 1760 fut, au point de vue économique, un bienfait pour les paysans canadiens[59]».

> On a reconnu le rôle de la paroisse dans la survivance des Canadiens. On finira bien par reconnaître à son tour le rôle de la seigneurie le jour où l'on aura débarrassé celle-ci des calomnies sous lesquelles l'ont ensevelie soixante-dix ans d'efforts pour obtenir sa disparition[60].

Pour Séguin, le régime seigneurial a été le «bouclier de la nation canadienne». En effet, d'une part, les Britanniques sont réfractaires à ce type de tenure des terres. Lorsque commence l'afflux massif d'immigrants loyalistes, le régime seigneurial intervient pour «paralyser la colonisation agricole des Britanniques dans tout le Bas-Canada et [...] diriger ailleurs ces flots d'étrangers[61]». D'autre part, les Canadiens étant trop pauvres pour acheter la terre des «Townships», la survie du régime après 1760 «amortit la catastrophe de la Conquête» en reportant «à 1820 un manque de terre que les Canadiens auraient pu subir dès 1760». De la sorte, les Canadiens ont pu envahir tranquillement l'espace seigneurial disponible au cours des deux générations qui ont suivi la Conquête assurant ainsi «un peuplement homogène sur un territoire parfaitement déterminé» et Séguin d'ajouter, «note essentielle pour tout groupe humain qui aspire à l'indépendance». Selon cette optique, même l'accaparement des terres, tant honni par ses prédécesseurs, devient un facteur éminemment favorable à la survivance de la nation puisque Séguin y voit «une des causes qui ont empêché les envahisseurs de britanniser le Québec et d'y mettre les Canadiens en minorité.» Malgré tout, les Canadiens vont en venir à manquer d'espaces disponibles et, pour Séguin, indépendamment des difficultés qui, au milieu du XIXe siècle, affligent l'agriculture dans tous ces facteurs internes, «c'est surtout dans l'incapacité d'établir la génération nouvelle qu'apparaît la faiblesse des positions paysannes, entre 1820 et 1850[62]». Si les générations précédentes avaient quand même pu vivre une certaine «quiétude», la troisième génération de paysans canadiens vit dans l'inquiétude et est contrainte à l'exode rural. Parvenu à ce stade de l'analyse, et prenant appui sur ce problème de l'exode rural, Séguin est prêt à poser les questions essentielles qui vont l'amener à pousser plus avant son argumentation.

> Les Canadiens auraient-ils commencé à déserter la terre, vers 1850, uniquement parce que celle-ci était peu rénumératrice, improductive et inaccessible? [...] Sont-ce là tous les effets de la Conquête et du voisinage des États-Unis? [...]

Il est dangereux de conclure trop tôt. On gagnerait peut-être à élargir le débat et, pour se rendre compte de l'ampleur du problème économique des Canadiens, à poursuivre les investigations à l'«extérieur» de l'agriculture, en considérant ce mode de vie dans ses rapports avec les autres domaines de l'activité économique[63].

Séguin commence par souligner qu'en «théorie» le développement économique est une nécessité pour toutes les nations et que, dans ces circonstances, il est inévitable d'observer un mouvement d'exode rural consécutif à ce développement. Mais, que de précautions dans cette justification qui s'inspire manifestement ici des écrits de N. B. S. Gras, de D. Zola, et de Doreen Warriner. Elles trahissent en même temps le souci d'équilibre de l'humanisme chrétien mais, aussi, l'univers des représentations de l'économie qui dominent à ce moment.

Faut-il exposer ici la nécessité d'un certain développement, d'un certain progrès de l'économie? Après l'exploitation du sol [...], il est normal que des besoins nouveaux naissent, que les échanges se multiplient, que le travail se spécialise et qu'on passe graduellement à une mise en valeur plus poussée des possibilités d'un territoire et aux transformations de l'industrie manufacturière. Contenus dans de justes limites, cette croissance des besoins et ce perfectionnement dans la façon de tirer parti des richesses matérielles, sont sains et facteurs de progrès humain. Toute nation se doit donc, en théorie, d'évoluer à des rythmes divers, de quitter un stade où presque toute la population se contentait de l'agriculture, pour atteindre des métiers et des professions plus variés. À une société entièrement agricole, comme d'ailleurs à une société surindustrialisée, il faut préférer celle qui cherche à maintenir un certain équilibre entre agriculteurs, industriels, commerçants, professionnels, etc. Théoriquement, la nation canadienne ne pouvait se dispenser de participer à ce progrès économique et, en particulier, de diminuer le nombre de ses agriculteurs[64].

En «pratique», un tel développement était tout aussi inévitable puisque la géographie même du territoire orientait l'économie vers une diversification de ses activités.

La vallée du Saint-Laurent, lien entre l'Europe et l'intérieur américain, n'était pas un coin de terre isolable, mais un canal tout désigné pour un intense commerce. [...] Inévitablement, le territoire lui-même, par la nature de ses principales ressources et par sa situation géographique, entraînait les Canadiens hors de l'agriculture. [...]

Mêlés aux Britanniques dont l'Empire formait le plus actif ensemble économique de l'époque et à proximité des États-Unis destinés à devenir le plus colossal foyer industriel du globe, il était impossible aux Canadiens de prolonger pour tous, pendant des siècles, une économie rudimentaire comme celle de la ferme paysanne. Leur entourage exigeait d'eux une vie économique plus diversifiée[65].

À partir de ce moment, la question de l'agriculture devient secondaire. Pour Séguin, il s'agit maintenant de déterminer les causes de l'infériorité économique des Canadiens français. En effet, l'exode rural étant une conséquence normale du développement économique, même si les paysans Canadiens avaient vécu à l'intérieur de conditions agricoles idéales, «il y aurait eu quand même déplacement de population, exode rural». Aussi, la question devient-elle «comment s'effectuera leur sortie de l'agriculture»? Séguin ne nie pas que le malaise agricole ait «hâté et aggravé» le processus, mais, «une bonne part du déplacement de population qui alarme les Canadiens vers 1840-1850 doit être attribuée à l'appel du développement économique intégral[66]». Cet «appel» s'est exercé selon deux directions complémentaires: l'émigration aux États-Unis et l'exode rural à l'intérieur du pays vers les villes et les chantiers.

Au milieu du XIXe siècle, l'économie américaine, «pour des raisons visiblement inscrites dans les données naturelles du continent», est déjà plus prospère et beaucoup plus développée que celle de son voisin du Nord. Les Américains ne seront pas les seuls à subir les conséquences d'un tel «développement économique intégral». Son appel est «si puissant» que «par-dessus la frontière, celui-ci agira sur les Canadiens et sur les Britanniques[67]». Jusqu'alors, l'émigration des Canadiens français aux États-Unis était présentée comme l'une des plus grandes menaces à la survivance nationale. Séguin, au contraire, va soutenir que cette émigration des Canadiens français, si importante qu'elle fut, n'a été, somme toute, qu'un «heureux malheur» puisque le «pôle d'attraction» que constitue l'économie américaine a proportionnellement attiré beaucoup plus de Britanniques qui, autrement, auraient choisi le Canada comme terre d'accueil. Submergé par cette immigration massive, les Canadiens français, selon lui, auraient été à ce moment rapidement assimilés[68].

Quant à l'exode rural, s'il était «théoriquement» inévitable, comment en pratique s'est-il déroulé? Séguin commence par rappeler ce qui, au début de la thèse, n'était qu'un simple constat: le repliement agricole des Canadiens au moment de la Conquête. Puis, poursuivant son raisonnement, Séguin souligne que ce repliement renvoie, par le fait même, à une série d'exclusions. Repliés sur la terre, les Canadiens français ont été exclus du grand commerce et se sont retrouvés dans l'impossibilité d'amasser les capitaux nécessaires pour donner, le moment venu, l'impulsion nécessaire au développement économique intégral vers lequel tend toute nation normale. Ce phénomène, en plus de provoquer la disparition de la mentalité commerciale des Canadiens au profit du seul esprit paysan, a fait que seuls les Britanniques ont été en mesure de fournir les capitaux nécessaires pour assurer le passage à un nouveau stade de développement de l'économie. Aussi, «les Canadiens ne pourront, pour leur propre compte et dans la proportion qu'aurait exigée leur nombre, entreprendre la transformation industrielle du pays de Québec, quand en viendra le temps, à partir de la seconde moitié du XIXe siècle[69]». Séguin précise que cette position avantageuse des Britanniques ne constitue pas, en soi, un «monopole absolu», mais une «prépondérance» qui entraînera deux conséquences principales:

> Prépondérance qui, d'une part, paralysera, chez les Canadiens et dans la proportion exigée par leur nombre (soixante-quinze pour-cent du Québec), la formation de classes bourgeoises [...]. Prépondérance qui, d'autre part, entraînera la multiplication non pas d'un prolétariat pur et simple [...], mais d'un prolétariat au crochet de l'étranger, servage encore plus abrutissant, qui arrache au salarié la foi en sa nationalité[70].

Bien que Séguin ait rectifié, à l'aide du facteur marché, les causes principales que Groulx avançaient pour expliquer «la déchéance incessante de notre classe paysanne», il n'en rejoint pas moins la même conclusion essentielle. S'il est normal que l'exode rural, consécutif au développement de l'économie, entraîne la prolétarisation d'un secteur de la nation, il est par contre anormal que cette prolétarisation soit le lot de toute une nation. Arrivé à ce point, Séguin peut délaisser les phénomènes accessoires, et mettre en relief la cause centrale de l'infériorité économique des Canadiens: «La cause profonde, persistante, inévitable du servage réside dans l'Occupation britannique, en elle-même, indépendamment des modalités de celle-ci.» Les bons et les méchants, qui peuplaient notre historiographie et alimentaient ses controverses, sont tout simplement évacués au profit d'une contrainte structurelle anonyme. En effet, selon Séguin, mêmes si les conditions agricoles avaient été idéales, les hommes politiques clairvoyants et les Britanniques conciliants, les Canadiens français n'auraient pu accumuler les capitaux nécessaires pour amorcer le développement industriel et jouer, dans la province de Québec, un rôle économique proportionnel à leur nombre. Séguin rappelle, avec raison, que même le conquérant le plus attentionné du monde envers ses vaincus, ne peut se faire violence au point de leur «laisser une place proportionnée à leur importance numérique, qu'il dédaigne les bases stratégiques de

Québec et de Montréal et n'exploite pas les ressources de la colonie [...] Un tel égard aurait équivalu, pratiquement, à rétrocéder aux Canadiens, non seulement leur territoire, mais aussi de vastes libertés politiques et davantage encore.» L'agriculture a pu, pour un temps, servir de refuge et amortir les conséquences de la Conquête. Mais, souligne Séguin, «l'agriculture résiste jusqu'au jour où l'envahisseur industrialise sa conquête[71]».

Toutefois, avant de devenir des vaincus, «les Canadiens formaient une nation pour laquelle le développement économique intégral était de règle comme pour toute autre nation». Aussi, compte tenu du voisinage des États-Unis et de la Conquête britannique, le processus d'exode rural qui affecte les Canadiens en tant que nationalité au milieu du XIXe siècle entraîne, par-delà les difficultés inhérentes à l'agriculture canadienne, deux phénomènes complémentaires: «Les Canadiens sont en “retard” sur leur proche et très puissant voisin, les États-Unis et ils souffrent de “substitution” parce que l'envahisseur les paralyse et accomplit, à leur place, le développement intégral du Québec[72].»

On a beaucoup insisté, et avec raison, sur l'importance qu'a prise pour Séguin la notion de colonisation telle que définie par Minville[73]. Mais, en fait, ce qui sous-tend surtout l'argumentation de Séguin, c'est le postulat implicite selon lequel les sociétés tendent naturellement à accroître et à diversifier leurs activités économiques conformément aux lois de «l'économie progressive.» Par contre, et c'est surtout ce que la notion de colonisation permet de mettre en évidence, la Conquête, en plus d'amener les Britanniques à prendre en charge le «développement économique intégral» du pays, a fait régresser la société canadienne au stade de société agricole, stade qu'elle n'avait d'ailleurs jamais connu véritablement.

Cette notion de colonisation, que Séguin reprendra plus en détail dans ses *Normes*, ne permet pas seulement de donner l'exemple d'une application concrète des théories de N. B. S. Gras et de D. Warriner, elle permet aussi de mettre en évidence un phénomène beaucoup plus insidieux où réside finalement la véritable originalité de l'article de Minville. En effet, les Canadiens, à la suite du repliement agricole et de la série d'exclusions dont ils ont été victimes, ne font pas que souffrir de «substitution» et de «retard». Il n'y a pas que leur structure économique qui a été tronquée, même leur esprit a subi un déséquilibre analogue. «Pour eux, contrairement à ce que pensaient leurs ancêtres du temps des Français, toute l'économie politique finit par se résumer ainsi: «hors de l'agriculture, point de salut». Cette distorsion, non seulement amène les

Canadiens à nourrir «d'étranges illusions» qui les empêchent d'apercevoir «leur véritable problème économique» mais, en croyant que «leur droit à la vie économique se résumait à leur droit à l'agriculture», ils consacraient leur propre infériorité «économico-sociale». De toute façon, poursuit Séguin, même si les Canadiens du milieu du XIXe siècle avaient interprété adéquatement leur situation réelle, il leur était impossible de lever le principal obstacle à leur épanouissement collectif puisque «l'indépendance du pays de Québec était irréalisable à l'époque[74]».

En conclusion, Séguin va porter son dernier coup de boutoir. Cette déformation mentale dont sont victimes les Canadiens n'est pas qu'un malaise propre au XIXe siècle. Elle est toujours, dans le présent, au cœur des représentations idéologiques que l'historiographie canadienne-française a contribué à façonner et à cautionner. Aussi, puisqu'à la place de l'indépendance «du pays de Québec[75]» il y eut l'Union et la responsabilité ministérielle, Séguin se demande alors comment, dans ce contexte, doit-on les interpréter? Selon lui, l'Union a eu pour effet de resserrer les liens avec l'Empire britannique, alors que les Canadiens continuent de vivre isolés.

> En politique, il n'y avait pas d'égalité réelle possible entre, d'une part, les Canadiens, peuple non impérial et sans soutien extérieur et, d'autre part, les Britanniques nord-américains ayant derrière eux toutes les forces du plus puissant empire du monde. [...] La subordination politique des Canadiens entraînait comme conséquence le maintien de leur subordination économique[76].

Quant à la responsabilité ministérielle, elle les amène à imaginer «qu'ils deviendraient, non seulement en droit mais en fait, les égaux des Britanniques nord-américains. [...] Ils ne "subissent" pas l'Union, ils l'acceptent, ils l'approuvent, ils s'étonnent de voir que Papineau parle encore de lutter.» Que des Canadiens, paysans sans capitaux, subordonnés politiquement et économiquement, et pour qui la vie économique se résume à la vie agricole, se soient imaginés devenir les égaux des Britanniques, est, selon Séguin, symptomatique d'un mal extrêmement profond. D'où son jugement lapidaire sur la signification réelle que recouvre selon lui l'avènement de la responsabilité ministérielle: «Subordination politique et économique inévitable, aggravée par un double romantisme, tel serait le bilan du fameux "triomphe" de 1849[77]!»

Mais les Canadiens n'avaient pas non plus le choix de l'accepter ou de la refuser. L'Union, selon Séguin était un «mal inévitable», mais un «mal dont il faudrait un jour se débarrasser[78]». L'usage du conditionnel à la place du futur simple est extrêmement révélateur. Il trahit l'évolution qui, depuis quelques années, s'est faite dans la pensée de Séguin sur la question de l'indépendance. On se souvient que, dans son article qu'il prépara en 1944 pour le *Quartier Latin*, article qui ne fut jamais publié, Séguin prônait ouvertement, au dire de Michel Brunet, l'indépendance du Québec. De même, dans son résumé des principales conclusions de sa thèse, qu'il présentait, en 1946, dans *l'Action nationale*, l'indépendance du Québec n'est pas, non plus, une simple espérance.

> ...la solution réclamée par le problème économique des Canadiens n'est en somme qu'ajournée. Car les Britanniques nords-américains ne conserveront pas toujours la majorité numérique et la frontière des États-Unis s'est enfin stabilisée. Un jour ou l'autre, l'occasion se présentera pour la nation canadienne de renouer, sans danger, avec les traditions d'avant '37 et de débarrasser son économique de la tutelle paralysante de l'Occupant[79].

La source de cet enthousiasme serait liée au fait que le recensement de 1941 avait laissé entrevoir que les Canadiens français pourraient devenir un jour majoritaire. Tous les nationalistes de cette période ont, pour un temps, communié à cette idée[80]. Michel Brunet explique la volte-face soudaine de Séguin en disant que, quelques mois après avoir rédigé son article, celui-ci avait tout simplement «perdu ses illusions à ce sujet[81]». Après avoir cru cette indépendance prochaine, Séguin, maintenant, la souhaite plus qu'il ne l'espère. Bientôt, il la dira «impossible».

Comme il a été mentionné précédemment, son jury de thèse était composé de Lionel Groulx, de Guy Frégault et de Jean-Pierre Houle. Curieusement, cette thèse de doctorat, qui pourtant remettait en question la plupart des lieux communs de l'historiographie traditionnelle, ne provoqua pas le débat difficile auquel l'on aurait été en droit de s'attendre. Séguin aurait confié, à plusieurs reprises, à Jean-Pierre Wallot: «Quand j'ai déposé ma thèse, personne ne l'a compris; ni Groulx, ni les autres. Ils m'ont chicané sur des points de détails, mais ils n'ont pas compris la portée de la thèse[82].» Il faut dire que Maurice Séguin voulait éviter à tout prix un débat pénible puisque, depuis un an déjà, Guy Frégault lui avait promis qu'il recommanderait son engagement comme professeur à l'Institut d'histoire une fois sa thèse complétée[83]. Seul le jugement porté sur l'avènement de la responsabilité ministérielle provoqua quelques remous.

> ...Jean-Pierre Houle se porta à la défense de Louis-Hippolyte LaFontaine, le grand héros de l'école historique traditionaliste des deux Canada. Ce jeune iconoclaste ne prétendait-il pas réduire ce chef politique sous l'Union à sa

juste mesure? Dans le feu de la discussion, à laquelle Guy Frégault ne participa pas, Maurice Séguin se permit de rappeler aux membres du jury et à l'auditoire que l'immeuble orgueilleux du Mont-Royal où se déroulait la soutenance avait pu être érigé grâce au dynamisme économique des *British Americans* et de leurs héritiers, les *Canadians*. Sa remarque fit scandale[84]!

À compter de l'été 1948, Maurice Séguin est chargé de cours et enseigne trois cours distincts.

> ...un cours où il mettait à profit les données de sa thèse de doctorat, un autre cours intitulé «Le Dominion du Canada (1867-1896)» qui lui donnait l'occasion d'étudier «la politique dite nationale et les rapports impériaux — les premières crises entre groupes ethniques» et enfin un cours de synthèse sur l'histoire de l'impérialisme des nations européennes[85].

À l'automne 1950, il devient professeur agrégé. Même que, rapporte Michel Brunet, «pour libérer un poste à son intention, Lionel Groulx a dû démissionner[86]». En septembre 1949, au départ de celui-ci, la charge d'enseigner, sur un cycle de deux ans, l'histoire du Canada sous le régime britannique lui échoit. Pour mener à bien cette entreprise, il travaillera, de 1949 à 1951, à constituer un programme de cours dont il assumera seul l'enseignement jusqu'au moment où, au début des années soixante, le nombre d'étudiants inscrits, et par conséquent le corps professoral, connaissent une croissance phénoménale[87].

En ces années où la crise économique puis la guerre, et à sa suite l'industrialisation et l'urbanisation accélérées, ont mis en pleine lumière le problème de l'infériorité économique des Canadiens français, et où les transformations culturelles de l'après-guerre «prennent figure d'anomalies et d'obscurs dangers[88]», un sérieux décalage s'est opéré entre ces «idéologies de pauvres[89]», qui constituent l'essentiel de nos représentations de soi, et les mutations effectives qui se sont produites dans le tissu social.

Alors que certains continuent de faire l'apologie du passé et des traditions, tout en mettant en garde les Canadiens français contre les nouveautés qui viendraient les menacer, et que l'on associe alors à «l'américanisme[90]», d'autres voudront, timidement encore, entrouvrir les portes de l'avenir. Dans ce monde de l'après-guerre qui met aux prises les générations, le «social et le national[91]», le passé et l'avenir, la thèse de Maurice Séguin est apparue, à certains de ses collègues, comme une réponse plausible et originale aux tendances en sens contraire qui agitent le Québec de la fin des années quarante. Et parce qu'elle répondait à une attente, cette argumentation de Séguin «comportait, comme l'écrit Pierre Tousignant, un pouvoir de fascination qui rendit possible la formation d'une École néo-nationaliste[92]».

Notes

1. Voir Pierre Tousignant, «Esquisse biographique et carrière universitaire de Maurice Séguin (1918-1984), dans Robert Comeau, *op. cit*, p. 14.
2. S. 15 p. 5.
3. Fonds Michel-Brunet, P136/C,121.
4. Ces notes sur Minville et l'École des hautes études commerciales ont été rédigées à partir du livre de Robert Rumilly, *Histoire de l'École des Hautes Études Commerciales de Montréal*, Montréal, Beauchemin, 1966, p. 112-161.
5. Même en 1948, Lionel Groulx écrivait à ce propos: «Toute spécialisation hâtive tend à une diminution ou à un rétrécissement de l'esprit, pour cette raison très simple qu'elle tourne l'esprit vers un champ limité de connaissances, et qu'elle se borne, par conséquent, au développement ou à l'exercice d'un nombre restreint de facultés.» Lionel Groulx, «Professionnels et culture classique», *Pour bâtir*, Montréal, Édition de l'Action nationale, 1953, p. 41.
6. Elles commenceront à être publiées à compter de 1942.
7. Dans *Invitation à l'étude*, Montréal, Fides, [S.D.], p. 138, Esdras Minville souligne que le «milieu économico-social anglo-canadien et anglo-américain» développe «une conception toute matérialiste de la vie économique et sociale — donc en contradiction nette avec notre foi religieuse, l'essence même de notre culture nationale, en contradiction même avec la juste notion du progrès humain.»
8. S. 1 p. 319-320. Une annotation particulièrement significative de Séguin mérite d'être rapportée. Ainsi, Lionel Groulx, dans une conférence qu'il prononce devant le Club Richelieu de Montréal en 1953 et qui sera publiée la même année, pouvait dire: «Vous avez le droit, Messieurs, d'être de grands commerçants, de grands industriels, de grands financiers, les plus grands même de votre pays et de votre temps, si la chose vous est possible.» «Bourgeoisie et vie économique», *Pour bâtir*, p. 113. Séguin inscrira en marge de ce passage ce commentaire: «Soyez! Osez être» Fonds Maurice Séguin, P221, boîte 2451.
9. Fonds Michel-Brunet, P136/C,121. Voir Victor Barbeau, *Pour nous grandir — Essai d'explication des misères de notre temps*, Montréal, Imprimé au «Devoir», 1937, p. 87-90.
10. Fonds Michel-Brunet, P136/C,121.
11. B. 252 p. 11.
12. Fonds Maurice-Séguin, P221, boîte 2455.
13. Fonds Michel-Brunet P136/C,121. Brunet ajoute que Séguin «avait déjà suivi ce cours en classe de rhétorique car les cours polycopiés de Groulx circulaient dans la plupart des collèges.»
14. Pour une raison inconnue, cet article ne fut jamais publié.
15. Fonds Michel-Brunet, P136/C,121.
16. Voir Fonds Michel-Brunet, P136/C,121.

17. S. 15 p. 3.
18. Pierre Tousignant, «Esquisse biographique...», *op. cit.,* p. 14.
19. S. 20, P221, boîte 2453, 28 p. manuscrites. À moins d'avis contraire, les citations qui suivent sont extraites de ce document.
20. Jean Blain, «Maurice Séguin ou la rationalisation de l'histoire nationale», préface à La «nation canadienne» et l'agriculture (1760-1850), *op. cit.,* p. 28.
21. S. 15 p. 3-4.
22. Jean-Pierre Wallot, «À la recherche de la nation», dans Robert Comeau, *op. cit.,* p. 33.
23. Victor Barbeau, *Pour nous grandir..., op. cit.,* p. 90, 91, 92, 93, 95. Groulx, bien qu'il ait pu penser différemment à divers moments de sa vie, ne disait pas autrement à la même époque qui, rappelons-le, est celle de la crise économique. Ainsi, dans l'une de ses plus célèbres conférences, «L'Histoire gardienne des traditions vivantes», qu'il a prononcée le 29 juin 1937 au deuxième congrès de la langue française, il pouvait soutenir: «Les remèdes, rien de plus simple que de les indiquer. Nous avons perdu notre base économique et sociale et notre base historique. [...] Nous retrouverons la première par la reconstitution et par le maintien de notre paysannerie.» *Ibid.*, p. 229.
24. Lionel Groulx, «La Déchéance de notre Classe paysanne», *Orientations*, Montréal, Éditions du Zodiaque, p. 57.
25. *Ibid.*, p. 89, 57, 88, 89-90.
26. Lionel Groulx, «L'économique et le national», (Conférence prononcée le 12 février 1936), *Directives*, Montréal, Éditions du Zodiaque, 1937, p. 60-61.
27. Lionel Groulx, «La Déchéance...», *op. cit.*, p. 91.
28. Michel Brunet, notes manuscrites, Fonds Michel-Brunet P136/C,121. Voir aussi F. 354 p. 19-20, 66-69, 73, 87. En 1943, Lionel Groulx avoue d'ailleurs lui-même cette prédisposition sans ambages: «Les maux dont nous souffrons, ai-je encore l'habitude de soutenir, tiennent moins aux institutions qu'aux hommes, je veux dire à l'espèce d'hommes qui, depuis soixante-seize ans, ont tenu ou plutôt ont galvaudé chez nous le rôle de chefs.» *Pourquoi nous sommes divisés*, Montréal, Les éditions de l'Action nationale, 1943, p. 21.
29. Voir à ce propos: Carl Berger, *op. cit.*, p. 123, 77. Berger ajoute que les travaux de Gras ont inspiré les analyses de Lower dans *Colony to Nation* en ce qui a trait au rôle de la métropole anglaise dans l'histoire du Canada.
30. Fonds Maurice-Séguin, P221, boîte 2455. À moins d'avis contraire, les citations qui suivent proviennent de la même source.
31. Voir François-Albert Angers, «Quelques facteurs économiques et sociaux qui conditionnent la prospérité de l'agriculture», dans Esdras Minville, dir., *L'agriculture*, Montréal, Fides, 1943, p. 462-463.
32. *Ibid.*, p. 429, 435, 436.
33. S. 2 p. 13.
34. Émile-Auguste Salone, *La colonisation de la Nouvelle-France — Études sur les origines de la nation canadienne-française*, (Paris, 1905), Trois-Rivières, Réédition Boréal Express, 1970, p. 437.
35. F. 345 p. VII; VIII.

36. Voir S. 2 p. 47 note 4.
37. S. 2 p. 11-12.
38. Comme l'écrit Guy Frégault: «Avec les Anglo-Canadiens, avec leurs livres surtout, l'écrivain n'a eu que des rapports superficiels. [...] Si Lionel Groulx avait connu les écrits anglo-canadiens comme il connaissait la littérature française et surtout l'histoire de celle-ci, s'il avait connu le milieu anglo-canadien comme il connaissait la droite traditionaliste de France, il se serait, c'est incontestable, épargné bien des illusions. Il n'a, semble-t-il, en dehors de l'influence déterminante de Bourassa, accepté et recherché d'inspirations que françaises, et encore n'étaient-ce que celles d'un canton de l'esprit. F. 354 p. 120, 121.
39. P221, boîte 2455.
40. Voir S. 1 p. 319; S. 2 p. 162; 249. Le Rapport Durham, que Séguin cite à plusieurs reprises pour soutenir l'argumentation de sa thèse de doctorat, va exercer une influence durable sur Séguin. «Le maître-livre qui compléta sa formation, rapporte Michel Brunet, demeure le Rapport Durham. Il en préparait une édition critique et a dû le lire et le relire plus de cent fois. Un jour, il me déclara: "Si une autorité omnipotente au Canada prenait la décision de détruire tous les travaux consacrés à l'histoire canadienne sauf un, je demanderais de conserver le Rapport Durham".» B. 252 p. 14.
41. Esdras Minville, dir., *L'agriculture*, *op. cit.*, p. 275-346.
42. Jean Blain, «Maurice Séguin ou la rationalisation de l'histoire nationale», *op. cit.*, p. 27.
43. Dans le tableau historique que Minville dresse de l'évolution de la colonisation depuis l'époque de la Nouvelle-France, on ne retrouve que les clichés habituels concernant, par exemple, l'importance de la paroisse et du clergé dans la survivance canadienne-française, «l'impossibilité d'accéder aux terres disponibles» et la «calamité» qu'a représentée l'exode rural pour le Canada français (p. 294-295). Et, pour un examen plus approfondi du phénomène, Minville renvoie même le lecteur à la conférence de Groulx de 1931 qui a inspiré Séguin (p. 295 note 1). En somme, le texte de Minville n'est original que dans son introduction (p. 275-278).
44. Esdras Minville, *op. cit.*, p. 276, 275.
45. *Ibid.*, p. 276, 277.
46. *Ibid.*, p. 277, 278.
47. François-Xavier Garneau y faisait déjà allusion dans son *Histoire du Canada*. Voir Serge Gagnon, *Le Québec et ses historiens de 1840 à 1920 — La Nouvelle-France de Garneau à Groulx*, Québec, Les Presses de l'Université Laval, 1978, p. 315.
48. Cette interprétation exercera aussi une influence profonde sur Frégault. J'aborderai ce point relativement complexe dans le prochain chapitre.
49. S. 2 p. 47, 48, 83, 50-51.
50. *Ibid.*, p. 53.
51. *Ibid.*, p. 57.
52. *Ibid.*, p. 62.
53. *Ibid.*, p. 114. Voir aussi p. 67.

54. *Ibid.*, p. 129.
55. *Ibid.*, p. 144.
56. S. 1 p. 313.
57. *Ibid.*, p. 160.
58. Lionel Groulx, «La Déchéance...», *op. cit.*, p. 70; 72. Esdras Minville reprend le même raisonnement. Voir «La colonisation», *op. cit.*, p. 290. On pourrait remonter ainsi jusqu'à LaFontaine. Voir Louis-Philippe Turcotte, *Le Canada sous l'Union, 1841-1867*, Québec, Le Canadien, vol. II, 1872, p. 162, 247, 602-603.
59. S. 2 p. 171.
60. *Ibid.*, p. 185.
61. *Ibid.*, p. 171, 170. Maurice Séguin a lu les études de l'abbé Ivanhoé Caron sur *La colonisation de la Province de Québec* (1923), (1927). Il y aurait puisé son interprétation voulant «que la population de langue française a préservé son intégrité parce que les immigrants anglophones répugnaient à s'établir dans les seigneuries». Maurice Lemire, «La colonisation du Canada», *Dictionnaires des œuvres littéraires du Québec*, vol. II, Montréal, Fides, 1980, p. 260.
62. S. 2 p. 184, 185, 171, 205, 225.
63. *Ibid.*, p. 227, 228.
64. *Ibid.*, p. 231. Voir aussi S. 1 p. 315-316.
65. S. 2 p. 232, 233.
66. *Ibid.*, p. 234, 235, 234.
67. *Ibid.*, p. 238.
68. Voir à ce propos: S. 2 p. 237-243. Un correcteur anonyme de la thèse de Séguin réserve, pour cette sous-section, le seul commentaire significatif qu'il y inscrira: «Toute cette partie est fameuse!» Fonds Maurice-Séguin, P221, boîte 2449.
69. S. 2 p. 247.
70. *Ibid.*, p. 248.
71. *Ibid.*, p. 250, 250-251, 252.
72. *Ibid.*, p. 253-254, 254.
73. Voir Jean Blain, «Maurice Séguin ou la rationalisation de l'histoire nationale», *op. cit.*, p. 26-27.
74. S. 2 p. 256, 262, 263, 259.
75. Il est intéressant de noter que cette expression est employée de manière récurrente et à dessein par Séguin. Voir à ce propos: S. 2 p. 76, 136, 141, 210, 247, 259.
76. S. 2 p. 261.
77. *Ibid.*, p. 262, 263.
78. *Ibid.*, p. 262.
79. S. 1 p. 326.
80. Michel Brunet rapporte à ce propos dans une entrevue: «Et d'ailleurs le recensement de 1941 vient encourager ces espérances. Or il y a toute une période du nationalisme canadien-français qui demeure incompréhensible si nous ne tenons pas compte de cette arrière-pensée que le jour viendra "où". Chez certains, c'est plus ambivalent. Est-ce que Bourassa a cru par exemple au renversement démogra-

phique? Ou, des fois, je suis tenté de dire renversement psychologique. C'est-à-dire que, comme nous sommes les vrais Canadiens, les seuls, les vrais de vrais, les durs de durs, les purs de purs, le jour va venir où l'autre sera nous. Est-ce qu'il sera nous parce que nous serons la majorité dans le pays ou il sera nous parce qu'il sera acquis à nos idées? C'est là qu'il y a ambivalence.» François Ricard, «Écrire l'histoire au Québec», Radio de Radio-Canada, 14 juin 1981, p. 6. Voir aussi à ce propos: B. 43 p. 239; F. 354 p. 79-81.

81. Fonds Michel-Brunet, P136/C,121.

82. Entrevue avec Jean-Pierre Wallot, 6 décembre 1990.

83. Voir à ce propos: B. 216 p. 32; B. 252 p. 14.

84. B. 252 p. 14.

85. Pierre Tousignant, «Esquisse biographique...», *op. cit.*, p. 15.

86. B. 216 p. 34. Brunet ajoute: «Personne ne peut accuser le vieux maître d'avoir cherché à bloquer la promotion de ses disciples.», *ibid.* Voir aussi Lionel Groulx, *Mes Mémoires*, *op. cit.*, vol. IV, p. 172.

87. Voir Pierre Tousignant, *op. cit.*, p. 18-19.

88. F. 354 p. 41.

89. Fernand Dumont, «Vie intellectuelle et société depuis 1945: la recherche d'une nouvelle conscience», dans Pierre de Grandpré, dir., *Histoire de la littérature française du Québec*, vol. II, Montréal, Beauchemin, 1969, p. 16.

90. Dans «Où allons-nous?» (1953), Groulx pouvait dire: «Si les historiens de l'avenir cherchent un jour l'événement dominant dans la vie du Canada français de 1900 à 1950, celui qui aura exercé sur son histoire la pression la plus lourde, ces historiens ne s'arrêteront, ce me semble, ni aux offensives de l'impérialisme britannique, non plus qu'aux assauts du centralisme, centralisme canadien ou centralisme mondial. Mais ils pointeront du doigt le choc de la civilisation américaine. Choc qui n'aura rien épargné, qui aura tout secoué: structures économiques, sociales, morales, religieuses; je dirai même politiques.» *Pour bâtir*, p. 85-86. En 1954, l'abbé Maheux pouvait, pour sa part, écrire à ce propos à Brunet: «La semaine dernière j'assistais au défilé des "chars allégoriques" dans ma paroisse natale. Une fanfare, dont les membres sont élégamment vêtus, a joué un lot de marches américaines ! et, en outre, tous les "chars" étaient tirés par des tracteurs ultra-modernes, probablement américains! Il n'y a plus de bœufs (sauf un) et à peine voit-on des chevaux. Nous sommes déjà "annexés" aux États-Unis par la machinerie.» Maheux à Brunet, 19 juillet 1954, P136/A,393.

91. En 1948, André Laurendeau écrivait: «Le social et le national se présentent actuellement comme s'ils étaient deux ennemis, ou du moins comme si chacun réclamait toute la place.» «Conclusions très provisoires», *L'Action nationale*, 31, 6 (juin 1948), p. 424.

92. Pierre Tousignant, «La genèse de l'interprétation du maître à penser de l'École néo-nationaliste», dans Robert, Comeau, *op. cit.*, 1987, p. 71.

CHAPITRE V

UNE SOCIOLOGIE DU NATIONAL

> Les étudiants demandaient: est-ce que cela ne vaut pas mieux d'être assimilé dans une nation réussie que d'être soumis à la subordination? Séguin répondait souvent par des exemples animaliers:
> «C'est sûr que le mouton, une fois mangé par le lion, est certainement dans un être plus fort, plus puissant. Est-ce que c'est mieux ou non moralement? Il n'y a pas de réponse à cette question là. Mais ce qu'on peut dire cependant c'est que le mouton n'existe plus. Et, peut-être, s'il avait le choix, il préférerait exister. Et c'est certain quand vous mettez un mouton et un lion dans un même pré, vous créez une situation structurelle qui fait que le lion va manger le mouton.»
>
> MAURICE SÉGUIN. Exemple rapporté par Jean-Pierre Wallot, entrevue du 6 décembre 1990.

Dès le moment où il rédige sa thèse, la thématique de Séguin a déjà pris forme. Il ne fera que l'approfondir et l'affiner au fil des ans conformément à sa conception voulant «qu'un auteur ne devait écrire qu'un seul livre, qui serait la somme de ce qu'il avait à dire, et que chaque mot, chaque virgule, devaient être essentiels ou supprimés[1]». Cette conception, il semble qu'elle ait toujours été la sienne. Dans le document intitulé «Art de penser», où Séguin comparait les méthodes d'éducation américaines et françaises, on peut lire dans l'introduction que «le penseur voit; il est indépendant; [...] le penseur est un conducteur d'homme». Dans cette perspective, les principaux «obstacles à la pensée» deviennent «le désir de paraître [...]; les pages à "remplir" [...] l'imitation et l'instinct de sociabilité[2]». Toute sa vie Maurice Séguin préférera le contact direct d'un auditoire, d'étudiants ou de collègues, aux «pages à remplir». En effet, à part les deux articles[3] et les deux comptes rendus d'ouvrages qu'il a publiés entre 1946 et 1949, il faut attendre 1962 pour qu'il commette indirectement une publication. Et encore n'est-ce qu'une retranscription, d'une série de trois conférences télévisées, effectuée par Raymond Barbeau à partir du document sonore! En 1970, il acceptera que l'on publie sa thèse de doctorat. Puis, en 1973, il fera paraître son dernier texte d'importance dont le tiers constitue une reprise textuelle des propos qu'il tenait en 1962[4].

Que Maurice Séguin ait toujours éprouvé une certaine réticence à écrire et à livrer ainsi au public une pensée qu'il ne cessait de raffiner et de nuancer, c'est évident. En multipliant les articles et les livres, il se condamnait, à l'exemple de Michel Brunet, aux redites et aux débats publics inévitables qui s'ensuivraient — chose qu'il abhorrait, — puisque sa thèse rompait radicalement avec la tradition historiographique canadienne-française de l'époque. Surtout, Séguin était un homme extrêmement méticuleux. Les entrevues que j'ai réalisées avec ses collègues et ses proches m'en ont donné plusieurs exemples. Aussi, selon le mot de Robert Comeau, serais-je porté à penser que son étonnante retenue à publier s'explique aussi par son «perfectionnisme paralysant[5]». La prose, comme l'exemple de ses *Normes* le met en évidence, ne constituait pas un véhicule approprié pour cet homme obsédé par le souci des nuances. Dans ce texte, toutes les ressources visuelles sont mises à contribution pour mettre en relief les diverses subtilités qui ponctuent son argumentation: passage souligné, alternance des majuscules et des minuscules, architecture particulière de la disposition des phrases ou même des mots[6]. Si, pour Séguin, «chaque mot, chaque virgule» sont essentiels, on comprend mieux pourquoi son œuvre écrite se résume à si peu de chose. Cependant, comme on le sait, ce n'est pas par la quantité que Maurice Séguin a exercé son influence sur l'historiographie québécoise des années cinquante, mais par la rupture que sa thèse de doctorat et ses recherches subséquentes ont provoquée par rapport aux interprétations traditionnelles qui dominaient jusqu'alors.

En effet, au moment où Séguin soutient sa thèse, l'historiographie canadienne-française, que Lionel Groulx domine, oscille toujours entre l'idéalisation des origines et le récit, non moins merveilleux, des luttes politiques acharnées que les Canadiens français ont dû mener pour garantir leurs droits et assurer leur survivance nationale. À ce récit traditionnel, centré sur l'individuel et l'anecdotique, et dont les effets rhétoriques et les jugements moraux suppléent souvent aux causalités effectives, Séguin va opposer, selon l'expression de Claude Lévy-Strauss, une «histoire forte» où les contraintes géographiques et les lois de l'économie remplacent les hommes comme moteur de l'action historique. Si la thèse de Séguin est en rupture vis-à-vis de l'historiographie officielle de l'époque, c'est d'abord par ce déplacement de la référence au monde qui sous-tend l'intelligibilité de l'action historique.

Cette originalité repose donc avant tout sur une question de méthode. En effet, plutôt que de reprendre la question de «la nation canadienne et l'agriculture» à partir d'hypothèses reçues, Séguin va puiser chez D. G. Creighton — principal représentant de l'École laurentienne — et E. Minville, dans le Rapport Durham et les ouvrages de diverses sciences sociales, les principaux postulats à partir desquels il lui sera possible de reprendre le problème à neuf. Paradoxalement, l'histoire nationale du Canada français a pu se renouveler grâce aux perspectives d'ensemble que suggéraient les tendances nouvelles issues de l'historiographie anglophone des années trente, mais où le Canada français n'occupait que la portion congrue de l'analyse. Mais c'est grâce à cette aperception globale des phénomènes, que permettait cette approche géo-économique, qu'il a aussi été possible à Maurice Séguin de prendre la mesure exacte du Canada français. En 1964, Michel Brunet décrira en ces termes l'influence qu'a exercée l'historiographie anglophone sur la nouvelle approche que vont développer les historiens de l'École de Montréal.

> *There is now a new interpretation of French Canada's history. The historians who have brought it forward — Professor Maurice Séguin of the Université de Montréal has been the initiator of this new approach to Canadian history — no longer accept the interpretation of the winning team. Taking advantage of the progress made in political science, in sociology and in economics, having studied the history of under-developed countries and of dominated nations, they have tried to understand the actual historical evolution of French Canada. In their approach to French-Canadian history they have also been influenced by the English-Canadian Laurentian School of historians who, under the leadership of H. A. Innis,*

Donald G. Creighton and John B. Brebner, have emphasized the functioning of metropolitanism in Canadian history. The most striking fact about this new school of French-Canadian historians is that, because of their clear-sighted knowledge of English-Canadian history, they are in a better position to rewrite French-Canada's history[7].

Cette mise en relief du rôle de la métropole, à laquelle se sont livrés les tenants de l'École laurentienne, explique pourquoi la thèse de Séguin, qui avait d'abord pour objet l'histoire économique, va déboucher sur une conclusion inattendue: au Canada français, c'est le politique qui a déterminé, en dernière instance, l'économique. En changeant de métropole, les Canadiens n'ont pu poursuivre pour leur propre compte le développement économique intégral de leur pays. Pire encore, en plus de souffrir de «substitution» et d'être en «retard» sur les États-Unis, le repliement agricole consécutif au changement de métropole va les amener à développer une conception diminuée de la vie économique, se réduisant pour l'essentiel à l'agriculture, et à nourrir d'étranges illusions sur leur importance réelle au sein du Canada. En débouchant sur ce constat, la thèse de Séguin prenait le contre-pied des interprétations habituellement acceptées au Canada français et dont Groulx se faisait le virulent propagandiste. À ce propos, commentant la célèbre conférence de Groulx, *Pourquoi nous sommes divisés* (1943), Guy Frégault observe:

> Ce qui, pour peu qu'on y réfléchisse, ne laisse pas d'étonner dans ce scénario, c'est le rôle prépondérant que l'écrivain donne aux vaincus, ce sont les victoires répétées des faibles sur les forts, des pauvres sur les riches, des plus vulnérables sur les mieux armés, de ceux qui sont seuls sur ceux qui sont légion; victoires répétées, en effet, parce qu'elles n'ont jamais rien de décisif, que la bataille est immanquablement à reprendre sur un terrain défavorable et que c'est, au fond, toujours le même combat[8].

L'influence de la tradition historiographique anglophone chez Séguin ne fait aucun doute. Mais à trop porter notre attention sur celle-ci, on court le risque de perdre de vue ce qui, dans l'aval de l'œuvre de Séguin, a pu la rendre recevable, d'abord pour Séguin lui-même, puis, pour ses collègues et ses compatriotes au cours des années soixante. Car il est évident que Maurice Séguin n'a pas fait que plaquer les méthodes et les interprétations véhiculées par une certaine tradition historiographique anglophone. Il a plutôt repris certains éléments de cette tradition pour les intégrer, non seulement aux problèmes qui sollicitaient jusqu'alors l'attention de l'historiographie francophone mais, surtout, pour les fusionner avec l'horizon de sa culture première que lui ont transmises sa formation humaniste et les expériences collectives propres à sa génération de jeune intellectuel qui a vécu son adolescence et les débuts de sa vie adulte au cœur de la crise économique. C'est ce chassé-croisé, entre ces deux types de référence au monde qui sous-tendent l'intelligibilité de l'action historique chez Séguin, qui explique le caractère novateur de son interprétation historique. Il permet d'appréhender en une première approximation pourquoi cette interprétation, bien qu'elle soit en rupture avec la tradition historiographique dominante, a été quand même recevable, à défaut de ses contemporains, du moins par ses collègues. Dans un premier temps, il me faut d'abord m'attarder à ce chassé-croisé qui permettra à Maurice Séguin d'opérer, d'abord pour lui-même, cette transfiguration, avant de m'attacher, dans les chapitres subséquents, au dynamisme opératoire que recèle ce cadre de mise en intrigue et qui entraînera ses deux collègues sur leur chemin de Damas.

Pour ce faire, une démarche à la fois progressive et régressive s'impose. L'œuvre écrite de Séguin est peu abondante et très dispersée chronologiquement. Par contre, elle comporte ceci de particulier qu'elle se subdivise en deux sections: une production historiographique proprement dite et un effort de conceptualisation, qui confine à une véritable théorie de la nation, visant à rendre explicite les postulats, trop souvent implicites chez la plupart des historiens, auxquels il fait appel «pour choisir, juger, retenir, coordonner et hiérarchiser les multiples faits[9]» qui constituent la trame de son explication historique. Grâce à cet effort d'objectivation, une démarche régressive/progressive prend tout son sens puisque ces postulats, que Séguin qualifie de «Normes», sont déjà à l'œuvre, pour l'essentiel, dans sa thèse de doctorat. Après avoir mis en lumière les postulats sous-jacents à l'intelligibilité du processus historique chez Maurice Séguin, je pourrai aborder la deuxième dimension de son œuvre, c'est-à-dire l'explication historique proprement dite.

Les postulats sous-jacents

À lire le théoricien, en laissant dans l'ombre l'explication historique comme telle, l'on est témoin d'un curieux renversement. En effet, les principaux postulats sur lequel repose l'articulation de ses *Normes* ne renvoient pas d'abord à des théories économiques ou aux perspectives nouvelles développées par l'historiographie anglophone, mais bien aux catégories fondamentales de la pensée humaniste traditionnelle. Ces catégories, par le jeu de la métaphore et de l'analogie, sont, en retour, enrichies et cautionnées par les perspectives particulières que suggèrent l'historiographie anglophone et les théories socio-économiques de l'heure. Si je laisse tomber les nuances pour m'en tenir à l'essentiel, je dirais que toute la pensée théorique de Séguin repose sur cette conjugaison entre une perspective humaniste et une appréhension plus scientifique du réel, conjugaison qui est nourrie et amplifiée par une métaphore, celle de la VIE, et par une analogie entre l'individu et la société.

Mais, puisque «VIVRE c'est AGIR[10]», cette métaphore et cette analogie soulèvent à leur tour la question de la finalité de la vie, qu'elle soit individuelle ou collective. Et c'est en se situant à ce niveau que l'approche humaniste (éthique) et le point de vue scientifique (rationnel) se complètent et se conjuguent. En effet, dans un cas comme dans l'autre, la finalité de la vie est envisagée dans une optique dynamique de développement, d'équilibre et de progrès. Autrement dit, pour Séguin, la finalité de la vie, qu'elle soit individuelle ou collective, c'est l'épanouissement qui résulte d'un processus d'équilibration entre les différentes facettes qu'impliquent le fait de vivre et d'agir. Du point de vue moral et individuel, ce processus d'équilibration est lié à une nécessaire hiérarchie des valeurs par où la liberté de l'agir tend naturellement au bien de l'homme, tandis que du point de vue scientifique et social, le processus d'équilibration qui mène à l'épanouissement est un résultat «normal» qui découle de lois. Au niveau théorique, perspective humaniste et perspective scientifique se conjuguent en une même téléologie. Dans la réalité cependant, puisque l'individu et la société entretiennent des relations inégales inévitables avec d'autres hommes et d'autres sociétés où dominent les rapports de force, cette finalité est, plus souvent qu'autre chose, impossible à atteindre. Envisagé selon la perspective morale, c'est là le problème du mal. Du point de vue scientifique, l'on est renvoyé au jeu des contraintes et des relations d'interdépendance qui s'instituent entre les collectivités ou les individus sous le poids de la «prépondérance de la plus grande force».

Les *Normes* de Séguin constituent à la fois un effort de conceptualisation et un essai de classification qui ambitionnent de rendre intelligible la dynamique des divers types de rapport possibles pouvant s'instituer entre les collectivités et dont les nations forment la réalité première. Toutefois, étant donné l'omniprésence de la métaphore de la vie et des analogies vitales, cet effort est dominé par la représentation d'une lutte pour la survie, lutte auquel Séguin prête, selon l'expression de Pierre Tousignant, un «sens darwinien[11]».

Ce résumé de la pensée de Séguin est nécessairement simplificateur. Par contre, il offre l'avantage de définir les grands axes à partir desquels il sera possible de structurer la suite de cette analyse. En effet, à la différence des travaux proprement historiques, où l'accent est mis sur des phénomènes plus concrets associés à l'évolution des relations entre une majorité et une minorité qui découlent de l'expérience de la Conquête, Maurice Séguin met en relief, dans son œuvre plus théorique, sa représentation systémique du social qui autorise le jeu subséquent de la métaphore et des analogies «vitales». L'un des principaux objectifs des *Normes* étant justement de décrire la «dynamique intégrale (interne) de la société[12]» afin d'illustrer, selon l'expression de Jean-Pierre Wallot, «l'unité indispensable du processus vital de la société[13]».

Selon la perspective systémique, une société constitue une totalité composée de parties, suffisamment identifiables pour que l'on puisse leur attribuer un nom, tout en étant mutuellement interdépendantes: une modification de l'une des parties entraînant à son tour une modification dans la structure de l'ensemble. Dans ses *Normes*, Séguin définit de la manière suivante les principales composantes d'une société:

7	4	3	
1) aspect démographique	1) le nombre		
2) aspect géographique	2) la richesse	1) l'ÉCONOMIQUE	
3) aspect économique			civilisation
			MATÉRIELLE
4) aspect sociologique	3) l'organisation	2) le POLITIQUE	
5) aspect politique			
6) aspect scientifique	4) la culture	3) le CULTUREL	civilisation
7) aspect artistique			CULTURELLE
etc.[14]			

Puis, Séguin fait pleinement ressortir le caractère systémique de ces principales composantes en précisant que «chaque aspect peut être considéré comme une FORCE à côté d'autres forces. [...] Chaque aspect peut être considéré comme un FACTEUR agissant sur les autres FORCES en les modifiant[15].» C'est pourquoi, selon lui, l'histoire des grands phénomènes historiques fait essentiellement référence à des relations d'interdépendance qui engagent les divers aspects d'une société et qui forment une totalité.

Cette représentation systémique qui vise à rendre intelligible la dynamique sociale dans sa globalité place Maurice Séguin en position de rupture par rapport aux autres entreprises historiographiques, qu'elles soient canadiennes-françaises ou canadiennes-anglaises[16]. De même, l'effort de conceptualisation et les nuances qu'il apportera au fil du temps, à propos de l'articulation de ces facteurs sociaux, l'amèneront à remettre radicalement en question les principales idéologies qui se sont affirmées au cours des années cinquante et au début des années soixante, époque où les *Normes* ont été graduellement précisées[17]. Pour Séguin, chacune de ces interprétations a, d'une manière ou d'une autre, donné une représentation tronquée de la société canadienne-française en surestimant ou en sous-estimant l'un des facteurs, tout en négligeant la dynamique d'ensemble à laquelle ils participent. Ainsi, par exemple, en surestimant le facteur géographique, certains en sont venus à «prétendre que "connaître la géographie d'un pays c'est connaître son histoire"». Surestimer le facteur sociologique amène à «ne voir qu'un seul problème: "la lutte des classes".» De même, à trop sous-estimer le facteur démographique, on peut en venir à «croire, abusé par un cas de l'histoire antique, qu'un petit peuple est nécessairement porteur d'une grande culture[18]». Enfin, dernier exemple, la sous-estimation du facteur économique peut provoquer l'apparition de deux excès en sens contraire.

> A) L'AGRICULTURISME ou l' «amour déréglé de l'agriculture».
> Cette mentalité considère l'agriculture comme base matérielle suffisante (idéale même) pour un peuple moderne...
> Positivement, par estime de la vie rurale...
> Négativement, par horreur des villes...
>
> B) L'INDUSTRIALISME-À-VOLONTÉ ou la «preste concupiscence pour l'industrie»
> Cette doctrine, appréciant l'industrie, brûle les étapes et s'imagine qu'un peuple dès qu'il possède les ressources naturelles, le talent latent latin, l'atavisme d'épargnant et les bras ballants n'a plus qu'à s'instruire «en économique» pour maîtriser l'industrialisation et les grandes affaires. [...]
> L'industrialisme-à-volonté, «subito presto», est une naïveté plus subtile que l'agriculturisme. Elle se lie d'amitié ordinairement avec deux utopies: la suffisante autonomie provinciale et la prometteuse école[19].

Séguin ne fustige donc pas seulement la pensée traditionnelle. Il n'oublie pas non plus les marxistes, les historiens de l'École laurentienne, les tenants du libéralisme économique, les idéalistes et les fédéralistes. Toutefois, il ne s'agit pas non plus, selon Séguin, d'attribuer un poids semblable aux principaux aspects qu'il retient comme composantes principales d'une société. Cela signifie seulement que si l'on veut interpréter adéquatement une société, l'on ne saurait y arriver sans tenir compte de l'interaction globale de tous les facteurs qui y interviennent puisque «chaque facteur, chaque aspect est essentiel à l'équilibre de l'ensemble[20]». Par conséquent, il ne croit pas à l'action de certains déterminismes qui seraient isolés de cet ensemble.

Par-delà la prise de conscience des conséquences de la Conquête sur l'évolution de la nation canadienne-française, c'est cette découverte plus théorique du caractère systémique d'une société — où l'intelligibilité du devenir global d'une société est d'abord le résultat de l'interaction des structures plutôt que celle des individus — qui constitue l'essentiel de la démonstration de sa thèse de doctorat. En effet, toute sa thèse repose sur le postulat implicite que l'économie progressive répond à des lois générales et universelles de développement. Par là, la question de l'exode rural, qui fait office de pivot entre la première et la deuxième partie de sa thèse, devient une conséquence normale du développement économique intégral. Selon ce parti pris théorique — et en pratique (par sa position géographique) — le Canada français était appelé à pourvoir pour lui-même et «pour son propre compte, au développement économique intégral, y compris la formation de la grande industrie[21]». Si le Canada français n'a pas pu réaliser cet objectif, c'est que le changement de métropole a entravé ce devenir qui, en théorie et en pratique, apparaissait comme inéluctable. Sans ce postulat, qui implique une finalité au développement de l'économie, il aurait été beaucoup plus difficile de mettre en évidence cette interaction du politique sur l'économique et d'en arriver à une causalité aussi rationnelle des causes de l'infériorité économique des Canadiens français. De même, grâce à l'article d'Esdras Minville, Séguin peut faire ressortir l'incidence que cette interaction du politique et de l'économique a eu sur notre conscience de soi, incidence qui, à son tour, a eu des effets sur les comportements politiques et économiques. Ainsi, selon Séguin, les Canadiens français ayant été exclus des grands leviers économiques, ils en sont venus à croire en leur vocation agricole, consacrant de la sorte, «sans trop le savoir, le servage, l'infériorité économico-sociale de la masse des Canadiens[22]».

En somme, si Séguin en arrive à donner un caractère systématique au jeu de contraintes par lequel le devenir de la nation canadienne-française a été entravé, pour ne pas dire tronqué, c'est que cette dynamique systémique est évaluée en fonction d'une sorte d'idéal-type qui, contrairement à la conception de Max Weber, est un modèle essentiellement dynamique puisqu'il est fondé sur une appréhension particulière de la finalité du devenir. Et c'est cet idéal-type qui lui sert justement de *Normes* pour guider son interprétation des faits historiques. On comprend ainsi mieux pourquoi Maurice Séguin pouvait écrire dans l'introduction de ses *Normes:* «la méthode proprement dite, au sens restreint du terme, ne saurait fournir les règles pour apprécier l'action des individus et des sociétés. On ne parvient à l'acte essentiel du travail historique [...] qu'en recourant, non pas à des recettes mais à des normes dont la valeur, la richesse et la complexité dépassent et déclassent les procédés méthodologiques[23].»

Du point de vue scientifique, la représentation de la finalité du devenir, sur lequel repose l'idéal-type de Séguin, s'appuie sur l'idée de loi. En effet, pour Séguin, «de tout temps la société obéit à des lois dont on peut retracer certains éléments permanents[24]». Théoriquement et idéalement, si aucune contrainte négative n'intervient, les sociétés, sous l'emprise de ces lois, tendent naturellement à se diversifier de manière équilibrée et à s'épanouir. En un mot, elles les entraînent sur la voie du progrès. Dans sa thèse, Maurice Séguin ne tient compte que de la loi de l'économie progressive, à partir de laquelle il peut postuler la nécessité du développement économique intégral. Par contre, dans ses *Normes*, non seulement les deux autres principaux aspects du social que retient Séguin répondent-ils à des lois, mais ils renvoient vers la même finalité de diversification, de progrès et d'équilibre. Aux côtés de l'économie progressive, il existe donc une politique et une culture progressives.

> Il importe d'avoir quelques notions sur l'«économie progressive». Au début des temps, l'homme vivait en économie quasi fermée. [...] Puis il y eut division des tâches... [...] Très tôt on est sorti de l'économie primitive. *L'exode rural* est un phénomène plus que millénaire. Au strict point de vue économique, cet exode est un progrès, un bien. [...] La vie (matérielle) devient moins rude, moins terne... L'exode rural a lieu fatalement. C'est une loi de l'économie progressive. Les collectivités sont poussées inéluctablement vers l'INDUSTRIALISATION; [...]
>
> On doit parler de «politique progressive»... (comme d'économie progressive) Le pouvoir, à mesure que la vie collective se complique et se diversifie, est amené nécessairement à intervenir de plus en plus dans les affaires qui autrefois étaient dites «privées»... L'interventionnisme est une doctrine qui se justifie. [...]

Culture progressive:

Dans tous les domaines des sciences (et des arts) il y a accélération, explosion [...] la volonté et l'intelligence paraissent ici avoir plus de liberté qu'ailleurs pour intervenir... mais les démarrages et les résultats sérieux exigent du temps[25].

«Positivement», c'est-à-dire toujours d'un point de vue théorique et idéal, l'interdépendance de ces trois principales forces que retient Séguin fait que «cette interaction est cumulative, "en spirale" et à dose variable[26]». Cette représentation d'un devenir équilibré et «progressif» permet de situer dans une perspective plus juste le plaidoyer que Séguin pouvait faire, dans sa thèse, en faveur du progrès de l'économie et saisir la signification profonde des précautions oratoires dont il entourait cette justification[27].

Du point de vue humaniste, cette représentation du devenir est conforme aux catégories traditionnelles. Un passage de ses *Normes* est particulièrement explicite. Il y soutient, en reprenant les catégories de la pensée humaniste, la nécessité d'instaurer un équilibre qui repose sur une hiérarchie nécessaire entre les divers aspects qui composent un individu ou une société, équilibre sans lequel aucun épanouissement véritable n'est possible.

HIÉRARCHIE DES VALEURS,
MAIS ÉGALEMENT ÉQUILIBRE HUMAIN

— Pour l'individu:

> Bien qu'il n'ait pas la même valeur que l'âme, le corps pour l'homme est aussi essentiel que l'âme, comme élément constitutif fondamental de l'être humain.
>
> La hiérarchie des valeurs place la vie morale au-dessus de la vie intellectuelle et la vie intellectuelle au-dessus de la vie matérielle.
>
> Cependant, ces trois aspects de la vie coexistent, nécessaires et inséparables. Et pour l'homme, les éléments supérieurs ne peuvent, non seulement exister, mais surtout s'épanouir sans s'appuyer sur les éléments inférieurs.

— Pour la société:

> À l'image de l'homme, la vie d'une société ou d'une collectivité humaine comportera, d'une manière difficilement dissociable, différents aspects appelés vie morale, intellectuelle, vie politique, économique, sociale etc. [...]
>
> Irremplaçable, chaque aspect constitue une dimension nécessaire dans l'arrangement du tout, pour former une juste combinaison.

> Ces divers aspects ne sont pas interchangeables. L'organisation culturelle ne dispense pas de l'organisation politique. [...]
> Dans une société équilibrée, respectant la hiérarchie des valeurs, les gestes, les fonctions d'ordre supérieur n'accaparent par directement et constamment le plus grand nombre d'individus. [...]
> Les occupations inférieures servent de base, de support, de condition à l'épanouissement des aspects supérieurs de la vie collective[27].

Sans verser dans le déterminisme absolu, puisqu'il rejette explicitement une telle possibilité[29], Séguin n'en attribue pas moins un poids différent aux diverses forces qui entrent en interaction à l'intérieur d'une société. Cette structuration du social amène, une fois de plus, Séguin à recourir à l'analogie entre l'individu et la société pour faire de cette dernière l'analogue d'un organisme vivant et même du corps humain. Séguin, par exemple, pouvait écrire dans ses *Normes* que: «La FORCE POLITIQUE, pour une société ou collectivité, *c'est la* TÊTE capable de penser, de VOULOIR, de commander, de déclencher l'action.» Ailleurs, il est encore plus explicite: «La société civile, une collectivité est un organisme "un" où l'on distingue des aspects intimement liés les uns aux autres[30].»

Il est extrêmement significatif que, dans ses *Normes*, Séguin, avant même de décrire les diverses composantes du social, commence d'abord par poser le «postulat-clef de l'AGIR (par soi) COLLECTIF[31]». Un tel postulat, qui repose sur la métaphore de la VIE et qui évoque une analogie entre la vie individuelle et la vie collective, n'est pas, en soi, une nouveauté. En effet, si l'historiographie a pu prendre son essor au début du XIXe siècle, c'est bien grâce au concept d'organisme qu'ont développé les romantiques et à partir duquel «le temps a saisi l'unité de la forme vivante[32]». Même Lionel Groulx, comme je le soulignais plus haut, reprend cette métaphore de la vie en prenant appui sur Fustel de Coulanges. Toutefois, alors que, pour Groulx, la vie individuelle ou collective est d'abord affaire de volonté, pour Séguin c'est surtout une question de liberté.

Cependant, il ne faudrait pas prendre la notion de liberté dans un sens trop absolu puisque Maurice Séguin, à l'exemple de Lionel Groulx, s'entend à reconnaître que l'existence de l'homme repose sur une nécessaire hiérarchie des valeurs sans laquelle celui-ci ne peut aspirer à une existence équilibrée, existence dont l'«honnête homme» constitue la figure idéale. Par contre, l'un et l'autre diffèrent complètement sur la question de la finalité de la vie individuelle ou sociale. Pour le premier, il s'agit d'être conforme à un idéal, conçu comme antérieur, et d'en respecter l'architecture initiale tandis que, pour le second, la vie est une expérience qui, si elle se déroule librement dans le respect de la hiérarchie des valeurs, donc de manière équilibrée, aboutit à l'enrichissement et à l'épanouissement de l'homme. Aussi est-ce dans la manière de concevoir la finalité de la vie individuelle ou collective, plutôt que dans la manière d'envisager les conditions propres à la réalisation de cet idéal, que l'écart s'insinue: entre un idéal à préserver et un idéal à réaliser, il y a toute une différence qui témoigne de la transformation radicale qui s'est produite dans les aspirations profondes qui structurent la vision du monde, non seulement de Séguin, mais de toute une génération. À la conformité et au principe d'autorité, on préfère maintenant faire confiance aux potentialités que la vie recèle et assumer ce devenir, sans rejeter pour autant, à la différence des autres manifestations intellectuelles qui entourent la Révolution tranquille, les valeurs de la tradition humaniste sur lesquelles s'édifient une certaine représentation fondamentale de l'homme et de la société. En effet, «vivre» pour Groulx, c'est avant tout «persévérer dans son être[33]». Séguin, au contraire, dira que «vivre, pour un individu, c'est agir de lui-même, par lui-même, en assimilant les influences, en réagissant à partir de ses propres énergies[34]».

La notion «d'Agir», on sait que Séguin la reprend de Jacques Maritain. Pour ce dernier, «l'Agir» relève de l'ordre pratique, par opposition à l'ordre spéculatif, et se distingue du «Faire», parce qu'il renvoie à l'usage que l'homme fait de sa liberté plutôt qu'à la relation qu'il entretient avec des objets. Cet usage «tend au bien de l'homme» en autant qu'il soit «conforme à la vrai fin de toute la vie humaine. Le domaine de l'Agir est donc le domaine de la Moralité ou du bien humain comme tel[35]». De plus, cette finalité ne peut être atteinte que si «l'agir» se déroule dans le respect de la nécessaire hiérarchie des valeurs sur laquelle repose l'équilibre qui s'institue entre les diverses composantes de la personne humaine.

Entre cette image de l'homme, qu'a développée la pensée humaniste, et la représentation que proposent des sociologues et des économistes comme Doreen Warriner ou N. B. S. Gras du devenir de la société, il y a analogie évidente. L'économie progressive ne permet-elle pas aux sociétés de passer théoriquement d'un stade à un autre, tout en instaurant un équilibre supérieur entre le tout et les parties qui autorise le progrès de ces sociétés et, ce faisant, de s'épanouir? Perspective humaniste et perspective scientifique se complètent. Dans ses *Normes*, Séguin définit ainsi «l'agir (par soi) collectif»:

> [C'] est l'action concertée et organisée d'un certain nombre d'individus amenés à se grouper en société, à former équipe, naturellement ou artificiellement, inconsciemment ou lucidement, volontairement ou involontairement à l'origine, spontanément ou par la force des choses, intégralement ou graduellement et qui trouvent la liberté et les moyens d'exécuter, par une minorité ou par la majorité ou la totalité (de ces individus) dans leurs propres cadres, sous leur direction, grâce à leur initiative, les multiples activités qui constituent la fin de cette société.

Et Séguin ajoute ce passage où joue une fois de plus la métaphore biologique:

> À l'intérieur et à l'extérieur, agir collectivement (par soi), [...] tel est l'instinct vital profond d'une société, quand elle veut durer et que cet instinct a la possibilité de se manifester librement[36].

La sorte d'idéal-type que présente Séguin, loin d'être statique, assume, en quelque sorte, l'existence d'une finalité immanente à la vie individuelle ou collective, mais que l'on ne peut atteindre que par le libre exercice des potentialités que recèle la vie. De plus, quoique cette finalité réponde à une force instinctive qui jaillit des fonctions inférieures de l'organisme, elle engage le développement des fonctions supérieures de l'individu ou de la collectivité. En effet, «de l'agir (par soi) découlent le développement de l'expérience [...] de l'initiative [...] ainsi que la création et l'accumulation d'habitudes progressives de vie.» Par là, «l'action et la réaction (par soi) ou la présence et l'autonomie développent, enrichissent, épanouissent». Cette perspective téléologique repose ainsi sur une axiologie puisque, selon Séguin, «pour une société, le bien fondamental, c'est l'agir (par soi) collectif[37]».

Toutefois, toujours d'un point de vue théorique et idéal, Séguin met en évidence qu'une série d'obstacles et de contraintes viennent constamment interférer dans le libre exercice de «l'agir (par soi)», empêchant ainsi la réalisation de la finalité immanente propre à la vie individuelle ou collective. En ce cas, lorsqu'il se produit une substitution dans l'agir, l'on est en présence de ce que Séguin qualifie «d'oppression essentielle».

> La privation, le remplacement de l'agir (par soi) collectif équivalent à une oppression essentielle.
>
> Oppressions accidentelles: il faut d'abord faire la distinction entre l'oppression «essentielle» et les oppressions «accidentelles».

> Quand une société remplace une autre collectivité [...], ce remplacement peut s'accompagner ou peut ne pas s'accompagner de persécution, d'abandon [...] mais ces modalités ne sont qu'accessoires [...]
>
> Oppression essentielle: dès qu'une collectivité remplace, par son agir collectif, l'agir collectif d'une autre société, cette substitution ou ce remplacement (total ou partiel) est, *ipso facto,* diminution ou privation d'être, perte d'expérience, d'initiative et de possibilité d'accumuler des habitudes pour la collectivité remplacée. [...]
>
> Cette oppression essentielle ne saurait être écartée, supprimée par la justice, l'attention, la compréhension, le savoir faire, la vertu de la collectivité dominante. [...]
>
> Ce remplacement peut être total ou partiel, temporaire ou permanent. Une substitution temporaire, [...] même accompagnée de persécutions, [...] peut avoir une certaine valeur formatrice pour la société remplacée. Mais il ne saurait exister de substitution permanente pour le mieux, tant que survit la collectivité remplacée, que l'assimilation n'est pas totale[38].

Toujours fidèle à sa perspective axiologique, Séguin commence par souligner que ces entraves sont liées au fait que «l'histoire [...] est aux prises [...] avec le plus grand des mystères: le mal sous toutes ses formes dans la création telle qu'on la trouve[39]». De plus, la vie elle-même nous confronte au problème de l'inégalité et de la concurrence qui amène les individus et les collectivités à s'affronter en une lutte permanente pour la survie. Ainsi, on peut lire dans ses *Normes:*

INÉGALITÉ, CONCURRENCE, RESTRICTION OU ÉLIMINATION. PRÉPONDÉRANCE DE LA PLUS GRANDE FORCE.

— Pour l'individu:

> Chacun est loin de recevoir les mêmes talents [...] les individus doivent rivaliser avec des moyens inégaux. [...] Même au niveau individuel, c'est le règne de la force...

— Pour la société:

> Les diverses collectivités groupent des forces nettement inégales. [...] À l'intérieur des sociétés, entre classes (luttes sociales) et entre les sociétés (luttes nationales), on se livre à une concurrence serrée; [...] Le progrès, l'épanouissement de certaines sociétés sont liés au recul, à la limitation, à l'exploitation, à la défaite, à l'élimination même de sociétés moins bien placées, moins bien pourvues. Nécessairement, la force l'emporte. [...] la force prise dans le sens le plus général: à la fois force matérielle et intellectuelle [...]

> Cette inégalité, cette concurrence et cette prédominance de la force sont de l'essence même de la création, avant l'apparition de l'homme[40]...

Que ce phénomène soit, pour Séguin, «de l'essence même de la création, avant l'apparition de l'homme», met en évidence le «sens darwinien» que Séguin prête à cette lutte.

Pour résumer succinctement ce qui précède, on pourrait dire que l'effort théorique de conceptualisation que Maurice Séguin effectue dans les deux premières sections de ses *Normes* repose sur une représentation systémique du social qui résulte de la conjugaison des catégories de la pensée humaniste et des théories scientifiques. Mais, en usant de la métaphore de la vie, cette représentation systémique est envisagée essentiellement dans la perspective d'un devenir «normal». À ce niveau, la représentation systémique du social devient le lieu d'une axiologie. En effet, deux tendances en sens inverse s'y manifestent. D'une part, Séguin postule que ce devenir répond à une finalité immanente dont le terme est l'épanouissement et correspond au bien. Ce terme est atteint seulement lorsque l'individu ou la société peuvent faire l'expérience de la vie par eux-mêmes en laissant libre cours aux potentialités qu'elle recèle, tout en respectant cependant la hiérarchie des valeurs et l'interdépendance des forces qui sont en action. D'autre part, les individus et les sociétés étant en relations inégales d'interdépendance avec d'autres individus et d'autres sociétés, ce devenir est au prise avec le règne de la «prépondérance de la plus grande force» qui vient entraver et dresser des obstacles à la réalisation de cet «instinct vital» qui pousse les sociétés et les individus à s'épanouir librement. Cette «oppression essentielle» est le résultat de la dureté de la condition humaine et du «mystère du mal».

La «Norme» centrale chez Séguin repose sur ce postulat d'une finalité immanente au devenir qui incarne le bien et qui résulte de «l'Agir (par soi)». Pour Séguin, cette norme centrale constitue le «normal». À partir de ce point d'ancrage et en privilégiant la nation comme objet subséquent de ses investigations, Séguin peut se livrer à une analyse, qui constitue un essai de classification qu'il veut exhaustif, de tous les cas de déviations possibles en regard de cette finalité immanente et des types de rapport de force qui interviennent comme autant d'entraves à la réalisation de cet objectif. C'est en ayant à l'esprit ce double rapport de force qui s'exercent en sens inverses que Séguin pouvait écrire: «La réussite “normale” consiste à être suffisamment maître chez soi. [...] Mais le succès est rare: [...] Le “NORMAL” [la nation réussie] est donc “EXCEPTIONNEL”[41]!»

Qu'est-ce que la nation et le nationalisme?

Dans l'introduction à la troisième section de ses *Normes*, intitulée «Sociologie du national», Séguin précise que ce chapitre est «le plus important des NORMES[42]». Il aurait été difficile qu'il en soit autrement. L'attention que Séguin a d'abord portée à la nation dans sa thèse est liée à trois phénomènes. Premièrement, l'historiographie traditionnelle, au Canada français ou ailleurs, a toujours pris, explicitement ou implicitement, la nation pour objet. Ce n'est qu'à compter des années soixante que l'historiographie délaissera de plus en plus le national pour se mettre à étudier plus particulièrement le social. Deuxièmement, les problèmes particuliers qui ont toujours affecté la société canadienne-française, dont l'infériorité économique des Canadiens français était en quelque sorte la manifestation la plus évidente, ont toujours été interprétés comme des problèmes nationaux. Aussi, malgré les divers avatars qu'a connus notre conscience officielle de soi depuis la Conquête, la société canadienne-française est toujours apparue aux Canadiens français, plus ou moins explicitement, comme une réalité nationale distincte à l'intérieur du grand tout politique canadien. Enfin, le contexte de la crise économique, l'affrontement entre Canadiens anglais et Canadiens français autour de la question de la conscription obligatoire, puis les tentatives de centralisation fédérale ont exacerbé la prise de conscience de cette réalité nationale. Et c'est dans le prolongement de cette tradition et de ces événements encore récents que Séguin s'est penché pour la première fois sur les causes de l'infériorité économique des Canadiens français, problème national par excellence!

La recherche doctorale de Maurice Séguin, en plus de mettre en évidence la réalité systémique du social, l'a amené à une autre découverte essentielle qui venait confirmer en quelque sorte son point de départ. C'est que la relation d'interdépendance, qui s'institue entre les principaux aspects d'une société, s'organise et se structure prioritairement en fonction de sous-systèmes particuliers qui, selon Séguin, sont au cœur même de la dynamique interne et externe des sociétés. Ces sous-systèmes, ce sont les nations.

Dans sa thèse, la représentation d'une finalité immanente du devenir de la nation canadienne-française est soutenue par le postulat de la loi de l'économie progressive qui pousse inexorablement les nations à réaliser, pour leur propre compte, leur développement économique intégral. La Conquête, en venant contrecarrer cette finalité à la suite d'une substitution permanente aux postes de commande, lui apparaît comme l'«oppression essentielle» qui a fait perdre à la nation canadienne-française le contrôle de son «Agir (par soi) collectif». C'est pourquoi, «la cause profonde, persistante, inévitable du servage réside dans l'Occupation britannique, en elle-même, indépendamment des modalités de celle-ci[43]». Bien sûr, Séguin n'utilise pas, dans sa thèse, les concepts qu'il développera quelques années plus tard dans son système de *Normes*. Toutefois, comme on peut le voir, ils y sont en germe et agissent consciemment ou inconsciemment à chaque pas de sa démonstration. Et c'est précisément au niveau de la réalité nationale que la signification de «l'agir (par soi) collectif» prendra toute son extension.

Le Rapport Durham a joué un grand rôle à ce point de vue. Séguin y puise non seulement l'intelligence des principes d'ensemble de sa sociologie du national, mais il y trouve les principales clés pour fonder son explication historique. Déjà dans sa thèse, Séguin écrivait: «Comme Durham l'a très bien exposé dans son rapport, au fond du conflit parlementaire qui aboutit aux troubles de 1837, il y avait "une guerre entre deux nations" pour s'assurer la maîtrise du Bas-Canada. Il fallait choisir entre la "Nation Canadienne" et l'Amérique du Nord britannique; les deux ne pouvaient coexister[44].» Et que propose Durham? Inverser le rapport établi entre la minorité anglaise et la majorité française par une union législative des provinces de l'Amérique du Nord britannique — puisque l'union fédérale lui apparaît plus difficile à réaliser à court terme —, tout en mettant parallèlement en œuvre un double plan de «colonisation», d'exploitation et de peuplement. De cette manière, selon Durham, la suprématie des Britanniques sera établie à court terme et, à moyen terme, la *nation canadienne* ne pourra résister longtemps, à l'exemple de la Louisiane, à l'assimilation définitive. On comprend, à ce moment, que si Maurice Séguin fait de sa «Sociologie du national» le chapitre «le plus important des NORMES», il puisse ajouter que le problème des rapports qu'institue le fédéralisme entre les nationalités soit «l'un des deux aspects MAJEURS des NORMES. (L'autre est la COLONISATION)[45]».

Mais qu'est-ce qu'une nation pour Séguin? La première définition qu'il en donne date de 1953: «Un groupe ethnique est parvenu à une vie équilibrée et réussie quand, à la base, il a su maîtriser sa vie économique et gérer par lui-même sa politique intérieure et extérieure. Ce sont là les caractères fondamentaux d'une nation[46].» Cette définition fait ressortir nettement la dualité qui préside à la représentation que Séguin se fait des choses. La nation n'est pas seulement un objet qui fait référence à des éléments objectifs (maîtrise de la vie économique et politique), elle repose aussi, et même avant tout, sur un jugement de valeur (vie équilibrée et réussie), finalité beaucoup plus difficile à démontrer et à détailler.

En 1956, Séguin va introduire pour la première fois, dans une publication, son concept «d'agir par soi-même» en voulant expliciter ce que signifie le concept d'indépendance pour une collectivité. Déjà à cette époque, l'axiologie particulière qui présidera aux deux premières sections des *Normes,* ainsi que la nature des rapports qu'engendre une union fédérale entre diverses nationalités ont aussi pris leur forme essentielle. Malheureusement, Séguin n'a publié qu'un résumé de communication.

I. LE CONCEPT DE L'INDÉPENDANCE D'UNE COLLECTIVITÉ

TENIR COMPTE DES AUTRES, MAIS AGIR PAR SOI-MÊME

Indépendance n'est pas synonyme d'agir sans les autres.
L'essence même de l'indépendance c'est agir par soi-même.

L'AUTO-DÉTERMINATION: LE BIEN SUPRÊME:
SON ABSENCE: UN MAL RADICAL

L'agir par soi est le substratum de la vie d'une collectivité.
Toute privation d'indépendance est synonyme d'oppression.

L'INDÉPENDANCE À DEUX EST UNE IMPOSSIBILITÉ
sur un même territoire

Impossible de posséder chacun sa propre indépendance.
Impossible de posséder en commun une même indépendance.

ÊTRE ANNEXÉ À UN PEUPLE INDÉPENDANT
N'EST PAS ÊTRE INDÉPENDANT

Pas même être BIEN annexé.

L'ANNEXION ENGENDRE
LA MÉDIOCRITÉ GÉNÉRALE COLLECTIVE

Un milieu provincial.
Une culture anémique.
Un peuple annexé n'est pas intéressant.

VIVRE ou MOURIR — ou bien VÉGÉTER

Indépendance.
Assimilation totale.
Annexion — survivance[47].

Dans ses *Normes*, l'essentiel du schéma demeure, tout en se ramifiant de manière importante. L'objectif qu'il y poursuit est d'arriver à un modèle théorique global de la société en général, et de la nation en particulier, qui permettrait d'expliciter et de mieux articuler, dans une perspective dynamique, les principales conclusions qu'il a dégagées dans sa thèse de doctorat. Cette visée vers l'explicite est en même temps, et peut-être surtout, un effort de rectification visant à réfuter les principales thèses idéologiques qui, au Canada français, s'affrontent autour de la «question nationale» au cours des années cinquante. C'est là, à mon sens, le projet sous-jacent qui structure la production historiographique et théorique de Séguin. Jean-Pierre Wallot écrit à ce propos:

> ...il ne s'attaque pas qu'au traditionalisme, mais à la notion prédominante et tronquée du national. Au cours de ces années 1945-1955/1960, les jeunes intellectuels, tributaires de différentes occupations et idéologies, sapent l'ordre établi, c'est-à-dire les valeurs agraires et étroitement religieuses, le nationalisme conservateur et défensif, l'immobilisme idéologique et social, la corruption et l'inaction du gouvernement provincial. Or, l'aspiration à la sécularisation et à la démocratisation de la société québécoise passe, pour la plupart, par le rejet du nationalisme, identifié au conservatisme et au duplessisme[48].

Il faut dire que, chez Maurice Séguin, le théoricien domine l'historien. La nation, pour lui, est d'abord un phénomène scientifique à définir et à analyser. «En fait, comme le rapportait Jean-Pierre Wallot, son intérêt pour le Canada français était intellectuel. [...] C'était un cas comme un autre, c'était un beau cas de laboratoire. [...] Ce qu'il y avait de plus important pour lui, c'était la compréhension intellectuelle du développement d'une nationalité[49].» La réfutation que Séguin va opposer aux principales idéologies du milieu ne renvoie donc pas à des interventions ponctuelles. Elle est globale. Elle forme un tout où chacune des parties est étroitement liée à l'ensemble.

Dans sa «sociologie du national», Séguin commence par distinguer trois significations qui s'attachent d'ordinaire à la nation: un sens général, un sens juridique et un sens culturel. Il propose ensuite une définition des «<u>principes fondamentaux menant à l'idée de NATION au sens INTÉGRAL</u>».

> <u>L'agir (par soi) collectif est POSSIBLE dans tous les aspects</u> et peut s'étendre à tous les domaines — à l'intérieur comme à l'extérieur. [...]
>
> <u>«Possible» ne veut pas dire que l'agir (par soi) collectif se rencontre nécessairement, sans exception, chez chaque nation.</u>
>
> <u>L'agir (par soi) collectif est NÉCESSAIRE</u> dans tous les aspects:
>
> <u>directement</u>:
>
>> <u>La maîtrise de sa vie</u> [politique, économique et culturelle] <u>intérieure et extérieure est un bien en soi pour une nation</u>. [...]

indirectement

À cause de l'interaction des facteurs [...]

Négativement

Le remplacement, la privation (totale ou partielle) de l'agir (par soi) collectif peut survenir dans tous les domaines et y être une oppression essentielle.

Directement, au politique, en économique, au culturel, c'est un mal en soi.

Indirectement, un remplacement, une oppression essentielle dans un domaine se répercute sur les deux autres domaines... En plus de rendre possibles les oppressions accidentelles.

b) Conséquences dérivant de ces principes

La MAÎTRISE de l'agir collectif l'emporte en valeur sur la MANIÈRE d'agir: la liberté et les moyens d'agir sont bien plus important que le style de l'agir[50].

Puis Séguin définit de la manière suivante le nationalisme:

c'est — pour un groupe ethnique qui se reconnaît distinct — la recherche (s'il ne l'a pas)
l'affirmation (s'il ne la possède)
la défense (s'il la croit menacée)
de la MAÎTRISE de sa vie politique, économique et culturelle.
Recherche, affirmation et défense — plus ou moins consciente, plus ou moins complète.

Ainsi défini, le nationalisme est un phénomène «constant», lié à la nature même de la VIE ORGANISÉE de l'ethnie. On retrace cette tendance dès les débuts de l'histoire... [...]

Tout nationalisme complet est SÉPARATISTE. Le nationalisme est le contraire de l'isolationnisme. [...]

Le nationalisme n'est pas nécessairement du conservatisme politique ou social. [...]

Le nationalisme est la volonté etc.. d'être maître chez soi. Le nationalisme peut donc être progressiste ou conservateur, de gauche ou de droite, etc... et peut évoluer[51]...

On retrouve ainsi, à propos de la nation et du nationalisme, les représentations centrales que Séguin a développées dans la première et la seconde sections des *Normes:* nécessité de la liberté de «l'agir (par soi) collectif» qui fait référence à la représentation de la finalité immanente d'une totalité en interaction, à la fois autonome et interdépendante; «phénomène naturel» qui se rencontre «dès les débuts de l'histoire[52]». Mais cette finalité immanente est aussi liée «à la nature même de la VIE ORGANISÉE de l'ethnie[53]». De plus, cette «tendance» peut se manifester sous des aspects extrêmes et opposés. Ainsi, «L' "IMPÉRIALISME" est la forme la plus courante du nationalisme excessif. Une autre forme, à l'opposé, serait de tenter de trop se replier sur soi, de s'imaginer pouvoir se passer des autres[54].»

Étant donné les relations conflictuelles et la «prépondérance de la plus grande force», cette tendance à devenir une nation indépendante qui maîtrise son «agir (par soi) collectif» est, plus souvent qu'autres choses, entravée dans son devenir; les nations indépendantes constituant l'exception plutôt que la règle. De plus, «l'indépendance et la souveraineté sont toujours limitées — même la nation la plus forte doit tenir compte des autres nations.» Déjà, dans sa thèse de doctorat, il avait été à même de constater que les relations de voisinage peuvent entraîner des phénomènes de dépendance économique, politique ou culturelle. Dans certains cas, cette relation de voisinage est si puissante que la nation qui la subit «descend d'un échelon», au point où l'«on ne peut plus parler d'infériorité de voisinage mais de subordination de voisinage». Séguin parle alors de «Nation satellite[55]».

Les nations qui n'ont pas la maîtrise de leur «agir (par soi) collectif» nous renvoient vers une gamme tout aussi variée de situations possibles. «Pour simplifier», Séguin propose de se contenter de distinguer deux autres «situations types»: «la NATION annexée»; «l'EX-NATION assimilée[56]». En fait, la nation indépendante, l'ex-nation assimilée et la nation annexée constituent les trois seules issues possibles au devenir des nations que Séguin résume par les trois choix suivants: «vivre, mourir ou végéter[57]». La nation annexée, c'est la nation «qui ne jouit pas de l'indépendance politique "même nominale"». Séguin en donne la définition suivante:

> C'est une communauté distincte (nation au sens sociologique) qui se sait distincte, qui a conscience de sa nationalité mais qui est forcée "d'exister", [survivre] de vivre tant bien que mal, comme minorité permanente, sous un système politique souverain dominé
>
> — par un autre peuple majoritaire
>
> — ou par un groupe d'autres peuples formant la majorité constante[58].

Pour Séguin, c'est là le destin de la presque totalité des nations. Ainsi, «lorsqu'une NATION parvient à obtenir un ÉTAT SOUVERAIN, en même temps, dans cet État, une foule de nationalités demeurent annexées». Selon sa définition de la nation annexée, ces communautés nationales continuent de survivre mais comme nations minoritaires dans un ensemble politique qu'elles ne contrôlent pas. La situation de la «nation annexée» amène Séguin à envisager les rapports entre nationalités à l'intérieur d'une union fédérale. Toutefois, Séguin souligne de manière significative que l'analyse de ces rapports renvoie à deux optiques contraires qui «se heurtent: la "foi" indépendantiste et la "foi" fédéraliste» et que, malgré tout, il «essaiera de rendre justice (?) au deux[59]!» Et c'est ici que la logique des *Normes* fait place, plus fondamentalement, à l'argumentation qui la sous-tendait.

Il faut garder à l'esprit que l'œuvre de Séguin se divise en deux, l'une servant de support à l'autre, les *Normes* fournissant «les règles pour apprécier l'action des individus et des sociétés» que Séguin nous livre dans un deuxième temps à l'intérieur de son explication historique proprement dite. Explication historique et argumentation plus théorique se rejoignent et se soutiennent mutuellement dans ce même projet de rectification de l'évaluation, parfois contraire, que les divers groupes sociaux pouvaient proposer de notre cheminement collectif et qui met en question la nature de notre situation dans le présent. Déjà, dans le chapitre deux des *Normes*, Séguin a répondu à ceux qui, parce qu'ils sous-estimaient ou surestimaient l'un des divers aspects du social, en arrivaient, selon lui, à une représentation tronquée de la société. Maintenant, c'est la dynamique même que les nations entretiennent entre elles qu'il s'agit d'expliciter. Arrivé à ce point des *Normes*, Séguin peut présenter plus abruptement les arguments qui soutiennent les deux thèses contraires.

La thèse fédéraliste est aussi celle de l'optique impérialiste. Bien que l'objectif soit le même, les arguments diffèrent. Selon Séguin, globalement, l'optique impérialiste «fait clairement la distinction entre la "nation" [...] et l'État, organisation juridique de la société, "stérile comme l'ordre lui-même"». Par là, en occultant les diverses réalités nationales présentes sur son territoire, l'État apparaît comme «un organisme neutre» dont «les "cadres" politiques et économiques» sont d'abord définis «comme des instruments au service des personnes». Selon cette perspective, «une nation minoritaire pourrait et devrait se contenter d'un FÉDÉRALISME CULTUREL». Le nationalisme traditionnel, en faisant de la langue et de la religion l'essentiel des caractéristiques inhérentes à la nation canadienne-française, n'en pensait pas autrement. Mais, puisque «l'agir (par soi) collectif» ne saurait, selon Séguin, se résumer à la culture, l'optique impérialiste «a peur de l'idée "nationale" chez les autres» tout en les accusant «de diviniser l'État[60]». Cette optique est celle du père Delos[61] qui, en s'appuyant sur la différence entre communauté et société qu'a établie Ferdinand Tönnies et sur celle d'Émile Durkheim entre solidarité mécanique et solidarité organique, soutient que les nations sont d'abord des réalités communautaires et culturelles. Par conséquent, elles relèvent de la vie privée où ne jouent que des «influences», alors que la société est le siège des institutions publiques et de «l'autorité» véritable. Aussi, selon Delos,

> Les droits issus de la nationalité n'ont pas, de soi, une assiette territoriale, ce sont des droits de l'homme et de la *personne*. L'autonomie est ici une autonomie culturelle, et non pas de soi une autonomie étatique ou gouvernementale. [...] Établir ce statut culturel et le modeler sur ce droit, telle est la fonction de l'État, quel que soit le nombre des nationalités qui vivent sur son territoire[62].

Cette optique impérialiste est aussi celle de Lord Acton et de ses admirateurs de *Cité libre*. Ici, toutefois, le nationalisme est surtout condamné parce qu'il représenterait un danger pour l'exercice des libertés individuelles. Au début des années soixante, Gérard Pelletier pouvait écrire:

> ...les fédéralistes adhèrent aux idées de Lord Acton selon qui «la réunion de nations différentes dans un même État est aussi nécessaire à la vie civilisée que la réunion des hommes en société» et que «le sentiment national n'a pas pour but la liberté et la prospérité, qu'il sacrifie l'une et l'autre à la nécessité impérative de faire de la nation le monde et la mesure de l'État[63]».

Le nationalisme, surtout après ses manifestations autoritaires qui ont mené à la Deuxième Guerre mondiale, apparaît à ces contempteurs, ainsi qu'au père Delos, comme essentiellement rétrograde et même dangereux. Il constituerait même une menace pour l'exercice des libertés individuelles. Jean Le Moyne va écrire à ce propos dans *Cité libre:* «On frémit à la pensée de ce qui arriverait à un peuple canadien-français constitué en État indépendant. [...] Notre unique sauvegarde, sur le plan des circonstances, réside dans le fait que nous partageons le pays avec une majorité anglo-saxonne et protestante[64].»

Pour Séguin, la question des libertés individuelles et celle des libertés collectives sont deux réalités séparées. L'indépendance d'une nation n'offre pas toujours la garantie, à l'exemple des sociétés autoritaires, que les libertés individuelles seront respectées. De même, «une nation peut être minoritaire, ANNEXÉE et bénéficier de grandes libertés individuelles[65]». Une situation donnée n'entraînant pas toujours les mêmes conséquences. À ceux qui croyaient que l'accession à la souveraineté du Québec mettait automatiquement en péril les libertés individuelles, Maurice Séguin rappelait l'exemple du Canada ou des États-Unis[66]. De plus, puisque ce sont deux réalités séparées, il ne faudrait pas croire qu'une «nation-annexée» ayant la jouissance de ses libertés individuelles aurait du même coup la possibilité de maîtriser, si elle en a la volonté, ses libertés collectives. Sur ce point, le nationalisme traditionnel et les principaux rédacteurs de *Cité libre*, selon Séguin, se rejoignent: «Ce que vous disent M. Trudeau et M. Pelletier, que les Canadiens français ont tous les pouvoirs politiques et que s'ils ne sont pas un peuple d'avant-garde cela dépend d'eux, c'est ce que Groulx disait[67].» De plus, Séguin ne croit pas non plus à l'existence de deux types de nationalisme, où l'un l'emporterait en légitimité sur l'autre. Visant plus particulièrement la société canadienne-anglaise et ses historiens, il écrivait avec force:

> Il n'existe pas deux sortes de vrai nationalisme normal (maître chez soi) un "broad" et un "narrow nationalism".
>
> On ne comprend pas ce que c'est que le nationalisme quand on ne comprend que son nationalisme... Tout nationalisme est "inconsciemment hypocrite" vis-à-vis du plus faible[68]...

La représentation systémique de Séguin, qui fait de la nation une totalité organique qui engage tous les aspects du social, ne peut souscrire à de telles distinctions, ni faire tenir la nation exclusivement dans le culturel. Il ne saurait non plus lier le sort des libertés individuelles à la question de l'accession à la souveraineté d'une nation. La nation, pour Séguin, c'est d'abord, comme la vie elle-même, l'exploration et l'expression d'un champ de possibles. C'est pourquoi il pouvait écrire que «la maîtrise de l'agir l'emporte sur la manière de l'agir: "*Life is more important than the way of life*"[69]». Par contre, dans l'optique indépendantiste, une chose est certaine: il ne peut y avoir de libertés collectives réelles à l'intérieur d'une union fédérale même si la nation annexée contrôle sa sphère culturelle.

> Pour la nation minoritaire dans une vraie UNION FÉDÉRALE, il y a oppression essentielle appauvrissante, (remplacement de l'agir collectif) [...].
>
> Même si la nation minoritaire maîtrise absolument (dirige elle-même) toutes les institutions culturelles [...] il n'y a jamais une autonomie culturelle entière, complète, de la part du peuple minoritaire, car la «culture» est intimement liée au politique d'abord et à l'économique ensuite. [...]

> Cette oppression essentielle, née du partage fédéral en lui-même, peut s'accompagner — et ordinairement s'accompagne [...] des multiples formes d'oppressions accidentelles[70].

En ce qui a trait plus spécifiquement à «l'optique fédéraliste», elle «tient à distinguer l'aspect MATÉRIEL [...] de l'aspect CULTUREL de la CIVILISATION». Cette distinction permet de mettre l'accent sur les avantages économiques qui résultent de la mise en commun de divers services. Encore une fois, cette optique «considère les obligations, les pouvoirs, les revenus... de l'ÉTAT central comme des réalités "neutres" quant à la vie nationale[71]». Cette distinction entre le matériel et le culturel amène les tenants du fédéralisme à croire que les provinces et l'État central sont souverains dans leur sphère réciproque et à se satisfaire de l'autonomie provinciale. «Constatant que la nationalité, l'ordre communautaire spontané, ne se confond pas nécessairement avec l'État, cette école conclut qu'une collectivité minoritaire peut accepter un partage de pouvoirs dans une union fédérale[72].» Même que l'État central apporterait son «soutien» et sa «protection» aux «minorités dispersées dans les États provinciaux dominés par la NATION MAJORITAIRE[73]». Par contre, selon l'optique indépendantiste,

> Il n'y a pas d'égalité possible, entre la NATIONALITÉ MAJORITAIRE et la nationalité minoritaire dans TOUTE vraie UNION FÉDÉRALE.
>
> — pas d'égalité de droits (de permission),
> — pas d'égalité de possibilités, (de moyens). [...]
>
> Une nationalité qui ne maîtrise majoritairement
> — qu'une province (ou des provinces)
> est une nationalité ANNEXÉE.
>
> Ces principes ci-dessus énoncés valent pour TOUTES les sortes d'UNIONS FÉDÉRALES quel que soit le degré, (l'intensité) de la centralisation ou de la décentralisation. [...]
>
> On ne doit pas s'imaginer que la nation minoritaire sera *libre* quand le central sera moins fort; elle sera un «peu moins pas libre». Ne pas croire que, si le central a peu de pouvoir, la nation minoritaire sera souveraine. [...]
>
> Même si la nation minoritaire est «justement» représentée (en minorité) et prend sa «juste» part (en minorité) de l'activité Centrale [...] elle n'en demeure pas moins une nation minoritaire annexée qui — dans les domaines réservés au Central — n'agit pas collectivement et majoritairement par elle-même[74].

Séguin reconnaît toutefois qu'un régime fédéral peut offrir certains avantages aux nations minoritaires qui y sont annexées. Ainsi, pour une nation incapable d'accéder à son indépendance, le fédéralisme offre certains moyens limités (politique, économique et culturel) qui permettent, à tout le moins, à la nation minoritaire d'organiser sa survivance collective, «ce qui n'est pas donné à toutes les nationalités minoritaires». En ce cas, nous avons affaire à une nation «bien» annexée. Mais les avantages du fédéralisme ne sont pas à sens unique.

> La nationalité minoritaire «bien» annexée, «bien» fédérée contribue «seule ou avec d'autres» nationalités minoritaires annexées à nourrir, à renforcer la vie politique, économique et culturelle de la NATION MAJORITAIRE fédérante et [...] reçoit en retour des influences civilisatrices plus hautes grâce à son sacrifice (involontaire). C'est le rejaillissement civilisateur d'un centre plus fort, plus riche[75]...

Il concède même que, du point de vue de l'épanouissement individuel, il est souvent préférable pour certaines nations arriérées d'être «bien» annexées à une nation plus dynamique puisque «la valeur de la vie individuelle est liée à la valeur de la vie collective». Aussi, pour Séguin, «la "question nationale" n'est pas une voie à sens unique. [...] La politique du "possible" — monter vers l'indépendance, accepter lucidement l'annexion, se laisser glisser vers l'assimilation (de préférence totale) — sont des options qui peuvent se justifier[76]».

Lorsqu'une nation est annexée, ces trois options s'offrent à elle. Premièrement, elle peut être engagée dans un processus d'assimilation qui, s'il ne rencontre pas d'obstacles, aura pour résultat «de fondre dans une NATION déjà existante, de rendre "SEMBLABLES" aux individus de cette NATION des personnes d'une autre origine ou nationalité ou des personnes de plusieurs origines différentes[77]». C'est un processus graduel qui, selon les circonstances, peut se réaliser à plus ou moins long terme. Toutefois, les facteurs culturels, tels que la langue et la religion, sont secondaires. Pour Séguin, ce qui importe dans ce processus, c'est la perte de l'«agir (par soi) collectif». En effet, «être annexé, agir comme individus dans les cadres d'une AUTRE nation amène... la destruction finale, totale de l'agir (par soi) collectif, en politique, en économique, au culturel». On se retrouve alors en présence d'une «EX-NATION assimilée». Selon Séguin, cette assimilation est même une source de «bienfaits», autant pour la nation assimilée que pour celle qui assimile. Elle permet à la première «d'échapper à la médiocrité politique, économique et culturelle de la nation provinciale. D'où la tentation, très explicable, dans tout milieu annexé d'aspirer à l'assimilation, de proposer cette assimilation.» Quant à la seconde, cette assimilation «élimine (définitivement) "les crises d'appendice" les revendications, etc. du nationalisme minoritaire.» Même que ce processus de fusion, en ce qu'il a permis, dans le passé, l'édification de grandes civilisations, apparaît à Séguin comme l'un des principaux facteurs de progrès de l'humanité: «Si chaque groupe ethnique avait "respecté" son voisin (selon la morale et le droit) l'humanité serait composée d'une mosaïque de clans, de tribus et de villages souverains et peu évolués[78].»

Deuxièmement, des nations peuvent être annexées sans qu'il soit possible de les assimiler autrement qu'après «plusieurs siècles». Tant que «la conscience de "groupe ethnique distinct" subsiste [...] il vaut mieux parler d'ANNEXION plus ou moins forte, d'ANNEXION totale ou partielle, mais non d'ASSIMILATION». Pour Maurice Séguin, ces nations représentent des «ethnies coincées [...] "condamnées" au supplice de la "survivance"[79]». N'ayant pas le contrôle de son «agir (par soi) collectif», cette ethnie coincée est astreinte à une vie diminuée et à la médiocrité collective. La nation majoritaire, quant à elle, ne peut que souffrir des inconvénients et des conflits qu'une telle présence lui impose.

> La NATION MAJORITAIRE, qui n'a pu assimiler la nationalité minoritaire et qui a dû lui consentir des concessions (comme au moins un ÉTAT provincial) est dérangée, importunée par cette annexe, (cet appendice). [...]
>
> La nation minoritaire est en grande partie désorganisée et subordonnée par la présence de la NATION MAJORITAIRE, politiquement, économiquement et culturellement[80].

Enfin, reste la possibilité d'acquérir son indépendance. Mais en ce dernier cas, comme pour les deux autres, Séguin rappelle, et ici il vise en même temps certains idéalistes libéraux qui rêvent de «"fédération continentale ou universelle"», qu'en «ce qui concerne l'indépendance ou l'annexion — la FORCE, les CIRCONSTANCES font le droit ou l'absence de droit![81]» En somme, pour Maurice Séguin, le fédéralisme, à l'exemple de l'agriculturisme, fait référence à une conception diminuée de la vie nationale et est l'expression «d'un grave bouleversement, d'un grave dérangement dans l'évolution nationale d'un peuple[82]», puisque la volonté «d'agir par soi-même» est un «phénomène "naturel"[83]» qui s'enracine dans le plus profond de la vie d'une collectivité, tout en constituant un «bien en soi».

> Agir par soi [...], c'est un bien en soi. L'indépendance politique est un *bien en soi*. L'indépendance économique est un bien en soi. La collectivité [...] acquiert, en agissant par elle-même, des habitudes, de l'initiative et de l'expérience. Agir par soi [...], sans collectivité interposée, est une source de

> richesse d'être. [...] Vivre (par soi) pour une collectivité comporte tellement d'avantages que c'est de ce côté qu'il faut chercher le secret de cette force irrépressible que l'on retrouve à travers les âges chez les peuples[84].

Séguin envisage les luttes ouvertes ou latentes qui opposent des nationalités à l'intérieur d'un même État comme des luttes pour la «prépondérance» en vue de s'assurer, comme majorité, la maîtrise de «l'agir (par soi) collectif». C'est d'ailleurs au niveau de cette lutte pour la «prépondérance» que réside, selon Séguin, l'essence même de la force qui anime le nationalisme. Dans son dernier article, parlant du conflit national qui oppose les Canadiens aux Britanniques, il est plus explicite sur ce point. Il y distingue trois degrés de nationalisme. Au niveau le plus primaire, on retrouve un nationalisme fait de «sentiments irraisonnés» qui s'apparente le plus souvent à de la «xénophobie». Au deuxième degré, on retrouve des conflits qui sont liés à des éléments plus objectifs, par exemple institutionnels, politiques ou culturels, «points très précis» qui peuvent alors «se retracer et se détailler» facilement. Enfin, c'est au dernier niveau que le nationalisme prend son expression véritable.

> Le troisième degré concerne la lutte pour la prépondérance, la lutte pour être la majorité dans un État séparé, la lutte pour être indépendant, pour être vraiment maître chez soi. C'est évidemment l'aspect le plus important d'un conflit qui dresse, à l'intérieur d'un même État, une nation contre une autre nation. On se bat pour conserver la majorité ou pour devenir la majorité dans l'État[85].

Pour Séguin, une nation indépendante ne peut être que celle «qui maîtrise comme majorité un État souverain[86]». Mais comment se constituent les nations souveraines? En 1953, Séguin écrivait déjà que deux processus principaux président à la formation des nations: «Une nation peut se former par lente évolution, telles l'Angleterre, la France, l'Espagne, ou par colonisation, comme l'Argentine, l'Australie et les États-Unis.» Les analyses économiques qu'il a poursuivies dans sa thèse, l'article d'Esdras Minville, la thèse d'Émile Salone, le Rapport Durham et les nouvelles orientations de l'historiographie anglophone mettent en relief qu'en ce dernier cas «la Métropole joue un rôle dont on ne saurait exagérer l'importance[87]». C'est dans le but d'élucider le processus par lequel apparaissent des nationalités nouvelles que Séguin développe le dernier aspect majeur des *Normes*, celui de la colonisation. Il commence par établir une distinction entre colonie d'exploitation et colonie de peuplement.

1) Colonie d'exploitation:

> On désigne par ces mots une œuvre d'asservissement, d'exploitation d'un groupe d'ethnies étrangères plus faibles par une NATION puissante qui s'impose (au point de vue militaire, politique et économique). [...]

2) Colonie de peuplement:

> C'est l'œuvre de fondation et d'édification d'une nouvelle nation sortie d'une NATION-MÈRE, d'une nation dynamique, aux forces débordantes et qui donne naissance à un autre peuple, à son image [...]
>
> L'EMPIRE est l'ensemble formé par la NATION-MÈRE (la MÉTROPOLE) et les NATIONS issues de ce foyer colonisateur. L'impérialisme est la doctrine ou la politique qui mènent à la construction de nouvelles NATIONS. Une fois écarté le «colonialisme» attardé, les termes EMPIRE et IMPÉRIALISME peuvent revêtir un sens noble[88].

Ces deux types de colonisation peuvent être pratiqués, au même moment, mais indépendamment, en divers endroits du globe par une métropole ou, encore, ils peuvent être mis en œuvre simultanément sur un territoire délimité. Pour Séguin, la colonisation de peuplement est, de loin, le phénomène qui offre le plus d'intérêt puisque c'est ce dernier qui est à l'origine de l'émergence de nations nouvelles. En effet, entre les deux types de colonisation, «s'il y a des points de ressemblance [...] il reste cette différence fondamentale entre l'exploitation de peuples étrangers et la création de Nations de même origine, de même culture[89]». C'est pourquoi, Séguin s'attarde surtout à définir la colonisation de peuplement. Ce phénomène est d'une grande importance puisque toute son explication historique de l'évolution des deux Canadas est liée à l'action de ce processus qui implique la participation active d'une métropole. Dans ses *Normes*, il en donne les caractéristiques suivantes:

1) Triple aspect
   a) une CAUSE, une société NATIONALE, une NATION-MÈRE qui agit, projette et protège;
   b) une ASSOCIATION, une relation dans les deux sens [...]
   c) un EFFET, une société NATIONALE, une NATION-FILLE qui naît, s'accroît, s'affirme et s'émancipe. "COLONY TO NATION".

2) Une projection, une transmission intégrale (de la vie d'une société)
   Colonisation intégrale de la société civile.

> C'est une nation, un tout organique intégral [...] qui se projette à tous les paliers, dans tous ses rouages, pour former un autre tout organique intégral [...]
>
> Colonisation intégrale de la société religieuse.
>
> C'est une Église-Mère qui projette et organise [...] une Église coloniale. [...]
>
> 3) Importance de chaque facteur pour assurer l'équilibre du milieu social de la nouvelle Colonie-Nation.
>
> On se retrouve devant les mêmes exigences que pour tout autre ensemble national: nécessité du nombre, de la richesse, de l'organisation politique, de la culture... etc., directement et indirectement[90]...

Dans sa thèse de doctorat, on retrouve cette exigence d'équilibre jointe à la nécessité pour une métropole de diversifier ses modes d'implantation si on veut être à même d'appréhender, dans son intégralité, les phénomènes que recouvre le processus de la colonisation[91]. On y trouve aussi la représentation d'une finalité immanente. Mais, comme je l'ai déjà mis en évidence, cette finalité y est surtout envisagée en fonction des lois de l'économie progressive. La métaphore vitale qui, dans ses *Normes*, anime et fonde cette finalité immanente propre au processus de la colonisation de peuplement — que Jean Blain a qualifié avec justesse de «schéma de l'"embryon" national[92]» — apparaît pour sa part en 1953. «Dans l'Empire français d'Amérique, sous la tutelle enrichissante d'une métropole: la France, une jeune nation s'initiait intégralement à la vie[93].»

Le processus de formation d'une nation par la colonisation de peuplement compte, selon Séguin trois moments principaux. La première phase est celle où une métropole, nécessairement dynamique, décide de fonder une colonie à son image par colonisation intégrale, c'est-à-dire en procédant à une véritable projection des institutions de la nation mère sur un autre territoire tout en assurant sa protection militaire. Dans cette première phase, la métropole agit comme «unique agent de colonisation.» Puis, au moment où la vie coloniale prend véritablement forme, la colonisation de peuplement traverse une deuxième phase et devient une «œuvre conjointe» puisque les coloniaux «considèrent nécessairement la colonie comme leur patrie[94]». Enfin, à mesure que la colonisation s'intensifie, arrive le moment où l'émancipation devient inévitable. Pour Séguin, c'est là un «besoin» et une «nécessité» qui sont inscrits dans «la nature même de toute société coloniale et valent pour tous les peuples».

> — Le résultat normal d'une colonisation (réussie) serait une NATION indépendante (au sens restreint): une nation ayant son autonomie interne et

externe, gérant elle-même ses relations avec les autres nations, sujette comme toute nation à l'infériorité ou à la subordination de voisinage; ayant comme toute nation ses crises, ses problèmes. [...]

— Une NATION indépendante, reliée par son origine, son histoire, une longue tradition, sa langue, par une partie de ses lois et de ses institutions, à son ancienne Métropole, à sa source. Il y a là un caractère ineffaçable, même après une rupture violente par la guerre. C'est un des caractères propres à la colonisation de peuplement[95].

Avant de présenter les principales dimensions de son explication historique, il reste deux autres points que Séguin aborde dans ses *Normes* de manière beaucoup moins approfondie: le problème de la nature des rapports entre l'Église et l'État et celui du national et du social. En ce qui a trait aux liens entretenus entre l'Église et l'État, Séguin souligne simplement que l'existence de chacun des deux pouvoirs est nécessaire pour une société. Toutefois, les rapports qui s'établissent entre ces deux institutions dans une société qui s'industrialise soulèvent de nombreux problèmes auxquels Séguin n'a pas de réponse décisive[96].

Quant au deuxième point, celui du national et du social, il permet d'appréhender jusqu'à quel point il n'y a que le souci de l'explication globale qui compte pour Séguin. En effet, il a bien pu écrire que «le nationalisme n'épuise pas toute la réalité de l'histoire. Le nationalisme n'est pas le seul aspect important. Il y aurait, par exemple, à tenir compte de la dimension sociale[97]», il reste que l'histoire sociale n'a jamais vraiment intéressé Séguin. Pour lui, même si «le NATIONAL et le SOCIAL sont deux aspects nécessaires de la vie d'une même communauté», le social demeure subordonné au national puisque ce dernier se rapporte «aux relations avec les autres collectivités» alors que le social a surtout trait au «sort des personnes et la répartition des biens à l'intérieur d'une société». Par contre, il reconnaît que «les intérêts de classe et personnels sont habituellement indissociables des intérêts des groupes nationaux[98]». Cette distinction qu'opère Séguin entre le social et le national fait ressortir qu'une société et une nation ne sont pas pour lui des réalités équivalentes. En fait, comme ses définitions du social et du national le laisse entendre, c'est par le biais du national que s'exprime et s'appréhende, à la manière d'un organisme vivant, l'essentiel des manifestations de la vie collective. D'où l'importance que Séguin accorde au politique. À la limite, on serait porté à croire que Séguin néglige sa propre approche systémique pour s'en tenir à ce déterminisme. En fait, le politique constitue pour lui, à l'exemple de Freud pour l'inconscient, la voie royale qui mène à l'intelligibilité d'ensemble d'une société, seule perspective vraiment importante à ses yeux. Comme l'explique Jean-Pierre Wallot, «c'est dans le politique que s'exprimait, en quelque sorte, l'ensemble, la totalité. [...] Le social n'étant qu'un morceau du système, il ne serait jamais intéressé à étudier ce morceau là[99].» Il est d'ailleurs significatif qu'au milieu des années soixante, Séguin se soit cru obligé d'ajouter, dans ses *Normes*, une section sur le problème des rapports entretenus entre le national et le social puisque dans la version antérieure, qui date du début des années soixante, cette section est inexistante. On peut y voir, comme le souligne Jean Blain, le résultat d'un «cri bien orchestré» des sociologues qui, surtout à compter du milieu des années cinquante, chercheront à «distinguer le social du national[100]». Les bouleversements de la Révolution tranquille viendront, par la suite, mettre particulièrement en évidence la complexité de ces rapports.

Notes

1. Tatiana Démidoff-Séguin, «Le souvenir est sans dialogue», dans Robert Comeau, dir., *Maurice Séguin historien du pays québécois*, Montréal et Québec, VLB Éditeur, 1989, p. 22.
2. Fonds Maurice-Séguin, P221/boîte 2455.
3. Ces deux articles sont des versions remaniées de certaines sections de sa thèse de doctorat.
4. Il s'agit de S. 16. À ce propos, madame Séguin m'a confié en entrevue l'anecdote suivante. Maurice Séguin avait été présenté aux éditeurs comme l'historien le plus apte à écrire la section sur le Québec. Toutefois, les éditeurs avaient aussi été prévenus que ce texte, ils ne l'obtiendraient jamais. Celui qui était en charge de son édition aurait répliqué: «Moi, je l'aurai!» Et il a talonné Maurice Séguin sans relâche, venant quérir les pages une à une, jusqu'à ce qu'il ait le texte au complet. Entrevue avec madame Tatiana Démidoff-Séguin, 4 décembre 1990.
5. Robert Comeau, «Relis d'abord...», *op. cit.*, p. 270.
6. Denis Vaugeois, l'éditeur du présent ouvrage, fut également celui de Maurice Séguin en 1968 et 1970. Il m'a confié avoir préparé avec Séguin des projets d'édition des *Normes*. «Parfois la disposition semblait avoir pour lui presque autant d'importance que le contenu. Souvent, il me disait qu'il aurait voulu remener sa matière en équation. Il avait l'esprit mathématique. Avec le temps, Séguin s'était convaincu qu'il valait mieux ne pas enfermer ses réflexions dans un livre parce que la matière était trop vivante. Quant on lit la version qu'a éditée Robert Comeau en 1987, on se demande s'il n'avait pas raison. Enfermées dans un livre, les *Normes* sont sans saveur, sans impact. Dans ses cours, elles avaient un effet extraordinaire. Il croyait dans la force de la parole et de l'échange verbal. D'ailleurs — et cela résume Séguin — l'échange en soi était source de vie.»

7. B. 121 p. 6.
8. F. 354 p. 71.
9. S. 12 p. 4.
10. S. 12 p. 10.
11. Entrevue avec Pierre Tousignant, 6 décembre 1990.
12. S. 12 p. 18. C'est là l'objectif du chapitre deux des *Normes*.
13. Jean-Pierre Wallot, «À la recherche de la nation: Maurice Séguin», dans Robert Comeau, *op. cit.*, p. 53.
14. S. 12 p. 18.
15. S. 12 p. 18, 22.
16. Selon Jean-Pierre Wallot et Gilles Paquet, seul Harold A. Innis aurait tenté dans ses dernières œuvres une telle entreprise d'interprétation globale, par le biais d'une sociologie des communications. Voir «Canada, 1760-1850: anamorphose et prospective», dans Robert Comeau, dir., *Économie québécoise*, Montréal, Les Presses de l'Université du Québec, 1969, p. 278.
17. À quel moment Maurice Séguin a-t-il élaboré ses *Normes?* Jean-Pierre Wallot disait, à ce propos, qu'en 1954 il en donnait déjà une version orale à ses étudiants. Mais, comme Wallot a commencé à étudier à l'Institut d'histoire à cette date, il est impossible pour lui de savoir ce qu'il en était auparavant. (Entrevue avec Jean-Pierre Wallot, 6 décembre 1990.) Dans le Fonds Maurice-Séguin, j'ai retrouvé une version des *Normes* (Fonds Maurice-Séguin, P221, boîte 2452, sans date) antérieure à celle que l'on connaît déjà, beaucoup moins développée et nuancée que celle de 1965, mais où les principaux thèmes et concepts ainsi que l'articulation des diverses parties entre elles sont rigoureusement semblables, à l'exception de la section traitant des rapports entre le national et le social qui est inexistante. D'après l'intitulé du document, «Introduction à l'Histoire du Canada», et d'après le numéro de cours, «H 585», il semble que cette version date du début des années soixante.
18. S. 12 p. 23.
19. S. 12 p. 23, 24.
20. S. 12 p. 14.
21. S. 1 p. 320. Voir aussi: S. 5 p. 129.
22. S. 2 p. 263.
23. S. 12 p. 5.
24. S. 12 p. 17.
25. S. 12 p. 19, 20, 21.
26. S. 12 p. 22.
27. Voir à ce propos: S. 2 p. 231; S. 1 p. 315-316.
28. S. 12 p. 14.
29. Séguin écrit à ce propos: «Le déterminisme, au sens fort du terme (philosophique) est à rejeter. Non seulement le déterminisme matérialiste [...] mais également le déterminisme spiritualiste.» S. 12 p. 17.
30. S. 12 p. 20, 24.
31. S. 12 p. 11.
32. Hirschfeld. Cité par Fernand Dumont, *Le lieu de l'homme — La culture comme distance et mémoire*, Montréal, Hurtubise, HMH, (1968), 1971, p. 107.

33. Lionel Groulx, *La naissance d'une race*, Montréal, Granger frères, (1919), 1938, p. 12. Guy Frégault souligne que la vie même de Lionel Groulx fut, avant tout, un acte de volonté: «Toute sa puissance est dans sa volonté. Très jeune, il s'est pris en main et se gouverne. Il s'impose une discipline exacte. [...] Il s'impose des exercices... [...] Tout cela pour se maîtriser, se former, se tailler comme un arbre, impitoyablement. "Ce ne sera, avoue-t-il, qu'à force de discipline que j'arriverai à tenir en laisse et à tuer en moi le rêveur." Il aime les caractères forts. [...] Il admire la volonté chez ses modèles et en lui la cultive. C'est elle qui fait de lui un prêtre.» F. 354 p. 25, 26, 27.
34. S. 12 p. 10.
35. Résumé de lecture manuscrit du livre de Maritain. Fonds Maurice-Séguin, P221, boîte 2455.
36. S. 12 p. 11. Note de l'éditeur: Le long paragraphe qui commence par «C'est l'action concertée...» a été rédigé par le secrétariat du département d'histoire. Il est un bel exemple de ce que craignait Maurice Séguin avec l'édition de ses *Normes* puisqu'il présentait toujours ce genre de texte en détachant les idées successives par des retours à la ligne. Cette remarque vaut pour les extraits des *Normes* qui sont cités dans cet ouvrage, particulièrement pour ceux qui suivent.
37. S. 12 p. 13.
38. S. 12 p. 13.
39. S. 12 p. 14.
40. S. 12 p. 16.
41. S. 12 p. 29. Le passage entre crochets est une annotation de Fernand Harvey.
42. S. 12 p. 25.
43. S. 2 p. 250.
44. S. 2 p. 259.
45. S. 12 p. 35.
46. S. 6. Étant donné que la version dactylographiée que l'on retrouve dans le Fonds Maurice-Séguin (P221 Boîte 2452) diffère légèrement de celle qui a paru dans *Le Devoir*, c'est à la première que je me réfère.
47. S. 8 p. 83. Des extraits de celle-ci ont été rapportés par: Anonyme, «L'impossible indépendance», *La Presse*, 9 juin 1956, p. 43.
48. Jean-Pierre Wallot, «À la recherche de la nation...», *op. cit.*, p. 48.
49. Entrevue avec Jean-Pierre Wallot, 6 décembre 1990.
50. S. 12 p. 26-27. L'annotation entre crochets est de Fernand Harvey.
51. S. 12 p. 27; 28. Note de l'éditeur: la présentation des *Normes*, dans les extraits qui précèdent, est à l'exemple de celle de Séguin.
52. Pour François-Albert Angers, le phénomène des nations ne peut remonter aussi loin. Répondant à un article de Réal Pelletier, qui exposait, dans *Le Devoir* du 13 avril 1961, la nécessité d'élaborer un schème de normes avant de se lancer à l'étude du passé, Angers rétorque: «En explorant un passé où il n'y avait pas de nation avec un concept de nation tout fait et pris dans l'expérience moderne, on finit presque toujours en effet par en trouver là où il n'y en a jamais eu; etc., etc. Comme les marxistes ont trouvé de la lutte des classes partout, même quand il n'y avait pas de

classes. De cette façon on peut toujours fourrer dans l'histoire tout ce qu'on veut y mettre.» François-Albert Angers, «Ah! c'est ça l'histoire objective», *L'Action nationale*, 50, 9 (mai 1961), p. 913-914. Fernand Ouellet abonde dans le même sens: «Les fondements historiques de l'option séparatiste dans le Québec», *Liberté*, 21, (mars 1962), p. 91.

53. Pour Maurice Séguin, la nation est un phénomène essentiellement ethnique. Voir à ce propos: S. 12 p. 18, 25, 27, 29, 30, 40, 46, 54.

54. S. 12 p. 28.

55. S. 12 p. 29; 31.

56. Voir à ce propos: S. 12 p. 29.

57. Anonyme, «L'impossible indépendance», *La Presse*, 9 juin 1956, p. 43. Voir aussi S. 8 p. 83.

58. S. 12 p. 32. Le mot entre crochet est une annotation de Fernand Harvey.

59. S. 12 p. 32, 35.

60. S. 12 p. 42, 43.

61. Et de plusieurs autres qui, au début des années cinquante, se portent au secours du fédéralisme en évoquant parfois la doctrine sociale de l'Église ou encore «l'attitude existentielle» pour soutenir leur argumentation. Voir André Dagenais, «Politique organique ou La primauté du Québec», *L'Action nationale*, 35, 5 (janvier 1950), p. 47-48; Richard Arès, s.j, «Défense et illustration du fédéralisme», *L'Action nationale,* 37, 2 (octobre 1950), p. 101-103; «Fédéralisme et organisation de la vie sociale», *L'Action nationale*, 35, 6 (février 1950), p. 169-185; Marcel Rioux, «Idéologie et crise de conscience du Canada français, *Cité libre*, 14, (décembre 1955), p. 1-29.

62. J.-T. Delos, *Le problème de civilisation — La nation*, Montréal, Édition de l'Arbre, 1944, vol. II, p. 201.

63. Gérard Pelletier, cité par Jean-Marie Domenach, «Le Canada français — Controverse sur un nationalisme», *Esprit*, 2 (février 1965), p. 313.

64. *Cité libre*, 12, 1955, p. 4. Cité par Bruno Lafleur, «Introduction», Lionel Groulx, *L'appel de la race*, Montréal, Fides, (1922), 1956, p. 19.

65. S. 12 p. 39.

66. Jean-Pierre Wallot m'a rapporté cette anecdote lors de notre entrevue du 6 décembre 1990.

67. S. 15 p. 6.

68. S. 12 p. 27. Brunet se fera le propagateur de cette dernière mise au point. Sa distinction entre *Canadians* et Canadiens y trouve son fondement. Il semble que ce soit Lorenzo Paré, dans une critique de l'ouvrage de Mason Wade, qui l'ait proposé pour la première fois explicitement en 1952: «Ce qu'on appelle "nationalisme" chez une minorité entourée de dangers n'est que l'exercice normal de la conscience politique chez les citoyens de n'importe quel autre pays du monde.» Lorenzo Paré, *Essais sur le Québec contemporain*, cité par B. 31 p. 444.

69. Première version des *Normes*, «Introduction à l'histoire du Canada», Fonds Maurice-Séguin, P221, boîte 2452, p. 14.

70. S. 12 p. 37.

71. S. 12 p. 44.

72. S. 10 p. 9.
73. S. 12 p. 45.
74. S. 12 p. 35-36.
75. S. 12 p. 38.
76. S. 12 p. 12, 42.
77. S. 12 p. 46. Brunet a laissé des notes manuscrites où l'on peut voir que ces deux définitions ont été extraites du dictionnaire Larousse: «Assimilable: qui peut être converti en la propre substance de l'être qui s'en nourrit; assimiler: rendre semblable». P136/B,5.
78. S. 12 p. 46.
79. S. 12 p. 46, 40.
80. S. 12 p. 37. Dans un autre document rédigé à la même époque, Séguin écrit: «Le remplacement, le fait d'être forcé de vivre dans un système politique étranger ou dans un système économique étranger (même si ces systèmes sont très riches, très dynamiques et très efficaces) comporte une privation d'agir, une perte d'habitudes, d'expérience et d'initiative. Le remplacement *en lui-même* constitue une *oppression* essentielle. S. 19, 1er cours, p. 12-13.
81. S. 12 p. 45; 42. Dans la première version des *Normes*, Séguin écrit: «Il est bon pour les Canadiens de comprendre que les peuples n'aiment pas à se faire fédéraliser quand ils sont minoritaires.» «Introduction à l'histoire du Canada», Fonds Maurice-Séguin, P221, boîte 2452, p. 27.
82. S. 19, 1er cours, p. 9.
83. S. 12 p. 27.
84. S. 19, 1er cours, p. 12; 14.
85. S. 16 p. 92.
86. S. 12 p. 29.
87. S. 6 Fonds Maurice-Séguin. P221 Boîte 2452.
88. S. 12 p. 54. Jean-Pierre Wallot disait que Séguin n'appréciait pas le sens péjoratif qui s'est attaché, à compter de la fin des années cinquante, aux termes de colonisation ou de «colonisé». Entrevue avec Jean-Pierre Wallot, 6 décembre 1990.
89. S. 12 p. 54.
90. S. 12 p. 55.
91. Voir S. 2 p. 53.
92. Jean Blain, «Économie et société en Nouvelle-France — L'historiographie des années 1950-1960 — Guy Frégault et l'École de Montréal», *Revue d'histoire de l'Amérique française*, 28, 2 (septembre 1974), p. 182.
93. S. 6. Fonds Maurice-Séguin. P221 Boîte 2452.
94. S. 12 p. 56.
95. S. 12 p. 57. Séguin, dans S. 16 p. 69, donne à ce propos l'exemple des États-Unis.
96. Voir S. 12 p. 52-53.
97. S. 19, 1er cours, p. 5.
98. S. 12 p. 51; annotation de Fernand Harvey.
99. Entrevue avec Jean-Pierre Wallot, 6 décembre 1990.

100. Jean Blain, «Économie et société en Nouvelle-France — L'historiographie au tournant des années 60 — La réaction de Guy Frégault et à l'École de Montréal — La voie des sociologues», *Revue d'histoire de l'Amérique française*, 30, 3 (décembre 1976), p. 361.

Chapitre VI

L'EXPLICATION HISTORIQUE

Toute l'explication historique de Maurice Séguin s'appuie explicitement sur l'effort de conceptualisation qu'il a développé dans ses *Normes*[1]. Cet effort vise d'abord à définir la nature des principaux phénomènes qui sont au cœur de la dynamique interne et externe des sociétés en général. C'est pourquoi, une fois le modèle théorique établi, l'histoire du Canada français devient un objet d'étude semblable à d'autres possibles. Cette manière de pratiquer l'histoire ne fait pas que déplacer le domaine de la référence qui sous-tend l'intelligibilité de l'action historique. En soumettant les faits historiques à un système de normes, ils perdent leur caractère unique et exemplaire pour s'insérer dans un cadre plus vaste de deuxième niveau qui constitue le véritable objet de l'explication historique. À ce niveau, le système de «normes» constitue, à l'exemple de l'idéal-type, un instrument de contrôle qui permet d'évaluer les diverses circonstances historiques comme des manifestations variables des possibles qui ont été définies préalablement par le modèle théorique. À la limite, les «faits» n'ont plus de réelle importance. Comme le disait Michel Lapalme, «des Africains sont venus découvrir leur histoire chez Maurice Séguin[2]». Cette manière de pratiquer l'histoire opère un décentrement par rapport aux procédés habituels par lesquels la mise en intrigue traditionnelle assurait la signification d'ensemble, «l'unité de l'image», de notre histoire. Par la même occasion, les références habituelles qui soutenaient jusqu'alors notre identité narrative ne pouvaient échapper à une remise en question radicale.

En effet, l'historiographie traditionnelle fondait son explication sur l'action des hommes, conçue comme des faits uniques et singuliers, qui était évaluée à partir d'un monde de valeurs. Le schéma d'ensemble, la lutte pour la survivance, avait été arrêté par Garneau. Puis, des références culturelles, qui ont pris forme dès les lendemains de la Conquête, sont venues enrichir ce schéma d'ensemble pour en faire le «miracle de la survivance» comme expression manifeste qu'une volonté providentielle présidait au devenir de la nation canadienne-française. En mettant l'accent sur les caractéristiques culturelles, cette historiographie créait un fondement identitaire qui faisait ressortir en quoi les Canadiens français étaient différents des autres peuples d'Amérique et, par là, en quoi constituait leur «mission».

Maurice Séguin, au contraire, en développant un modèle théorique des principales forces qui animent une société, cherche à définir en quoi les sociétés sont d'abord semblables entre elles, avant de se livrer à l'étude des diverses circonstances historiques qui ont amené une société particulière à se différencier d'une autre. Comme l'écrit Michel Brunet en 1957, la nouvelle génération d'historiens des deux Instituts d'histoire «considèrent l'histoire comme la sociologie du passé. Leur objet, c'est l'étude de l'agir collectif dans un milieu donné. Leur méthode de travail s'applique à toutes les sociétés humaines car celles-ci sont soumises aux mêmes lois sociologiques. C'est à l'aide des mêmes principes qu'ils analysent l'évolution historique du Canada anglais, des États-Unis et des autres sociétés du monde atlantique[3].»

L'histoire des sociétés humaines étant envisagée sous l'angle des grands phénomènes qui s'inscrivent en une réalité systémique, qui se structure et s'organise surtout en fonction des sous-systèmes particuliers que constituent les nations, toute l'explication historique de Maurice Séguin va s'ancrer dans cette réalité fondamentale. Le résumé de la deuxième partie de la conférence qu'il a prononcée, en 1956 lors du symposium sur le canadianisme à la Société historique du Canada, nous donne l'essentiel de ce qui va constituer l'explication historique de Maurice Séguin.

AVANT 1760: FONDEMENT DE L'INDÉPENDANCE D'UN CANADA FRANÇAIS

1760: DÉMOLITION DES POSSIBILITÉS D'INDÉPENDANCE DU CANADA FRANÇAIS
NAISSANCE D'UN CANADA ANGLAIS

DÈS 1760 ET APRÈS 1760: UNE GUERRE DE RACES;
UNE ISSUE: ANNEXER LE CANADA FRANÇAIS

Une guerre de races pour l'indépendance nationale;
1783 et 1791 aggravent et prolongent la guerre de races;
Un dilemme: choisir entre le Canada du passé et le Canada de l'avenir;
Vers 1824, la seule solution possible commence à se préciser;
— l'annexion;
— l'annexion avec ménagements;
En 1840, cette solution de base est appliquée; [...]
1867 ne fait que reprendre l'arrangement de 1840.

DEUX SIÈCLES APRÈS 1760: UN CANADA ANGLAIS NATION
UN CANADA FRANÇAIS PROVINCE

Deux nations anglaises, une province française;
Ou plus exactement: une province semi-française;
Un peuple majeur indépendant et un peuple mineur annexé;
Le drame des deux impossibles et de l'inévitable survivance;
— impossible indépendance;
— impossible disparition;
— inévitable survivance dans la médiocrité;
La justesse de l'arrangement de 1867.

DEUX SIÈCLES APRÈS 1760: MÊME CONTEXTE

Toujours au lendemain de 1760;
Une défaite organique qui n'a rien perdu de son intensité;
Toujours deux Canadas qui ne peuvent se fusionner;
Les mêmes relations commandent leur coexistence[4].

Les grandes lignes de cette explication, comme on l'a vu, ont pris forme dans sa thèse de doctorat. Mais, c'est au début des années cinquante que le modèle définitif s'est constitué. Deux caractéristiques principales s'attachent à cette explication. D'une part, une fois que celle-ci a été arrêtée, elle n'a subi aucune modification majeure par la suite, Séguin s'employant à illustrer davantage, à l'aide de documents d'époque, les principaux points de son argumentation[5]. Ainsi, lorsque l'on compare les deux textes principaux qui, après sa thèse de doctorat, ont fait l'objet d'une publication, non seulement l'explication n'a pas changé, mais les phrases ont été reprises intégralement d'un texte à l'autre[6]. Nous avons là un autre exemple de l'extrême retenue d'écriture dont Séguin a fait montre. En plus des explications déjà avancées à ce propos, René Durocher souligne que, dans ses cours, Maurice Séguin faisait ressortir les contradictions qui émergent de l'œuvre de Groulx et «c'est une chose, je pense, qui l'a toujours hanté d'être mis en contradiction d'un texte à l'autre[7]».

D'autre part, l'explication historique de Maurice Séguin tire son inspiration principale du Rapport Durham. Jean-Pierre Wallot souligne, à ce propos que Séguin, dans ses cours,

> ...passait pratiquement l'année sur le Rapport Durham. Et à partir du Rapport Durham, que les étudiants devaient lire ligne à ligne, etc., il commentait, il faisait une espèce de boule autour de laquelle il construisait, il ramenait tous les éléments de l'histoire du Canada et de la suite. Donc, c'était à partir d'un centre expliquer [...] l'évolution du Canada. Au lieu de faire une approche chronologique systématique, il avait pris un point central[8].

Que retrouve-t-on dans ce rapport? Une analyse approfondie de la nature des conflits qui ont mené à l'insurrection de 1837-1938 et qu'il définit en termes de luttes ethniques. «Je m'attendais, écrit Durham, à trouver un combat entre un gouvernement et un peuple; je trouvai deux nations se faisant la guerre au sein d'un seul État; je trouvai une lutte, non de principes, mais de races[9].» Ce conflit de races, il en voit l'origine dans les concessions excessives qui ont été faites aux Canadiens et au manque de vigueur de la colonisation britannique. Aussi, le conflit entre les deux races est-il devenu une lutte entre une majorité française qui contrôle la Chambre d'assemblée du Bas-Canada et une minorité anglaise qui possède le pouvoir exécutif, lutte dont l'objectif est d'assurer à l'une des deux nationalités «la possession exclusive du Bas-Canada.» Il ne fait aucun doute pour Durham qu'il faut mettre un terme aux erreurs du passé et faire perdre aux Canadiens «leurs vaines espérances de nationalité», en assurant définitivement la suprématie de la nation anglaise sur la *nation canadienne*, surtout que le Bas-Canada commande l'accès à la mer. Pour ce faire, il envisage, d'une part, de faire de la minorité anglaise une majorité électorale par l'union législative des deux Canadas, solution que motive l'urgence de la situation, sinon il aurait préféré une union fédérale. D'autre part, la mise en œuvre d'un vigoureux plan de colonisation assurera, à moyen terme, l'assimilation définitive des Canadiens et mettra un terme aux conflits de races qui déchirent le Canada depuis la Conquête. Cette assimilation, Durham la souhaite pour le plus grand bien des Canadiens puisqu'ils ne représentent plus que «les restes d'une ancienne colonisation» et qu'ils sont, de toute façon, condamnés à devenir minoritaire et «à occuper une position inférieure et à dépendre des Anglais pour l'emploi[10]».

La légende veut que la signification profonde du Rapport Durham soit apparue à Séguin «un soir de Noël», alors qu'il en était à préparer sa thèse de doctorat[11]. La conclusion de sa thèse de doctorat en porte suffisamment les traces pour que l'on puisse ajouter foi à cette légende, du moins en ce qui concerne l'année approximative où cette révélation serait intervenue. De plus, les premiers cours préparés par Séguin n'ont pu que contribuer à l'approfondissement de la problématique proposée par Durham[12]. Mais ce n'est qu'au début des années soixante que Séguin se serait mis à éditer et à présenter systématiquement le Rapport Durham dans ses cours. Le moins que l'on puisse dire, c'est que celui-ci a occupé une place centrale dans l'œuvre de Maurice Séguin. Mis à part le rêve de Durham d'assimiler les Canadiens français, le constat qu'il fait de la situation des rapports qu'ont entretenus les deux nationalités ainsi que ses prévisions, quant à la subordination inévitable des Canadiens français, confirment et prolongent ce que Séguin a développé dans ses *Normes* et dans son explication historique proprement dite. Comme le fait remarquer Jean-Pierre Wallot, entre le schème de Séguin et l'analyse de Durham, «il a dû y avoir une fusion des deux perspectives[13]».

Maurice Séguin s'est surtout attaché à l'étude du régime britannique. Mais ce régime ne prend toute sa signification qu'en regard de la période antérieure. L'historiographie traditionnelle en avait fait l'équivalent d'une période héroïque où les saints et les héros sont les figures dominantes d'un peuple, par ailleurs soigneusement choisi, porteur d'un idéal agraire et des plus hautes valeurs du catholicisme; peuple dont l'ambition était de constituer une société idéale sur les rives du Saint-Laurent.

Pour Maurice Séguin — à la différence de ce qu'il croyait lorsqu'il enseignait à Sainte-Marie — les héros, les saints et la Providence n'ont pas leur place ici. La fondation de la Nouvelle-France est le produit de la colonisation française, un phénomène de structure. Elle est le résultat d'une projection du «tout organique» que constitue la vie organisée de la métropole et cette colonie ne peut survivre que grâce à la protection militaire que celle-ci lui accorde. Selon cette nouvelle optique, «la situation du Canada, dans l'empire français, se trouve non pas idéalisée mais revalorisée[14]». Maurice Séguin ne s'attarde pas vraiment au premier stade de la colonisation de peuplement. C'est le deuxième stade, celui où la colonisation est une œuvre conjointe des métropolitains et des coloniaux, qui retient surtout son attention. Déjà, en 1946, il écrivait: «Sous l'ancien régime, les Canadiens n'étaient pas exclusivement des paysans, même si ce type économique l'emportait en nombre. Ils procédaient à la colonisation au sens plein du mot, s'efforçant d'implanter, en un territoire neuf, des activités agricoles, industrielles, commerciales aussi avancées que l'admettait, en ces temps, un pays d'Amérique[15].» Le schéma de «l'embryon», dont parle Jean Blain, y est implicite. C'est qu'à cette époque, recherchant les causes de l'infériorité économique des Canadiens, la colonisation française en Amérique y est surtout envisagée sous l'angle économique, et c'est en privilégiant cet aspect qu'il peut faire pleinement ressortir les conséquences de la Conquête sur la vie économique des Canadiens puisque pour la nation canadienne, «le développement économique intégral était de règle comme pour toute autre nation[16]». Dans ses *Normes*, Séguin abordera le processus de colonisation sous un angle plus global, c'est-à-dire comme processus de structuration graduel qui mène à l'émergence de nations nouvelles, finalité immanente qui, «normalement», en constitue l'aboutissement. La Nouvelle-France n'échappe pas à cette règle générale. «Aussi longtemps que le Canada français demeure seul, aussi longtemps que [...] la métropole française, se tient derrière lui pour le protéger militairement, pour le coloniser avec ses hommes, ses institutions, ses capitaux métropolitains, il est apte à devenir une nation normale[17].»

Ce passage prête à confusion, en ce sens que la Nouvelle-France semble constituer un «embryon à qui aucune virtualité ne manque et qu'on projette à l'âge adulte[18]». C'est que Séguin y met surtout en relief la norme qui préside au processus de colonisation plutôt que l'état réel de la Nouvelle-France au milieu du XVIIIe siècle[19]. En 1953, dans ses cours de «Civilisation canadienne-française», il est plus précis sur ce dernier point.

> ...les coloniaux, de concert ou en conflit avec les métropolitains, participaient à des degrés divers aux activités de leur patrie, d'un pays qu'ils étaient en train de bâtir grâce à l'empire français et dont ils seraient les seuls héritiers.
>
> Mais l'œuvre recélait un grave défaut: cette disproportion numérique marquée entre la colonisation anglaise et la colonisation française. La qualité y était, la quantité manquait.
>
> Vers 1750, il reste encore beaucoup à recevoir de la France, dans chacun des divers domaines essentiels à la vie d'une nation en formation, afin que le Canada puisse tenir devant la colonisation anglaise rivale. Que d'immigrants, d'hommes d'affaires, de capitaux, de techniques il faut ajouter si cette colonie veut persister sans déchoir dans ce monde moderne sur le point d'entrer dans la révolution industrielle. Pour que cette colonie d'Amérique de 1750 puisse vivre par elle-même, en nation réussie, les époques 1850 ou 1950, elle a un absolu besoin de garder et même d'intensifier ses contacts avec ses sources de colonisation française[20].

Une douzaine d'années plus tard, Séguin ajoute que si la Nouvelle-France n'avait pas fait l'expérience de la Conquête, elle serait devenue une «nation française qui (probablement, dans le cours des âges) aurait été considérablement influencée, peut-être même réduite à l'état de NATION SATELLITE par ses puissants voisins anglophones d'Amérique. Mais nation française qui aurait eu l'immense avantage d'être dotée de l'autonomie interne et externe et d'être présente par elle-même au monde[21].»

Ce qui importe, ce n'est donc pas la question de savoir si la Nouvelle-France avait ou non, dès cette époque, tous les atouts en main pour devenir une nation souveraine; c'est qu'à ce stade, où la colonisation est conjointe, la Nouvelle-France, avec l'appui de sa métropole, avait toujours la liberté collective de poursuivre un cheminement qui pouvait lui permettre, dans un avenir hypothétique, d'accéder à son indépendance. Cette liberté collective, conçue comme un domaine séparé des libertés individuelles, ressort pleinement dans un passage subséquent, puisque à propos de ce temps où régnait l'absolutisme politique, Séguin pouvait ajouter: «Seule la France, qui avait donné la vie au Canada français, aurait pu lui apporter la prospérité et la liberté[22].»

En somme, étant donné le rôle primordial que Séguin accorde au processus de colonisation dans la formation de nations nouvelles, la période de la Nouvelle-France est envisagée comme étant le seul moment de l'histoire des Canadiens où la possibilité de devenir une nation indépendante «s'enracine dans la réalité[23]». En effet, avec le changement de métropole que provoque la Conquête, la colonisation française, «résidu d'une colonisation manquée[24]», est remplacée par la colonisation britannique. «C'est maintenant la projection et la protection par la Grande-Bretagne qui enfante, nourrit et défend un deuxième Canada[25].» Sans l'aide de sa métropole, l'indépendance de la nation canadienne devient une chimère. De même, «l'indépendance à deux sur un même territoire est une impossibilité radicale, car il est impossible que chaque groupe possède sa propre indépendance: l'un, fatalement, dominera l'autre[26]». Pour Séguin, même l'exode des dirigeants et des principaux capitalistes lors de la Conquête est un problème secondaire. «Conquête et cession signifient avant tout destruction des structures d'une colonisation et remplacement par de nouvelles structures d'une autre colonisation. Ce n'est pas d'abord une question de décapitation sociale. Celle-ci n'est qu'un épi-phénomène d'une transmutation coloniale[27].» La nation canadienne ne pouvant accéder à la pleine maîtrise de sa vie sans l'aide de sa métropole, il ne lui reste plus, à ce moment, que l'option de mourir ou de végéter. Normalement, étant donné sa faiblesse numérique, la nation canadienne était condamnée à disparaître. Toutefois, «toute une série de circonstances concourent à faire rebondir le cas canadien-français[28]» et à engager la nation canadienne sur la voie de la deuxième option.

Et c'est ici, que l'analyse de Durham est reprise et interprétée à travers les catégories séguinistes. Globalement, toute l'histoire du Canada s'explique, à partir de ce moment, comme un conflit de «nation à nation» qui connaît deux phases principales. De 1763-1764 à 1840, les Canadiens forment une majorité qui espère reconquérir la maîtrise de sa vie politique et économique face à une minorité britannique qui en a le contrôle. Cette période est une lutte pour savoir qui va dominer au Bas-Canada. Puis, à compter de 1840, une fois que «le Canada français est littéralement annexé, provincialisé au politique et en économique, transformé en un appendice français accroché à une nation britannique[29]», les deux nations vont s'engager sur la voie de la coexistence et les dirigeants de la nation canadienne, autour de 1846, vont succomber, pour un siècle, à «l'illusion progressiste» voulant que la responsabilité ministérielle puis le fédéralisme soient la consécration de l'égalité politique des deux nations. Sans aller trop en détail, voyons comment se manifeste, selon Séguin, cette lutte de nation à nation au fil des diverses circonstances historiques.

Une lutte de nation contre nation pour la prépondérance

Lors de la Conquête, les Canadiens constituent l'immense majorité. «Ils ne peuvent que conserver la conscience de leur prépondérance comme peuple. Pas la moindre tentation de démissionner. Individuellement et collectivement, les Canadiens [...] ne se sentent pas marqués par ce changement d'empire. Il n'y a, à la conquête, aucun traumatisme.» À l'origine, la Proclamation royale de 1763 vise à promouvoir la colonisation britannique en proposant de concéder les terres aux nouveaux colons selon l'usage anglais. Londres manifeste ses «désirs de colonisation britannique» au point où elle «ne tient pas suffisamment compte de la masse canadienne-française.» Mais les concessions spontanées de Murray en faveur de la majorité française et la faiblesse de l'immigration anglaise amènent les deux nations à entrer en conflits dès le début du nouveau régime. Il faut dire que cette immigration britannique est surtout composée de colons-marchands qui contrôlent rapidement les postes clés de l'économie et, à ce titre, vont devenir, pour plusieurs décennies, le principal fer de lance du nationalisme et de la colonisation britanniques. Ainsi, «dès les premières années, [...] on retrouve l'opposition tenace de deux sociétés nationales obligées de vivre sur un même territoire et qui cherchent à affirmer non seulement leur existence, mais surtout leur prépondérance». Puis, l'agitation des colonies du sud oblige les Britanniques à mettre en veilleuse leur projet de colonisation britannique pour penser à leur intérêt, plus immédiat, de défendre leur empire en s'attachant les Canadiens par une nouvelle constitution. L'Acte de Québec de 1774 vient alors rétablir les lois civiles françaises et reconnaître le régime seigneurial comme la seule tenure du pays. Par là, «le Quebec Act légalise la survivance. Il encourage les Canadiens à continuer de se considérer comme le peuple de la colonie.» Mais cette consécration étant inacceptable pour les colons-marchands britanniques, l'Acte de Québec «accentue et aggrave un conflit national né de la Conquête, conflit qui a sa racine dans l'existence de deux nationalités distinctes au Canada[30]».

Puisque les Canadiens ont tout à perdre à l'intérieur d'une Amérique du Nord unifiée, Séguin interprète leur neutralité, lors de la guerre d'indépendance américaine, comme une seconde manifestation de leur nationalisme. Aussi, la victoire des colonies du Sud a-t-elle eu pour effet de créer une «séparation artificielle» à l'intérieur de l'Amérique du Nord et, ainsi, a contribué à la consolidation de la position majoritaire des Canadiens à l'intérieur du nouveau British North America. Même que cette indépendance, loin d'interrompre les liens entre les États-Unis et son ancienne métropole «stimule la projection de colons et de capitaux venant de Grande-Bretagne d'abord, puis du reste de l'Europe[31]».

Entre-temps, les colons-marchands n'ont pas abandonné leur plan de rendre le Québec britannique. Ils cherchent à obtenir le rappel de l'Acte de Québec, le retour des lois anglaises ainsi qu'une Chambre d'assemblée dont ils font, depuis 1763, «leur signe de ralliement». Ces demandes n'iront pas sans soulever de nombreux conflits. «On doit voir dans ceux-ci, écrit Séguin, l'affrontement de deux nationalismes, l'un cherchant à conserver le Québec français, l'autre s'efforçant de le rendre britannique.» Les Canadiens, quoique divisés sur la question de l'opportunité d'un changement constitutionnel, désirent unanimement que «les Canadiens (français) demeurent le "peuple" du pays. [...] On trouve chez les Canadiens le comportement normal d'un peuple majoritaire, sûr de lui-même, qui exprime son désir d'assimiler une minorité étrangère.» L'arrivée récente des loyalistes, qui se sont établis en majorité au nord des Grands Lacs, ajoute à la confusion. Bien qu'ils souhaitent eux aussi le retour des lois civiles et de la tenure anglaises, ils vont toutefois revendiquer «la création d'un district administratif distinct», comportement «séparatiste» qui, en plus de diviser les Britanniques en deux camps, proposent «un démembrement contraire aux intérêts supérieurs de la colonisation anglaise[32]». Ni l'enquête de 1787 de lord Dorchester, ni les autorités métropolitaines ne semblent prendre conscience des conséquences qu'une telle division entraînerait. Contre toute logique, la constitution de 1791 est adoptée.

> Les principaux Britanniques, les infatigables champions, depuis près de trente ans, d'une Chambre d'assemblée qu'ils entendaient maîtriser et mettre au service de leur cause, les colons-marchands concentrés dans les villes de Montréal et de Québec, tomberont sous la domination d'une Chambre d'assemblée canadienne. [...] Et cette Chambre d'assemblée que les conquérants britanniques ont toujours exigée afin d'assurer leur prépondérance et leur épanouissement, voici qu'elle va leur être refusée et donnée à leurs adversaires, les conquis par les autorités métropolitaines. Incroyable étourderie, amorcée par Sydney, complétée par Grenville et ses collaborateurs! [...]
>
> Après tout, même une conquête militaire oblige à une certaine logique... Mais c'est décidément l'époque où les dieux ne se montrent plus favorables aux conquérants! Ces vainqueurs devront lutter, pétitionner, comploter, implorer, menacer pendant près d'un demi-siècle avant de parvenir à corriger la monumentale bévue qu'on est en train de commettre, erreur tragique pour leurs intérêts, chance apparemment inespérée pour les vaincus et qui semblerait leur ouvrir des perspectives de libération. Mais promesse trop belle, il est vrai, pour pouvoir être tenue[33]...

Toutefois, en créant «un conseil exécutif non responsable envers les chambres» ainsi qu'un «conseil législatif nommé par la Couronne», Londres espère maintenir un lien impérial puissant dans l'espoir de contrebalancer la «démocratie inhérente au régime parlementaire en Amérique». Puisque des colonies sont, par définition, engagées dans un processus d'émancipation politique «inéluctable», cette division des pouvoirs va entraîner l'apparition d'une série de conflits, communs au Haut et au Bas-Canada, entre une oligarchie «soutenue de l'extérieur» par Londres et une deuxième oligarchie, constituée par le députés de la Chambre d'assemblée, «soutenue de l'intérieur» par le vote populaire. Au Bas-Canada, et c'est ici que Séguin introduit les trois degrés qu'il distingue à l'intérieur du conflit national, ces discordes se présentent d'abord comme une lutte de «nation contre nation» pour la «prépondérance». En effet, «on ne peut soupçonner, écrit Séguin, toute la complexité de la lutte qui oppose le Canada français et le Canada anglais, lutte pour la prépondérance d'abord et qui s'exprime, secondairement, par divers conflits comme la querelle des “subsides” ou la crise du partage des recettes douanières.» Pour Séguin, cette lutte pour la prépondérance s'exprime fondamentalement par le biais du politique. «C'est véritablement une lutte de nation contre nation à travers une lutte constitutionnelle[34].»

Dès 1810, les administrateurs britanniques, puis en 1822, les colons-marchands du Bas-Canada tentent de corriger la constitution de 1791 en proposant de placer les Canadiens en position de minorité politique en unissant législativement les deux provinces. Mais, pour ce faire, «il faut truquer ouvertement le régime représentatif pour donner une législature britannique à une colonisation britannique». En refusant de souscrire à ces projets d'union législative, Londres «n'ose trancher la question primordiale, à savoir: qui va commander dans la vallée du Saint-Laurent? Les Canadiens ou les Britanniques?» De leur côté, les Canadiens s'opposent massivement à tout projet d'union qui signifierait pour eux un «retour à 1763, alors que 1774 et 1791 ont reconnu et consacré la nationalité canadienne». De plus, selon Séguin, les Canadiens auraient conscience «que l'état de colonie est une situation transitoire de dépendance». Ils veulent demeurer la majorité et espèrent même reprendre le contrôle de leur économie. Aussi, leur «nationalisme politique se complète d'un nationalisme économique». Le voisinage des États-Unis et l'exemple de la Louisiane incitent cependant les Canadiens à renoncer, à court terme, au projet d'une indépendance totale, pour «se contenter, dans l'intervalle, d'une “quasi-indépendance” avec le “statut” voisin d'un protectorat sous l'autorité nominale de la couronne britannique[35]».

> Les Canadiens tiennent à demeurer majorité, mais acceptent une minorité britannique qui se conduirait en minorité et se soumettrait à la majorité. Ils sont même fiers de la présence de deux cultures dans le Bas-Canada. [...] Ils regardent comme une idée géniale la création d'un État qui bénéficie des deux plus «belles civilisations et des deux plus riches littératures du monde». Ils espèrent même reprendre les relations commerciales avec la France et rêvent d'un apport scientifique et littéraire venant de France... [...] Majorité dans le pays et dans l'assemblée, les Canadiens réclameront un gouvernement de majorité[36].

Pour les Anglais des deux Canadas, l'idée d'une *nation canadienne* est inacceptable. Ils soulignent que «ce sont eux les conquérants et non les conquis[37]». Une république canadienne-française, en plus de mettre en péril les intérêts commerciaux des colons-marchands du Bas-Canada et de rendre les colonies britanniques fragiles à l'attraction américaine, placerait le Haut-Canada «à la merci du Bas-Canada» en ce qui a trait aux revenus des droits de douane. L'offensive des Britanniques et l'intransigeance des Canadiens, qui font la grève parlementaire et présentent les quatre-vingt-douze résolutions comme un ultimatum à la Grande-Bretagne, provoquent le soulèvement de 1837. C'est dans ce contexte d'affrontement que lord Durham va proposer la «seule solution logique» qui s'imposait: l'union législative.

> ...il sait que le Canada français est un résidu sans avenir d'une ancienne colonisation et qu'une indépendance précaire du Canada français ruinerait les chances d'avenir du *British North America*. Bien qu'il méprise les prétentions de supériorité raciale, il est forcé, par la réalité, de se prononcer contre le séparatisme canadien-français pour sauver le seul séparatisme viable à l'époque, le séparatisme canadien-anglais. [...]
>
> L'Union de 1840 confirmait dans une infériorité politique d'abord, et économique ensuite, le résidu minoritaire d'une colonisation française manquée[38].

Pour Séguin, les deux dates importantes de l'histoire du Canada sont 1760 et 1840. Avant 1760, il y a encore possibilité pour les Canadiens de devenir une nation indépendante. Après 1760, cette espérance est irrémédiablement perdue. Toutefois, bien que diverses circonstances historiques aient permis aux Canadiens d'échapper à l'assimilation et de demeurer une majorité sur un territoire particulier, l'annexion devenait inévitable. L'année 1840 se déduisait de l'année 1760. «Et depuis ce jour», l'histoire du Canada ne compte plus d'événements majeurs: «Les relations entre les deux nationalités se figent. L'union législative [...] fonctionne spontanément, dès 1841, comme une fédération et, depuis ce jour, les Canadiens français survivent annexés, provincialisés dans un grand empire *British North American*[39].» Dans cette optique, la Confédération n'est qu'un prolongement de 1840.

> Les Canadiens français ne sont pas entrés dans l'union fédérale. Les Britanniques ont dû les faire tomber — après échange de coups de fusil — sous l'union législative et c'est à partir de cette position qu'ils remontent légèrement vers une annexion mieux délimitée sous une union fédérale de type très centralisé. [...] Nulle égalité de fait entre les deux nationalités, nulle égalité de droits. L'union fédérale de 1867 n'est pas un échec. Elle recouvre avec exactitude la réalité sociale. Elle est l'expression constitutionnelle d'un échec colonial d'une part, et d'une réussite coloniale d'autre part[40].

En somme, l'explication historique de Maurice Séguin recouvre parfaitement et se limite tout à la fois au cadre conceptuel qu'il a développé dans ses *Normes*. Échec d'une colonisation, remplacement de «l'agir (par soi) collectif», changement de métropole qui procède à une colonisation plus dynamique, conflit de nation à nation pour la prépondérance, ethnie coincée par les circonstances historiques et condamnée à la médiocrité séculaire, tel est le bilan de l'histoire du Canada.

L'illusion progressiste

Il semble curieux, à priori, qu'après 1840 Maurice Séguin prolonge son récit en portant son attention uniquement sur les avatars du nationalisme canadien-français. Mais, ici encore, il ne fait que poursuivre son entreprise de rectification de la représentation traditionnelle de notre devenir politique qu'il avait avancée dans sa thèse de doctorat et qu'il a circonscrite de façon plus conceptuelle dans ses *Normes*. Par ailleurs, l'évolution de ce nationalisme ne fait que confirmer les conséquences qui s'exercent sur le développement des structures mentales d'une nation lorsque celle-ci a perdu le contrôle de son agir collectif. On obtient ainsi une sorte d'indice général de l'état de santé de la nation.

En effet, avant la Conquête et même jusqu'en 1840, la nation canadienne pratiquait un nationalisme complet, à la fois politique, économique et culturel. Avant 1760, ce nationalisme s'exerçait dans l'optique d'un devenir où, sous la protection d'une métropole naturelle, la nation canadienne s'engageait sur le chemin d'une indépendance future et inéluctable. De 1760 à 1840, malgré le processus de déstructuration et de restructuration qu'impliquent le remplacement d'une colonisation par une autre et l'impossibilité d'une indépendance future, diverses circonstances historiques ont permis aux Canadiens de demeurer la majorité au Bas-Canada, donnant ainsi à la lutte «nation contre nation» un caractère global. Cette lutte est la manifestation d'un nationalisme intégral tel qu'il l'a défini dans ses *Normes* et qu'il a spécifié dans son dernier article, en distinguant trois degrés au conflit national. De 1760 à 1840, ce conflit national se manifeste à tous les degrés, le plus important étant le troisième, celui de «la lutte pour la prépondérance, la lutte pour être la majorité dans un État séparé, la lutte pour être indépendant, pour être vraiment maître chez soi». Celui où l'on «se bat pour conserver la majorité ou pour devenir la majorité dans l'État[41]». En 1840, la nation canadienne, déjà déclassée économiquement, devient annexée politiquement puis, dix ans plus tard, minoritaire sur le plan démographique. Toutefois, il est impossible en même temps de l'assimiler.

L'annexion politique était inévitable et constituait la «seule solution, que personne ne pouvait refuser[42]». Des trois grands facteurs que retient Séguin dans ses *Normes*, le politique et l'économique ont ainsi atteint la finalité qu'impliquait le remplacement d'une colonisation par une autre. Une fois que la nation canadienne est réduite au «"statut" d'appendice» et «"condamnée" au supplice de la "survivance"[43]», la lutte pour la prépondérance ne peut que céder la place à des conflits de premier ou de deuxième niveau, «crises d'appendice» qui n'offrent aucun espoir d'indépendance future et qui ne font qu'importuner la nation majoritaire. C'est pourquoi, une fois le carcan fédéral mis en place, l'histoire subséquente de la nationalité canadienne-française n'offre plus d'intérêt véritable pour Séguin. Pour être plus précis, il faudrait plutôt dire que l'intérêt de notre histoire, à compter de 1840 et 1867, se déplace vers un phénomène d'un autre ordre qui résulte de l'incidence que la perte de la maîtrise de «l'agir (par soi) collectif» par l'annexion politique a eue sur notre conscience de soi. En effet, à compter de 1840, «tout un peuple est forcé de vivre et accepte de vivre en minorité, sous une majorité étrangère, sans pouvoir mesurer la gravité de la situation[44]». Pour Maurice Séguin, le nationalisme étant «un phénomène "constant", lié à la nature même de la VIE ORGANISÉE de l'ethnie», qui pousse les nations, tel un «instinct vital[45]», à vouloir vivre par soi, les avatars de notre nationalisme à compter de cette période deviennent le révélateur des bouleversements profonds que la Conquête puis l'annexion politique ont fait subir à la nationalité canadienne-française. De complet, notre nationalisme est devenu incomplet. Dans le premier cours de sa série télévisée de 1964, Maurice Séguin explique un peu plus en quoi consiste un nationalisme incomplet:

> 1) Faire du nationalisme incomplet dans l'ordre économique serait par exemple se limiter à l'agriculture ou au développement de l'industrie primaire: c'est donner dans «l'agriculturisme».
>
> 2) Faire du nationalisme incomplet dans l'ordre politique équivaut à se contenter d'une certaine autonomie interne. C'est (quand on est une minorité dans un régime fédéral) ne rien avoir à reprocher au régime fédéral en lui-même, c'est donner dans le «fédéralisme[46]».
>
> 3) Agriculturisme et fédéralisme sont deux notions incomplètes de la réalité nationale. Ce sont des déviations qu'on peut expliquer mais qui n'en restent pas moins les symptômes d'un grave bouleversement, d'un grave dérangement dans l'évolution nationale d'un peuple[47].

Ainsi, les Canadiens français, dès 1846, commencent à nourrir d'étranges illusions sur leur situation réelle à l'intérieur du Canada. On assiste alors à la formation de ce que Séguin appelle «l'illusion progressiste». Subjugués par l'idéologie fédéraliste et la conquête du *self-government*, les Canadiens français en viennent à croire qu'ils sont politiquement libres d'administrer le Bas-Canada à leur guise et, après 1867, la province de Québec. De plus, au niveau économique, ils commencent à penser qu'ils sont eux-mêmes responsables de leur infériorité économique et que le développement de l'industrie et du commerce n'est qu'affaire de volonté[48]. Cette illusion va devenir, pour un siècle, le credo national des Canadiens français.

> On peut donc soutenir que, vers 1846, la pensée ou l'illusion progressiste est complètement formulée. Pour cette école, le problème d'émancipation politique est réglé. Grâce au fédéralisme, il y a égalité politique avec le Canada anglais. Un grave problème économique subsiste, dangereux au point de menacer d'assimilation. Cependant, tout peut être réparé, si les Canadiens français veulent bien se servir de leurs talents. Cette pensée progressiste de 1846 devient le credo national, la doctrine traditionnelle — aujourd'hui plus que centenaire — de l'immense majorité de ceux qui, se croyant à l'avant-garde, prétendent que le Canada français a obtenu une autonomie politique suffisante pour parfaire, s'il le veut, son autonomie économique, sociale et culturelle. Il faudra près de 90 ans à la pensée adverse, à la pensée indépendantiste pour ébranler ce vieux credo national[49].

En effet, à part le sursaut de 1849 de Papineau et de ses jeunes admirateurs de *l'Avenir*, qui n'ont pas été capables de dénoncer cette illusion et qui, de plus, sont plus annexionnistes que séparatistes, seul Joseph Cauchon aura, entre 1858 et 1865, quelques velléités indépendantistes[50]. Puis, au moment de la Confédération, «l'espoir en l'indépendance du Canada français est complètement éteint, sauf chez quelques rares individus (L.-O. David, Wilfrid Laurier[51])»! Avec la Confédération:

> Le Canada français survivra. L'autonomie politique [...] encadrera tant bien que mal une survivance médiocre mais indestructible. Cette autonomie provinciale est bien incapable de mener les Canadiens français à une maîtrise économique dans l'État provincial, État traversé par la grande vie financière, commerciale et industrielle du *Dominion of Canada*. Par contre, cet inconvénient vaudra à la nation canadienne d'être la nation annexée la mieux entretenue du monde[52].

Il faut ensuite attendre la fin du XIXe siècle pour que l'idée d'indépendance réapparaisse, et encore, elle sera soutenue par Jules-Paul Tardivel, «un immigrant américain, né d'un père originaire d'Auvergne, établi aux États-Unis, et d'une mère anglaise». Par un curieux renversement des choses, alors que Bourassa s'était vigoureusement opposé au nom d'un nationalisme pancanadien aux thèses de Tardivel, c'est Bourassa lui-même qui «transmettra à ses disciples, en 1921-1922, le virus séparatiste cultivé par Tardivel[53]». Ces derniers, groupés autour de *l'Action française* et dont Lionel Groulx est la figure dominante, envisagent comme imminente la fin de l'Empire britannique. Cherchant à discerner les conséquences que cet effritement pourrait avoir sur la «petite patrie» canadienne, ils vont publier les résultats de leur enquête au cours de l'année 1922 et réunir, en 1923, ces différents essais dans un petit volume intitulé *Notre avenir politique*. Contrairement à Guy Frégault[54], Séguin se fait railleur à propos de l'argumentation qui soutient cette poussée indépendantiste soudaine. Si un immigrant comme Tardivel était «parvenu à comprendre ce que c'est que l'indépendance», il n'en sera pas de même pour les disciples de Bourassa.

> Admirateurs de la Confédération et de la grande patrie canadienne [...], mais fédéralistes dépités devant l'incompréhension et l'impérialisme du Canada anglais, ils en viennent à parler de «banqueroute lamentable», de «déception humiliante et amère». [...]
>
> Pour savoir s'il est licite d'être séparatiste, on consulte un théologien... [...] Les séparatistes de 1922 attendent quatre ou cinq ans les désastres prédits. Mais comme l'Empire, les États-Unis et le Dominion persistent, ils se font une raison et ils retournent allègrement au bon vieux credo national: Québec, État français quasi souverain dans la Confédération, possédant l'autonomie politique suffisante pour parfaire son autonomie économique, sociale et culturelle[55].

Selon Séguin, ce ne sera qu'en 1936-1937, au cœur de la crise économique, qu'on redécouvrira, à l'intérieur de l'un des divers groupements séparatistes qui émergent à cette époque[56], ce qu'est véritablement la pensée indépendantiste en remettant en question le credo national de l'égalité politique depuis l'Union et la Confédération, tout en soulevant l'impossibilité d'être vraiment soi-même à l'intérieur d'une fédération. Et c'est dans le prolongement de ce mouvement indépendantiste que Séguin situe ensuite sa propre contribution.

> L'Histoire pessimiste ou Histoire noire qui s'enseigne en quelques endroits depuis 1946 n'est peut-être pas étrangère aux idées de 1936. Cette histoire prétend que, de la conquête de 1760, indépendamment de ses modalités, découlent pour le vaincu non assimilé une inévitable infériorité politique et une inévitable infériorité économique qu'on ne peut attribuer ni à la méchanceté du vainqueur ni à l'imbécilité *[sic]* du vaincu. Elle soutient que tout effort même sérieux à l'intérieur de l'union fédérale ne pourrait rendre le peuple minoritaire que «un peu moins pas maître» dans le compartiment bi-ethnique, bilingue et biculturel du Québec[57].

Enfin, Maurice Séguin conclut son examen de l'évolution de notre nationalisme en commentant l'évolution soudaine que le Québec a connue au cours de la Révolution tranquille ainsi que l'apparition des nouveaux mouvements indépendantistes qui ont pris forme à la fin des années cinquante et qui, pour la première fois depuis le milieu du XIXe siècle, ont pris une expression politique.

Selon Séguin, la Révolution tranquille s'inscrit, d'une part, dans un mouvement plus général d'industrialisation, de modernisation et d'augmentation du niveau de vie en Amérique du Nord qui nécessite un rôle accru de l'État. D'autre part, elle est aussi le résultat d'une «poussée autonomiste et interventionniste» qui «prétend utiliser au plus haut degré et à l'extrême limite les pouvoirs de l'"État du Québec" et les mettre, de la manière la plus moderne et la plus dynamique possible, au service du Canada français[58]». Un tel développement de l'État provincial ne peut que se heurter rapidement au point limite que lui impose la réalité du cadre fédéral. En effet, dans l'hypothèse où le Québec réussirait à accroître ses pouvoirs et même à obtenir un «statut particulier», ce que Séguin juge «irréalisable» étant donné qu'un tel statut «détraquerait le mécanisme de l'union fédérale», le Québec, même en obtenant une annexion de moindre intensité, n'en demeurerait pas moins une province annexée. Pour Maurice Séguin, la seule avenue qui pourrait mettre un terme à l'annexion demeure l'indépendance politique.

Cette avenue, les nouveaux mouvements indépendantistes la proposent plus que jamais. Séguin attribue cette prise de conscience à «la décolonisation qui disloque les empires» et à «une perception plus réaliste de l'histoire des Canadas». Aussi, leur plus grande contribution est qu'en insistant sur «le concept de la nécessité de l'indépendance sur le plan politique d'abord[59]», ils travaillent à nous délivrer de «l'aliénation fondamentale, essentielle[60]» qui perdure depuis un siècle et qui constitue l'un des obstacles majeurs à l'indépendance du Québec. Toutefois, se défaire d'une tradition aussi ancienne, qui a habitué «l'immense majorité à accepter comme normale l'annexion[61]», demande beaucoup de patience et d'effort. Un autre obstacle majeur à l'indépendance tient à notre situation «de nation annexée la mieux entretenue au monde[62]». Les Québécois ont peur de mettre en question leur niveau de vie, «et les forces favorables au statu quo exploitent à fond cette crainte par un véritable matraquage psychologique[63]».

Dans sa série de conférences de 1962, Séguin concluait en soulignant que le plus formidable obstacle à l'indépendance demeurait les Anglais qui ne permettraient jamais la réalisation d'un tel objectif. À ce moment, cet obstacle lui paraissait insurmontable. En 1973, toutefois, constatant le développement des mouvements indépendantistes et leur organisation sous forme de partis politiques, Séguin est beaucoup moins tranchant. Il renoue même avec l'espérance qui, en 1947, concluait sa thèse de doctorat. On ne peut qu'y voir l'importance primordiale que Maurice Séguin accorde au politique comme véhicule et expression privilégiés d'un nationalisme complet et véritable.

> Sera-t-il permis au Québec de transformer ses relations de dépendance en relations d'égalité dans l'interdépendance? Ou sera-t-il possible au Québec de corriger deux siècles d'histoire? L'Amérique anglaise lui a dit non en 1760 par la conquête. Le Canada anglais lui a dit non: en 1840 par l'union législative et en 1867 par l'union fédérale.
>
> Quelle réponse réserve le vingtième siècle[64]?

Cette interrogation, plus que jamais, demeure la nôtre.

Conclusion

L'œuvre de Maurice Séguin, quoique peu abondante, demeure un modèle d'unité et de cohérence. De sa thèse de doctorat jusqu'à la publication de son dernier texte en 1973, malgré les nuances, les précisions supplémentaires et même l'abandon de certains thèmes, le cœur de ce qui, au départ, constituait son explication du devenir de la nation canadienne-française n'a pas véritablement changé. En ce sens, et étant donné l'influence que Maurice Séguin va exercer sur ses collègues, dès le début des années cinquante, sa thèse peut être considérée comme l'ouvrage médiateur qui devait être à l'origine de l'École de Montréal.

Pour qu'il y ait formation d'une «École», il faut qu'il y ait rupture par rapport à ce qui faisait figure de tradition dominante. Cette rupture, Maurice Séguin la provoque, dès le départ, et à un point tel qu'il était difficile pour les membres de son jury de thèse d'en saisir immédiatement toute la portée. Cette rupture repose d'abord, comme on l'a vu, sur une question de méthode. Délaissant l'action des hommes pour s'attacher aux phénomènes de structure à l'aide de concepts plus généraux empruntés aux sciences sociales — qu'il enrichit à partir des représentations plus générales de l'homme et de la société qui sourdent de sa formation humaniste, — Maurice Séguin démontre que la Conquête non seulement est à l'origine de l'infériorité économique des Canadiens français, mais qu'elle est aussi à la source d'un mal beaucoup plus grave et subtil dont notre tradition nationaliste et notre interprétation du passé constituent en quelque sorte la manifestation la plus évidente.

Cette réinterprétation, non seulement apportait une fin de non-recevoir à la tradition historiographique anglophone, pour qui la pauvreté des Canadiens français était une manifestation évidente de leur ignorance, de leur manque d'initiative ainsi que du caractère rétrograde des valeurs principales qui animent leur société, mais elle remettait aussi en question la tradition historiographique francophone qui, déployant une argumentation inverse, ne se situait pas moins sur le même plan des jugements de valeurs et de la volonté individuelle. En effet, le «miracle» de la survivance de la nation canadienne-française était présenté comme le résultat d'une lutte constante et héroïque de tout un peuple qui manifeste par son histoire sa volonté unanime et inébranlable d'être fidèle à ses vertus originelles. Victoire pour l'une, attachement rétrograde et inopportun pour l'autre, l'histoire politique depuis la Conquête devenait, en quelque sorte, pour chacune de ces deux traditions historiographiques une question de bonne ou de mauvaise foi.

Plutôt que de poursuivre une tradition que Groulx a portée à son point de perfection, Maurice Séguin a fait le constat de cette tradition: de figure vivante de la fidélité à un idéal, elle est devenue le lieu d'une illusion collective. Mais, surtout, en adoptant un point de vue macroscopique, Maurice Séguin a fait éclater de l'intérieur le schéma de Garneau que la tradition historiographique subséquente avait progressivement embelli de fleurs de rhétorique et de manifestations providentielles[65]. Comme l'écrit Jean-Pierre Wallot, «la Conquête n'apparaît plus comme une épreuve destinée à tremper et à épurer la nation canadienne-française; c'est un procès de déstructuration et de restructuration qui condamne le peuple canadien-français éventuellement minoritaire à l'infériorité socio-économique et politique, voire, à terme, à la provincialisation et à l'atrophie de sa culture[66]». En utilisant des concepts généraux qui permettent de dépouiller l'événement historique de sa singularité et en se situant sur un plan global qui tient compte de l'interdépendance des facteurs sociaux, Maurice Séguin ne propose pas seulement une réinterprétation des conséquences de la Conquête, il refoule le sens et les références qui jusqu'alors constituaient l'essentiel de la représentation de soi que véhiculait notre tradition historiographique et nationale. Dans son dernier ouvrage, Guy Frégault commente, en ces termes, ce que cette réinterprétation a signifié sur un plan plus global.

Pour les «jeunes historiens», une défaite défait; ce que 1760 a défait, 1867 ne l'a pas refait; ce qui a été détruit n'a pas été reconstruit. Cela, est l'occasion de la dispute. Pour le fond, aux yeux des mêmes «jeunes historiens», étudier l'évolution du Canada français, c'est démêler, dans le temps, les éléments de la conjoncture historique de laquelle le Québec s'efforce d'émerger; c'est poursuivre méthodiquement cette recherche à la lumière de l'expérience occidentale, et notamment d'expériences qui ont réussi en Amérique. (Schéma, on le comprendra, réduit ici à sa plus simple expression.) Cette méthode et les hypothèses de travail à partir desquelles elle est mise en application ne manquent pas d'avoir des retombées sur la cote de certaines idées reçues, qu'il s'agisse du rôle privilégié des grands hommes et des héros militaires ou parlementaires; de l'importance de l'agriculture et de la vertu — deux notions devenues, en pratique, à peu près interchangeables — dans la création du Canada avant la Conquête et dans sa survivance au XIXe siècle; du «miracle canadien» et de la mission providentielle de la «race» française en Amérique... Surtout, voyant dans l'histoire une science sociale, la nouvelle école situe ses investigations au niveau de l'évolution collective, s'interdit tout glissement du cas individuel au fait général et cherche à s'aligner sur ce qui constitue la règle plutôt que sur ce qui fait exception[67].

La survivance, plutôt qu'un «miracle», devenait le résultat d'une société structurellement infirme. Toutefois, si survivre n'est pas vivre — et c'est ce qui rend encore plus «noire» cette interprétation — il est, selon Séguin, en même temps impossible à la nation canadienne-française d'échapper aux conséquences structurelles de la Conquête puis de l'annexion politique, la condamnant ainsi à la médiocrité séculaire. Non seulement Séguin se trouvait à fustiger l'intelligibilité d'ensemble du devenir de la nation, mais il l'acculait à une impasse, «pessimisme amer[68]» qui déconcertera plus d'un nationaliste de la première heure, surtout que la responsabilité de notre état d'infériorité et des «crises d'appendice» sans cesse renouvelées n'incombent plus aux politiciens, mais au système fédéral en lui-même. Ces nationalistes qui, pour Séguin, sont avant tout des «fédéralistes dépités[69]», auront beaucoup de difficulté à saisir l'argumentation d'ensemble qui lui permet d'en arriver à de semblables conclusions puisque la thèse de doctorat de Maurice Séguin est demeurée inédite jusqu'en 1970 et ses *Normes* ne seront publiées qu'en 1987, publications qu'il avait d'ailleurs toujours jugées inopportunes. Par contre, malgré ses conclusions difficiles, les travaux de Séguin, en privilégiant la nation et le nationalisme comme principe central d'intelligibilité, ont donné à ces deux concepts une consistance et une cohérence jusqu'alors inégalées qui expliquent ce «pouvoir de fascination», dont parle Pierre Tousignant, qui a amené cet historien à faire école. Plus qu'une question de méthode, la formation de l'École de Montréal est donc avant tout le produit d'un accord qui s'est réalisé autour de cette réinterprétation globale du devenir de la nation canadienne-française que proposait Maurice Séguin.

Toutefois, en privilégiant la nation, non seulement Maurice Séguin soumettait la tradition nationaliste à une réévaluation d'ensemble, mais il prenait en même temps le contre-pied des nouvelles interprétations proposées par les tenants de la modernisation des sciences sociales de Laval et de *Cité libre,* qui sont aussi des fédéralistes, sans oublier des historiens comme Fernand Ouellet. Ce qu'il y a de paradoxal, c'est que les historiens de l'École de Montréal et ces jeunes intellectuels auxquels ils vont s'opposer sont des laïcs et appartiennent tous à la première génération de spécialistes en sciences humaines. Dans un camp comme dans l'autre, et au nom d'une même entreprise d'objectivité, ces jeunes intellectuels participent au même mouvement général de réévaluation de nos traditions et, par là, ne peuvent être qu'en position de contestation vis-à-vis du l'ordre établi. Chez les uns et les autres, on voit poindre le même malaise face à l'autoritarisme des élites traditionnelles, la même surprise vis-à-vis du décalage qui s'est installé entre les représentations officielles de soi et les transformations rapides du contexte social, ainsi qu'un même accord quant au constat du «retard» de la société canadienne-française par rapport au reste de l'Amérique du Nord. Dans cette société confrontée au défi de l'accélération de l'histoire, on s'entend pour pointer ensemble du doigt quelques obstacles ou certaines manifestations plus évidentes de nos difficultés d'adaptation. Mais, en ce qui a trait à l'origine et à la nature de ces obstacles, les interprétations vont différer au point où elle vont se durcir en une figure inversée.

Le conflit d'interprétation, quant à la nature des problèmes qui affectent la société canadienne-française, dépasse ainsi l'antagonisme entre «anciens» et «modernes». Elle met au prise des projets idéologiques opposés quant au sort de la société globale canadienne-française. Sur ce dernier point, même à l'intérieur de l'École de Montréal, particulièrement entre Brunet et Séguin ou Frégault, l'accord ne sera pas unanime, comme on le verra bientôt. L'entreprise de Maurice Séguin et, jusqu'à un certain point, de ses deux confrères de l'École de Montréal, a l'ambition d'embrasser la totalité du social dans une perspective diachronique, alors que leur vis-à-vis isolent certains phénomènes sans tenir compte de l'interdépendance des facteurs ou encore se limitent à des études synchroniques. Selon les historiens de l'École de Montréal, les jeunes intellectuels de *Cité libre* vont situer l'origine de tous nos problèmes dans le cléricalisme et le nationalisme, rendant les Canadiens français responsables de leur propre retard, alors que les sociologues de Laval vont s'attarder à étudier la «Folk society» et sa mentalité anticapitaliste, sans s'interroger plus avant sur son origine véritable. Pour les historiens de l'École de Montréal, ces interprétations, malgré l'aspect révolutionnaire qu'elles espèrent se donner, ne font que prolonger les conceptions de la pensée traditionnelle qu'elles pensent condamner. Ces interprétations manifestent un refus de considérer le poids des structures politiques et l'interdépendance des grands facteurs sociaux pour ne retenir que des manifestations secondaires. En un mot, elles «confondent agir individuel et agir collectif[70]».

C'est là, à mon sens, le nœud du problème qui oppose cette génération d'intellectuels. Et ici, on peut voir à l'œuvre la filiation qui, malgré tout, s'exerce entre ces deux options idéologiques et la tradition de survivance qu'ils ont entrepris, chacun pour leur part, de rénover ou de condamner. Ainsi, alors que les intellectuels de *Cité libre* et de l'Université Laval ont repris de la tradition nationaliste la croyance que les Canadiens français ont la possibilité de s'épanouir individuellement et collectivement à l'intérieur du cadre fédéral, faisant du nationalisme et de l'autoritarisme des élites cléricales le principal obstacle à cet épanouissement, la filiation est tout aussi évidente, mais inversément, chez les historiens de l'École de Montréal pour qui la nation et le nationalisme à caractère ethnique constituent le principe global d'intelligibilité du devenir de la nation canadienne-française. Aussi, à travers une même volonté de jeter un regard plus objectif sur les obstacles à l'épanouissement individuel et collectif, une même génération de spécialistes des sciences humaines a été amenée à réutiliser, dans de nouveaux débats, les instruments de pensée qui manifestent les choix possibles et opposés que leur avait légués la tradition. Plus qu'un choix divergent de conscience historique, ces oppositions révèlent aussi des mutations profondes déjà à l'œuvre dans le plus vaste champ social et qui vont aboutir, au cours des années soixante, à une métamorphose dans l'appréhension même du temps; ce qui n'ira pas sans remettre en question la fonction sociale éminente que l'on prêtait depuis toujours à la science historique. Par contre, alors que, dans le même temps, l'historiographie québécoise délaissera le politique comme cadre explicatif global pour s'engager, en des renouveaux méthodologiques, sur la voie de l'histoire sociale et économique, l'on verra aussi s'affirmer un nouveau discours nationaliste qui, directement ou indirectement, va reprendre les principales perspectives qui ont été définies dans les *Normes.*

Si Maurice Séguin a été amené à faire école, c'est avant tout par le caractère global de son explication qui permet tout à la fois de rénover l'ancienne tradition nationaliste et d'envelopper ses opposants dans la logique même de son argumentation. Chercheur solitaire en quête de la «pensée véritable»; professeur «indépendant» qui rejette les conventions; maître à penser qui a identifié les causes profondes du mal qui ronge son pays; tel paraît avoir été Maurice Séguin.

Notes

1. En 1954, Séguin enseignait ses *Normes* dans son cours de «Civilisation canadienne-française». Jean-Pierre Wallot rapporte à ce propos que «sur les 45 heures de cours, il passait 40 heures sur les *Normes* et au cours des cinq dernières heures, il expliquait toute l'évolution du Canada français, où il illustrait ses *Normes*, si vous voulez, par une vision à vol d'oiseau, à vol d'avion supersonique, du Régime français à la Confédération et même à l'époque contemporaine.» Jean-Pierre Wallot, 6 décembre 1990.
2. Michel Lapalme, «Le nouveau chanoine Groulx s'appelle Séguin», *Magazine MacLean*, 6, 4 (avril 1966) p. 48.
3. B. 69.
4. S. 8 p. 84.
5. «La recherche, pour lui et les étudiants qu'il dirige, écrira Pierre Savard, consiste à vérifier sur des points de détail, par la lecture d'un journal par exemple, la théorie d'ensemble et ce, moins pour l'infirmer d'ailleurs, que pour trouver une confirmation de plus.» «Un quart de siècle d'historiographie québécoise, 1947-1972», *Recherches sociographiques*, 15, 1 (janvier-avril 1974), p. 83.
6. À part l'ajout de citations, S. 16 p. 125-162 est une reprise intégrale de S. 10 p. 18-64. On observe la même chose pour S. 13 p. 64 et S. 16. p. 51. Enfin, dernier exemple, S. 10 p. 10-11 se retrouve dans S. 13 p. 59 et S. 16 p. 43.
7. Entrevue avec René Durocher, 5 décembre 1990.
8. Entrevue avec Jean-Pierre Wallot, 6 décembre 1990.
9. S. 14 p. 3. Durham reconnaît par ailleurs qu'il existe d'autres motifs (voir p. 54-76), mais la lutte de races demeure le plus fondamental.
10. S. 14 p. 135, 155, 137, 140.
11. Voir Michel Lapalme, *op. cit.*, p. 48.
12. Ainsi, pour l'année 1948-1949, on peut lire, dans *L'annuaire de la Faculté des lettres* de l'Université de Montréal, que Séguin a, entre autres, enseigné les cours suivants: «Introduction à l'histoire du Canada (1763-1931)», «Histoire de l'impérialisme moderne», «Le Dominion du Canada (1867-1896)». L'année suivante, on retrouve «Histoire constitutionnelle et économique du Canada 1791-1850».

13. Entrevue avec Jean-Pierre Wallot, 6 décembre 1990.
14. S. 10 p. 10; même passage dans S. 13 p. 59; S. 16 p. 43.
15. S. 1 p. 309.
16. S. 2 p. 253-254. Séguin a bien pu écrire au début de sa thèse que les Canadiens «comptèrent [...] parmi les grands hommes d'affaires de leur époque en Amérique» (S. 2 p. 54), phrase qui, comme on le verra, occasionnera bien des conflits plus tard, il reste que dans l'optique du changement d'empire, l'importance qu'avait la bourgeoisie canadienne du XVIIIe siècle n'aura plus, par la suite, aucune espèce d'importance pour Séguin. Voir à ce propos: S. 16 p. 54-55.
17. S. 10 p. 10-11. Même passage dans S. 16 p. 43. Voir aussi S. 13 p. 60.
18. Jean Blain, «Économie et société en Nouvelle-France — L'historiographie des années 1950-1960 — Guy Frégault et l'École de Montréal», *Revue d'histoire de l'Amérique française*, (septembre 1974), p. 181.
19. Cette hypothèse de l'embryon, Séguin l'applique aussi au Canada anglais à propos de la guerre de 1812. Voir S. 16 p. 109.
20. S. 6 Fonds Maurice-Séguin. P221 Boîte 2452.
21. S. 13 p. 60.
22. S. 6 Fonds Maurice-Séguin. P221 Boîte 2452.
23. S. 10 p. 10.
24. S. 16 p. 50.
25. S. 13 p. 63.
26. Maurice Séguin, extrait de sa conférence de 1956 (S. 8) rapporté par: Anonyme, «L'impossible indépendance», *op. cit.*, p. 43.
27. S. 16 p. 55.
28. S. 10 p. 15.
29. *Ibid.*, p. 38; S. 16 p. 142.
30. S. 16 p. 54, 53, 56, 63, 64.
31. *Ibid.*, p. 69.
32. *Ibid.*, p. 74, 70, 74, 76.
33. *Ibid.*, p. 83, 87. À propos de la constitution de 1791, Pierre Tousignant fait remarquer, à juste titre, que le schéma de Séguin ne vise pas à expliquer les causes qui ont mené à son adoption. Entrevue du 6 décembre 1990. Voir l'interprétation qu'en propose Tousignant: «Problématique pour une nouvelle approche de la constitution de 1791», *Revue d'histoire de l'Amérique française*, 27, 2 (septembre 1973), p. 181-234.
34. S. 16 p. 83, 90, 114, 129.
35. *Ibid.*, p. 117, 124, 120, 125, 127, 128.
36. *Ibid.*, p. 125-126. S. 10 p. 18-19.
37. S. 16 p. 129; S. 10 p. 23.
38. S. 16 p. 139, 140. S. 10 p. 33-34.
39. S. 16 p. 141. S. 10 p. 35. Il revient ainsi à la conclusion principale de sa thèse de doctorat. Voir S. 2 p. 260-262.
40. S. 16 p. 152.
41. *Ibid.*, p. 92.

42. *Ibid.*, p. 141. S. 10 p. 35.
43. S. 12 p. 40.
44. S. 16 p. 141. S. 10 p. 35-36.
45. S. 12 p. 27, 11.
46. Séguin ajoute cette annotation, «ici le mot dans un sens péjoratif».
47. S. 19, 1er cours, p. 9.
48. Voir à ce propos: S. 16 p. 143-146. S. 10 p. 38-42. Il est curieux, et en même temps extrêmement révélateur, que Maurice Séguin, après avoir mis en évidence, dans sa thèse, la déformation de notre pensée économique qui nous a amené à faire de l'agriculture une vocation, ne fait plus par la suite, si l'on fait exception de son œuvre plus théorique, qu'une seule allusion à l'agriculturisme. Et encore, c'est pour mettre en relief l'illusion plus essentielle voulant que la réussite économique apparaisse dorénavant aux Canadiens comme une affaire de volonté individuelle. Séguin écrit: «À côté de l'école agriculturiste, dont le mot d'ordre serait: "l'agriculture pour les Canadiens français et l'industrie pour les Anglais", il faut tenir compte de cette pensée dite progressiste qui proclame l'importance de l'industrie et du commerce.» S. 16 p. 145.
49. S. 16 p. 146. S. 10 p. 43.
50. Voir S. 16 p. 147-153. S. 10 p. 43-50. Séguin présente même Joseph Cauchon comme «un véritable précurseur de *l'histoire pessimiste*.» S. 16 p. 153. S. 10 p. 50.
51. S. 16 p. 153. Curieusement, Séguin ne précise pas de quelle manière cet espoir pouvait se manifester, en particulier chez Laurier.
52. S. 16 p. 152. S. 10 p. 37.
53. S. 16 p. 154, 159. S. 10 p. 51-52, 56.
54. Voir à ce propos: F. 354 p. 171-228.
55. S. 16 p. 159, 160, 161. S. 10 p. 57, 58, 60.
56. Séguin n'identifie pas nommément ce groupement, mais il renvoie à l'ouvrage de Dostaler O'Leary, *Séparatisme, doctrine constructive* (1937) et à des articles de Paul Bouchard parus dans *La Nation* entre 1936 et 1938.
57. S. 16 p. 162. S. 10 p. 64.
58. S. 16 p. 163.
59. *Ibid.*, p. 164, 165. S. 10 p. 65.
60. S. 10 p. 65.
61. S. 16 p. 165.
62. S. 10 p. 65.
63. S. 16 p. 165.
64. *Id.*
65. Voir Fernand Dumont, «Une révolution culturelle?», dans F. Dumont, J. Hamelin, J.-P. Montminy, dir., *Idéologies au Canada français 1940-1976, vol I: La Presse — La Littérature*, Québec, Les Presses de l'Université Laval, 1981, p. 19-20.
66. Jean-Pierre Wallot, «À la recherche de la nation: Maurice Séguin», dans Robert Comeau, dir., *Maurice Séguin, historien du pays québécois, op. cit.*, p. 40.
67. F. 354 p. 102-103.
68. Lionel Groulx, cité par Jean Blain, «Maurice Séguin ou la rationalisation de l'histoire nationale», dans S. 2 p. 37.

69. S. 10 p. 57. S. 16 p. 159.
70. B. 69.

TROISIÈME PARTIE

GUY FRÉGAULT

CHAPITRE VII

LE JEUNE RÉVOLUTIONNAIRE

Au moment où, à l'aube de ses trente ans, Guy Frégault accepte de prendre la direction du nouvel Institut d'histoire de l'Université de Montréal[1], il compte déjà à son actif une centaine d'articles et de comptes rendus qu'il a fait paraître, au cours des dix dernières années, dans les principales revues de son temps. À cette production déjà fort imposante pour son jeune âge, on doit ajouter les biographies et les textes d'intérêt historique qu'il a accepté de rédiger pour le compte de la version canadienne-française d'une encyclopédie que la maison d'édition Grolier fera paraître, pour la première édition, en 1947-1948. Mais surtout, la publication quasi simultanée, en 1944, de ses deux premiers ouvrages, *Iberville le Conquérant* et *La Civilisation de la Nouvelle-France* — le premier étant une version remaniée de sa thèse de doctorat — lui vaudra une solide réputation d'historien ainsi que son admission, à vingt-six ans, à l'Académie canadienne-française. À la même époque, ses deux futurs collègues, Maurice Séguin et Michel Brunet n'ont, pour ainsi dire, à peu près rien publié. Cet aval chronologique que la production intellectuelle de Guy Frégault fait peser sur les débuts de l'École de Montréal n'est pas que quantitatif. Par ses implications multiples, qui n'ont pas seulement l'histoire pour objet, cette portion de l'œuvre de Guy Frégault nous place au cœur des débats qui ont agité ses contemporains et nous brosse un portait extrêmement vivant de la vie intellectuelle de la fin des années trente jusqu'à l'après-guerre.

Itinéraire 1918-1940

Guy Frégault est né à Montréal le 16 juin 1918. Il a vécu son enfance et son adolescence dans l'est de Montréal dans le quartier ouvrier d'Hochelaga. Son père travaillait à la Dominion Rubber en tant que vérificateur de la qualité des produits. En 1937, alors qu'il est collégien, Frégault commence à faire publier ses premiers écrits dans l'importante revue nationaliste qu'est *l'Action nationale* et l'avant-gardiste revue littéraire *La Relève*. Il étudiera d'abord au collège Saint-Laurent, puis il décidera de poursuivre ses études au collège Jean-de-Brébeuf. Il n'y demeurera qu'un an. Il terminera ensuite ses études en suivant des cours privés sous la direction d'Hermas Bastien qui lui permettront d'obtenir, en juin 1938, son Baccalauréat ès arts. Il s'inscrira ensuite à la Faculté des lettres de l'Université de Montréal et, en mai 1940, il sera Licencié ès lettres.

À l'origine, rien ne prédisposait Frégault à devenir l'un des premiers historiens «professionnels» du Québec. Au contraire, il avait lui-même pour projet, du moins jusqu'en juin 1940, de se destiner à l'enseignement du grec en allant parfaire ses études à l'École normale supérieure de Paris, grâce au patronage de Mgr Chartier, doyen de la Faculté des lettres et vice-recteur de l'Université de Montréal. En effet, celui-ci ayant été favorablement impressionné par l'excellence de son dossier scolaire, décide d'en faire son protégé en lui assurant, à son retour de Paris, sa succession à la chaire de grec[2]. Ce projet était sur le point d'aboutir lorsque la guerre vint contrecarrer ses projets ainsi que ceux de tous les jeunes intellectuels de sa génération qui rêvaient de faire un séjour d'études en Europe. Heureusement, ses préoccupations patriotiques devaient, dès 1937, le pousser à entrer en contact avec Lionel Groulx qui, après avoir lu attentivement son projet de «Révolution de l'Ordre laurentien», s'est tout de suite «vivement intéressé à lui[3]». En 1940, au moment où les hostilités deviennent beaucoup plus sérieuses, rendant un séjour d'études à Paris chaque jour plus improbable, Groulx commence aussi à voir en Frégault un successeur possible. Il lui offre alors d'aller étudier aux États-Unis à l'Université Loyola de Chicago sous la direction du père Jean Delanglez, s.j. Ainsi, alors que Mgr Chartier voulait en faire un helléniste, Groulx tentait de l'intéresser à l'histoire. Ces offres prestigieuses de succession nous donnent un aperçu du talent que son entourage lui reconnaissait. Mais elles ne manquent pas non plus de placer Frégault dans un profond embarras. L'annonce de la chute de Paris et de la capitulation de la France en juin 1940, devait décider de son choix définitif de carrière.

Avant d'aborder cette dimension plus formelle de son cheminement historiographique, il me faut d'abord démontrer que Frégault a, dès ce moment, déjà développé tout un système de représentations préalables de l'homme et de la société, du passé et du métier d'historien, qui tranchent grandement sur les idées que partagent les Canadiens français de l'époque et qui influenceront de manière importante son œuvre subséquente.

Une conscience historique particulière

> Je ne crois pas du tout à la réalité historique de la *nation* canadienne-française. La nation se définissant en fonction d'une «vibration spirituelle» plus large que la patrie, nous faisons partie de la nation française. Quant à la nation canadienne, c'est une absurdité; quelque chose comme un cercle carré *a-mari-usque-ad-mare*[4].

Au moment où Frégault fait ses études, la crise économique sévit depuis le début des années trente et, malgré une légère reprise à compter de 1938, elle ne se résorbera complètement qu'avec le déclenchement de la Deuxième Guerre mondiale. Vivant dans l'est de Montréal, son adolescence s'est donc déroulée au cœur même de ces «années de stupeur exaspérée[5]» où toute une population s'est retrouvée «rongée non plus par la pauvreté, mais par la misère[6]». Dans l'un de ses derniers livres, Frégault revient sur cette période troublée.

> ...une génération sortait de l'enfance pour entrer dans un monde que dominaient des sentiments exprimés par deux mots alors à la mode: *inquiétude* et *aventure*. Inquiétude inspirée par une crise qui était plus qu'économique, mais qui nous touchait, nous frappait plutôt, par l'extension des aires de pauvreté et des zones de misère, par l'appréhension immédiate de manquer de travail, c'est-à-dire de dignité encore plus que de pain, par la crainte de l'avenir, horizon bouché pour tout le monde et surtout pour les jeunes, par la peur, enfin, de la guerre, à laquelle personne ne voulait croire, mais dont la fatalité s'imposait tous les jours plus sensible... [...]
>
> L'inquiétude débouchait sur l'aventure: où aller, dans cette nuit, sinon à l'aventure? Nous ne manquions pas de guides, nous en avions même beaucoup, mais nous ne les écoutions guère: ils poussaient toujours le même refrain, comme des disques enrayés. [...] Spirituelle, notre aventure devenait vite sociale et politique, en raison même de la nature de notre inquiétude, dans un milieu où les petits journaux poussaient comme des champignons, où des groupuscules proliféraient [...] où le schisme, enfin, de l'Action

libérale nationale abattait moins un temple, qui avait ses vendeurs, qu'il ne violait une pyramide, qui avait ses momies[7].

Cette situation n'est pas propre au Canada français. Dans tout le monde occidental, toute une jeunesse entre en effervescence dans le but de trouver remède, moins à la crise économique en tant que telle, qu'aux problèmes que celle-ci lui a brutalement posés. Frégault n'échappera pas à cette fièvre qui s'empare essentiellement de la jeunesse instruite. Jeune collégien, il lit «avec enthousiasme[8]» les textes polémiques de la revue *Vivre* en plus de collaborer, comme je le soulignais plus haut, à *l'Action nationale* et à *La Relève*. Mais c'est en France que vont ses préférences. À l'instar des jeunes Français, il est particulièrement séduit par la prose de Péguy et il correspond avec ses deux fils, Pierre et Marcel. Il est abonné à *L'Ordre Nouveau*, dont il adoptera bientôt les mots d'ordre et le ton particulier qui lui est propre. Il correspond avec Alexandre Marc[9], fondateur du mouvement, et Daniel-Rops. Il fonde même en 1938, avec quelques amis, une revue qui ne paraîtra qu'une fois et dont le nom évocateur, *À nous la liberté*, reprend le titre d'un «hebdomadaire d'action et d'Ordre révolutionnaire[10]» français qui, lui-même, s'inspirait de celui du film célèbre de René Clair (1932) qui, avec *Les temps modernes*, de Charlie Chaplin, faisait figure de symbole pour la jeunesse intellectuelle des années trente. Quoique la lecture que Frégault fasse des événements soit conditionnée par la situation particulière du Canada français, les jeunes intellectuels français, principalement ceux qui gravitent autour de *L'Ordre Nouveau*, et dont quelques-uns ont aussi collaboré à *Esprit*, exerceront sur lui une influence décisive.

Il faut dire qu'en France, comme au Canada français, la crise est d'abord envisagée comme une crise spirituelle. Selon Jean-Marie Domenach, au début des années trente, «toutes les revues, tous les groupes de pensée qui naissent à cette époque se rencontrent sur cette affirmation que la crise est une crise de civilisation[11]». Cet accord unanime ne signifie cependant pas que la crise de l'économie ait été interprétée à travers les catégories d'un idéalisme désincarné. Au contraire, il est plutôt la manifestation d'un malaise collectif vis-à-vis d'un monde où, sous l'impact de la crise économique, la hiérarchie des valeurs telle qu'elle se présentait jusqu'alors dans l'univers des discours, semblait être victime d'un curieux renversement. En effet, la crise économique devait servir de catalyseur et porter à un point extrême des tensions qui n'avaient pas nécessairement 1929 pour origine. Elle n'a fait que mettre brutalement à jour les tendances contradictoires qui se sont développées au fil du temps au sein de la société occidentale entre, d'une part, des valeurs dominantes qui abordent le réel en terme d'évaluation morale, tout en insistant abstraitement sur la souveraineté que le sujet exercerait sur sa vie alors que, d'autre part, l'économie et la technocratie modernes ont, dans leur expansion continue, réduit l'homme à un objet malléable et manipulable à loisir en fonction d'objectifs de rationalité et de profit, contradiction que la sociologie allemande de la fin du XIXe siècle a définie globalement en opposant «communauté et société». Aussi, lorsque les masses furent projetées dans la misère, le libéralisme est soudainement apparu comme la doctrine qui avait «accordé à l'individu le droit d'agir pour un intérêt particulier sans égard au bien commun». C'était là, en quelque sorte, une première expérience avant la lettre de la «société de masse» qui, par le biais des contradictions de l'économie capitaliste soudainement étalées au grand jour, confinait à l'absurde: «Partout l'on crie à la surproduction. Et pourtant des milliers d'hommes souffrent de la faim, du froid, de la misère[12].» Comme l'écrivait Frégault lui-même en 1938: «il faut vraiment trop d'ironie ou de distraction pour parler de surproduction et déplorer la surproduction et mesurer la surproduction, alors que des millions d'hommes ont faim[13]». Il n'est donc guère étonnant que, de divers horizons, l'on dénonce la «mystification démocratique» et que les manifestes du temps s'élèvent contre ce qu'ils appellent, par dérision, le «désordre établi».

En France, comme ailleurs, cette crise de l'économie qui entraîne celle des valeurs, va recouper un important conflit de générations. Henri Lefebvre souligne à ce propos: «S'il y avait quelque idée constamment sous-jacente et sous-entendue dans les conversations des jeunes gens avec lesquels je me liais, c'était bien la suivante que nous n'avions même pas besoin de formuler: la génération qui précède a fait faillite, radicalement. Rien à y prendre, rien à faire avec eux[14].» Cette communauté de situation explique que l'effervescence intellectuelle de ces années ait surtout été le fait d'une jeunesse instruite et, par la même occasion, nous permet de comprendre que ces jeunes intellectuels en soient arrivés, au début des années trente à tout le moins, à une grande unanimité qui se manifeste spécialement par l'utilisation d'un vocabulaire et de thèmes communs qui expriment la même opposition, le même refus de l'ordre établi. Jean-Marie Domenach, se rapportant à l'étude de Loubet del Bayle, souligne qu'à un niveau plus profond, «ce qui est contesté, ce sont les principes de la civilisation occidentale moderne, son rationalisme, son individualisme, son matérialisme et son culte commençant pour la standardisation américaine[15]».

C'est dans cette perspective qu'il faut comprendre l'opposition que cette génération établit entre «individu» et «personne», qu'elle emprunte d'ailleurs à Péguy, pour manifester son refus de l'ordre établi. L'individu, c'est ce qui, en bout de piste, apparaît comme le rejeton des tendances aliénantes du monde moderne. C'est celui qui a sacrifié sa dimension spirituelle et son potentiel d'énergies créatrices et de liberté, au profit d'un idéal petit-bourgeois qui ne vise qu'au bien-être. Emmanuel Mounier, par exemple, dira à ce propos: «L'individu, c'est la dissolution de la personne dans la matière. [...] Dispersion, avarice, voilà les deux marques de l'individualité.» Aussi, la personne ne peut croître «qu'en se purifiant de l'individu qui est en elle.» Autant la notion d'individu veut exprimer la faillite de notre société occidentale, autant celle de personne renferme «comme une absence, un besoin, une tâche et une tension continuellement créatrice[16]». Contre le gigantisme des mécanismes sociaux, politiques et économiques qui président aux destinées des hommes; contre l'idéalisme et le rationalisme abstraits qui ont détaché l'homme de la nature et de ses communautés immédiates, tous les mouvements de la jeunesse française se rejoignent en une même aspiration: celle de renouer avec ce qu'ils appellent l'homme «concret» pour en faire un être responsable, c'est-à-dire capable «de réponse».

Cette opposition entre individu et personne est donc à la fois un jugement sur la situation et un projet pour la modifier qui pourrait se formuler de la manière suivante: le bourgeois, cet être incapable d'élévation spirituelle a, par ses visées égoïstes, inversé l'ordre des valeurs, mettant ainsi en péril les possibilités d'épanouissement de la personne et de la civilisation occidentale; pour mettre un terme à la crise de notre civilisation, la transformation des structures sociales et économiques doit inévitablement s'accompagner d'une révolution spirituelle[17]. Dès 1927, Jacques Maritain soutenait cette *Primauté du spirituel.* À sa suite, la *Jeune Droite*, l'*Ordre Nouveau* et *Esprit* reprendront cette exigence. Ainsi, en mars 1931, l'un des premiers manifestes de *L'Ordre Nouveau* lançait ce slogan promis à un succès durable: «Spirituel d'abord, économique, ensuite, politique à leur service[18].» Emmanuel Mounier écrira quelque temps plus tard: «Le spirituel commande le politique et l'économique. L'esprit doit garder l'initiative et la maîtrise de ses buts, qui vont à l'homme par-dessus l'homme, et non au bien-être[19].»

Redonner la «primauté à la personne», c'est retrouver la voie de la vraie hiérarchie des valeurs; c'est réunir ce que le monde moderne a eu tendance à séparer. Cette volonté est surtout le souci de la revue *Esprit* et, dans une moindre mesure, celui de *L'Ordre Nouveau*, revues qui, comme je le soulignais plus haut, possèdent quelques collaborateurs communs. Toutefois, puisqu'il n'est personne pour croire que cette nouvelle civilisation s'édifiera seulement à coup d'idéal, on a aussi pensé à organiser le matériel sur une base concrète qui puisse permettre d'atteindre la réalisation de cet objectif. Il faut savoir que pour cette génération, Proudhon sera, en ce qui a trait à l'organisation du matériel, ce que Péguy représenta pour la dimension spirituelle. *Esprit*, qui est avant tout Mounier, approfondira surtout la réalité de la personne humaine, alors que *L'Ordre Nouveau* s'attachera plutôt, en s'inspirant plus directement de Proudhon, à définir le cadre organisationnel qui permettra à l'humanité nouvelle d'émerger.

Au Canada français, la crise économique est aussi interprétée par la jeunesse instruite comme une crise spirituelle, alors que les aînés mettent surtout l'accent sur sa dimension morale[20]. Ici comme ailleurs, les excès du capitalisme et du libéralisme ainsi que le matérialisme américain sont dénoncés unanimement. Ces évaluations de la situation et les solutions proposées emprunteront aux idéologies étrangères, en particulier à la doctrine sociale de l'Église telle que définie par *Rerum Novarum* (1891) et *Quadragesimo Anno* (1931), mais, en même temps, elles ne feront que prolonger une certaine représentation des choses que la crise économique n'a fait qu'exacerber. Plus particulièrement, la crise économique est venue rendre plus aigu, entre autres, le sentiment que les Canadiens français ne sont pas maîtres en leur demeure.

Depuis longtemps, notre infériorité économique était manifeste. Toutefois, on avait pris l'habitude de l'interpréter comme étant le signe d'un destin plus élevé. Mgr Pâquet, dans un passage célèbre, devait consacrer cette représentation des choses au début du XXe siècle.

> Oui, sachons-le bien, nous ne sommes pas seulement une race civilisée, nous sommes des pionniers de la civilisation... [...] Notre mission est moins de manier des capitaux que de remuer des idées; elle consiste moins à allumer le feu des usines qu'à entretenir et à faire rayonner au loin le foyer lumineux de la religion et de la pensée[21].

En 1935, un Jeune-Canada, bien qu'il emprunte le vocabulaire à la mode des idéologies européennes, ne devait pas dire autre chose lors d'un débat organisé à l'Université de Montréal sur le thème «La jeunesse canadienne-française est-elle prête à jouer son rôle?»

> Seul groupe ethnique de traditions spiritualistes en Amérique du Nord, la nation canadienne-française a sûrement pour mission de combattre le matérialisme en Amérique, de rétablir la véritable hiérarchie des valeurs et

de rendre à l'esprit la place qui lui est due. C'est là la seule raison d'être de notre peuple[22]...

On pourrait multiplier les exemples où ces appels à l'esprit, malgré un curieux syncrétisme des vocabulaires, ne font que véhiculer le conservatisme le plus plat. Fernand Dumont a mis en évidence[23] qu'à ces représentations qui ont recours à la sphère de l'idéal correspondent, selon un autre versant complémentaire, celles qui ont trait aux solidarités communautaires que la crise économique a démontré l'urgence de restaurer. Aussi ne doit-on pas s'étonner que, par exemple, le Programme de Restauration sociale de 1933 fasse du «retour à l'agriculture familiale[24]» son souci premier. Il serait simpliste toutefois de ne voir là qu'un simple réflexe conservateur, face aux menaces que fait peser le monde moderne, ou, encore, comme une simple nostalgie pour un monde en voie de disparition. En fait, et c'est peut-être ici que se manifeste le mieux la façon dont certaines idéologies européennes sont venues prolonger celles du milieu, c'est à une véritable stratégie d'appropriation de notre économie «par le bas» que nous convient ces appels à la solidarité. Au gigantisme de l'économie, à l'anonymat des trusts, à ce «monde sans âme» (Daniel-Rops), on veut opposer une économie à «taille humaine», c'est-à-dire une économie qui, par ses dimensions plus réduites, permettrait, à la fois, la multiplication d'entreprises de taille moyenne sur lesquelles il serait possible, à ce moment, d'exercer un certain contrôle plutôt que d'être soumis aux aléas du pouvoir des «trustards» et, par la même occasion, offrir aux individus une possibilité de se réaliser, par le travail, dans la dignité. En plus de nous donner une certaine autonomie économique, la diversité de ces entreprises est aussi un gage de stabilité et d'équilibre économique. L'intérêt que suscite le corporatisme et les campagnes en faveur de «l'achat chez nous» manifeste ce même souci communautaire de résoudre «par en bas» les problèmes engendrés par la crise économique qui, quant à elle, est venue «d'en haut». Ainsi, par exemple, à la question «comment la Conquête économique peut-elle améliorer notre question sociale?», François Hertel répond encore au début des années quarante: «Tout simplement parce que, au trust anonyme et persécuteur, notre redressement économique, par sa nature même d'ascension du bas vers le haut avec des moyens restreints, aurait peu à peu substitué une foule d'entreprises rivales et moyennes régies plus par la loi spontanée de l'offre et de la demande que par les arrêtés arbitraires du monopole[25].» C'est donc moins le capitalisme qui est condamné en tant que tel que sa tendance à concentrer le capital en quelques mains anonymes qui font fi et du plus grand nombre et de la personne humaine. Le thomisme, *Rerum Novarum* et *Quadragesimo Anno* fourniront les arguments de base à cette tentative de réconciliation entre les impératifs communautaires et la nécessité de protéger la propriété privée envisagée comme un droit sacré.

Toutefois, s'il faut compter sur la solidarité pour reconstruire l'économie, il ne faut pas perdre de vue que par-delà les références à la terre, à l'agriculture et à la famille, cette solidarité est d'abord envisagée du point de vue ethnique et national. De plus, pour quelques-uns, ce projet de reconquête économique ne peut s'accomplir sans une implication directe de l'État, intervention qui se limite toutefois à sa capacité de s'opposer au pouvoir des trusts. Dans le même ordre d'idée, puisque le malheur frappe la collectivité toute entière et qu'il semble s'acharner plus particulièrement sur les Canadiens français que toute autre ethnie, n'y aurait-il pas lieu de penser que nos problèmes seraient de moins grande amplitude si nous avions été capables de faire preuve de plus de solidarité nationale ou, pour le dire autrement, si notre conscience nationale n'avait pas été émoussée? C'est là l'interprétation de fond de ceux qui, groupés autour de Lionel Groulx, en particulier l'équipe de *l'Action nationale* qui en fera le thème de l'une de ses enquêtes, soulèveront le problème de l'éducation nationale. Lionel Groulx, qui à cette époque troublée prend figure de véritable chef de file, que reflète le titre évocateur de certaines de ces œuvres telles que *Orientations* (1935) et *Directives* (1937), ne s'imagine cependant pas que ce soit là une «panacée[26]», mais croit fermement qu'un sentiment national «plus éveillé» aurait pu nous éviter bien des «malaises».

> Un sentiment national plus vif, plus éveillé, n'aurait-il pu préparer une opinion publique plus facilement alertée? Et cette opinion eût-elle toléré le gaspillage de nos ressources naturelles au profit de quelques étrangers? Un sentiment national, moins amorphe, moins rudimentaire, nous aurait-il fait accepter, d'une humeur aussi coite, le rôle de serviteurs ou de domestiques en notre propre maison, cette résignation d'îlotes à construire la fortune des autres à même notre bien[27]?

Aussi Groulx, espère-t-il, après avoir souligné l'importance de l'enseignement de l'histoire comme boussole salvatrice et prenant exemple sur la résurgence des nationalismes européens, qu'en donnant à l'école pour tâche première de refaire notre conscience nationale qui, depuis la Confédération et pour des raisons qui ne sont pas que politiques, va en s'étiolant, qu'on réussira à «redonner aux fils des conquérants de jadis la volonté de redevenir maîtres chez eux[28]».

Cette préoccupation d'éducation nationale, Frégault ne la fera sienne, dans le prolongement de celle de Groulx, qu'à partir de 1942-1943. Avant cette date, et surtout en ce qui a trait à la période qui s'étend de 1937 à 1940, il évoluera surtout parmi la jeunesse instruite qui gravite et se nourrit des revues d'avant-garde, tant canadiennes-françaises que françaises, qui bruissent d'un même cri face aux solutions éprouvées et au conservatisme des notables. Surtout, il est gagné à la philosophie personnaliste naissante que véhiculent ceux que l'on a appelé, au cours des années cinquante, les catholiques français de gauche et qui, pour quelques-uns d'entre eux (Jacques Maritain, Emmanuel Mounier, Daniel-Rops), vont même collaborer à *La Relève*. Chez Frégault, le sentiment que les Canadiens français ne sont pas les maîtres dans leur propre patrie, qu'ils représentent un peuple amorphe chez qui la conscience nationale fait défaut, est lié aux principaux thèmes qu'ont mis de l'avant les mouvements de contestation de la jeunesse française. Des divers noms qui reviennent sous sa plume, il faut faire une place à part à ceux de Charles Péguy et de Daniel-Rops.

Charles Péguy exercera sur Frégault une influence profonde. À l'instar des jeunes collaborateurs d'*Esprit*, de *L'Ordre Nouveau* et de toute une génération en mal d'absolu, il sera séduit par cette œuvre qui célèbre la tension profonde qui unit les réalités charnelles au spirituel comme peuvent l'être «des mains jointes[29]». Il lui empruntera plus particulièrement sa conception de la personne et celle de la patrie. Il apprendra à voir dans la première «un perpétuel acte de libération[30]», tandis que la patrie deviendra le point focal à partir duquel la personne humaine peut espérer répondre à l'exigence d'incarnation que nécessite toute entreprise de liberté véritable, qui est avant tout une aventure spirituelle.

Daniel-Rops, quant à lui, se situe dans le prolongement de la pensée de Péguy. Depuis 1931, il s'est associé au mouvement de *L'Ordre Nouveau* dont il est l'un des membres les plus prolifiques. Ses livres, *Le monde sans âmes* (1932), *Les années tournantes* (1933) et, surtout, *Éléments de notre destin* (1934), qui ont connu une grande vogue à l'époque, vont considérablement influencer les premiers écrits de Frégault. Toutefois, c'est surtout par la lecture de la revue de *L'Ordre Nouveau* et des principales œuvres qui sont associées aux divers mouvements de la jeunesse française, ou qui ont contribué au renouveau de la pensée catholique en France, que Frégault tirera le principe d'une cohérence d'ensemble pour interpréter la situation[31].

Comme le souligne Blair Neatby, «une dépression, c'est plus qu'un fléchissement de l'économie, plus que des statistiques sur le chômage... Une dépression, c'est en réalité un état d'esprit[32].» Aussi ne faut-il pas se surprendre du mordant que Frégault manifeste envers ceux qui tolèrent l'état de choses ou qui semblent en profiter. «Que les bourgeois nous horripilent, que leurs vues nous écœurent, c'est, souligne-t-il, tout simplement naturel.» C'est pourquoi Frégault n'éprouve «pas de pitié pour les jouisseurs, les profiteurs en rond, les carotteurs qui [...] sont d'ignobles salauds; ils devraient être noyés dans le purin de leur hébétude et de leur veulerie. Ce ne serait que justice[33].» Malgré ce ton acerbe, Frégault ne fait pas que vitupérer. Avec l'inflexion naïve, excusable pour son jeune âge, de celui qui ne doute de rien, il analyse la situation et propose ses solutions[34]. En ces années de crise où l'on dénonce la trahison des élites et «le joug de l'Argent devenu maître à la place de Dieu[35]», le personnalisme va lui fournir les instruments de pensée à partir desquels il va pouvoir ramener la diversité des problèmes qui l'entourent à une causalité unique. En effet, pour Frégault, «le désordre actuel est né d'une carence totale de l'homme[36]». D'où ce constat maintes fois répété: «Revenir à l'homme, tel est le problème[37].»

Le personnalisme, en affirmant qu'une personne est, d'abord et avant tout, fondamentalement libre et créatrice, veut apporter une réponse originale aux nouveaux défis posés par la crise économique à l'ancien ordre des valeurs en replaçant la personne humaine au centre des préoccupations sociales alors que, depuis deux ou trois siècles, notre civilisation occidentale semble plutôt avoir travaillé à réduire cette dernière à l'état d'objet sans qualité spirituelle particulière que balottent des forces anonymes — que l'on résume souvent en évoquant le problème du machinisme — qui ne peuvent qu'entraver le plein épanouissement de la personne et, par là, celui de la société toute entière. En opposition tant au vieux réflexe du repli conservateur qu'au surgissement des doctrines fascistes ou communistes de l'ordre et du nombre, qui apparaissent aux tenants du personnalisme comme autant de démission de la personne, cette philosophie va développer «une démarche de pensée combattante[38]» et s'affirmer comme troisième voie dont l'ambition n'est rien de moins que de «refaire la Renaissance[39]».

Puisque les idéologies au Canada français avaient surtout fait jouer le réflexe conservateur, il y a dans cette philosophie nouvelle, où l'individu et l'humanité se rejoignent à travers le combat que livre chaque personne pour assurer son accomplissement total, de quoi satisfaire amplement un jeune homme que la situation exaspère.

Frégault va reprendre, dans une vue synthétique, l'essentiel des thèmes que véhiculent ces mouvements de contestation. Ainsi, ce «retour à l'homme» a pour objectif de préserver et de promouvoir ce qui, selon lui, constitue l'essentiel de l'être humain contre les forces de nivellement qui tendent à en faire disparaître la meilleure part, qui est spirituelle, au profit de considérations essentiellement matérielles, ce qui expliquerait la déchéance du monde moderne et le marasme qui l'environne. «L'ordre nouveau, souligne-t-il, doit restaurer la personne dans sa dignité — dans sa réalité, sa liberté et sa responsabilité[40].» Cette entreprise de libération de la personne est, par la même occasion, volonté de libération face à tout ce qui peut mettre en péril sa réalité d'être responsable et libre. En effet, qu'est-ce pour Frégault que la liberté? «C'est pour la personne humaine *[sic]*, répond-t-il en reprenant Daniel-Rops, le droit d'être ce qu'elle est[41].» De plus, puisque, pour Frégault, c'est d'abord en l'homme que se trouve les racines du «Mal universel humain[42]», l'instauration d'un ordre nouveau ne saurait être le résultat d'un coup d'État sanglant car «ne sera *complète*, donc, que la révolution qui arrachera la racine du mal. Celle qui s'enfonce au vif des cœurs.» La vraie révolution ne peut être à ce moment que spirituelle et procéder de «la révision active de toutes nos valeurs[43]». Puisque le marasme qu'il observe est le résultat d'un «fléchissement de l'esprit[44]», il est primordial de «revenir aux hiérarchies véritables: *spirituel d'abord, économique ensuite, politique à leur service*[45]». Toutefois, et c'est ce qui le place aux antipodes de ceux pour qui la renaissance spirituelle a d'abord une visée conservatrice, l'ordre nouveau ne peut être pour lui que personnaliste. C'est là une «révolution nécessaire» dont l'objectif est d'édifier «un monde où l'homme pourra vivre son destin de *personne* responsable et libre[46]». C'est pourquoi, «l'exigence première de la révolution est *l'incarnation*[47]». C'est par cette voie que la révolution personnaliste réussit à rejoindre un plan plus collectif, puisqu'une fois que cette exigence sera réalisée «la cité cessera d'être un faisceau de mécanismes anti-spirituels *[sic]*. Et l'homme reprendra sa taille[48].»

Il n'est donc pas étonnant que tout ce qui peut entraver cette entreprise d'accomplissement de la personne soit pris à partie par Frégault et dénoncé comme une trahison du réel. Cette trahison pourra être, par exemple, le fait de doctrines qui, comme le communisme et le fascisme, entraînent «la même démission de l'autonomie personnelle en faveur de l'État totalitaire[49]» puisqu'elles ne «sont que les deux faces mal camouflées d'un même janus: l'ÉTATISME[50]». La liberté de la personne doit être affirmée face à l'État puisque l'homme ne renvoie pas à «la catégorie schématique, soumise à des déterminismes rigoureux, qu'ont décrite avec complaisance les tenants du matérialisme historique[51]». De la même façon, réclamer un chef «est encore la manière la plus élégante [...] de se soustraire à la présence effective que le monde exige de chacun[52]».

L'accomplissement de la personne nécessitant une «concordance» entre le spirituel et le matériel, Frégault nous met aussi en garde contre les deux excès inverses que sont l'idéalisme et le matérialisme parce qu'ils représentent «deux aspects jumeaux de la trahison du réel[53]».

Ainsi, le matérialisme, par le biais du capitalisme où la personne n'est considérée que dans la mesure où elle est un instrument au service du profit, expliquerait les conséquences néfastes du «machinisme» dans nos sociétés. Selon Frégault, si on avait d'abord tenu compte de la personne, la machine aurait été conçue dans le but de libérer l'homme des tâches ingrates, quantitatives et répétitives, ce qui aurait en plus «assurer à tous l'accès au travail créateur[54]».

> Mais le capitalisme, en concevant la machine comme un moyen d'augmenter le profit de l'industriel ou les dividendes de l'actionnaire, c'est-à-dire, en fin de compte, comme un moyen d'enrichir le pays «fictif» aux dépens du «pays réel», a asservi l'homme au rythme inhumain de la machine. Là est la trahison[55].

De la même manière, l'omission de la personne, à laquelle se livre l'idéalisme bourgeois, serait à la source du discrédit dans lequel serait tombé la culture. La faute en reviendrait aux «clercs aux mains diaphanes qui ont fait perdre à la culture toute valeur vivante, toute sa force et presque tout son sang[56]». La culture n'a donc pas pour Frégault qu'une «valeur académique», elle est un «style de vie». Aussi est-il urgent selon lui de la replanter «au cœur de nos soucis les plus actuels[57]», car elle ne peut redevenir elle-même «qu'à condition d'être le couronnement actuel de ce combat singulier qu'est la vie de tout homme». C'est que, pour Frégault, qui reprend en cela l'expression de Rimbaud, le «combat spirituel» s'apparente au «combat d'hommes». La culture ne peut, à ce moment, se ramener qu'à un simple petit jeu «sans obligation ni sanction[58]». On comprend alors que Frégault puisse railler cette «conception caricaturale et "toute faite" qu'est *l'homme moderne* — être falot, schématique, soumis aux abstraites lois des grands nombres [...]; coupé de ses racines le rattachant à ses bases vitales: patrie, nation, métier, famille[59]». Également, il s'inquiète de ce que «la cadence de la vie moderne expose l'esprit à la tentation de la facilité[60]» au point où l'honnête homme puisse apparaître de plus en plus «comme un produit tout fait, qu'on peut fabriquer en série et tirer à des millions d'exemplaires standardisés», alors que pour Frégault «l'honnête homme n'est pas du tout un produit. Il est un individu; il est une personne.» Il précise davantage sa pensée en soulignant que «c'est précisément l'effort culturel qui le dégage de la mécanisation, du conformisme[61]».

Cette conception de l'honnête homme peut être comprise comme une défense de la culture humaniste; ce qu'elle est effectivement. Mais, plus encore qu'une défense, c'est à une représentation de l'homme idéal que nous convie cette conception de l'honnête homme qui, dans son effort d'accomplissement doit par son combat «opposer au "tout fait" habitué, sclérosé, le "se faisant", la vie en acte[62]». Cet idéal est aussi, sinon surtout, l'expression d'un parti pris pour l'homme, parti pris qui ne se démentira pas tout au long de la vie de Frégault.

On voit ainsi un peu mieux par quelle voie l'omission de la personne provoque une trahison du réel. Dès que l'on préfère le «tout fait», le quantitatif, le groupe, l'habitude, en un mot, la facilité à l'effort que nécessite l'accomplissement total de la personne dans son entreprise de liberté, c'est que la personne a été négligée. Aussi, puisque pour Frégault l'homme est d'abord un vivant:

> Il faut se méfier de ces systèmes cuirassés de prudences hermétiques. De prudences toutes faites. Et parmi ces systèmes, notamment, le système bourgeois et le système bien pensant. [...] Au rebours de ce que veulent nous faire croire les coryphées de l'asservissement en masse, la liberté est une exigence. Une exigence d'abord et non une jouissance. Ni, encore moins, une facilité. C'est pour cela que la *concession* de la liberté est une duperie. Sa conquête, sa reconquête effectuée par une lutte de tous les instants est seule une réalité[63].

Le personnalisme va aussi amener Frégault à la mise en forme d'une conscience historique particulière. En effet, puisque l'accomplissement de la personne comprend une exigence d'incarnation par laquelle on rejoint un plan plus collectif, on peut se demander comment il se fait qu'au Canada français les générations antérieures n'ont pas réalisé cette exigence, et que seule la jeunesse actuelle semble prête à le faire? Si les générations antérieures l'avaient réalisée, il ne fait, selon lui, aucun doute que le marasme actuel aurait pu être évité. Mais Frégault n'est pas prêt, malgré tout, à leur jeter la pierre.

> Pourquoi? C'est que l'autre génération [...] a cru que l'ordre établi était l'ordre réel — et, ce qui est plus fort, l'ordre éternel. L'autre génération n'a pas une «âme perverse»; elle a une «âme habituée». Ces gens n'ont jamais

> eu l'idée de rajuster le monde à la taille de l'homme; [...] ils ont su pieusement s'en accommoder, tout en débitant des quantités massives de rhétorique pleurnicharde sur leur maître le passé — un passé [...] dont ils conservaient seulement les *formes* surannées tout en répudiant la tension spirituelle qui l'avait animé. Pour tout dire, ces gens se sont fait un onzième commandement de vivre en marge du réel. C'est pour cela que seuls des jeunes ont pu prendre conscience du réel; prise de conscience qui ne peut se traduire autrement que par un refus[64].

Pour Frégault, il est évident que cette vie en marge du réel qui, par définition, entraîne une existence diminuée, ne peut rien avoir de «commun avec la vie que notre nature, notre mission et nos atavismes nous prédisposaient à mener». Car il fut un temps où nous vivions en «pleine réalité». Aussi, il doit bien y avoir un moment «où se place, dans notre histoire, le divorce entre le *nous* fictif et le *nous* réel[65]». Ce temps idyllique qui précède notre marginalisation du réel est celui de la Nouvelle-France, où la vie quotidienne d'un peuple manifestait tous les traits de l'idéal personnaliste avant que la Conquête ne soit venue en faire «un pauvre petit peuple désaxé, désencadré [...] *brutalement arraché du cycle de ses traditions vitales*[66]». Dans une lettre à Alexandre Marc, Frégault s'explique sur la nature de ces «traditions vitales». Par la même occasion, il y met en relief, bien avant Esdras Minville ou Maurice Séguin, les conséquences que la Conquête a eues sur l'esprit des Canadiens français. Ce sont là des thèmes qui, comme on le verra plus loin, auront une influence durable sur Frégault.

> Je vous disais que les Canadiens français ne sont pas encore prêts à vous lire. C'est que, pour lire *À nous la liberté*, il faut pouvoir le dire intérieurement: «À Nous, à nous la liberté!» Or cela, nos gens ne le disent pas. Le grand secret de notre misère c'est que nous avons perdu, la faim et la soif de la liberté. [...]
>
> Il fut un temps — il y a, mettons 2 siècles — où les Canadiens [...] étaient le peuple le plus libre de la terre. Au nombre de cinquante mille, environ, disséminés sur un immense territoire, nous ne sentions pas peser sur nous le joug d'un État forcément impuissant, restreint, on peut le dire, à sa plus simple expression. C'était le temps où des jeunes gens de mon âge, et quelques-uns un peu plus vieux, qu'on appelait les «coureurs de bois» partaient seuls, et pendant plusieurs saisons, s'en allaient battre la forêt en tous sens, assumant des risques physiques extraordinaires. Il est vrai que M. le Gouverneur finit par défendre ces aventures. Mais nous avions ça dans le sang; et on désobéissait à M. le Gouverneur le plus cordialement du monde. Ceci pour montrer notre très fort instinct de liberté. — Mais arrive

> 1760. Des émigrés anglais nous arrivent après la cession; la population augmente; les hommes se tassent dans des villes «tentaculaires». Les Anglais établissent un État tracassier auquel le clergé — c'était le chef absolu de la population — nous dit qu'il faut se soumettre. Nous nous soumettons. On finit par vivre comme on pense, n'est-ce pas? Alors la soumission devient un esclavage *intérieurement accepté*. Nous nous soumettons, et ce qui est très grave, aux Anglais représentant l'État. Et aujourd'hui on est soumis à un État où siègent des nôtres, c'est vrai, mais à un État représentant les Anglais. Des Anglais nous nous serions très vite affranchis: on se libère aisément des hommes. Mais l'État, être sans chair, invulnérable....
>
> Mais nous n'avons plus le sentiment de la liberté personnelle. [...] Après avoir, depuis cent ans, quémandé deux mots de français sur la monnaie et les timbres, après avoir tout réclamé ce que nous avons obtenu, des années, des décades durant — la réclamation: c'est une forme de quémandage, dit Péguy — nous avons aussi fini par troquer notre esprit de créateurs contre un esprit de quémandeurs. Parallèle à un fléchissement de la liberté, nous souffrons d'une indicible carence d'invention. Nous en sommes venus à tout attendre des autres. En 1867, en acceptant la Confédération, nous avons secrètement accepté de nous mettre à la remorque des Anglais, et de nous y mettre *en bloc*. Nous avons compté sur les autres pour nous sauver. Et aujourd'hui encore, le peuple attend, confusément, un homme à poigne, un «chef» qui nous sortira du trou[67]!

Le fascisme représente une tentation d'autant plus grande pour le peuple canadien-français du fait que «son *habitude* colonialiste le prédispose par le dedans — ce qui est infiniment grave, aux aventures césaristes qui toujours naissent d'un complexe d'infériorité — et notre complexe d'infériorité est stupéfiant[68]». C'est pourquoi, ce n'est pas «d'un chef, si photogénique soit-il[69]» dont nous avons besoin, mais de maîtres véritables.

Pour Frégault, cette misère spirituelle est le résultat d'une série de trahisons des élites. Cela débute avec «la grande trahison des noblaillons efflanqués, leur frousse, leur fuite ignoble». Quant aux élites qui demeureront avec nous, elles ne tarderont pas «à s'enliser dans un loyalisme stercoral». Puis, petit à petit, le loyalisme «s'infiltre à petites doses dans l'âme du peuple» et nous amène «à loucher sur nos réalités». En 1837, «les bedeaux étouffent le dernier sursaut des forces réactionnaires.» Enfin, en 1867, «la déviation est décidément consommée» avec «cette iniquité indécrottable de Confédération» où un George-Étienne Cartier essaye même de nous faire «passer pour des “Anglais parlant français"». Pour Frégault, ces reniements successifs de notre identité se sont poursuivis jusqu'à une date récente comme le démontre l'échec de la coalition des politiciens nationaux qui n'a fait qu'étaler au grand jour cette «étonnante facilité de trahir[70]» qu'ont les politiciens.

À toutes ces trahisons s'ajoute celle de nos «cuistres saboteurs de l'histoire[71]» «depuis le vieux singe avachi de Bibaud jusqu'à la savate tordue aux couleurs d'Union-Jack qu'est l'ineffable Sir Thomas[72]». Pour Frégault, ces diverses trahisons sont venues avilir et masquer notre «être réel», tel qu'il a pu se manifester dans «notre passé de beauté[73]». La leçon à tirer de ces événements? Puisque l'on ne peut compter sur une simple évolution des choses ni sur «les contorsions des lombrics de la politique», seule la Révolution de l'Ordre laurentien, qui par essence est personnaliste, «peut nous ramener dans la ligne de notre destin[74]». Toutefois, ce retour n'implique pas que l'on ait envers le passé une fidélité aveugle, empreinte de conservatisme, comme ont pu le clamer depuis Garneau certains tenants de la survivance. Frégault veut être très clair là-dessus:

> Il ne faut pas voir, dans ce retour aux fidélités ancestrales, l'expression d'une certaine *passivité*... [...] Bien au contraire. Il s'agit de *repenser* la tension spirituelle des générations d'hommes qui nous ont précédés, au temps où elles vivaient selon leur âme. Nous avons une trop grande foi en la valeur créatrice des hommes pour accepter jamais de nous figer dans l'immobilité. Il ne nous suffit pas de devenir des duplicata des Anciens. Nous voulons être leur *VIVANT prolongement*. Ce sera la tâche d'un Ordre Laurentien, de nous faire revivre, de toutes les énergies de notre âme rajeunie, une vie plus humaine dans le cadre de nos réalités essentielles[75].

La conscience historique de Frégault trouve ainsi son complément dans une conception particulière de l'action historique où la démarcation entre l'histoire à faire et l'histoire à écrire n'existe virtuellement pas. Je devrais plutôt dire où l'une est nécessairement le prolongement de l'autre. Reprenant la question traditionnelle qui consiste à se demander si l'histoire est un art ou une science, Frégault tient à faire la part des choses en rappelant que, quoiqu'elle nécessite l'emploi d'une méthode rigoureuse, «l'histoire c'est d'abord l'homme. Et l'homme est un vivant[76]». Pour comprendre la «démarche humaine», il faut, à l'aide de «l'esprit de finesse», d'abord la recomposer en soi[77]. En effet, le passé ne saurait se ramener, pour Frégault, à une «fricassée de faits bruts[78]», pas plus qu'il ne saurait constituer un moule où nous demeurerions figés dans l'attente de retrouver une même expérience de vie. Puisque l'histoire ne se répète pas deux fois, il préfère adopter la conception d'un Péguy et d'un Maritain pour qui le recours au passé n'a d'autre but que de «faire jaillir des possibilités de vie nouvelle[79]». Par ces vibrants appels aux potentialités que recèle la vie, nous avons en quelque sorte la mesure qui distance Frégault des idéologies du milieu, car en proposant de vivre selon son âme, appel qui commence à poindre dans notre littérature et qui ne fera que s'accroître au cours de deux décennies suivantes, il va à l'encontre de toute une société qui, comme le soulignera Jean Le Moyne au début des années cinquante, a été contaminée par la peur de vivre[80]. Contre cette peur, Frégault veut promouvoir la liberté et la vie. Il est donc naturel qu'il pose «la liberté comme la condition première de l'Ordre laurentien[81]».

Ce projet de Révolution de l'Ordre laurentien, Frégault va l'exposer à Groulx, dans une lettre datée de juillet 1937, dans le but de reprendre certaines questions qui avaient été soulevées lors d'une entrevue qu'il avait eue avec Groulx en compagnie de son ami Jean-Marie Parent lors d'un «après-midi de fin d'hiver[82]».

> Il s'agit avant tout du problème de la Révolution laurentienne; problème crucial dont nos vies ont à fournir la solution. Vous le savez, Révolution n'est pas pour nous un mot en l'air avec lequel nous aimons jongler parce que ça fait chic: c'est littéralement, une question de vie et de mort.

Il lui explique ensuite le caractère personnaliste de cette révolution en mettant en relief que celle-ci est d'abord au service de la personne «à qui il faut, pour s'accomplir avec plénitude, s'inscrire amoureusement dans l'orbe de ses traditions vitales rajeunies et enrichies par l'apport de ses propres énergies: apport *conscient!*» L'objectif de cette révolution est donc «la libération intégrale de l'homme laurentien». Mais cette bataille doit se livrer «*sur tous les fronts*».

> À notre sens, il serait illusoire, il serait idiot de concentrer toutes nos forces sur un seul but: liberté économique seule, par exemple, ou liberté nationale seule. Tout se tient. [...] En un mot nous voulons être d'un peuple libre globalement dans un pays politiquement libre; mais cela ne nous suffit pas (et c'est pourquoi nous ne voulons pas de «Fascisme»), nous voulons encore (et surtout) à l'intérieur de ce pays et de cette collectivité libérés en bloc, être *personnellement* libres. Vivre libres dans un pays libre. Ne pas simplement troquer les tyrans politiques et économiques étrangers, pour des tyrans «du terroir». [...] Cette liberté réelle ne peut s'obtenir, à la limite, que par la possibilité accordée à tous du risque fécond, de l'aventure qui répond à l'angoisse créatrice de tout homme. Et par l'abolition de la misère.

Il ajoute un peu plus loin qu'il s'agit «de lâcher le monde irréel où nous crevons au sein d'un arsenal de métaphores, pour en revenir à l'homme vivant». C'est pourquoi le sens qu'il donne à la révolution est entendue dans la «double acceptation [du mot sens] de signification et de direction» puisque celle-ci «est d'abord une rupture, un changement de plan (en latin: révolution = *novae res*)».

À prime abord, il y a là l'expression d'un nationalisme qui, quoique peu orthodoxe pour la pensée de l'époque, semble vouloir militer en faveur de la libération et de l'affirmation des Canadiens français comme peuple indépendant politiquement. Mais ce n'est là qu'une apparence. Il ne faut pas perdre de vue que le jeune Frégault de cette époque est complètement gagné à la pensée du mouvement de *L'Ordre Nouveau* pour qui la Révolution française est le prototype de toutes les révolutions pour la liberté. C'est en ce sens qu'il faut comprendre, dans ce passage écrit en plein centenaire de l'insurrection de 1837-1838, la filiation qu'il établit entre la tradition française de la Révolution et son propre mouvement de Révolution de l'Ordre laurentien.

> En cela, nous sommes bien dans la tradition française de la Révolution. Aussi notre mouvement de libération se pose-t-il comme la reprise du mouvement manqué de 1837 — manqué pour avoir passé dans les faits sans se définir dans les âmes; pour n'avoir pas pénétré d'abord dans la chair et le sang des Laurentiens. Et à travers les Patriotes nous avons conscience de rejoindre la France. Celle du XVe siècle qui, avec Jehanne la Lorraine, renvoie les Anglais chez eux. Celle de la Révolution de '89, bien vite déviée, il est vrai, et que nous n'avons pas su comprendre, mais dont la tension spirituelle vaut d'être vécue. Celle de l'Ordre Nouveau qui réalise déjà le triomphe des valeurs humaines par la primauté du spirituel. Telle est notre filiation[83].

Se réclamer de la Révolution française a quelque chose d'hérétique si l'on considère l'état des idéologies alors dominantes au Canada français. Mais, somme toute, par ce biais, Frégault ne fait que mettre en relief la puissance d'attraction culturelle que pouvait exercer à cette époque la France sur nos intellectuels[84]. Cette attraction est ancienne et malgré les attitudes parfois ambivalentes de nos écrivains et de notre critique littéraire au moment où s'amorce, au début du XXe siècle, la constitution d'un champ littéraire qui nous soit propre, cela n'a pas empêché la littérature française de demeurer la référence privilégiée[85]. Frégault n'échappe donc pas à cette séduction générale. Pour s'en convaincre, on n'a qu'à examiner les comptes rendus d'ouvrages qu'il a fait paraître au cours de ces années pour se rendre compte qu'à part une exception, qui ne fait que confirmer la règle[86], tous les auteurs de ces ouvrages sont Français et, pour la majorité d'entre eux, collaborent à *L'Ordre Nouveau* et à *Esprit*. Plus encore, c'est par leur contenu que ces divers comptes rendus nous donnent la mesure exacte de son admiration envers la culture française puisque cette vénération trouvera naturellement à se traduire par un sentiment d'affinité profonde vis-à-vis du «génie national» français.

Au Canada français, seul Lionel Groulx réussira à soulever son enthousiasme. Cela ne doit pas nous étonner puisque Groulx est «le maître incontesté des années trente et du début des années quarante[87]», au point où il deviendra l'objet d'un véritable culte. De plus, — mais c'est là une habitude qu'il a prise depuis qu'il a publié en 1912 sa *Croisade d'adolescents* — Groulx se faisait ouvertement le porte-parole de la jeunesse qui, à son tour, voulait se l'associer dans ses projets de réformes sociales. Frégault et son ami Jean-Marie Parent ne font que répondre à cet engouement général lorsqu'ils vont lui confier leur projet de Révolution de l'Ordre laurentien. Groulx fut «frappé par la maturité précoce de leur esprit» et de leur projet dont ils ne «parlent que sur le mode grave»; «une maladresse insigne serait de ne les point prendre au sérieux[88]». Quant aux autres écrivains nationalistes canadiens-français, Frégault ne semble pas leur porter, du moins à cette époque, la même estime. Avant de rencontrer Victor Barbeau, c'est-à-dire, écrit-il à la fin de sa vie, avant qu'il ne vienne prendre «place dans ma haute estime — celle d'un étudiant aux exigences escarpées[89]», il pouvait écrire:

> Pour moi, Victor Barbeau est un simple cuistre, qui sait sa grammaire, qui répète un bazar de «truismes tintamaresques», qui se croit grand homme et grand écrivain, qui est, plutôt, un ridicule Jupiter Cabotin... [...]. Je le mets, dans la catégorie burlesque des Roger Brien, des pères Archambault, des abbé Tessier, des Hermas Bastien, de toute la séquelle des gendelettres *[sic]* bluffers et exploiteurs du «renouveau nationaliste[90].»

Toutefois, et c'est ce qui semble à prime abord assez paradoxal, même lorsqu'il soumet ses projets patriotiques à Groulx, Frégault croit fermement «qu'il n'existe pas de nation canadienne-française. [...] Il existe une nation française et nous en faisons partie. Voilà tout[91].» C'est pourquoi, à ce moment, «la *Révolution pour la Liberté* [...] ne peut être que *française*». De la même manière, «l'Ordre laurentien sera [...] l'expression du dynamisme gaulois ramassé dans notre âme. Ou bien il ne sera rien du tout[92]». Il faut dire qu'il est commun à cette époque de faire de la culture française le fondement de notre nationalité. Groulx pouvait écrire à ce sujet en 1936:

> J'affirme [...] que l'idée nationale évoque chez nous, par-dessus toute chose, l'idée de culture. Notre nationalisme repose, en somme, sur une conviction initiale: le prix de la culture française. La conscience d'être français, la fierté de l'être, la volonté de le rester, voilà, en somme, les fondements de notre idéologie nationale et du sentiment qui y correspond[93].

Il est donc naturel que dans le prolongement de cette «conviction initiale» de Groulx et de plusieurs autres, Frégault veuille associer les Canadiens français aux mythes que véhicule la culture française. Il y a d'abord celui qui fait de la France l'héritière privilégiée de la culture gréco-latine. Cet héritage, et le sentiment de supériorité qu'il procure par rapport aux autres nations, serviront de caution à cet autre mythe qu'est celui de la «clarté française» que Frégault endosse de manière enthousiasme, mythe qui sera dénoncé par les progrès de la linguistique moderne au milieu des années soixante. De même, il communie à ses autres mythes qui, à la faveur de la crise économique, ont connu une vogue nouvelle en France. Dans la prolongement de la pensée de Péguy, les jeunes intellectuels français des années trente vont faire réapparaître le thème de la «mission de la France» qui fut l'un des thèmes les plus populaires de la première moitié du XIXe siècle. Ce thème fait référence à l'idée que la France est investie d'un rôle historique qui en fait, selon le mot de Charles Péguy, «le seul point d'appui temporel de la liberté dans le monde[94]». Enfin, dans le prolongement de ces mythes, on retrouve celui qui fait de la «France éternelle», l'«espoir du monde», le pays de l'ordre nouveau. Selon Frégault, ce rôle historique qui est dévolu à la France est aussi le nôtre puisque «c'est à nous qu'incombe, sur ce continent, la mission d'incarner les valeurs françaises, de porter le message de la France et de perpétuer ses traditions[95]». D'ailleurs, «les Canadiens français ne demandent pas mieux que d'entrer activement dans les cadres vitaux de la nation française[96]».

De telles prises de position de la part du jeune Frégault étonnent lorsque l'on connaît son parti pris futur pour le développement d'une culture essentiellement canadienne-française, surtout lorsqu'il nous associe, comme il le fait à cette époque, à la culture française, au point de nier la possibilité que l'on puisse un jour développer une culture autonome et originale[97]. Aussi, c'est parce que nous appartenons à l'univers spirituel de la nation française qu'il estimera que le débat portant sur l'éventualité de créer une culture qui soit véritablement canadienne-française fait «poil-aux-pattes[98]». Selon lui, en dépit du fait que nous habitions le Canada et malgré les tentatives répétées de nos élites pour obscurcir notre conscience nationale, par nos origines, nos atavismes et notre culture nous sommes essentiellement des Français.

Cette représentation repose en fait sur une distinction fondamentale que Frégault établit entre patrie et nation en s'inspirant de Péguy et, surtout, de Daniel-Rops. Grâce à cette distinction, l'exigence d'incarnation, qui permet d'éviter le piège de l'idéalisme, va s'effectuer par le biais de la patrie. Il peut alors rendre compte du mouvement par lequel des réalités charnelles trouvent à s'unir à des principes spirituels, union sans laquelle aucun accomplissement de la personne ou de la communauté n'est possible.

> La patrie, c'est le sol; la patrie c'est le sang. [...] Par la patrie, facteur terrien et charnel, s'établit une communion et un contact féconds avec le monde solide et avec la «race». Elle est un enracinement dans le réel; un parachèvement d'incarnation. [...] Bien autre est la nation. Celle-ci est *une* communauté spirituelle (mais non la seule). De sorte qu'aucune frontière matérielle ne la limite. Elle se définit plutôt «en fonction d'une vibration spirituelle élaborée par l'histoire, et qui s'incarne dans les plus hautes manifestations du génie d'un peuple» (Daniel-Rops). Elle est un climat, une ambiance. Elle comporte essentiellement la valeur d'une «commune mesure» culturelle. Par elle l'homme accède à l'universel. Comme la patrie, elle constitue donc un facteur d'accomplissement. Mais elle est de plus une valeur de rayonnement: c'est là que la notion de *mission* nationale retrouve son plein sens[99].

À la lumière de ces distinctions, la relation dithyrambique que Frégault fait intervenir entre les Fils de la Liberté de 1837-1838 et les révolutionnaires de 1789 paraît moins saugrenue. De la même manière, on peut maintenant comprendre qu'il puisse approuver que Péguy condamne le nationalisme sous prétexte qu'il exprime «l'inconsciente trahison d'hommes qui veulent exalter la nation en lui enlevant précisément sa valeur universelle — en la réduisant d'ordinaire aux cadres d'un État abstrait et de frontières rationnelles[100]». C'est ce qui explique que Frégault, tout en condamnant le nationalisme, puisse juger que la liberté de la patrie soit «urgente et nécessaire» pour assurer «notre prise de conscience[101]».

Par un curieux retour des choses, le culte que voue Frégault à la culture française sera remis en question par l'un de ses plus illustres représentants. En effet, Georges Duhamel, dans sa *Défense des lettres*, va évoquer la possibilité qu'il puisse se constituer, en Amérique latine, une «culture originale» qui soit autonome par rapport aux cultures européennes. À ce propos, Frégault ne pourra manquer de mettre en relief l'analogie de notre situation. Jusqu'alors, celui-ci pouvait se contenter d'interpréter notre situation culturelle en la ramenant au syllogisme suivant: «Une culture ne vit que si elle rayonne. Elle ne rayonne qu'à condition de s'exprimer à travers le génie national. Le génie national, c'est, pour nous, le génie français[102].» Toutefois, l'évocation de la possibilité d'une culture autochtone originale que laisse planer Duhamel sera le premier coup de boutoir au système conceptuel par lequel Frégault pouvait étaler ses certitudes, quant à la nature de notre identité collective. Aussi, à la question de savoir si nous devons «substituer à notre culture française une culture qui soit uniquement canadienne», Frégault, contrairement à son habitude, n'osera trancher. Pour le moment, il se contentera de répondre, conformément à sa conception qui veut que l'honnête homme, à l'image de la personne dont il constitue une sorte de version idéale, ne puisse assurer son accomplissement véritable que s'il renonce à la tentation de la facilité et développe les efforts nécessaires pour y arriver: «Toute la question est de savoir si nous pouvons le faire. [...] Avant de songer à faire Canadien, il faut tâcher de faire de notre mieux[103].»

Faire de notre mieux! C'est dans ce vœu élémentaire que va prendre forme le projet historiographique de Frégault qui est aussi, je devrais dire surtout, projet d'enrichissement culturel de la nation.

Notes

1. Fondé en décembre 1946, il accueillera ses premiers étudiants en octobre 1947.
2. Voir F. 323 p. 9; Jean-Paul Robillard, «Interview-éclair avec Guy Frégault», *Le Petit Journal*, 10 février 1957, p. 60; Jacques Nolin, «Chronique des années perdues», *Nos Livres*, 8 (juin-juillet 1977), n° 214.
3. Lionel Groulx, *Mes Mémoires*, vol. IV, Montréal, Fides, 1974, p. 170.
4. F. 7 p. 29.
5. F. 12 p. 263.
6. F. 354 p. 148.
7. F. 349 p. 153, 154, 155.
8. *Ibid.*, p. 15.
9. Christian Roy a récemment fait la découverte de l'abondante correspondance que Frégault a entretenue avec lui. Voir à ce propos: «Le personnalisme de L'Ordre Nouveau et le Québec, 1930-1947. Son rôle dans la formation de Guy Frégault», *Revue d'histoire de l'Amérique française*, 46, 3 (hiver 1993), p. 463-484.
10. Frégault à Gérard Payer, 3 mai 1936, P168, Correspondance Payer, Centre de recherche en civilisation canadienne-française.
11. Jean-Marie Domenach, *Emmanuel Mounier*, Paris, Seuil, coll. «Écrivains de toujours», 1972, p. 39.
12. R. P. Thomas-M. Lamarche, o.p., *À qui le Pouvoir? À qui l'Argent? Corporatisme/crédit/travail*, Montréal, Édition de l'œuvre de la presse dominicaine, 1938, p. 7, 13-14.

13. F. 18 p. 207.
14. Cité par Jean Touchard, «L'esprit des années 1930: une tentative de renouvellement de la pensée politique française», dans Guy Michaud, dir., *Tendances politiques dans la vie française depuis 1789*, Paris, Hachette, 1960, p. 98.
15. Jean-Marie Domenach, *op. cit.*, p. 40. Robert Brasillach souligne, dans *Notre avant-guerre*, que ce qui le frappait le plus au cours de la crise économique c'était moins le spectacle de la misère que la prolifération de la standardisation américaine. Voir Robert Brasillach, *ibid.*, p. 79.
16. Cité par Jean-Marie Domenach, *op. cit.*, p. 81; 76.
17. Jean-Marie Domenach rappelle à ce propos, en parlant de Mounier, que les expressions les plus radicales à l'époque sont maintenant les plus banales: «qui peut [...] imaginer le scandale que fit, dans le monde catholique, le mot *révolution* prononcé par des hommes qui se réclamaient du spirituel?», *ibid.*, p. 24.
18. Cité par Edmond Lipiansky, «L'"Ordre Nouveau" (1930-1938)», dans Edmond Lipiansky et Bernard Rettenbach, *Ordre et démocratie*, Paris, Presses Universitaires de France, 1967, p. 8, 9.
19. Cité par Jean-Marie Domenach, «Les principes du choix politiques», *Esprit*, 18, 174 (décembre 1950), p. 820.
20. Voir Fernand Dumont, «Les années 30 — La première Révolution tranquille», dans Fernand Dumont, dir., *Idéologies au Canada français, 1930-1939*, Québec, Les Presses de l'Université Laval, 1978, p. 1-4.
21. Cité dans Le Comité Permanent de la Survivance Française en Amérique, *La Vocation de la race française en Amérique du Nord*, Québec, Imprimé aux ateliers de l'Action catholique, 1945, p. 35.
22. Paul Simard, cité par Arthur Laurendeau, «Ce que dit la jeunesse», *L'Action nationale*, 5, 5 (janvier 1935), p. 126.
23. Voir Fernand Dumont, *op. cit.*, p. 1-18.
24 «Programme de restauration sociale», *L'Action nationale*, 2, 3 (novembre 1933), p. 211.
25. François Hertel, *Pour un ordre personnaliste*, Montréal, Édition de l'Arbre, 1942, p. 20.
26. Voir Lionel Groulx, «L'éducation nationale et les écoles normales», *L'Action nationale*, 4, 6 (sept. 1934), p. 12.
27. *Id.*
28. *Ibid.*, p. 24.
29. Charles Péguy, cité par F. 30.
30. F. 25 p. 345.
31. La correspondance qu'il a entretenue pendant ces années avec son ami Gérard Payer révèle qu'il a lu — et médité — *La Révolution nécessaire* (1933) de Robert Aron et Arnaud Dandieu, *Révolution personnaliste et communautaire* (1935) d'Emmanuel Mounier et *Humanisme intégral* (1936) de Jacques Maritain.
32. Blair Neatby, *La grande dépression des années 30 — La décennie des naufragés*, Montréal, La Presse, (1972), 1975, p. 27.
33. F. 1 p. 84.

34. En 1969, dans la «Préface», qu'il rédigeait à l'occasion de la réédition de *La Civilisation de la Nouvelle-France* (1944), Frégault pouvait dire: «Le jeune homme qui a écrit ce petit livre savait sans doute un peu moins de choses que l'homme qui en rédige aujourd'hui la préface, mais il avait sur ce dernier de nets avantages, et notamment celui de ne douter de rien.» (F. 343 p. 9) Je dois ajouter que s'il en est ainsi en 1944, la période qui s'étend entre 1937 et 1940 ne lui cède en rien. Il faut dire, qu'à cette époque, Frégault ne fait que s'approprier le ton dogmatique qu'avait l'habitude de prendre les collaborateurs de *l'Ordre nouveau* dont Mounier disait, en 1935, qu'ils étaient «trop péremptoires, assurés dans un système de vocabulaire auquel ils rapportent tout problème, sans résonnance intérieure». Cité par Jean Touchard, *op. cit.*, p. 109.
35. F. 25 p. 344.
36. F. 18 p. 208.
37. F. 25 p. 343.
38. Emmanuel Mounier, *Le personnalisme*, Paris, Presses Universitaires de France, coll. «Que-sais-je?», n° 395, (1949), 1965, p. 115.
39. *Ibid.*, p. 117. C'est là le titre du premier article que Mounier fera paraître dans *Esprit* en 1932.
40. F. 7 p. 28. «Ordre» est un des mots les plus employés, par la droite et par la gauche, au cours des années trente et ce, non sans recouvrir une certaine ambiguïté. Voir à ce propos: Jean Touchard, *op. cit.*, p. 90, 92, 104.
41. F. 3 p. 233.
42. F. 4 p. 86.
43. F. 1 p. 87, 85.
44. F. 7 p. 27.
45. F. 1 p. 89. Il cite Daniel-Rops, *Éléments de notre destin,* Paris, Édition SPES, 1934, p. 125.
46. F. 4 p. 87.
47. F. 7 p. 27-28. Par «incarnation», il faut comprendre qu'il s'agit de réaliser l'unité de la personne, c'est-à-dire l'équilibre entre ce qui relève du charnel et du spirituel.
48. F. 12 p. 264.
49. F. 3 p. 232.
50. F. 1 p. 83. Cette aversion envers l'État s'inscrit dans le prolongement de la pensée proudhonnienne que véhicule *l'Ordre nouveau.*
51. F. 12 p. 262.
52. F. 32 p. 312. Au Canada français, toute une pléiade d'idéologues, Groulx en tête, se sont mis à évoquer au milieu des années trente, pour ne pas dire à implorer, la venue d'un chef «sans peur et sans reproche» à qui l'on pourrait confier les destinées de la nation.
53. F. 18 p. 208. Cette opposition constitue l'un des thèmes privilégiés de la jeunesse française de l'époque.
54. *Id.* Plus loin, Frégault va même jusqu'à proposer l'institution d'un service civil pour éviter «qu'une seule classe serve de bouc émissaire à une civilisation». (p. 209) De plus, «les machines devront encore libérer l'homme de la misère» et «garantir à tout homme son *minimum* vital». (p. 209) On reconnaît là, une fois de plus, à

travers des notions comme celles de «service civil» et de «minimum vital», les thèmes que privilégient *l'Ordre nouveau.*

55. F. 18 p. 208.

56. F. 40 p. 144. «Clerc» est employé ici au sens de l'homme lettré et du savant qui dénient le monde de l'expérience au profit des froides réalités de la raison.

57. *Ibid.*, p. 144, 145, 144.

58. F. 19.

59. F. 25 p. 344. Pour Daniel-Rops, ces bases vitales et «éternelles» sont la patrie, la famille, la propriété et le métier. Voir à ce propos: *Éléments de notre destin*, p. 126-189. Il est significatif que Frégault omette volontairement la propriété au profit de la nation.

60. F. 37.

61. *Ibid.*

62. F. 13 p. 303. Voir aussi F. 25 p. 345.

63. F. 25 p. 358.

64. F. 7 p. 27; voir aussi F. 1 p. 86. Frégault emprunte ici à Péguy sa conception des âmes: «Il y a quelque chose de pire que d'avoir une mauvaise âme. C'est d'avoir une âme toute faite. Il y a quelque chose de pire que d'avoir une âme perverse. Et c'est d'avoir une âme habituée.» Cité par Pierre Brodin, *Maîtres et témoins de l'entre-deux-guerres*, Montréal, Édition Valiquette, (1943), 1945, p. 33.

65. F. 2, p. 144, 145.

66. F. 1 p. 86.

67. Frégault à Alexandre Marc, 6 mai 1937.

68. Frégault à Alexandre Marc, 25 novembre 1937. Cité Par Christian Roy, *op. cit.*, p. 473.

69. F. 1 p. 83.

70. F. 2 p. 147, 148, 149.

71. F. 1 p. 86.

72. F. 2 p. 145.

73. F. 1 p. 86.

74. F. 2 p. 149, 150.

75. *Ibid.*, p. 150.

76. F. 33.

77. Voir *ibid.* Cette conception voulant qu'il faut d'abord recomposer en soi le passé demeurera pour lui, une fois devenu historien, l'exigence centrale de l'enseignement de l'histoire dont l'objectif est de faire comprendre plutôt que retenir des dates. Ce sera là son argument central lorsqu'il s'élèvera contre l'idée du «manuel unique».

78. F. 2 p. 145.

79. F. 25 p. 353. Cette conception de l'histoire contraste avec celle que Lionel Groulx pouvait lui offrir. «Ainsi en est-il pour un peuple. Son existence n'aura d'unité et de vigueur que si l'action des générations s'ajoute et s'emboîte sans cesse. Sa tâche est d'enfermer ses activités dans les moules ou les formes qui répondent à son génie et de faire en sorte que les vivants continuent d'être gouvernés par les morts.» *Notre Maître, le passé*, vol. I, Montréal, Bibliothèque de l'Action française, 1924, p. 17.

80. Voir Jean Le Moyne, «Saint-Denys-Garneau, témoin de son temps», *Convergences*, Montréal, HMH, 1961, p. 219-241.
81. *Ibid.*
82. Frégault à Groulx, juillet 1937. Fonds Guy-Frégault, Institut d'histoire de l'Amérique française. À moins d'avis contraire, les citations qui suivent proviennent de ce même document.
83. F. 3 p. 234-235.
84. Dans son dernier livre, Frégault souligne à ce propos: «Les Québécois ont beau vivre aux portes des États-Unis [...], ils ne suivent presque pas l'évolution de la culture américaine... [...] Avant la guerre et même après, beaucoup ont vu — et moqué — les États-Unis à travers les *Scènes de la vie future* de Georges Duhamel. Quand ils publient une chronique américaine, les journaux sérieux se bornent le plus souvent à reproduire celle d'un quotidien français. Les sources culturelles du Québec sont françaises.» F. 354 p. 36-37.
85. Voir Marie-Andrée Beaudet, *L'impact de la situation linguistique sur la formation du champ littéraire au Québec 1895-1914*, Thèse de doctorat, Université Laval, 1989, p. 300-315.
86. Je fais référence au compte rendu qu'il nous a donné de l'ouvrage posthume d'Olivar Asselin (F. 8) dont, significativement, le titre est «Pensée française».
87. F. 354 p. 38.
88. Lionel Groulx, *Mes Mémoires*, vol. IV, p. 169.
89. F. 356 p. 114.
90. Frégault à Gérard Payer, 6 novembre 1937. P168, Correspondance Payer, Centre de recherche en civilisation canadienne-française.
91. F. 19.
92. F. 3 p. 238; 239.
93. Lionel Groulx, *Directives*, Montréal, Éditions du Zodiaque, 1937, p. 96. Voir aussi p. 101.
94. Cité par F. 25 p. 354.
95. F. 13 p. 304.
96. Frégault à Alexandre Marc, 2 août 1937. Cité par Christian Roy, *op. cit.*, p. 469.
97. Dix ans plus tard, en réponse au compte rendu que Groulx va écrire de son *François Bigot* dans l'*Action nationale* en 1949, Frégault lui écrira: «Vous me dites libéré de tout colonialisme intellectuel. Vous savez peut-être que, lorsque je me suis inscrit à la Faculté des lettres, en 1938, j'étais sans doute le plus misérable colon de tout le Bas-Canada. C'est à vous voir si dégagé de toute influence superstitieuse et si fortement enraciné dans nos réalités nationales, si original en somme, que l'exigence m'est apparue — non sans crise — d'une démarche libre dans les aventures de l'esprit. C'est alors que j'ai compris que, si je voulais aller un peu plus loin, je devais, à votre exemple, marcher sur mes propres jambes. Seul, un vrai maître pouvait m'inspirer ce sens de la liberté, avec son contrepoids de responsabilité. Outre l'histoire, c'est ce que vous m'avez enseigné.» Frégault à Groulx, 14 mars 1949, Institut d'histoire de l'Amérique française.
98. F. 19.

99. F. 25 p. 346, 350. La citation de Daniel-Rops est tirée de la page 134 de son livre *Éléments de notre destin, op. cit.* Daniel-Rops ajoute, dans le passage suivant, que la nation «poursuit une mission qui lui est propre, et c'est dans la mesure où elle est fidèle à cette mission qu'elle accède à une valeur universelle. [...] Le Canada, la Belgique, la Suisse font partie, en ce sens, de la *nation* française».
100. F. 25 p. 354.
101. F. 7 p. 29.
102. F. 19.
103. F. 37.

Chapitre VIII

DE LA RÉVOLUTION PERSONNALISTE AU PROJET HISTORIOGRAPHIQUE

Au moment où, en juin 1940, Paris capitule, Frégault n'a d'autre choix — lui qui rêvait de voir d'un peu plus près le génie national français et de devenir helléniste — que d'accepter l'offre de Groulx et d'aller faire son apprentissage d'historien aux États-Unis. Cette offre n'a rien de circonstancielle. En fait, Groulx, voyant sa retraite se profiler à l'horizon, se cherchait, depuis quelques années déjà — et selon la coutume de l'époque — un successeur apte à prendre sa relève. C'est dans ce but qu'il ménage à Frégault un séjour de formation aux États-Unis, car il veut lui éviter ce qu'il a vécu lui-même, c'est-à-dire «la corvée de l'improvisation en un métier où l'on n'improvise point[1]».

Il faut dire que Frégault est le quatrième candidat de Groulx. Dès 1934, André Laurendeau avait refusé pour raison de santé! Puis, Groulx tentera vainement d'attirer Jacques Le Duc à l'histoire. C'est que le talent de Le Duc a aussi été remarqué par Mgr Chartier, doyen de la Faculté des lettres, vice-recteur de l'Université de Montréal et professeur de grec qui, à l'instar de Groulx, approche de la retraite et le prend sous son aile. Leduc devient alors le candidat désigné par la Faculté des lettres pour obtenir la bourse qui lui permettra, en 1939, d'aller étudier le grec à la prestigieuse École normale supérieure de Paris. De santé fragile, il s'est épuisé dans le travail et par un «tour de France à bicyclette». Brisé, il doit rentrer au pays où il mourra peu après. Enfin, sur la recommandation de

Mgr Gauthier, Groulx devait jeter son dévolu sur l'abbé Wilfrid Morin qui venait de soutenir, à Paris, une thèse de doctorat qui paru en 1938 sous le titre de *Nos droits à l'indépendance politique*. Ce dernier ne se sachant pas choisi pour succéder à Groulx, pas plus qu'il ne se savait observé, devait confier à Groulx son sentiment d'humiliation d'avoir été nommé professeur d'histoire du Canada au Petit Séminaire de Montréal. Malgré les encouragements de Groulx, il devait bientôt cesser toute relation avec ce dernier jusqu'à ce qu'un accident de voiture mette abruptement fin à ses jours en 1941[2].

À la mort de Jacques Le Duc, Guy Frégault devint le nouveau protégé de Mgr Chartier. En avril 1940, ce dernier le propose comme remplaçant de Le Duc à l'École normale supérieure de Paris. Toutefois, avec la guerre, la situation s'embrouille pour Frégault. Quelques jours avant l'entrée des Allemands dans Paris, Groulx, qui l'avait déjà approché, en profite pour lui offrir, sans ambages, sa succession.

> Il me plairait fort, sans doute, de vous voir occuper la chaire de littérature qu'on destinait à Jacques Le Duc. D'autre part, il me semble que votre tournure d'esprit vous incline assez peu vers la littérature pure. J'aimerais beaucoup vous laisser ma succession — Vous pourriez reprendre et terminer une œuvre que j'ai à peine ébauchée, l'ayant commencée trop tard et sans préparation spéciale[3].

Dans une lettre à Groulx, datée du mois de juin 1940, Frégault lui écrit: «Quant à votre projet de Loyola, il m'enthousiasme. J'ai toujours eu un goût très vif de l'histoire: je crois que c'est là que je pourrais servir le moins inutilement. Mais il serait véritablement désastreux, pour moi, que ce projet s'écroulât par suite de retards. [...] Je me trouve un peu comme dans une impasse[4].» Cette impasse ne se dénouera pas avant trois mois. Auparavant, il faut que Groulx réussisse à lui obtenir une bourse du gouvernement. De plus, Frégault hésite à faire part de ce projet à Mgr Chartier. «Je ne sais, écrit-il à Groulx, si je pourrais le faire sans qu'il s'imagine que j'agirais par une sorte d'ingratitude ou par méconnaissance du dévouement très réel qu'il m'a manifesté. C'est là le nœud du problème[5].» Au mois d'août, la situation se clarifie quant à ses études à Paris. Il écrit à Groulx: «En tout cas, une chose est claire: si l'on ne peut expédier de journaux français au Canada, il est impossible d'expédier des étudiants du Canada en France. [...] Maintenant, il est possible que je sois orienté vers l'histoire[6].» En attendant des nouvelles de sa bourse, il continue à se chercher de l'emploi dans un collège. Muni de lettres de recommandation signées par Groulx et Mgr Chartier, il réussira, peu après, à se trouver un emploi comme professeur de méthode au collège Jean-de-Brébeuf «mais, avoue-t-il à Groulx, je rendrai avec plaisir mon tablier [...] dès qu'il sera définitivement acquis que je pourrai aller au Loyola University, l'année prochaine[7]». Il n'aura pas à attendre aussi longtemps. Ayant finalement obtenu sa bourse du gouvernement provincial, il abandonne le collège Jean-de-Brébeuf pour se rendre, dès la première semaine d'octobre 1940, à l'Université Loyola de Chicago où il entreprendra son apprentissage d'historien.

Dès son arrivée à Chicago, il rencontre ses nouveaux maîtres. «Ils étaient sérieux et sympathiques, diserts et charmants. Aucune morgue, aucune suffisance chez ces *scholars* à l'esprit méthodique et délié[8].» N'ayant pas de sujet de recherche, le père Delanglez, s.j., qui sera son «adviser», lui propose sur le champ «La carrière de P. Le Moyne d'Iberville[9]». Delanglez, «ce maître impeccable[10]», provoquera une vive impression sur le jeune Frégault.

> Le P. Delanglez — à qui j'ai transmis vos hommages — est un type réellement merveilleux: il est à la fois original, violent, savant et très bon pour moi; il a un sens critique d'une acuité et d'une pénétration singulières; il donne à ses opinions un tour très abrupt qui me fait apprécier particulièrement la soirée que je passe avec lui chaque semaine. [...] Je suis de jour en jour plus heureux que vous m'ayez aiguillé vers l'histoire[11].

L'impression que Frégault exercera sur ses professeurs n'en sera pas moins vive.

> ...les professeurs de M. Frégault sont très contents de lui. Ceci est particulièrement vrai du père Roubik, chairman of the History Department. Ce dernier avait donné comme sujet d'un essai, les tendances culturelles au Canada. [...] Je cite le Père Roubik: «*That paper took my breath away. It is twenty times as good as any paper I ever got from any student at the end of their course, and he is only beginning!*» J'ai vu cet essai et je puis vous assurer que le père Roubik n'exagère en rien[12].

Un peu décontenancé, au début, par l'apprentissage qu'exige son nouveau métier d'historien — l'Université de Montréal n'initiant pas, à cette époque, ses étudiants «à la théorie ni à la pratique du travail scientifique[13]» — Frégault ne tardera pas malgré tout à s'ajuster et à mener ses études à un train d'enfer. D'ailleurs, il trouve le sujet «passionnant[14]». Dix-huit mois seulement après son arrivée à Chicago, il soutiendra sa thèse de doctorat en juin 1942, alors que le temps habituel pour mener à bien une telle tâche est de trois ans. C'est ce manuscrit qui, une fois remanié, paraîtra, en 1944, sous le titre d'*Iberville le conquérant*.

On pourrait croire que les relations entre Guy Frégault et Mgr Chartier ait été ou refroidies ou interrompues à la suite de la réorientation de Frégault vers une carrière d'historien. Au contraire! À l'examen de la correspondance qu'ils ont échangée à travers les années et à l'analyse de divers documents d'archives qui ont trait à leurs rapports, il est indéniable que celui qui — parfois anonymement, mais toujours avec désintéressement — a, au début, le plus protégé et favorisé la carrière de Guy Frégault, ce n'est pas Groulx mais bien Mgr Émile Chartier. Ainsi, après avoir obtenu son doctorat, Frégault revient à Montréal impatient «de reprendre contact avec l'asphalte natal[15]». Toutefois, Lionel Groulx va juger qu'il est encore trop tôt pour lui céder son poste à l'Université de Montréal. Puisqu'il n'y a pas encore d'Institut d'histoire dans les universités québécoises, la situation de Guy Frégault, comme historien professionnel, est plus pénible qu'elle n'en a l'air à prime abord. Mgr Chartier et Lionel Groulx en sont bien conscients. Un mois avant sa soutenance, Mgr Chartier lui écrit pour lui annoncer qu'il a déjà des projets pour lui.

> Dès que ton année sera finie, envoie-moi un rapport complet et *officiel* des résultats. Je m'aboucherai aussitôt avec M. Bruchési pour t'assurer le maintien de ta bourse au cours de 1942-43. Fais ton plan toi-même à ce sujet; mais cela t'irait-il de consacrer l'année à des recherches dans les archives soit à Ottawa soit à Québec soit même à Washington? Car il faudra, dans la requête, préciser l'emploi que nous entendons te faire faire de l'argent du public. *The water is open to you*[16].

Dans le même temps, Groulx lui propose un séjour aux Archives d'Ottawa et de Québec. Toutefois, les Archives de Washington étant inaccessibles pour la durée des hostilités, et les bourses d'études ne pouvant être octroyées que pour la poursuite d'études à l'étranger, Lionel Groulx et Mgr Chartier n'ont d'autres choix que de faire jouer leurs imaginations et tirer les ficelles pour que Frégault réussisse à obtenir, pour le moins, un poste aux Archives. Ces démarches, amorcées en mai, n'aboutissent qu'à l'automne. Entre-temps, Mgr Chartier et Lionel Groulx conjuguent leurs efforts pour tenter de trouver une solution de rechange. À la fin du mois de juin, Groulx propose à Frégault de lui céder ses cours publics d'histoire canadienne qu'il donnait depuis 1915 à l'Université de Montréal. Cependant, il ne peut assumer une diminution de salaire. Mgr Chartier est là pour veiller au grain. Il écrit au recteur:

> Auriez-vous l'obligeance de réserver à la Faculté des lettres, cette année encore, les $125 que je fais verser annuellement à l'archevêché (fonds Charette) pour les conférences d'histoire du Canada, je veux dire les conférences publiques?

> J'ai l'intention de transporter à Guy Frégault cette partie du cours de M. Groulx et le rétribuerais, au prix qu'avait autrefois ce dernier pour ses cinq leçons publiques.
>
> La raison, c'est que M. Groulx désire se décharger d'une partie de son travail pour élaborer l'édition définitive de son cours. Je voudrais aussi mettre le pied dans l'étrier à un *as* et à un jeune[17].

Avant même qu'il ne commence à donner ses premières conférences publiques, Frégault obtient son poste aux Archives et doit partir pour Québec. Dès le départ, Groulx lui a tracé un programme de travail, pour ses recherches aux Archives et ses conférences à l'Université de Montréal, et l'oriente vers la période 1713-1763. À compter de novembre 1942, il commence à donner ses conférences publiques, travaille à la refonte de sa thèse et effectue les recherches qui vont mener à la publication, en 1944, de *La Civilisation de la Nouvelle-France.* En septembre 1943, la vie de Guy Frégault prendra cependant un nouveau tournant. Chartier écrit à Groulx:

> Quelqu'un a attiré l'attention de Mgr le chancelier sur la condition précaire de l'excellent Guy Frégault; pour un travail obscur de mercenaire, il ne gagnerait que $900.
>
> En sa qualité de président de la Société d'administration, Mgr me fait savoir que, si M. Frégault consentait à devenir professeur à plein temps et à partager votre enseignement en attendant de vous succéder, la Société lui assure $ 2000 par année, avec augmentation éventuelle de tant par année jusqu'à $ 2500 ou 3000 (on prévoit son mariage possible)[18].

Devenu chargé de cours à plein temps, Frégault abandonne son poste aux Archives et peut maintenant se «donner entièrement à l'histoire, et cela, à l'Université[19]». Le 20 novembre 1943, il épousera Lilianne Rinfret, et c'est Mgr Chartier qui bénira leur mariage.

Dès l'automne 1943, Frégault inaugure le premier cours de méthodologie historique qui ait jamais été donné dans une université québécoise et il introduit, par la même occasion, la pratique du séminaire d'histoire, tout en donnant un cours portant sur les institutions publiques de la Nouvelle-France. Mgr Chartier, appelé à désigner, lors de son départ prévu pour le 24 juin 1944, ses successeurs pour les sept postes qu'il occupait simultanément à l'Université de Montréal, décide de confier «la littérature canadienne, au jeune maître Guy Frégault[20]». À la même époque, toujours grâce à Mgr Chartier, qui entretient depuis longtemps des relations avec la société Grolier, Frégault devient l'un des principaux collaborateurs de la nouvelle édition canadienne-française de son encyclopédie qui commencera à paraître à compter de 1947. En 1944, il publie *Iberville le conquérant*, ouvrage grâce auquel il deviendra le premier lauréat du prix Duvernay de la Société Saint-Jean-Baptiste de Montréal et, quelques mois plus tard, il fait paraître *La Civilisation de la Nouvelle-France*. En 1945, il devient membre fondateur de l'Académie canadienne-française et reçoit la médaille de vermeil de la Société historique de Montréal. Il sera aussi, en 1947, le premier récipiendaire du prix David pour *Iberville le conquérant* et pour *La Civilisation de la Nouvelle-France*. De plus, de septembre 1946 à mai 1947, il sera directeur de *l'Action nationale*.

Ce n'est qu'après la création de l'Institut d'histoire de l'Université de Montréal, au début de 1947, qu'il devient professeur agrégé et directeur du nouvel Institut, poste qu'il occupera, conjointement avec la vice-présidence de l'Institut d'histoire de l'Amérique française qui vient d'être fondé par Lionel Groulx, jusqu'à son départ pour Ottawa en 1959.

Une nouvelle conscience de l'identité

La réorientation subite de carrière qu'a vécue Frégault depuis 1940, ainsi que son séjour aux États-Unis, devaient inévitablement l'amener à mettre en perspective ses anciennes croyances. En effet, l'expérience directe qu'il a fait de ce pays et de ses «scholars» va lui permettre de mesurer la distance entre ce que véhicule généralement la littérature française et la réalité culturelle américaine, ramenant ainsi à de plus justes proportions l'apparente supériorité de la culture française et ses prétentions à l'universalité. Il a pu directement constater que la littérature française présente souvent une image fantaisiste de la réalité américaine, image que les Canadiens français gobent aveuglément. C'est en ce sens qu'il faut comprendre la critique sévère que Frégault administre, en 1942, au roman de Jules Romains, *Salsette découvre l'Amérique*, qui, selon Frégault, «bat le record de la banalité». Mais, plus fondamentalement, ce qu'il lui reproche surtout, c'est son ignorance de la théorie de la frontière. Aussi, selon lui, Jules Romains ne peut avoir qu'une conception «étriquée» et «caricaturale» des États-Unis puisque, s'il avait connu l'analyse développée par Turner et ses disciples, il aurait compris «que les États-Unis, ce n'est pas seulement New York et "un petit coin des États de l'Est". C'est aussi et surtout le Middle-West, c'est l'Ouest; c'est la "frontière" et son esprit[21]». L'année suivante, ce sera au tour d'André Maurois de se faire attraper, pour la publication de son *Histoire des États-Unis*, mais pour un tout autre motif, puisque ce dernier fera intervenir «en maintes occasions la “théorie de la frontière”». Pour Frégault, cette théorie est «une conception qui explique plusieurs aspects importants de l’histoire des États-Unis; à condition, naturellement, de ne pas en abuser». Ce qu’il reproche à Maurois, c’est que son livre a beau se présenter comme un essai de vulgarisation de l’histoire américaine, cela ne lui donne pas le droit pour autant de manquer de rigueur. Pour Frégault, «c’est un travail bâclé[22]».

La théorie de la frontière, comme on le verra un peu plus loin, jouera un rôle majeur dans la transformation de la conscience de l’identité collective de Frégault. Pour l’instant, ces allusions montrent surtout qu’il a développé une conscience plus critique vis-à-vis des productions culturelles françaises et qu’il est tout à fait gagné au credo scientifique. Ces deux tendances s’amplifieront au cours des années. Bien sûr, celles-ci trouvent leur origine dans l’apprentissage du métier d’historien qu’il a pu faire à Chicago où, selon son propre aveu, il a appris à travailler véritablement en suivant une démarche méthodique. C’est là qu’il découvrira le séminaire qui lui apparaîtra comme «la meilleure méthode de formation intellectuelle que l’on ait trouvé jusqu’à présent[23]». Dans un texte peu connu, Frégault résume la conception qu’il a du travail historique en ce début de carrière. Elle ne variera pas beaucoup, dans ses aspects essentiels, au cours des années.

> Le doute méthodique, le système de la table rase, est la condition d’un travail historique à la fois intelligent et fécond. Ne tenir pour certain que ce qui est prouvé, n’accepter que ce qui s’appuie sur les documents ou sur les monuments authentiques et, pour le reste, appeler les hypothèses par leur nom, telle est la règle fondamentale à laquelle les ouvriers de l’histoire ne doivent jamais se permettre de déroger. [...]
>
> Aux anciens historiens, souvent satisfaits de faire de l’éloquence et de la littérature, il importe maintenant d’opposer une réaction de caractère résolument intellectuel. C’est là le seul moyen qui reste à l’ouvrier de l’histoire, quel qu’il soit, d’être égal à sa tâche et de travailler efficacement pour la culture[24].

Cette volonté d’établir les connaissances sur une base plus rigoureuse n’est pas, bien sûr, un désir qui appartient en propre à Frégault: ce sera aussi celui de toute une génération qui, au cours des deux décennies qui suivront, en fera un enjeu social et culturel majeur. Ce besoin de rigueur a commencé à s’amorcer dans l’entre-deux-guerres après que l’épisode de la Première Guerre mondiale ait fait prendre conscience au monde entier qu’il n’était guère souhaitable qu’un seul pays, en l’occurrence l'Allemagne, concentre dans ses seules mains l'essentiel de la connaissance scientifique et de la production industrielle de pointe du moment. Au début des années vingt, un mouvement avait timidement commencé à prendre forme, puis il s'était accentué au cours des années trente, dans le but de réformer l'enseignement des sciences au niveau secondaire et d'assurer son plein développement au niveau universitaire. Cette évolution ne s'est pas réalisée sans accrocs. Pendant longtemps, comme l'a noté Adrien Pouliot dans une série d'articles qui devait faire une forte impression au début des années trente, adversaires et partisans d'une réforme scientifique ne réussissent même pas à parler le même langage.

> Nous causons *science* et l'on nous répond *manuel;* nous invoquons le *progrès* et l'on nous montre la *tradition;* nous prononçons: *méthode* et l'on comprend *programme*, nous réclamons un enseignement *équilibré* et l'on entend que nous voulons supprimer le *latin*... [...] Que dis-je? On a même pris récemment prétexte de nos revendications en faveur de la réforme des études scientifiques pour crier au «cartésianisme» et dénoncer «les snobs qui n'ont d'autre religion que la mode»[25].

Dix ans plus tard, la situation aura suffisamment évolué pour que, dans la querelle qui oppose toujours, et pour quelques années encore, les tenants des disciplines classiques aux disciplines «modernes», certains prétendent que le vocable de sciences ne saurait se limiter aux seules sciences mathématiques ou expérimentales et que des domaines comme la géographie, l'histoire et même la littérature puissent légitimement prétendre à ce statut[26]. Cependant, il ne suffit pas de proclamer que l'histoire soit une science pour qu'elle le devienne, surtout en ce début des années quarante. De plus, vouloir pratiquer «le système de la table rase» et appeler «les hypothèses par leur nom» ne peut, en ces années, qu'être cause de frictions. Marcel Trudel rapporte en ces termes les difficultés que les premiers ouvriers de l'histoire scientifique ont eu à affronter:

> Ce n'est pas que les gens de cette époque n'eussent pas le goût de l'histoire; bien au contraire, ils avaient de l'histoire un véritable culte, et c'est justement de là que venaient les misères. On exigeait de l'historien qu'il n'expose du passé que sa beauté, la belle histoire devait constituer son sujet: l'histoire des belles actions, celle des grands hommes (inattaquables, parce que classés grands hommes), l'histoire qui fût de nature à soulever admiration et enthousiasme[27].

Pour le moment, Guy Frégault fait figure d'isolé. Mais bientôt, toute une génération de jeunes intellectuels, issue d'un mouvement irrésistible de spécialisation des savoirs qui s'affirme au cours des années quarante et plus particulièrement dans l'après-guerre, viendra faire l'apologie de la science et de la compétence en s'opposant de plus en plus aux défenseurs de la culture humaniste. À l'exemple de toutes transformations culturelles subites, cette querelle prendra la figure d'un conflit entre «anciens» et «modernes». Il serait exagéré toutefois de parler de rupture radicale. De plus, même les modernes trouveront l'occasion de se quereller entre eux. En fait, on a affaire, comme l'exemple de la carrière de Guy Frégault le démontrera, à un processus graduel de dédoublement de la culture qui n'ira qu'en s'accentuant, au cours des années cinquante, jusqu'à ce que la débâcle provoquée par la Révolution tranquille n'emporte l'essentiel des cadres sur lesquels la tradition, jusqu'alors dominante, fondait sa représentation du monde. Pour le moment, soulignons simplement que ces controverses ne reflètent pas exclusivement une lutte pour le pouvoir entre deux intelligentsia mais aussi, et peut-être surtout, qu'elles renvoient à un débat de fond où il faut décider du sort de la culture et du devenir de la société. La société québécoise ne pouvant se fermer à toutes influences, comme elle a souvent été tentée de le faire, ni non plus s'ouvrir à tous les vents, elle a été amenée par la force des choses à se livrer à un immense travail de médiation où, au «déchiffrement plus attentif du vieil héritage[28]», s'ajoutait celui de la nature des transformations sociales qui pouvaient l'affecter.

Jusqu'alors le nationalisme traditionnel avait réussi, par le biais de l'idéologie de la survivance, à rendre artificiellement présent un passé que l'on avait figé sous la figure d'un idéal agraire, catholique et français qui assurait le fondement de notre identité collective. Toutefois, depuis le milieu des années trente, des craquements commencent à se faire entendre de plus en plus. On ne veut pas seulement survivre, mais vivre. Ces appels à la vie et à la liberté longtemps réprimés, que symbolise l'œuvre de Saint-Denys-Garneau et que jalonneront de dix ans en dix ans le *Refus global* de Borduas et les *Insolences du frère Untel*, ne sont que des manifestations un peu plus intempestives de ce désir de fond qui sourd du contraste existant entre le caractère global des transformations dont la société québécoise est l'objet et la tradition culturelle encore dominante. Ces bouleversements sociaux et les médiations symboliques auxquels ils donneront naissance, soit pour les contrer ou pour les promouvoir, ne peuvent éviter de renvoyer à une réflexion plus ample sur la nature de notre identité collective.

Cette entreprise de rectification de l'identité collective, Frégault va d'abord en faire l'expérience intime dès son retour de Chicago. En ce qui le concerne, il est cependant plus opportun de parler de mutation puisqu'en moins de deux ans, sa conscience de l'identité nationale se métamorphosera complètement. En effet, entre 1941 et 1943, la problématique identitaire sur laquelle il faisait jusqu'alors reposer l'essentiel de ses analyses et de ses interprétations de la situation va, d'une certaine manière, s'inverser. En 1941, en réponse à une enquête qu'effectue l'*Action nationale* auprès des «intellectuels», Frégault peut encore affirmer, même après avoir fait un an d'études à Chicago, qu'«il n'y a pas de culture canadienne-française parce qu'il n'existe pas, ou du moins pas encore, à mon avis, de *nation* canadienne-française» puisque, selon lui, nous appartenons toujours à la nation française.

En 1943, la flèche du temps s'est retournée. La nation canadienne-française, ce n'est plus dans un avenir hypothétique qu'elle se réalisera: elle a déjà pris consistance et ce, dès les origines, sous le régime français. En effet, parlant des Canadiens, il soutiendra que, dès le début du XVIIIe siècle, «ces conquérants se sont taillés une place parmi les nations». Pour Frégault, cela s'explique du fait qu'«au cours d'un siècle d'expériences et de réactions, des habitudes se sont prises qui deviendront des mœurs et transformeront en nation le petit groupe de quelques milliers d'immigrants français qui ont fait souche dans la vallée laurentienne[29]». En effet, puisque cela fait déjà un demi-siècle que la société canadienne a reçu ses «cadres permanents[30]», c'est au cours de la première décennie du XVIIIe siècle que «les Canadiens prennent conscience de leur individualité ethnique[31]» et qu'ils acquièrent «une conscience nationale». Entre 1713 et 1744, c'est-à-dire à la faveur de la paix de trente ans qui succède à la guerre de succession d'Espagne, «le Canada s'est réalisé. Il est devenu une entité morale, un être complet, une nation nouvelle». Autrement dit, «de Français, les gens de la Nouvelle-France étaient devenus Canadiens[32]».

Déjà en 1919, Groulx, dans *La naissance d'une race*, ne disait pas autre chose. Mais l'on ne peut ramener un tel changement de perspective chez Frégault à une cause unique. Seul un spectre d'influences exerçant une puissante action concurrente peut expliquer que quelque chose de fondamental comme la conscience de l'identité puisse se modifier aussi complètement dans un si court laps de temps, surtout lorsqu'on connaît le rôle que Frégault pouvait lui faire jouer dans son interprétation de la situation, alors qu'il rêvait d'une révolution spirituelle qui nous aurait permis de renouer avec la ligne d'un destin qui, dans son esprit, ne faisait qu'un avec celui de la nation française.

Cette volte-face dans la représentation qu'a Frégault de l'identité nationale, pour subite qu'elle soit, est moins radicale en ses premières expressions qu'elle n'en a l'air à prime abord. Elle est plutôt le produit d'un curieux chevauchement entre les éléments d'une tradition reçue, de nouvelles représentations de l'homme et de la société qui émergent à la faveur des mouvements intellectuels de la jeunesse française de l'entre-deux-guerres et d'une nouvelle conception de la science historique. Mais surtout, ce chevauchement s'alimente à un profond désir d'épanouissement collectif, qui sourd de l'entre-deux-guerres, et que les transformations sociales de l'après-guerre vont métamorphoser, chez plusieurs, en un sentiment d'une urgence profonde. Pour Frégault, l'histoire, ou plutôt la «culture historique», grâce aux garanties d'objectivité qu'offre sa méthodologie rigoureuse, sera l'instrument privilégié par lequel il sera dorénavant possible de «voir clair en soi».

J'ai souligné plus haut l'influence que son séjour aux États-Unis a pu jouer dans la métamorphose de sa conscience de l'identité nationale. Ainsi, en plus d'être mis en contact avec une tradition universitaire différente, qui a le culte de la rigueur méthodologique et qui l'initie à des théories nouvelles, Frégault a aussi le privilège de faire, de l'intérieur, l'expérience d'une société extrêmement dynamique qui avait réussi à se donner, avec la théorie de la frontière, un fondement original. Il devenait difficile, dans ses conditions de continuer de douter qu'il soit possible de développer en Amérique du Nord une nationalité nouvelle qui prenne ses distances avec la nation d'origine. Cette expérience constitue, à mon avis, le premier ingrédient de cette chimie particulière qui allait provoquer chez Frégault, en un si court laps de temps, un tel changement de perspective.

À ce séjour aux États-Unis, il faut ajouter que la transformation de la conscience de l'identité nationale chez Frégault intervient aussi au moment où la crise de la conscription a ravivé et porté à son paroxysme l'opposition séculaire entre Canadiens anglais et Canadiens français. Entre son départ pour les États-Unis et son retour au Canada en juin 1942, le rapport entre les deux groupes ethniques n'avait fait que se détériorer. Déjà, en août 1940, la censure de guerre avait provoqué l'arrestation et l'internement — jusqu'en juin 1944! — de Camillien Houde, alors maire de Montréal et député provincial de Sainte-Marie, parce qu'il s'était opposé à l'enregistrement national, mesure qui, selon lui, ne pouvait mener qu'à la conscription générale. Comme le souligne Robert Rumilly: «Au sort de Camillien Houde, le menu fretin imagine ce qu'un acte de résistance lui vaudrait[33].» Lorsque Frégault revient de Chicago, il y a peu de temps que le plébiscite a mis en évidence l'opposition des «deux solitudes». À travers tout le Canada, 80% des Canadiens français ont refusé de libérer King de sa promesse de ne jamais imposer la conscription obligatoire pour service outre-mer, alors que les Canadiens anglais, dans un vote tout aussi massif, ont eu l'attitude inverse. De plus, comme le rapporte André Laurendeau, la censure officielle avait amené le déploiement d'une propagande à sens unique où les Canadiens français — dans leur refus de participer à des hostilités qu'ils associaient aux guerres de l'Empire britannique et dont, par conséquent, ils ne voyaient pas en quoi cela pouvait les concerner — se sentaient isolés au point où plusieurs avaient «le sentiment de vivre en pays occupé» où «l'Anglais était l'occupant». Lorsque les résultats du plébiscite furent connus, les Canadiens français se firent ouvertement insulter. André Laurendeau révèle que «la formule la plus répandue [...] était: *Speak White*, parlez une langue de civilisé, cessez de parler nègre — ce qui associait deux formes de racisme». Le retour de Frégault s'effectuait donc au moment où les relations entre Canadiens français et Canadiens anglais atteignaient un «point d'incandescence[34]». Jamais peut-être depuis l'affaire Riel, une telle polarisation entre Canadiens français et Canadiens anglais n'avait eu lieu. C'est aussi à ce moment qu'a lieu la célèbre controverse Maheux/Groulx.

Quoique, selon le mot de Jean-Marie Domenach, «l'événement est ce qui nous oblige à choisir[35]», ce contexte d'affrontement ne suffit pas, à lui seul, à expliquer la transformation de la conscience de l'identité nationale chez Frégault. Son apprentissage du métier d'historien allait être, en ce sens, beaucoup plus déterminant. Je pense à son séjour à Loyola mais, plus particulièrement, à l'influence qu'exercera Groulx et, à travers lui, la tradition historiographique qui, depuis Garneau, s'est imposée au Canada français.

Cette influence est double. Elle renvoie, d'une part, à une tradition historiographique, c'est-à-dire à une problématique, des méthodes, des champs d'intérêts et des interprétations qui témoignent des variations d'un contexte et des catégories d'intellectuels qui ont conditionné son élaboration. D'autre part, cette influence de Groulx renvoie à une conception du rôle de l'histoire pour le présent et du métier d'historien que Frégault reprendra pour l'essentiel non sans, toutefois, y introduire un tout autre souci qui sera à la source de son projet historiographique.

Le projet historiographique de Frégault

Frégault, en sa qualité de disciple et de successeur attitré de Groulx, pouvait difficilement échapper à son influence ainsi qu'aux principales controverses du temps. Il pouvait écrire à Groulx, peu avant la parution de *La Civilisation de la Nouvelle-France*, que «même les plus aveugles, cette fois, verront un peu de ce que je vous dois. Mon ambition est de placer fidèlement mes études dans le sillage de votre œuvre[36].» Il serait difficile de faire plus grand vœu d'obéissance. Toutefois, dès cette époque, la pensée du disciple n'est pas aussi imbriquée à celle du maître qu'elle n'en a l'air. C'était en quelque sorte inévitable puisque, même avec la meilleure volonté du monde, Frégault ne pourra échapper à l'emprise de son temps.

Cette emprise va se manifester selon deux voies complémentaires. D'une part, Frégault va modifier les référents qui sous-tendent la représentation traditionnelle de la Nouvelle-France au point où le Canadien idéal du XVIIIe siècle, ce ne sera plus l'agriculteur, l'explorateur ou le missionnaire, mais bien une sorte d'homme idéal, véritable modèle d'équilibre qui en fait, à la fois, l'analogue de «l'honnête homme» de la tradition humaniste et de la «personne», telle que définie par les mouvements intellectuels de la jeunesse française de l'entre-deux-guerres. D'autre part, et beaucoup plus fondamentalement, Frégault n'envisagera pas le rapport passé/présent de la même manière que Groulx. Signe de modernité, cette nouvelle appréhension du temps, tout en mettant en question l'idéologie traditionnelle de la survivance, sera à la source du projet historiographique de Frégault.

À l'instar de Groulx, Frégault va faire de la Nouvelle-France une société idéale qui est en même temps le lieu de nos traditions authentiques. Toutefois, le caractère idéal de celle-ci, et les traditions que Frégault va privilégier, ne seront pas de même nature. Ce n'est pas que Frégault, en ces premières années où il s'exerce au métier d'historien, fasse preuve d'une grande originalité, puisque le cadre de son interprétation et la plupart des éléments qui vont soutenir son argumentation se retrouvent déjà dans l'œuvre de Groulx. Mais c'est en faisant varier l'échelle d'importance relative que Groulx pouvait leur accorder, tout en incorporant de nouveaux éléments aux principes explicatifs traditionnels, notamment sur le croyable qui repose sur les conséquences psychologiques de la théorie de la frontière, que Frégault va poser les bases d'un nouveau cadre de mise en intrigue grâce auquel la Nouvelle-France, sans perdre son aspect idéal, va prendre une dimension plus humaine.

Mais, à la différence de Groulx, pour qui le caractère idéal de la Nouvelle-France est avant tout lié à la pureté de nos origines et au intentions providentielles qui y ont prévalu, Frégault, plutôt que de situer cette dimension idéale sur un plan absolu, va, pour sa part, la ramener à une échelle plus humaine en présentant la Nouvelle-France comme un exemple parfait de société équilibrée et aussi, sinon surtout, remplie de «vitalité».

Son cadre de départ, à partir duquel il lui est possible d'assurer «l'unité de l'image» de sa représentation de la Nouvelle-France, il l'emprunte à Groulx. Arrivé à la fin de septembre 1942 à son poste aux Archives de la province, à Québec, il a déjà arrêté, un mois plus tard, le principe par lequel il lui sera possible de rendre intelligible cette période, qu'il réduit à la paix de trente ans, travail qui aboutira à la publication de *La Civilisation de la Nouvelle-France* en 1944.

> Il est évident que dans une étude — qui ne pourra pas être très volumineuse — de la période que vous m'avez indiquée, il va falloir choisir des aspects et faire abstraction d'une foule de détails. J'ai cru pouvoir prendre pour point de départ l'idée que vous avez émise dans votre article sur *Notre milieu*, (A.N., p. 10)[37]: «Sous l'impulsion de la double force toujours active dans notre histoire: force de stabilité et force d'expansion...» Appliquée à l'étude de la période en question, cette idée me paraît aussi féconde en développements que celle de la «Frontière», lancée par Turner aux États-Unis. (Il faut dire que j'ai eu un professeur qui était un véritable dévot de Turner). Il y aurait, d'une part, à étudier un phénomène d'enracinement ou de consolidation au cœur du Canada; d'autre part, la marche vers l'Ouest avec les La Vérendrye. Mais c'est encore immense. Et les problèmes ont l'air de se présenter par grappes[38].

Cette idée directrice va structurer tout son ouvrage. Même sa thèse de doctorat, qu'il remanie au même moment, en subira l'empreinte. Alors que *La Civilisation de la Nouvelle-France* développe les fondements sur lesquels reposent la «force de stabilité» de la Nouvelle-France, *Iberville le conquérant* apparaîtra comme une illustration de sa «force d'expansion».

Iberville le conquérant, se présente d'abord comme une biographie événementielle, où Frégault s'emploie systématiquement à démêler les pièces d'un dossier, dont il cherche à en vérifier l'exactitude, tout en se faisant un plaisir de relever systématiquement toutes les erreurs de ses devanciers. Mais l'objectif de Frégault est de démontrer que d'Iberville n'est pas seulement le premier héros authentiquement canadien mais qu'en lui «se retrouvent les traits dominants d'un groupe et d'une époque. [...]

Sa grande aventure s'intègre dans une aventure plus grande encore: l'histoire de l'empire français d'Amérique[39].»

> Notre histoire, on ne saurait trop le répéter, est à la fois un phénomène d'enracinement et un prodige d'expansion. Elle est en même temps une folle audace et une longue patience. Œuvre de colonisateurs et de conquérants, elle fut le point de rencontre de deux tendances qui contribuèrent également à modeler le visage idéal du Canada français. Mais Pierre Le Moyne d'Iberville fut avant tout l'homme d'une tendance; il fut l'homme de l'expansion[40].

Contrairement à ses devanciers, et malgré l'admiration visible qu'il lui porte, Frégault essaiera de donner à son héros une taille plus humaine: «Iberville n'était ni un saint ni un croisé, mais tout simplement un homme de guerre intrépide et intelligent[41].» À l'exemple du milieu dans lequel son action s'enracine et dont il est le vivant prolongement, Pierre Le Moyne d'Iberville apparaîtra sous la plume de Frégault comme un modèle d'équilibre. Mais cet équilibre n'est pas statique. Il exprime avant tout une tension dialectique. Derrière le schéma de Groulx, il faut voir jouer l'influence de la logique tragique, qui domine la littérature française depuis un quart de siècle, où la vie n'est plus synthèse mais tension, c'est-à-dire une aventure et un risque.

> Sachons reconnaître que Pierre Le Moyne ne fut pas seulement, comme on nous l'a montré le plus souvent, un bon animal de combat qui s'élance tête baissée contre des positions ennemies, mais qu'il fut encore un chef qui sut calculer, qui sut voir (et prévoir) et qui unit la lucidité la plus réfléchie à l'audace la plus violente. C'est pour cela que son audace fut féconde. Cette figure où des forces qui se complètent produisent un équilibre puissant est profondément humaine[42].

Dès sa parution, *Iberville le conquérant* est un succès de librairie. Les commentateurs du temps s'accordent pour y voir un ouvrage écrit «à la manière scientifique moderne» mais les notes en bas de page agacent plus souvent qu'autre chose[43]. Une chance toutefois, s'écrie l'un d'eux, que «les conseils du chanoine Groulx corrigèrent ce que l'enseignement des maîtres américains de M. Frégault avait pu avoir d'un peu trop tourné vers la documentation pure et l'abus de la statistique[44]»! Certains y voient même l'occasion de consacrer, une fois de plus, la formule «"notre Maître le Passé" [...] bien qu'on ait voulu, avec une naïveté sans bornes, y substituer celle-ci: "Notre maître l'avenir". L'avenir inexistant peut à bon droit inquiéter l'esprit, mais non pas le remplir, polariser l'effort, mais sans le diriger[45].»

Alors que les comptes rendus qui paraissent dans les revues anglophones font surtout ressortir que *«the author's plan is to interpret the story along nationalist lines*[46]», les comptes rendus rédigés par des francophones font surtout ressortir son caractère objectif. L'un d'eux, rédigés par Jean-Pierre Houle, tranche par rapport aux autres.

> Une certaine tradition naïve et tenace a fait de l'histoire de la Nouvelle-France, un livre d'images d'Épinal pour enfants sages. Du merveilleux, toujours et encore. Si bien que nos héros trônent dans un ciel de légende inaccessible au commun des mortels; ils sont désincarnés à tel point que l'enfant se demande s'ils sont bien de chez lui et, que l'adulte se défend mal d'un sourire sceptique. [...] Cette tradition vient de recevoir un coup mortel porté par le professeur Guy Frégault... [...] Grâce à M. Frégault, Iberville reprend sa grandeur vraie qui n'est pas ordinaire certes, mais qui lui laisse quand même sa taille d'homme de chez-nous. [...] *Iberville le Conquérant* de Guy Frégault marque une belle date de notre histoire littéraire et contribuera, pour une large part, à détruire cette autre légende inepte que nous sommes incapables d'un travail bien fait[47].

La Civilisation de la Nouvelle-France vient compléter le diptyque amorcé par la publication d'*Iberville le conquérant*. Ici, le héros fait place au peuple.

> Ce n'est pas surtout en temps de guerre qu'un pays est lui-même; [...] Dans la paix, au contraire, une société apparaît sous son vrai jour. Le jeu des organismes économiques et le fonctionnement des institutions publiques reprennent leur cours normal. Libérées, les énergies d'un peuple peuvent s'orienter vers l'accomplissement de travaux féconds et s'intégrer dans un effort de volonté créatrice. C'est alors qu'un groupe humain a chance de développer ses virtualités propres et de s'insérer de nouveau dans la ligne de son destin. [...] Depuis un siècle, d'obscures évolutions se sont dessinées. Elles éclateront au grand jour. Place donc aux temps nouveaux! Ils permettront au pays non plus seulement de subsister mais de se développer harmonieusement et aux hommes, non plus seulement de risquer la mort pour survivre mais de vivre, c'est-à-dire de prendre des risques de vie. C'est dans cette atmosphère que se précise, dans ses grandes lignes, la structure historique de la patrie canadienne[48].

Frégault rédige son livre au lendemain de la célèbre controverse Maheux/Groulx, moment où l'on discute également de la possibilité de rédiger un «manuel unique» d'histoire qui servirait dans toutes les maisons d'enseignement du Canada dans l'objectif de promouvoir la bonne entente en atténuant les motifs propres à alimenter la «haine de race». La publication de sa *Civilisation*, lui apparaît comme une occasion de servir la réplique. Il écrit à Groulx à ce sujet:

Que les adversaires de la dignité canadienne-française portent maintenant la lutte sur le terrain de l'histoire, il y a là, je crois, de quoi nous réjouir profondément. C'est pour eux le gage suprême de la défaite; c'est Voltaire devant Jeanne d'Arc. Ils peuvent, maintenant, se chamarrer de petits triomphes; mais l'histoire elle-même, notre histoire inattaquable, les case déjà dans le cycle le plus bas de son Enfer. Votre œuvre est là pour démontrer qu'on ne saurait dissoudre une civilisation, même momentanément oubliée. Et c'est l'idée maîtresse que [je] veux, de mon mieux, servir et illustrer par des exemples[49].

On peut penser que Frégault est sincère lorsqu'il affirme qu'il utilise la notion de civilisation pour éviter de «stériles querelles de langage» puisque, dans le contexte de la Deuxième Guerre mondiale, celui de race s'est chargé de connotations extrêmement péjoratives, alors que celui de civilisation est devenu à la mode. Toutefois, ces deux notions ne sont pas interchangeables et, par là, le choix de Frégault révèle une intention manifeste. Ainsi, alors que la notion de race met l'accent sur les images du corps, de l'hérédité, du transmissible ou, pour être plus précis, sur nos «innéités françaises», croyance véhiculée depuis Garneau et Casgrain sur le rôle éminent que jouerait les «hérédités historiques» sur la psychologie des peuples, celle de civilisation fait appel au structurable, c'est-à-dire aux représentations chères à l'humanisme classique voulant que certaines sociétés réussissent à canaliser les tensions qui l'habitent en un équilibre supérieur qui leur permettrait d'atteindre le plan de l'universel humain. Depuis le XVIIIe siècle, l'idée de civilisation est entendue «comme expression historique progressive du génie humain[50]» dont elle représente, en quelque sorte, l'aboutissement. Pour les nations occidentales, cette notion est, à la fois, le signe d'une commune appartenance et de ce qui les singularise par rapport aux autres peuples. Selon Norbert Elias, si la notion de civilisation représente «l'expression de la conscience occidentale», elle a pour fonction complémentaire de cautionner «les tendances expansionnistes permanentes de nations ou de groupes colonisateurs[51]». En ce sens, la théorie de la «frontière» de Turner représente l'exemple le plus achevé de cette dernière tendance.

En voulant illustrer les caractéristiques de *La Civilisation de la Nouvelle-France*, ces deux dernières fonctions complémentaires ne constituent qu'un arrière-fond dans la pensée de Frégault. Toutefois, lorsqu'il entreprendra, quelques années plus tard, de comparer les efforts de colonisation en Amérique pour en faire ressortir les similitudes, il faudra les conserver à l'esprit. Pour l'instant, l'objectif de Frégault est beaucoup plus de répondre aux détracteurs de la Nouvelle-France en mettant en relief ce dont une société en pleine vitalité est capable de faire lorsqu'un répit de quelques années de «paix armée» peut la laisser tranquillement s'épanouir en un équilibre supérieur.

Quelques années auparavant, la notion de civilisation équivalait pour lui à «une Idée platonicienne[52]». Dans *La Civilisation de la Nouvelle-France*, la perspective est inversée; le fondement apparaît d'abord économique. Dans ce dernier livre «une civilisation, quel que soit son degré d'évolution, repose sur une structure économique[53]». Ensuite,

> S'il est vrai que l'armature économique d'une société conditionne, dans une mesure très variable, la vitalité d'une culture, il est au moins aussi exact d'ajouter que les cadres et les idées politiques marquent profondément une civilisation. Les institutions publiques apparaissent d'abord comme des faits matériels avec lesquels il est impossible de ne pas compter; ce sont aussi de grands faits de psychologie collective et comme tels ils éclairent une mentalité[54].

Enfin, il ne faut pas oublier «qu'en Nouvelle-France la vie de l'esprit doit avoir sa part, comme partout où la France pose l'empreinte de sa civilisation[55]». Nous avons là, grosso modo, le plan que Frégault entend suivre dans son ouvrage. Encore une fois, la Nouvelle-France va devenir, sous la plume de Frégault, un modèle de société équilibrée qui révèle son unité et sa vérité, non par les contradictions qui l'habitent ou la synthèse qu'elle manifeste, mais par la tension vitale qu'elle met en jeu. Aussi, par-delà la démarche qu'il entend suivre dans l'exposé des faits, c'est la représentation d'une société qui réussit à lier les tendances en sens contraire qui la traversent en un équilibre supérieur qui retient l'attention.

Équilibre d'abord sur un plan global — dont il emprunte, comme on l'a vu, le principe à Groulx — entre «la conquête du sol et la conquête de frontières lointaines», travail qui exprime une «œuvre [...] de rayonnement et d'enracinement[56]». Cet équilibre global va se traduire inévitablement par une réévaluation de la relation Est/Ouest, non seulement dans *La Civilisation de la Nouvelle-France*, mais dans la plupart des textes qu'il va publier à cette époque. En effet, à l'exemple de leurs voisins américains, les Canadiens peuvent difficilement résister «à l'attirance des espaces qui les séduisent», à «l'appel de l'Ouest» et des «courses lointaines[57]». Traditionnellement, cette attirance pour l'Ouest était interprétée par notre historiographie essentiellement à partir d'un point de vue moral. Répondre à l'appel de l'Ouest, c'était refuser de travailler à l'édification d'une société agricole idéale. Surtout, c'était s'exposer à des mœurs condamnables et à une vie de dépravation dont le coureur de bois est le prototype.

C'est pourquoi notre historiographie traditionnelle le représente quasi unanimement comme un dépravé et un raté[58]. En 1948, Groulx abondera dans le même sens. Toutefois, puisque certaines grandes figures de notre histoire étaient aussi des coureurs de bois, il distinguera deux catégories, la meilleure à ses yeux n'étant pas la plus nombreuse[59]. Frégault, quant à lui, n'envisagera pas la relation Est/Ouest sous l'angle moral puisqu'il va faire du coureur de bois «un des types sociaux les plus originaux et les plus hauts en couleur de la Nouvelle-France»; un «César de la Solitude» jaloux de son indépendance ainsi qu'un terrible guerrier. En un mot, «les coureurs de bois ont fortement contribué à faire des colons français du Canada un peuple typiquement nord-américain[60]». Heureusement, certains Canadiens réussissent à redevenir «sédentaires qu'après avoir triomphé d'eux-mêmes[61]». Grâce à ce mouvement en sens inverse, notre histoire devient le point de rencontre de forces complémentaires. C'est pourquoi, «on aurait tort de regretter qu'il y ait beaucoup d'aventuriers dans ce peuple viril. Il conviendrait plutôt de souligner l'équilibre qui s'est établi entre son élan dynamique et ses tendances sédentaires[62].» En somme, l'Amérique française, «merveille d'audace, de réalisme et de vitalité a pour contrepoids la création d'un pays à taille d'homme sur les rives du Saint-Laurent. Constructeurs d'empire, les Canadiens du XVIIIe siècle sont aussi les artisans d'une patrie[63].»

L'équilibre de la société canadienne se manifeste aussi au niveau des rapports que les groupes sociaux vont entretenir entre eux. Les fonctionnaires sont «aussi peu nombreux que possible[64]». On ne retrouvera donc pas de «classes parasites» en Nouvelle-France car «personne n'est inutile, aucune classe ne vit aux dépens d'une autre[65]». Ici, Frégault ne vise pas seulement les fonctionnaires de l'État, mais aussi les nobles. De la même manière, écrit-il ailleurs, «parce que cette société n'avait rien de décadent, il ne se creusait pas d'abîme entre l'élite et le reste du peuple[66]». Ainsi, une certaine égalité sociale existe même entre les deux principaux groupes de la société, c'est-à-dire les seigneurs et les censitaires. De plus, la société canadienne «présentait un curieux phénomène de stratification sociale». En effet, tout en étant une société de type féodal extrêmement hiérarchisée, où «il y avait une place fixée d'avance pour chacun», cela ne signifiait pas pour autant «que chacun restait toujours à la même place[67]». Toutefois, malgré ces possibilités de mobilité sociale, la pauvreté du pays empêche la formation d'une classe bourgeoise, qu'elle soit commerçante ou professionnelle[68].

De ces diverses données se dégage une conclusion qui ne manque pas d'intérêt: c'est qu'il n'existait pas de classes moyennes, pas de petite bourgeoisie dans la Nouvelle-France du XVIIIe siècle. Cette société possédait bien son aristocratie où entraient la noblesse, une partie des seigneurs et quelques fonctionnaires supérieurs. Tout de suite après venait le peuple, peuple de censitaires, d'ouvriers, de petits commerçants, d'épiciers, de petits professionnels; et, parmi ceux-ci les plus mal partagés n'étaient pas ces paysans laborieux et fiers, adroits et têtus, qui formaient incontestablement le groupe le plus solide et le plus cohérent de la population canadienne[69].

Même l'absolutisme politique concourt à faire de la société canadienne un modèle d'équilibre! Ce pourrait bien-être, reconnaît Frégault, «en théorie», un formidable instrument de coercition. Mais en pratique, «la monarchie française assume un caractère encore plus paternaliste qu'absolutiste». Il en résulte que l'administration publique ne s'apparente pas à «un robot moderne». Aussi est-ce «un résultat remarquable que la vie politique, loin d'absorber la vie sociale, lui ait, par sa simplicité, permis de s'épanouir. Ainsi les Canadiens auront chance de développer leur personnalité[70].» Même que les Canadiens, tout en étant un «peuple de Spartiates», qui «pratiquait comme une hygiène l'art de vivre dangereusement», pouvait conserver «en même temps son vieux fonds de raffinement français». Selon Frégault, le peuple canadien devenait ainsi «l'artisan d'une civilisation où sa force s'épanouissait en délicatesse[71]». En somme, la Nouvelle-France tient à la fois de Spartes et d'Athènes!

> C'est pourquoi nous voilà devant une société équilibrée, solidement hiérarchisée, de type féodal, où chacun est à sa place pour donner son maximum d'énergie; mais en même temps d'une société souple, au sein de laquelle chacun peut faire sa trouée, où l'initiative personnelle sait rendre sa pleine mesure et où les plus aptes peuvent parvenir au poste qui leur convient. C'est peut-être dans cette organisation sociale de la Nouvelle-France qu'il faut voir le secret de sa durée[72].

Ces quelques exemples mettent en lumière l'intention particulière que recèle l'utilisation du concept de civilisation par Frégault. En effet, ce qui domine dans ce livre, et dans la plupart des publications de Frégault à cette époque, c'est la représentation d'un peuple qui a réussi à s'épanouir, de manière équilibrée, sous l'emprise d'une idée directrice qui consiste en l'émergence et en l'affirmation d'un vouloir-vivre collectif. Des figures comme d'Iberville ou Vaudreuil ne font qu'incarner, avec plus ou moins de relief, certaines manifestations de ce vouloir-vivre national des Canadiens. Aussi, toute cette gymnastique, qui consiste à unir en un équilibre supérieur des traits que normalement tout oppose, vise deux objectifs bien précis. Premièrement, puisque la notion de civilisation s'oppose en premier lieu à l'idée de sauvagerie, il s'agit de répondre aux détracteurs de la Nouvelle-France — et à Parkman en particulier — pour qui les Canadiens ne sont que des demi-barbares pliant sous le joug de l'absolutisme royal et de l'Église de Rome. Comment, dans ces conditions, auraient-ils réussi à édifier un empire? Loin d'être un peuple «d'aventuriers hirsutes et de paysans patoisants[73]», la Nouvelle-France n'est pas non plus une société essentiellement agricole. Elle est en fait «une société mixte dans laquelle la ville est aussi un élément vital[74]». Frégault entend ainsi démontrer aux adversaires de la Nouvelle-France, conformément aux conceptions humanistes voulant que les lumières de l'esprit s'attachent de préférence aux sociétés connaissant une hiérarchisation plus poussée, que c'est bien sous cet aspect que se présente la Nouvelle-France[75]. Tous les voyageurs qui ont abordé la Nouvelle-France du XVIIIe siècle ne s'accordent-ils pas pour dire qu'elle «offre un spectacle invraisemblable de pure urbanité»? Aussi, «comme dans toute société normale, une élite s'imposait par sa valeur et donnait le ton, qui était le meilleur[76]». Le Canadien du XVIIIe siècle, loin d'être un sauvage ou un rustre mal dégrossi, incarne au contraire l'idéal d'homme équilibré que l'humanisme classique appelait «l'honnête homme» et que Boileau définissait par cette formule: «Savoir et converser et vivre[77].»

Cette civilisation, Frégault entend démontrer — et c'est là le deuxième objectif qu'il poursuit lorsqu'il place la Nouvelle-France sous le signe d'un équilibre supérieur — qu'elle n'est pas française, mais essentiellement canadienne. En fait, sauf en ce qui a trait à la vie de l'esprit, Frégault va s'efforcer de mettre en relief, et cette conviction va se cristaliser dans son œuvre au fil des ans, que tout sépare le Français du Canadien. Pour y arriver, il prolongera le croyable disponible développé par Groulx, à propos du rapport complexe qui unit une race à son milieu géographique, en réinterprétant la signification de cette dialectique à l'aide de la théorie de la frontière qui, comme on l'a vu précédemment, prolongeait en quelque sorte ses représentations personnalistes.

Frégault ne reprendra pas le schéma de Turner pour le plaquer tel quel sur la réalité de la Nouvelle-France. Il lui empruntera seulement ses conclusions à propos des conséquences psychologiques et sociales qu'entraînent l'influence du milieu américain sur les individus lorsque ceux-ci «sont pratiquement abandonnés à leurs propres ressources[78]». Grâce au pensable que véhicule la théorie de la frontière, Frégault pourra soutenir que les différences qui sont apparues entre les Canadiens et les Français «tenaient uniquement à un milieu nouveau, elles n'empruntaient rien à l'étranger, elles devaient tout aux conditions matérielles et spirituelles au milieu desquelles le pays évoluait[79]». Le milieu environnant exercera ainsi son influence en nivelant, jusqu'à un certain point, les différences sociales héritées de la France.

> Deux influences se heurtaient au sein de cette société. Il y avait d'abord les habitudes empruntées à la mère patrie, où les classes étaient nettement délimitées... [...] Mais une influence contraire, celle d'un milieu niveleur, les combattait; si chacun déployait une telle vigueur à défendre ses prérogatives, c'est parce que celles-ci étaient sans cesse menacées et constamment remises en question par des habitudes nouvelles[80].

Même les contraintes sociales s'en trouveront allégées, faisant éclore une certaine familiarité entre les deux principaux groupes sociaux du pays, soit les seigneurs et les censitaires. La pression du milieu américain sera aussi à l'origine de nos deux traditions culturelles principales: l'indépendance et la liberté. Aussi, puisqu'«aux hérédités françaises de nos ancêtres, transformées par le milieu américain, s'ajoutent des traits originaux», Frégault peut affirmer «que les Canadiens du XVIIIe siècle avaient une civilisation propre et qu'ils pouvaient la préférer [...] à la plus brillante civilisation de l'Europe[81]».

Les critiques s'accordent pour juger *La Civilisation de la Nouvelle-France* comme un ouvrage de valeur. Toutefois, le titre déconcerte. Armand Yon le trouve «ambitieux[82]». Quant aux autres, et pour la même raison que Yon, ils associent la notion de civilisation exclusivement aux plus hautes manifestations artistiques. De plus, alors que Lanctôt à l'impresssion que ce livre a été rédigé sous l'influence *«of an historical thesis or a doctrinal mysticism*[83]», Guy Sylvestre y voit «une contribution à la philosophie de notre histoire, trop négligée depuis Garneau», tandis qu'Alceste juge que l'intérêt de l'ouvrage réside dans le fait que Frégault a su mettre en évidence la «manifestation de la force collective, le jeu anonyme du génie national[84]». Ces jugements ne sont pas dénués de vérité.

Que ce soit dans *Iberville le conquérant* où *La Civilisation de la Nouvelle-France*, l'influence de Groulx et de l'historiographie traditionnelle est manifeste. Ainsi, les références à notre esprit «normand» ou au primat de l'agriculture y abondent. Une recension de ces emprunts et de ces clichés serait aussi fastidieuse qu'inutile. L'essentiel réside ailleurs. Ce qui importe surtout, ce sont les différences qui déjà se font jour entre le maître et le disciple sur la question de la nature de notre identité collectivité ainsi que le rôle de l'histoire face aux défis que soulèvent le présent, problèmes complémentaires.

Alors que Frégault associait, il n'y a pas si longtemps encore, le Canada français à la nation française, il en est arrivé, en très peu de temps, à développer une conscience de l'identité nationale encore plus différenciée que celle de Groulx. En effet, ce dernier, tout en reconnaissant le particularisme de la nation canadienne-française, continuera tout au long de sa vie à nous identifier à la famille française, dont nous constituons une «variété», tandis que Frégault fondera notre spécificité nationale en fonction du contexte d'opposition et de rivalités grandissantes qui se serait établi, dès le début du XVIIIe siècle, entre les Canadiens et les Français[85]. Grâce au pensable que véhicule la théorie de la frontière, Frégault a pu ramener les représentations providentielles et héroïques de la Nouvelle-France, qui dominaient chez Groulx, à une échelle plus humaine. Dès 1943, il pouvait écrire que les Canadiens du temps de la Nouvelle-France «avaient beaucoup trop de goût pour poser aux surhommes; il leur suffisait d'être humains, pleinement mais avec toute la simplicité du monde[86]».

Plus profondément, les différences entre la représentation de la Nouvelle-France de Groulx et celle de Frégault tiennent aussi à l'influence du personnalisme qui continue d'alimenter la vision du monde de Frégault. Il serait difficile de ne pas l'apercevoir à travers son acharnement à vouloir représenter la Nouvelle-France comme un société qui s'est édifiée sous le signe d'un «équilibre» supérieur face à des incitations en sens contraires; société qui, en même temps, se dépouille de ses attributs héroïques en devenant «une patrie à hauteur d'homme[87]», habitée par une tension vitale créatrice, et dont l'essentiel de sa tradition se résume en un idéal de liberté et d'indépendance. En somme, dès cette époque, la Nouvelle-France apparaît sous sa plume comme une société dynamique, certes, mais surtout normale. Par contre, Frégault continue de penser, à l'exemple de Péguy, que «le pays, c'est le sol. Le pays, c'est le sang. C'est le milieu et la lignée[88].» Surtout, cette influence du personnalisme s'exerce sur la manière dont Frégault va appréhender le rapport passé/présent.

Il faut reconstruire le Canada français!

Mise à part la transformation de sa conscience de l'identité nationale, entre le Frégault de la Révolution de l'Ordre laurentien et celui qui, en très peu de temps, a réussi à se doter d'un solide statut d'historien de la Nouvelle-France, la différence est moins grande qu'il n'y paraît à prime abord; la révolution personnaliste au projet historiographique, l'essentiel de sa problématique continue de s'alimenter à un profond sentiment d'insatisfaction face à un présent d'où toute tension créatrice s'est enfuie, depuis que la Conquête est venue arracher les Canadiens au cycle de leurs «traditions vitales». Bien sûr, Frégault n'est pas le premier à faire de celle-ci le grand événement de notre histoire. Toutefois, l'insatisfaction qu'il ressent face au présent va l'amener à réévaluer le rapport passé/présent que notre tradition historiographique et idéologique avait introduite sous la figure d'une lutte pour la survivance nationale. En effet, en faisant de notre histoire le théâtre d'une lutte incessante pour préserver notre intégrité nationale, le rapport passé/présent ne pouvait qu'être dominé par la figure du passé. Selon cette perspective essentiellement conservatrice, le changement devient une menace et l'avenir n'est possible qu'en autant qu'il puisse perpétuer les «constantes» qu'a manifesté notre histoire depuis ses origines. C'est pourquoi, Lionel Groulx, par exemple, pouvait confier à l'historiographie ce rôle de «boussole salvatrice» par lequel il s'agit de contrer ou de minimiser les déviations et les altérations que pourraient subir notre être national.

Frégault, au contraire, n'envisage pas le rôle de l'histoire selon la même perspective. Il est toujours gagné par les conceptions de Péguy et de Maritain voulant qu'on ne s'engage «dans le passé que pour en faire jaillir des possibilités de vie nouvelle». Selon cette perspective, l'on «n'accepte les fidélités nationales que pour les prolonger en courants de vie renouvelés[89]». Nous avons là, en raccourci, l'essentiel du projet historiographique de Frégault. Toutefois, répondre aux défis du présent en faisant jaillir des possibilités de vie nouvelle, sans pour autant rejeter les fidélités nationales, implique inévitablement un travail de repérage et d'arbitrage culturel qui doit s'appuyer sur une garantie. Où trouver une telle garantie? Dans l'objectivité de la science!

Avant de confier à la science historique le rôle de travailler à créer les conditions propices d'un tel «rejaillissement», le passé lui-même nous en offre un magnifique exemple. N'est-ce pas là, en dernière analyse, une telle preuve que Frégault désire illustrer dans *La Civilisation de la Nouvelle-France* à propos des phénomènes qu'il passe en revue au cours des années 1713-1744? De plus, cette faculté de rejaillissement n'est pas le fait de quelques grandes figures héroïques — comme on serait tenté de le penser en consultant l'intitulé de certaines de ses œuvres principales — mais bien du peuple qui, pour Frégault et à l'exemple de Garneau, constitue la figure centrale de notre histoire. Pour Frégault, les grandes figures ne sont que des incarnations singulières et un peu plus intempestives de certaines manifestations de la vie collective qui ont joué un rôle privilégié dans le devenir de cette société[90]. Mais c'est le peuple qui, par la vitalité de son activité, va imprimer à la société de la Nouvelle-France le sens de sa cohérence d'ensemble et qui en constitue le sceau de son originalité profonde. En effet, ce peuple, par son labeur obscur et quotidien, avait réussi à édifier une civilisation qui lui était propre et à l'intérieur de laquelle il faisait «bon vivre». Et c'est en portant surtout attention à cette perspective culturelle que la Conquête prend toute sa signification. Bien sûr, avec la Conquête, «nous avions perdu, écrit Frégault, une joie qui ne se retrouve peut-être jamais. Nous avions perdu la joie de vivre[91].» Mais là n'est pas l'essentiel. Selon Frégault, contrairement à d'autres sociétés pour qui la conquête s'est avérée féconde — à l'exemple de celle de la Gaule par les Romains qui nous a apporté la civilisation et à laquelle «nous devons presque tout[92]» — celle de la Nouvelle-France fut loin d'être un bienfait providentiel, comme plusieurs le véhiculent encore, puisque nous possédions déjà une civilisation! Aussi,

> La Conquête fut, on doit le dire, la pire aventure que nous ayons subie. Ce qu'il y a de providentiel, c'est que la nation n'en soit pas morte. [...] en 1760, nous étions *défaits*, c'est-à-dire brisés, désorbités et désaxés. La conquête n'a rien créé chez nous. Elle a défait[93].

Frégault écrit ce passage en 1945. Déjà en 1944, il pouvait écrire, «comme le faisait remarquer un éminent écrivain, la défaite ne fait rien, elle "défait"[94]». Pour le moment, Frégault, sans négliger les autres dimensions de la vie en société, porte surtout son attention sur les conséquences culturelle de la Conquête, comme l'exemple de la conquête de la Gaule par les Romains le laisse entrevoir. Mais en insistant sur la notion de civilisation, qui dépasse largement les seuls attributs de la langue et de la religion, Frégault ne fait pas que s'inscrire dans le prolongement d'une tradition. Il manifeste aussi un projet historiographique précis. En effet, grâce à la fonction sociale qu'il prête à l'histoire et en s'appuyant sur la garantie de la science, Frégault espère qu'en se livrant à un repérage plus systématique de ce qui constitue le fondement de nos traditions authentiques, il devienne plus facile de travailler, dans le présent, à l'essor et à l'épanouissement de la nation canadienne-française.

Selon Frégault, ce que la Conquête a surtout «défait», c'est la tension spirituelle qui animait la civilisation de la Nouvelle-France. Depuis ce jour, les assises culturelles du Canada français ont été maintenues, mais ce ne sont que des cadres vides d'où la vie s'est enfuie: «nous n'avons rien inventé; seulement, comme il était naturel, un développement progressif s'est poursuivi[95]». Pour expliquer ce temps d'arrêt, Frégault recourt au schéma de Garneau. Ainsi, pourquoi n'avons-nous plus rien créé à partir de ce moment? Parce «que le régime britannique sera essentiellement l'histoire de la Résistance canadienne-française[96]».

Depuis la Conquête, la civilisation canadienne-française semble avoir été frappée de stérilité comme en témoigne le triste spectacle de notre élite intellectuelle depuis deux cents ans. Dans le portrait que Frégault trace de cette élite, seuls Garneau et Groulx font figures d'exceptions. Nos premiers écrivains ont d'abord été de tradition loyaliste. Puis, avec l'introduction du romantisme, notre littérature prend un caractère plus national. Cette réorientation n'empêche pas pour autant Frégault de juger que cette influence du romantisme a donné lieu à une «atmosphère d'imitation émerveillée qui se prenait pour de la création». En général, le roman du XIXe siècle est «saugrenu» et «ennuyeux[97]». Pour tout dire, la «badauderie [...] fut l'un des traits amusants» de l'époque. Crémazie fait «bâiller» tandis qu'Étienne Parent rédige «des graves essais [...] dont la prétentieuse banalité est franchement intolérable[98]». Quant aux historiens proprement dit, on retrouve Perreault qui a inauguré la tradition loyaliste, et Bibaud, «aussi ennuyeux que fanatique», qui l'a poursuivi, les deux se limitant, de surcroît, à «de la chronologie.» Brasseur de Bourbourg était un «solennel métèque qui se faisait passer pour comte, que les Canadiens ne pouvaient souffrir[99]». En ce qui a trait à Casgrain, Frégault reprend les mots peu flatteurs que Kerralain utilisait pour le dépeindre: «Il ne lit point les textes qu'il a sous les yeux; quand il les lit, il ne les comprend pas; quand il les comprend, il les fausse aussitôt qu'il y voit la moindre utilité.» Benjamin Sulte, quant à lui, en plus de manquer de culture, «ne savait pas composer, ne savait pas réfléchir et ne savait pas écrire[100]». Enfin, pour ce qui est de Thomas Chapais, dont Mgr Camille Roy serait le pendant en littérature,

> Son éloquence d'un autre âge et certaines idées anachroniques faisaient de lui un homme du XIXe siècle. C'était un grand sincère, très attaché cependant aux interprétations officielles, cherchant presque partout quelque chose qu'il pût approuver. En histoire, il fut un peu ce que Mgr Camille Roy représenta en littérature, mais avec plus de style. Il a écrit quelques pages remarquables sur «la critique en histoire», bien qu'il la pratiquât lui-même le moins possible[101].

L'élite intellectuelle contemporaine est-elle si différente?

> Voyez notre «élite» intellectuelle. Elle est amusante. Voyez nos petites revues dites d'avant-garde. Elles sont sympathiques. Mais ne vous semble-

t-il pas que ces beaux esprits sont tous nés vulgarisateurs des vulgarisateurs, commentateurs des commentateurs, échos des échos[102]?

Bien avant les analyses d'Albert Memmi sur le complexe du colonisé, Frégault aperçoit les symptômes de notre aliénation culturelle dans le snobisme qui consiste à rejeter les productions culturelles du milieu au profit de tout ce qui est étranger.

> Nous mettons de la mauvaise volonté à accepter ce qui ne vient pas d'ailleurs. Les plus authentiques nullités, pourvu qu'elles soient revêtues d'un accent exotique (même si cet accent est du plus pur chiqué) trouvent chez nous un accueil empressé, enthousiaste. Imaginez un écrivain qui aurait la valeur du chanoine Groulx; imaginez-le dans l'attitude du métèque condescendant, qui prend sans vergogne la première place, tout en vous laissant entendre, avec la meilleure grâce du monde, qu'il a conscience de vous faire beaucoup d'honneur; nous en serions comblés d'aise. Mais le chanoine Groulx n'est que Canadien. [...] Jamais on ne lui pardonnera d'être quelqu'un[103].

Ce phénomène se retrouve même chez les étudiants qui sont inscrits à son cours de littérature canadienne. «Ce qui est difficile, à la Faculté, confie-t-il à Mgr Chartier, c'est de faire comprendre aux élèves l'importance des choses canadiennes; la plupart de ces gens agissent comme si les réalités culturelles du Canada français n'existaient pas et ne jurent que par Claudel, Maritain (et Félix-Antoine Savard!); c'est un courant que j'essaie de remonter[104].» Ce complexe du colonisé ne serait, à la limite, qu'objet de ridicule. Mais il se trouve que les dirigeants de l'Université de Montréal en sont aussi affectés, sans parler des conflits de pouvoir qui compliquent l'atmosphère, au point où Frégault voit «venir le moment où, seuls, les garçons d'ascenseurs de l'Université ne seront pas des étrangers[105]». C'est dans ce contexte qu'il faut interpréter pourquoi Frégault accepte de prendre, en 1947, la direction de l'Institut d'histoire nouvellement créé.

> Pour ce qui est de l'Institut d'histoire, je ne suis pas encore revenu de la surprise que m'a causée M. Sideleau en m'en offrant la direction. J'ai discuté de la question à fond avec Lilianne avant de l'accepter... [...] Pardessus tout, je ne voulais pas qu'un étranger prît en mains cet organisme, qui est probablement destiné à avoir une certaine importance. Viendra un temps où je devrai en faire l'historique: une chose que je sais déjà, c'est que je ne fais que récolter des fruits semés par d'autres, et je ne croirai pas m'amoindrir, au contraire, en l'admettant et en le déclarant; l'ingratitude est, à mes yeux, l'inélégance suprême, les gens bien élevés ne peuvent pas se la permettre[106].

Frégault a toujours eu à cœur de mettre sur pied «une équipe homogène d'ouvriers de l'histoire[107]» qui, comme lui, serait formée de spécialistes. Toutefois, s'il est un endroit à l'Université de Montréal où, selon Frégault, il importe d'être Canadiens d'origine, c'est bien dans les postes de professeur d'histoire du Canada. Mais des Canadiens qui, de surcroît, ne remettent pas en question la réalité de la nation canadienne-française. Maurice Séguin, par son article sur «La Conquête et la vie économique des Canadiens», qu'il a publié dans *l'Action nationale* alors que Frégault en était le directeur, a démontré qu'il avait toutes les qualités requises. Dès ce moment, Frégault lui promettra de recommander sa nomination comme professeur à l'Institut d'histoire une fois sa thèse complétée. On comprend aussi pourquoi, lorsqu'il annoncera à Brunet, en 1949, qu'il est officiellement engagé comme professeur d'histoire à plein temps, Frégault puisse conclure en écrivant qu'il sera «particulièrement flatté de ce qu'un compatriote reçoive ainsi l'occasion de montrer sa valeur et son dévouement à l'Université[108]». Il faut dire qu'à consulter la correspondance de Frégault au cours des années 1945-1951, la Faculté des lettres apparaît comme un véritable panier de crabes où les Canadiens d'origine ont parfois affaire à forte partie. Ainsi, l'ascension surprenante et les attentions particulières dont fait l'objet un professeur étranger, nouvellement arrivé à la Faculté au milieu des années quarante, amène Frégault à s'interroger. Mgr Chartier, à qui il s'en est ouvert, lui répondra qu'à son avis — que Groulx partage — ce professeur serait «un agent de l'Intelligence Service» qui aurait «probablement» été «placé à l'Université pour "filer" l'abbé Groulx[109]».

Stérilité intellectuelle, mépris des Canadiens envers eux-mêmes aggravé par une attitude admirative qui s'exerce sans discernement envers tout ce qui est étranger — mais Français de préférence — décidément, il semble y avoir quelque chose «d'anormal» au Canada français. C'est dans cette réalité élémentaire que s'enracine le projet historiographique de Frégault. Rappelons que ce malaise par rapport à notre pauvreté culturelle — exception faite du complexe du colonisé dont il était lui-même affecté dans sa jeunesse à l'exemple de la plupart de ses contemporains — Frégault le ressentait déjà alors qu'il militait en faveur d'une Révolution de l'Ordre laurentien. Cependant, en cette fin des années trente, il était difficile de réagir impunément à cet état des choses. Victor Barbeau, par exemple, pouvait écrire à ce propos: «Mesurer notre taille passe encore, mais mesurer notre tête, on ne nous ne le permettrait pas[110]!»

À la faveur de la Deuxième Guerre mondiale, deux phénomènes complémentaires contribueront à donner une orientation particulière au projet historiographique de Frégault: d'abord, on retrouve le contexte aigu d'opposition entre Canadiens français et Canadiens anglais; ensuite, se produit, dans le même temps, l'accélération subite de l'histoire. L'influence combinée de ces deux phénomènes va, plus que jamais, rendre manifeste la nécessité de procéder à une réévaluation de nos traditions culturelles, réévaluation qui soulève inévitablement la question de l'identité nationale et des finalités de la vie collective.

J'ai signalé, plus haut, le contexte tendu des relations entre Canadiens français et Canadiens anglais engendré par la crise de la conscription, la censure et la propagande de guerre, avant que ne surgissent les manœuvres concertées de centralisation fédérale. À ces événements, il faut ajouter les campagnes des «bons-ententistes» pour le bilinguisme et le manuel unique d'histoire qui ont pour but de promouvoir «l'unité nationale[111]». L'abbé Arthur Maheux et Gustave Lanctôt seront les historiens canadiens-français qui militeront le plus en faveur de ce manuel. Selon eux, grâce à ce manuel, il sera possible de mettre un terme aux préjugés véhiculés par les professeurs d'histoire, préjugés qui ne feraient que distiller la haine de race. Même que, selon Lanctôt, cet objectif pourra être atteint grâce à l'emploi de la «méthodologie européenne» qui permettra de «réviser d'une façon scientifique l'interprétation du passé canadien[112]». Tout le monde s'entend pour dire que cette révision s'impose. Mais, pour Lanctôt ou Maheux, la nation véritable, c'est le Canada. Selon Frégault, au contraire, «le Canada n'est qu'un État [...]. Contrairement au Canada français, qui est une nation sans État, le Canada n'est qu'un État sans nation[113].» Aussi, Frégault opposera-t-il la science à la science pour contrer les manœuvres de ceux qui tendent à nier la réalité de la nation canadienne-française, donnant ainsi à son projet historiographique une orientation résolument nationaliste. Mais, ce faisant, Frégault ne se trouve pas seulement à s'opposer aux propagandistes de «l'unité nationale». Il se met aussi à dos les tenants de l'histoire éclatante, «professionnels» de l'histoire ou dilettantes, qui continuent de croire que notre histoire «est un écrin de perles ignorées» dont il faut baiser «avec amour les pages vénérées»; tradition historiographique qui alimente toujours les représentations officielles de soi qui servent de support à l'idéologie de la survivance nationale.

À ce chassé-croisé s'ajoute le phénomène de l'accélération de l'histoire. Ici, comme ailleurs, cette accélération renvoie à des manifestations extrêmement diversifiées qui sont autant d'occasions de mise en question. L'une d'entre elles est particulièrement significative. En effet, le conflit mondial a provoqué une éclipse temporaire de la France, source culturelle privilégiée à laquelle s'abreuvait traditionnellement l'élite intellectuelle canadienne-française. Au sortir des hostilités, les idées d'hier se retrouvent soudainement disqualifiées au profit de nouvelles représentations des choses, ce qui ne va pas sans provoquer une certaine prise de distance, pour ne pas dire un conflit entre les générations, puisque le rétablissement des liens culturels avec la France est marqué par la figure de l'inédit.

> ...nouveaux auteurs, nouvelle presse, conceptions nouvelles, sentiments nouveaux. L'épreuve a changé les anciens, devenus des survivants. Des noms célèbres hier et des idées hier reçues sortent du conflit accablés de discrédit. C'est ce qui advient aux idées de droite, qui ont jusqu'alors fourni au nationalisme canadien-français son enveloppe conceptuelle. Les voilà terriblement abîmées. Certes, le vieux patriotisme instinctif bronche à peine... [...] Ses manifestations évolueront. Il mettra à jour ses opinions, ses doctrines, voire ses théories. Il fera son profit de formules et d'expériences contemporaines. Il multipliera ses directions de recherche. Il y gagne, l'avenir le dira. Le Québec a vieilli de cinq ans? Oui et bien davantage: de cinq ans et d'une époque; d'une époque qui est proprement une révolution. [...] Plus près de soixante-dix ans que de soixante, Lionel Groulx n'a plus l'âge de vieillir de cinq ans à la fois[114].

Ce phénomène a multiplié les occasions de ruptures dans la relation qu'un présent entretient avec son passé. Surtout, ce décalage subit va amener toute une génération de jeunes intellectuels à ressentir le présent comme un passé. Toutefois, à la différence de la Révolution tranquille qui allait fonder son projet de société sur la récusation du passé grâce, entre autres, à l'éclatement des anciennes structures autoritaires, l'accélération subite de l'histoire au cours des années quarante a provoqué l'émergence d'un besoin — ressenti comme une urgence — d'arbitrer les sollicitations en sens contraires qui s'entrecroisent dans le présent sous la figure de l'ancien et du moderne. Pour les hommes des années quarante, une récusation radicale du passé était aussi impensable qu'impossible à réaliser, ce dont Borduas a fait l'expérience. Il ne leur restait que la possibilité d'enclencher un processus de réévaluation et de rectification des traditions, travail qui ne peut que mener, par la même occasion, à une interrogation plus vaste sur la nature de l'identité collective. Pour sa part, Frégault ressentira, dès 1943, l'urgence et la nécessité d'un tel arbitrage culturel. En effet, écrit-il, «pour enrichir et dépasser une tradition, il faut d'abord la posséder, quitte à se libérer des éléments qui sont devenus une gêne parce que le temps les a vidés de leur efficacité[115]».

Groulx avait déjà souligné qu'une tradition, par définition, ne saurait être que «vivante», ne pouvant que «se modifier» et «s'enrichir d'éléments nouveaux» au fil des générations[116]. Toutefois, il ne saurait être question pour lui de se «libérer des éléments qui sont devenus une gêne». En effet, malgré ses appels en faveur d'une tradition vivante, Groulx camoufle mal des attitudes qui, parfois, confinent au fétichisme[117]. En fait, pour lui, l'idée d'une tradition vivante évoque surtout celle d'une résurrection des «constantes» qui ont pris consistance dans le passé et qui expriment l'architecture originelle de la nation: le plan initial qu'une suite de générations doit redécouvrir et respecter.

Pour Frégault, comme pour Séguin, une tradition ne peut être que vivante ou, plutôt une occasion «de faire jaillir des possibilités de vie nouvelle». En 1944, selon Frégault, il ne s'agit plus pour les Canadiens français de survivre, mais de vivre! Par contre, à l'exemple de Groulx, ce sera d'abord l'affaire d'une pédagogie appropriée.

> On répète un peu partout que, pour les Canadiens français, le temps n'est plus où l'unique préoccupation n'était que de survivre. Jusqu'ici, les mainteneurs ont fait leur œuvre. Nous arrêter plus longtemps, ce serait accepter la chute. Désormais, la question est de *vivre* et d'en être dignes. Mais qu'est-ce que vivre pour un peuple? Vivre, c'est créer; c'est faire la synthèse de ses énergies essentielles pour les réaliser dans une œuvre originale, susceptible de refléter une civilisation. Vivre, pour un peuple, ce n'est pas seulement défendre sa culture; ce n'est pas même la conserver, c'est-à-dire la défendre victorieusement: c'est l'enrichir et la transmettre plus belle et plus forte d'une génération à l'autre. Ici, qui n'avance pas recule. Mais pour créer, il ne suffit pas de le vouloir. Il faut posséder une certaine plénitude d'être et une certaine maturité spirituelle. C'est ce que notre vie nationale peut maintenant attendre de notre éducation. [...] La situation est celle-ci: nous voyons de moins en moins clair en nous-mêmes. Des courants opposés nous sollicitent. Quel est celui qui nous portera vers notre destin réel? L'heure est à la lucidité. Pour parler net, le danger qui nous guette est la désintégration de nos forces spirituelles. Notre système traditionnel d'éducation [...] est remis en question. Jusqu'ici nous avions peu évolué. Mais voilà qu'un vent de «réforme» s'est levé. Nous avions mis notre confiance exclusive dans les disciplines classiques. Il paraît que nous avons eu tort... [...] C'est simple, il s'agirait de briser nos instruments de culture pour les remplacer par d'autres mieux adaptés, assure-t-on, à notre entourage et à notre temps. Jusqu'à preuve du contraire, il semble bien que l'on

veuille surtout faire de nous un peuple de comptables bilingues occupés, bien entendu, à établir le bilan de richesses qui ne nous appartiennent pas; et, en même temps, un peuple sans histoire pour que nous soyons plus sûrement un peuple sans avenir. On menace de fausser notre culture. Place donc aux idées claires et aux définitions intelligentes! Qui ne voit dans tout cela le rôle essentiel de l'éducation? Il faut par-dessus tout que celle-ci se charge d'un dynamisme suffisant pour nous donner raison de répudier les singeries que l'on nous propose. Ce n'est qu'une question de vitalité[118].

Ce travail de «synthèse» de nos «énergies essentielles» qui nous permettra d'atteindre «une certaine plénitude d'être et une certaine maturité intellectuelle» ne saurait se résumer pour Frégault qu'à une entreprise pédagogique puisque, ajoute-il, «on ne conçoit pas d'éducation sans maîtres». Avant de parler d'éducation, il faut d'abord penser à la formation des maîtres. «Il est exact qu'une nation a le droit d'attendre beaucoup de ses professeurs. [...] D'autre part, les professeurs ont le droit d'exiger de la nation qu'elle leur fournisse les moyens de se former eux-mêmes et de posséder davantage pour donner davantage[119].» L'épanouissement du Canada français ne pourra se réaliser sans un programme d'action. L'histoire scientifique en sera l'instrument, le personnalisme l'inspiration.

Dès 1943, conscient des faiblesses de la tradition historiographique, il proposait, à la manière de Delanglez, ni plus ni moins de faire «table rase» des interprétations antérieures. Mais, pour en élaborer de nouvelles, il ne suffit pas non plus de connaître et de mettre en pratique des méthodes de travail plus systématique. L'historien doit aussi apprendre à aller au-delà des méthodes. Il doit être capable de «repenser» le passé; de le «créer de nouveau dans son esprit[120]».

Cette entreprise de rénovation de la tradition historique constitue le fondement d'un projet plus global: celui de travailler plus efficacement à la renaissance nationale du Canada français. Pour Frégault, entre les années 1943-1947, culture et nation sont toujours unies par des liens «étroits et indissolubles». De même, «la nation se définit en fonction d'une "vibration spirituelle"[121]». Mais cette culture qu'il s'agit «d'enrichir», n'est plus française: «la véritable culture [...], chez nous, sera canadienne-française ou ne sera pas». Toutefois, bien que l'histoire ait un «rôle de gardienne de notre culture et de notre liberté menacées», les meilleurs ouvrages d'histoire du Canada sont américains. Pourquoi? Parce que «nous ne possédons pas la notion de la recherche[122]». À l'exigence d'une culture générale s'ajoute celle d'une «culture historique». Grâce à elle, non seulement pourra-t-on procéder à l'élagage des éléments qui menacent de «fausser notre culture» et aux repérages de nos véritables traditions culturelles, mais aussi de contrer les prétentions de ceux pour qui l'histoire se résume à un «manuel unique». Pour Frégault, la «culture historique [...] est simplement un aspect de la culture intégrale». Mais elle n'est pas pour autant «un objet de luxe»: «on ne scrute pas l'histoire pour devenir un érudit, mais pour voir clair en soi[123]».

> Pour enseigner la vérité [...] il faut tout de même la connaître. [...] Cela suppose, chez le professeur, non seulement des connaissances, mais encore de la culture historiques. [...] Le maître doit se documenter et se tenir au courant. [...] Avant d'enseigner une période ou un aspect de l'histoire, il faut s'astreindre à en faire la synthèse en soi-même; il faut se les assimiler assez bien pour être en mesure de les repenser. [...] Et puis, c'est justement en cette faculté de repenser le passé que consiste la culture historique[124].

Puisque le passé comporte une signification, l'histoire devient «un effort de définition[125]». Le professeur d'histoire doit donc s'attacher à faire comprendre cette signification plutôt que chercher à faire retenir des dates. C'est pourquoi le véritable enseignement doit être oral et non pas se résumer à un manuel et, dans le contexte canadien, surtout pas unique. De plus, selon Frégault, étant donné que le rôle de l'historien est de juger et de prendre parti, la culture historique doit reposer sur une tradition universitaire, sinon c'est le règne de «l'inculture triomphante» qui, en histoire, se présente le plus souvent sous le visage de la littérature. «Le professeur d'histoire n'existe pas pour enseigner des fables. Sa mission consiste à expliquer le passé.» Malgré tout, même si Frégault pense qu'il ne convient pas «de glorifier tout ce qui est d'hier ou d'avant-hier», il croit tout de même que «l'admiration n'est pas nécessairement incompatible avec l'impartialité[126]».

Devant les assauts menés contre la nation canadienne-française par les partisans de l'unité nationale et l'impact d'une modernité naissante, il ne s'agira pas pour Frégault de se replier sur soi, comme le propose encore l'idéologie dominante, ni non plus de vouloir provoquer des bouleversements majeurs dont personne ne saurait dire ce qu'ils nous réservent pour l'avenir, mais bien de retrouver, grâce à la culture historique, la tension spirituelle qui animait les Canadiens du temps de la Nouvelle-France, tension à partir de laquelle il nous sera possible d'instituer, sous le signe d'une renaissance, un nouveau présent. Pour Frégault, il s'agit de «reconstruire le Canada français» en renouant avec le fil d'une tradition qui, depuis la Conquête, a perdu toute sa vitalité. C'est ce qu'il nous livre, en des termes non équivoques, dans le premier éditorial qu'il signe, en septembre 1946, à titre de nouveau directeur de *l'Action nationale*, et dont le titre est ...«À nous la liberté!»

> L'œuvre de notre génération sera de reconstruire le Canada français. [...] Nous devrons recommencer au commencement et retrouver la source de nos traditions vitales. [...] Il existe chez nous un vieux désir de liberté et une vieille tradition d'indépendance... La tradition d'indépendance à laquelle je fais allusion n'est ni britannique ni française. Elle est canadienne. [...] Dès le XVIIe siècle, elle faisait du Canadien un type différent des autres (je ne dis pas meilleur ou plus beau; je dis différent, et cela me suffit.) [...] plusieurs de nos intellectuels et de nos parvenus de la culture ont pu oublier cette vérité; ils ont pu être sur le point de la faire oublier; ils ne l'ont pas abolie. L'indépendance fut toujours, pour nous, l'exigence fondamentale. [...] Cette idée [dans le passé] fut un puissant ressort [...] tant qu'elle était un objectif à conquérir et non pas une conquête toute faite, par les autres et peut-être plus que par nous-mêmes. [...]
>
> Nous allons marcher sous le signe de la liberté: liberté politique et liberté économique; sans celle-ci, celle-là n'est qu'une illusion; sans la première, la seconde est une impossibilité. Liberté culturelle aussi. Centre de recherches orientées vers la libération du Canada français, l'*Action Nationale* ne peut pas se permettre de laisser s'étioler la culture canadienne-française entre les mains débiles de ceux qui se sont fait une gloire et une originalité d'être les derniers à répéter ce qu'ont dit de prestigieux étrangers; [...] ...il y a des limites à tout, même à l'insignifiance et à la singerie[127].

Cet objectif de libération du Canada français est éminemment politique. Il résulte de la nécessité de rompre, selon Frégault, le cercle qui fait que «notre nationalisme demeure un faisceau d'aspirations de caractère "intellectuel" — sans pouvoir s'incarner dans la politique[128]». Pour lui, il s'agit ni plus ni moins de fonder la conscience sociale sur la science et, par là, de créer l'unanimité nationale. Ce n'est que dans un tel contexte d'unanimité que le sentiment national pourra faire «voler en éclats les cadres les plus solides», «les habitudes les mieux enracinées» et permettre à la nation de laisser libre cours à sa «faculté de rejaillissement[129]».

> La pire aventure qui pourrait arriver au nationalisme serait qu'il se repliât sur lui-même et que, perdant de vue son but ultime, qui est un épanouissement humain, il devînt une espèce de déformation professionnelle. Précisément, nous refusons et nous refuserons toujours d'être des professionnels du nationalisme. Nous voulons que le Canada français vive. Vivre, ce n'est pas nier, ce n'est pas chicaner, ce n'est pas se contenter d'être contre. Vivre, c'est grandir. S'arrêter, se retrancher sur des positions qui sont toujours les mêmes, c'est courir le risque de dégénérer[130].

Le Canada français vivrait, en ces années 1946-1947, les heures les plus sombres de son histoire depuis la Conquête et l'Acte d'Union. Pour Frégault, «l'heure est à la lucidité et à l'action: réfléchir et vivre. Ainsi, nous aurons la chance de travailler dans le prolongement de ceux qui nous ont fait une place parmi les nations[131].» Aussi, en ces temps où la lucidité est de mise, la connaissance du passé ne peut être laissée aux mains de dilettantes puisque «l'histoire est l'itinéraire de la nation à travers le temps» et qu'elle constitue «l'assise immuable sur laquelle la nation peut s'appuyer[132]».

> L'histoire n'est pas plus un thème à développements oratoires qu'un sombre divertissement d'amateurs aux goûts étranges. Elle se trouve simplement être une discipline intellectuelle, et aucune culture ne peut se permettre de la négliger, à peine de compromettre son épanouissement. Aujourd'hui, des Canadiens s'en rendent compte. Ils s'appliquent à rénover la science en la dissociant de traditions gênantes et d'ailleurs partout dépassées[133].

La fonction sociale que Frégault prête à l'histoire dans le devenir et l'épanouissement du Canada français explique cette volonté résolue de fonder son projet sur la garantie de la science. Mais c'est surtout parce que le Canada français vit des heures difficiles qu'une telle garantie prend toute sa signification.

Avec la création de l'Institut d'histoire de l'Université de Montréal, dont il prend la direction, Frégault abandonne celle de *l'Action nationale*. Une nouvelle période débute dans sa vie. À l'objectif plus militant de «refaire le Canada français», Frégault préfère maintenant commencer par le commencement en se consacrant entièrement à la recherche historique. Des tâches urgentes le sollicitent. D'une part, il s'agit de faire de l'Institut non seulement un centre de formation, mais un lieu où «l'enseignement devient inséparable de la recherche: à l'Université, ce n'est, par définition, que normal. Ainsi, nous formerons des maîtres et non des phraseurs[134].» D'autre part, et la tâche est immense, c'est à un approfondissement systématique et méthodique de l'histoire de la Nouvelle-France que Frégault va consacrer toutes ses énergies. Son objectif est de mettre en relief comment une civilisation, française à l'origine, est «devenue par une évolution toute naturelle, une civilisation canadienne[135]».

Ce travail qu'entend, étape par étape, poursuivre Frégault au nom de l'objectivité provoquera de nombreux conflits au cours des années à venir, et ce, indépendamment des problèmes plus larges que soulèvera à son tour la réinterprétation d'ensemble de l'histoire du Canada à laquelle les historiens de l'École de Montréal se livreront. En effet, cette entreprise de réévaluation du passé ne peut aller sans modifier profondément la figure de notre identité collective. D'ailleurs, les récriminations qui, dans un premier temps, s'élèveront autour de la «nouvelle histoire» auront-elles moins pour objet des points précis d'histoire que la figure même de notre identité collective que ces historiens proposeront à la collectivité entière. Mais, avec l'apport de Maurice Séguin et de Michel Brunet, ce projet de réévaluation du passé va prendre des proportions insoupçonnées.

Notes

1. Lionel Groulx, *Mes Mémoires*, vol. IV, p. 165.
2. Voir *ibid.*, p. 168.
3. Groulx à Frégault, 7 juin 1940, Institut d'histoire de l'Amérique française.
4. Frégault à Groulx, (sans date) juin 1940.
5. Frégault à Groulx, (sans date) juin 1940, Institut d'histoire de l'Amérique française.
6. Frégault à Groulx, 5 août 1940, Institut d'histoire de l'Amérique française.
7. Frégault à Groulx, 26 août 1940, Institut d'histoire de l'Amérique française.
8. F. 67 p. 61.
9. Frégault à Groulx, 9 octobre 1940, Institut d'histoire de l'Amérique française.
10. F. 319 p. 345.
11. Frégault à Groulx, 5 novembre 1940, Institut d'histoire de l'Amérique française. Voir aussi Frégault à Groulx, 5 mai 1941.
12. Delanglez à Chartier, 16 janvier 1941, Fonds du département d'histoire de l'Université de Montréal, E16/D1,2,44.
13. F. 323 p. 9.
14. Frégault à Chartier, 13 janvier 1941, Fonds du département d'histoire de l'Université de Montréal, E16/D1,2,44.
15. Frégault à Groulx, 3 mai 1942, Institut d'histoire de l'Amérique française.
16. Chartier à Frégault, 7 mai 1942, Fonds Guy-Frégault, Centre de civilisation canadienne-française.
17. Chartier à Olivier Maurault, 19 juillet 1942, Fonds du département d'histoire de l'Université de Montréal, E16/D1,2,44.
18. Chartier à Groulx, 1er septembre 1943, Institut d'histoire de l'Amérique française.
19. Frégault à Chartier, 21 septembre 1943, Fonds du département d'histoire de l'Université de Montréal, E16/D1,2,44.
20. Mgr Émile Chartier, *Trente ans d'université (1914-1944)*, Montréal, Université de Montréal, 1982, p. 77. Frégault enseignera la littérature canadienne de 1944 à 1951.
21. F. 42 p. 627.
22. F. 58 p. 117, 119.
23. F. 67 p. 61.

24. F. 43 p. 6, 9.
25. Adrien Pouliot, «Les sciences dans notre enseignement classique — VI — La formation des professeurs de sciences», *L'Enseignement secondaire au Canada*, 10, 6 (mars 1931), p. 448.
26. Voir Arthur Maheux, «Remarques sur le cours secondaire», *Propos sur l'éducation*, Québec, La Librairie de l'Action catholique, 1941, p. 212-213.
27. Marcel Trudel, «Un historien se penche sur son passé», *Communications historiques/Historical Papers*, 51, 1982, p. 134.
28. Fernand Dumont, «Le temps des aînés», *Études françaises*, 5, 4 (novembre 1969), p. 469.
29. F. 52 p. 25; F. 55 p. 21. Voir aussi F. 72 p. 2.
30. F. 72 p. 1.
31. F. 52 p. 24. Voir aussi F. 55 p. 267. En 1946, il fait même remonter la naissance du «type» canadien au XVIIe siècle. Voir F. 91 p. 5.
32. F. 55 p. 269; 280; F. 86 p. 310.
33. Robert Rumilly, *Histoire de Montréal*, vol. V, Montréal, Fides, 1974, p. 28.
34. André Laurendeau, *La crise de la conscription 1942*, Montréal, Les Éditions du Jour, 1962, p. 156; 123; 99.
35. Jean-Marie Domenach, *Emmanuel Mounier*, Paris, Seuil, coll. «Écrivains de toujours», 1972, p. 105.
36. Frégault à Groulx, 7 août 1944, Institut d'histoire de l'Amérique française.
37. Il s'agit de l'article intitulé «Pour une politique nationale», paru dans *L'Action nationale*, vol. 20, p. 6-26.
38. Frégault à Groulx, 3 novembre 1942, Institut d'histoire de l'Amérique française.
39. F. 54 p. 27. Au contraire de Dollard des Ormeaux qui, lui, était Français d'origine. Mme Frégault me confiera en entrevue que d'Iberville apparaissait à son mari comme la figure à substituer à Dollard des Ormeaux.
40. F. 54 p. 414.
41. *Ibid.*, p. 233.
42. *Ibid.*, p. 28, 64.
43. Léo-Paul Desrosiers, «Quelques ouvrages récents d'Histoire du Canada», *Culture*, 5, 2 (juin 1944), p. 182.
44. Rex Desmarchais, «Iberville le Conquérant», *L'École canadienne*, 19, 10 (juin 1944), p. 528.
45. M.-A. L., «Iberville le Conquérant», *Revue Dominicaine*, 50, 2 (décembre 1944), p. 313. Un autre critique abonde dans le même sens en lançant une flèche contre «certains milieux pseudo-intellectuels, "plus préoccupés d'assurer l'avenir que de se complaire dans le passé"». André Roy, «Iberville le Conquérant», *L'Action catholique*, 13 juin 1944, p. 4.
46. W. E. Collin, «Iberville le Conquérant — La Civilisation de la Nouvelle-France», *University of Toronto Quartely*, 14, 3 (avril 1945), p. 279. Voir aussi Benoît Brouillette, «Iberville le Conquérant», *Canadian Historical Review*, 26, 2 (juin 1945), p. 193-194.
47. Jean-Pierre Houle, «Iberville le Conquérant, par Guy Frégault», *Bulletin des études françaises*, 4, 19 (mai-juin 1944), p. 75; 76. Ce dernier commentaire met en

relief un état d'esprit extrêmement répandu à l'époque et sur lequel je reviendrai plus loin.

48. F. 55 p. 20; 21.
49. Frégault à Groulx, 7 août 1944, Institut d'histoire de l'Amérique française.
50. Gilles-Gaston Granger, *La raison*, Paris, Presses Universitaires de France, coll. «Que sais-je?», (1955), 1979, p. 102.
51. Norbert Elias, *La civilisation des mœurs*, Paris, Calman-Lévy, (1939), 1976, p. 11, 14.
52. F. 40 p. 145.
53. F. 55 p. 67.
54. *Ibid.*, p. 121.
55. *Ibid.*, p. 266.
56. *Ibid.*, p. 118, 271.
57. *Ibid.*, p. 117-118; F. 52 p. 22; F. 54 p. 89.
58. Voir Jean Blain, «La frontière en Nouvelle-France», *Revue d'histoire de l'Amérique française*, 25, 3 (décembre 1971), p. 399-400; Serge Gagnon, *Le Québec et ses historiens de 1840 à 1920 — La Nouvelle-France de Garneau à Groulx*, Québec, Les Presses de l'Université Laval, 1978, p. 29, 125, 192, 337, 368, 396.
59. Voir Lionel Groulx, «Le coureur de bois, type social», *L'Action nationale*, 31, 5 (janvier 1948), p. 23-38.
60. F. 162 p. 555. Dans ce même article, Frégault reconnaît qu'il y a eu de mauvais coureurs de bois. Toutefois, contrairement à Groulx, la distinction entre les bons et les mauvais ne s'effectue pas à l'intérieur du groupe, elle est pour lui une question d'époque.
61. F. 55 p. 117.
62. F. 52 p. 21. Groulx, dans «Le coureur de bois, type social», représentera cette opposition à partir des très belles images premières de l'eau et de la terre: «Un duel presque fatal, ai-je dit bien des fois, devait dominer notre première histoire: le duel de la terre et de l'eau, de la terre qui nourrit et enracine; de l'eau qui ensorcèle et qui disperse.» *op. cit.*, p. 26.
63. F. 55 p. 272.
64. *Ibid.*, p. 157. Quinze ans plus, tard, Frégault reconnaîtra avoir commis une erreur. Voir F. 315 (1er article) p. 311; F. 321 p. 141.
65. F. 72 p. 1.
66. F. 86 p. 311.
67. F. 55 p. 171.
68. Voir F. 55 p. 220. En 1945, Frégault changera son fusil d'épaule: «À la fin du régime français, beaucoup de nos grandes familles passaient pour avoir fait fortune dans les postes éloignés.» F. 78 p. 1.
69. F. 55 p. 222.
70. *Ibid.*, p. 134, 164, 167.
71. F. 76 p. 1; F. 55 p. 276.
72. F. 55 p. 276.
73. F. 86 p. 309.

74. F. 55 p. 217.
75. Voir F. 55 p. 179; 276. Groulx, dans *La naissance d'une race*, écrivait: «L'existence d'une vie de l'esprit se démontrerait, à la rigueur, par le maintien et le développement d'une hiérarchie sociale. On le sait, dans cette ordonnance des sociétés, les philosophes aperçoivent le signe et la condition des civilisations supérieures. Une certaine somme de bien-être et de culture consacre ou maintient les inégalités naturelles qu'ignore, au contraire, le nivellement absolu des peuples primitifs.» p. 266.
76. F. 86 p. 309, 311.
77. Cité par Lionel Groulx, «L'originalité de notre histoire», (En coll.), *Centenaire de l'Histoire du Canada de François-Xavier Garneau*, Montréal, Société historique de Montréal, 1945, p. 38.
78. F. 52 p. 24.
79. F. 55 p. 170.
80. *Ibid.*, p. 222-223.
81. F. 80 p. 26; F. 86 p. 311.
82. Armand Yon, «La Civilisation de la Nouvelle-France», *Bulletin des études françaises*, 5, 25 (mai-juin 1945), p. 78.
83. Gustave Lanctôt, «La Civilisation de la Nouvelle-France», *Canadian Historical Review*, 26, 3 (septembre 1945), p. 320.
84. Guy Sylvestre, «La Civilisation de la Nouvelle-France», *Revue de l'Université d'Ottawa*, 16, 2 (avril-juin 1946), p. 224; Alceste, «La Civilisation de la Nouvelle-France», *Le Devoir*, 10 février 1945, p. 8.
85. En 1949, il se permettra même d'ironiser sur ce point, et ce, dans l'article nécrologique qu'il écrivit lors de la mort subite de son ancien directeur de thèse. «Au début de sa carrière, Delanglez prend ainsi contact avec l'Amérique française; pardon, avec l'Amérique canadienne.» F. 244 p. 165.
86. F. 46 p. 21.
87. F. 68 p. 297. Même en 1963, il reprendra cette expression dans l'intitulé d'une conférence: F. 329.
88. F. 55 p. 118.
89. F. 25 p. 353.
90. J'ai illustré, plus haut, le cas d'Iberville. En ce qui concerne Bigot, Montcalm et Vaudreuil, Frégault résume, dans le passage suivant, au-delà de leurs vies singulières, ce qu'ils incarnaient profondément: «En Bigot se dénouent, à un moment de crise, les conséquences de longues habitudes administratives qui ont pesé sur une jeune société. En Montcalm apparaît une conception du "service du roi" qui s'adapte mal au développement du Canada. En Vaudreuil se révèle le sentiment de la patrie. Nous n'affirmons pas que le Grand Marquis l'ait voulu, mais il s'est trouvé incarner les aspirations, les espoirs et la résistance du peuple auquel il appartenait.» F. 260 p. 44. Voir aussi F. 54 p. 27; F. 131; F. 235 vol. I p. 32.
91. F. 86 p. 318.
92. F. 80 p. 27.
93. *Ibid.*

94. F. 62 p. 171.
95. F. 57 p. 69. Voir aussi F.68 p. 294; F. 71 p. 21.
96. F. 80 p. 26. Il est significatif que Frégault préfère l'expression «résistance» à celle de «survivance», qu'il n'utilise, d'ailleurs, jamais.
97. F. 81 p. 4; F. 69 p. 9.
98. F. 81 p. 8, 2; F. 69 p. 9.
99. F. 64 p. 7; F. 69 p. 10, 8.
100. F. 54 p. 403 note 8; F. 234 p. 38.
101. F. 234 p. 40.
102. F. 57 p. 72.
103. F. 89 p. 458-459.
104. Frégault à Chartier, 15 mai 1945, Institut d'histoire de l'Amérique française.
105. Frégault à Chartier, 17 juillet 1945, Institut d'histoire de l'Amérique française. En 1951, il exprimera les mêmes craintes: «Je suis de plus en plus convaincu, à observer les événements, que la direction de la faculté passe aux étrangers. Si encore ces métèques avaient quelques valeurs! Mais [...] sauf leurs intrigues, ces gens-là n'ont rien à leur crédit. Rien du tout. Et ils ont le haut du pavé.» Frégault à Chartier, 17 avril 1951, Institut d'histoire de l'Amérique française.
106. Frégault à Chartier, 11 janvier 1947, Institut d'histoire de l'Amérique française.
107. F. 67 p. 61.
108. Frégault à Brunet, 12 mars 1949, Université de Montréal, P136/C,52.
109. Frégault à Chartier, 15 mai 1945, Institut d'histoire de l'Amérique française.
110. Cité par F. 323 p. 9.
111. Au milieu des années quarante, la question de l'enseignement de l'histoire, qui gravite autour de celle du manuel unique d'histoire, est la controverse qui, selon Frégault, «divise le plus profondément les intellectuels du Canada français.» F. 71 p. 18. Elle les divisera pendant plusieurs années encore. On doit voir dans cette querelle l'un des motifs pour lesquels Frégault entreprend, dès 1945, la publication d'une série d'article sur l'enseignement de l'histoire: F. 63; F. 68; F. 70; F. 71; F. 80; F. 82.
112. Gustave Lanctôt, «Les historiens d'hier et l'histoire d'aujourd'hui», *Canadian Historical Association Report*, 1941, p. 14.
113. F. 229 p. 475.
114. F. 354 p. 37.
115. F. 47 p. 15; F. 71 p. 21.
116. Voir Lionel Groulx, «L'histoire, gardienne des traditions vivantes», *Directives*, Montréal, Éditions du Zodiaque, 1937, p. 208-209.
117. Voir Fernand Dumont, «Actualité de Lionel Groulx», dans Maurice Filion, dir., *Hommages à Lionel Groulx*, Montréal, Leméac, 1978, p. 60.
118. F. 57 p. 71-72.
119. *Ibid.*, p. 72.
120. F. 43 p. 8-9.
121. F. 57 p. 70; F. 66 p. 15.

122. F. 65 p. 390; F. 93 p. 84; F. 57 p. 73.
123. F. 47 p. 13; F. 68 p. 294.
124. F. 71 p. 19-20.
125. F. 50 p. 30. Voir aussi F. 47 p. p. 14.
126. F. 80 p. 28; F. 93 p. 84; F. 84 p. 91.
127. F. 91 p. 5; 6-7. De Québec, un certain Jean Lesage, très probablement le même qui deviendra premier ministre du Québec, se charge de lui répondre dans un article intitulé «Un nouveau sauveur de notre culture». Il commence en ces termes: «Tous les vingt ans, le Québec voit apparaître comme un météore, un sauveur de la race. Le dernier en date se nomme Guy Frégault et vient encore de Montréal.» L'allusion à Groulx est manifeste. Toutefois, tout au long de son article, Lesage ne trouve rien de mieux à lui opposer qu'un long réquisitoire contre les erreurs de style (!) que Frégault auraient commises tout au long de son éditorial. La Révolution tranquille est encore loin! En conclusion, pour justifier toute sa charge, Lesage ajoute: «Il faut [...] se souvenir que ce même sauveteur n'a cessé de déblatérer contre les auteurs de haute réputation, tels que Crémazie, Étienne Parent et Benjamin Sulte...» *Le Clairon-Québec*, 24 janvier 1947, p. 7.
128. Frégault à Groulx, 27 juillet 1945, Fonds Guy-Frégault, Institut d'histoire de l'Amérique française.
129. F. 66 p. 21.
130. F. 91 p. 4.
131. F. 93 p. 84.
132. F. 68 p. 294; F. 93 p. 83.
133. F. 234 p. 42.
134. *Ibid.,* p. 41-42.
135. Jean-Marc Léger, «Guy Frégault», *Le Quartier latin*, 7 novembre 1947, p. 3.

CHAPITRE IX

LE SALUT PAR LA SCIENCE

Cheminement de carrière 1947-1961; 1961-1977

À partir du moment où l'Institut d'histoire de l'Université de Montréal est fondé, et qu'il en prend la direction, Guy Frégault se consacre entièrement au développement d'une histoire scientifique qu'il conçoit dans une optique essentiellement nationale. De 1948 à 1961, il accumule les distinctions honorifiques et les responsabilités administratives. Surtout, il livre au public trois œuvres majeures qui vont le consacrer définitivement comme le spécialiste de la Nouvelle-France.

En 1948, il fait paraître une volumineuse étude intitulée *François Bigot, administrateur français* (2 volumes). Puis, après le départ de Lionel Groulx à l'automne 1949, il occupe la chaire du même nom, créée à cette occasion, jusqu'à ce que Maurice Séguin le remplace, en 1959, lors de son départ pour l'Université d'Ottawa. La même année, il devient aussi secrétaire perpétuel de l'Académie canadienne-française.

Pour un temps, accablé de travail par «une direction peu intelligente» qui «le charge de trop de cours et l'empêche d'écrire et de produire[1]», Guy Frégault envisagera de quitter l'Université de Montréal. Appuyé par Lionel Groulx, il posera sa candidature comme archiviste-adjoint aux Archives nationales à Ottawa. Toutefois, les négociations traînent en longueur et n'aboutissent pas. Entre-temps, Frégault, toujours soutenu par Lionel Groulx, proposera plutôt sa candidature comme vice-doyen de la Faculté des lettres, poste qu'il occupera à l'automne de 1950, en même temps qu'il deviendra professeur titulaire, jusqu'à son départ de l'Université de Montréal.

En 1951, il est élu membre du bureau de direction de la Canadian Historical Association, tâche qu'il assumera jusqu'en 1954. Toujours, en 1951, il reçoit la médaille d'argent de l'Ordre latin de la Charité. Parallèlement à ses cours et à ses activités administratives, il poursuit pendant ses vacances, en compagnie de sa femme Lilianne qui lui apporte une aide constante, des recherches intensives aux quatre coins des États-Unis; ces recherches mèneront à la publication, en 1952, d'une autre biographie d'envergure intitulée, *Le Grand Marquis — Pierre de Rigaud de Vaudreuil et la Louisiane*. La même année, il sera professeur invité à l'Université de Toronto et participera, avec Michel Brunet et Marcel Trudel, à la réalisation de l'*Histoire du Canada par les textes*.

Entre 1952 et 1955, il travaille, dans le plus grand secret, à jeter les bases de ce qui deviendra, en 1955, l'Association des professeurs de l'Université de Montréal dont il sera le premier président. Toujours en 1955, Guy Frégault va publier ce qui constituera son «magnum opus», *La Guerre de la Conquête*. Grâce à ce livre, il deviendra, pour la deuxième fois, récipiendaire du prix David en 1959. Entre-temps, il a publié, en 1954, *La Société canadienne sous le Régime français*, une brochure de 16 pages seulement, mais d'une densité remarquable. La même année, il reçoit la médaille Léo-Pariseau de l'Association canadienne-française pour l'avancement des sciences. À cette époque, sa notoriété d'historien atteint un sommet. «Aucun jury, écrit Marie-Claire Daveluy, ne se constitue sans lui, si ce jury exerce son mandat dans le domaine que l'historien a conquis par sa culture personnelle et la publication d'ouvrages qui attestent sa vision lucide des faits[2].»

En 1959, fatigué des tracasseries administratives, Guy Frégault décide de quitter l'Université de Montréal pour l'Université d'Ottawa où il occupe la chaire A.-J. Freiman dont il est le premier titulaire. De 1956 à 1961, il fait paraître plusieurs articles d'importance qui seront réunis, en 1968, dans un volume intitulé *Le XVIIIe siècle canadien*. De plus, il recevra, en 1961, la médaille Tyrrell de la Société royale du Canada, et l'Université d'Ottawa soulignera sa contribution exceptionnelle à l'histoire de la Nouvelle-France, en le faisant Docteur ès lettres «honoris causa».

À compter de 1961, une nouvelle carrière s'ouvre devant lui lorsqu'il accepte de devenir le premier sous-ministre du nouveau ministère des Affaires culturelles qui vient d'être créé, poste qu'il occupera de 1961 à 1966 puis de 1970 à 1975. Entre ces deux mandats, il occupera les postes de commissaire général de la Coopération avec l'extérieur au ministère des Affaires intergouvernementales et de conseiller spécial auprès du premier ministre en matière de politique linguistique. Puis, à compter de 1975, il sera conseiller spécial en matière culturelle auprès du Conseil exécutif, jusqu'à sa mort soudaine, le 13 décembre 1977.

En 1962 et en 1968, il reçoit deux doctorats «honoris causa», l'un du collège universitaire de Sainte-Anne de la Pointe-de-l'Église, en Nouvelle-Écosse, et l'autre de l'Université de Waterloo. En 1962, il accepte la médaille du Centenaire et, en 1969, le prix France-Québec de l'Association des écrivains d'expression française, ainsi que le prix Montcalm du Syndicat des journalistes et écrivains pour *Le XVIII*[e] *siècle canadien*. Toujours en 1969, il sera aussi le récipiendaire du prix de l'Académie française, fondation Thérouanne, pour la réédition de son *Pierre Le Moyne d'Iberville*, tandis que l'Académie des sciences d'Outre-mer de Paris l'accueillera en son sein en compagnie de Michel Brunet. À la mort de Groulx, il deviendra, pendant deux ans, le président de l'Institut d'histoire de l'Amérique française (mai 1968 à mai 1970) et l'Université de Montréal le nommera professeur émérite en 1970. Enfin, Guy Frégault trouvera même le temps de rédiger et de publier deux autres ouvrages d'importance: *Chronique des années perdues* en 1976 et, surtout, son *Lionel Groulx tel qu'en lui-même* en 1978.

Une histoire scientifique

Depuis son retour de Chicago en 1942, Guy Frégault, malgré les ouvrages, les articles répétés et les prix qu'il accumule, ne réussit, en ces premières années d'apprentissage, que péniblement à faire carrière, sinon à survivre. Ce n'est qu'à compter de 1946-1947, alors qu'il devient professeur agrégé et que l'Institut d'histoire est officiellement lancé, que sa situation se stabilise et qu'il pourra donner sa pleine mesure comme historien.

Ce cheminement difficile de Frégault, qui s'étend entre son retour des États-Unis et la création de l'Institut d'histoire, est lié à l'évolution d'une situation d'ensemble. Au début des années quarante, un jeune professionnel d'histoire comme Guy Frégault ne peut compter sur l'université, qui privilégie toujours les savoirs traditionnels et la culture générale, pour poursuivre une carrière. Avec la création de l'Institut d'histoire, dont il devient le premier directeur, Guy Frégault bénéficie maintenant de l'appui d'une structure universitaire. À l'exemple d'autres jeunes spécialistes de sa génération, qui œuvrent principalement en sciences sociales, la spécialisation, qui apparaît comme la seule garantie d'un savoir objectif, va devenir son principal cheval de bataille.

Entre 1947 et 1951-1952, ce souci d'objectivité s'inscrit dans le prolongement de son projet de «refaire le Canada français» en soumettant nos traditions à une réévaluation d'ensemble qui permettrait de faire le départage, dans le présent, entre «les traditions vivantes et les traditions mourantes», c'est-à-dire entre «celles que prolongent ou que peuvent prolonger des actes de création» et celles qui «n'ont que du poids[3]». Culture et nation étant toujours pour lui intimement liées, le rôle de la «culture historique», c'est-à-dire de l'histoire scientifique, ne vise pas seulement à travailler au dévoilement et à la rectification de la figure de notre identité collective. En établissant le fondement et la continuité profonde de nos traditions authentiques, l'histoire objective apparaît à Frégault comme l'un des principaux leviers qui vont enfin permettre au Canada français de s'épanouir. Cette fonction d'arbitrage culturel, pour le moment, place Frégault en position de rupture par rapport à la tradition historiographique dominante. Pour Frégault, à la différence de cette dernière, l'écart qui s'insinue au cours des années quarante, entre la représentation du passé et les sollicitations en sens contraire qui s'entrecroisent dans le présent, tient moins au manque de fidélité envers le passé qu'à la constitution même du modèle que la tradition historiographique nous a légué. Ce n'est qu'en se livrant à une rectification de ce modèle, qui implique une conscience particulière de l'identité nationale, que l'on pourra rétablir la continuité entre le passé et le présent, «voir clair en soi» et identifier, dans le présent, les obstacles réels qui entravent l'épanouissement du Canada français. Par contre, cette insistance sur la nécessité de la spécialisation et des recherches originales, n'ira pas sans remettre en question le rôle de l'intellectuel, la place de l'université dans la société et la responsabilité de l'État dans le développement des universités canadiennes-françaises.

Toutefois, par un curieux renversement des choses qui, vu d'aujourd'hui, ne constitue que son aboutissement logique, le développement de la spécialisation et des recherches originales allaient métamorphoser la fonction même que Frégault attribue à l'histoire. Ainsi, à l'exemple de la tradition historiographique qu'il dénonce, l'histoire objective qu'il entend développer repose sur une définition culturelle de la nation qui prête à l'histoire une fonction sociale éminente. Cependant, avec l'approfondissement des concepts de civilisation et, surtout, de colonisation, la nature de la nation gagne en profondeur et en rigueur logique. L'histoire, plutôt que de demeurer une force menant à l'épanouissement du Canada français, va devenir l'instrument d'une prise de conscience profonde sur la nature des blocages réels qui affectent son devenir. Il y a ici plus qu'une question de nuance. D'essentiellement culturelle, la nation est devenue le résultat d'un processus historique qui implique l'interaction de réalités politiques, économiques, démographiques et culturelles qui évoluent dans un cadre géographique.

Une fois que la culture ne constitue plus l'attribut essentiel de la nation pour devenir une manifestation, un peu plus évidente que d'autres, d'un phénomène de structure, le passé cesse d'être un réservoir de forces vivifiantes pour devenir un poids qui continue d'exercer dans le présent ses terribles conséquences. Alors qu'une définition culturelle de la nation permettait de représenter le devenir de la nation sous le sceau de la continuité, une représentation structurelle la place sous le signe d'une discontinuité radicale: de normale qu'elle était à l'origine, la nation canadienne est devenue anormale au moment où, à la suite de la Conquête, elle a perdu la maîtrise de ses cadres politiques et économiques. D'instrument d'épanouissement, l'histoire est devenue une source de lucidité. Pour Groulx et les tenants de l'histoire éclatante, pour qui l'histoire est une fidélité, cette entreprise d'objectivité, qui débouche sur un élargissement et un approfondissement de la réalité nationale, sera perçue comme une tentative incompréhensible pour avilir notre passé.

L'explication qu'a développée Maurice Séguin jouera un rôle important dans ce processus. Mais on ne peut pas non plus réduire Guy Frégault à la taille d'un simple disciple. C'est un travailleur acharné qui a appris à marcher sur ses propres jambes et qui, en retour, contribuera à alimenter certaines intuitions de base que Séguin va systématiser dans ses *Normes*.

Au cours des dernières années de la guerre, l'École des sciences sociales de Laval avait encouragé ses premiers étudiants à se spécialiser dans des universités canadiennes-anglaises et américaines pour revenir ensuite enseigner à l'École. Comme Guy Frégault, ils sont jeunes, laïques, et ils ont été formés à l'extérieur du Canada français, ce qui les amène à partager une même conception de la science. Spécialistes dans leur domaine, ils constitueront, avec leurs collègues de Laval, la première génération de professeurs de carrière. Tout les place en position de rupture par rapport à leur milieu d'origine. Ils en ont conscience et ils en feront l'expérience au fil de leur carrière.

Jusqu'alors, la culture générale apparaissait comme l'idéal de la formation intellectuelle et les universités, concevant leur rôle à l'image de grosses écoles professionnelles, s'employaient surtout à reproduire «l'establishment» des principales professions libérales. Aussi, la création non pas d'un, mais de trois instituts d'histoire — ceux de Laval, de Montréal et celui que Groulx, sans secours externe, «porte à bout de bras[4]» — prend-elle valeur de signe. Bien sûr, la fondation simultanée de celui de Laval et de Montréal constitue une manifestation supplémentaire de la rivalité séculaire qui oppose ces deux universités. Mais, par-delà cet esprit de compétition, il faut voir que les trois instituts ont pour projet commun de travailler à la naissance d'une «nouvelle histoire». À la différence de celle qui, jusqu'à ce moment, était «confortablement assise dans la chaire de rhétorique[5]», on veut travailler au développement d'une histoire plus objective qui s'appuierait résolument sur la méthode scientifique. Même Groulx, arrivé à l'âge où, normalement, l'on a déjà pris sa retraite, entreprend ce difficile changement de cap. Ainsi, il n'entend pas faire de son Institut «une œuvre de propagande nationale», à l'exemple de *l'Action française* et de *l'Action nationale* dont il a, naguère, dirigé les destinées. Il se propose même d'en écarter «impitoyablement toute étude ou tout article qui paraîtrait s'inspirer de cet esprit». Toutefois, ajoute- t-il, «rien n'oblige l'histoire la plus objective ou la plus scientifique à se fermer les yeux sur la portée ou les résultats possibles de son travail[6]». La *Revue d'histoire de l'Amérique française* qu'il fonde par la même occasion, devient aussi la première revue canadienne-française consacrée exclusivement à l'histoire. Elle manifeste, dès le départ, le nouveau souci d'objectivité de l'heure, en publiant une série d'articles à caractère méthodologique sous la signature du père Thomas Charland. Mais, plus important encore, avec la création des deux instituts universitaires il devient possible, pour la première fois, de se spécialiser en histoire dans une université québécoise. Marcel Trudel rappelle avec ironie et amertume, qu'avant la création de l'Institut d'histoire de Laval, l'examen final d'histoire au baccalauréat «était cet examen écrit qui consistait, pendant cinq heures, à bâtir de mémoire et sans documentation le discours le plus émouvant possible sur un sujet d'histoire du Canada[7]». Pour Frégault, comme pour Marcel Trudel ou Lionel Groulx, ce temps est révolu. Désormais, l'étude de l'histoire ne peut s'effectuer sans l'apprentissage d'une méthodologie rigoureuse.

Cette insistance sur l'apprentissage de méthodes pour la formation d'un esprit scientifique ne va pas sans remettre en question la représentation traditionnelle de l'intellectuel au Canada français. Pour Frégault, le véritable intellectuel est un «scholar», terme anglais dont, souligne-t-il, on ne possède pas l'équivalent en Français. «Nous essayons de le rendre par savant, érudit, lettré.» Cependant, à la différence des ses équivalents français, «le *scholar*, lui, est allé dans les écoles; il en est sorti avec une méthode qu'il applique à des faits de culture pour leur arracher leur secret. Voilà l'intellectuel que la Faculté des lettres entend former[8].» Dorénavant, nul ne peut être déclaré maître sans posséder des diplômes. Cette conception ne peut que heurter de front des rôles et des positions depuis longtemps établis. À cette époque, seuls les «clercs» avaient, au Canada français, «le statut d'hommes-à-penser[9]». Loin d'être anticlérical, Frégault vise moins des rôles et des positions qu'une certaine conception du savoir, ainsi que celle du rôle de l'intellectuel dans une société. Selon lui, c'est par la spécialisation, qui mène à la reconnaissance du «rôle nécessaire des jeunes intellectuels», que la société québécoise pourra dépasser les défis que lui pose la conjoncture. Il croit, en 1950-1951, que la vigueur dont a fait montre l'économie au cours des années quarante restera «sans lendemain» si elle ne s'accompagne pas d'une «croissance correspondante [...] au même rythme dans le domaine de l'esprit[10]». De plus, culture et nation étant liées, cet intellectuel que l'on attend dorénavant former à la Faculté des lettres «sera canadien[11]». Plutôt que de s'occuper à vanter les mérites d'une culture d'emprunt et à répéter les bons mots que celle-ci véhicule, l'intellectuel canadien travaillera avant tout à fonder l'originalité de sa propre culture et à lui insuffler une vitalité nouvelle.

> Cette croissance spirituelle, notre pays ne peut pas l'acheter, il ne peut pas la faire produire par d'autres. Il ne saurait non plus l'emprunter... [...] Notre pays ne peut, ni historiquement, ni logiquement, se contenter d'une culture de confection. Non pas qu'il lui faille créer de rien sa culture; mais il ne saura la trouver que si ses fils, dans ses bibliothèques, dans ses laboratoires, dans ses écoles et surtout dans ses universités, opèrent, par une transmutation nécessaire des éléments de la civilisation occidentale, une synthèse vivante dans laquelle il reconnaîtra son âme et sa raison d'être[12].

Pour Frégault, «une nation sans culture, c'est un corps sans âme, une carcasse que rien n'interdit de jeter à la voirie. De même qu'une économie ne s'élabore pas sans économistes et qu'une politique ne s'édifie pas sans politiques, une culture ne se développe pas sans ouvriers culturels[13].» C'est à l'université qu'incombe le rôle de former ces «ouvriers culturels». Mais elle ne saurait le remplir sans le concours de l'État. Dans le contexte de la Commission royale d'enquête sur l'avancement des arts, des lettres et des sciences, où le fédéral se propose de prendre en charge le financement des universités, Frégault pouvait écrire en 1952:

> Si la littérature apparaît comme le miroir d'une culture, les universités, de leur côté, représentent des indices très sûrs de vie intellectuelle et même,

> puisque tout se tient, de vie spirituelle. Les nations créent les universités à leur image et à leur ressemblance. [...] Parce qu'elle confie à ses universités son héritage de culture, la nation a des devoirs à leur égard.
>
> Pour la même raison, l'université ne saurait, à peine de manquer essentiellement à la nation, se dérober à la mission qu'elle en a reçue[14].

Ce n'est pas la première fois que Frégault soulève la question de la responsabilité de l'État provincial envers ses intellectuels. Dès 1944, puis en 1947, il prenait, en ce sens, une position non équivoque[15]. En ces années, cette implication de l'État apparaît d'autant plus urgente du fait que les intellectuels sont obligés de s'expatrier au moment où le Canada français traverse toujours «une crise de maturité intellectuelle dont la gravité se peut comparer sans exagération aux plus grandes crises nationales de notre passé[16]». On se retrouve ainsi avec l'étrange situation où, faute d'avoir encouragé nos universités et nos historiens, l'on ignorerait à peu près tout de nos propres origines puisque, selon Frégault, l'historiographie du Régime français reste à faire et «chose surprenante, ce sont surtout les Anglais et les Américains qui ont étudié à fond cette partie de notre histoire[17]». Tout étant à refaire, il faut commencer par le commencement, en faisant table rase des interprétations antérieures, et procéder à un inventaire méthodique et systématique de nos origines.

En effet, selon Frégault, les premières œuvres historiques du Canada français ont été, elles aussi, le produit «d'une inquiétude» mais «cette inquiétude n'avait pas un caractère scientifique[18]». De plus, ces premières entreprises historiographiques auraient imposé, dès l'origine, deux interprétations d'ensemble de l'histoire du Canada complètement divergentes: l'une était conservatrice et loyaliste tandis que l'autre était libérale et nationaliste. Par-delà ces différences interprétatives, ce qui frappe surtout Frégault, c'est leurs ressemblances. Ainsi, les premiers historiens du XIXe siècle ont d'abord «commencé par la fin[19]», en cherchant à donner une interprétation globale de l'histoire du Canada sans se soucier de faire des recherches très élaborées pour fonder leur interprétation. «Il semblerait logique que des monographies eussent paru d'abord, des synthèses ensuite. Le contraire eut lieu.» S'il en a été ainsi, c'est qu'ils avaient «des opinions à illustrer, une cause à défendre et des sentiments à faire valoir». De plus, ils ont abordé l'histoire «par le même biais: administratif, militaire, constitutionnel quand il y avait lieu. En refaisant ainsi le même travail, ils établirent une tradition[20].» À l'exception de Garneau, tous ces historiens ne furent, pour Frégault, que des «littérateurs». C'est que l'œuvre de Garneau avait «une valeur scientifique égale à sa valeur littéraire». Mais surtout, «Garneau avait cette originalité de repenser l'histoire du Canada[21].» Par là, il a «mis en lumière la réalité historique du Canada français». La durabilité de son œuvre s'explique parce qu'elle correspondait «aux aspirations vitales et permanentes du Canada français». Notamment, «en écrivant son *Histoire*, Garneau avait en tête de faire œuvre de renaissance nationale[22]». Frégault a beau donner le coup d'encensoir obligatoire vis-à-vis de Garneau, il reste qu'il demeure surpris que cette tradition n'ait pas évolué depuis.

> Notre historiographie ne fut aucunement témoin d'une révolution analogue à celle que Frederick Jackson Turner détermina aux États-Unis. Alors que la *Kulturgeschichte* était florissante en Allemagne, personne n'osa, parmi les successeurs de Garneau, s'appliquer à l'histoire de la civilisation[23].

En plus de cette tradition dominante qu'il faut reprendre à neuf, Frégault souligne aussi qu'une autre tradition a pris forme au côté de la première, tradition concurrente «qui reflète davantage la conception actuelle des disciplines historiques[24]». Parmi ses devanciers, Frégault mentionne plus particulièrement le travail de Joseph-Edmond Roy, d'Aegidius Fauteux, de l'abbé Ivanhoé Caron et celui du chanoine H. A. Scott. Contrairement aux autres, ces historiens auraient cherché à approfondir certains aspects particuliers de notre histoire en proposant des monographies méthodiques qui n'avaient pas la prétention de donner une interprétation d'ensemble de notre histoire nationale. Et c'est bien dans cette direction que Frégault entend engager les recherches au nouvel Institut d'histoire. Toutefois, malgré ce nouveau mouvement qui se dessine dans les études historiques, Frégault constate que c'est l'héritage de la première tradition qui continue à dominer le présent. Pire encore, ces anciens historiens sont devenus des gloires intouchables.

> Cherche-t-on à prendre la mesure exacte de ces littérateurs, on encourt tout de suite le reproche de mépriser ses devanciers. Cette réaction, par ailleurs assez comique, indique autre chose que du respect à l'égard d'autorités dépassées: c'est soi-même que l'on veut protéger en se donnant l'air de défendre des habitudes et des insuffisances anciennes[25].

À cette époque, Frégault conçoit la pratique historiographique à l'exemple du père Delanglez. Elle s'inspire d'un positivisme pointilleux qui fait reposer la force d'un ouvrage avant tout sur une question de méthode et sur le souci du «document d'abord». «Sans méthode, écrit Frégault, il demeure impossible de produire des travaux de premier ordre[26].» Dans la notice nécrologique qu'il écrit à l'occasion de la mort du père Delanglez, on peut lire ce commentaire significatif sur les travaux que ce dernier a menés sur la Louisiane: «il devait reprendre un à un les problèmes les plus compliqués [...], y retrouver, à chaque pas, des demi-vérités acceptées qui se réduisaient, en définitive, à des erreurs établies et y rencontrer, à chaque détour, des personnages surfaits que l'ignorance et le chauvinisme avaient sacrés grands hommes[27]». Nous avons là le modèle méthodologique que Frégault fera sien au cours de sa carrière d'historien. Mais ce travail ne constitue qu'une étape préalable. L'objectif essentiel pour Frégault est d'en arriver à identifier les lignes de force auxquelles ces événements participent et, par là, de fonder scientifiquement l'intelligibilité de notre histoire. En ces années, la tâche la plus urgente est de travailler à dissocier l'histoire de la littérature en la fondant sur une méthodologie rigoureuse. C'est là non seulement l'objectif qu'il se donne, mais il en fait aussi l'idéal de formation des étudiants inscrits à la Faculté des lettres.

> Une [...] faculté s'oriente vers la recherche, et non pas vers la recherche des trucs à l'aide desquels on peut se faire une carrière; les cours et les travaux y sont conçus de manière à mettre les étudiants non pas au *courant* de méthodes, mais en *possession* de méthodes; les cours et les travaux y sont conçus de manière à permettre aux étudiants de poser des hypothèses de travail; les cours y sont donnés et les travaux y sont dirigés par des hommes qui ne se contentent pas d'être des techniciens, mais qui sont des maîtres, des hommes à qui il ne suffit pas de renseigner les autres, mais qui prennent pour tâche d'enseigner, et cela par l'exemple plus encore que par la parole[28].

En 1948, lorsqu'il livre au public son *François Bigot, administrateur français*, Frégault va donner un exemple de taille.

De Bigot à Vaudreuil

Avec *Iberville le Conquérant*, Frégault avait pris contact avec la Nouvelle-France de la fin du XVIIe siècle. Puis, avec *La Civilisation de la Nouvelle-France*, il avait poursuivi plus avant en s'attachant à la période 1713-1744. Enfin, en 1948, il publie *François Bigot, administrateur français* qui embrasse la période 1739-1760 et qu'il envisage comme une suite à sa *Civilisation de la Nouvelle-France*. Chacune de ces œuvres se présente comme une étape supplémentaire conduisant à un inventaire systématique de la Nouvelle-France du XVIIIe siècle. Ayant déjà acquis la notoriété avec la publication de ses deux premiers livres, Frégault conforte sa réputation d'historien de la Nouvelle-France avec la parution de cet ouvrage en deux volumes dont l'érudition impressionne avec ses «3,000 notes ou références au bas des 800 pages[29]». Tous s'accordent pour y voir un ouvrage conduit selon les canons de la méthode scientifique mais, comme pour ses autres ouvrages, plusieurs trouvent encombrantes les notes infrapaginales. Solange Chaput-Rolland écrit: «J'aurais volontiers souscrit aux dires de l'auteur sans constamment vérifier la véracité de sa science[30].» Pour sa part, Roger Duhamel conclut: «Nous aimons d'avance les statues qu'il sait sculpter, nous n'avons pas besoin qu'il nous apporte des éclats de marbre pour nous convaincre de la droiture de son effort[31].»

Dès 1944, Frégault s'est attaché à démêler les pièces du dossier considérable que constitue la carrière de François Bigot. Jusqu'alors, Bigot était une figure légendaire à qui l'on ne réservait que quelques lignes dédaigneuses et dont l'évocation de son seul nom suffisait «presque à faire vomir de dégoût tout ancien élève de la classe de rhétorique[32]». Dans ce livre, l'objectif de Frégault est de rejoindre une époque à travers la biographie d'un homme, celle de François Bigot: «Si on le cherche, on atteint une époque; si l'on fait abstraction de l'époque, l'homme échappe.» De même, il s'agit de redonner taille humaine à un personnage dont la légende s'était emparée: «Bigot n'était ni un héros ni un monstre; il n'était qu'un homme, avec ses défauts, ses qualités et ses malheurs[33].» Ramener Bigot à une dimension plus humaine, à une époque où l'histoire édifiante domine toujours, ne porte pas vraiment à conséquence puisque le personnage, tant honni par la tradition historienne, n'en ressort pas lavé de tout blâme. Mais cet homme, comme le titre de l'ouvrage l'indique, était un «administrateur français»! Aussi, en dernière analyse, assiste-t-on moins à la révision du procès d'un homme qu'à celui de la conduite des administrateurs métropolitains dans un pays qui n'est pas le leur. De même, la métropole, par ses attitudes pour le moins mitigées envers sa colonie, n'échappera pas non plus à la condamnation.

Dès l'introduction, Frégault précise que Bigot «se situait au centre d'une activité dont le principe le précédait et dont le sens le dépassait; il illustrait un état d'esprit et jusqu'à une manière d'être dont les siens propres ne constituaient que des reflets[34]». En somme, et c'est ce que Frégault mettra en relief en conclusion, Bigot «n'a fait qu'ériger en système des méthodes de prévarication que d'autres avaient pratiquées avant lui[35]» et ce, depuis le départ de Talon. Pour Frégault, de tels comportements ne s'expliquent pas vraiment si l'on se place seulement au niveau des conduites individuelles. Par contre, ils deviennent un peu plus intelligibles lorsque l'on tient compte du fait que ces exploiteurs sont des métropolitains. Les intérêts qui les motivent à venir en Nouvelle-France ne sont pas de même nature que ceux qu'un colonial manifeste envers son pays. La Nouvelle-France n'est pas leur patrie, elle «n'est qu'une colonie. Et qu'est-ce qu'une colonie? "Un pays où l'on ne va que pour faire fortune", répond, imperturbable, le sieur Guillaume Estèbe.» De la même manière, la conduite d'un colonial comme Vaudreuil s'explique du fait qu'il envisage «d'instinct [...] le Canada comme une nation». Au contraire, pour les métropolitains, «que le peuple abandonné, trahi et terrorisé râle de misère, c'est, après tout, naturel: une simple colonie ne saurait s'attendre à mieux, parce qu'une simple colonie ne saurait s'attendre à rien.» Mais surtout, «ce qui fait ressortir plus que celles de ses prédécesseurs les rapines de Bigot, ce n'est pas leur nature, c'est leur ampleur. Ce sont aussi les circonstances tragiques au milieu desquelles le satrape les a perpétrées[36].»

Et la métropole dans tout cela? Contrairement à son ouvrage antérieur, où Frégault s'évertuait à mettre en relief le paternalisme de la Cour dans le but de nuancer les propos de Parkman sur l'absolutisme politique, ici c'est la corruption, «l'indolence», le manque de jugement et les incapacités diverses, en somme le peu d'intérêt que la métropole manifeste envers sa colonie, quand elle ne la berne pas ouvertement, qui ressort le plus. Frégault révélera même que la métropole française avait l'intention, en 1746, de déporter les Acadiens sur lesquels elle ne pourrait «pas compter», geste que l'historiographie traditionnelle avait toujours représenté comme étant le plus odieux qu'ait posé l'Angleterre[37]. Aussi, ne doit-on pas se surprendre que la France, devant l'orage final, ait décidé d'abandonner sa colonie. De plus, non seulement la métropole et ses administrateurs coloniaux ont-ils peu de prévenance envers la Nouvelle-France, mais même les soldats français se conduisent envers les Canadiens comme en pays conquis, tout en refusant de fournir les efforts nécessaires lorsque les circonstances le demandent. Frégault écrit, à propos de la tragique expédition de la vallée de l'Ohio, ce passage révélateur:

> Les Canadiens firent tout leur devoir: en juillet, un grand nombre, épuisés, brisés de fièvre, crachaient le sang. On ne pouvait pas en dire autant des Français qui les accompagnaient. Péan notait, méprisant: «Les Français portent, mais peu & cherchent à se donner des incommodités. Il faut toujours que les Officiers soient après; ils se couchent dans le Portage & ils y pleurent se disant tous malades: les fers en sont toujours remplis[38].»

En d'autres mots, tout sépare les intérêts des métropolitains de ceux des coloniaux. Cette opposition constitue la toile de fond qui permet à Frégault de dépasser l'événementiel pour l'insérer dans un cadre explicatif plus vaste. Dans ses deux premières œuvres, le cadre de mise en intrigue reposait sur l'idée que la Nouvelle-France était le résultat de l'équilibre qui s'était institué entre deux forces contraires: celle de «l'expansion» et celle de «l'enracinement». Il s'agissait d'illustrer comment les Canadiens avaient été «les artisans d'une patrie[39]». Selon cette perspective, qui est aussi sous-tendue par la théorie de la «frontière», les querelles entre Français et Canadiens ont surtout servi à illustrer et à confirmer la naissance d'une conscience nationale originale chez les Canadiens. Toutefois, dans *François Bigot*, la différence entre coloniaux et métropolitains s'est durcie pour devenir un principe explicatif. Elle permet de comprendre pourquoi, au moment où la guerre fait rage et que toutes les ressources devaient être normalement mises à contribution, qu'un individu comme Bigot puisse se livrer à de telles prévarications. C'est que les Canadiens combattent pour la survie de leur patrie, alors qu'un administrateur comme Bigot, perpétuant les habitudes de ses devanciers, ne vient dans la colonie que pour s'enrichir sans se soucier du bien-être de la nation canadienne.

La condamnation amère, à laquelle se livre Frégault, des causes profondes des déprédations dont sont victimes les Canadiens explique, à mon sens, le curieux commentaire que l'historien A. L. Burt écrira en conclusion de son compte rendu de l'ouvrage: *«He is all for little business against big business, and he seems to assume that the profit motive is always the enemy of the public welfare*[40]*.»* En fait, entre *la Civilisation* et le *François Bigot*, une différence profonde émerge que Burt n'a pas relevée. Dans son ouvrage précédent, Frégault vantait et idéalisait toujours le caractère agricole de la colonie, non sans omettre de souligner l'importance du commerce des fourrures. Dans son *François Bigot*, la Nouvelle-France est devenue une société essentiellement commerciale. Même que ce changement d'optique s'interprète, selon Frégault, dans le prolongement de l'opposition entre la métropole et la colonie.

> ...la métropole s'était toujours évertuée à imprimer au Canada un cachet agricole. Ce caractère n'était point celui du pays parce qu'il n'était point celui du continent. La Cour et ses agents ne s'en rendaient pas compte. Ils croyaient voir un peuple de paysans, ils trouvaient devant eux une nation de commerçants. Dans ces conditions, il n'y avait rien d'étonnant à ce que les campagnes se dépeuplassent. Après la Conquête et seulement alors, quand les Anglais, que tout y avait préparés, auront mis la main sur le grand commerce, les Canadiens se replieront sur le sol et se retrancheront derrière le réseau de leurs innombrables enclos. En attendant, le négoce les séduit, comme il les a toujours séduits[41].

Aux traditions de liberté et d'indépendance des Canadiens s'ajoute ainsi une tradition commerciale. Faut-il attribuer ce changement de perspective à l'influence de la thèse que Séguin vient de soutenir[42]? Il est difficile de répondre avec certitude à cette question. Toutefois, lorsque l'on considère que Frégault en arrive à cette conclusion à partir d'une documentation originale et que cette interprétation s'inscrit dans le cadre d'une opposition entre coloniaux et métropolitains, sans compter qu'à l'encontre de Séguin, il va presque jusqu'à nier la réalité agricole de la Nouvelle-France, on peut en douter sérieusement. D'ailleurs, il aurait été difficile au Frégault de cette période de succomber aux charmes de la perspective séguiniste puisque non seulement Frégault tient en suspicion toute interprétation d'ensemble de l'histoire du Canada mais, contrairement à Séguin, le concours de la métropole ne lui apparaît pas, au terme de cette étude, particulièrement riche de promesses d'épanouissement.

Dès la parution de *François Bigot*, Frégault projette déjà un nouvel ouvrage qui porterait sur Jean-Baptiste Le Moyne de Bienville, le frère d'Iberville. L'année suivante, il aura plutôt choisi d'étudier la carrière de Vaudreuil. Au départ, il pensait «pouvoir résumer à larges traits ses années louisianaises, puis, cette besogne expédiée, en venir aux choses sérieuses, à la guerre de Sept Ans[43]». Mais les ouvrages d'histoire portant sur la carrière louisianaise de Vaudreuil lui sont apparus tellement pauvres et inexacts qu'il a senti la nécessité «d'étudier en détail» cet épisode de la vie de Vaudreuil.

Dès 1949, il pense écrire la biographie de Vaudreuil en deux volumes. Toutefois, seul le premier volume sera publié en 1952. Globalement, cet ouvrage vise essentiellement à réhabiliter, en la faisant connaître, la personne de Vaudreuil. Il faut dire qu'au cours de l'été 1949, alors qu'il poursuit ses recherches préliminaires aux États-Unis, Frégault a décidé de pousser une pointe jusqu'à la Nouvelle-Orléans pour se «plonger dans le milieu même où cette histoire s'est déroulée[44]». Jusqu'alors, il était sous l'impression que les Louisianais avaient conservé de Vaudreuil un souvenir impérissable. Après son passage, il est forcé «de constater, écrit-il à Groulx, que la Louisiane a presque oublié Vaudreuil, à l'égard de qui je commence à me demander si l'histoire s'est montrée bien juste: ce sera à voir[45]».

Encore une fois, Frégault se propose de corriger la tradition historiographique selon laquelle, à part chez Garneau, Vaudreuil apparaissait comme un être faible et un incapable. Mais son projet est lié à un objectif plus large. En effet, à la différence de Bigot qui personnifie, à son paroxysme, l'administrateur métropolitain qui n'a aucun égard envers le Canada et les Canadiens, «en Vaudreuil se révèle le sentiment de la patrie[46]». En présentant tour à tour, dans deux œuvres distinctes, le comportement du métropolitain puis celui du colonial, Frégault veut, en quelque sorte, faire ressortir l'autre versant de la réalité. Encore une fois, le récit se structure autour d'une opposition de fond entre coloniaux et métropolitains. Mais cette fois-ci, le personnage central est un Canadien qui, quoiqu'il veille à ses propres intérêts économiques, aura d'abord à cœur le développement et la prospérité économique de la colonie. Pour réaliser son œuvre, Vaudreuil devra même lutter contre ses propres «ordonnateurs» français et les politiques à courte vue de la métropole qui ne saisissent pas l'ampleur et la signification du drame qui commence à poindre en Amérique.

Déjà, dans *François Bigot*, Frégault faisait ressortir que le fait d'être Canadien constituait pour Vaudreuil à la fois «sa force et sa faiblesse». D'un côté, «les Canadiens souhaitaient d'être gouvernés par leur compatriote» et Vaudreuil, en retour, «aimait passionnément son pays[47]». Par contre, les Français avaient peu d'estime pour lui. Montcalm, «dès le début, l'avait regardé de haut[48]». Pour comprendre cette attitude des Français, Frégault propose, après Garneau et Casgrain, une explication en termes de psychologie et d'attitudes collectives qui opposent les coloniaux aux métropolitains.

> Aux yeux des Français tout en nerfs, brillants, cocardiers, pénétrés du sentiment de leur supériorité, spirituels, galants, parlant haut et vite, Vaudreuil, débonnaire, lent à s'émouvoir, mais rancunier, d'esprit rassis, terne, dévot et sensé, allait passer pour incapable et niais; sa bonté parut faiblesse; son flegme, stupidité[49].

Dans *Le Grand Marquis*, Frégault brosse un portrait extrêmement avantageux de Vaudreuil. Celui-ci a appris de son père l'art de gouverner, et ce dernier, contrairement à Bégon ou, plus tard, à Bigot, n'a pas cherché à s'enrichir sur le dos des Canadiens. Toute sa vie, le fils aurait eu l'ambition de devenir, à l'exemple de son père, gouverneur général de la Nouvelle-France. En ce sens, le gouvernement de la Louisiane lui apparaît seulement comme une étape. Mais c'est une étape dont il tirera une riche expérience.

À son arrivée en Louisiane, la colonie est dans un état lamentable. La «politique indigène sombre dans la confusion» et le commerce languit. Rapidement, Vaudreuil prendra conscience que ces aspects sont liés. Pour lui, les conflits franco-indiens sont avant tout d'ordre économique: «Les

Anglais, [...] pour le prix de leur alliance, leur offrent à bon compte plus que les Français ne peuvent leur céder[50].» Il sait qu'une fois les Indiens pacifiés et rentrés dans l'orbite d'influence française, le commerce ne peut que redevenir florissant.

> De ces constatations, commencent à se dégager les éléments d'une politique à laquelle Vaudreuil donnera bientôt la cohérence d'une doctrine et la force d'un principe: rencontrer les adversaires sur leur terrain; devant leur puissance économique, dresser une égale puissance économique. Ses premiers mois en Louisiane lui auront inspiré une idée directrice. Toute son administration en sera marquée[51].

Cependant, les véritables adversaires de sa politique seront moins les Indiens et les Anglais que la métropole française et les administrateurs métropolitains qui le secondent à titre d'ordonnateur. Son prédécesseur, Bienville, un autre Canadien, en a fait la malheureuse expérience avant lui. Pendant les dix ans que Vaudreuil sera en Louisiane, il essaiera, comme colonial, de faire comprendre à la métropole et à son ordonnateur la nécessité de toujours garnir les magasins de marchandises de traite, tout en tentant «de traduire à une Cour distraite le sens des faits qui se bousculent en Amérique[52]». Rien n'y fait. La métropole est incapable de reconnaître l'importance primordiale que recouvre la possession de l'intérieur américain pour la survie de chacune des deux colonies rivales. Surtout, la métropole ignore la nature réelle d'une colonie ainsi que le rôle qu'elle est appelée à jouer envers elle. Mais Frégault reconnaît, par la même occasion, qu'une colonie ne saurait survivre sans l'aide de sa métropole.

> Depuis le début du siècle, la France possède une doctrine: une colonie «n'est bonne qu'autant qu'elle peut estre utile au Royaume». Avec le temps, cette assertion devient un axiome. Toutefois une colonie ne saurait jouer son rôle dans la vie impériale sans la sollicitude constante de la mère patrie[53].

Soucieuse de faire de «petites économies», la métropole recourt à des expédients alors qu'il faudrait développer une politique économique vigoureuse et cohérente. Les ordonnateurs Lenormant et Michel auront le même manque de sens politique. Ils entretiendront au surplus une guerre, parfois larvée parfois ouverte, avec Vaudreuil. Frégault rappelle à ce propos que les accrochages entre un gouverneur et son ordonnateur sont inévitables. Mais, dans le cas présent, la situation se complique du fait que ces derniers sont des métropolitains alors que le gouverneur est un colonial. Ceux-ci tiennent naturellement les Canadiens pour des inférieurs et, quoiqu'étant sur place, sont incapables de comprendre le fondement des enjeux qui se nouent autour d'eux. De surcroît, ces ordonnateurs jouissent de protections considérables en France. Selon Frégault, Vaudreuil tirera une expérience salutaire des conflits qui vont l'opposer à ses ordonnateurs, ce qui expliquerait qu'une fois devenu gouverneur général de la Nouvelle-France, Vaudreuil prendra soin de ne pas se frotter inutilement à Bigot.

Malgré les difficultés, Vaudreuil réussira par la ruse et la patience à pacifier les Indiens. De même, il stimulera le commerce d'exportation. Il faut dire que, comme colonial, il est plus à même d'en saisir l'importance: «Issu d'un pays de petits négociants, Vaudreuil le comprend mieux que ne ferait un Français habitué à vivre dans un royaume de paysans.» Canadien, il favorisera d'abord les Canadiens. Grâce au souci constant qu'il démontre pour augmenter le bien-être de la colonie, celle-ci va prospérer à un point tel que «dans les dernières années, ce n'est plus l'aisance, c'est le luxe qui s'étale en Louisiane[54]». En somme, Vaudreuil a dû remédier, par lui-même, aux carences de la métropole.

> La réussite de l'administrateur tient, en dernière analyse, à ce que, colonial lui-même, il a compris ce que c'est qu'une colonie; il s'est fait une conception nette de la nature d'une économie coloniale, de ses besoins, de l'aide qui lui doit venir de la métropole et, lorsque cette aide fait défaut, de ce qui peut y suppléer[55].

De Bigot à Vaudreuil, Frégault fait ressortir qu'un administrateur colonial est beaucoup plus apte à servir les intérêts des coloniaux que ne pourrait le faire un métropolitain. Mais, on peut voir aussi, dans ces considérations sur le rôle de suppléance que Vaudreuil accomplit vis-à-vis des attributions qui normalement reviennent à la métropole, la toile de fond à partir de laquelle une certaine fusion pourra s'opérer entre la pensée de Guy Frégault et l'explication que propose Maurice Séguin.

Au fil des ans, Frégault en est venu à ériger l'opposition entre métropolitains et coloniaux au rang de principe explicatif pour appréhender la nature des rapports qui se nouent entre la métropole et sa colonie. Toutefois, alors que dans *François Bigot* il ne dépasse pas la perspective d'une condamnation, dans *Le Grand Marquis* on voit poindre une interrogation plus vaste sur la nature des liens qui unissent une colonie à sa métropole et du rôle que cette dernière est appelée à jouer. Dans ce dernier livre, elle n'est encore qu'implicite. Mais la même année, comme on le verra un peu plus loin, Frégault posera le problème beaucoup plus explicitement. En plus de l'influence de Séguin, il faudra y voir aussi, sinon surtout, celle de l'École des Annales qui insiste sur la nécessité d'une histoire totale qui met à contribution les divers niveaux de la réalité humaine.

La critique du *Grand Marquis* est élogieuse. On reconnaît, une fois de plus, la rigueur de son analyse et ses vertus d'écrivains. À part Jacques Gouin, qui s'étonne que Frégault puisse soutenir que les Canadiens du XVIIIe siècle «...auraient eu conscience de constituer une nation distincte des Français, [...] avant 1789 et la cristallisation de l'idée de nationalité[56]», reproche qui reviendra souvent par la suite au cours des années, l'œuvre ne prête pas vraiment à la controverse. Par contre, presque tous lui reprochent la manière dont il critique ses devanciers ou ses collègues.

Il faut dire que Frégault peut être féroce et même cruel envers ceux qui ne partagent pas ses exigences de rigueur méthodologique. Un exemple est particulièrement éloquent. En 1950, Pierre-Georges Roy, fondateur, en 1895, du *Bulletin des recherches historiques*, archiviste de la province de Québec depuis 1920 et dont la réputation d'historien est bien assise dans un certain cercle, commettra l'impair de publier *Bigot et sa bande et l'affaire du Canada* selon le credo historiographique traditionnel. Frégault, qui voit dans cette publication une attaque directe contre son propre ouvrage, sera impitoyable.

> ...que nous offre-t-il? Un médiocre ouvrage de vulgarisation, mal conçu, mal composé (ou plutôt point du tout composé), mal documenté et mal écrit. Il s'agit d'une série de notes hâtives sur près de quatre-vingts personnages [...]; en tout cas, les quelques pages que l'auteur consacre à chacune d'elles n'apportent rien de nouveau, sauf quelques erreurs faciles à corriger et quelques banalités difficiles à supporter. [...] Pauvrement documenté, *Bigot et sa bande* témoigne d'une superbe insouciance de la méthode historique. Quand M. Roy n'a pas de documents, il s'en passe. Quand il en a, il ne les critique pas, il les reproduit. [...] En somme, voilà un livre qui n'a rien d'original. Même les fautes de français y sont banales [...] Voulez-vous une bibliographie? Cherchez, et vous ne la trouverez pas. Un index? Pas davantage. Présentation lamentable, recherches hâtives, critique superficielle, conclusions depuis longtemps dépassées: que faut-il de plus pour prouver que nous sommes en présence d'un ouvrage improvisé[57]?

D'autres auteurs — dont deux Français — auront aussi l'occasion de faire l'expérience de la critique acide de Frégault. Ainsi, dans la *Revue de l'Université Laval*, André Latreille, se demande «À quoi sert l'histoire?» Frégault écrira: «Poser une telle question, c'est courir le risque d'apporter, en guise de réponse, une jolie collection de vieilleries et de banalités. M. Latreille n'échappe pas à ce danger. [...] Et ce bavardage, se donne des allures solennelles, que dis-je? "scientifique"[58]!» Mais c'est Jacques Toutain qui, après avoir fait paraître un petit ouvrage sur le Canada, aura droit à un éreintement en règle.

> Voici un petit livre étonnant. [...] Après avoir parcouru un ou deux chapitres de cette brochure, on s'en doute bien un peu; après l'avoir lue en entier, on reste pantois: ce que M. Toutain connaît du Canada n'est rien auprès de ce qu'il en ignore. Souligner toutes les erreurs qui encombrent cette centaine de pages frémissantes d'enthousiasme exigerait un gros volume et peut-être davantage. Aussi nous voyons-nous contraint de ne mentionner que les manifestations les plus ahurissantes d'une ignorance invraisemblable[59].

Et Frégault conclut en disant: «Le temps est passé où le premier venu pouvait nous raconter n'importe quoi, pourvu qu'il fît vibrer la corde du sentiment français[60].» Jean Bruchési en sera offusqué et s'en ouvrira à Groulx, en qualité de directeur de la *Revue d'histoire de l'Amérique française* où ce compte rendu a paru. Ce dernier lui répondra sèchement: «En outre, pour ce qui est de nos bons amis de France, un trop grand nombre ont pris l'habitude d'écrire avec une extrême légèreté sur nous-mêmes ou sur notre histoire. Il n'est pas tout à fait mauvais, ce me semble, qu'on leur apprenne, de temps à autre, à ne pas écrire n'importe quoi[61].»

Il ne faudrait pas penser, cependant, que Frégault ne fait que mettre en pièce les ouvrages dont il fait le compte rendu. Lorsqu'un ouvrage observe la rigueur qui s'impose, Frégault ne se gêne pas non plus pour le reconnaître et en faire l'éloge. L'histoire étant une science, il espère seulement qu'il deviendra, dorénavant, «à peu près impossible de travailler aussi mal qu'on pouvait le faire impunément il y a un demi-siècle[62]». De plus, au tournant des années cinquante, l'histoire, pour Frégault, est non seulement une science: elle est devenue une science sociale. Ce changement de vocabulaire est le signe manifeste qu'une métamorphose est en cours dans la manière dont Frégault interprétera la nature des forces historiques qui ont orienté le devenir de la nation canadienne-française.

De Vaudreuil à La Guerre de la Conquête

Michel Brunet rapporte que Frégault aurait été gagné à l'explication de Maurice Séguin au cours du «séminaire de méthodologie de l'année 1951-1952 auquel participait les trois professeurs[63]». L'analyse de documents peu connus, écrits par Frégault au cours de cette période, ne laisse aucun doute à ce sujet. Toutefois, il ne faudrait pas, à l'exemple de Brunet, exagérer cette influence. En fait, il s'agit moins d'une conversion que d'une explication supplémentaire qui est venue prolonger et englober des interrogations que Frégault pouvait avoir sur le sens du devenir de la société québécoise et auxquelles il n'avait pas réussi à donner une interprétation véritablement satisfaisante. Comme le rappelle Brunet lui-même, d'autres influences allaient aussi jouer.

> Il s'intéressa également à l'histoire coloniale de l'Amérique espagnole. Les travaux de l'équipe des *Annales* retinrent aussi son attention. Lors de son premier voyage en France, en 1955, il sollicita et obtint une entrevue de Lucien Febvre. Deux études sur la discipline historique l'influencèrent: Marc Bloch, *Apologie pour l'histoire;* Henri-Irénée Marrou, *De la connaissance historique*[64].

Dans un texte qu'il publie en collaboration avec Michel Brunet en 1952, on peut lire que Talon avait compris que la géographie commandait le développement industriel de la Nouvelle-France. De même, le thème de la décapitation sociale fait aussi son apparition, tandis que l'exode rural devient une conséquence «inéluctable de l'économie progressive[65]». Mais c'est dans «Canadians et Canadiens[66]», conférence que Frégault prononce la même année au «Gray Lectures», que la métamorphose de Frégault est la plus explicite. Dans cette conférence, Frégault commence par soutenir que les Canadiens français d'aujourd'hui sont victimes d'une illusion collective.

> *...individually, the judgment of a French-Canadian is as sound as anybody's judgment. But in matters political, economical and cultural, the otherwise good judgment of the French-Canadians as a group is clouded by a collective traditional illusion. [...] the French Canadians style themselves stronger than they are. This great illusion stems from a particular historical interpretation. Any historical explanation of the present situation of French Canada in regard with English Canada must begin with a consideration of the fundamental fact in the history of this country: the British conquest. [...] Canada, then, was defeated. In French, I would say:* «Le Canada fut défait.» *The word* défait *means all at once: conquered and undone, or brought to ruin*[67].

Avant la Conquête, le Canada constituait une société équilibrée soutenue par une armature politique, économique et culturelle. Puis, après celle-ci, les Canadiens n'auraient pas vraiment compris ce qui leur arrivait. La lenteur de la colonisation britannique et la barrière qu'a élevée le régime seigneurial à l'immigration anglophone ont fait croire aux Canadiens, et à Carleton, qu'ils constitueraient, pour toujours, la majorité au pays. Ils ne voyaient pas qu'un deuxième Canada était en train de naître. Toutefois, les événements se précipitent avec l'arrivée des Loyalistes puis, surtout, avec l'Acte d'Union qui marque le début du Canada moderne et à propos duquel Durham prédira avec justesse la ruine des Canadiens.

«What next? The foundation of the Dominion of Canada... [...] In 1867, French Canada became a mere appendix to British North America. Economically, French Canada had shrunk into insignificance, with political insignificance following.» Devenue minoritaire à quatre contre un, avec un gouvernement provincial faible et sans importance réelle, *«the significant fact is that the winning [...] of such a government was considered not only as a political victory, but as a "national" victory*[68]*»*. Selon Frégault, deux hypothèses permettent d'interpréter une attitude aussi étrange de la part des Canadiens: soit que ces derniers, à la différence des autres peuples, se satisfassent de très peu; soit qu'ils aient été victimes d'une illusion collective.

> *There is no choice between these two possible interpretations. The historian is compelled by an overwhelming amount of evidence to conclude that the smug optimism enjoyed by the French Canadians was indeed due to an illusion. The evidence I am speaking of is to be found in the French Canadian literature, especially that of the thirty-five years following 1860*[69].

Pour illustrer la nature de cette illusion collective, Frégault appuiera sa démonstration à partir des cinq principaux thèmes qu'un Américain, Ian Forbes Fraser, a retrouvé dans notre littérature du XIXe siècle et qu'il présente dans son livre *The Spirit of French Canada* (1939). Il s'agit du culte de la France, de la mystique du sol, de l'attachement envers la religion catholique, de l'histoire de la race ainsi que la défense de la langue française[70]. Pour Frégault, il est parfaitement légitime, et même normal, que notre littérature du milieu du XIXe siècle jusqu'à aujourd'hui ait exploité les trois derniers thèmes. Toutefois, *«the bombastic oratory lavished on France and on a mystic idea of the soil were, to my mind, rather disturbing signs of a condition closely resembling a state of arrested development*[71]*»*. Comme il l'avait déjà souligné dans son *François Bigot*, même le culte du sol est une notion française.

> *As for myself, I see only one explanation. The men of this period seem to have attempted to adjust themselves culturally to a situation that they dared not try to understand. They simply extolled some values that allowed them not to lose face completely. [...] In other words, I think that the predicament in which French Canada finds herself today is the result of a consistent historical trend, traceable to the momentous events that took place about 1760*[72].

Cette conférence permet d'apercevoir de quelle manière l'explication que propose Séguin dans sa thèse est venue prolonger, en lui donnant un caractère plus systématique, des intuitions et des préoccupations déjà fort anciennes chez Frégault. Ainsi, à la différence de Séguin qui, à l'origine, cherchait à comprendre les causes de l'infériorité économique des Canadiens français, Frégault a toujours été préoccupé par le problème de la pauvreté intellectuelle dont les Canadiens français font preuve depuis toujours. Cette représentation était la sienne alors qu'il était étudiant de collège et qu'il nous associait au «génie» français. Puis, c'est en réaction à ce qui lui apparaît maintenant comme une forme de colonialisme culturel qu'il projettera, au cours des années 1943-1947, de «refaire le Canada français». Puis, avec la fondation de l'Institut d'histoire, même si l'influence du personnalisme s'est adoucie en apparence et que le militantisme a fait place aux recherches minutieuses, il n'entrevoit pas d'autre objectif au développement de la «culture historique». Entre-temps, les cours de littérature canadienne, qu'il a donnés entre 1944 et 1951, n'ont fait qu'exacerber la prise de conscience initiale de notre pauvreté intellectuelle et du colonialisme culturel français qui l'affecte. Avant que Maurice Séguin ne propose son interprétation systémique du devenir de la nation, il était difficile pour Frégault d'en arriver à une explication satisfaisante de ce phénomène, étant donné que l'essentiel de la nation se réduisait à sa dimension culturelle. Cela élucide, à mon avis, pourquoi un spécialiste du régime français ait été amené à tant mettre en relief les conséquences de la Conquête sur le devenir de la nation. On lui reprochera souvent ces excursions à l'extérieur du Régime français que l'on ne s'expliquera d'ailleurs pas.

Ce que Maurice Séguin a surtout mis en évidence, c'est qu'une nation «normale» constitue un tout systémique qui est l'expression d'un vouloir-vivre collectif à caractère ethnique, lorsque cette ethnie possède pleinement la maîtrise de ses cadres politiques, économiques et culturels. Aussi, lorsqu'en 1760 la nation canadienne a perdu la maîtrise de ses cadres politiques et économiques, elle est devenue une nation «anormale». Surtout, étant donné l'interdépendance des facteurs, même la culture en a été affectée. Non seulement sa littérature, mais son «genre de vie», ses représentations de soi, ses idéologies politiques et son historiographie en portent les marques évidentes. Et c'est à partir de cette représentation de la «normalité» d'une nation que s'est constitué, par-delà les différences, l'accord général de nos trois historiens autour du constat des conséquences de la Conquête.

Cette représentation des fondements propres à une nation normale amènera Frégault à orienter ses travaux selon deux directions complémentaires. Entre 1951 et 1955, il cherchera surtout à mettre en évidence la discontinuité de notre histoire qu'il envisage à travers le concept de civilisation. Parallèlement à cette préoccupation dont *La Guerre de la Conquête* porte l'empreinte, Frégault s'attachera à comprendre les motifs et les causes qui ont mené à une telle dislocation. Ici, le concept qu'il privilégie est celui de colonisation. À compter de 1956, il délaissera complètement le concept de civilisation pour se replier sur le tournant du XVIIIe siècle, époque qui, du point de vue de la colonisation, marque désormais pour lui le moment capital de l'histoire de la Nouvelle-France.

«Nous sommes le figuier stérile»

Dans une entrevue donnée en 1968, Frégault disait: «En enseignant l'histoire de la Nouvelle-France, une chose m'a frappé: à cette époque, les Canadiens ont des idées avancées, tout à fait contemporaines. Ils n'étaient pas égarés dans leur siècle. Ils avaient des plans de développement économique et des projets propres à favoriser le peuplement de la colonie[73].» Mis à part l'accent qu'il met sur le développement économique, toutes ses œuvres qui précèdent le tournant des années 1952 tendent à illustrer, à l'exception de *François Bigot*, la vitalité de cette civilisation canadienne qui contraste si singulièrement avec ce que l'on peut observer depuis la Conquête, surtout du point de vue de ses manifestations intellectuelles et ce, jusqu'à l'époque présente. Avant 1951, Frégault espère que la mise à jour, par l'histoire scientifique, des fondements de cette vitalité permettra de rectifier la figure de notre identité collective et, par là, de créer les conditions propices à un épanouissement national. Cette représentation des choses attribuait à la fonction sociale de l'histoire un rôle disproportionné quant à ses possibilités réelles d'action dans le devenir de la nation. Elle implique par la même occasion une appréhension particulière du rapport passé-présent. À compter de 1951-1952, l'optique change radicalement. La nation devient une réalité structurelle et la culture ne constitue plus qu'une manifestation un peu plus évidente des rapports d'interdépendances qu'entretiennent les principales structures sociales entre elles. Une définition de la nation en termes socio-économiques ne pouvait que métamorphoser l'appréhension traditionnelle du rapport passé-présent. D'instrument de libération, la connaissance de l'histoire devient une leçon de lucidité sur le poids que représente le passé pour le présent.

Dans *La Civilisation de la Nouvelle-France*, Frégault souligne qu'une civilisation repose sur des fondements matériels, des cadres politiques déterminés ainsi que des faits de culture dont il fait l'inventaire. Mais toute son analyse vise surtout à démontrer que le Canada du XVIIIe siècle «est devenu une entité morale, un être complet, une nation nouvelle, appuyée sur un passé dont la puissance irréductible le projette vers l'avenir[74]». Autrement dit, chacun des aspects de cette société est envisagé comme un signe de la vitalité que manifeste une civilisation originale. Avec la fondation de l'Institut d'histoire, Frégault se proposait d'en dégager les fondements et d'en montrer la continuité. La tradition historiographique antérieure s'était, elle aussi, appliquée à établir cette continuité en privilégiant le schéma de Garneau. De la lutte armée aux victoires politiques, les Canadiens français avaient réussi à garantir la survivance d'un peuple catholique, français et agricole. Toutefois, du point de vue culturel, les signes de vitalité de la civilisation canadienne depuis la Conquête ne sont jamais apparus tellement évidents à Frégault. En fait, il lui a toujours semblé que l'on assistait plus à un effondrement qu'à une véritable continuité. C'est à cette interrogation de fond que l'interprétation de Séguin est venue apporter réponse.

En 1951, Frégault écrit: «Si l'on veut comprendre quelque chose au caractère et à l'évolution de la littérature canadienne, il faut considérer celle-ci dans des perspectives historiques et même dans les plus larges de ces perspectives, celles qui se déploient à la lumière de la notion de civilisation[75].» Il propose ensuite une définition du concept de civilisation qu'il emprunte à «l'économiste anglais Charles S. Devas, qui y voit la synthèse des sept éléments suivants: l'existence d'au moins une ville; un ordre et une puissance politiques; la pratique des arts industriels; la pratique des beaux arts; des connaissances (philosophie, histoire, sciences physiques); une littérature écrite; l'activité d'une élite[76]». À la lumière de cette définition, Frégault affirme que la Nouvelle-France constituait non seulement une civilisation, mais qu'elle s'exprimait par le biais d'une culture dynamique. La preuve en est qu'elle s'est aussi «exprimée dans sa littérature», ce qui, pour Frégault, constitue «un sûr indice de civilisation[77]». Qu'en est-il après la Conquête?

> Vers 1760, une époque s'achève. Les Canadiens continuent à écrire. Au milieu de quelle confusion et de quelles incertitudes, du fond de quelle nuit, ce qu'ils expriment et leurs façons de l'exprimer nous le disent, nous le crient, nous le jettent au visage. Par nécessité, ils inventent leur journalisme et leur pauvre éloquence parlementaire. Pour s'amuser, ils font des pièces de théâtre, des élégies, des odes, des épîtres, des fables et des chansons: témoignages accablants d'appauvrissement intellectuel.

> Au fait le Canada n'existe plus. Le conquérant a commencé par parquer le troupeau des vaincus dans un petit quadrilatère auquel il a donné le nom de Province de Québec. Que le vainqueur ait ensuite modifié les limites de l'enclos au gré de son opportunisme, voilà qui ne change rien à l'affaire. Lorsque le Canada redevient à la fois une expression géographique et une entité politique, il s'agit d'une création — il convient de peser ce mot — des Anglais. [...]
>
> [...] par instinct de défense, les Canadiens cherchent à remonter le courant de l'histoire et à se refaire un caractère français. La civilisation matérielle dans laquelle ils tentent de s'intégrer n'est pas française; la culture qu'ils désirent absorber — absorber, et non pas créer — n'est pas canadienne. S'ils se cherchent, c'est qu'ils se sont perdus. La civilisation dont ils avaient hérité touche un fond. De pratique, leur littérature devient, d'une part, utilitaire et, de l'autre, franchement oiseuse. Les Canadiens sont tombés en 1760, sans qu'il y ait eu de leur faute, puisqu'ils se sont bien battus. Ils voudraient se relever: leurs lettres, qui demeurent au-dessous de tout, indiquent qu'ils n'y parviennent pas[78].

À la lumière du concept de civilisation, on peut comprendre l'affirmation, qu'on lui reprochera plus tard, voulant qu'il n'y ait plus de Canada à compter de la Conquête[79]. C'est qu'une civilisation, pour Frégault, forme un tout articulé. «La réalité même de la culture [...] se situe au cœur de la civilisation. Et une civilisation forme bloc: en elle, se rejoignent des conditions matérielles et des forces spirituelles. Dans le concret, les unes n'existent pas sans les autres[80].» Aussi, lorsque l'on est dépossédé de ses fondements matériels et politiques comme l'est la nation canadienne après la Conquête, comment peut-on parler de civilisation canadienne? L'année suivante, Frégault écrira à ce propos:

> *Before the Conquest, Canada has possessed a complete set of political, economic and cultural institutions. [...] In the years preceding 1760, Canada had a cultural life which was developing normally because it was sustained by sound political and economic foundations. [...] after 1760, Canada was but a shadow of herself*[81].

Frégault hésite encore à affirmer que la nation à été disloquée. Toujours en 1952, il écrira qu'après la Conquête «la nation subsiste parce qu'elle reçoit le dépôt amoindri, mais considérable encore, de son héritage de culture[82]». Trois ans plus tard, au moment où paraît *La Guerre de la Conquête*, Frégault n'a plus de scrupule et se fait beaucoup plus explicite.

> L'erreur la plus grave qui se puisse commettre dans l'explication de notre histoire est d'imaginer qu'en 1763 on tourne la page et qu'un nouveau chapitre commence. En 1763, on ne tourne pas la page. On ferme le livre.

> En d'autres termes, écrasé par les armes, le Canada n'est pas seulement battu, puis cédé; son économie, sa société et sa civilisation se désintègrent sous le choc de la défaite[83].

La société canadienne-française, de normale qu'elle était du temps de la Nouvelle-France, est devenue une société anormale après la Conquête. C'est qu'à compter de 1953, une défaite, pour Frégault, ne veut plus simplement dire défaire la tension spirituelle qui pouvait animer une civilisation: «défaite signifie désintégration[84]». Selon cette perspective, la littérature sous le Régime britannique constitue toujours «un indice sûr» de l'état d'une civilisation mais qui, cette fois-ci, a été «défaite». De 1953 à 1955, Frégault s'emploiera à mettre en relief la signification de ces indices.

Du temps de la Nouvelle-France, les Canadiens possédaient, avec l'appui de leur métropole, la maîtrise de leurs cadres économiques, politiques et culturels qui assuraient l'unité de leur civilisation. On y retrouvait des institutions d'enseignement qui pouvaient se comparer à ce qui existait ailleurs en Amérique et cette société s'exprimait aussi par sa littérature. De plus, «comme dans tout pays normal, cette population n'est ni exclusivement rurale ni exclusivement urbaine. Phénomène tout à fait moderne et qui reflète bien les tendances du Nouveau Monde, la ville exerce sur les Canadiens une puissante attraction[85].» Avec la Conquête, on assiste à une décapitation sociale et à un repli vers l'agriculture.

> Éliminés de la politique, éliminés du commerce et de l'industrie, les Canadiens se replieront sur le sol. S'ils finissent par se vanter d'être des «enfants du sol», c'est que la défaite les a atteints non seulement dans leur civilisation matérielle, mais aussi dans leurs conceptions. Ils avaient des ambitions plus hautes lorsque leur vie collective était normale[86].

Il faudra attendre un siècle avant qu'une renaissance littéraire ne s'amorce. Entre-temps, «la diffusion des lettres canadiennes fut d'abord assurée par les journaux. [...] Un chef spirituel et un chef politique donnent leurs compatriotes pour des Anglais. [...] Si les Canadiens ne savent même pas se définir, comment voudrait-on qu'ils réussissent à s'exprimer?» Aussi, le constat qu'a fait lord Durham «dans son génial *Rapport*[87]» de l'état de notre histoire et de notre littérature a sans doute paru choquant à l'époque, mais il ne faisait, selon Frégault, que décrire une situation de fait.

Au moment où un renouveau littéraire s'annonce avec la publication de l'*Histoire du Canada* de Garneau, les Canadiens français sont devenus majoritairement des ruraux et l'économie est, depuis longtemps, aux mains des Canadiens anglais. De plus, ce renouveau coïncide avec la reprise des liens culturels avec la France. Toutefois, selon Frégault, cette influence culturelle française, après un siècle d'éclipse, s'exerça «de façon anormale[88]». Il est révélateur que Frégault, qui n'avait jamais réellement mis en doute la valeur de l'œuvre de Garneau, s'interroge maintenant sur la signification de sa conclusion. En effet, comment expliquer qu'après avoir compris, dans son *Histoire du Canada*, que l'Union des deux Canadas signifiait la mise en minorité des Canadiens français, «ce grand libéral» qu'était Garneau puisse se montrer «fier de conclure que le peuple dont il a tracé l'évolution "a fondé toute sa politique sur sa conservation"[89]»?

> Comment se fait-il qu'après avoir aligné aussi clairement les données du problème canadien-français, Garneau n'ait pas résolu l'équation et inscrit la solution qui s'en dégageait? C'est qu'il se présenta immédiatement à son esprit, pour le brouiller, une donnée étrangère à celles qu'il venait de poser: cette nouvelle donnée, qu'il emprunta à ses maîtres romantiques, Thierry et Michelet, c'était celle des hérédités historiques, la croyance à la vertu toujours renouvelée des innéités raciales dans «l'âme du peuple», être collectif. Il plaça toutes ses espérances dans le fait que les Canadiens «viennent de cette France qui se tient à la tête de la civilisation européenne depuis la chute de l'empire romain»[90]...

Cette théorie des innéités intervient au moment où les Canadiens français, quoiqu'étant annexés politiquement «commencent à être possédés de l'illusion qu'ils ont une politique[91]». L'annexion politique leur réservant le contrôle de leur sphère culturelle, «les intellectuels canadiens-français imagineront que tout est sauvé, ils se tourneront du côté de la France, patrie de leurs innéités, et cultiveront celles-ci avec enthousiasme[92]».

Un autre auteur français, Rameau de Saint-Père, allait ajouter une autre équivoque. Dans *La France aux colonies* (1859), il proposera aux Canadiens français de délaisser le commerce et l'industrie puisqu'ils ont une vocation essentiellement agricole. De plus, leur rôle consisterait à «représenter la culture française en Amérique[93]». Selon Frégault, tout indique qu'on assiste, à partir de ce moment, à la naissance d'une idéologie compensatoire que nourrit un idéalisme qui ne tient aucun compte du fondement matériel d'une civilisation.

> En somme, on fait bon marché de la civilisation matérielle en vue de conquérir le domaine bien gardé de la culture. Nous sommes au moment où les collèges se multiplient. Une université se fonde à Québec. Les beaux

arts, en revanche, donnent des signes qu'ils cesseront d'être tout à fait beaux[94].

Selon Frégault, les deux générations d'écrivains qui succèdent à ces premiers efforts ne manquent pas de talents, mais ils ne feraient que pasticher des mouvements littéraires français qui sont déjà dépassés au moment où ceux-ci les reprennent. En 1951, il proposait deux explications à ce phénomène. D'abord, il attribuait cette «influence anormale» au fait que les liens entretenus avec la France étaient trop lâches pour que ces écrivains puissent remplir adéquatement la mission qu'ils s'étaient donnée de se porter à la défense et à l'illustration de la culture française en Amérique. Mais surtout, «l'impuissance de ces gens de lettres, dont certains ne manquaient ni d'étoffe, ni de technique, ni d'aspirations, s'explique par l'orientation douteuse d'une culture construite à coups d'illusions en marge d'une civilisation à laquelle des "clercs" s'interdisaient de toucher, de peur d'en avoir les mains sales de "matérialisme grossier"[95]». En 1953, l'explication de ce manque de vitalité de notre littérature du XIXe siècle se déplace vers une cause plus structurelle qui repose sur une comparaison.

> D'une façon générale, la littérature de cette époque exprime dans une langue laborieuse des idées d'emprunt. Cela peut signifier deux choses: ou bien que cette littérature n'est pas celle d'un peuple adulte — ou bien, (si ce peuple a le même âge qu'un autre peuple qui, lui, s'exprime à la façon d'un adulte) que cette littérature est celle d'un peuple dont le développement a été interrompu. La littérature est le reflet des conditions dans lesquelles vit la société qui la produit[96].

À ce propos, Frégault souligne que les Américains n'ont jamais pensé que leur rôle consistait à exprimer la culture britannique en Amérique. Ils ont plutôt créé une littérature dynamique à leur image et qui leur appartenait en propre. L'explication est simple: «les États-Unis sont un pays qui a réussi; ils ont vraiment évolué de l'état de colonies à l'état de nation[97]». Au Canada français, par contre, on continue, au milieu du XXe siècle, à vivre en pleine illusion en s'imaginant être les dignes représentants de la culture française en Amérique alors que, «dans le concert américain», notre voix «s'élève à peine plus haut que celle d'une république à bananes de l'Amérique centrale[98]». Pour Frégault, il est temps d'arrêter de vouloir nous consoler de notre stérilité intellectuelle et de regarder la réalité en face.

> Depuis deux ou trois siècles, la culture française se développe à un rythme dont nous avons subi les contre-coups plus que nous n'en avons connu le

mouvement: elle a emprunté des avenues que nous n'avons ni tracées, ni même continuées; en un mot, elle a évolué et elle évolue encore sans nous. [...] nous avons une vie intellectuelle de parasites. Nous avons parfaitement le droit de *consommer* la culture française. Nous n'avons pas celui de la représenter parce que ce n'est pas nous qui la créons.

Nous pouvons bien chercher à nous consoler de notre stérilité: nous sommes le figuier stérile. Comment en sommes-nous venus là? L'histoire pourrait nous le dire. Mais nous avons la faiblesse de croire que notre histoire a été explorée une fois pour toutes et qu'elle n'a plus un seul secret à nous livrer. Du reste qui se soucie de l'interroger[99]?

À considérer comment s'est opérée la fusion entre les préoccupations que Frégault portaient déjà en lui depuis longtemps, on peut se demander si Séguin ne s'est pas inspiré de la perspective développée par Frégault lorsqu'il soutient l'idée voulant que la survivance d'une nation «bien» annexée soit une condamnation à la médiocrité collective perpétuelle? De même, jusqu'à quel point Séguin s'est-il inspiré des perspectives d'ensemble développées par Frégault pour fonder la représentation systémique de la nation qu'il propose dans ses *Normes?* Pour l'instant, ce qui est fondamental ici, c'est qu'entre 1951 et 1955, ce n'est pas seulement une représentation inédite de la nation que projette Frégault, c'est aussi une conception nouvelle du devenir de la réalité nationale.

Le lien qui unissait nation et culture agit maintenant comme un révélateur de la situation. Pour Frégault, ce n'est plus en retrouvant la source des traditions authentiques que le Canada français pourra lever les obstacles qui entravent son épanouissement dans le présent. De même, la survivance n'est plus la manifestation de la continuité de sa civilisation, elle est le symptôme d'un malaise qui tient à une rupture radicale. En perdant la maîtrise de ses cadres économiques et politiques qui, avec la culture, assuraient l'unité et le dynamisme de la civilisation canadienne, de normale la société canadienne-française est devenue anormale. Le passage d'une conception de la nation où domine l'aspect culturel à celle plus élargie et systémique que développe Frégault, en fusionnant le concept de civilisation aux hypothèses de Séguin, interdit désormais de donner à l'histoire la fonction de «boussole salvatrice» que pouvait lui prêter Groulx. De conjoncturel, le devenir de la nation devient le résultat d'un phénomène de structure. Pour reprendre l'expression de Jean Blain, Frégault est passé de l'idéalisation de «l'être national», tel qu'il s'est formé à l'origine, à une recherche plus systématique de ses modalités d'existence[100].

Ce renversement n'est pas seulement le fruit de l'influence de Séguin. Il faut aussi y voir celle de l'École des Annales et, plus particulièrement, celle de Marc Bloch[101]. En effet, jusqu'alors, Frégault faisait de la méthode — au sens positiviste du terme — le principal arc-boutant qui concourt à la validité d'une œuvre historique. Mais, en même temps, il croyait que par cette mise à nu méthodique des origines, il serait possible de se livrer, dans le présent, à un arbitrage culturel objectif qui devait mener à l'épanouissement et à la renaissance du Canada français. Cette représentation des choses est le fruit de la conjugaison de trois influences. Premièrement, on retrouve celle de Groulx et des historiens français du XIXe siècle pour qui la clé du présent se trouve dans les «origines». Selon cette perspective, le changement historique apparaît comme une série de dérivations face à un modèle original qui fait office de point d'appui pour justifier ou condamner le présent. Deuxièmement, l'insatisfaction profonde de Frégault face au présent — qu'il partage avec ceux de sa génération — le conduit à appréhender les origines moins comme un modèle à préserver que comme une source à partir de laquelle il serait possible de retrouver la tension vitale qui l'animait. Enfin, dans le prolongement de cette appréhension particulière du temps et des forces qui l'animent, la méthodologie apparaît comme l'instrument qui offre la garantie nécessaire pour effectuer le départage entre ce qui est tradition authentique, c'est-à-dire tradition vitale pour aujourd'hui, et ce qui ne l'est pas, travail qui se complète par la rectification de la tradition historiographique antérieure. Aussi, bien qu'il porte une attention centrale à la question des origines, c'est le problème du présent qui domine.

La lecture de l'*Apologie pour l'histoire* de Marc Bloch, devait modifier profondément cette perspective. Dans ce livre, Marc Bloch met en évidence les illusions positivistes, tout en mettant en garde devant l'erreur qui «guette les chercheurs d'origine», erreur qui consiste à «confondre une filiation avec une explication». La condamnation du positivisme ne signifie pas qu'il faille abandonner la méthode critique et les notes en bas de page. Elle vise d'abord une attitude: celle qui invite l'historien «à s'effacer devant les faits» et qui revient, en même temps, à un «conseil de passivité». Cette attitude amène, selon Bloch, l'historien à s'intéresser au passé en tant que passé et le conduit ainsi à juger plutôt qu'à «comprendre». Surtout, elle fait fi de la durée elle-même, alors que «l'historien ne sort jamais du temps». En fait, et c'est là aussi ce qu'occulte le chercheur qui a la hantise des origines, il faut «comprendre le présent par le passé» et «comprendre le passé par le présent». L'illusion positiviste proviendrait du fait que le temps n'est pas qu'un phénomène continu, «il est aussi perpétuel changement». Et Bloch, pour souligner que «l'appréhension du vivant» constitue «la qualité maîtresse de l'historien» rappelle ce mot d'Henri Pirenne: «Si j'étais un antiquaire, je n'aurais d'yeux que pour les vieilles choses. Mais je suis un historien. C'est pourquoi j'aime la vie[102].» C'est aussi pourquoi Marc Bloch définit l'histoire comme «la science des hommes dans le temps[103]», définition que Frégault fera sienne à compter de 1952.

On comprend ainsi la signification de la charge fracassante que Frégault lancera à l'endroit des «antiquaires», c'est-à-dire des adeptes de la petite histoire et de l'érudition futile. Non pas que l'érudition, en soi, lui paraisse inutile. Toutefois, pour Frégault, elle n'a sa raison d'être que si elle est conduite scientifiquement et qu'elle rejoint «au cœur d'une même vérité» la grande histoire[104]. En fait, pour Frégault, «il n'y a pas de petite histoire, il n'existe qu'une petite conception de l'histoire[105]». Alors que l'histoire scientifique vient à peine d'apparaître au Canada français et qu'elle marque déjà du retard face aux développements rapides que connaît au même moment le mouvement plus général de l'historiographie, notamment en France, on comprend l'humeur que manifeste Frégault envers les «érudits» du Canada français.

> Les antiquaires infestent les institutions et sévissent dans les sociétés historiques. Savez-vous bien ce que c'est qu'une société historique? [...] Pour l'ordinaire, — il se trouve des exceptions — une société historique est une collection d'antiquaires. Ces antiquaires sont prétentieux. Beaucoup se targuent d'être des autodidactes, et on le verrait sans qu'ils le disent. Ils font des «recherches» dans l'histoire de leur bourgade. Leur généalogie les séduit. Ils portent souvent leur blason dans la poche intérieure de leur veston. [...] Ceux-ci aiment le passé pour le passé. Préoccupation stérile! [...] C'est que l'histoire digne de ce nom s'écrit en relation avec le présent. [...] Cependant que l'antiquaire grimpe dans l'arbre généalogique et s'y amuse énormément, l'historien cherche, dans le temps, des réponses aux questions de «son» temps[106].

Les Cahiers des Dix se sentiront visés par ces propos et Jean Bruchési se chargera de répondre à Frégault, par le biais de la revue, en évoquant à son secours Maurras, Michelet (!!) et même Delanglez[107]. Mais ce n'est là que broutille. Le débat prendra une tournure autrement plus fondamentale avec la parution de *La Guerre de la Conquête*.

Notes

1. Lionel Groulx à Lionel Chevrier, 22 mai 1950. Fonds Guy-Frégault, Institut d'histoire de l'Amérique française.
2. Marie-Claire Daveluy, «La Société canadienne sous le régime français», *Notre Temps*, 19 février 1955, p. 6.
3. F. 276 p. 8.
4. F. 354 p. 98.
5. Marcel Trudel, *Louis XVI, le Congrès américain et le Canada — 1774-1789*, Québec, Édition du Quartier latin, 1949, p. X.
6. Lionel Groulx, propos tenus lors de la première journée d'études de l'Institut d'histoire de l'Amérique française, le 13 avril 1948 et rapportés par F. 344 p. 3.
7. Marcel Trudel, *Mémoires d'un autre siècle*, Montréal, Boréal, 1987, p. 178.
8. F. 253.
9. Jean-Charles Falardeau, «Écrivains et écrivants», *Notre société et son roman*, Montréal, HMH, 1967, p. 66.
10. F. 251.
11. F. 253.
12. F. 251.
13. F. 253.
14. F. 266.
15. Voir F. 57 p. 72; F. 225 p. 83-85.
16. F. 253.
17. Propos rapportés par André Langevin, dans «Nos écrivains — Guy Frégault», *Notre Temps*, 5 avril 1947, p. 3.
18. F. 234 p. 37.
19. Propos rapporté par Jean-Marc Léger, «Guy Frégault», *Le Quartier latin*, 7 novembre 1947, p. 3.
20. F. 234 p. 38.
21. F. 69 p. 12, 10.
22. F. 89 p. 459; F. 69 p. 12, 14.
23. F. 234 p. 38. Personne? Dans un hommage rendu à Groulx en 1946, Frégault, croyant lui faire un compliment, pouvait dire que «M. Groulx cultive la discipline que les Allemands appellent *Kulturgeschichte:* l'histoire culturelle ou, plus exactement, l'histoire de la civilisation.» (F. 87). Mais Groulx avait le dédain des méthodes allemandes. Voir F. 354 p. 38.
24. F. 234 p. 40.
25. *Ibid.*, p. 39-40.
26. F. 252.
27. F. 244 p. 167.
28. F. 383 p. 15.
29. Lionel Groulx, «François Bigot, administrateur français», *L'Action nationale*, 33, 2 (février 1949), p. 52.
30. Solange Chaput-Rolland, «François Bigot, administrateur français», *Amérique française*, 7, 3 (1948-1949), p. 88.

31. Roger Duhamel, «François Bigot, administrateur français», *L'Action universitaire*, 15, 3 (avril 1949), p. 71.
32. J. M. Gaboury, c.s.c., «François Bigot, administrateur français», *Lectures*, 5, 7 (mars 1949), p. 399.
33. F. 235 vol. I, p. 32.
34. *Id.*
35. F. 235 vol. II, p. 392.
36. *Ibid.*, p. 394, 393, 395, 392.
37. Voir F. 235 vol. I, p. 240.
38. F. 235 vol. II, p. 66.
39. F. 55 p. 272.
40. A. L. Burt, «François Bigot: administrateur français», *Canadian Historical Review*, 30, 2 (juin 1949), p. 163.
41. F. 235 vol. II, p. 18. Voir aussi F. 235 vol. I, p. 150-151.
42. Comme le pense par exemple Alain Duchesneau, *Le cheminement historiographique de Guy Frégault, 1936-1955*, Québec, Mémoire de maîtrise, Université Laval, 1987, p. 110-116.
43. F. 260 p. 45.
44. Frégault à Chartier, 25 mai 1949. Fonds Guy-Frégault, Institut d'histoire de l'Amérique française.
45. Frégault à Groulx, 16 août 1949. Fonds Guy-Frégault, Institut d'histoire de l'Amérique française.
46. F. 260 p. 44.
47. F. 235 vol. II, p. 106, 107, 110.
48. *Ibid.*, p. 109.
49. *Id.*
50. F. 260 p. 141, 156.
51. *Ibid.*, p. 157.
52. *Ibid.*, p. 381.
53. *Ibid.*, p. 138.
54. *Ibid.*, p. 386, 407.
55. *Ibid.*, p. 414.
56. Jacques Gouin, «La biographie de Vaudreuil», *Le Droit*, 8 août 1953, p. 2.
57. F. 246 p. 610, 612, 613. Dans ce texte, Frégault donnera même un exemple de plagiat.
58. F. 238.
59. F. 245 p. 270.
60. *Ibid.*, p. 272.
61. Groulx à Bruchési, 27 octobre 1949. Fonds Guy-Frégault, Institut d'histoire de l'Amérique française.
62. F. 252.
63. B. 216 p. 36.
64. *Ibid.*, p. 38.
65. Voir F. 258 — B. 13 (1er article) p. 68, 69, 80.

66. Brunet n'a donc fait que reprendre la formule de Frégault.
67. F. 375 p. 6, 7.
68. F. 375 p. 10, 11. Il n'y a pas si longtemps encore, Frégault partageait ce point de vue. Dans la série d'articles qu'il a écrite pour la Société Grolier entre 1944 et 1947, il soutenait l'idée voulant que les Canadiens français aient gagné la liberté politique sous l'Union grâce aux efforts de LaFontaine. De même, il y définissait la Confédération comme un «pacte» entre deux contractants égaux, dont le mérite de la réalisation revenait, une fois de plus, aux Canadiens français. Voir F. 102 p. 51-52; F. 103 p. 53; F. 145 p. 505-506; F. 219 p. 386.
69. F. 375 p. 12.
70. Frégault écrira à ce propos dans son dernier livre: «La pensée de Lionel Groulx s'enracine dans ce terroir dont la fin de la guerre de 1939 signale déjà l'épuisement, mais qui, dans les années cinquante, conserve encore la fidélité d'une certaine école dont il est permis de croire qu'elle se survit encore maintenant, à travers la popularité du "patrimoine" et dans certaine mode littéraire de style campagnard qu'on pourrait aussi qualifier de rétro. Il n'est aucun de ces cinq thèmes que ne développe l'œuvre de l'écrivain, y compris ses contes, ses romans et ses polémiques; aucun que n'illustre son *Histoire du Canada français.*» F. 354 p. 83-84.
71. F. 375 p. 13.
72. *Ibid.,* p. 15, 16.
73. M., A., «Pour Guy Frégault, le 18e siècle québécois est celui des idées contre les moyens», *Le Devoir,* 31 août 1968, p. 9.
74. F. 55 p. 280.
75. F. 257 p. 7.
76. *Id.* Cette définition est tiré du livre de Gilbert J. Garraghan, s.j., *A Guide to Historical Method* qu'a publié Jean Delanglez en 1946. Quelques années plus tard, Séguin écrira dans ses *Normes:* «On peut toujours parler de "culture" quels que soient le niveau de vie, le degré d'évolution intellectuelle, la valeur d'un milieu déterminé. Il semble vain de vouloir à tout prix fixer les critères, les exigences minimales pour qu'il y ait civilisation et culture. La présence de villes, de littérature écrite, etc. n'est pas absolument nécessaire.» S. 12 p. 21. Il faut dire que l'anthropologie culturelle avait, entre-temps, procédé à une réévaluation en profondeur du concept de culture.
77. F. 257 p. 9, 8. Frégault fait référence aux correspondances et aux divers mémoires qui ont été rédigés au cours de cette période.
78. *Ibid.,* p. 9-10.
79. Même Maurice Séguin s'élevait contre cette affirmation de Frégault. Entrevue avec Jean-Pierre Wallot, 6 décembre 1990.
80. F. 266.
81. F. 375 p. 7, 8. L'année suivante, Séguin écrira: «Après 1760, le Canada français n'est plus qu'une loque, l'ombre de ce qu'il était auparavant.» S. 6 Fonds Maurice-Séguin. P221 Boîte 2452.
82. F. 266.
83. F. 292 p. 1.
84. F. 275 p. 206; F. 279 p. 15.

85. F. 266. Déjà, dans *La Civilisation de la Nouvelle-France*, Frégault soulignait qu'au temps de la Nouvelle-France, la ville exerçait une forte attraction: F. 55 p. 217.
86. F. 279 p. 15.
87. F. 357 (2 novembre); F. 257 p. 11.
88. F. 357 (2 novembre).
89. F. 257 p. 12.
90. F. 357 (9 novembre).
91. F. 257 p. 13.
92. F. 357 (16 novembre).
93. *Id.*
94. F. 257 p. 13.
95. *Ibid.*, p. 14.
96. F. 357 (16 novembre).
97. F. 275 p. 206.
98. F. 276 p. 8.
99. *Ibid.*, p. 2.
100. Voir Jean Blain, «Économie et société en Nouvelle-France — L'historiographie des années 1950-1960 — Guy Frégault et l'École de Montréal», *Revue d'histoire de l'Amérique française*, 28, 2 (septembre 1974), p. 177, 184.
101. Voir la note 64 du présent chapitre.
102. Marc Bloch, *Apologie pour l'histoire*, Paris, Armand Colin, 1977, p. 39-40, 117, 130, 44, 47, 37, 47.
103. F. 262 p. 1; F. 271.
104. C'était déjà son point de vue en 1943. Voir F. 43.
105. F. 343 p. 10.
106. F. 271.
107. Voir Jean Bruchési, «Tué au Fort Beauséjour», *Les Cahiers des Dix*, 18 (1953), p. 67.

CHAPITRE X

LE POIDS DE L'HISTOIRE

> Chacun exalte la liberté qui lui convient. Parce qu'elle a des colonies américaines, la France revendique pour l'Amérique la liberté de n'être pas entièrement britannique. Telle est aussi la liberté que les Canadiens défendent; elle se confond avec la lutte pour l'existence.
>
> GUY FRÉGAULT, *La Guerre de la Conquête*.

Le changement de perspective que proposent les travaux de Séguin a d'abord séduit Frégault, en ce sens qu'ils lui permettaient d'apporter une réponse cohérente au manque de vigueur culturelle et aux illusions que les Canadiens français cultivent depuis un siècle à ce propos. Mais cette interprétation, que Frégault reprend à son compte en l'envisageant à la lumière du concept de civilisation, vise particulièrement à expliquer le Régime britannique. De plus, elle repose sur une hypothèse que Séguin soulève à propos du Régime français. Selon cette hypothèse, la substitution de métropole et des titulaires des principaux cadres par lequel une nation s'assure la maîtrise de «l'agir (par soi) collectif» est venue ravaler la nation canadienne au rang de société infirme. Si l'explication du «fléchissement intellectuel» subséquent à la Conquête, que permet cette hypothèse, ne manque pas d'être convaincante pour Frégault, qui est un spécialiste du Régime français, il reste que Séguin, qui est un spécialiste du Régime anglais, s'appuie sur une hypothèse qui a trait au Régime français et qui reste à vérifier. Étrange chassé-croisé que plusieurs critiques ne manqueront pas de relever. Aussi, en tant que spécialiste du

Régime français, il revenait en quelque sorte à Frégault d'illustrer les fondements de cette hypothèse.

Ici encore, l'influence de Séguin s'exerce à la manière d'un encadrement conceptuel qui ne fait que prolonger des perspectives que Frégault a développées depuis longtemps. Déjà dans *La Civilisation de la Nouvelle-France*, la *nation canadienne* ne lui apparaissait-elle pas comme définitivement constituée? À ce moment, il s'agissait plus pour lui de définir la figure d'une identité collective originale, qui servirait de fondement pour une renaissance nationale, que de s'attacher à déterminer la nature des processus socio-économiques qui s'attachent ordinairement aux sociétés coloniales. De plus, en privilégiant l'aspect culturel, Frégault s'interdisait la possibilité d'étudier les phénomènes qui s'attachent à la Nouvelle-France sur une base comparative. Sous l'influence de Séguin et de l'École des Annales, un tel projet de renaissance nationale, qui éludait l'interaction des autres secteurs de la vie sociale, devient impossible. La nation «normale» devenant l'aboutissement d'un processus de colonisation intégrale où la métropole joue un rôle déterminant, il devenait possible de rechercher les raisons qui ont empêché la *nation canadienne* d'atteindre le terme de ce processus en comparant son devenir avec celui d'autres colonies qui ont été fondées dans le même temps en Amérique. Une telle approche permettait d'envisager le devenir de la colonie sous l'angle d'un jeu de structures qui prend appui sur la métaphore vitale voulant qu'une colonie soit le produit de la projection intégrale de la vie d'une métropole. Ce déplacement de la référence des modalités de l'action historique n'autorise pas seulement une réévaluation du Régime français, il permet de mettre en lumière la signification profonde qu'a eu la Conquête pour le présent. C'est ce que Frégault tentera de mettre en lumière entre 1952 et 1961.

Le principal indice de ce déplacement de la référence se manifeste à travers la nouvelle conception que Frégault se fait de l'histoire. Désormais, écrit-il en 1952, «il s'agit de comprendre le jeu des forces qui ont amené les Canadiens devant les problèmes particuliers qui s'imposent à eux aujourd'hui. C'est ainsi qu'à nos yeux, l'histoire de l'Amérique et de l'Europe sont jusqu'à un certain point des auxiliaires de cette science sociale qu'est l'histoire du Canada[1].» À ce moment, il songe à rédiger, «non sans témérité», son «*Magnum opus:* une histoire générale de la Nouvelle-France — Canada, Acadie, Louisiane “et autres païs de la France septentrionale” — qui devrait compter six ou sept volumes[2]». Parallèlement, il poursuit ses recherches sur la deuxième partie de la vie de Vaudreuil, qu'il veut publier en premier, recherches qu'il mène de front avec celles qu'il effectue en vue d'un cours sur la guerre de Sept ans. Le 27 mai 1953, dans une lettre à Mgr Chartier, on peut voir que son Vaudreuil II est toujours au centre de ses préoccupations.

> Nous nous sommes remis à Vaudreuil II; il sera cet été l'objet de notre travail. Plus j'étudie le personnage, plus les documents me persuadent qu'il a été victime d'une injustice atroce. Il va falloir que je donne à mon étude plus de développement que je ne prévoyais parce que je vais toucher à trop de préjugés pour que mes conclusions ne soient pas contestées. Je n'avancerai rien sans une masse de preuves[3].

Deux ans plus tard, Frégault aura modifié ses projets en cours de route et publiera ce qui devait être son véritable «magnum opus»: *La Guerre de la Conquête*. Avant d'en arriver à l'analyse de cette œuvre magistrale, il importe de préciser ce qui a pu motiver Frégault à effectuer cet important changement d'aiguillage.

Avant 1952, Frégault envisageait la colonisation d'un point de vue agricole ou en termes de peuplement. Toutefois, dans *François Bigot*, la Nouvelle-France était devenue une société commerciale et, dans *Le Grand Marquis*, il a fait ressortir que, comme colonial, Vaudreuil a travaillé au développement économique de la Louisiane, en suppléant aux divers manques de la métropole. Avant de procéder à une réévaluation de la signification du processus de colonisation, Frégault avait déjà remis en question et dépassé la simple perspective agricole, en s'attachant au rôle du commerce et de ses agents dans le développement d'une colonie d'où commençait aussi à poindre une interrogation plus circonstanciée sur le rôle qui revient à la métropole française, dans le processus de colonisation en Nouvelle-France.

En 1952, il définit une politique de colonisation comme étant «en premier lieu une politique économique: ce peut être aussi autre chose, mais c'est en premier lieu cela[4]». Puis, en 1953, apparaît la figure des grands bourgeois, qui peuvent être, et qui le sont habituellement, des politiciens. L'importance que Frégault accorde maintenant à la colonisation sous un angle économique l'amène même à envisager Bigot dans une nouvelle perspective.

> En 1760, le Canada perd l'équipe de financiers et de négociants qui avaient édifié son économie de guerre depuis 1748. De qui était constituée cette équipe? De quarante à cinquante personnages dont les noms s'alignent sur la liste des accusés qui ont comparu devant la commission du Châtelet de Paris, entre 1760 et 1763, et au cours de l'Affaire du Canada. [...] Ces gens

> là étaient des profiteurs de guerre. [...] Efforçons-nous de comprendre le rôle de ces grands carnassiers. Ils ont fait rouler la vie économique du pays. [...] Tout malhonnêtes qu'ils étaient, ils assuraient une direction aux affaires. [...] [En 1760] En dépit du caractère franchement répugnant de cette [bourgeoisie], le pays n'en faisait pas moins une perte grave[5].

Toutefois, alors que, dans *La Civilisation de la Nouvelle-France*, Frégault niait l'existence d'une grande et même d'une petite bourgeoisie, faisant des paysans «le groupe le plus solide et le plus cohérent de la population canadienne[6]», dans *La Société canadienne sous le régime français*, les marchands deviennent «la seule classe qui se soit organisée sous le régime français». Aussi, «de ces deux classes, celle qui compte vraiment, celle qui donne le ton, ce n'est pas la masse paysanne, c'est la grande bourgeoisie commerciale[7]». Dans ce court texte, publié sous l'égide de La Société historique du Canada, Frégault définira résolument la société canadienne comme une société commerciale. Ainsi,

> ...en temps de paix comme en temps de guerre, en période de prospérité comme en période de stagnation, un facteur domine la vie économique aussi bien que l'activité politique: le grand commerce. La courbe qu'il trace coïncide avec celle du bien-être général. Ses intérêts dictent la politique indigène et provoquent l'expansion territoriale. Ceux qui sont à sa tête sont aussi à la tête de la société canadienne[8].

A. L. Burt qui lui avait reproché, à propos de son *François Bigot*, d'être *«all for little business against big business», trouve maintenant que cette brochure «breaks from tradition by pointing out the important economic and political role of* "le grand commerce," *which the British conquest has tended to obscure*[9]». Si Frégault tient maintenant à souligner l'existence et l'importance d'une bourgeoisie et du commerce dans la vie coloniale, c'est qu'ils constituent l'un des attributs essentiels non seulement d'une société normale mais, comme il l'avait fait ressortir dans *François Bigot* et *Le Grand Marquis*, l'un des traits essentiels de la société canadienne. Toutefois, à la différence de Brunet, comme on le verra dans la prochaine section, Frégault ne se fait pas le chantre de la bourgeoisie. Pour lui, autre indice que la Nouvelle-France constituait une nation normale, une bourgeoisie travaille d'abord dans le sens de ses propres intérêts, ce qui ne va pas sans provoquer «du malaise dans la société». Pour qu'il en soit autrement, «il eût fallu que la colonie canadienne eût constitué une exception pour qu'une telle mésaventure ne se produisit pas[10]». De plus, il faut retenir qu'à la différence de Brunet, l'expérience de la crise économique l'a profondément marqué et il n'a pas oublié qui en ont été, selon lui, les principaux responsables. Frégault précise cependant que les ambitions d'une bourgeoisie — ou plutôt d'une oligarchie — «n'en correspondent pas moins, dans l'ensemble, aux aspirations naturelles de la société qui la porte sur ses épaules[11]». Il est d'ailleurs révélateur qu'il préfère employer le qualificatif d'oligarchie à celui de bourgeoisie. Il faut dire que Frégault constate que l'aristocratie et la grande bourgeoisie n'ont jamais formé qu'un seul groupe en Nouvelle-France. De plus, la Nouvelle-France étant un pays de colonisation, il était normal, en quelque sorte, que la politique et le grand commerce entretiennent des rapports extrêmement étroits. «Cette bourgeoisie compte des politiciens qui gravitent autour du pouvoir. [...] nulle part, et encore moins dans une société en période d'équipement, les affaires ne sont sans rapports avec la politique[12].» Selon Frégault, «il a toujours existé une oligarchie à la tête du Canada. L'histoire sociale de cette colonie est précisément faite de ses renouvellements, qui ne se sont jamais opérés sans provoquer de crise[13].» Les premiers affrontements seraient survenus dès 1645, suite à la constitution de la Compagnie des Habitants. De vingt ans en vingt ans, ils vont se poursuivre, entraînant le remplacement périodique d'une oligarchie par une autre. Le grand commerce étant étroitement lié au politique, cette oligarchie canadienne, comme il l'a illustré à souhait dans son *François Bigot*, n'arrive pas toujours à maintenir ses positions face aux appétits de certains administrateurs métropolitains. Dans le cas de Bigot, il était difficile pour la critique d'y trouver à redire. Mais lorsque Frégault s'avise de mettre en lumière que la conduite de Frontenac s'apparente à celle de Bigot, alors que l'historiographie traditionnelle en faisait l'une des principales gloires militaires de la Nouvelle-France, ce sera tout autre chose. On y verra une entreprise de déboulonnage du héros.

Déjà, dans son *François Bigot*, Frégault faisait remonter les malversations des administrateurs métropolitains jusqu'à son gouvernement, mais cette remarque était passée inaperçue. Toutefois, en 1952, en même temps que paraît le *Grand Marquis*, Frégault a publié, en collaboration avec Marcel Trudel et Michel Brunet, qui en avait eu l'idée, une *Histoire du Canada par les textes*. Lors de la première édition, la critique est quasi unanime pour reconnaître le caractère scientifique de l'ouvrage et la pertinence du choix des documents. Par contre, l'introduction que Frégault a rédigé sur Frontenac devait soulever l'indignation de quelques critiques, en particulier celle de Léo-Paul Desrosiers[14]. De grand personnage de notre histoire, Frontenac y devient celui qui, entre autres exactions, «mit en danger le développement économique du pays par suite de son immixtion intéressée dans le commerce des fourrures et de sa partialité envers les coureurs des bois qui servaient sa fortune[15]». Comme métropolitain et à l'exemple de Bigot, il veilla d'abord aux intérêts de sa propre bourse plutôt qu'à ceux de la colonie. C'est pourquoi il fut l'un des adversaires les plus redoutables de la bourgeoisie canadienne. Quatre ans plus tard, pour étayer sa thèse, Frégault publiera, en collaboration avec sa femme Lilianne, des extraits de sa correspondance précédés d'une introduction qui sera encore moins à l'avantage du gouverneur. Frégault reviendra périodiquement sur le sujet et la thèse de W. J. Eccles apportera de l'eau au moulin. Frontenac constituera un peu sa bête noire et la représentation qu'il en donne cadre avec son projet de redonner taille humaine aux personnages de la Nouvelle-France, tout en lui permettant d'illustrer davantage le thème de l'opposition d'intérêts qui auraient existé entre les métropolitains et les coloniaux.

L'existence d'une oligarchie au Canada depuis le début du XVIIe siècle ne constitue pas pour autant le gage d'un développement durable. La société canadienne, à l'exemple des colonies américaines, n'est pas seulement conditionnée par le grand commerce, mais aussi par la présence de sa métropole. Ainsi, selon Frégault, même si «l'action de la métropole s'est révélée insuffisante et parfois mal inspirée: cela ne signifie pas qu'elle ait été superflue[16]». Dans l'optique d'une colonisation intégrale, le Canada, comme colonie, ne peut procéder seul à une colonisation viable sans l'appui constant d'une métropole. Et sans colonisation viable, une colonie est vouée à la ruine. Le nœud de la question devient, à ce moment, à quoi ou à qui doit-on attribuer la responsabilité de l'échec de la colonisation française? Ou, en d'autres termes, comment expliquer que les colonies américaines aient réussi leur colonisation, alors que l'effort colonisateur de la métropole française s'est soldé par un échec lamentable?

Dans ses travaux antérieurs, Frégault avait fait ressortir «l'incurie» des administrateurs métropolitains et les déficiences constantes dont a fait montre la métropole en matière de politique coloniale, sans s'interroger sérieusement sur les motifs d'un tel comportement. Dans *La Civilisation de la Nouvelle-France*, cherchant les causes de la faiblesse économique de la Nouvelle-France, Frégault se propose de commenter l'affirmation de Benjamin Sulte voulant «que le Canada était paralysé dans son essor économique par sa condition même de colonie». La question, comme on le voit, était posée à l'envers. C'est pourquoi Frégault, après avoir souligné que «l'on est au siècle où le mercantilisme passe pour le dernier mot de la politique coloniale» et que «l'égoïsme métropolitain est un dogme» conclut, selon la même logique, non sans avoir mis en relief l'encouragement que la métropole a apporté aux activités industrielles du Canada, «que le statut colonial de la Nouvelle-France n'exerçait aucune influence néfaste, quoi qu'on en ait dit, sur le développement économique du pays[17]». Il reconnaissait par là, en quelque sorte, l'importance d'une métropole pour une jeune colonie.

À compter de 1953, la problématique du rapport entretenu entre la métropole et sa colonie s'inverse sous le couvert de «l'hypothèse de l'embryon» et d'une conception élargie de la colonisation. «Lorsque commence, en 1744, le conflit qui ne se dénouera qu'en 1763, la haute courbe de l'histoire du Canada vient de se dessiner; la synthèse de sa civilisation vient de s'effectuer. Le Canada n'en reste pas moins une colonie, un pays jeune qui aurait besoin de la direction politique, de la tutelle économique et de l'appui militaire de sa métropole[18].» Une fois que le rôle de la métropole apparaît comme indispensable, Frégault va chercher à mettre en relief les raisons qui ont pu l'amener à manquer, la plupart du temps, de diligences envers sa colonie.

De toutes les déficiences dont a fait montre la métropole, la plus lourde de conséquences est sans conteste d'avoir négligé le peuplement du pays. Déjà dans ses premières œuvres, il en faisait son principal grief. Lorsque, quelques années plus tard, Frégault évoque, dans *La Société canadienne sous le Régime français*, les ressemblances entre les colonies américaines et la colonie du Canada, la question du peuplement devient le seul élément où l'on puisse relever une différence essentielle. «Entre le Canada et les colonies britanniques, la grande différence n'en est pas une de nature, mais de masse: elles furent populeuses, il fut très peu peuplé. Aussi, après une lutte inévitable, fut-il défait[19].» Il reste toutefois à expliquer comment cet écart a pu se creuser.

Selon Frégault, dès les premiers efforts de colonisation au XVIIe siècle, la France, en cédant le soin de coloniser le Canada à des intérêts privés, «ne comprend pas encore son rôle de nation mère[20]». De plus, dotée d'une structure économique diversifiée, la France de cette époque serait peu portée, à la différence de l'Espagne ou de l'Angleterre, à développer son commerce extérieur. Pour comprendre plus en profondeur ce phénomène, «il est essentiel de savoir que le milieu social décourageait la colonisation[21]». Dès 1952, Frégault reprend cette idée d'un historien français, Michel Mollat, qui veut qu'à la différence de la bourgeoisie anglaise, la bourgeoisie française, une fois fortune faite, cherche à acquérir de la propriété foncière, des offices, puis un titre de noblesse[22].

La structure de l'économie a ses répercussions sur le milieu social, qui, par son évolution, décourage la colonisation. Au lieu de risquer ses capitaux dans des aventures coloniales, le grand marchand français achète des terres qui rendent possible l'acquisition d'un titre de noblesse et des rentes qui procurent la stabilité. Une nation où ceux qui donnent le ton des rentiers et des nouveaux nobles désireux de se faire domestiquer à la cour ne peut être une nation de colonisateurs. Voilà, bien en gros, il est vrai, la France de Jacques Cartier, de Roberval et de François 1er[23].

L'inaptitude de l'État français et de sa bourgeoisie explique pourquoi, avant 1663, la colonisation a surtout été assurée par l'œuvre missionnaire qui était à ce moment soutenue, en France, par un puissant courant mystique. Puis, à partir de ce moment, la métropole commence à jouer un rôle plus dynamique. Sous l'intendance de Talon, le peuplement, le commerce extérieur et l'industrie connaissent des développements notables. Mais, «Talon parti, son œuvre périclite. La politique égoïste de Frontenac provoque une longue crise.» Toutefois, «vers 1730, à force de travail, on a surmonté la crise. Durant quinze ans, la prospérité sera générale[24].» Mais c'est trop peu, trop tard. Le retard démographique, que la Nouvelle-France accuse maintenant, est devenu impossible à combler. La raison en est que, depuis 1663, la métropole n'a jamais entrevu sa colonie autrement qu'à travers la doctrine du mercantilisme commercial. Cette même doctrine nous permet de comprendre aussi pourquoi, le moment venu, la métropole va abandonner si facilement le Canada. Frégault revient à l'explication qu'il développait dans son *François Bigot*.

> Ainsi, partant de la conception mercantiliste de la colonisation [...] on aboutit à faire d'une colonie un territoire livré à l'exploitation de commerçants métropolitains. Poussant jusqu'au bout cette idée, on va finir par déclarer que, si le commerce est la raison d'être d'une colonie, tous les métropolitains qui y mettent le pied, quelques soient leurs fonctions, sont autorisés à s'emparer de son négoce. [...] Les principes défectueux qui inspirent à la France d'abandonner le Canada sont les mêmes, au fond, que ceux qui permettent aux fonctionnaires français de le piller avec une assez bonne conscience[25].

C'est pourquoi, une même constante se dégage des expériences de colonisation française en Amérique. Que ce soit en Louisiane ou au Canada, on constate «la persistance d'une extraordinaire faiblesse démographique. [...] Insuccès dans un pays froid, insuccès dans un pays chaud; insuccès au XVIIe siècle, insuccès au XVIIIe: l'échec dépend-il vraiment des conditions de temps et de lieux? Le croire signifierait qu'au lieu de chercher des causes, on est en quête de prétextes[26].» À la lumière de l'hypothèse de «l'embryon colonial» et du rôle qui incombe à une métropole dans le processus de colonisation, Frégault en est venu à envisager l'histoire de la Nouvelle-France dans la perspective d'un gigantesque conflit de colonisation.

Cette intelligibilité d'ensemble, qui s'inscrit dans le prolongement de problématiques plus anciennes, se manifeste, dès 1953, dans la réinterprétation qu'il va proposer de la signification que recouvre le traité d'Utrecht pour la Nouvelle-France. Ce traité constituera désormais pour Frégault le «tournant de l'histoire de la Nouvelle-France. Il montre à qui appartiendra, à qui appartient déjà l'hégémonie américaine. Cet accord international vise à exclure la colonisation franco-canadienne du centre de l'Amérique; il condamne la Nouvelle-France à dégénérer au rang de deux petites colonies agricoles[27].» Dans *La Civilisation de la Nouvelle-France*, Frégault avait éludé le problème. Il y reconnaissait que l'Amérique française avait été «gravement compromise par le traité d'Utrecht», mais à la lumière de la thèse, qu'il emprunte à Groulx, de la double force qui anime la Nouvelle-France, celle de «l'expansion» et de «l'enracinement», l'Amérique française aurait été «restaurée par les La Vérendrye, qui tenteront une percée sur la route de l'Ouest, vers le Pacifique[28]». Toutefois, dans *Iberville le Conquérant*, avant qu'il ne commence à envisager explicitement l'histoire de la Nouvelle-France sous l'angle d'un processus de colonisation, Frégault posait déjà le problème en termes très nets:

> En Louisiane, Iberville demeure un soldat et un Canadien. Ce n'est pas dans le seul but d'étendre l'empire français sur une nouvelle partie du continent américain qu'il désire l'établissement d'une colonie de peuplement dans le Mississipi. Il voit le Canada menacé par la croissance redoutable des colonies anglaises et il sent que, si l'on ne rétablit l'équilibre des forces, tout est perdu. [...] Lorsqu'il supplie et convainc la métropole d'occuper le Mississipi, la raison qu'il donne, ce n'est pas l'expansion de l'empire colonial de la France, c'est la nécessité d'opposer une barrière à l'empire colonial de l'Angleterre. En d'autres termes, ce qu'il veut, ce n'est pas tant une plus grande France qu'une Angleterre amoindrie; amoindrie parce qu'ainsi l'exige la sécurité du Canada, sa patrie[29].

Dans *Le Grand Marquis*, Vaudreuil, un autre Canadien, allait tenter de faire comprendre à la métropole l'importance qu'il y avait de conserver la possession de la vallée de l'Ohio. Le traité d'Aix-la-Chapelle est l'occasion pour Frégault de souligner que, comme Américains, les coloniaux français et anglais ont des intérêts propres qui ne coïncident pas nécessairement avec ceux de leur métropole respective.

> Mais qu'est-ce que le traité d'Aix-la-Chapelle? Une convention entre grandes puissances qui ne règle que des litiges familiers aux politiques européens. Ces esprits traditionnels saisissent sans peine le sens d'un épisode comme la rétrocession de Louisbourg. Qu'une place change de mains, qu'une frontière s'incurve ou se redresse sur la carte, voilà des occurences habituelles aux yeux de diplomates rompus à l'art de construire des marqueteries géographiques autour d'une table de conférence. Pour les Américains — français et britanniques —, il ne s'agit pas de cela. Un ensemble de faits inéluctables, que l'accord de 1748 ne modifie en rien, créent une situation qui ne cesse d'évoluer. Au lendemain comme à la veille d'Aix-la-Chapelle, la possession de l'intérieur demeure nécessaire aux colonies françaises comme aux colonies anglaises. [...] Un colonial comme Vaudreuil comprend que des intérêts aussi fondamentaux et aussi divergents ne peuvent se concilier par un traité[30].

En 1953, la cause des conflits qui allaient mener à la destruction de la Nouvelle-France se résume dans le caractère impératif «aussi bien pour la Nouvelle-France que pour les colonies britanniques [...] de tenir le centre du continent[31]». En portant attention aux facteurs qui conditionnent le grand commerce, «l'expansion» de la Nouvelle-France au tournant du XVIIIe siècle s'explique maintenant par l'action de «forces» autrement plus concrètes que celles qu'il empruntait de Groulx.

> Ce n'est pas par choix que le Canada se met à la tête de ce mouvement d'expansion. Deux impératifs l'y poussent. Le premier est économique: sa prospérité repose sur l'exportation des fourrures; le second est social: sa classe dirigeante, ne pouvant pas subsister du produit des seigneuries, vit du réseau de postes — à la fois comptoirs de traite et stations militaires — qui commande les voies de communication de la Nouvelle-France[32].

Et ce sont ces forces sociales et économiques, qui conditionnent la vie et l'expansion de la Nouvelle-France, qui seront à l'origine des futures hostilités. En effet, «s'il était viable, un petit Canada agricole, confiné au Saint-Laurent moyen, pourrait coexister avec les colonies anglaises. Mais la Nouvelle-France ne peut se maintenir sans s'étendre, ni s'étendre sans entrer en collision avec l'Amérique britannique[33].» On tient ainsi le canevas général qui a incité Frégault à délaisser son projet de publier un Vaudreuil II, personnage qui tient une place somme toute secondaire au sein d'enjeux autrement plus considérables, pour se consacrer aux causes et à la signification que recouvrent *La Guerre de la Conquête*, ouvrage magistral et complexe qui ne se laisse pas résumer facilement.

La Guerre de la Conquête

Le concept central qui structure ce livre de Frégault est celui de colonisation. La guerre, aussi bien dans ses causes, ses mobiles que dans ses résultats, gravite autour d'un conflit de colonisation dont on peut situer l'origine au tournant du XVIIIe siècle, c'est-à-dire au moment où la France, en jouant pleinement son rôle de métropole, aurait pu compenser et peut-être renverser le déséquilibre démographique qui bientôt allait devenir insurmontable.

Cet ouvrage est le produit de recherches originales ainsi que d'un alentour beaucoup plus vaste. Le sujet même du livre s'inspire de celui que Lawrence Henry Gibson avait fait paraître en 1949: *The Great War for the Empire*. On peut aussi y voir l'influence de l'École des Annales. Contrairement à ses ouvrages antérieurs qui s'organisaient autour de la vie d'un personnage historique considérable, ou encore de *La Civilisation de la Nouvelle-France* qui visait à illustrer le processus «d'enracinement» qui a mené à la naissance d'une nation nouvelle, *La Guerre de la Conquête* tente d'abord de résoudre un problème, que Frégault va analyser à partir de points de vue multiples, et dont le retentissement est éminemment actuel. Ce problème, qu'il a d'abord posé dans *Iberville* puis traduit plus explicitement dans *Le Grand Marquis*, c'est celui des causes et des conséquences que va entraîner le rythme inégal de croissance des deux principales colonies d'Amérique du Nord. Dans l'introduction, il écrit à ce propos ce commentaire révélateur qui lui a été inspiré par Polybe:

> ...on observera que nous nous sommes moins inquiété de raconter des combats que de définir des objectifs, sans jamais perdre de vue l'objectif capital des hostilités: la conquête. [...] Et la conquête, on ne saurait en pénétrer le sens que [si] l'on ne scrute les motifs et les méthodes de ceux qui l'on faite aussi bien que le comportement et le sort de ceux qui l'ont subie. C'est ainsi que l'objet de nos recherches en est venu à se confondre avec celui du conflit que nous voulions examiner[34].

Selon Frégault, les motifs véritables et la nature des conséquences de ce conflit ne peuvent devenir intelligibles qu'en tenant compte du fait que ces colonies s'opposaient non par leur différence mais parce qu'elles avaient des visées d'expansion semblables. Par là, il affirme son intention de rompre avec certaines interprétations traditionnelles qui inscrivaient les motifs de la guerre en termes d'idéologies ou de différences de langues et de religions qui s'inspiraient de la psychologie des peuples. En effet, entre les deux colonies, «la grande différence, nous l'avons établi ailleurs, n'en fut pas une de nature, mais de masse[35]». C'est pourquoi, Frégault commence par établir un parallèle entre les deux métropoles qui leur ont donné naissance.

Tout en se défendant de vouloir «fabriquer ici une France britannique et une Angleterre française», Frégault met en relief que ces deux pays sont «deux États-nations modernes», de «tradition chrétienne» et, «de part et d'autre de la Manche, les esprits portent l'empreinte des conceptions issues de la révolution scientifique[36]». De même, ces métropoles «ont une armature économique fort semblable: toutes deux sont capitalistes, toutes deux sont pénétrées de respect pour le "commerce" — terme doué d'un sens très large, qui inclut notamment ce que nous appelons maintenant l'industrie — et le pratiquent avec une ardeur qui frôle parfois la férocité.» En un mot, ces sociétés participent à une même «communauté de civilisation[37]». Toutefois, entre les deux métropoles, Frégault relève une différence essentielle qui sera lourde de conséquences. En effet, bien que ces deux pays soient aussi deux monarchies, celle de l'Angleterre est constitutionnelle, alors que celle de la France est absolutiste. «L'État britannique a trouvé sa voie, il est de son temps; l'État français, imposant encore et d'une puissance massive, est arriéré. Entre les deux monarchies, la différence la plus profonde et par quoi s'explique l'écart croissant entre leurs institutions est peut-être que l'une s'est laissée devancer par les événements, alors que l'autre s'avance du même pas qu'eux[38].» Ce rapprochement a d'abord pour objectif de fonder les similitudes qu'il observe entre les deux colonies.

> Ici, ce sont des colonies qui mesurent leurs forces. Et, parce que les sociétés coloniales ont une tendance naturelle à se modeler sur les métropoles qui leur ont donné la vie, il se trouve que la communauté de civilisation qui s'affirme chez les combattants européens apparaît aussi chez les combattants américains. Les Canadiens ne se battront pas en vue d'être et de rester différents des Anglo-Américains, mais avec la détermination de rester maîtres de leur pays, de leur économie, de leur politique, de leur société; non pas pour éviter de devenir «américains» (ils le sont, quoique à leur manière, autant que les autres), mais pour éviter de voir disloqués leur pays, leur économie, leur politique, leur société[39].

En dépouillant les archives américaines, Frégault découvrira que les similitudes entre coloniaux se manifestent aussi dans les rapports difficiles que vivent les Américains avec leurs métropolitains. À l'exemple du sieur Guillaume Estèbe, «Franklin écrit en 1754 que les gouverneurs envoyés par le vieux pays "viennent aux colonies seulement pour faire fortune".»

De même, il est «difficile de dire si les Anglais méprisent plus les troupes américaines que les Américains ne méprisent les officiers et les soldats anglais». Et Frégault interprétera ces similitudes comme une occasion supplémentaire d'effectuer un rapprochement. En effet, ces expériences communes démontrent que les deux colonies américaines ont traversé une même étape dans la relation qu'elles entretiennent avec leur métropole puisque c'est là un phénomène qui «s'observe aussi bien dans le monde français que dans le monde britannique[40]». Selon cette perspective, l'opposition entre métropolitains et coloniaux devient une manifestation habituelle d'un processus en évolution. Ce que Frégault désire surtout mettre en lumière, c'est que nous sommes en présence de deux sociétés normales qui connaissent un processus d'évolution identique.

> À des observateurs de l'époque dont l'intelligence n'est pas obnubilée par une tradition absurde d'interprétation historique en désaccord avec le réel, les perspectives de l'Amérique française apparaissent semblables à celles de l'Amérique britannique. Quoi de moins inattendu? Voilà des sociétés qui ont connu et qui connaissent encore les mêmes expériences collectives. [...] Au fond, cela signifie simplement que les uns et les autres sont américains, — les premiers tout autant que les seconds. Et rien ne ressemble plus à un Américain qu'un autre Américain[41].

De même, autre similitude, ces colonies américaines ont chacune à leur tête des oligarchies qui pèsent de tout leur poids sur l'orientation de leur collectivité respective.

> Au Canada comme en Virginie, comme dans le New York, comme en Nouvelle-Angleterre, une oligarchie détient le pouvoir et manie l'argent, avance ses propres affaires et conduit au même rythme celles de la collectivité. [...] Au sommet de toutes les sociétés, quels qu'en fussent le régime et l'idéologie, s'étaient élevés des hommes d'action, d'ambition et d'intrigues qui savaient ce qu'ils voulaient, le voulaient avec force et s'efforçaient d'entraîner à leur suite les collectivités qu'ils dominaient. Dans les colonies françaises comme dans les colonies britanniques, ces oligarchies jouaient un rôle normal. Et semblable. Elles occupaient la même position: la première. Vérité au-delà des Alleghanys, vérité aussi en deçà[42].

Cette approche macroscopique permet de mettre en évidence que ce ne sont pas des individus qui s'affrontent, mais des collectivités pour qui «il était devenu impératif d'atteindre telle fin, de maintenir telle position, de briser telle résistance, de s'assurer tel développement[43]». De plus, puisque les facteurs qui ont conditionné l'évolution de ces deux colonisations concurrentes sur un territoire donné les poussent inévitablement à entrer en collision, la cause des hostilités sera surtout liée au cadre américain. À première vue, les enjeux de la guerre ont une forte connotation économique. Mais Frégault, comme à son habitude, rappelle que l'économie n'est qu'un des éléments constitutifs d'une société qui ne peut être isolé de ses autres composantes.

> Il faut [...] se garder de trop simplifier l'enjeu de la guerre. Qu'il s'y trouve des éléments économiques, c'est indéniable. Mais ils n'y sont pas seuls, ils ne peuvent pas y être seuls. Sauf dans les livres — surtout dans les livres médiocres —, l'activité économique ne se présente jamais seule, isolée de la vie. [...] Tout est lié: politique, économie, société, situation géographique; gouvernement, grandes affaires, classes sociales, partis et groupes d'intérêt. Saisissez une activité ou une fonction, toutes les autres suivent, entraînées par elle[44].

Aussi, puisque tout est lié, les deux colonies ne se mesurent pas dans le but de s'assurer des avantages économiques ou pour conserver leur langue ou leur religion. «Elles se battent pour dominer et n'être pas dominées, qu'il s'agisse d'une domination partielle ou complète.» En un mot, elles combattent pour protéger leur liberté collective. Selon cette perspective, la cause de la guerre pour Frégault n'est pas conjoncturelle, mais structurelle. Elle est le résultat de l'évolution d'une situation d'ensemble qui fait que «ni le Canada ni les collectivités britanniques ne veulent être évincés du Centre-Ouest[45]». Pour étayer cette représentation des choses, Frégault proposera des éléments d'explication qu'il emprunte à la théorie de la «frontière» et résumera en ces termes les caractéristiques d'ensemble qui ont amené les belligérants à s'affronter.

> En somme, tout le long de l'arc gigantesque que décrit la Nouvelle-France [...] la masse britannique, masse d'hommes, masse de richesses, masse d'ambitions impériales, exerce une pressions croissante. [...] Le drame se noue en Amérique. C'est là qu'il aura son dénouement. Depuis trente ans, les Américains britanniques manquent d'espace dans leur vieux établissements. [...] La faim d'espace est un phénomène social. Ses répercussions varient en raison de la puissance, de la vigueur et de la structure des sociétés qui l'éprouvent. [...] ...au Nouveau Monde: les collectivités britanniques ont une force massive, bien supérieure à celle de la Nouvelle-France; elles sont en plein développement; leurs sociétés sont organisées de façon à pouvoir s'étendre sans se répandre. [...] Il en résulte qu'une guerre de conquête n'est pas uniquement liée aux conjonctures américaines, mais — et c'est ce qui la rend inévitable — elle est encore dans les structures sociales de l'Amérique. Les oligarchies vont tirer partie, en même temps pour leur propre compte et pour le compte des peuples qui les portent sur leurs épaules, d'un besoin de terres colonisables qui n'a rien d'artificiel[46].

Le décor est planté pour comprendre non seulement les causes, mais les mobiles structurels de la guerre. Mais ce décor est aussi composé pour faire comprendre au lecteur les mobiles et les conséquences qui vont résulter de ce conflit. Dans ces œuvres antérieures, Frégault a souvent eu recours aux métaphores du corps pour évoquer la Nouvelle-France. Cependant, ces métaphores relevaient plus d'un effet de style littéraire qu'elles ne visaient une explication d'ensemble. Au contraire, dans *La Guerre de la Conquête*, Frégault désire mettre en évidence, à travers les causes et les mobiles de cette guerre, que la lutte à laquelle se livre les deux collectivités ne se soldera pas par un simple remplacement de drapeaux qui aurait, au surplus, eu pour vertu d'apporter la liberté des institutions anglaises aux Canadiens: elle entraînera la désintégration du Canada. De plus, les coloniaux, tant Américains que Canadiens, ont pleinement conscience que c'est là l'enjeu principal du conflit. «Avec une terrible netteté de vue, chacun comprend qu'il ne s'assurera de développement normal que sur les ruines de l'autre.» C'est pourquoi «comme l'eût fait toute autre société, le Canada mit à résister à la conquête la même énergie qu'un organisme vivant met à résister à la mort[47]».

Au centre du litige se retrouve la question de la possession du centre du continent: «il se révélait impossible de concilier les intérêts vitaux du Canada et les aspirations naturelles de l'Amérique britannique». Depuis «la fin du XVIIe siècle les colonies anglaises désirent la guerre avec la Nouvelle-France pour en recueillir les dépouilles. Elles convoitent ses routes commerciales, son sol, ses ressources, ses fourrures, son poisson. Le temps ne fait qu'attiser leurs désirs.» C'est que le traité d'Utrecht avait reconnu aux colonies britanniques une certaine forme de souveraineté sur ces territoires du centre américain. Normalement, le Canada, coupé de ses routes commerciales et de ses réservoirs de fourrures, aurait dû dégénérer au rang de simple colonie agricole. Toutefois, les Canadiens ne respectent pas les termes du traité et continuent à exercer leurs activités commerciales au cœur de ces «contrées interdites [...] qu'ils patrouillent le fusil au poing[48]». S'il en est ainsi, c'est qu'à la différence de 1763, le Canada n'a pas été défait en 1713: «en premier lieu, il reste dans l'orbite de la colonisation française; en second lieu, il conserve sa grande bourgeoisie[49]». Aussi, les premiers coups de feu de cette guerre, qui devait prendre des proportions mondiales, retentiront-ils d'abord en Amérique, dans la vallée de l'Ohio. Mais puisque c'est le Canada qui soutient toute l'Amérique française, c'est le Canada qui deviendra l'enjeu de cette guerre et c'est là que cette dernière connaîtra son dénouement.

Au départ, ce sont les coloniaux américains qui désirent la destruction du Canada. Toutefois, ils ne peuvent venir à bout de la colonie française sans le secours de leur métropole. De même, le Canada ne saurait espérer, contre ce formidable adversaire, seulement tenir ses positions sans l'aide de sa propre métropole. Au début, malgré leur écrasante supériorité numérique, les Américains subissent de nombreux revers. C'est qu'à la différence des Canadiens, ils sont profondément divisés entre eux et leur métropole ne désire pas encore s'emparer du Canada. Mais avec l'arrivée de Pitt au pouvoir, la métropole va changer d'optique et accorder un soutien complet aux visées américaines.

> Ses vues sont celles mêmes de ces Anglais et de ces Américains pour qui l'enjeu véritable de la guerre est la destruction complète de la puissance coloniale et maritime de la France. [...] À ses yeux, s'emparer du Canada, c'est promouvoir à la fois la sécurité de l'Amérique britannique et son épanouissement normal: épanouissement nécessaire à l'Angleterre, dont la grandeur repose sur le commerce et le commerce, sur l'élargissement de sa base américaine[50].

Les Canadiens sont toujours victorieux lorsque, sous leurs yeux, commence la déportation des Acadiens. Ils ont ainsi droit à une démonstration de ce qui arrive aux collectivités qui ont été défaites. Ici encore, le motif de la déportation réside, selon Frégault, en «une volonté farouche de colonisation; colonisation qui, succédant à un développement antérieur, devra s'édifier sur des ruines, par l'exploitation à fond d'une défaite[51]». À partir de l'exemple acadien, Frégault entreprend de décrire le processus de déstructuration et de restructuration qu'implique le remplacement d'une colonisation par une autre. Par cette description, il semble qu'il vise plus à éclairer la lanterne des Canadiens d'aujourd'hui qu'à mettre en évidence les leçons que les Canadiens d'hier ont pu tirer de l'exemple Acadien.

> Toutes les sociétés se construisent sur les ruines d'autres créations humaines. Un remplacement ne saurait s'opérer qu'à la suite d'un déplacement. Le déplacement, toutefois, peut s'effectuer sans projeter ses victimes hors de leurs cadres territoriaux. Dans ce cas, on assiste à l'absorption plus ou moins lente du groupe subjugué, brusquement privé de moyens et de direction, par le groupe victorieux qui doit précisément son triomphe à la supériorité de son outillage et à ses possibilités d'organisation; on observe aussi l'édification d'une économie nouvelle à laquelle s'inféodent les éléments désarticulés d'un ancien système que rien ne soutient plus; on voit enfin le développement d'une puissante structure sociale que le vaincu commence par parasiter, en attendant de se fondre en elle: alors, on est témoin d'une défaite qui ne s'accomplit certes pas sans crises, mais qui se

complique de tant d'épisodes et s'étale si largement sur une suite de générations qu'il en devient impossible de la reconnaître autrement qu'à ses conséquences très diverses — et ces dernières peuvent comporter des aspects tellement déroutants qu'on arrive pas sans un immense effort d'analyse à en toucher l'explication de fond: le déplacement, l'assimilation, le remplacement d'une civilisation par une autre. Autrement dit, la défaite d'un groupe humain organisé peut s'achever au moyen d'une transformation. C'est ce qui se produit le plus souvent. Exceptionnellement, elle se réalise par voie d'éradication. C'est ce qui s'est passé en Acadie[52].

De même, c'est pour «ouvrir les vastes espaces américains à sa colonisation» que la métropole anglaise va finalement entreprendre d'abattre le Canada. «La campagne n'est pas encore terminée que déjà la colonisation britannique se déploie dans les territoires que ses armes lui ont ouverts.» Grâce à sa puissante marine de guerre, l'Angleterre a rapidement pris le contrôle de la mer. Une fois qu'elle a décidé d'abattre le Canada, elle met à contribution toutes ses ressources et «Pitt dépense presque sans compter.» La guerre est le produit d'un conflit de colonisation et l'expansion de la colonisation constitue, pour les Britanniques, le principal mobile de la poursuite des hostilités. En effet, la guerre que mène la Grande-Bretagne est liée, selon Frégault, «aux calculs d'une société attentive à ne pas perdre de vue les fins complexes qu'elle poursuit et amenée par les circonstances à miser sur la guerre pour les atteindre. Il s'agit pour l'Angleterre de faire affluer les richesses des continents dans ses îles qui s'industrialisent et, pour y arriver, d'ouvrir les vastes espaces américains à sa colonisation — c'est-à-dire à sa puissance d'organisation politique et d'exploitation économique.» Toutefois, l'issue de cette lutte à finir entre deux entreprises de colonisations rivales était prévisible depuis longtemps. «Cent ans auparavant, [...] la France serait capable, si elle en connaissait le prix, d'instaurer sa domination en Amérique. Mais elle va se laisser dépasser irrémédiablement. [...] Au point de départ du triomphe anglais, se place donc un succès de colonisation.» Avant l'effondrement final, «l'effort de la France a été très remarquable». Mais lorsqu'elle abandonne le Canada en 1759 et qu'elle le cède en 1763 pour conserver la Guadeloupe, elle ne fait que mettre en évidence la conception arriérée de l'empire qui a toujours inspiré sa politique envers ses colonies. On est alors à même d'évaluer le contraste que lui oppose l'Angleterre à ce chapitre. Pour l'Angleterre «la métropole et les colonies forment bien un tout et [...] l'océan, loin d'apparaître comme un important facteur de division entre les éléments de l'empire, s'apparente plutôt à une ligne de démarcation entre des petites unités administratives d'un même pays». La France n'avait jamais élevé la réflexion, sur son rôle de métropole, à un tel niveau. Aussi, lorsque l'Angleterre connaîtra la victoire, elle entrera en possession d'une «ruine de petite colonisation. On ne saurait mieux faire le procès de l'insuffisance française en Amérique du Nord[53].»

Pour les Canadiens, l'enjeu de la guerre met en cause leur propre survie comme groupe organisé. C'est pourquoi, malgré l'écrasante machine de guerre britannique, ils vont opposer, jusqu'à la limite de leurs capacités, une résistance farouche. «Réduire les Canadiens à ce point n'a pas été aisé. [...] L'ardeur et la durée de la lutte indiquent jusqu'à quel point le Canada était constitué pour vivre... [...] Il ne se laissa pas conquérir: il se fit écraser par le nombre.» Selon Frégault, c'est à la lumière de ces enjeux qu'il faut interpréter les conflits entre Vaudreuil et Montcalm. Cette opposition «engage plus que des personnes. Elle met en cause des sociétés.» Pour les Canadiens, la situation ne se présente pas sous le même angle qu'à un métropolitain. Ils «défendent leur pays. Entendons que, comme tous les groupes humains organisés, ils risquent leur vie non pas, comme une littérature banale a accoutumé de le déclamer, pour éviter que soit violée une étendue de terre et d'eau, mais bien pour demeurer un groupe humain organisé, une société constituée en vue de favoriser une certaine vie collective, condition de bien-être et d'accomplissement individuels pour ses membres[54].» C'est pourquoi Montcalm opte pour la défensive alors que Vaudreuil préfère l'offensive.

Si les Canadiens sont conscients des raisons qui les amènent à engager un combat désespéré, les coloniaux britanniques sont tout aussi lucides quant au sort qui attend les Canadiens. Après avoir fait état de quelques exemples particulièrement patent de cette lucidité, Frégault les résume en ces termes: «Tout l'essentiel y est: la dislocation de la société canadienne, provoquée par l'effondrement de ses cadres politiques et autres et par l'éloignement immédiat de la classe supérieure qui lui avait jusque-là fourni une direction et un outillage; la prévision aussi d'une assimilation future au monde britannique.» En effet, «en prenant le Canada, le monde britannique ne pouvait pas, l'eût-il souhaité, s'empêcher de sacrifier l'intérêt de la collectivité canadienne à son propre intérêt, les deux étant inconciliables. S'il avait déchiré la robe sans couture de la Nouvelle-France, ce n'était pas pour en revêtir le Canada[55].»

Les premiers indices des bouleversements de la défaite apparaissent chez la petite bourgeoisie qui, avant même que le Canada ne soit cédé à l'Angleterre, cherche à s'attirer les faveurs du vainqueur. «La première classe sociale dont les ressorts se brisent, la première à se désintégrer, c'est donc la petite bourgeoisie.» La grande bourgeoisie et les principaux administrateurs de la colonie, quant à eux, ont compris qu'une société britannique ne leur offrirait aucune chance d'épanouissement. Même la France, en renonçant à rembourser ses lettres de change, contribue à la désintégration de la colonie. «Si pénible soit-elle pour les individus, la banqueroute est encore plus désastreuse pour la société canadienne. C'est son armature financière qui s'abat, pour ne plus jamais se relever.» Les Britanniques ont maintenant le champ libre en Amérique du Nord. Privé de leurs cadres et ruinés, les Canadiens, «peuple que le commerce avait formé» n'ont d'autres choix que de se replier sur l'agriculture et de subir la révolution économique qui se prépare. C'est pourquoi, selon Frégault, les Canadiens n'ont pas été «seulement vaincu mais défait». Déjà dans son introduction, il précisait que «la défaite canadienne est à la fois militaire, politique, économique, sociale, culturelle. [...] Elle est tout cela ensemble et au même degré[56].» L'histoire du Canada n'apparaît plus sous le signe de la continuité: elle est le produit d'une rupture radicale. C'est ce que Frégault a tenté d'illustrer tout au long de cet ouvrage extrêmement dense. Mais ce qu'il désirait surtout mettre en évidence en le rédigeant, c'est que cette défaite continue à exercer ses effets dans le présent.

> Au terme de cette étude, notre conclusion ne peut, en toute honnêteté, qu'être la suivante. Si, comme le dit un excellent méthodologiste anglais, l'histoire est une hypothèse permettant d'expliquer les situations actuelles par celles qui les ont précédées, un examen attentif de la façon systématique et décisive dont le peuple canadien fut «brisé» doit nous mettre à même de voir sous son vrai jour la crise, d'ailleurs évidente, de la société canadienne-française et de constater qu'il ne s'agit pas d'une crise de conjoncture, mais bien de structure — de structure démolie et jamais convenablement relevée[57].

Les historiens antérieurs n'auraient pas été en mesure d'évaluer à leur juste mesure les conséquences de la Conquête parce qu'ils ne se sont pas attardés à en rechercher les vrais mobiles.

> ...nous nous sommes fait une image à la fois merveilleuse, édifiante et sommaire du régime français. C'était l'époque où la société canadienne avait un développement complet et, surtout, normal; nous nous sommes plu, la nostalgie, la vanité et la littérature aidant, à y voir un milieu historique créé par des hommes extraordinaires et dans des circonstances exceptionnelles. À nous entendre, cette société aurait été fondée à rendre grâces au Ciel de ce qu'elle n'était pas comme le reste des sociétés humaines, où

l'esprit s'incarne dans la matière et où la qualité ne va pas toute seule, sans la quantité; nous nous la représentions volontiers toute spiritualiste et qualitative. Dans cette perspective, comment attacher de l'importance à l'effondrement, survenu dans les années 1760, des fondements matériels de la civilisation canadienne? Des fondements matériels, elle s'en passerait! En avait-elle jamais eus? Le «miracle canadien» continuerait, comme toujours, à s'opérer régulièrement[58].

Frégault a beau conclure en disant qu'il «faut d'abord ouvrir les yeux sur le réel, si inquiétant soit-il, pour se mettre en état d'en écarter les périls[59]», la plupart des critiques qui feront le compte rendu de son livre auront de la difficulté à accepter la réalité de ce poids que l'histoire nous a légué.

La variété des observations, auxquelles donne lieu l'ouvrage de Frégault, constitue un indice du type de conscience historique qu'une telle œuvre vient troubler. Les critiques se partagent en deux groupes. D'un côté, on retrouve les non-spécialistes qui n'ont manifestement pas compris les implications des propos de l'auteur et qui s'en tiennent soit à la psychologie des peuples, soit à des critiques de détails ou à des observations qui n'ont que peu de poids pour un spécialiste tel que Frégault. Lucien Boyer, par exemple, aurait «aimé des observations plus abondantes sur le caractère protestant et catholique des belligérants. Le positivisme de l'un et l'idéalisme de l'autre sont trop enracinés dans la nation pour ne pas en affecter leur démarche ou leur prosélytisme comme nous le verrons par la déportation des Acadiens et par le Serment du Test[60].» D'autres, qui n'ont pas lu *François Bigot*, sont offusqués par l'idée que la France ait pu avoir pour projet de déporter les Acadiens avant l'Angleterre. On cite le livre qu'Henri-Irénée Marrou vient de faire paraître pour critiquer le travail de Frégault ou pour le louanger. Il y a même un militaire, le colonel Stacey, qui trouve dangereux, pour la sécurité nationale, de présenter le Canadien comme étant «un soldat par nature, qui n'a pas besoin de l'entraînement nécessaire aux autres peuples moins bien partagés. [...] le soldat entraîné vaincra toujours celui qui ne l'est pas, quelle que soit sa nationalité[61].» Mais ce qui dérange le plus, c'est l'attention que Frégault, à l'intérieur d'une optique structurelle, porte à l'économie. Lucien Boyer se demande «si ces hommes sont encore des hommes: corps et âmes ou des ventres arrondis uniquement par l'instinct de la propriété et de la domination[62]». Le père Marie Joseph d'Anjou ajoute: «l'économique (ici, colonisation et commerce), prime tout: vie sociale, patriotisme, voire religion (le protestantisme y apparaît logique et normal, le catholicisme, hypocrite et ridicule). [...] Il manque ici une théologie de l'histoire, la théologie étant la seule capable d'explication humaine. Dans *la Guerre de la conquête*, la religion ne compte presque pour rien, sauf comme motif à brocard explicite ou suggéré[63].» Ce qui importune, en fin de compte, c'est que Frégault semble faire fi de la liberté humaine. «Il y met, peut-être sans s'en rendre compte, un déterminisme à nos yeux trop absolu, qui fait jouer les puissances et les individus un peu comme des marionnettes. L'histoire doit garder en ligne de compte les facteurs de mobilité et d'incertitude que sont la liberté humaine et les influences physiques, sous l'empire mystérieux de la Providence[64].»

De l'autre côté, on retrouve la critique des spécialistes. Pour ces derniers, la publication de cet ouvrage permet de comprendre enfin pourquoi Frégault, en divers textes ou conférences, avait pu élever un doute sur le sens du devenir de la collectivité canadienne-française. Tous s'accordent pour y voir une étude magistrale sur la guerre de Sept ans. Mais les prémisses et, surtout, les conclusions de l'auteur ne leur semblent pas en accord avec les faits. À ce propos, quelques non-spécialistes ont osé élever la voix, mais sans avoir pour autant tellement poussé leur argumentation. Par contre, les réactions de Lionel Groulx, de Fernand Ouellet et de Jean Hamelin sont, en ce sens, beaucoup plus intéressantes.

À l'origine, c'est Marcel Trudel qui devait faire la recension de l'ouvrage pour le compte de la *Revue d'histoire de l'Amérique française*. Ce dernier s'étant désisté, Lionel Groulx demande à Frégault, dans une lettre datée du 24 janvier 1956, de lui proposer d'autres noms. Deux jours plus tard, Frégault devait lui faire quelques suggestions et, dans la livraison du mois de mars de la revue, le compte rendu paraît sous la signature de... Groulx. Comme tout le monde, il n'a que des louanges à faire en ce qui concerne l'analyse des événements qui se sont déroulés au cours de la guerre de Sept ans. Toutefois, il tient à manifester son total désaccord avec les conclusions de l'ouvrage qui, selon lui, «ont un peu le ton et la saveur douteuse d'une oraison funèbre». Groulx se défend cependant de vouloir diminuer les conséquences de la Conquête. Mais de là à soutenir que tous les cadres de la société canadienne ont été disloqués au moment de la Conquête, alors que l'évidence force à conclure qu'il existe encore un Canada français de nos jours, il y a une limite que Groulx refuse de franchir: «reconnus officiellement et dès le début, pour des sujets britanniques, les Canadiens n'ont-ils pas quelque raison de se croire, même si l'on veut à parts fort inégales, copartageants de leur Canada?» Ainsi, on ne saurait parler de suppression de tous les cadres du Canada au lendemain de la Conquête. Les Canadiens avaient encore la «famille communautaire», la paroisse, la seigneurie, les lois civiles françaises, «enfin et surtout il leur restait l'Église». Et Groulx de conclure que ce sont grâce à ces cadres si, aujourd'hui encore, «il existe, contre toute prévision, un Canada français[65]».

De plus, Groulx s'étonne du peu d'intérêt que Frégault manifeste envers ses devanciers. «F.-X. Garneau n'a pas eu l'honneur d'un coup de chapeau.» Mais, ce qui semble surtout l'irriter, c'est qu'il n'a pas eu lui-même la faveur d'une mention, lui qui, déjà en 1919, écrivait de la Conquête, et bien avant Lower, qu'elle constituait «une épreuve qui prit les proportions d'une catastrophe». Mais, pour Groulx, il y a catastrophe et catastrophe. Malgré ces reproches, l'ouvrage de Frégault demeure pour lui «une œuvre d'un exceptionnel mérite». Il ajoute: «Au reste, M. Frégault, encore jeune, a le front ceint d'assez de bandelettes de lauriers verts pour endurer, sans se sentir diminué, que lui tombent sur la tête quelques grains de pluie et même quelques feuilles mortes[66].»

Groulx est tout de même un peu inquiet de la réaction possible de son ancien disciple. Une «rumeur» lui ayant laissé entendre que son compte rendu aurait visiblement déplu à Frégault, ce dernier se charge de le rassurer.

> Ne vous tourmentez pas, je vous en prie, à propos du choc que peuvent provoquer les critiques que j'y ai trouvées. Je vous en exprime plutôt ma reconnaissance. Permettez-moi d'ajouter qu'il m'est arrivé plusieurs fois de voir mes petits travaux recevoir un accueil plutôt froid. Brouillette a descendu, en son temps, mon *Iberville;* Lanctôt s'est lancé à l'assaut de ma *Civilisation;* P.-G. Roy a ramassé tout un livre contre mon *Bigot* et, à la même occasion, M. l'abbé Maheux a fait, me dit-on, mieux encore, puisque, d'après Trudel, il m'a fait refuser par le Canadian Social Science Research Council une subvention de publication qui m'a contraint de faire imprimer mon gros manuscrit à mes propres frais (risque financier que tous les historiens canadiens-français n'ont pas assumé). Ces grains de pluie commencent à prendre les proportions d'une honnête averse. Il n'en faut pas moins continuer à travailler, parce que la tâche est trop vaste pour refuser la contribution que ma patience à me documenter me permet, peut-être, d'apporter. Croyez bien, surtout, que je n'exagère pas la valeur de mes livres au point de m'étonner qu'on en puisse dire autre chose que du bien[67].

Somme toute, la critique de Groulx s'inscrit dans le prolongement du nationalisme traditionnel qu'il a lui-même contribué à édifier, sinon à propager. Celle de Fernand Ouellet est d'un autre parfum. D'entrée de jeu, ce dernier salue l'ouvrage de Frégault en ce qu'il «se présente comme un renouvellement total de l'histoire canadienne.» À lire les propos subséquents, le lecteur se demande s'il n'y a pas là plus d'ironie qu'autres choses. Ainsi, il commence par l'accuser d'être «le plus pur représentant» de la tradition idéaliste que Frégault dénonçait dans ces dernières pages. En effet, selon Ouellet, «s'il avait analysé sérieusement la position des historiens d'hier par rapport à la Conquête, il se serait rendu compte que la création de l'*Age d'or* du Régime français supposait fondamentalement le déterminisme de la Conquête». Frégault n'aurait fait que «remplacer les mythes traditionnels désormais inaptes à fonder une *histoire nationale* par ce qu'il appelle "les fondements matériels de la civilisation canadienne"[68]». Et c'est au chapitre des «fondements matériels», qui fait référence à une question de méthode, que Ouellet entend lui river son clou.

> ...l'auteur se réclame de l'*École française des Annales*. À travers tout son livre, on retrouve un vocabulaire et des phrases qui en proviennent: *l'histoire corrige la tradition*, *les réalités de la vie*, *les collectivités*, *saisir l'homme tout entier* et bien d'autres encore. Mais l'analogie n'est que dans les mots. Lorsqu'on lit les travaux des historiens des *Annales*, on ne peut s'empêcher de songer à la faiblesse de la méthode employée par M. Frégault[69].

Dans la suite du texte, Ouellet développe une critique en apparence plus rigoureuse et plus pertinente lorsqu'il souligne que Frégault aurait pu mettre en évidence les différences profondes existant entre les bourgeoisies françaises et anglaises plutôt que de se livrer à des généralisations sur leurs ressemblances. «Comment ne pas voir les différences profondes existant entre un pays où l'esprit capitaliste s'est épanoui et un autre où la bourgeoisie essayait péniblement de se libérer de l'emprise de l'État? Comment ne pas enregistrer les tendances de la bourgeoisie française vers la propriété foncière et le fonctionnarisme sans conclure à l'existence de deux types de bourgeoisie?» On a vu plus haut que Frégault connaissait ces distinctions. De même, faire de Bigot et de sa bande des capitalistes avant la lettre, apparaît à Ouellet comme un signe manifeste de la «méconnaissance totale» de Frégault de ce qui caractérise l'esprit capitaliste. «Il ne suffit pas de posséder de l'argent pour être considéré comme capitaliste; il faut l'avoir acquis comme un capitaliste et l'employer de la même façon.» Cette critique laisse de côté la visée globale où se place Frégault puisque, comme il le répète souvent, ce conflit ne met pas aux prises des individus ou des groupes particuliers, mais des collectivités qui ont chacune à leur tête, non pas une grande bourgeoisie, mais une «oligarchie». En opposant les bourgeoisies françaises et anglaises, alors que

Frégault minimise les différences entre les deux sociétés pour être plus à même de mettre en évidence les conséquences de la Conquête, Ouellet n'aurait-il pas lui-même pour dessein inverse d'en minimiser les effets? Je laisse ici en suspens cette question sur laquelle je reviendrai. Mais la conclusion du compte rendu de Ouellet indique en un certain sens quelle sera la réponse. «Même si les colonies anglaises ont eu conscience qu'il fallait détruire le Canada, rien ne nous prouve qu'ils y aient réussi. Les preuves du "désastre de la Conquête" ne se trouvent pas dans le dernier ouvrage de M. Frégault[70].»

Deux ans plus tard, Jean Hamelin, qui revient tout juste d'Europe après avoir rédigé un mémoire où il soutient que la bourgeoisie canadienne au temps de la Nouvelle-France n'est autre chose qu'«un être de raison[71]», signe un compte rendu qui s'inspire abondamment de celui de Ouellet. La même logique et les mêmes arguments reviennent. Selon Hamelin, dans *La Guerre de la Conquête* «la sainteté des ancêtres cède la place au dynamisme de la bourgeoisie... [...] Mais la théorie reste la même en ce que le régime français demeure "l'âge d'or"[72].» Il faut dire que Ouellet et Hamelin sont des disciples de C.-E. Labrousse. Pour eux, l'histoire renvoie d'abord à des réalités économiques et sociales plutôt que politiques. Aussi, puisque la dimension politique est minimisée, l'accent se déplace des libertés collectives, au sens de Séguin, vers celles des libertés individuelles. À ce propos, Ouellet pouvait dire dans une entrevue: «Ma thèse c'est que les Canadiens français étaient responsables d'une grande partie de leurs problèmes. Si vous êtes responsable de vos problèmes, Monsieur, ça veut dire que vous pouvez changer[73].» Il apparaît, du moins à cette époque, que c'est aussi la thèse d'Hamelin.

> Que la Conquête fût un accident grave, une catastrophe, soit. Mais cette catastrophe n'était pas irréparable. [...] Le dix-neuvième siècle a donné aux Canadiens français la chance de coloniser l'ouest et d'y imposer leur civilisation et leur culture. Ils n'ont pas su saisir cette occasion. La mainmise des capitalistes anglais sur l'économie canadienne-française apparaît moins comme la conséquence de la conquête que comme l'aboutissement du régime français. Car, dans la Nouvelle-France de jadis, l'économie était contrôlée par le roi [...] et par les commerçants métropolitains, non par des oligarchies canadiennes-françaises. L'Angleterre capitaliste ne fit que remplacer l'ancienne métropole française, mais avec plus d'efficacité[74].

Un peu plus et la Conquête deviendrait un bienfait! Pour Frégault, comme pour Séguin ou Brunet, on ne saurait faire abstraction du politique. Dans l'«Avant-propos» de son livre, *Le XVIIIe siècle canadien — Études*, qu'il publia en 1968, Frégault se charge de rectifier la perspective, en rappelant le poids du politique dans notre histoire et ce, au moment même où l'histoire sociale envahit le champ de l'historiographie québécoise.

> Si j'avais tenu à suivre la mode qui se porte bien, je veux dire celle d'il y a vingt ans, j'aurais limité mes préoccupations à l'histoire économique et sociale: histoire technique, histoire sérieuse, se prêtant bien à l'usage de vocabulaires spécialisés. C'eût été, sans doute, d'une coquetterie aimablement appréciée. Mais c'eût été une erreur. Puisque l'histoire s'intéresse essentiellement aux collectivités, on voit mal qu'elle puisse, en dehors des purs travaux d'érudition, exclure de son champ la principale force qui articule, anime et oriente la collectivité nationale. [...] C'est là une vérité qu'il faut dire. Il le faut parce que l'histoire n'est pas un jeu gratuit. Elle est enseignement. Comme tout enseignement, elle s'adresse aux contemporains. [...] L'historien qui néglige l'histoire politique, parce qu'on la pratique trop souvent comme dans un vide économique et social, se condamne à ignorer qu'elle pèse elle-même, et d'un poids décisif, sur l'évolution sociale et économique. Cela est d'une extrême gravité[75].

En 1955, au moment où Frégault publie *La Guerre de la Conquête*, il connaît «une confrontation assez aigre[76]» avec le père Georges-Henri Lévesque lors de la deuxième conférence annuelle de l'Institut canadien des Affaires publiques dont le thème était «le chevauchement des cultures». Ainsi, dans les débats qui ont suivi leurs conférences respectives, les deux conférenciers sont appelés à clarifier leur position. Le père Lévesque, qui avait participé aux travaux de la commission Massey, ne pouvait souscrire aux arguments de Frégault voulant que «nous ne pouvons attendre notre salut que de nous-mêmes et ce n'est que lorsque nous aurons su l'assurer que les autres nous considérerons vraiment à égalité et qu'un dialogue réel et fécond sera possible. Un groupe ethnique ne peut être lui-même et le rester que par son propre et seul effort et non par la bonne volonté d'autrui.» Pour le père Lévesque, reprenant en cela le nationalisme de Bourassa, «le Canada tout entier est le pays des Canadiens français; aucune de ses parties n'est pour lui l'étranger.» Pour ce dernier, si le fédéral a été amené à assister financièrement les universités canadiennes, c'est tout simplement pour une question de fierté nationale. «Alors, rétorque Frégault, le même motif de fierté élémentaire joue du point de vue des provinces, de celle de Québec, notamment vis-à-vis d'Ottawa[77].» Gérard Pelletier, qui était dans la salle, a même demandé à Frégault de se définir. Ce dernier lui a «répondu: "Je suis un nationaliste canadien-français"[78].» Pour un cité-libriste tel que Pelletier, pour qui le nationalisme est à l'origine de tous nos maux, une telle définition devait inévitablement équivaloir pour lui à une sorte de discrédit. En effet, selon Brunet, «toute l'école du père Lévesque et de *Cité libre* commet l'erreur de confondre nationalisme canadien-français et duplessisme[79]».

L'année suivante, Frégault connaîtra un autre affrontement qui, «par moments», fut «spectaculaire» avec deux historiens anglophones, Hilda Neatby et R. A. Preston, à l'occasion du Symposium sur le canadianisme qui se tenait à l'Université de Montréal. Ces derniers soutenant qu'un «nationalisme canadien» était en train de voir le jour, Frégault commence par leur rappeler qu'il ne peut y avoir un tel canadianisme commun puisqu'il existe deux nations au Canada. «Pour les Canadiens français, Ottawa est une source aussi étrangère, un pouvoir aussi étranger, fondamentalement, que Londres ou Washington. Le grand mal vient de ce que les "Canadians" n'ont jamais vraiment compris ce que la conquête a signifié pour nous[80].» Les historiens canadiens-anglais font alors remarquer à Frégault que les deux peuples se sont quand même unis pour décider, avec la Confédération, de la forme constitutionnelle définitive du pays.

> «Pardon, fait M. Frégault: nous n'avons rien choisi du tout, plutôt nous n'avons rien choisi volontairement. La vérité simple et brutale, c'est que nous avons été défaits impitoyablement: cela ne fut pas précisément un choix délibéré. Par la suite, vivant sans cesse dans l'équivoque, ayant perdu et notre pays et notre nom de "Canadiens" désormais partagé par les "Canadians" nous avons fait un certain choix, en ce sens qu'à diverses époques, nous avons opté pour ce qui nous semblait le moindre de deux maux. Mais le moindre de ceux-ci reste tout de même un mal. Soyons sérieux: qui, dans ce pays, a le pouvoir politique, le pouvoir économique, qui dirige l'administration? La réponse est trop facile. Le canadianisme existe peut-être mais c'est le "canadianism", l'expression des aspirations et des réactions des Anglo-Canadiens. Ils ont un pays et leur gouvernement national, Ottawa; nous avons une province et un gouvernement-croupion».
>
> «Tout de même, s'écrie avec emportement Mme Neatby, nous vous avons permis de survivre: vous devriez en être reconnaissants». Aussitôt, M. Frégault: «Croyez-vous que la survivance soit une grande chose? C'est une plaie, c'est l'expression d'un "accrochage à la vie", d'une sorte de témoignage, conséquemment tout le contraire d'une vie pleine et rayonnante.»
>
> «Alors qu'eût-il fallu?» de dire ensemble les interlocuteurs anglo-canadiens? «Ce qu'il eût fallu? Que nous vous battions... ou alors que nous disparaissions». Un temps de stupéfaction puis, M. Preston de dire: «Mais vous n'êtes pas disparus. Alors, aujourd'hui, que faudrait-il?» — «Ce qu'il faudrait? Que vous consentiez à accorder leur indépendance aux Canadiens

français pour qu'ils puissent bâtir leur État et vivre pleinement. Mais cela, vous ne le consentirez jamais car vous signeriez la démission voire la disparition de la nation "canadian". L'équivoque va donc subsister et avec elle, notre situation de peuple infirme, arrêté dans son expansion, sous-développé et colonisé»[81].

Au dire d'Arthur Lower, cette prise de position extrême n'aurait trouvé que peu de supports chez les Canadiens français qui se trouvaient présent lors de cet affrontement[82]. Il aurait été difficile qu'il en soit autrement puisque la nouvelle interprétation de l'histoire est encore peu connue et, lorsqu'elle l'est, elle est rejetée, par les uns, à titre d'histoire «nationaliste» et, par les autres, comme étant une histoire «noire», «pessimiste». C'est à ce même symposium que Séguin va présenter pour la première fois, mais sommairement, le cadre conceptuel qui sous-tend cette réinterprétation de l'histoire nationale. À en juger par les commentaires que cette conférence a suscités, Séguin n'a pas eu plus de succès auprès de ses compatriotes[83].

Après la publication de *La Guerre de la Conquête*, Frégault entreprend «d'étudier, écrit-il à Groulx, la période qui s'étend des années 1680 à 1713; après quoi, il y aura peut-être lieu de reprendre l'examen des années 1713-1744[84]». Le repli vers cette période s'explique aisément. Dans *La Guerre de la Conquête*, le retard qu'accusait la colonisation française par rapport à celle des colonies américaines permettait d'expliquer l'origine des hostilités, les visées des Américains ainsi que le dénouement du conflit. Mais, à part quelques exemples qui frappent l'imagination et certaines généralisations, il restait à étudier comment, dans les faits, cette colonisation s'est réellement exercée. De plus, depuis 1954, la période 1680-1713 apparaît désormais à Frégault comme le moment capital de l'histoire de la Nouvelle-France. Aussi, à partir de 1956, va-t-il tenter de mettre en lumière les modalités concrètes selon lesquelles la colonisation au Canada s'est exercée au cours de cette période.

Selon Frégault, la société canadienne au tournant du XVIIIe siècle dispose de ses principaux cadres et constitue déjà une société distincte de la France. «Le pays ne manque pas de vitalité. Il vient de traverser victorieusement deux guerres indigènes et un long conflit armé avec l'Amérique anglaise.» Mais c'est aussi à partir de ce moment que l'intérêt portée par la métropole à sa colonie depuis 1663 commence à diminuer alors qu'au contraire, devant les progrès soutenus qu'enregistrent les colonies américaines, le soutien de la métropole se présentait plus que jamais comme une «nécessité absolue». «La France ne rompt pas avec sa colonie américaine. Seulement, elle ne lui accorde plus assez d'intérêt.» Entre 1700 et 1730, quatre éléments vont plus particulièrement mettre en évidence les déficiences de la métropole: «le démembrement territorial provoqué par le traité d'Utrecht, la crise du commerce du castor et l'effondrement du système monétaire du Canada. Sous ces trois faits, il est possible de tirer une ligne et d'inscrire un dénominateur commun: carence de colonisation[85].» Enfin, on retrouve aussi l'éternelle question du peuplement. On tient là, en quelque sorte, le plan de travail qui assurera la cohérence interne des divers textes que Frégault publiera, pour la plupart, entre 1956 et 1961 et qu'il réunira, en 1968, en un volume intitulé *Le XVIIIe siècle canadien — Études*.

Dans ces études extrêmement fouillées qui prolongent et étayent les perspectives qu'il a adoptées à compter de 1952-1953, il ressort que les problèmes de la colonisation française en Amérique à partir de 1700 sont liés à trois causes principales. Premièrement, ces «carences» s'expliquent par la médiocrité des principaux dirigeants qui s'installent aux commandes de la société canadienne à partir de ce moment. «Des administrateurs souvent compétents, parfois médiocres, ordinairement vaniteux et rarement désintéressés, voilà les politiques qui parviennent à se hisser à la tête du pays.» La bourgeoisie est qualifiée d'ignorante et les seigneurs sont présentés comme «les pires tyranneaux» que le peuple ait à souffrir[86]. Deuxièmement, les retards qu'affiche la colonisation française sont liés aux conceptions arriérées de l'empire qui dominent en France et, jusqu'à un certain point, aux difficultés financières de la France au lendemain de la guerre de la Succession d'Espagne. «La cause du marasme est toujours la même: l'État métropolitain donne à l'État colonial moins d'argent qu'il lui en faut[87].» Ainsi, à compter de 1702, les déficits s'accumulent aux déficits jusqu'à ce que la métropole soit obligée de déclarer une banqueroute partielle en 1714 et une autre, totale cette fois-ci, en 1759. Ces comportements font ressortir un état d'esprit grotesque lorsque l'on compare la somme que la France consacre, en 1749, aux «menus plaisirs» du roi comparativement à celle qu'elle prévoit pour les dépenses du Canada. En effet, ce seul élément du budget de la métropole «engouffre 2 700 000 livres, un demi-million de plus que la part du Canada. La même année encore, le voyage que Louis XV fait au Havre "pour l'important objet d'y manger du poisson" coûte un million. [...] Ce n'est pas scandaleux. C'est ridicule.» Il est difficile, à ce moment de retenir l'argument des difficultés financières de la France! Par contre, malgré le peu d'empressement que la métropole a manifesté envers sa colonie, cela ne signifie pas que son rôle ait été négligeable. Au contraire, l'alternance des moments d'effacement et d'implication financières plus vigoureuses de la France permet d'étaler «au grand jour le rôle essentiel que l'État métropolitain a joué dans la formation du Canada[88]». Par là, Frégault désire réfuter l'allégation qui a cours, depuis que Parkman l'a lancée, voulant que l'échec de la colonisation française ait été lié au dirigisme économique de la France. Selon Parkman, «la métropole aurait appliqué à la colonie "des stimulants artificiels" et lui aurait prodigué "des encouragements souvent plus nuisibles que des restrictions". Pour donner lieu à de tels propos, il a fallu que la colonisation économique se déployât bien visiblement au Canada[89].» Frégault reconnaît que la présence de l'État se manifeste à tous les niveaux. Mais ce n'est pas là le problème essentiel. Il constitue même un «faux problème». La véritable question est celle du peuplement. En effet, et c'est la troisième cause, le problème de la colonisation française n'en est pas un de «qualité», mais de «quantité». On en arrive ainsi à l'explication centrale que Frégault propose pour expliquer la nature des difficultés de la colonisation française. Cette explication recouvre les deux précédentes et repose sur une comparaison implicite avec les colonies américaines.

> Le peuplement apparaît comme le premier des facteurs qui conditionnent la croissance d'une colonie. Il peut être favorisé dans la métropole par des pressions économiques et idéologiques qui déterminent une émigration et dans le territoire à coloniser, par la richesse et la variété des ressources exploitables. En d'autres termes, les populations coloniales ne s'établissent pas et n'augmentent pas en raison de l'importance des populations métropolitaines: à ce compte, c'est la France qui eût jeté le plus de monde en Amérique; elles se fortifient en raison des besoins qui poussent des groupes d'hommes à essaimer et, en même temps, en raison de l'attraction qu'exerce un pays neuf sur ces mêmes hommes. Ces deux séries de causes peuvent jouer fortement ou faiblement. Dans le cas où elles jouent fortement, la colonisation donne l'impression de se développer en vertu de son propre dynamisme interne, sans qu'il se révèle indispensable que l'État métropolitain y tienne un rôle prépondérant. Dans le cas où elles jouent faiblement, il faut que le gouvernement de la mère patrie s'inquiète davantage d'organiser le peuplement de la colonie, de défrayer son administration, de financer son industrie, de fournir des débouchés (intérieurs et extérieurs) à son commerce.
>
> Dans un cas comme dans l'autre, on voit à l'œuvre le couple État-Société... [...] Est-ce à dire que la colonisation soit de meilleure qualité lorsqu'elle est surtout l'œuvre de la Société que lorsqu'elle est surtout l'œuvre de l'État?

> On ne voit pas pourquoi il en serait ainsi. [...] Poser le problème de la qualité de la colonisation, c'est poser un faux problème. C'est la masse de la colonisation qui compte. Il est clair que la colonisation sera d'autant plus massive qu'elle sera plus rentable et que le rôle de l'État sera d'autant plus restreint... [...] Aussi, quand l'État se voit contraint de faire beaucoup, est-ce mauvais signe: non pas parce que l'État fait mal ce qu'il fait, mais parce qu'il est naturel qu'on lui abandonne les entreprises déficitaires.
>
> Ainsi, s'expliquent l'attitude du gouvernement français à l'égard du Canada, le choix des méthodes qu'il a appliquées à l'aménagement du pays et le sort éventuel de la colonisation qu'il y a mise sur pied[90].

Cette hypothèse du «couple État-Société» permettait de situer en une nouvelle perspective la question du dirigisme économique dont la Nouvelle-France aurait souffert et qui faisait dire à la plupart des historiens, depuis Parkman jusqu'à Fernand Ouellet, que l'emprise de l'État, en inhibant toute manifestation d'initiative privée, était à l'origine du manque de dynamisme économique des Canadiens avant la Conquête. Il est difficile de dire jusqu'où cette hypothèse aurait pu mener Frégault, car c'est à compter de 1961 que Frégault abandonne sa carrière d'historien pour celle de «grand commis» de l'État.

Conclusion

Entre 1947 et 1952, Frégault poursuit son investigation méthodique du Régime français en faisant table rase des interprétations antérieures. Toutefois, à l'exemple de Groulx, ses travaux s'inspirent toujours, comme l'écrit Jean Blain, de «la conception d'une histoire centrée sur l'*être* national[91]». Mais, déjà à cette époque, le disciple est plus ou moins en position de rupture par rapport au maître. À la différence de Groulx, cette histoire méthodique que Frégault entend développer vise à redonner taille humaine aux principaux acteurs de la Nouvelle-France que l'historiographie antérieure avait idéalisés. De même, Frégault définit le Canadien en l'opposant au Français, alors que Groulx met en évidence nos racines françaises pour être plus à même d'y voir l'origine de certaines de nos «innéités» qui feraient du Canadien un être à part en Amérique. Surtout, l'influence du personnalisme et la prise de conscience exacerbée de l'infériorité culturelle des Canadiens français, combinées aux espoirs que soulève la garantie d'objectivité d'une histoire scientifique, amènent Frégault à inverser le rapport passé/présent qui servait de fondement à la fonction sociale que Groulx pouvait attribuer à l'histoire: de «boussole salvatrice» qui garantit le respect de l'architecture de l'être originel, l'histoire devient instrument d'épanouissement. En effet, selon Frégault, grâce à l'histoire scientifique, qui interviendrait à la manière d'une culture de surcroît, il est désormais possible de se livrer à un arbitrage culturel objectif des tendances en sens contraires qui traversent le présent. Une fois que l'on aura retrouvé la figure authentique de notre identité collective, il sera possible de renouer avec la tension spirituelle qui animait les hommes du passé, non pour survivre mais pour vivre.

Mais cette représentation des choses était toujours liée à une définition culturelle de la nation. De plus, sous l'influence du schéma de Garneau, de la tradition historiographique et des idéologies dominantes, l'histoire du Canada français, malgré la Conquête, se présentait pour Frégault à cette époque beaucoup plus sous le signe de la continuité que de la discontinuité. Il ne lui avait pas pour autant échappé que la culture canadienne-française semblait souffrir d'étranges malaises sinon d'un traumatisme certain. L'influence de Séguin s'est surtout manifesté dans le prolongement de ces interrogations auxquelles Frégault n'avait pas de réponses satisfaisantes. On sait que Frégault, à cette époque, éprouvait une certaine méfiance pour les interprétations d'ensemble de notre histoire. Mais l'hypothèse de Séguin avait la vertu qui s'attache aux grandes théories, c'est-à-dire qu'elle était capable de fournir une explication, à la fois globale et extrêmement cohérente, à un ensemble de phénomènes qui, autrement, apparaissaient disparates ou contradictoires. En définissant la nation comme une réalité structurelle et systémique, dont le devenir a été interrompu par le processus de déstructuration et de restructuration qui résulte du remplacement d'une colonisation par une autre, il devenait possible pour Frégault de réunir en une même explication les causes de notre aliénation culturelle et les raisons qui ont amené notre historiographie à représenter la société canadienne du temps de la Nouvelle-France comme une société agricole, alors qu'elle était en fait une société commerciale. Selon cette perspective, même l'opposition entre Canadiens et Français devenait une étape normale d'un processus de colonisation. En présentant le devenir de la nation sous l'angle d'une rupture radicale, il devenait possible de repenser le passé tout en trouvant réponse aux problèmes qui affectent la société canadienne-française dans le présent. Ce rapport entre le passé et le présent, Frégault va maintenant l'appréhender complémentairement, comme on l'a vu plus haut, à la lumière des concepts de civilisation et de colonisation. Toutefois, selon cette représentation des choses, le passé ne constitue plus un réservoir de forces vivifiantes pour le présent: il devient un poids qui continue d'exercer ses effets dans le présent et ce malgré les libertés individuelles, la bonne volonté et toutes les bonnes occasions que les Canadiens français n'auraient pas su saisir[92].

Il est possible de distinguer deux étapes dans «l'effet de science» que le développement de la spécialisation à l'Institut d'histoire de l'Université de Montréal a pu exercer sur l'entourage historiographique. Dans un premier temps, la spécialisation est surtout affaire de méthodes qui exprime un souci d'objectivité. Dans cette optique, le travail de l'historien a pour objectif de rectifier la figure du passé que la tradition avait léguée en se livrant à une reconstruction rigoureuse des principaux moments de notre histoire. Déjà là, avant même qu'il ne soit question d'École, la confrontation était inévitable. À ce niveau, les polémiques renvoient à un conflit de générations. Dans son dernier livre, Frégault disait à ce sujet:

> Du point de vue du métier, le dialogue n'est pas possible entre ceux qui ont eux cinquante ans en 1930 et ceux qui ont trente ans en 1950. Quarante ans d'âge les séparent, à quoi s'ajoute, décisive, la ligne de partage de la dernière guerre. L'un dit: passé; les autres: histoire, et ces deux mots, synonymes pour les hommes de 1910, ne coïncident plus dans l'esprit de ceux de 1950. Ces derniers ne songeraient jamais à se représenter l'histoire comme un «monstre au froid visage». Ils la pratiquent comme une discipline, scientifique dans ses méthodes, conçue pour étudier d'un certain angle des problèmes humains, en liaison avec d'autres sciences sociales[93].

On pourrait allonger ici bien des échantillons de cette attitude. Mais pour bien mettre en évidence à quel point la spécialisation et l'entreprise d'objectivité de la nouvelle histoire pouvait s'attaquer à des représentations bien ancrées, un exemple suffira. Aussi tard qu'en 1963, à l'occasion du Congrès de l'Institut d'histoire de l'Amérique française, Frégault se permet une remarque sur le mauvais service que rendrait l'histoire édifiante à la jeunesse. «Reconnaissons donc, disait-il en conclusion, que ceux qui ont fait le Canada du XVIIIe siècle n'étaient ni plus grands ni plus petits que nature. Ils ont édifié une société à leur image, une société à hauteur d'homme. C'est déjà très beau[94].» Victor Barbeau devait lui répliquer par la voix des principaux journaux du temps:

> «Le vent est au mépris comme il le fut jadis à l'admiration! [...] La jeune école reproche à son aînée d'avoir paré le passé de trop brillantes couleurs. À l'édification qui en résulte, elle oppose la «démystification». Le tout, dit M. Frégault, est de s'en tenir à hauteur d'homme. Ce serait sans doute l'idéal, mais de quels instruments l'histoire est-elle pourvue pour mener à bien ce travail de précision? [...]

> [Entre] ...l'historien qui s'émerveille de l'héroïsme [et celui qui en] dissèque les fibres [...] ai-je tort, quant à moi profane, de préférer le premier? Qu'est-ce, en vérité, qu'un héros? Quelques lignes de plus à la taille de l'homme. Sur quoi se fonde l'histoire grandeur nature pour nous en donner la mesure exacte[95]?

Avec la formation de l'École de Montréal autour des postulats de Séguin, il ne s'agit plus seulement de mettre en pratique une méthodologie rigoureuse, mais de vérifier une hypothèse qui, à la lumière de cet encadrement conceptuel, remettait en question la signification même du devenir global de la société canadienne-française. Toutefois, dans le contexte du début des années cinquante, cette interprétation du devenir de la nation ne pouvait mener qu'à se mettre à dos, mais pour des motifs différents, à la fois les tenants de l'idéologie de la survivance et les tenants de l'idéologie de la modernisation qui commencent à se manifester. Les uns et les autres sont des fédéralistes. Toutefois, alors que les premiers se font une image mythique du passé comme support à leur nationalisme, les seconds rejettent tout simplement le nationalisme qu'ils perçoivent, avec le cléricalisme, comme les principaux obstacles à l'émancipation individuelle et collective. J'aurai à revenir, de manière plus détaillée, sur ces querelles dans la dernière partie de cet ouvrage.

Après ce tour d'horizon de l'œuvre de Guy Frégault que conclure? Dans une entrevue qu'il accordait en 1963, Frégault terminait par ce commentaire qui résume la mesure de l'homme: «Il faut donner tout ce qu'on a dans le ventre quand on fait quelque chose, sinon on n'est pas honnête[96].» Toute sa vie, Frégault aura eu l'ambition de servir de son mieux ses compatriotes. Au-delà des différences que manifestent les diverses périodes de sa vie, c'est ce dessein qui nous révèle à la fois l'unité de l'homme et de son destin.

Notes

1. F. 262 p. 2.
2. Frégault à Groulx, 20 août 1952. Fonds Guy-Frégault, Institut d'histoire de l'Amérique française.
3. Frégault à Chartier, 27 mai 1953. Fonds Guy-Frégault, Institut d'histoire de l'Amérique française.
4. F. 267 p. 451-452.
5. F. 275 p. 200, 201. Peu après la parution de cet article, Brunet affirmera qu'«à la fin de la période coloniale française, le Canada comptait une quarantaine de millionnaires». B. 33 p. 34. En 1955, Brunet reprendra cette affirmation dans «La Conquête anglaise et la déchéance de la bourgeoisie canadienne (1760-1793)»,

(p. 23-24), texte qui allait être à l'origine du célèbre débat entourant l'existence d'une bourgeoisie en Nouvelle-France.
6. F. 55 p. 222.
7. F. 279 p. 14, 15.
8. *Ibid.*, p. 11-12.
9. A. L. Burt, «La société canadienne sous le régime français», *Canadian Historical Review*, 35, 4 (décembre 1954). p. 352.
10. F. 287 p. 2.
11. F. 300 p. 13.
12. F. 305 p. 65.
13. F. 289 p. 52.
14. Voir Léo-Paul Desrosiers, «Réflexions sur un récent ouvrage de MM. Frégault, Trudel et Brunet», *Notre Temps*, 21 juin 1952.
15. F. 259 p. 47.
16. F. 279 p. 16.
17. F. 55 p. 72, 82. À cette époque, Frégault ne savait pas que cette idée reviendrait à la mode par le biais de Fernand Ouellet.
18. F. 275 p. 193.
19. F. 279 p. 16.
20. F. 280 p. 31.
21. F. 267 p. 452.
22. Voir F. 267 p. 451-452.
23. F. 285 p. 7.
24. F. 279 p. 8, 10.
25. F. 275 p. 194.
26. F. 281 p. 574.
27. *Ibid.*, p. 575.
28. F. 55 p. 271-272.
29. F. 54 p. 361-362.
30. F. 260 p. 351-352.
31. F. 268 p. 575.
32. F. 279 p. 8-9.
33. *Ibid.*, p. 9.
34. F. 289 p. 10. C'est madame Frégault qui m'a signalé cette influence. Polybe écrit: «De quelle utilité peuvent être pour le lecteur des récits de guerre, de batailles [...], s'il n'apprend en même temps les causes qui, en chaque circonstance, ont déterminé le succès de l'un, la défaite de l'autre? [...] ce qui est réellement utile à qui veut s'instruire, c'est d'étudier les conceptions qui ont présidé à ces entreprises; mais c'est surtout la manière dont chaque affaire a été conduite». Cité par Benoît Lacroix, *L'histoire dans l'antiquité*, Montréal et Paris, Institut d'études médiévales et J. Vrin, 1951, p. 51.
35. F. 289 p. 8.
36. *Ibid.*, p. 25; 24.
37. F. 285 p. 25.

38. F. 289 p. 24.
39. *Ibid.*, p. 26.
40. *Ibid.*, p. 83, 90, 93.
41. *Ibid.*, p. 100.
42. *Ibid.*, p. 51, 59. Commentant les «tripotages» auxquels se livre l'oligarchie néo-écossaise au moment de la déportation des Acadiens, Frégault observe une analogie de plus: «Ce qui donne de l'intérêt à ces prévarications, c'est qu'elles jettent du jour sur un aspect — le plus petit — d'un gouvernement colonial semblable à d'autres. Elles prennent un sens du fait qu'elles entrent dans une série: celle des concussions, des pillages et des grapillages qui accompagnent partout la colonisation, en Amérique française aussi bien qu'en Amérique britannique.» F. 289 p. 276.
43. F. 289 p. 18.
44. *Ibid.*, p. 27.
45. *Ibid.*, p. 26, 56.
46. *Ibid.*, p. 48-50.
47. *Ibid.*, p. 9, 10.
48. *Ibid.*, p. 110, 49.
49. F. 290.
50. F. 289 p. 206.
51. *Ibid.*, p. 253.
52. *Ibid.*, p. 271.
53. *Ibid.*, p. 208, 355, 283, 208, 7-8, 300, 446, 414.
54. *Ibid.*, p. 9, 10, 175, 336.
55. *Ibid.*, p. 393, 453. Frégault précise: «Assimiler un vaincu, c'est proprement s'accroître de sa substance, se grandir sur ses ruines.» p. 394.
56. F. 289 p. 363, 370, 456, 9.
57. *Ibid.*, p. 458.
58. *Ibid.*, p. 457.
59. *Ibid.*, p. 459.
60. Lucien Boyer, «Un livre de Guy Frégault — La Guerre de la Conquête», *Le Devoir*, 21 janvier 1956, p. 5.
61. C. P. Stacey, «La guerre au Canada il y a deux siècles», *Journal de l'Armée canadienne*, 10, 4 (octobre 1956), p. 130. Ce dernier conclut en disant: «le 13 septembre 1759, les Anglais ont vaincu les Français [...] parce que leur armée ne comprenait que des soldats de métier expérimentés, tandis que celle de Montcalm se composait en grande partie de miliciens insuffisamment entraînés, qui, à cette occasion, étaient des Canadiens. Ce n'est pas plus compliqué que cela.»
62. Lucien Boyer, *op. cit.*
63. Marie Joseph d'Anjou, R.P., «La Guerre de la Conquête», *Relations*, 16, 186 (juin 1956), p. 174.
64. H. P., «La Guerre de la Conquête par Guy Frégault», *L'Action catholique*, 21 janvier 1956, p. 4.
65. Lionel Groulx, ptre, «La Guerre de la Conquête», *Revue d'histoire de l'Amérique française*, 9, 4 (mars 1956), p. 584, 585, 586.
66. *Ibid.*, p. 586, 587.

67. Frégault à Groulx, 1er avril 1956. Fonds Guy-Frégault, Institut d'histoire de l'Amérique française.
68. Fernand Ouellet, «La Guerre de la Conquête», *Vie des arts*, 3 (mai-juin 1956), p. 33. Il faut dire qu'au même moment, Ouellet a publié un article où c'est Brunet qui est pris à partie pour ses positions sur la Conquête. Ici encore, Ouellet accuse Brunet de se situer dans le prolongement du mythe de l'Âge d'or de l'historiographie traditionnelle. Voir à ce propos: «M. Michel Brunet et le problème de la conquête», *Bulletin des recherches historiques*, 62, 2 (avril-juin 1956), p. 92-93, 100-101.
69. *Ibid.*
70. *Ibid.*, p. 34.
71. Mémoire qui fut publié en 1960: *Économie et société en Nouvelle-France*, Québec, Les Presses de l'Université Laval, (s.d.), 137 p.
72. Jean Hamelin, «La Guerre de la Conquête», *Culture*, 19, 1 (mars 1958), p. 115. En 1957, Frégault écrivait déjà à ce propos: «Il serait inepte de dire [...] que le régime français fut l'âge d'or du Canada. Le régime français ne fut pas plus l'âge d'or du Canada que l'époque coloniale ne fut l'âge d'or des États-Unis. Il faut pourtant convenir que, sous le régime français, le Canada connut une évolution normale, tout comme les sociétés contemporaines organisées par la Grande-Bretagne sur le continent américain.» F. 305 p. 79-80.
73. Entrevue avec François Ricard, «Écrire l'histoire au Québec», Radio de Radio-Canada, 28 juin 1981, p. 11.
74. Jean Hamelin, *ibid.* Fernand Ouellet dans *Histoire économique et sociale du Québec, 1760-1850*, reprend cette idée que la Conquête aurait contribué à «une épuration des milieux d'affaires», p. 76.
75. F. 338 p. 10-11.
76. F. 349 p. 16.
77. Jean-Marc Léger, «Dialogue fécond ou dangereux?», *La Presse*, 23 septembre 1955, p. 24, 53.
78. F. 349 p. 16.
79. Brunet à André Laurendeau, 30 mai 1955, P136/A,337. Dans son dernier livre, Frégault écrira ce commentaire significatif à propos des antinationalistes qui appartiennent pourtant à la même génération que lui: «...mis en rangs par les mouvements d'action catholique, avec chemises de couleur, insignes, cellules et slogans, et dressés, à coup de formules d'emprunt, contre les nationalismes de style européen, une partie d'entre eux sont devenus hostiles au patriotisme, étrangers à la patrie et, avec le temps, très habiles à se faire un nid dans le nationalisme des autres. Génération perdue? Non: pertes subies par une génération.» F. 354 p. 35.
80. Anonyme, «Le «canadianisme», une chimère, une réalité ou une grave équivoque?», *La Presse*, 9 juin 1956, p. 41.
81. *Ibid.*, p. 41, 68.
82. Voir à ce propos: A. R. M. Lower, «La présence anglaise et les Canadiens», *Queen's Quarterly*, 66, (hiver 1960), p. 682.
83. Ainsi, par exemple: «Le major Léopold Lamontagne ne s'engage pas à faire changer M. Séguin d'idée mais au lieu des notions d'assimilation, d'annexion et de

coexistence appliquées par l'auteur à la situation des Canadiens français il propose la solution d'une honnête collaboration. Il préfère la collaboration même imparfaite à l'inévitable survivance dans la médiocrité.» S. 8 p. 84-85.
84. Frégault à Groulx, 26 décembre 1955. Fonds Guy-Frégault, Institut d'histoire de l'Amérique française.
85. F. 305 p. 54, 64, 63.
86. F. 321 p. 146, 183.
87. F. 315 (3e article) p. 30.
88. F. 315 (4e article) p. 175, 180.
89. F. 305 p. 74.
90. F. 315 (4e article) p. 181-182.
91. Jean Blain, «Économie et société en Nouvelle-France — L'historiographie des années 1950-1960 — Guy Frégault et l'École de Montréal», *Revue d'histoire de l'Amérique française*, 28, 2 (septembre 1974), p. 177.
92. Cette représentation du poids ou du fardeau de l'histoire, Frégault ne la délaissera plus à partir du moment où il la formule pour la première fois dans sa conclusion de *La Guerre de la Conquête*. Le dernier article qu'il publiera se terminera par ces mots: «Quel poids que celui de notre histoire!» F. 356 p. 120.
93. F. 354 p. 108. Voir aussi p. 23. Dans une entrevue, qu'il accordait en 1963, Frégault disait encore: «les querelles d'historiens sont des querelles de générations». Jean O'Neil, «Situation de l'histoire avec Guy Frégault», *La Presse*, supplément «Cinéma», 2 mars 1963, p. 3.
94. F. 329 p. 11.
95. Victor Barbeau, «Mesure de l'homme», *L'Action*, 15 mai 1963.
96. Jean O'Neil, *op. cit.*

Quatrième partie

MICHEL BRUNET

Chapitre XI

UN NATIONALISTE BIEN DE SON TEMPS

Itinéraire 1917-1949

Michel Brunet est né le 24 juillet 1917 à Montréal dans le quartier Côte-des-Neiges. Il provient d'un milieu aisé; son père possédait une entreprise de monuments funéraires[1]. Il a fait ses études primaires à l'école Saint-Pierre Claver, puis il a poursuivi des études classiques au collège Saint-Laurent pour obtenir son diplôme de bachelier ès Arts de l'Université de Montréal en juin 1939. Il opte alors pour le métier d'instituteur et s'inscrit, en tant qu'externe, à l'École normale primaire supérieure Jacques-Cartier de Montréal d'où il recevra, en juin 1941, un diplôme supérieur d'enseignement bilingue décerné par le département de l'Instruction publique de la province de Québec suivi, en août 1941, d'un baccalauréat en pédagogie de l'Université de Montréal.

Dès l'automne de 1941, il commence à enseigner au niveau primaire, d'abord dans un collège anglais à Montebello puis, à partir de novembre, il sera à l'emploi de la Commission des écoles catholiques de Montréal. À compter de 1943, il décide d'entreprendre de nouvelles études à l'Université de Montréal qu'il mène de front avec son enseignement. Il obtiendra une licence en sciences sociales, économiques et politiques en mai 1946. Mais, au cours de sa dernière année d'études, il s'est aussi inscrit aux cours du soir donné à la Faculté des lettres en histoire contemporaine. Après deux ans d'études à la Faculté des lettres, il obtient, en mai 1947, une maîtrise ès Arts en Histoire contemporaine en complétant un mémoire sur *Les relations entre le Canada et les États-Unis*. Entre-temps, il épousera Berthe Boyer, le 17 mai 1945.

En mai 1947, il obtiendra une bourse d'études de la Fondation Rockefeller pour compléter un doctorat à l'Université Clark au Massachusetts. En avril 1949, soit moins de deux ans après son arrivée à l'Université Clark, il complétera une thèse de doctorat intitulée *The Massachusetts Constitutional Convention of 1853*. Un mois plus tôt, il avait reçu la confirmation qu'il serait engagé comme assistant-professeur (à plein temps) à l'Institut d'histoire de l'Université de Montréal où il débutera son nouvel enseignement à l'automne 1949, avant de devenir professeur agrégé à l'automne 1950.

Le jeune collégien

Ce court résumé de son cheminement scolaire et professionnel, qui précède sa carrière universitaire comme historien, ne nous donne pas accès aux représentations qu'il se fait des choses au cours de ces années ni aux expériences personnelles qui ont contribué à leurs formations. Toutefois, grâce à la correspondance et aux divers manuscrits qu'il a conservé de cette période, il est possible de tracer un portrait plus intime de son cheminement au cours de ces années.

À la différence de Guy Frégault, dont il est l'aîné d'un an, ni la crise économique ni les mouvements de pensée issues de la révolte de la jeunesse intellectuelle française ou canadienne-française ne semblent avoir inquiété Brunet. Ses plus anciens écrits que l'on puisse retracer ont été rédigés, sous le pseudonyme de Michel De Guise, nom qu'il emprunte à sa mère, pour le journal *La Patrie*, en 1935, dans un objectif de divertissement. Le premier est une courte nouvelle à l'eau de rose intitulée «On ne joue pas avec l'amour» dont l'action se déroule dans un milieu bourgeois où, inutile de le préciser, les préoccupations liées à la crise économique sont inexistantes. Quant au second, il retrace sommairement la carrière de Napoléon Bonaparte «le Corse aux cheveux plats[2]». C'est sa mère qui, par son penchant pour les romans historiques, aurait amené Brunet, dès l'âge de dix ans, à s'intéresser à l'histoire. De plus, grâce à l'un de ses oncles, qui possédait une bibliothèque importante, il a pu entreprendre la lecture d'Alexandre Dumas puis de Walter Scott pour en arriver plus tard «à l'histoire par les personnes: Richelieu, Mazarin... [...] Et puis ensuite Napoléon, que je n'ai jamais aimé d'ailleurs, mais je l'ai étudié[3].»

L'année suivante, à l'occasion de la fête de Dollard, il prononce au collège Saint-Laurent une conférence beaucoup plus appropriée aux circonstances particulières du temps et dont le titre est emprunté à l'important livre que vient de faire paraître Victor Barbeau: «Mesure de notre taille». Écrit dans le style pompeux caractéristique de l'importance que l'on accordait alors à l'éloquence et aux procédés qui en assurent l'organisation, ce discours commence, comme il se doit, par une citation du maître de l'heure, Lionel Groulx, qu'il salue comme étant «cet historien de la fierté, semeur d'idéal et inspirateur des jeunes[4]». Il se propose ensuite de répondre à deux questions principales. Dans un premier temps, il veut définir «quelle est la situation économique des Canadiens français?» pour se demander, dans un deuxième temps, «si nous sommes les seuls maîtres et les seuls bénéficiaires de notre industrie, de notre commerce et de notre finance?». À la première question, Brunet répond par le constat de l'infériorité économique des Canadiens français en reprenant les thèmes principaux que véhicule l'esprit du temps.

> Personne ne peut le nier: le Canada a connu jusqu'à ces dernières années une prospérité toujours grandissante... [...] Avons-nous profité de ces années d'abondance? Pas plus que le valet ne tire profit de l'aisance de son maître. Depuis soixante ans nous manquons d'orientation, nous allons à la dérive, nous reculons au lieu d'avancer. Autrefois nos pères avaient crié «Emparons-nous du sol» et ce sol si chèrement payé nous n'avons même pas su le conserver. Aujourd'hui tous ceux qui l'avaient abandonné sont obligés d'y retourner après avoir perdu leurs dernières illusions dans les villes où ils avaient cru trouver bonheur et prospérité. Déçus et souvent découragés ils reviennent demander leur subsistance à la terre qu'ils n'auraient jamais dû quitter.

Ce diagnostic lapidaire, où transpirent des thèmes à saveurs agriculturistes qu'il dénoncera vingt ans plus tard, n'est en fait qu'un préambule pour se livrer à une condamnation des élites économiques et politiques qui seraient à l'origine de notre «manque d'orientation», et s'interroger ensuite sur la tâche que devrait entreprendre l'élite de demain, c'est-à-dire ceux qui, comme lui, étudient actuellement dans les collèges classiques, objet véritable de sa conférence[5].

L'originalité de cette critique des élites qui, en soi, est assez commune à l'époque, réside dans le fait qu'à l'inverse des principaux commentateurs du temps, Brunet ne s'attache pas à dénoncer le pouvoir financier anglophone ou, encore, «le joug de l'Argent devenu maître à la place de Dieu». Il va plutôt s'en prendre aux hommes d'affaires canadiens-français! En effet, selon le jeune Brunet, si les Canadiens français se retrouvent en situation d'infériorité économique et voient le contrôle de leurs ressources naturelles leur échapper, la faute en revient aux hommes d'affaires canadiens-français eux-mêmes parce qu'ils n'ont pas su faire montre d'assez d'esprit d'entreprise au moment voulu, c'est-à-dire lorsque la révolution industrielle a commencé à poindre au Canada français. Par là, en faisant de l'épanouissement économique du Canada français une question de volonté individuelle, il se trouvait à prolonger la pensée et l'idéologie traditionnelles. On retrouve même, en plus de l'opposition à l'Anglais, une note contre les Américains et les Juifs.

> Lorsque la grande industrie s'est implantée chez nous nos hommes d'affaires n'ont pas su prendre les devants: leur prévoyance et leur esprit d'initiative ont fait faillite. Nous tenions de la Providence des richesses incalculables qui étaient et qui devaient demeurer notre patrimoine. L'ordre naturel en commandait l'exploitation par les héritiers légitimes. Hélas; peu à peu cette grande espérance s'est écroulée. Aux progrès prudents et ordonnés nous avons préféré les progrès accélérés, tapageurs et destructeurs d'équilibre. Nous avons appelé le capital étranger et nous avons eu la légèreté de l'acclamer et d'applaudir à ses succès. [...] Les richesses de la terre québécoise ont servi les intérêts des étrangers plutôt que les nôtres, notre industrie moyenne a été détruite, la petite industrie a presque disparu, les campagnes se sont dépeuplées, les énergies du peuple rural ont diminué, la main-d'œuvre étrangère elle-même est venue prendre la place des nôtres, pas encore assez initiés pour répondre aux premiers besoins des grandes compagnies. C'est alors qu'ont commencé à se faire sentir chez-nous les conflits sociaux: NOUS SOMMES DEVENUS UN PEUPLE DE MERCENAIRES ET DE PROLÉTAIRES À LA SOLDE DES ANGLAIS, DES AMÉRICAINS ET DES JUIFS.

L'importance que Brunet accorde déjà aux hommes d'affaires ainsi qu'aux «grandes compagnies» tranche avec les représentations du moment qui condamnent la grande industrie au nom d'une reconquête économique qui s'effectuerait «par en bas», grâce au développement de la petite et de la moyenne industries. Même le livre de Victor Barbeau, dont Brunet emprunte l'intitulé, privilégiait une telle stratégie.

Quant aux autres élites, Brunet les englobe dans une même catégorie en condamnant «tous les tripoteurs et les politicailleurs, assez criminels ou assez aveugles pour avoir permis de telles spoliations». Il faut y voir le résultat de cet «or anonyme» qui «exerce son oppression avilissante sur les manipulateurs de l'opinion publique, sur les journaux et sur les parlements.» Seul le clergé échappe à ses anathèmes puisque, grâce à la crise économique, «une évolution rénovatrice s'accomplit dans l'ordre catholique: nous en ressentons toute l'action bienfaisante ici même, au collège». À ces thèmes plus traditionnels, il en ajoute un qui, quoiqu'il l'emprunte à Groulx, demeurera, pour toujours, au centre de sa représentation de notre problème national:

> À cette crise économique s'ajoute naturellement une crise religieuse compliquée par une grande misère intellectuelle... Un peuple tenu en esclavage et en servitude par une ploutocratie étrangère peut-il briller dans les arts et les lettres? L'histoire nous apprend que seules les nations fortes et puissantes contribuent à l'avancement de la civilisation. [...] nous commençons à reconnaître les rapports intimes de l'économique et du national...

Si l'élite, économique surtout, a fait défaut au point où il est vain de chercher «parmi notre société une élite vraiment catholique et canadienne-française constituée et agissante», il est étrange et en même temps très révélateur de constater que le programme d'action que Brunet va impartir à ses confrères, qui deviendront l'élite de demain, a très peu à voir avec les questions économiques.

> Nous qui sommes sensés être l'élite de demain, nous préparons-nous réellement à remplir cette mission que Dieu nous confie? Quels sont nos soucis quotidiens? nos conversations coutumières? Avons-nous de solides convictions religieuses? Sommes-nous ambitieux de toujours atteindre la perfection? Le travail intellectuel a-t-il pour nous tous les attraits qu'il devrait avoir?

Malgré la sensibilité précoce que Brunet manifeste envers l'importance, pour une société, de posséder une classe d'affaires autochtone et vigoureuse, il ne peut échapper au hiatus qui affecte la conscience nationale de cette époque, hiatus qui consiste à effectuer une coupure entre le culturel, qui utilise la langue et la religion comme référents majeurs à partir desquels se structurent les représentations de soi dominantes et, l'économique, souci principal de «l'Autre», de celui qui, plutôt que de nous renvoyer l'image de notre dépossession, ne fait que révéler son mépris des valeurs spirituelles pour s'être ainsi bassement attaché aux valeurs essentiellement matérialistes. Cette coupure repose sur une axiologie qui amène les principaux interprètes de la société québécoise à privilégier, dans leur définition de la situation, la perspective éthique du «ce qui doit être» au détriment de «ce qui est».

À cette époque, le monde politique québécois est en pleine effervescence. Les libéraux provinciaux, au pouvoir depuis 39 ans, dont seize avec Alexandre Taschereau à leur tête, sont soudainement éclaboussés par le scandale, suite à l'enquête du Comité sur les comptes publics du printemps 1936. Déjà, en 1934, le Parti libéral avait connu un schisme lorsque certains de ses éléments rassemblés autour de Paul Gouin s'élevèrent contre le statisme de leur parti, alors que la crise économique était à son apogée. Le nouveau parti, qu'ils appelèrent l'Action libérale nationale, s'inspirait du Programme de restauration sociale que les Jésuites de l'École sociale populaire, appuyés par quelques laïcs, avaient écrit en 1933, dans le but d'apporter des solutions concrètes à la crise économique et qui s'inspirait du corporatisme social. Aux élections de 1935, les libéraux provinciaux avaient réussi à conserver le pouvoir avec une faible majorité malgré l'alliance conclue entre Paul Gouin et Maurice Duplessis, alors chef du Parti conservateur provincial. Mais, à la suite de l'enquête du printemps de 1936, qui avait mis en lumière la corruption du régime qui impliquait directement le frère même du premier ministre, l'alliance Gouin-Duplessis donnait naissance à l'été de 1936 à un nouveau parti, l'Union nationale, qui remporta une victoire écrasante aux élections du 17 août 1936.

Le rappel de ces événements et de leur chronologie est important puisque ces mutations soudaines de la politique provinciale, en plus d'intervenir en pleine période d'effervescence intellectuelle, ont amené une recrudescence de l'intérêt public envers la politique qui, en plus d'entretenir l'espoir d'un renouveau national, brisait l'ancienne polarisation des débats qui s'enlisaient souvent en des thèmes routiniers. C'est dans la foulée de ces dernières élections provinciales que Brunet prit, à dix-neuf ans, la décision de solliciter une entrevue avec Lionel Groulx. En effet, «depuis trois ans» déjà, Brunet entretenait «un commerce régulier avec l'œuvre de Lionel Groulx». Mais surtout, avoue-t-il, la lecture de «certaines pages» du premier volume de *Notre Maître, le passé*, «me révélèrent mon identité nationale». Les événements politiques des dernières semaines ayant fait naître en lui diverses questions, le projet de cette entrevue s'installa en lui comme «une idée fixe[6]».

> Une autre question se posait à mon esprit. Lionel Groulx était-il démocrate ou attendait-il un dictateur pour assurer le salut des Canadiens français? Une phrase de l'avant-propos de son premier volume de *Notre Maître, le passé* m'intriguait quelque peu... [...] Plutôt enclin à croire que la démocratie demeurait le système de gouvernement le moins imparfait que l'homme s'était donné au cours d'un long apprentissage, je ne pouvais accepter un programme de restauration nationale dont la réalisation dépendrait de la venue d'un messie[7].

Prenant son courage à deux mains, il sollicite, le 3 septembre 1936, cette entrevue que, de bonne grâce, Lionel Groulx accepte de lui accorder à la mi-septembre. Lors de la rencontre, ayant pris soin d'apporter avec lui l'exemplaire de ce livre, il demande à Groulx la signification du passage qui lui fait problème. Après quelques secondes de réflexions, où Brunet aurait aimé s'«enfoncer dans le plancher et disparaître», Groulx lui répondit:

> Pour avoir des hommes de valeur, [...] une société doit être en mesure de les produire et capable de les reconnaître et de les soutenir lorsqu'ils se présentent. [...] L'une des grandes faiblesses du Canada français c'est de s'imaginer que les idées ont une existence indépendante de celle des hommes qui les portent. Une idée ne peut pas faire son chemin si elle ne rencontre pas des hommes qui l'adoptent et la communiquent à d'autres hommes. [...] C'est ici qu'entrent en jeu les institutions démocratiques. Celles-ci ont pour but de donner au peuple la liberté de choisir la politique qui servira le bien commun. Mais le peuple ne peut exercer cette liberté que s'il est bien informé[8].

Cette réponse devait exercer sur Brunet une influence durable puisqu'il souligne avoir souvent rapporté ces propos à ses étudiants lorsque ceux-ci l'interrogeaient au sujet de «la nature du processus démocratique». On retrouve là l'origine d'un thème majeur qui jalonnera toute son œuvre d'historiens et d'homme d'action.

L'année suivante, à l'occasion de la fête de Dollard et du deuxième Congrès de la langue française, Brunet prononcera une nouvelle conférence intitulée «Nos Droits», où celui-ci nous révèle une fois de plus qu'il lui est difficile d'échapper à l'esprit du temps. Il s'y propose de rappeler, les «vrais motifs» de la survivance «qu'en signe d'admiration on a surnommé le "miracle canadien"» puisque le peuple canadien-français «ignore presque tout de son passé et de son présent et [...] ne prépare point son avenir[9]». Pour ce faire, il va reprendre les grands moments de notre évolution constitutionnelle dans le but de faire ressortir la signification de la marche ascendante de ce processus. Il est intéressant de voir que Brunet y reprend l'interprétation de «l'équipe gagnante» qu'il devait condamner sans relâche une fois devenu historien. Ainsi, pour Brunet, 1760 marque «le début d'une lutte acharnée et continuelle, où s'aguerrit et se trempa le caractère d'un nouveau peuple» puisque nous avons eu le malheur d'être séparé «de la France pendant près d'un siècle». Puis, «après quatorze années de vaines tentatives le vainqueur fut obligé de reconnaître que [...] jamais il ne forcerait les Canadiens à devenir des Anglais et des protestants. Et en 1774 le parlement britannique votait l'Acte de Québec, qu'on a appelé à juste titre notre "grande Charte".» Quinze ans plus tard, dès la mise en vigueur de l'Acte constitutionnel, «le premier acte de nos représentants fut de faire admettre la langue française comme langue officielle». Ensuite, l'Acte d'Union, bien que l'on nous l'ait imposé «sans tenir compte des libertés acquises», devient par la suite le moment où «s'écoulèrent les années les plus belles et les plus fécondes de notre histoire». Enfin, avec la Confédération, on assiste au «couronnement magnifique de toutes nos ambitions les plus légitimes. La Confédération est un pacte entre la race française et la race anglaise. Un pacte entre deux contractants égaux où il n'y a pas de vainqueur ni de vaincu.»

La représentation que Brunet se fait de la signification de la Confédération contraste singulièrement avec celle que Groulx avait développée dans le premier volume de *Notre Maître, le passé* qui aurait tant marqué Brunet. Groulx pouvait y écrire que «le pacte fédéral recula soudain les frontières du patriotisme. À notre petite patrie canadienne-française, il superposa la patrie "canadienne" tout court, et, par cette évolution profonde, introduisit chez nous la dualité nationale[10].» Cette différence de point de vue entre le maître et son jeune admirateur s'explique si l'on tient compte de l'auditoire à qui Brunet s'adresse. En effet, il est étudiant en classe de rhétorique et lit celle-ci dans l'auditorium du collège Saint-Laurent. Il faut se rappeler qu'à l'époque «il fallait révérer les Pères de la Confédération comme des personnages sacrés, des gloires intouchables[11]» et qu'il aurait été bien téméraire de la part d'un jeune rhétoricien de l'époque d'oser affirmer le contraire.

Plutôt que de s'attacher au problème de la dualité de la conscience nationale, Brunet va préférer porter son attention — comme il le fera, du reste, tout au long des années cinquante — sur le fait que la Confédération a permis la création de la province de Québec. En effet, grâce à ce nouveau régime constitutionnel, «la race française conservait la province de Québec comme un bien propre et particulier. [...] Québec devait être dans les cadres de la Confédération canadienne un État français et catholique.» La première tâche qui, selon Brunet, est d'abord revenue à cet État «français et catholique» a consisté à «se donner une législation propre à développer, encourager et faire fructifier nos énergies françaises. État appelé à créer chez lui un centre de culture française et à tenir bien haut le flambeau de la civilisation latine.» Mais cette tâche est subordonnée à un objectif plus global qui, même s'il se défend trente ans plus tard de n'avoir jamais adhéré au nationalisme «odeur de cierge mal éteint dans une sacristie mal aérée[12]», constitue l'un des plus beaux exemples de pensée messianique que l'on puisse trouver.

> État, en un mot, qui devait permettre au peuple canadien-français de remplir dans le continent nord-américain la mission que la Providence lui a certainement confiée. [...] Nous sommes les disciples de cette culture française, puisée aux sources vives de la culture gréco-latine et régénérée par le catholicisme pour devenir l'humanisme chrétien. Au milieu de la civilisation matérialiste qui nous entoure, nous croyons en l'existence des valeurs spirituelles. Le feu sacré de l'idéalisme n'est pas encore éteint dans nos âmes. Notre mission apostolique est là pour le prouver. Après avoir évangélisé toute l'Amérique du Nord, nos missionnaires parcourent actuellement presque le monde entier: et ce dévouement pour répandre sa doctrine le Christ saura le récompenser.

Cet État, Brunet reconnaît toutefois qu'il demeure une entreprise à construire et à défendre puisque, malgré le «pacte» de la Confédération, il faut encore lutter sans cesse pour faire reconnaître «nos droits». Cependant, lorsque Brunet nous expose les moyens à utiliser pour mener à bien cette lutte qui nous amène à «revenir au rêve des ancêtres que nos prédécesseurs n'ont pas eu le courage de réaliser», on s'aperçoit que le hiatus persiste toujours entre la représentation de soi à dominante culturelle du Canada français et la nécessité de développer les instruments politiques et économiques propres à la réalisation de cet État.

> Lorsque le peuple canadien-français aura conquis son indépendance politique et économique, lorsqu'il aura eu le courage de relever fièrement la tête, lorsqu'il se sera débarrassé de son esprit colonialiste, alors seulement il pourra vivre puissamment sa vie française et catholique. [...] Actuellement un monde nouveau est en formation. D'un côté les tenants de l'erreur; de l'autre les apôtres des vérités chrétiennes. [...] Selon l'issue de ce combat suprême le monde descendra plus profondément encore dans l'abîme du matérialisme ou bien s'élèvera plus haut par sa conception chrétienne de la vie humaine et de la fin ultime de l'homme. Si pendant de nombreuses années nous avons pu demeurer indifférents aux grands mouvements internationaux, doit-il en être de même aujourd'hui? Ne sommes-nous pas appelés à combattre pour la diffusion d'une doctrine et d'une culture propres à relever l'humanité? Alors notre voie est toute tracée...

Il est intéressant de noter que, dès cette lointaine époque, Brunet est déjà sensibilisé au problème du colonialisme culturel qui affecte la société canadienne-française, alors qu'au même moment son futur collègue, Guy Frégault, croit fermement que le Canada français fait partie de la nation française et que l'idée d'une culture canadienne-française autonome relève de la plus haute fantaisie. Brunet, reprenant Groulx, s'insurgera plutôt contre cet état d'esprit dont Frégault, loin de là, n'est pas le seul représentant.

> Après trois cents ans d'histoire n'est-on pas obligé de convaincre les Canadiens français qu'ils forment un peuple, une nation: une race ayant ses droits et ses privilèges, légalement et constitutionnellement reconnue? Dès 1750, les quelque mille colons, venus de France au Canada, constituaient un peuple, qui, s'il se rattachait au peuple français, en était bien distinct par plusieurs particularités. De là l'origine des divisions entre Français et Canadiens durant les dernières années du régime français.

De même, en plus d'affirmer que nous formions, dès l'origine, une nation distincte de la nation française, Brunet croit fermement à l'existence d'une littérature proprement canadienne-française.

> Notre littérature d'inspiration française et catholique traduit bien l'âme et les sentiments du peuple canadien-français. Elle ne compte peut-être pas de chefs-d'œuvre, mais n'oublions pas qu'elle est issue d'un peuple qui a plus bataillé que pensé. [...] Il s'accomplit même actuellement un renouveau littéraire qui promet beaucoup. Soyons-en fiers: aujourd'hui la lutte se fait par la plume et l'influence que nous exerçons nous la devons à nos littérateurs. Ne l'oublions pas: ce sont eux les défenseurs les plus actifs de notre culture et c'est par ses œuvres littéraires qu'un peuple acquiert un droit moral à la survivance.

De cette époque, avant que Brunet ne s'engage dans la voie de l'enseignement primaire, nous ne retrouvons qu'un seul autre témoignage qui atteste de sa jeune ardeur nationaliste. En effet, s'étant élevé contre un article sur le nationalisme paru dans *Mes Fiches*[13], Brunet reçoit une réponse du bureau de la rédaction qui, tout en donnant un aperçu de la teneur des propos que pouvait tenir Brunet pour exprimer son mécontentement, constitue une sorte de témoignage sur la manière dont certains Canadiens français pouvaient concevoir le nationalisme et, par la même occasion, illustre un certain type de colonialisme intellectuel très commun à cette époque.

> ...la définition que donne M. Folliet du nationalisme est-elle vraiment digne d'un «esprit primaire»? Je n'oserais le prétendre!... La notion qu'il fait sienne n'est-elle pas celle qui a cours dans presque tous les milieux européens qui abordent le sujet.
>
> Je ne sache pas que nous devrions dédaigner les auteurs européens, comme vous semblez le croire, pour la seule raison qu'il parle «pour les Européens et non pour nous, Canadiens français». À ce compte là, je doute fort que

> notre nationalisme ne devienne exclusiviste, pédant, suffisant et d'une suffisance qui plongerait notre peuple dans un rachétisme intellectuel peu enviable. [...] Une idée de votre lettre m'a particulièrement étonné. Vous dites que «nous ne sommes pas seulement des catholiques mais aussi des Canadiens français». Je dirais plutôt et avec plus de justesse que «nous sommes des catholiques canadiens-français». Votre énoncé pourrait laisser croire que être catholique et être Canadien français sont deux éléments étrangers l'un à l'autre, tandis qu'ils doivent plutôt se compénétrer intimement, tout en conservant la hiérarchie des valeurs.
>
> La vie de la grâce, en effet, doit informer tout l'homme... [...] Autrement, nous ne sommes ni plus ni moins que des êtres amputés par le sommet, des êtres auxquels il manque l'élément qui précisément fait la vraie valeur de la personnalité humaine divinisée par la grâce et de ses actes[14].

Le choix d'une carrière

En 1939, après des études au collège Saint-Laurent, Brunet s'inscrit à l'École normale Jacques-Cartier dans le but de poursuivre une carrière dans «l'enseignement primaire, parce qu'à cette époque, précise-t-il, c'était la seule carrière qui s'ouvrait à un laïc. [...] la médecine ne m'avait jamais intéressé — le droit m'avait intéressé un peu, mais on était en pleine crise économique... [...] Et c'est comme ça que je suis devenu instituteur, mais toujours avec l'idée d'une autre étape[15].»

C'est au cours de ces années d'études à l'École normale qu'il rencontrera Groulx pour la seconde fois puisque ce dernier y donne le cours d'histoire du Canada. Le 3 février 1941, Brunet assiste au premier cours de Groulx et en sort enthousiasmé. La semaine suivante, Brunet écrira dans son agenda étudiant, «l'abbé Groulx nous montre que les Anglais peuvent être parfois de bons zigues[16]». Dans une entrevue, donnée quelque quarante ans plus tard, Brunet précise, qu'à cette époque, il n'aura pas beaucoup d'échanges avec lui et qu'il ne le reverra qu'au moment où, en 1949, il inaugurera son enseignement à l'Institut d'histoire comme spécialiste de l'histoire des États-Unis[17].

Les diverses notes personnelles que rédige Brunet à cette époque nous montrent qu'il prend très au sérieux son rôle d'instituteur pour lequel il se prépare. Mais, selon lui, ce rôle se complique du fait que tout le peuple canadien-français souffre — comme le pense d'ailleurs Frégault à la même époque — *«d'inferiority complex»*. Il faut dire que, six ans auparavant, les Jeunes-Canada avaient publié un tract sous la signature de

Dostaler O'Leary intitulé: *L'Inferiority Complex* (1935). Dans ses carnets personnels, Brunet écrira à ce propos ce long commentaire:

> Ces jeunes enfants de nos écoles font preuve d'une grande intelligence aiguillonnée par une sérieuse curiosité intellectuelle.
>
> Plusieurs esprits dénigreurs sont surpris, paraît-il, d'un tel savoir. Non pas parce que ce sont des enfants, mais parce que ce sont des Canadiens français. Eh oui! il n'y a rien de bon chez nous. S'ils étaient anglais, américains, français, russes, polonais, égyptiens ou lapons, ah! à la bonne heure, alors, ces mêmes personnes crieraient aux génies. [...] Mais des petits Canadiens français, des petits gars de chez-nous, qu'on rencontre sur la rue, allons donc, vous voulez plaisanter. Le programme est truqué.
>
> Eh bien oui, il y a des petits gars de chez-nous qui valent bien des petits gars d'ailleurs! Ça vous surprend. Faites les étonnés si ça vous plaît. D'ailleurs cet air hébété vous va très bien.
>
> Ce programme révèle un état de choses qu'il serait criminel d'ignorer plus longtemps. Nos gars ne sont pas des idiots, loin de là. Nos compatriotes ont de l'étoffe, il ne s'agit que de les découvrir à eux-mêmes. Mais pour cela il faut des éclaireurs d'âmes non pas des éteignoirs. Et les éteignoirs sont si nombreux!
>
> Nos élèves, tout notre peuple souffrent d'*«inferiority complex»*. Notre éducation, à tous ses degrés, développe cet état d'esprit malheureux.
>
> Non, nos gens ne sont pas bêtes. Jamais ils ne l'ont été et jamais ils ne le seront. Ils possèdent un fond trop riche, la Providence et la nature leur ont donné une «potentialité» trop forte. Et la preuve de ce que j'avance c'est qu'après plus de cent ans d'un régime d'abêtissement imposé à tous et à chacun, ils n'aient rien perdu de leur vitalité. [...] Chassons loin de nous ce cliché du Canadien nigaud, épais, ridicule. Soyons convaincu du contraire[18].

Deux jours plus tard, Brunet poursuit sa réflexion en mettant, cette fois-ci, l'accent sur le rôle que l'instituteur est appelé à jouer dans de telles circonstances.

> Nos élèves ont besoin de maîtres intelligents ayant l'art d'intéresser et d'interroger.
>
> En effet, il n'est pas facile d'interroger des élèves. Ne possède qui veut l'art de poser des questions propres à soulever l'intérêt des élèves et à mettre en activité toutes leurs facultés intellectuelles. [...] Le professeur découvrira soudain que ses élèves ne sont pas des imbéciles, mais qu'au contraire ils sont riches d'un potentiel qu'il faut exploiter. [...] Révéler son homme à lui-même, le convaincre de sa valeur n'est-ce pas là le travail véritable de l'éducateur. [...] Nos professeurs traditionnels n'ont-ils pas tous été de ces hommes racornis, diminués, pessimistes, jansénistes, refusant même

> d'accorder le bénéfice du doute à leurs élèves. Non seulement en ce qui regarde la discipline mais dans leur enseignement.
>
> Un professeur qui traite un élève d'imbécile le condamne à l'impuissance intellectuelle et fait preuve lui-même de crétinisme. Supposez vos élèves intelligents, ils le seront; supposez-les ignorants, ils le demeureront. [...]
>
> Confiance, sympathie sont les deux premières conditions. Savoir qui interroger et quand interroger sont les deux autres conditions.
>
> Et enfin permettre aux élèves de questionner. Ce qui aiguise la curiosité des élèves[19].

Les perspectives d'avenir n'apparaissent cependant pas très bonnes pour les jeunes instituteurs. Dès mars 1941, on annonce aux élèves de l'École normale qu'ils seront «chômeurs». De plus, «on parle de guerre, de service militaire[20]...». Environ deux ans plus tard, revenant dans ses «Carnets personnels» sur cette période difficile, Brunet écrira:

> Au sortir de l'École normale, je me demandais où j'allais. Serais-je professeur ou ne serais-je pas professeur? Là était la question. L'avenir s'annonçait plutôt sombre. Étudier pendant deux ans pour se préparer une carrière et se demander si on trouvera à se caser! Franchement j'ai passé un mauvais quart d'heure. Une vague de pessimisme et de découragement. Mais ces vagues sont de courtes durées chez moi[21].

N'ayant pas d'emploi à sa sortie de l'École normale, il travaille, au cours de l'été 1941, au recensement et songe à faire du journalisme. En juillet, il expédie des demandes d'emploi à *La Patrie*, à *La Presse* et au *Petit Journal* et, «ironie du sort», lui qui ne s'est «jamais intéressé aux sports», devient «assistant-rédacteur de la chronique sportive» au *Petit Journal*. Cette carrière improvisée ne rencontrant pas ses attentes, il décide, dès septembre, de tout abandonner même s'il n'a «aucune situation en vue» et qu'il se retrouve «dans le vide absolu». Toutefois, par un concours de circonstances, il obtient, peu de temps après, un poste dans un collège anglais situé à Montebello. Autre «ironie du sort, note-t-il dans son carnet, me voici professeur de géométrie: moi qui ai eu zéro en première philosophie[22]». Ce séjour dans un collège anglais est pour lui une expérience des plus enrichissantes. Il écrit à ce propos, toujours dans ses carnets:

> Pédagogie anglaise. *Be a gentleman.* Devenir un homme en vivant avec des hommes de valeur. Pédagogie basée sur le contact humain. Vie intime du maître avec ses élèves.
>
> Grande liberté. Sanctions corporelles. Genre bien différent.

> Là j'ai vu de mes yeux comment sont formés les jeunes Anglais de l'aristocratie: les hauts fonctionnaires de l'Empire, les grand hommes d'affaires. Formation du caractère, formation de la volonté. Autre discipline. Jeu au grand air. Enseignement concret[23].

Cette expérience fut de courte durée puisqu'il revient à Montréal dès novembre 1941 pour entrer à la Commission des écoles catholiques de Montréal «comme professeur de sixième année à l'école Saint-Charles à la Pointe». Cette fois-ci, ses nouveaux élèves appartiennent au «milieu populaire». Il trouve que sa classe est «indisciplinée», mais il en rend responsable, «en bonne partie», son manque d'expérience. Enfin, dès l'automne de 1942, il enseigne dans une nouvelle école, l'école Saint-Antoine de Snowdon, «autre milieu encore» qu'il juge «très intéressant[24]».

Réorientation: les chemins de l'université

En 1943, Brunet décide de poursuivre des études à l'Université de Montréal. «J'avais, écrit-il, un projet bien défini que je chérissais secrètement: devenir titulaire d'une chaire universitaire[25].» Pour y arriver, il enseigne le jour et, comme il habite près des nouveaux locaux de l'Université de Montréal, il peut plus facilement assister, trois fois par semaine, aux cours du soir de la Faculté des sciences sociales, économiques et politiques. Un an avant de compléter sa licence, il va aussi s'inscrire à ceux donnés par la Faculté des lettres en histoire contemporaine.

Quelques mois avant de terminer son mémoire de maîtrise, une occasion d'atteindre une «nouvelle étape», dans son «rêve» de devenir professeur d'université, se présente à lui, au lendemain de l'annonce de la création d'un Institut d'histoire à la Faculté des lettres en décembre 1946. Brunet raconte, quelque trente-cinq ans plus tard, cette épisode:

> Mon rêve c'était de devenir professeur à l'université. Puis à un moment donné, j'apprends qu'il y avait une ouverture à la Faculté des lettres en histoire, que quelqu'un venait de démissionner — il n'était même pas professeur de carrière, il n'y avait pas de professeur de carrière à ce moment là, c'était des professeurs à la leçon. Et je me présente un bon matin chez le doyen avec une recommandation de M. Hubert, qui avait été mon professeur d'histoire diplomatique [...] et puis j'arrive au doyen, le chanoine Sideleau, je lui dis: «Je veux être professeur d'histoire». Il dit: «Mon cher ami, vous n'avez pas votre doctorat.» — «Bien, fournissez-moi les moyens pour aller en chercher un et je reviendrai!»

Vous savez, il y a des hasards dans la vie. Alors le secrétaire de la faculté, M. Jean Houpert qui m'avait déjà donné des équivalences justement pour ma maîtrise, parce que j'avais suivi des cours de Lionel Groulx à l'École normale Jacques-Cartier, qui me connaissait, qui savait aussi les notes que j'avais eues [...] Jean Houpert entre dans le bureau à ce moment-là. Nous sommes en 46, la guerre vient de finir. Et M. Houpert, qui lui-même avait étudié aux États-Unis, dit au doyen: «Bien oui, pourquoi on ne s'adresserait pas à la fondation Rockefeller, puis on commencerait l'enseignement de l'histoire des États-Unis qui ne se fait pas ici.» Les États-Unis, mettez-vous en 46, c'est la grande puissance. Il dit: «Peut-être que Rockefeller serait intéressé à nous aider à ouvrir une chaire.» [...] Alors j'ai écrit tout de suite, le jour même, à la fondation Rockefeller; un agent est venu de New-York; on était intéressé par le projet; et puis un an après j'étais boursier de la fondation et je faisais mon doctorat aux États-Unis[26].

Quelques mois après avoir terminé son mémoire de maîtrise, Brunet va solliciter auprès de la fondation Rockefeller une bourse d'études pour aller compléter son doctorat à l'Université Clark, à Worcester au Massachusetts. Le chanoine Arthur Sideleau, doyen de la Faculté des lettres, et Guy Frégault le recommanderont auprès de la Fondation. Le 13 mai suivant, il reçoit un avis favorable de la Fondation. On lui apprend qu'il bénéficiera d'un montant de 175$ par mois, montant auquel il faut ajouter une indemnité familiale de 80$ par mois, et on lui annonce par la même occasion qu'il étudiera sous la supervision des professeurs Sherman S. Hayden et Robert F. Campbell. Ce dernier deviendra son directeur de thèse. Plus prudent que naguère, il demandera un congé sans solde de la Commission des écoles catholiques de Montréal et ne démissionnera de son poste qu'après avoir obtenu la confirmation, en mars 1949, qu'il est engagé comme professeur à plein temps à l'Institut d'histoire.

Ce projet d'étudier aux États-Unis n'est pas fortuit. En effet, s'il a choisi de faire son mémoire sur *Les relations entre le Canada et les États-Unis* c'est que, déjà à cette époque, les États-Unis le «passionnaient». Dans une entrevue, accordée à François Ricard, Brunet raconte à ce propos:

...je n'aimais pas les auteurs français qui dénonçaient les États-Unis. [...] Et alors que mes professeurs étaient tous francophiles ou européanophiles, si vous voulez, moi, je faisais contrepoids, j'étais américanophile. Et j'ai toujours admiré les États-Unis... nous sommes des Nord-Américains, je me sens Américain, je ne me sens pas Européen, c'est bien évident[27].

Arrivé en septembre 1947 à l'Université Clark, il n'a pas encore arrêté le sujet de sa thèse en décembre. Avant son départ, Frégault lui avait proposé la guerre de 1812 pour thème. En décembre, Brunet penche maintenant vers «une histoire de la conscription aux États-Unis pendant la guerre civile. Le terme conscription, ajoute-t-il, ne laisse pas un Canadien français indifférent[28]!» Devant les tergiversations de Brunet, mais tout en prenant soin de lui exposer les avantages et les inconvénients des deux projets de recherche, Frégault lui répondra: «Vous savez que je compte beaucoup sur vous. Il faut absolument introduire ici l'enseignement de l'histoire des États-Unis et donner une impulsion nouvelle à celui de l'histoire moderne et contemporaine. Comme je vois les choses, ce sera votre œuvre. [...] L'essentiel est d'écrire un ouvrage sur l'histoire des États-Unis, que le Canada y soit mêlé ou non[29].» Brunet arrêtera finalement son choix sur «The Massachusetts Constitutional Convention of 1853» et, à compter d'août 1948, il consacrera tout son temps à la rédaction de sa thèse qu'il écrira d'ailleurs à un train d'enfer, puisqu'à la fin octobre, il a déjà complété quatre chapitres et il réussira le tour de force de mettre un point final à celle-ci en mars 1949.

Cette thèse vient prolonger et donner un tour plus systématique à des idées qu'il pouvait avoir antérieurement mais, surtout, elle nous met en présence d'éléments nouveaux qui vont avoir un impact important sur la manière dont Brunet sera amené à interpréter l'histoire du Canada français. C'est que ce sujet l'amène à mettre en lumière les intrigues politiques d'une convention constitutionnelle dont la clé réside dans une société qui, un siècle avant le Québec, est au prise avec des problèmes qui offrent une grande similarité avec ceux dont sa propre société commence à vivre les effets d'une manière particulièrement aiguë en cette fin des années quarante. En effet, entre les années 1820 et 1850, le Massachusetts a fait l'expérience d'une industrialisation rapide qui amène sa population urbaine à tripler, passant de 10% à 32% de la population totale du Massachusetts en l'espace d'une génération. Entre-temps, avec l'afflux des immigrants, irlandais catholiques surtout, qui viennent au Massachusetts pour profiter des occasions d'emplois que permet sa croissance industrielle rapide, la population se diversifie et double presque. Une telle mutation n'est pas, selon Brunet, sans avoir de conséquences importantes. C'est pourquoi, l'étude de cette convention constitutionnelle, qui précède de peu la guerre civile américaine, représente, selon Brunet, un moment exceptionnel pour l'historien puisque devant les transformations récentes de la société et par le biais des mouvements d'opinion divergents et des intrigues politiques que révèlent les débats de la convention, *«the past and the future are confronted*[30]*»*.

> *The preceding thirty years had brought radical changes in the economic and social order... [...] It was a time of political and intellectual unrest. New issues were challenging the leaders of society, and new problems required new solutions*[31].

Le problème majeur, qui a mené à la tenue d'une telle convention, tient dans la disproportion grandissante de la représentation électorale accordée aux campagnes par rapport à celle des villes qui ont connu une croissance importante, sans qu'aucun ajustement ne soit intervenu quant à leur poids politique. Cette inégalité de la représentation électorale entre les villes et les campagnes recouvre en fait, selon Brunet, une opposition plus profonde qui est liée, à l'affrontement existant entre deux types de société: une société rurale, conservatrice, relativement homogène dans sa composition, sa religion et son mode de vie et, une société urbaine, progressiste, que son développement rapide amène à se diversifier démographiquement et dont le rôle croissant de l'industrie et de la haute finance apparaît de plus en plus, surtout aux habitants des campagnes et aux politiciens conservateurs, comme une menace vis-à-vis des cadres de vie traditionnels. Pour Brunet, il ne fait pas de doute que les habitants des campagnes ont un esprit rétrograde.

> *The existing contempt for the cities was also an indication that an alarmed portion of the population refused to accept the new economic and social order brought in by the economic revolution which in its progress was upsetting all the pre-existing conditions of life of an agrarian society which was in a fair way of disappearing. [...] It was a refusal to accept the challenge of a new civilization still in the making. People wanted to escape the harsh realities of a new order which seemed inhuman and mechanized, wholly foreign to the cultural, social, political and religious traditions inherited from the fathers. [...]*
>
> *Tradition, economic rivalry, nativistic and religious conflicts, ethical protest, all these factors contributed to strengthen the opposition of the country to the city, to foster the existing prejudices against the rising order*[32].

Devant de telles oppositions, c'est aux politiciens que revient, selon Brunet, la «lourde responsabilité» d'orienter le plus adéquatement possible les destinées de la population en faisant abstraction de l'esprit de parti. «*In a democratic State, the people do not exist for the party —such a situation prevails in a totalitarian State —but the party for the people. A political party is not an end in itself, but a means, an instrument to achieve some aims*[33].» Malheureusement, les politiciens, plutôt que de chercher à établir une représentation plus équitable et à solutionner les problèmes de l'heure, tels que la question de l'émancipation des droits juridiques des femmes et des esclaves, vont plutôt chercher à favoriser, dans un but essentiellement partisan, un découpage de la carte électorale qui leur serait favorable et, pour ce faire, n'hésiteront pas à exciter les passions populaires en exploitant les préjugés que structure l'opposition villes-campagnes. Toutefois, selon Brunet, cette attitude des politiciens n'a souvent d'autres fondements que le simple refus instinctif de faire face aux défis du présent.

> *How did it come about that Dana and many other leading men, who had no political ambitions to realize and no axe to grind, were so eager in their defense of the corporate system of representation? The reason for this attitude lay in the fact that these men merely aimed to turn the clock back. They had an unrealistic conception of the present. They no longer understood the world in which they lived, and they feared the future*[34].

Cette volonté *«to turn the clock back»,* Brunet l'explique, en partie, par le fait qu'il existe, en ces années d'épreuves, un divorce entre les politiciens et l'élite intellectuelle progressiste du moment: soit que cette dernière ait été tout simplement ignorée par les politiciens, soit qu'elle ait été obligée, par la force des choses, de se confiner dans sa tour d'ivoire. Aussi, cette convention se terminera-t-elle par un fiasco. Cette analyse des stratégies politiques et de la psychologie de certains des acteurs amène Brunet à conclure du haut du tribunal de l'histoire:

> *These unscrupulous politicians, and they were particularly numerous during the years of trial which preceded the Civil War, cannot escape a severe judgment. As leaders of political organizations, they were entrusted with great responsibilities; they ignored these responsibilities and failed in their duty*[35].

La thèse de doctorat de Brunet met en relief une vision du monde qui ne subira pas de modification majeure au cours des ans. Ainsi, on retrouve l'idée qu'il faut accepter et relever *«the challenge of a new civilization still in the making»*. Pour Brunet, cet ordre nouveau est à promouvoir et ceux qui rejettent les défis du présent en s'attachant trop exclusivement aux valeurs du passé sont des esprits irréalistes et rétrogrades. Mais il est tout aussi évident pour Brunet que les hommes politiques, dans une société démocratique, ne peuvent se passer des lumières des intellectuels pour évaluer correctement la situation puisque *«new problems required new solutions»*. Il ne fait pas de doute que la formation qu'il a reçu à l'École normale Jacques-Cartier a amené Brunet à réfléchir plus profondément sur la question du rôle des éducateurs dans une société. On peut penser que ses études aux États-Unis et l'analyse qu'il a effectuée dans sa thèse ont amené Brunet à approfondir la conviction que les intellectuels ont un rôle d'avant-garde primordial à jouer au sein d'une société démocratique. On peut dès lors comprendre que, tout au long de sa vie, Brunet reviendra sans cesse à cette idée de la lourde responsabilité qui s'attache aux élites, tant intellectuelles que politiques et économiques, dans l'orientation d'une société. Cette conviction intime explique du même coup l'implication sociale débordante que Brunet manifestera au cours des années cinquante, implication qui l'amènera, par-delà la rédaction de mémoires et de conférences multiples, à établir une importante correspondance et à expédier la plupart de ses publications majeures aux principaux acteurs politiques de la scène tant fédérale que provinciale, qu'ils soient premiers ministres, sénateurs ou simples députés, de même qu'aux principaux agents qui constituent le réseau financier de l'époque, président de banque ou porte-parole de chambre de commerce ou d'organisation patriotique, sans compter les historiens anglophones et les journalistes du *Devoir*[36]. À une question de Ramsay Cook qui lui demande, en 1972, les raisons d'une telle activité Brunet répondra:

> *In a small society, I would say the division of work is not the same as, for example, in the United States. [...] When I came back from the United States and we didn't have this division of labour, I thought it was time we put aside some old-fashioned ideas. I realized that I had to go into the front line and say it's about time we saw that we lived in the second half of the twentieth century. When I heard some leaders still speaking about agriculture and things like that, it made me mad. I had to go into the market place. But when these new ideas were accepted, then I went back to my classroom and my study*[37].

De plus, même si Brunet certifie à plusieurs reprises que son rêve, à ce moment, était de devenir professeur d'université, il semble qu'il ait eu d'autres projets en tête. Ainsi, le 10 janvier 1949, il pouvait écrire à Frégault: «Soyez assuré que ma plus grande ambition est de devenir dès septembre prochain l'un de vos collaborateurs à l'Institut que vous dirigez avec une si grande autorité[38].» Le même jour, il sollicitera l'appui d'Édouard Rinfret, député fédéral de sa circonscription électorale, dans ses démarches auprès de «la Commission du Service Civil» qui «demande des professeurs pour le Collège militaire de Kingston et pour l'École des Cadets de la Marine[39]», postes pour lesquels Brunet a proposé sa candidature. Cette attitude paradoxale s'explique, selon moi, par le fait que ces institutions offraient à leurs professeurs des salaires beaucoup plus attrayants que ceux qu'était en mesure d'offrir l'Université de Montréal à cette époque[40]. Surtout, ce comportement fait ressortir le côté pratique, pour ne pas dire opportuniste et parfois calculateur, de la personnalité de Brunet. En juin 1950, quelques mois avant d'être reçu professeur agrégé, il proposera aussi, mais sans succès, ses services à l'ONU. De même, en 1954, Brunet sollicitera le poste de directeur des études au Collège militaire royal de Saint-Jean, mais changera d'avis au moment où il recevra l'avis de convocation pour une entrevue.

Une fois sa thèse complétée, Brunet fait part à Frégault de son projet de profiter du fait qu'il doit aller à New York rencontrer les administrateurs de la fondation Rockefeller, pour solliciter une aide financière au profit de l'Institut d'histoire. Toutefois, pour ne pas abuser de la générosité de ces derniers, il se propose de solliciter la Corporation Carnegie. Enthousiaste, Frégault lui procure aussitôt les autorisations nécessaires pour agir au nom de l'Institut d'histoire et en profite pour lui exposer deux projets qu'il a déjà conçus et qui, écrit-il, «n'auraient besoin que de vil métal pour fonctionner». Ces deux projets nous donne une idée de la pauvreté des moyens mis à la disposition de cette première génération de professeurs de carrière dans nos universités. Le premier, «le moins ambitieux», vise à s'assurer les fonds nécessaires pour engager un étudiant dans le but de classer les documents et les microfilms que l'Institut possède déjà. Quant au second, qui lui tient plus particulièrement à cœur, «il consisterait à greffer sur l'Institut un "Service de recherches"» qui, grâce aux sommes recueillies, permettrait à des professeurs et à des étudiants de colliger, dans divers fonds d'archives, des manuscrits ayant trait à l'histoire du Canada. «Ces textes, groupés d'une façon rationnelle, seront ensuite édités *scientifiquement* par l'Institut. [...] Tout cela exigerait un minimum de $2,400.00 par an[41].» Brunet, «documenté comme un avocat retors[42]», se rend, comme prévu, à New York à la fin avril. Mais, dès son arrivée, il se voit offrir par les administrateurs de la fondation Rockefeller «une tournée des universités du Sud et du centre des E.-U.[43]» qu'il ne peut refuser.

Ce périple, effectué entre le 29 avril et le 25 mai 1949, Brunet va en consigner le détail dans un journal de bord qui nous révèle plus intimement sa pensée. En effet, cette tournée des universités américaines l'amènera inévitablement à effectuer des comparaisons avec la situation qui prévaut dans les universités canadiennes-française. Surtout, comme Canadien français de passage, Brunet ne manquera pas d'avoir à répondre aux questions que certains Américains se posent sur le Canada français.

L'impression générale que Brunet retire de son voyage tient dans les quelques lignes qu'il rédige en marge de ses observations manuscrites où il a consigné, pour chacune des universités visitées, le nombre d'étudiants, de professeurs, d'édifices, de parcs publics, de livres en bibliothèque ainsi que la valeur que ces infrastructures représentent: «Même phénomène partout. Comme nous faisons pitié[44]!!» Par contre, le développement extraordinaire des universités américaines l'amène, en contrepartie, à mettre en question la trop grande accessibilité aux études supérieures qu'entretiendrait, selon lui, le système éducationnel américain. Brunet laisse percer une certaine conception aristocratique de la société et de l'intellectuel qui trouve son complément dans son aversion pour le communisme. Ainsi, après avoir été invité à assister à un séminaire où l'on discutait des divers types de systèmes d'enseignement, il inscrit dans son journal:

> L'instruction n'est pas une panacée. Malheureusement, en bien des milieux aux E.-U. on semble croire qu'on enrichit la société en mettant sur le marché des millions de jeunes gens qu'on a dégoûté du travail manuel et qui risquent d'être sans emploi. Un état démocratique doit veiller à l'instruction de ses membres et les préparer à devenir de bons et utiles citoyens. Il doit aussi les préparer à gagner leur vie et pour cela chacun doit être orienté là où il a le plus de chances de le faire. Si tous les membres de la société se croient la vocation d'être des intellectuels, qui acceptera de s'acquitter des tâches manuelles? Les Romains avaient des esclaves pour leur enlever les soucis du labeur quotidien. Nous avons la machine, c'est vrai, mais il faut encore des âmes assez humbles pour accepter les besognes ingrates. Sinon la société ne pourra plus fonctionner et les «intellectuels» ratés, parce que mal orientés, se chargeront de détruire une société qui leur aura, par ses écoles, ouvert des horizons sur des rêves qu'ils ne peuvent pas atteindre. C'est alors que le communisme triomphera[45].

De même, le journal de Brunet nous révèle qu'il ne manquera pas de mettre à profit les analyses qu'il a développées dans sa thèse pour établir un parallèle avec le Québec. Interrogé, lors d'un souper, par un convive qui n'arrive pas à élucider la complexité de la situation politique au Canada français, Brunet lui répondra, non sans en tirer une certaine fierté:

> Je lui explique la situation. La lutte entre l'ordre ancien et l'ordre nouveau, l'injuste système de représentation sous lequel nous vivons; l'attitude plutôt conservatrice et réactionnaire des campagnes dont l'influence dans le gouvernement est disproportionnée et le sentiment progressiste qui prévaut dans les villes. Malheureusement, comme je lui dis, les progressistes qui sont la majorité de la population n'ont pas dans le parlement la représentation à laquelle ils ont droit. Il me déclare comprendre maintenant la situation. En

cinq minutes, dit-il, je l'ai éclairé sur un problème qu'il essayait d'analyser et d'interpréter depuis plusieurs années[46].

Ailleurs, toutefois, Brunet développe une représentation plus traditionelle des choses qui n'arrive pas à convaincre aussi facilement ses interlocuteurs. Ainsi, aux «préjugés» que certains entretiennent envers le Canada français, Brunet ne trouve rien de mieux à leur opposer que l'argument du «miracle canadien» de la survivance.

> [Une femme de New York] ...croit que les Canadiens français constituent un groupe réactionnaire au Canada. Elle n'est pas la seule à entretenir ce préjugé. Je tente de lui prouver qu'il faut en prendre et en laisser. Je doute l'avoir convaincue. Le Juif, comme Mlle [?] d'ailleurs, se demande pourquoi nous nous sommes entêtés et nous entêtons à demeurer français. J'essaie de leur expliquer la gageure que nous avons faite avec l'histoire. Nous avons relevé le défi qui nous a été présenté en 1760. Nous avons gagné notre gageure. *«So What?»* est leur réponse. Habitués au *melting pot* américain, convaincus de la supériorité de la civilisation américaine en Amérique du Nord, élevés avec l'idée qu'il n'y avait qu'une langue et une civilisation en Amérique du Nord, ils ne peuvent comprendre notre détermination. Pour eux, notre volonté de survivre et de vivre n'est que futilité. Même ceux qui admirent le miracle canadien ne cachent pas leur manque de compréhension. Pourquoi? Ils ne voient rien de pratique ni de profitable dans notre attitude. *«Unrealistic conception of life.»* Il est évident que nous n'avons pas la même philosophie, la même conception de la vie. Il est certaines valeurs humaines que les Américains ne peuvent apprécier. Ils ne manquent pas d'idéal. Il ne faut pas adopter cette conclusion facile. Mais comme les Romains qui appelaient barbares les autres peuples, ils ne peuvent se faire à l'idée d'une civilisation dualiste en Amérique. Un Canada bilingue est pour eux une impossibilité sinon une absurdité. *«Do you want to be divided as Europe has always been and is still?»* Voilà leur raisonnement. *«French Canada, we were always told»*, m'avouait Mme Meyer, *«has been and is a barrier to the unification of Canada*[47]*»*.

Brunet ne croit pas que le Canada français aille *«to turn the clock back»* pour réaliser cette «volonté de survivre et de vivre». Par contre, les transformations profondes qui engagent le Canada français dans un processus de modernisation, bien qu'elles commandent une réévaluation de ses traditions, ne signifient pas non plus que l'on doive simplement les rejeter. Selon Brunet, cette remise en question permettra l'apparition «d'un ordre nouveau, plus démocratique, plus libéral, plus moderne». Mais cet ordre nouveau, Brunet l'envisage principalement sur la base d'une contribution originale du Canada français devant la nécessité qu'a «le monde moderne [...] d'asseoir ses assises sur des valeurs morales». La lecture de l'introduction et des deux derniers chapitres du livre d'Everett C. Hughes, *French Canada in Transition*, qui vient de paraître, lui fournit l'occasion de s'ouvrir à ce sujet.

> C'est une étude à point et pénétrante du Canada français. Le professeur Hughes a bien raison. Le Canada français subit actuellement des changements profonds. *Nous devons espérer qu'un ordre nouveau, plus démocratique, plus libéral, plus moderne en sortira.* Cet ordre nouveau peut être établi, j'en suis convaincu, sans qu'il soit nécessaire de renoncer à certaines de nos caractéristiques, traditions et convictions. Si parfois nos traditions ont semblé constituer un *handicap* c'est parce qu'au lieu d'en faire un élément de notre force nous les avons gardées sans avoir foi en elles. Il y a une tradition qui vivifie; il y a en une qui tue. À nous de choisir. J'ai confiance en l'avenir. Tout en demeurant français et catholiques nous pouvons vivre pleinement et utilement même au milieu du 20e siècle. Nous ne sommes pas un anachronisme. Il y a place pour nous dans ce monde américain. *Une place de choix. On ne viendra pas nous l'offrir. C'est à nous de la prendre.* Le monde moderne a besoin d'asseoir ses assises sur des valeurs morales. Notre contribution est loin d'être négligeable[48].

Malgré les propos flatteurs de Brunet envers le livre de Hughes, la rencontre qu'il a avec ce dernier, à l'Université de Chicago quelques jours plus tard, le décevra: «Il m'a semblé souffrir de radotage commun à plusieurs professeurs. Il n'est pas aussi familier que je le croyais avec les problèmes canadiens-français[49].»

Un dernier passage du journal de Brunet mérite notre attention. En effet, au cours de diverses entrevues, Brunet souligne l'importance qu'aurait eue l'étude de la société sudiste américaine dans la genèse de sa pensée.

> *When I studied in the United States, I began to apply the methodology I learned from my American professors (I had very good teachers, I was lucky), to the history of my own country and my own group.*
>
> *Then I studied the South before and after the Civil War, and I began to see parallels between the two societies. I began also to read the novelists of the South and its poets, and they had some things to say with which I was familiar in our own field — about agricultural life; and describing the past as ideal or as a society where everything was in its place; and the fact that the South was not in the running with the North in the economic revolution of nineteenth-century United States. It was the same with Quebec, with the French in Quebec at least[50].*

Sans mettre en doute les propos de Brunet — qui parfois emble avoir tendance à donner une chronologie trop ancienne à sa pensée — on peut croire que cette prise de conscience d'un parallèle entre le Canada français et les États du Sud, est pleinement intervenue suite à un entretien que Brunet a obtenu avec un certain M. Cole, qui «est assistant-directeur de la Missisipi Historical Review et Dean of the College of Liberal Arts», lors de sa tournée des universités américaines.

> Je lui explique qu'elle est la situation au Canada français. Il compare notre complexe d'infériorité de peuple minoritaire à celui des gens du sud. J'étais heureux de l'entendre faire cette remarque. Combien de fois n'est-elle pas venue à mon esprit[51]?

Après son retour des États-Unis, on ne sait ce qui est advenu de la demande de subvention à la Corporation Carnegie. Mais Brunet, par contre, doit préparer son enseignement pour l'année académique qui débute à l'automne 1949. Il enseignera deux cours principaux de 60 leçons chacun: «Histoire de l'Europe: l'époque contemporaine» et «Histoire des États-Unis d'Amérique».

Conclusion

Ce tour d'horizon rapide du cheminement intellectuel de Michel Brunet, avant qu'il ne subisse l'influence de Maurice Séguin et aussi celle de Guy Frégault, laisse entrevoir que les principales idées directrices qui soutiendront sa représentation générale des choses sont, pour l'essentiel, déjà constituées.

Ainsi, on retrouve une valorisation de la puissance économique qui se manifeste par le rôle privilégié qu'il prête aux hommes d'affaires et aux grosses compagnies. Un passage de la conférence qu'il donnait en 1936, que j'ai déjà rapporté, est à ce point de vue particulièrement révélateur. «L'histoire nous apprend que seules les nations fortes et puissantes contribuent à l'avancement de la civilisation[52].» Cet extrait qui, contrairement à «l'esprit du temps», privilégie un développement économique par «en haut», Brunet aurait pu l'écrire à n'importe quel autre moment de sa carrière. Il laisse entrevoir, par la même occasion, une tendance à la généralisation qui ne le quittera pas. On peut, à mon sens, voir la source de cette valorisation de la puissance économique dans les origines sociales de Brunet. De plus, l'admiration qu'il porte aux États-Unis peut être interprétée comme un prolongement de cette première attitude. Mais surtout, comme on le verra plus loin, si Brunet a autant d'admiration pour les entrepreneurs capitalistes, c'est qu'il voit en eux la classe sociale qui a le plus contribué historiquement à l'émergence des États-nations et des institutions démocratiques.

Par ailleurs, on retrouve l'influence précoce que Groulx a exercé sur lui et qui recouvre deux croyances profondes qui animeront Brunet tout au long de sa vie: le rôle privilégié qui revient aux intellectuels dans le devenir d'une nation, ainsi que l'importance que représente l'acquisition d'un gouvernement provincial pour les Canadiens français au moment de la Confédération. En ce qui a trait au rôle des intellectuels, la première rencontre qu'il a eue avec Lionel Groulx, en 1936, apparaît décisive à ce point de vue. De plus, il ne fait pas doute que sa formation à l'École normale ainsi que ses études aux États-Unis ont prolongé cette prise de conscience initiale. Quant à l'importance de l'État provincial, Brunet croira, à l'exemple de Groulx et même après avoir subi l'ascendant de Séguin, en la possibilité de surmonter certains handicaps qui originent de la Conquête en développant un Québec fort à l'intérieur de la Confédération; alors que Séguin est un peu plus réticent à ce propos puisque, selon lui, la structure confédérative en elle-même condamnait le Québec à une infériorité permanente. Même qu'à partir de la fin des années soixante, l'indépendance du Québec apparaîtra à Brunet comme l'aboutissement d'un processus historique irréversible; tandis que Séguin demeurera extrêmement sceptique. En fait, Groulx a exercé une influence profonde sur Brunet. Ainsi, en 1960, ce dernier pouvait lui écrire: «Vous demeurez toujours pour moi l'homme qui a éclairé mon adolescence et ma jeunesse quand j'ai pris conscience de l'héritage historique que nous représentons en Amérique du Nord[53].» Au contraire de Séguin, qui n'a jamais vraiment eu de rapport intime avec Groulx ou, encore, de Frégault qui s'en est détaché lentement, mais sûrement, au cours des années cinquante, Brunet aura des contacts de plus en plus étroits et suivis avec Groulx, au cours de la même période, jusqu'à ce que l'offensive concertée des milieux nationalistes traditionnels ne provoque une rupture soudaine au début des années soixante.

Enfin, sa thèse de doctorat et, dans une moindre mesure, le journal de voyage, qu'il a rédigé lors de sa tournée des universités du sud et du centre des États-Unis, mettent en relief sa représentation du devenir de la société canadienne-française et des forces qui l'animent. Il ne fait pas de doute pour Brunet qu'un «ordre nouveau, plus démocratique, plus libéral, plus moderne» soit en gestation et qu'il faille en favoriser la réalisation. Cet ordre nouveau, qui est le résultat de l'émergence d'une société urbaine et industrielle, représente pour Brunet, à l'exemple du Massachusetts un siècle plus tôt, les tendances progressistes du monde contemporain. Ceux qui s'y opposent sont des esprits rétrogrades qui ont une conception irréaliste du présent, en s'imaginant qu'il est encore possible *«to turn the clock back»*. Mais Brunet perçoit aussi que l'émergence d'une société urbaine et industrielle n'est pas sans poser, comme il l'a analysé dans sa thèse de doctorat, de nombreux défis aux principaux dirigeants d'une société. C'est pourquoi il reviendrait aux intellectuels de fournir les réponses originales qu'exigent les situation nouvelles. D'où le rôle central que Brunet leur attribuera toute sa vie. Toutefois, il ne croit pas pour autant, à cette époque, que l'émergence d'une société moderne nous oblige à faire table rase de nos traditions. À l'exemple de Frégault, il privilégie une certaine forme d'arbitrage culturel car s'«il y a une tradition qui vivifie», par contre «il y a en une qui tue». Mais, pour l'instant, puisque «le monde moderne a besoin d'asseoir ses assises sur des valeurs morales», c'est à ce niveau que Brunet envisage la «contribution» du Canada français dans le cadre du développement de cette modernité nord-américaine.

Notes

1. Dans une entrevue, Brunet précise: «Il faut dire que je venais d'une famille, du côté paternel comme du côté maternel, qui était dans les affaires, alors à ce moment là ça me donnait un autre itinéraire. Le grand-père paternel était un manufacturier de monuments, il avait été aussi dans la construction, il avait une carrière de granit, des gros contrats de construction, de voirie, de routes, etc. Et du côté maternel, c'était dans la chaussure, une manufacture de chaussures. Donc, dans ma famille, j'entendais des discussions, les cours de la bourse, le mouvement des prix, etc. Donc j'ai un autre milieu que le milieu traditionnel.» François Ricard, «Écrire l'histoire au Québec — Michel Brunet», Radio de Radio-Canada, 14 juin 1981, p. 9.
2. Il s'agit de B. 267 et B. 268. Ces deux textes n'ont jamais été publiés.
3. François Ricard, *op. cit.*, p. 3.
4. B. 269 p. 1. À moins d'un avis contraire, les citations qui suivent sont extraites de la même conférence.
5. Brunet, lorsqu'il revient sur son passé lointain, semble vouloir donner à sa pensée d'hier la même cohérence que celle qu'il cristallisera au fil des ans. Ainsi, se remémorant cette période, il affirme quelque trente-deux ans plus tard: «Les idéaux agriculturistes et corporatistes des clérico-nationalistes ne répondaient pas à mon inquiétude devant le phénomène de la crise économique qui sévissait depuis sept ans.» B. 148 p. 892.
6. B. 148 p. 890, 891.
7. *Ibid.*, p. 892-893. Il est curieux de noter que, cinq ans après cette entrevue, Brunet pouvait écrire dans ses carnets personnels, en date du 13 mars 1941: «Ne

désespérons pas. Les esprits se préparent et à l'heure marquée par la Providence un Chef, un Événement, un ? viendra rallier tout un peuple.» B. 285 p. 37.

8. *Ibid.*, p. 897. Dans une entrevue, Brunet ajoute que lorsque Groulx «demandait un leader, c'est-à-dire un animateur, ça ne veut pas nécessairement dire un dictateur. Là-dessus il avait raison parce que quand les anglophones demandent un leader, on appelle ça de la démocratie et si, nous, nous demandons un chef on appelle ça du fascisme.» François Ricard, *op. cit.*, p. 5.

9. B. 270. À moins d'un avis contraire, les citations qui suivent sont extraites de la même conférence.

10. Lionel Groulx, «Notre Histoire», *Notre Maître, le passé*, vol. I, Montréal, Bibliothèque de l'Action française, 1924, p. 15.

11. Lionel Groulx, «La bourgeoisie et le national», (En coll.), *L'avenir de notre bourgeoisie*, Montréal, Édition Bernard Valiquette, 1939, p. 115.

12. François Ricard, *op. cit.*, p. 5.

13. Joseph Folliet, «Nationalisme», *Mes Fiches*, 1, 2 (avril 1937), p. 39.

14. P. P. à Brunet, 26 avril 1937, P136/A,414.

15. François Ricard, *op. cit.*, p. 3.

16. B. 286, 10 février 1941.

17. Voir Johanne Racette et France Sainte-Marie, entrevue réalisée avec Michel Brunet, à l'Université de Montréal, pour le Service des Archives, le 1er décembre 1980. (1 cassette) P136/K,1. Dans cette entrevue, Brunet ajoute que l'enseignement de Groulx à l'École normale devait être de courte durée puisque le gouvernement libéral d'Adélard Godbout éliminera le budget alloué au cours de Lionel Groulx «parce que l'abbé Groulx était jugé comme un être indésirable».

18. B. 285, 10 janvier 1941.

19. B. 285, 12 janvier 1941.

20. B. 286, 5 et 8 mars 1941.

21. B. 285 p. 40-41.

22. *Ibid.*, p. 42, 45, 49.

23. *Ibid.*, p. 49-50.

24. *Ibid.*, p. 49-50, 51.

25. B. 222 p. 45.

26. François Ricard, *op. cit.*, p. 3-4.

27. *Ibid.*, p. 4-5.

28. Brunet à Frégault, 4 décembre 1947. P136/C,52.

29. Frégault à Brunet, 11 décembre 1947. P136/C,52.

30. B. 3 p. XIII.

31. *Ibid.*, p. I.

32. *Ibid.*, p. 237, 239.

33. *Ibid.*, p. 12.

34. *Ibid.*, p. 253.

35. *Ibid.*, p. 435-436.

36. J'aurai à revenir plus loin sur la diffusion que Brunet donnera à ses idées.

37. Ramsay Cook, «An Interview with Michel Brunet», Eleanor Cook, dir., *The Craft of History*, Toronto, Canadian Broadcasting Corporation, 1973, p. 81.
38. Brunet à Frégault, 10 janvier 1949. P136/C,52.
39. Brunet à Édouard Rinfret, 10 janvier 1949, P136/J2,30.
40. Dans un court article rédigé dans le but de donner un tour d'horizon des possibilités de carrière offertes aux historiens en 1952, Guy Frégault écrit: «Dans les institutions canadiennes-françaises, les traitements offerts varient de $2,000.00 à $2,600.00; dans d'autres institutions, le collège militaire de Saint-Jean, par exemple, les traitements sont à peu près deux fois plus élevés.» F. 264.
41. Frégault à Brunet, 25 mars 1949, P136/C,52.
42. Brunet à Frégault, 13 avril 1949, P136/C,52.
43. B. 287, 25 avril 1949.
44. Notes manuscrites, Fonds-Brunet, P136/J2,22. Ainsi, par exemple, Brunet note à propos de «State University of Illinois, Champaign: 23 parcs publics, 78 acres — Urbana: 4 parcs publics, 102 acres — University of Wisconsin — Étudiants: 18,623 en 1948 — Professeurs: 3250 en 1948 — Immeubles: 750 — Étendue: 5,593 acres — Valeur: $24,285,443.11 — Bibliothèque: 1,100,000 livres.» *Ibid.*
45. B. 287, 4 mai 1949. L'anticommunisme de Brunet, sans être virulent, est une constante dans la plupart de ses écrits.
46. B. 287, 16 mai 1949.
47. B. 287, 8 mai 1949.
48. B. 287, 14 mai 1949. C'est Brunet qui souligne.
49. B. 287, 18 mai 1949.
50. Ramsay Cook, *op. cit.*, p. 48.
51. B. 287, 9 mai 1949.
52. B. 269.
53. Brunet à Groulx, 28 décembre 1960, Institut d'histoire de l'Amérique française.

CHAPITRE XII

L'INTELLECTUEL ENGAGÉ

Cheminement de carrière: 1949-1985

> Tous mes écrits reprennent le même thème. Et je continuerai cette rengaine aussi longtemps que la majorité de mes compatriotes n'aura pas compris combien profonde est leur misère comme collectivité nationale distincte.
>
> MICHEL BRUNET à GEORGES-ÉMILE LAPALME, 13 juillet 1955.

Après avoir obtenu, en juin 1949, son doctorat de l'Université Clark, Michel Brunet commence à enseigner à l'Institut d'histoire de l'Université de Montréal, à l'automne de 1949, comme assistant-professeur à plein temps. Son enseignement porte sur l'histoire des États-Unis ainsi que sur l'histoire de l'Europe contemporaine et il n'assumera un enseignement en histoire du Canada qu'au début des années soixante. Dès l'automne de 1950, il est nommé professeur agrégé. Toujours en 1950, il devient membre-correspondant de l'Institut d'histoire de l'Amérique française. De 1954 à 1970, il fera partie du comité de direction avant d'accéder au poste de président pour les années 1970-1971.

En 1952, il publie, en collaboration avec Marcel Trudel et Guy Frégault, une *Histoire du Canada par les textes*, puis en 1954 et en 1958 il fera paraître deux volumes qui rassembleront les principaux articles et conférences qu'il a publiés ou prononcés au cours de cette période: *Canadians et Canadiens — Études sur l'histoire et la pensée des deux*

Canadas (1954) et *La Présence anglaise et les Canadiens — Études sur l'histoire et la pensée des deux Canadas* (1958). Ces deux livres manifestent au plus haut point le caractère paradoxal que l'influence de Maurice Séguin imprimera à la carrière de ce spécialiste de l'histoire américaine qui en est venu à privilégier l'histoire du Canada comme objet principal de ses publications.

De 1957 à 1964, il est membre du Conseil général de la Société Saint-Jean-Baptiste de Montréal. De 1960 à 1965, il en sera aussi le secrétaire général puis, en 1965, il en deviendra, pour un an, le deuxième vice-président. En 1959, il est nommé professeur titulaire en même temps qu'il devient directeur du département d'histoire et membre du conseil de la Faculté des lettres, dont il sera le secrétaire de 1962 à 1966 puis vice-doyen de 1966 à 1967. Au cours de la même période, il sera admis, en 1961, à l'Académie canadienne-française dont il occupera, comme cela semble être son habitude, le poste de secrétaire de 1962 à 1972. En 1965-1966, il sera aussi président de l'Association des professeurs de l'Université de Montréal, dont il a été, avec Guy Frégault, l'un des fondateurs en 1955.

À l'automne de 1967, il abandonne son poste de vice-doyen ainsi que la direction du département d'histoire dans le but de se préparer à prendre un congé d'études et de recherches au cours de l'année académique 1968-1969, congé qui devait mener à la publication, en 1969, d'un livre qu'il prépare depuis presque vingt ans: *Les Canadiens après la Conquête — 1759-1775*. Grâce à ce dernier ouvrage, Michel Brunet sera le lauréat du prix littéraire du Gouverneur général (1969) et du prix France-Québec (1970). En 1970, la Société Saint-Jean-Baptiste de Montréal rendait hommage à l'ensemble de son œuvre en lui décernant le prix Duvernay. Il publiera aussi deux autres volumes qui regroupent, une fois de plus, les principaux articles et conférences qu'il a entre-temps publiés ou prononcés: *Québec — Canada anglais, deux itinéraires, un affrontement* (1968) et *Notre passé, le présent et nous* (1976).

En 1969, il sera élu, en compagnie de Guy Frégault, comme membre associé étranger de l'Académie des sciences d'Outre-mer de Paris, dont il obtiendra un fauteuil en 1984. À l'hiver de 1969, il sera professeur invité en Grande-Bretagne et donnera des conférences aux universités d'Edinburgh, de Birmingham, d'Oxford et de Londres. En 1972, il sera de nouveau professeur invité au Centre de recherches d'histoire nord-américaine de la Sorbonne dans le cadre des programmes d'échanges France-Québec. L'Université de Sherbrooke l'invitera, à son tour, à donner un cours en 1973 tandis qu'il sera invité à l'Université de Poitiers en 1976. En 1974, sa femme, Berthe Boyer, qu'il avait épousée en 1945, décède. En 1975, il se remariera avec Léone Dussault.

En 1978, Michel Brunet recevra la médaille de la Société historique de Montréal. En 1983, il prendra sa retraite, mais il continuera à enseigner un cours d'histoire des États-Unis à titre de professeur invité. La même année, l'Université de Montréal le nommera professeur émérite et le gouvernement du Québec lui décernera le prix Léon-Gérin pour l'ensemble de son œuvre. Michel Brunet est décédé le 4 septembre 1985.

La «conversion»

À la différence de Guy Frégault, Michel Brunet a été immédiatement séduit par la nouvelle interprétation de l'histoire du Canada que proposait Maurice Séguin. L'influence de ce dernier devait être déterminante au point où, comme Brunet le rapporte lui-même, elle allait fixer «l'orientation définitive de ma carrière d'historien. Même si j'étais alors responsable de l'enseignement de l'histoire des États-Unis et de l'Europe moderne, je décidai de consacrer mes recherches à l'histoire du Canada et des Canadiens français[1].» Exceptés trois courts articles que Brunet rédige en début de carrière, toute son œuvre a trait directement ou indirectement à l'histoire du Canada français et aux questions d'actualité qui s'y rapportent. Il serait difficile d'imaginer rencontre plus décisive. Cette rencontre Séguin-Brunet eut lieu à l'automne de 1949.

> Dès cette première rencontre, écrit Brunet, une discussion serrée et animée s'engagea entre nous. Il m'accusa d'être un «bourassiste». Or, j'éprouvais très peu d'admiration pour Henri Bourassa. Dans ma famille, l'homme était considéré, selon l'expression de mon père, comme un «rongeur de balustre». [...] Sans le savoir, Séguin m'avait provoqué et piqué au vif. Mes études aux États-Unis m'avaient révélé trois faits sociaux essentiels: le rôle d'une métropole nourricière dans l'organisation d'une société coloniale; l'action créatrice de la classe des entrepreneurs capitalistes dans l'édification de la société industrielle; la nécessité d'un climat de sécurité pour favoriser l'évolution des institutions démocratiques. [...] Le terrain était prêt à recevoir le message de Maurice Séguin. Celui-ci ne m'a pas réellement converti. Nous nous sommes plutôt complétés. Lui-même avait déjà réfléchi sur le cas américain. Moi-même je n'avais jamais été satisfait des explications fournies par les historiens, les sociologues et les économistes au sujet de l'infériorité économique de la collectivité canadienne-française. Il me fut facile de saisir que celle-ci n'était que la conséquence de sa subordination politique[2].

Toute sa vie, Brunet rendra à Séguin l'hommage du précurseur. Toutefois, comme Brunet le laisse entendre lui-même, il n'aime pas être réduit au simple rôle de «converti». Malgré tout, il n'est pas exagéré de définir l'influence qu'a exercée Séguin sur Brunet comme une véritable «conversion». À la différence de Frégault, qui était déjà un spécialiste reconnu de l'histoire de la Nouvelle-France, Brunet n'avait, à cette époque, jamais effectué de recherches en histoire canadienne. L'interprétation de Séguin ne pouvait donc pas avoir eu pour effet de donner réponse à des interrogations antérieures que Brunet aurait développées à ce propos comme c'était le cas pour Frégault. Par contre, il ne faut pas perdre de vue que la thèse de Séguin en est une d'histoire économique. En soutenant que le développement économique d'une société mène fatalement à l'industrialisation et que, de ce point de vue, l'exode rural n'est plus qu'une conséquence normale de «l'économie progressive», Séguin rejoignait les représentations que Brunet avait déjà développées à ce propos à partir de l'exemple du Massachusetts du XIXe siècle, alors qu'il opposait les tendances rétrogrades d'un monde rural en voie d'urbanisation et d'industrialisation rapides aux attitudes progressistes de ceux qui en sont les agents. Surtout, en expliquant non seulement l'infériorité économique des Canadiens français comme une conséquence directe de la Conquête, mais en faisant aussi ressortir que celle-ci les a amenés à développer une conception tronquée de la vie économique et à entretenir d'étranges illusions sur eux-mêmes, Séguin proposait une interprétation novatrice et plausible de l'histoire canadienne qui, en fournissant une intelligibilité nouvelle aux problèmes de l'actualité, exacerberait la représentation que Brunet se faisait du rôle de l'intellectuel.

Les intellectuels et les dirigeants travaillant inévitablement, selon lui, au bien commun de la nation à laquelle ils appartiennent, il est primordial, en ces temps de transformations historiques, que ces deux groupes maintiennent des rapports étroits. Toutefois, comme il a été à même de le constater lors de sa tournée des universités américaines, il est tout aussi essentiel que la nation appuie ses intellectuels en fournissant les ressources nécessaires pour le développement des universités. À l'exemple de Frégault, Brunet mise beaucoup sur la science pour assurer le salut du Canada français. Un passage d'une lettre que Brunet écrira à Gustave Lamarche en 1955 est, à ce propos, particulièrement révélateur.

> Que faire? Tout le monde pose cette question. D'abord prendre la mesure réelle de notre taille... [...] La tâche de dire toute la vérité sur nous-mêmes revient surtout aux historiens. Ce n'est pas une entreprise facile car nous

avons contracté la mauvaise habitude d'idéaliser notre passé. [...] Ensuite, nos sociologues et nos économistes nous diront comment corriger — dans la mesure du possible — l'état d'infériorité et de subordination dans lequel les conquis de 1760 et leurs héritiers ont été placés.

C'est à ce moment qu'une rencontre se produira entre les hommes de doctrine et les hommes d'action. Le mariage sera possible parce que la doctrine sera réaliste et parce que les objectifs proposés seront réalisables. Une pensée confuse, divorcée des réalités de l'existence, n'a jamais conduit à une action féconde. Si notre action collective n'a jamais donné les résultats qu'espéraient les hommes de doctrine, n'accusons pas — comme nous serions trop facilement portés à le faire — les hommes d'action. Demandons-nous si nos hommes de doctrine leur avaient fourni la documentation dont ils avaient besoin et des buts susceptibles d'être atteints? Personnellement, j'en suis venu à la conclusion suivante: *UNE PENSÉE COLLECTIVE INCOMPLÈTE NOUS A CONDUIT À UNE ACTION COLLECTIVE STÉRILE.* Il ne pouvait pas en être autrement. Nos maîtres d'autrefois nous disaient que nous avions manqué de volonté. Rappelez-vous les mots d'ordre donnés à notre jeunesse. Mes recherches m'ont démontré que nous n'avons pas manqué de volonté et de courage mais que nous avions manqué de science. C'est l'intelligence qui a failli. C'est pourquoi j'insiste tellement sur l'importance de nos universités. Des universités au service de la société canadienne-française[3].

L'influence de Séguin s'est exercée sur Brunet selon deux dimensions complémentaires. Globalement, elle est venue prolonger certaines représentations d'ensemble que Brunet avait déjà développées à propos des tendances générales qui animent le devenir des sociétés contemporaines. Il est d'accord pour penser que celles-ci, sous la poussée de «l'économie progressive», tendent à s'urbaniser de plus en plus, et les villes, contrairement aux sociétés paysannes, «constituent l'élément dynamique de toute civilisation[4]». N'en déplaise aux conservateurs, il est impossible *«to turn the clock back»*.

Les sociétés humaines ne sont pas statiques mais dynamiques. [...] Les esprits timorés et routiniers doivent en prendre leur parti: ils n'arrêteront jamais l'évolution historique et ne reculeront jamais l'horloge du temps. [...] Chaque heure de l'existence, particulièrement à notre époque d'accélération historique, présente un défi. Pour relever ces défis, il faut d'abord les connaître. On parvient à cette connaissance indispensable par l'étude de l'homme vivant en société[5].

Mais plus particulièrement, l'interprétation de Séguin lui est apparue comme une réévaluation plus réaliste des obstacles et des problèmes qui affectent la société canadienne-française dans l'actualité du présent. On ne saurait trop souligner ce dernier point. En effet, toute sa vie Brunet s'évertuera à essayer de faire comprendre, d'abord à ses compatriotes en général au cours des années cinquante, puis, plus spécifiquement, à ses opposants au cours des années soixante, qu'il est impossible d'interpréter adéquatement l'itinéraire collectif des Canadiens français et des conflits qui agitent le présent, sans tenir compte des conséquences que la Conquête a eues sur leur histoire. Cependant, les effets les plus pernicieux se situant, sans conteste, au niveau des représentations compensatoires que les Canadiens français ont développées pour en minimiser symboliquement les conséquences puisqu'elles empêchent une prise de conscience lucide de leur situation objective tout en paralysant leur action collective. À l'irréalisme des idéologies nationalistes et de l'historiographie d'hier, il faut, selon lui, opposer dorénavant une connaissance précise et «intégrale» de notre passé qui permette de se fixer des objectifs réalistes face aux défis renouvelés que leur propose inlassablement le présent. En 1955, il écrivait à Groulx à ce sujet:

> Comme je vous l'ai déjà dit, je ne doute pas de notre survivance si les conditions ne changent pas. Et j'ai l'assurance de grands succès, si nous en prenons les moyens. Tout le problème se ramène à une question de science et de volonté. Une science complète et dynamique capable de suppléer au nombre et à la force économique. Une volonté collectivement organisée vers des objectifs précis et modestes mais réalisables[6].

À l'exemple de Groulx, qu'il a en quelque sorte pris pour modèle, il y a deux hommes en Brunet: l'homme de doctrine et l'homme d'action. Et comme Groulx, c'est l'homme d'action qui domine. Ainsi, la réinterprétation de l'histoire du Canada que propose Séguin a surtout servi, pour Brunet, de point d'appui à une œuvre de combat qui visait à des actions diverses et à caractère éminemment politique. Un examen même sommaire de sa correspondance et de son œuvre ne laisse aucun doute à ce sujet. De plus, si l'on fait abstraction des nombreux discours de circonstance qu'il a prononcés un peu partout, ainsi que des mémoires qu'il a préparés à titre personnel ou pour le compte de diverses associations, dont la Société Saint-Jean-Baptiste de Montréal, son œuvre historique en elle-même se résume à un ouvrage d'envergure et à une quinzaine d'articles d'importance variable. C'est ce qui a amené Mason Wade à caractériser l'École de Montréal en disant qu'elle était composée «d'un qui pense, d'un qui écrit et d'un qui crie[7]». Si l'on met entre parenthèse le caractère péjoratif du qualificatif de Wade, il est exact que Brunet a «crié» pas mal plus fort que Frégault et Séguin. Gérard Filion pouvait même dire, et avec raison, dans l'un de ses éditoriaux, que «pour un homme qui vit dans le passé, il a drôlement le goût de la manchette et le sens de la publicité[8]». En effet, à l'inverse de Séguin, Brunet n'a jamais été victime d'un «perfectionnisme paralysant». Tout au contraire, il a mis à profit toutes les tribunes et tous les canaux de diffusion dont il disposait pour faire connaître ce qui, sous l'influence de Séguin, à pris la forme d'un véritable message. Car bien d'un message il s'agit. Au risque d'une formule nécessairement réductrice, tout le projet historiographique de Brunet repose sur l'intention de réussir à «faire admettre que la Conquête nous a placés dans des conditions anormales dont nous devons évaluer les conséquences néfastes! L'heure de la "grande illusion" doit prendre fin[9].» Une fois que les principaux dirigeants de la société canadienne-française en auront pris conscience, il sera alors possible de travailler de manière réaliste à l'amélioration des conditions de vie nationale. Mais c'est dans l'actualité des tensions qui opposent l'effort de centralisation fédérale à la volonté du Québec d'affirmer son autonomie provinciale que ce projet et ce message prendront, pour Brunet, toute leur importante.

Quoique Brunet semble complètement gagné à l'interprétation d'ensemble de Séguin, le disciple se sépare du maître sur plusieurs points. D'ailleurs, Séguin lui-même «trouvait, comme me l'a rapporté Pierre Tousignant, que Brunet ne comprenait pas le détail de ses *Normes*». Jean-Pierre Wallot ajoute, pour sa part, que Séguin «trouvait que Brunet s'était converti trop vite. C'était un signe de manque de force intellectuelle ou, peut-être, d'une incapacité de comprendre tous les aspects de sa thèse. Il lui aura toujours reproché de n'en avoir compris que certains aspects, de ne pas avoir compris la globalité de son approche[10].» Il est indéniable que Séguin devait avoir du mal à admettre le projet historiographique de Brunet. En effet, pour Séguin, l'infériorité des Canadiens français était inscrite dans les structures. Aussi, dans la perspective systémique qu'il adoptait, «tout effort même sérieux à l'intérieur de l'union fédérale ne pourrait rendre le peuple minoritaire que *un peu moins pas maître* dans le compartiment biethnique, bilingue et biculturel du Québec». C'est que, selon Séguin, la Confédération marque «l'annexion, la subordination politique, la provincialisation[11]» des Canadiens français, tout en mettant un terme à la lutte pour la prépondérance à laquelle se livraient les deux nations pour le contrôle de la vallée du Saint-Laurent. Au contraire, pour Brunet, loin de constituer la fin de l'histoire du Canada, la Confédération constitue, en quelque sorte, un nouveau point de départ. La Conquête ayant détruit les principaux cadres de la nation canadienne, la création du gouvernement du Québec est venue lui donner une deuxième chance en procurant «à la minorité française et catholique un point d'appui et un cadre où organiser sa vie nationale. À la condition de s'en servir[12].» Même si Brunet juge, lui aussi, l'indépendance du Québec impossible, du moins jusqu'au milieu des années soixante, il croit fermement par contre que l'existence d'un gouvernement provincial au service de la nation canadienne, dans le contexte d'un pays doté d'institutions démocratiques, peut constituer un puissant levier d'épanouissement collectif.

Cette différence entre Brunet et Séguin est, à mon sens, moins «un signe de manque de force intellectuelle», que la manifestation d'une différence profonde dans la vision du monde préalable de nos deux historiens. Alors que Séguin est un théoricien qui, après avoir soupesé l'évolution de l'interaction des facteurs qui ont fait des Canadiens français une «ethnie coincée» par l'histoire, Brunet, sans renier les divers déterminismes qui pèsent sur la nation canadienne-française, croit que les hommes d'action ont quand même le pouvoir d'en infléchir la direction, à condition de connaître adéquatement quels sont les véritables enjeux du présent. En effet, pour Brunet, on ne saurait «se soumettre aveuglément aux déterminismes de l'histoire». Il faut plutôt «croire en la vie et en l'action collective des hommes de bonne volonté[13]». On reconnaît là, d'une certaine manière, le volontarisme du nationalisme traditionnel qui est aussi celui de Groulx. On peut aussi y déceler le profond respect et la confiance que Brunet pouvait avoir envers les institutions démocratiques et, à la différence de plusieurs, envers les Canadiens français. Surtout, avec l'extension des responsabilités de l'État qui se manifeste depuis quelques années au Canada et dans la plupart des pays occidentaux, Brunet perçoit très clairement que les universitaires seront appelés à travailler de plus en plus étroitement avec les principaux dirigeants qui ont la responsabilité d'orienter la nationalité à laquelle ils appartiennent et à jouer ainsi un rôle primordial et inégalé dans la vie d'une nation moderne.

À la différence de Séguin, dont l'œuvre écrite se résume à peu de choses, et de Frégault dont la production écrite, quoique monumentale, obéit à une logique intrinsèque de développement, celle de Brunet est surtout le résultat d'une volonté de prendre part aux divers conflits qui agitent l'actualité. Aussi, la récurrence de certains thèmes, la variété de ses interventions et des objets qu'elles recouvrent font que son œuvre est plus difficile à synthétiser. Par contre, étant donné l'influence certaine que Séguin a exercée sur lui, cette diversité offre l'intérêt de mettre davantage en lumière le contexte général qui est à l'origine de la constitution des principaux concepts des *Normes* et, par là, de les situer chronologiquement. Il faut ajouter que Brunet s'est aussi inspiré, à maintes reprises, de l'œuvre de Frégault. Il serait difficile qu'il en soit autrement puisque ces trois historiens ont partagé pendant une décennie le même bureau tout en constituant presque à eux seuls, l'essentiel du corps professoral de l'Institut d'histoire de l'Université de Montréal. En effet, il y avait aussi le père Papillon qui avait la responsabilité d'enseigner l'histoire de l'Antiquité et du Moyen âge.

Au tournant des années cinquante, «j'étais, raconte Brunet, profondément nationaliste, mais en même temps je communiais au nationalisme traditionnel un peu, mélange de bourassisme[14]». Nouveau professeur à l'Institut d'histoire, il nous offre à cette époque l'exemple de ce curieux syncrétisme où l'influence centrale de Séguin côtoie celle du nationalisme traditionnel. Une conférence prononcée en août 1950 est révélatrice à cet égard. Brunet y définit le sens national comme étant «une prise de conscience permanente des intérêts supérieurs de la nationalité qui rend naturelle et facile la pratique du patriotisme. C'est une habitude de penser et d'agir qui commande toute la vie du bon citoyen[15].» S'il est un thème qui demeure central tout au long de sa vie, c'est bien celui-là. Pour l'instant, toutefois, il se demande, à la manière de Groulx, comment il se fait qu'une vertu si naturelle soit aussi peu développée chez les Canadiens français. Dans la réponse qu'il propose, on peut voir à la fois l'influence de Séguin et l'origine du projet qui mènera à la publication, quelque dix-neuf ans plus tard, de son livre *Les Canadiens après la Conquête.*

> La première, la grande cause de notre manque de sens national, l'unique cause pourrait-on dire, car sans elle les autres n'existeraient pas, ce fut la conquête de 1760. Celle-ci se produisit à un moment où nous n'avions pas atteint la maturité nécessaire pour vivre indépendants. Nos ancêtres furent forcés de rompre brusquement, brutalement, avec une métropole dont ils avaient encore besoin pour assurer le développement normal de leur nationalité naissante. Ce qu'il y eut de plus tragique ce fut qu'ils ne se rendirent pas pleinement compte du grand malheur qui leur était arrivé. Si l'on doit se fier aux témoignages officiels, ils se seraient même félicités de la conquête anglaise. Les historiens ont découvert très peu de faits infirmant les rapports des gouverneurs anglais. Comment expliquer cette réaction des conquis de 1760[16]?

Pour le moment, Brunet justifie cette réaction par un argument que reprendront ceux qui, bientôt, s'opposeront à la nouvelle interprétation que soumettront les historiens de l'École de Montréal, et que Brunet dénoncera avec véhémence quelques années plus tard: «Pouvons-nous reprocher à nos pères d'avoir manqué de sens national à une époque où le nationalisme n'existait pas[17]?» Toutefois, selon Brunet, ce n'est pas parce que la première génération ne s'est pas pleinement rendue compte des transformations que provoquerait la Conquête dans la suite de leur devenir que celle-ci n'a pas pour autant exercé ses «conséquences néfastes» dans le développement subséquent de leur «sens national». La conséquence la plus importante de la Conquête à ce point de vue est sans conteste «la ruine de notre bourgeoisie».

> Forcés de mettre fin à leurs relations commerciales avec la France et ses colonies, les marchands canadiens avaient dû entrer en concurrence avec les commerçants anglais. Ceux-ci jouissaient en Grande-Bretagne et dans les colonies anglaises d'une situation privilégiée. La partie était inégale: bientôt nos classes bourgeoises furent acculées à la ruine financière ou à l'abdication nationale. Dès 1790, les Canadiens sont éliminés des affaires importantes. Notre servitude économique commençait[18].

À cette cause économique, il faut ajouter des causes auxiliaires. Ainsi, la désorganisation du système d'enseignement après la Conquête et le peu d'encouragement des conquérants à le reconstituer ont fait des Canadiens français une nation d'illettrés pour plusieurs générations. Puis, il a fallu compter sur l'aide des Français pour en assurer la reconstruction et le développement. «Grâce à leur dévouement, nos pères ont pu s'instruire. Malheureusement, ces éducateurs étrangers ne connaissaient rien ou presque rien de nos problèmes nationaux. [...] Durant la seconde moitié du XIXe siècle, l'enseignement dispensé dans notre province se vida de toute pensée nationale[19].» Enfin, le manque de sens national des Canadiens français serait aussi lié au dualisme culturel et politique que la Conquête leur a imposé. C'est pourquoi, selon Brunet, seul un travail d'éducation nationale de longue haleine redressera la situation.

Ce texte, qui a été publié quatre ans plus tard dans *Canadians et Canadiens*, ne constitue que la première moitié de la conférence. La seconde section est beaucoup plus révélatrice. Déjà, dans la version révisée de la première partie, Brunet avait changé l'expression «petit peuple» par Canadiens français. Plus significatif encore, il a laissé le passage où il souligne le «miracle canadien» de la survivance, se contentant d'ajouter seulement que l'on a toutefois «abusé de cette expression[20]». Lorsque Groulx fera le compte rendu de l'ouvrage, il s'empressera de souligner ce caractère providentiel de la survivance que Brunet «ne fait pas difficulté d'admettre[21]».

Dans la seconde partie de la conférence, Brunet s'attache plus particulièrement aux objectifs que doit atteindre l'enseignement de l'histoire dans cette œuvre globale d'éducation du sens national des Canadiens français. Ainsi, «cet enseignement doit poursuivre deux buts essentiels: convaincre notre peuple qu'il est l'héritier d'une civilisation originale et lui donner l'idéal et la volonté de demeurer fidèle à l'œuvre des ancêtres[22]». Ces objectifs, qui recoupent ceux de Groulx et, jusqu'à un certain point, le projet que Frégault assignait en ces années à l'Institut d'histoire, Brunet les envisage comme le meilleur moyen pour faire que la jeunesse «soit orgueilleuse d'appartenir à la nationalité canadienne-française» car, selon lui, «il est temps de nous débarrasser de notre complexe d'infériorité[23]». Pour ce faire, Brunet se propose de mettre en relief les fondements de cette civilisation originale, en s'appuyant, dans un premier temps, sur la théorie de l'historien anglais Arnold J. Toynbee du *«challenge and response»*. Selon cette théorie,

> ...dès qu'un groupe humain a eu à faire face à un défi *(challenge)* posé par le milieu où il vit et s'est organisé pour y répondre *(response)*, il a donné naissance à une civilisation originale. Les colons de la Nouvelle-France apportaient avec eux la civilisation occidentale. Nous continuons à appartenir à cette même civilisation. Cependant, il faut se rappeler que les fondateurs de ce pays durent s'adapter au nouveau milieu où ils vivaient. Ce furent le premier défi et la première réponse. La conquête plaça nos ancêtres devant un autre défi. Ils l'acceptèrent. Ce furent le deuxième *challenge* et la deuxième *response*. De ce double défi est sortie une civilisation vraiment originale et dont nous n'avons pas à rougir[24].

Puis, dans un deuxième temps, Brunet va reprendre les sept conditions qu'a retenues l'économiste anglais Charles S. Devas pour définir la réalité que recouvre le concept de civilisation[25]. À la différence de Frégault, qui s'est appuyé sur la même définition pour démontrer que la société canadienne du temps de la Nouvelle-France constituait déjà une civilisation originale, Brunet l'emploiera pour faire ressortir le fait que le Canada français constitue, dans le présent, une civilisation.

> La plupart des historiens jugent qu'un groupe humain représente une civilisation originale lorsqu'il a une économie suffisamment évoluée, dépassant le stade de la cueillette, une vie urbaine organisée, des institutions politiques particulières, une classe sociale disposant de loisirs, une vie artistique, une vie religieuse et intellectuelle et finalement une littérature écrite. Qui oserait prétendre que nous ne remplissons pas ces sept conditions[26]?

Certains éléments de l'argumentation que Brunet utilise pour étayer son point de vue méritent d'être rapportés. Au niveau économique, les Canadiens français s'achemineraient, grâce «aux progrès constants de nos coopératives de production et de consommation» ainsi que la croissance des réserves en capital de nos institutions financières, vers l'«indépendance économique». L'urbanisation de la société, après «l'époque des improvisations» s'organiserait «d'une façon cohérente». L'une des raisons en serait, que «la décentralisation industrielle qui s'accomplit depuis quelques années présente un facteur d'équilibre au point de vue économique et social». En ce qui a trait à nos institutions politiques, Brunet souligne leurs origines anglaises. Toutefois, si le Canada se présente comme une fédération décentralisée, «c'est aux Canadiens français que cela est dû. Les théories politiques anglaises procèdent d'une conception unitaire de l'État. Nous nous sommes toujours opposés à cette conception. Nous tenons à l'autonomie des provinces et nous ne reconnaissons au gouvernement central aucune préséance sur les gouvernements provinciaux.» Quant à la quatrième condition, la société canadienne-française, en plus de posséder «maintenant une bourgeoisie ambitieuse qui lutte pour assurer son indépendance économique», offrirait à «toutes les classes» la possibilité de jouir «de loisirs qu'il faut utiliser pour l'enrichissement spirituel et intellectuel de tous[27]». Enfin, pour les trois dernières conditions, à caractère plus culturel, Brunet souligne que leur essor constant reflète les progrès de l'enseignement universitaire.

> Nos universités sont en plein développement et nous n'avons plus besoin d'aller chercher à l'étranger nos professeurs et nos hommes de science. Seuls ceux qui souffrent de colonialisme ou d'infantilisme intellectuel refuseront de reconnaître que nous sommes enfin en possession d'une culture et d'une civilisation qui se comparent avantageusement à celles des autres nations[28].

Cela n'empêche pas pour autant la civilisation canadienne-française d'être en position précaire, risquant «de s'engloutir dans le grand tout nord-américain si nous venons à manquer de foi et de vigilance». Aussi, Brunet conclut sa conférence en rappelant le rôle de l'enseignement de l'histoire et les responsabilités qui s'attachent aux éducateurs comme membres à part entière de «l'élite intellectuelle de la nation[29]».

C'est là le seul texte d'importance qu'il publie en 1950. Mais déjà, on peut y déceler les thèmes majeurs qui retiendront son attention au cours des prochaines années. Par contre, ce qui révèle le plus le chassé-croisé entre le nationalisme traditionnel et l'interprétation de Séguin que manifeste cette conférence de Brunet, ce sont les appels à la fierté comme principal remède au complexe d'infériorité dont les Canadiens français seraient victimes. Ces appels font partie de l'esprit du temps. Dès 1924, Groulx y verra l'un de nos principaux problèmes nationaux et les Jeunes-Canada ne feront que reprendre le flambeau. Toutefois, Brunet se retournera bientôt contre cette perspective lorsqu'il prendra pleinement conscience que l'aboutissement logique de l'interprétation de Séguin signifie que l'infériorité des Canadiens français n'est pas affaire de psychologie, mais qu'elle est inscrite dans les structures même de notre évolution historique depuis la Conquête.

Pour l'instant, bien que ces thèmes fassent encore, pour Brunet, figure d'hypothèses de travail, il a parfaitement conscience qu'il y a là, en germe, tous les éléments pour une réinterprétation globale et plus réaliste de notre histoire.

L'histoire réaliste

À compter de 1951, Brunet pense qu'il est temps de développer une histoire scientifique qui, tout en délaissant les «illusions de l'école positiviste[30]», n'en serait pas moins rigoureuse sur le plan méthodologique. Par la même occasion, il s'agit autant, sinon plus, de mettre un terme à l'histoire «patriopétarde» qui encombre encore les manuels scolaires d'histoire ainsi que les idéologies officielles. C'est dans cet objectif que Brunet conçoit, dès son retour des États-Unis, le projet de créer un manuel «d'un genre nouveau au Canada français» qui, espère-t-il, «aidera à jeter un peu de lumière sur l'évolution historique» du Canada[31]. En plus de faire appel à Frégault et à Séguin, ce dernier l'aidant à choisir et à réviser certains documents, Brunet s'associera à Marcel Trudel de l'Université Laval pour que ce manuel soit le reflet de la nouvelle conception de l'histoire qui se fait jour dans les deux universités. «Nous l'avons préparé, écrit-il à son cousin, [...] à l'intention des élèves de nos écoles primaires supérieures et de nos collèges classiques. Il est temps de laisser de côté l'histoire patriopétarde (c'est un mot de mon invention sur lequel je n'ai pas de droits d'auteur) pour aborder l'histoire scientifique. C'est là la tâche des Instituts d'histoire de nos deux universités[32].» Toutefois, Brunet préfère quand même prévenir Trudel qu'il risque d'être surpris par certaines interprétations.

> ...j'ai une confession à vous faire. Même si vous m'avez laissé la plus entière liberté, je tiens à vous souligner que mon collègue Séguin et moi-

> même nous ne présentons pas et nous n'interprétons pas certains événements et certains personnages de notre histoire selon les canons reçus. Par exemple, nous n'avons aucun culte pour LaFontaine qui doit être considéré comme le précurseur et le père spirituel de tous nos dirigeants depuis cent ans. Si nous trouvons que ceux-ci ont été des nains, il faut admettre que l'homme du compromis de 1840 était lui aussi un pygmée. Je puis vous assurer, cependant, que chaque fois que je m'éloigne de l'interprétation consacrée, je le fais sans casser les vitres. Le tout est amené sans douleur. À titre d'éditeur principal de cette collection, je prends tout sous ma responsabilité[33].

À part la réaction de Léo-Paul Desrosiers, concernant l'introduction de Frégault sur Frontenac que je rapportais plus haut, la critique est unanime pour en faire l'éloge. Cependant, en coulisse, la publication de ce volume est le prétexte pour faire surgir d'anciennes rancunes. «Il semble, écrit Brunet à Marcel Trudel, que quelques pêcheurs en eau trouble tentent de diviser les membres de l'Institut d'histoire de l'Amérique française en nous opposant au chanoine Groulx et en montrant Bruchési, Barbeau et Maheux comme des précurseurs de la méthode scientifique[34].» Trudel lui répondra: «S'il y en a qui s'imaginent pouvoir mettre la discorde dans notre groupe, soit entre nous, soit entre le chanoine Groulx et nous, ils perdent bien leur temps[35].» Pour Brunet, l'époque des «chapelles stériles» est, croit-il, définitivement révolue.

> Maheux et compagnie ont cru prendre leur revanche en nous opposant au chanoine et en nous rattachant à l'école scientifique Bruchési-Maheux-Barbeau-Lanctôt. Les «pôvres»! Ils se croient encore à une époque où les chapelles stériles et les susceptibilités puériles divisaient les Canadiens français. Heureusement, la période de l'infantilisme intellectuel touche à sa fin. [...] Le chanoine Groulx comprend très bien la situation et n'a manifesté aucun mécontentement ni aucune surprise. «Un vieux parapluie comme moi est habitué à en recevoir de toutes sortes!», m'a t-il déclaré. Je craignais sa réaction. Puisqu'il a bien pris la chose, nous devons rester muets comme carpes. [...] Notre façon d'écrire l'histoire les déroute. Ils se demandent à quelle enseigne nous loger. Amusons-nous sous cape. Nous sommes témoins des efforts désespérés de l'équipe des *«Canadians at large»* ou «Canadiens tout court» ou «bonne-ententistes à tout prix». Quel beau chapitre pour mon histoire intellectuelle en puissance[36]!

En effet, parallèlement au projet de publication de cet ouvrage, Brunet oriente ses recherches, selon les conseils de Séguin, sur deux fronts complémentaires. D'une part, dès 1951, Brunet se propose d'étudier l'évolution de la pensée politique des Canadiens français de 1760 jusqu'à l'époque contemporaine dans le but de réaliser une véritable histoire intellectuelle du Canada français. Ce sont ces recherches qui l'amèneront au cours des années cinquante à dénoncer les diverses illusions dont les Canadiens français vont se nourrir à compter du milieu du XIXe siècle pour compenser leur infériorité politique et économique. D'autre part, il poursuit «une enquête sociologique sur la première génération de Canadiens après la Conquête de 1760[37]» qui mènera à la publication, quelque vingt ans plus tard, de son seul ouvrage qui ne soit pas un recueil de conférences et d'articles: *Les Canadiens après la Conquête 1759-1775*.

Dès 1952, Brunet est convaincu que ses recherches sur l'histoire intellectuelle vont provoquer «*a real scandal both in French and in English Canada*[38]». Sa seule ambition, écrit-il au député fédéral de Labelle, est de ne défendre «qu'une cause: celle du progrès des recherches historiques dans un pays dont l'histoire complète n'est pas encore écrite[39]». L'importance qu'ont pris les débats sur l'existence d'une bourgeoisie en Nouvelle-France font souvent perdre de vue que l'objectif de Brunet n'est pas seulement de mettre en évidence que l'infériorité économique et politique est la conséquence de la Conquête mais, plus important encore, de faire comprendre que la société canadienne-française a été amenée, du fait de son évolution historique anormale, à développer une pensée nationaliste incomplète et à cultiver diverses illusions sur son importance réelle au sein du Canada. C'est pourquoi, la première tâche qui, selon lui, s'impose aux historiens est de constituer une connaissance «intégrale» du passé qui, tout en mettant à contribution les acquis des diverses sciences sociales, ne négligera pas pour autant l'étude du Canada anglais, l'histoire économique et sociale ainsi que l'histoire contemporaine. À l'irréalisme des représentations de soi que nous proposent l'historiographie et le nationalisme traditionnels, il veut opposer une conception plus réaliste du passé qui permettra aux contemporains, et principalement aux «hommes d'action», de mieux saisir les défis particuliers auxquels le Québec d'aujourd'hui est confronté. Aussi, lorsque l'on considère, dans son ensemble, l'œuvre écrite de Brunet au cours des années cinquante, l'intention qui domine dans son insistance à évoquer les conséquences de la Conquête vise-t-elle, en premier lieu, à dénoncer et à démystifier l'irréalisme et l'angélisme que cultivent nos principaux dirigeants. Cet objectif central revient comme un leitmotiv: «Si mon analyse pouvait éclairer les aveugles et les myopes qui ont la responsabilité de guider le Canada français! Mais je ne me fais pas d'illusion[40].»

En effet, pour Brunet, le Canada français ignore toujours à peu près tout de son passé et, ce qu'il en connaît, renvoie à des images stéréotypées totalement divorcées de l'histoire vécue. Cette représentation irréaliste du passé rend le lien entre le passé et le présent passablement ambigu.

> Une histoire nationale dorée et faussée par l'émotion patriotique n'a aucune valeur d'éducation. Les élèves, dès qu'ils ont dépassé l'âge où ils croyaient aux contes de fées, prennent en dégoût l'étude d'une histoire qui n'a aucun lien avec la réalité et avec l'actualité. Devenues adultes, les nouvelles générations se rendent compte que la vie qu'elles sont appelées à vivre ne correspond pas du tout à l'idylle pastorale que les générations précédentes auraient vécue. Elles cherchent en vain à s'expliquer cette solution de continuité entre le passé idéalisé et le présent durement réaliste. [...] Elles continueront, néanmoins, à pratiquer un culte verbal et grandiloquent aux monuments du passé, lorsqu'il est profitable de faire claironner son patriotisme. Les moins scrupuleux iront jusqu'à rompre brutalement et définitivement avec un passé et une tradition devenus, à leurs yeux, un bagage désuet et encombrant. [...] Voilà, en résumé, le drame intime de plusieurs générations de Canadiens français tiraillés entre les impératifs du *primo vivere* et les mots d'ordre, généreux, mais irréalistes, d'une éducation dite nationale qui n'a pas suffisamment tenu compte des cruelles nécessités de la lutte pour la vie[41].

À cette époque, Brunet pense que ce type d'histoire constitue un moment particulier dans l'évolution mondiale de l'historiographie. Mais ce qui étonne, c'est la longévité de son succès chez les historiens canadiens-français. Selon Brunet, cette situation tiendrait au fait que l'enseignement universitaire de l'histoire a marqué un temps d'arrêt et, lorsque celui-ci a repris, la pauvreté des moyens financiers mis à la disposition des historiens a fait qu'ils ont travaillé dans des circonstances pénibles, tout en étant trop peu nombreux, pour qu'il puisse en être autrement. Cela explique aussi pourquoi notre connaissance de l'histoire contemporaine a été trop négligée et n'est encore que balbutiante. Avant l'œuvre de Robert Rumilly, «plusieurs générations d'écoliers et de collégiens avaient longtemps gardé l'impression que l'histoire du Canada français se terminait le 1er juillet 1867[42]». Mais, depuis dix ans, l'expansion de l'enseignement universitaire de l'histoire, dans les Universités de Montréal et de Laval, auraient permis que des recherches originales, menant à une réinterprétation de l'histoire du Canada, voient le jour. Cette réinterprétation a pour ambition de tisser un nouveau lien entre le passé et le présent en les instituant sur un même plan de réalité. Pour ce faire, il faut en arriver à connaître le passé dans son «intégralité». L'histoire patriotique et littéraire doivent céder la place à une historiographie plus réaliste qui établirait son fondement sur le tissu plus solide des réalités économiques et sociales. Le travail de l'historien s'apparente désormais à l'enquête sociologique. Mais, en devenant l'analogue d'une «sociologie du passé[43]», la nouvelle histoire ne pouvait que heurter de front les certitudes établies. En 1955, il écrivait à ce propos au journaliste Jean-Louis Gagnon:

> Mais croyez-vous sincèrement qu'une étude objective et réaliste de l'évolution économico-sociale de la société canadienne-française depuis la Conquête laissera subsister — même partiellement — l'ancienne interprétation politico-clérico-constitutionnelle des historiens avocats-politiciens et des historiens théologiens-évangélisateurs? [...] L'ancienne interprétation qui a nourri l'optimisme béat et paralysant des générations qui nous ont précédés était un conte de fées que se racontaient les pseudo-dirigeants d'un peuple vaincu et asservi. Ils étaient — consciemment ou inconsciemment — liés à un système qui les faisait vivre et la pitance qu'ils recevaient en avait fait les défenseurs de l'ordre établi[44].

Pour Brunet, la réécriture de l'histoire est d'abord affaire de générations. Il faut dire que dans le monde d'aujourd'hui, «les nouvelles générations ne se contentent plus des formules toutes faites. Elles ont un respect très limité pour les arguments d'autorité et désirent appuyer leurs jugements et leurs décisions sur les faits[45].» Lorsque l'interprétation du passé se fige, comme au Canada français, c'est là le signe qu'une nation n'a pas encore atteint sa maturité intellectuelle puisqu'un tel état de maturité se manifeste, comme l'a justement fait remarquer Pie XII lors du message qu'il a livré aux congressistes de *Pax Romana* en 1952, par les «libres démarches» de l'esprit. L'historien, «appuyé sur la parole même de l'Évangile, [...] sait que la vérité libère tous ceux qui la possèdent». Il n'est donc pas exagéré de soutenir que «le degré de maturité d'une nation» se mesure aux progrès enregistrés par les recherches historiques[46]. C'est pourquoi, la réinterprétation de l'histoire du Canada que propose la nouvelle génération d'historiens est pour lui le signe que le Québec est sur la voie d'acquérir sa maturité intellectuelle. Toutefois, pour arriver à telle vue réaliste du passé, il faut lever le tabou jeté contre l'histoire contemporaine, étudier l'histoire du Canada anglais en parallèle avec celle du Canada français et arrêter de taxer de matérialisme historique ceux qui se proposent de faire notre histoire économique. Mais on doit surtout se libérer du colonialisme intellectuel qui continue d'affecter les élites du Canada français et qui se manifeste par l'empressement démesuré dont celles-ci feraient montre pour connaître, de préférence, ce qui se passe en

France plutôt qu'au Canada français. Selon Brunet, «plusieurs réactions et attitudes des générations qui nous ont précédés ont été inspirées par des événements qui se déroulaient, non pas chez nous, mais à l'étranger. Le colonialisme intellectuel impose aux peuples qui tardent à s'en libérer une dure rançon[47].» Aussi, il est important que les historiens commencent à poser les problèmes par eux-mêmes plutôt que de se limiter à reprendre les études et les problématiques étrangères. Toutefois, il ne s'agit pas non plus, selon lui, de se replier sur nous-mêmes et d'ignorer ce qui se fait ailleurs, mais plutôt d'«apprendre, comme toute nation adulte», à assimiler les influences plutôt de se «faire assimiler par elles[48]». Les positions de Brunet, par rapport au colonialisme intellectuel que la France exercerait au Canada français, amèneront Fernand Grenier, professeur d'histoire et de géographie au Séminaire de Québec, qui poursuit à ce moment un stage d'études en France, à réagir vigoureusement.

> J'avoue ne pas trop bien comprendre votre point de vue sur nos relations culturelles avec la France. [...] Je fréquente depuis un an des historiens comme Braudel, Labrousse, Morazé, Chaunu. Prenez-en ma parole: ces gens-là ne souffrent aucunement de narcissisme intellectuel. Ils n'ont aucunement l'intention de me colonialiser — du moins dans les limites de ma lucidité. Leur enseignement et leurs recherches sont importantes surtout du point de vue méthodologique. Le dernier cri au Canada français, dans le domaine de la méthodologie historique, c'est la citation des sources et les notes infrapaginales. Évidemment, les *bons* historiens français (ceux qu'il faut fréquenter) ont un peu dépassé cette méthodologie élémentaire car ils n'en sont plus à l'histoire-récit. Ils se posent un certain nombre de problèmes. Leur histoire s'élargit progressivement à la dimension de l'homme; pour étudier tout l'homme, eh bien! il faut des techniques. Ces techniques se retrouvent dans la statistique, la sociologie, la psychologie sociale, etc. [...] Il ne faut pas venir ici chercher des solutions mais des méthodes et des horizons. Oseriez-vous prétendre que cela peut s'acquérir dans nos universités canadiennes de Montréal ou de Québec? Allons, cher ami, il ne faut tout de même pas s'abandonner trop facilement au refoulement[49].

Brunet lui répondra que «les Canadiens français auront une pensée originale le jour où ils s'habitueront à étudier leurs problèmes par eux-mêmes» et qu'à l'Université de Montréal, les historiens ont dépassé le stade du positivisme pour s'attaquer à la mise en perspective d'un problème d'envergure.

> Depuis longtemps, [...] nous nous sommes posé une grande question à laquelle toute notre vie de chercheurs ne sera pas de trop pour répondre. Quelles ont été les conséquences de la Conquête sur l'évolution historique

> de la nation canadienne-française? Celle-ci présente le plus beau problème humain jamais offert aux recherches de l'historien. Nous sommes en présence d'une société *vaincue*, *conquise* et *occupée* dont le développement normal a été brutalement arrêté en 1760. Problème passionnant et complexe que toutes les sciences auxiliaires de l'histoire nous aideront à comprendre et à expliquer. Le seul ennui c'est que nous sommes les descendants et les modestes héritiers de ces vaincus! Et l'occupation ne prendra jamais fin! Comme le problème canadien-français serait intéressant à étudier si nous n'étions pas Canadiens français[50].

Le développement d'une histoire réaliste répond, chez Brunet, à un véritable sentiment d'urgence puisque l'histoire exerce, selon lui, une fonction sociale centrale dans la vie d'une nation. Ainsi, aux États-Unis, les historiens ont directement contribué à la création de la nation américaine tandis que ceux du Canada anglais «ont favorisé la prise de conscience nationaliste» de la nation *Canadian*[51]. Pour Brunet, l'histoire est au service des «hommes d'action» et ces derniers ne peuvent se passer de l'histoire pour relever les défis du temps présent.

> L'histoire demeure toujours la reine des sciences sociales. Sans les recherches des historiens, les sociologues, les économistes, les politicologues, les légistes et les éducateurs ne peuvent pas comprendre les réalités du présent. [...] Quant aux hommes d'action qui ont l'ambition légitime de servir la collectivité, ils sont condamnés à l'impuissance partielle ou totale s'ils ignorent les origines et l'arrière-plan des problèmes qu'ils doivent résoudre. Seule une étude approfondie de l'histoire peut leur révéler la nature réelle du milieu qu'ils doivent faire évoluer selon ses lignes de force face aux nouveaux défis qui se présentent à chaque génération[52].

Le problème actuel c'est que, du fait de son évolution historique anormale, le Canada français n'a pratiqué depuis la Conquête qu'un nationalisme incomplet. Aussi, «la pensée politique canadienne-française se résume en une expression anglaise très appropriée: *wishful thinking*. Le Canada anglais s'est bâti sur de dures réalités. Le Canada français s'est gavé de phrases creuses[53].» Par ailleurs, le mouvement de centralisation fédérale rend d'autant plus urgent la naissance d'une nouvelle histoire qui tiendrait enfin compte de la présence du Canada anglais. La Conquête ayant détruit les principaux cadres de la société canadienne-française, il est primordial de s'apercevoir que la nation canadienne n'a réussi à survivre depuis cette époque que comme une minorité soumise politiquement et économiquement à une majorité anglaise.

Plus les Canadiens français se familiariseront avec la pensée anglo-canadienne, mieux ils comprendront l'histoire passée et contemporaine du Canada. Si nous négligeons de le faire, nous risquons de continuer à entretenir de grandes et stériles illusions sur l'évolution historique d'un pays où nous sommes une minorité soumise, bon gré mal gré, aux décisions de la majorité. Payons-nous au moins le luxe de savoir quel est le programme de ceux qui dirigent la politique canadienne[54].

Ce dont il importe aussi de se rendre compte, c'est que la Conquête a peut-être supprimé la possibilité d'une indépendance future pour les Canadiens français, mais la nécessité d'établir la coexistence pacifique de deux nations à l'intérieur d'un même État est à l'origine du caractère fédéral du Canada.

Le Canada est un État fédéral. Il doit demeurer un État fédéral. Il ne peut pas être un pays unitaire. Et notre pays n'est pas difficile à gouverner parce qu'il est fédéral, mais il est devenu fédéral parce que difficile à gouverner. [...] La présence de la nationalité canadienne-française, dont la majorité habite l'une des principales provinces du pays, contribue directement à maintenir le caractère fédéral de l'État canadien. Celui-ci est pluraliste par le compromis nécessaire qui s'est établi entre Canadiens de langue française et Canadiens de langue anglaise[55].

Toutefois, selon Brunet, la formation d'un sentiment nationaliste canadien-anglais au tournant des années quarante et la volonté centralisatrice du fédéral qui en est l'expression menacent directement l'équilibre politique du pays tout en mettant en danger la survivance même de la nationalité canadienne-française puisque le gouvernement du Québec et les diverses institutions provinciales constituent le seul cadre sur lequel la nation peut s'appuyer pour maintenir et organiser sa vie collective. En effet, «le grand avantage du fédéralisme c'est de laisser à la minorité des cadres qui lui appartiennent entièrement. Détruire ces cadres et ces institutions au profit du gouvernement national de la majorité *Canadian*, c'est travailler directement contre la stabilité politique de l'union canadienne[56].» Et si les Canadiens anglais veulent créer un État unitaire, c'est justement parce qu'il y a deux nations et deux nationalismes au Canada. Selon Brunet, loin de vouloir céder ses cadres collectifs, la nation canadienne-française contemporaine ne désire plus se contenter seulement de survivre mais «croit de plus en plus avoir le droit de réclamer son libre et plein épanouissement[57]».

Enfin, la nécessité d'une histoire réaliste s'impose d'autant plus du fait que le gouvernement central se propose de prendre en charge le financement des universités alors qu'elles sont des institutions qui ont justement pour mission d'orienter et de servir la nation à laquelle elles appartiennent. Même que ce sont les universitaires canadiens-anglais qui, en noyautant les ministères fédéraux, ont été à l'origine de la centralisation fédérale et du processus de formation du nationalisme *Canadian.* Selon Brunet, avec le développement de la spécialisation et l'apparition de nouveaux besoins sociaux, les universitaires sont dorénavant appelés à jouer un rôle tellement important dans la société contemporaine que l'on peut le comparer à celui que la bourgeoisie a joué au XIXe siècle.

> L'histoire récente de notre pays, depuis la création de la Banque du Canada jusqu'au rapport Massey, ne peut pas s'écrire sans chercher à connaître le rôle exact joué par les universitaires — particulièrement les économistes, les historiens et les *political scientists* — et les hauts fonctionnaires anglo-canadiens. Leur influence dans la politique canadienne contemporaine se compare à celle des grands capitalistes au XIXe siècle. Cette évolution se remarque dans tous les pays du monde atlantique. [...] Un État moderne ne se conçoit pas sans une bureaucratie formée de grands commis dont la compétence et la vision servent les intérêts du gouvernement qui se les attache. Au Canada, c'est le gouvernement central qui l'a compris le premier. Il ne doit pas le regretter[58].

Ce passage nous permet de comprendre les raisons qui ont amené Brunet à insister tellement sur la «déchéance» de la bourgeoisie canadienne. Bien sûr, la ruine de cette bourgeoisie explique, selon Brunet, l'infériorité économique des Canadiens français. Mais ce n'est pas là l'explication principale de cette insistance. S'il en fait le phénomène capital de l'histoire du Canada, c'est que l'absence de cette classe capitaliste autochtone est aussi à l'origine du «statisme» de la pensée économico-sociale des Canadiens français et de leur antiétatisme. Pour Brunet, le développement de la bourgeoisie est étroitement associé à l'émergence des institutions démocratiques et des États-nations. Ainsi, «avant notre époque contemporaine, la nationalisation d'un État signifiait que celui-ci était mis au service d'une bourgeoisie nationale[59].» L'histoire de l'Angleterre est, selon lui, exemplaire à ce point de vue. Mais ce processus ne lui est pas particulier. Pour assurer son développement, la bourgeoisie s'est toujours appuyée sur le politique. Il lui est dès lors naturel de cultiver le nationalisme. Ainsi, les institutions parlementaires «ont contribué dans tous les pays du monde occidental, au cours du XIXe siècle, à établir la puissance économique et politique de la bourgeoisie. Cette classe ambitieuse et puissante pratiqua aussi dans tous les pays de l'Occident un nationalisme actif qu'elle fit servir à ses fins économiques.» Depuis la Renaissance, jusqu'au XXe siècle, elle fut le groupe social qui contribua le plus à l'évolution du monde occidental et à son expansion coloniale. En ce qui a trait à l'histoire du Canada, Brunet constate que la disparition de la bourgeoisie canadienne, une génération après la Conquête, coïncide avec l'octroi de la démocratie parlementaire au Canada. Aussi, «le parlementarisme a fonctionné au profit d'une bourgeoisie qui n'appartenait pas à notre nationalité et la Confédération a été une victoire nationaliste pour cette même bourgeoisie[60]». L'absence d'une bourgeoisie canadienne-française au moment de la création du gouvernement du Québec explique par la même occasion, mais en partie seulement, pourquoi ce gouvernement fut «nationalement neutre[61]». C'est pourquoi, depuis que la bourgeoisie canadienne-française a disparu, il existe un lien entre l'économique et le national que les Canadiens français ont à redécouvrir. En effet, il ne faudrait pas continuer à sous-évaluer selon Brunet «les relations étroites qui existent entre ceux qui contrôlent la vie économique d'un pays et ceux qui y exercent le pouvoir politique[62]». Puisque la Conquête a privé la nation canadienne-française «d'une bourgeoisie autochtone économiquement indépendante, totalement dévouée à ses intérêts comme groupe ethnique et capable de lui bâtir un ordre politique, économique, social et culturel entièrement à son service», on peut soutenir que «l'absence de cette classe dirigeante laïque et bourgeoise, dont le rôle a été si important dans l'évolution des sociétés du monde atlantique, demeure le grand fait de l'histoire du Canada français depuis la Conquête[63]». S'il appartient aux historiens de travailler à cette prise de conscience, c'est aux divers spécialistes des sciences sociales qu'il revient de tracer le programme de cette reconquête dont l'État sera le principal fer de lance.

> Nous devons nous rendre compte que nous souffrons d'abord et surtout de l'absence d'une politique économique rationnelle et dynamique mise au service de la collectivité sociale qui représente 82 % de la population de cette province. [...] Une politique économique intégrale au service de la collectivité canadienne-française — politique qui visera à multiplier les emplois, à mieux utiliser nos ressources naturelles et humaines, à mobiliser le crédit au bénéfice des entreprises et des entrepreneurs canadiens-français, etc. — ne s'improvise pas. [...] Cette politique doit d'abord être définie par nos chercheurs en sciences sociales. Ensuite, elle sera mise en vigueur par les dirigeants de la société canadienne-française. Nos recherches [...] sont encore très incomplètes. C'est pourquoi il est extrêmement important de développer nos facultés universitaires de sciences sociales. Quant à nos dirigeants [...] ils n'ont pas encore suffisamment compris la nécessité

d'adopter un programme d'ensemble... [...] Nous construirons une société plus dynamique et plus prospère lorsque nous connaîtrons exactement les causes de nos faiblesses et les moyens de nous en guérir[64].

C'est dans ce contexte plus global que Brunet interprète la menace que fait planer les manœuvres centralisatrices d'Ottawa. Bien sûr, les transformations du monde contemporain et l'apparition de nouveaux besoins sociaux font que «les penseurs politiques, catholiques ou non, reconnaissent que l'État moderne doit étendre son rôle supplétif[65]». Le gouvernement fédéral l'a compris le premier et a fait montre du dynamisme qui l'anime en prenant l'initiative dans tous les nouveaux domaines qui s'ouvraient à lui. Comme d'habitude, le Canada français s'est retrouvé à la remorque du Canada anglais. Mais, en prenant l'initiative d'instaurer des politiques sociales, tout en monopolisant les ressources fiscales disponibles, le gouvernement fédéral œuvre comme un gouvernement national unitaire, tout en réduisant presque à néant les possibilités que le gouvernement du Québec puisse développer, comme dirait Séguin, son propre «agir (par soi) collectif». Aussi, puisque les universitaires ont une fonction centrale à jouer dans l'extension du rôle que le gouvernement est appelé à prendre dans le monde d'aujourd'hui, la politique de centralisation fédérale met en jeu l'existence même des seuls cadres qui soient encore au service du bien commun de la nation: son enseignement supérieur et son gouvernement. D'où, selon Brunet, la nécessité pour les universitaires canadiens-français de «faire front commun» contre les visées fédérales qui ont été inspirées par les universitaires canadiens-anglais. En effet, selon Brunet, «si les universitaires canadiens-français n'ont pas l'ambition et la volonté de servir le Canada français, qui s'acquittera de ce devoir[66]?»

Il n'est donc pas surprenant que «les grandes lignes» de la nouvelle interprétation de l'histoire «réaliste» ait été présentées dans le cadre du mémoire que Brunet a préparé pour le compte de la Société Saint-Jean-Baptiste de Montréal et qui a été déposé à la commission Tremblay le 13 mai 1954. Toutefois, le coup d'envoi allait être donné en novembre 1953, alors qu'il prononce sa célèbre conférence intitulée «*Canadians* et Canadiens», deux mots qui, à eux seuls, écrira Brunet en 1969, «résumèrent la nouvelle interprétation de l'histoire de la vallée du Saint-Laurent[67]».

Il faut reconstruire le Canada français!

L'objectif central de cette conférence et de ce mémoire est de mettre en évidence, à partir d'une mise en perspective historique, qu'il existe deux nations au Canada: une nation *Canadian* et une *nation canadienne*. Aussi, selon Brunet, le projet de créer l'unité nationale au nom d'un canadianisme commun est une «chimère politique» puisque l'histoire a voulu qu'il existe deux Canadas et que l'union canadienne elle-même est le résultat et l'expression de cette réalité de base. C'est pourquoi Brunet s'oppose vigoureusement à l'utilisation de l'expression «unité nationale» pour lui préférer celle «d'union canadienne». Dans l'introduction de son premier livre, Brunet écrivait à ce propos:

> Il serait plus juste et plus honnête de rappeler aux deux nations [...] [qu'elles] n'ont pas la liberté de se séparer et la nation la plus forte devrait abandonner son vieux rêve d'absorber complètement la nation la plus faible. [...] Ces deux groupes ethniques représentent deux fidélités: la fidélité canadienne-française et la fidélité canado-britannique. Leur existence commune exige un compromis régulièrement renouvelé selon les circonstances et l'équilibre des forces en présence. Et loyalement accepté. Parlons moins d'«unité nationale», et insistons davantage sur l'union canadienne[68].

Toutefois, alors que la nation canadienne est minoritaire, pauvre et en retard sur l'évolution du monde contemporain, parce que ses principaux cadres ont été détruits par la Conquête, la nation *Canadian*, quant à elle, est majoritaire, riche et dynamique tout en ayant su mettre ses universitaires à son service. Aussi, un tel projet de canadianisme commun ne peut mener qu'à «l'assimilation de la culture la plus faible par la culture la plus dynamique». Selon Brunet, l'évolution politique récente ayant mis fin à l'ancien provincialisme et fait du gouvernement d'Ottawa le gouvernement national des Canadiens anglais, il est urgent que les Canadiens français se rendent compte que, comme minorité, ils n'exercent aucune influence réelle au sein de celui-ci et que, dans ce contexte, le gouvernement de la province de Québec constitue le «seul gouvernement national auquel ils peuvent confier en toute quiétude le maintien, la défense et l'enrichissement de leur culture et de leur civilisation.» En fait, les Canadiens français se retrouvent, selon lui, à l'heure des choix: se laisser assimiler par la nation *Canadian* ou se donner enfin les cadres nécessaires pour assurer au peuple canadien-français, non pas une simple survivance, mais les moyens de «de vivre pleinement et librement sa vie[69]». Il est curieux de constater que Brunet, tout en reprenant l'essentiel de l'argumentation de Séguin, puisse déboucher sur une telle conclusion. C'est qu'en plus de reconnaître que l'histoire obéit à certains déterminismes, elle est aussi pour lui, et peut-être plus encore, le résultat de l'initiative des «hommes d'action».

Quoique l'argumentation du mémoire de la Société Saint-Jean-Baptiste soit plus développée que celle de sa conférence, notamment en ce qui a trait aux conséquences de la Conquête, les deux documents se recoupent. Il serait fastidieux de s'arrêter aux détails de ceux-ci. Voyons plutôt les points principaux. L'hypothèse de «l'embryon national» de Séguin en constitue le point de départ.

> Alors qu'elle était au sommet de sa puissance, la France avait fondé le Canada. Celui-ci reçut de sa métropole des hommes, une tradition culturelle, des techniques, des capitaux. La Nouvelle-France était une véritable projection de la France en Amérique. De 1632 à 1760, une société canadienne, harmonieusement et solidement organisée, avait pris naissance dans la vallée du Saint-Laurent. Elle avait ses propres cadres politiques, économiques et sociaux. Ceux-ci répondaient aux besoins d'une jeune nation dynamique en pleine formation[70].

La Conquête vint interrompre l'expérience de la colonisation française. Son évolution normale et «progressive» fut interrompue au profit du conquérant qui, pour sa part, travaille à la fondation d'un deuxième Canada. «Privée de l'appui encore absolument nécessaire d'une métropole dévouée à ses intérêts, socialement décapitée, soumise à une autorité étrangère qui ne pouvait se reconnaître que des obligations très limitées envers un peuple conquis, la société canadienne ne pourrait plus se développer normalement et progressivement. C'était la conséquence même de la Conquête[71].» Toutefois, parce que les Canadiens sont demeurés l'immense majorité pendant plusieurs décennies, ils ont cru qu'ils finiraient par reprendre le contrôle du pays. L'Acte de Québec puis la Constitution de 1791 sont venus entretenir cette illusion. Une fois majoritaire à l'Assemblée législative, les Canadiens commencent même à parler de «nation canadienne». Une telle situation ne pouvait que mettre en péril les efforts de colonisation britannique.

> Le nationalisme franco-canadien [...] menaçait directement le développement du Canada anglais. La création d'un État canadien dans la vallée du Saint-Laurent aurait brisé l'unité géographique, économique et politique des colonies anglaises de l'Amérique du Nord. Les dirigeants les plus éclairés de la minorité anglaise du Bas-Canada, appuyés par les administrateurs coloniaux les moins aveugles, cherchèrent à faire comprendre aux autorités

impériales qu'il était urgent de réparer l'erreur commise par la constitution de 1791. Ils demandèrent, au plus tôt, l'union du Haut et du Bas-Canada. L'insurrection de 1837 et le Rapport de Lord Durham éclairèrent enfin le gouvernement métropolitain qui ordonna l'union des deux colonies. Le nationalisme franco-canadien ne serait plus une menace pour l'expansion du Canada anglais[72].

Toutefois, les dirigeants politiques «les plus éclairés» du Canada anglais se sont rendu compte qu'ils ne pouvaient travailler au développement du Canada sans le concours des Canadiens français. Un compromis devenait nécessaire. Les Réformistes du Haut-Canada étaient disposés «à reconnaître l'autonomie culturelle du Canada français si les Canadiens acceptaient de renoncer à l'ambition et au rêve de former une nation indépendante dans la vallée du Saint-Laurent[73]». C'était là se contenter de peu, mais c'était aussi, au fond, tout ce que les Canadiens français désiraient. La pensée politique canadienne-française étant très confuse, les politiciens «furent tout heureux de pouvoir dire à leurs électeurs qu'ils obtiendraient enfin "le gouvernement responsable". Ils se gardèrent bien de préciser que ce "gouvernement responsable" serait exercé par une majorité non canadienne. Une autre illusion vint remplacer les précédentes: les Canadiens crurent que c'étaient eux qui avaient conquis la responsabilité ministérielle.» Seul François-Xavier Garneau se serait aperçu que celle-ci avait été accordée au moment où les Canadiens étaient devenus une minorité au sein du Canada. Dès lors, l'espoir d'une reconquête de l'indépendance devenait impossible. «L'alliance du pot de fer et du pot de terre était conclue.» En effet, «un peuple conquis peut conserver l'espoir d'un retour historique aussi longtemps qu'il garde la majorité numérique. Telle avait été la situation des Canadiens de 1760 à 1837. Lorsque le Conquérant est devenu lui-même la majorité, le conquis n'a plus qu'à compter sur la générosité de celui-ci et sur sa propre habileté. Telle est la situation des Canadiens depuis 1850.» Aussi, selon Brunet, lorsqu'un peuple a perdu la maîtrise de son destin, il est normal qu'il en vienne à cultiver des illusions. «Celles-ci rendent la réalité moins amère. Malheureusement, elles paralysent leur action[74].»

Avec la Confédération, les Canadiens anglais contrôlent la politique économique et fiscale du Canada, alors que les Canadiens français se satisfont de leur autonomie culturelle. Pour éviter d'avoir à faire l'expérience d'une guerre civile, à l'exemple de celle qui se déroulait aux États-Unis au moment où la future constitution était projetée, les Pères de la Confédération ont veillé à ce qu'elle soit «aussi peu fédéraliste que possible». Toutefois, la Confédération octroyait aux Canadiens français «un gouvernement provincial où ils seraient la majorité. [...] Même s'ils avaient perdu la liberté de former une nation indépendante, ils avaient au moins réussi à se donner, après un siècle de luttes et de résistance, un État provincial. C'était peu. Mais, compte tenu de la gravité de leur défaite, c'était beaucoup.» Les Canadiens français, ayant été privé d'un gouvernement qui leur appartenait en propre depuis la Conquête, n'en auraient pas saisi toute l'importance puisqu'ils «avaient acquis une conception diminuée de l'État et de la politique[75]».

C'est ici que Brunet prolonge l'interprétation de Séguin tout en s'en séparant à la fois sur certains points. On sait que pour Séguin la Confédération marque, pour ainsi dire, la fin de l'histoire du Canada. Pour Brunet, au contraire, voyant l'importance que l'État a pris dans le monde moderne, la création du gouvernement du Québec en 1867 constitue, du point de vue du présent, le fait le plus marquant depuis la Conquête. C'est pourquoi Brunet s'est particulièrement attaché à faire l'histoire de la pensée politique depuis la Confédération et à décrire les illusions qu'ont partagé les Canadiens anglais et les Canadiens français dans leur itinéraire commun. En fait, il s'agit pour Brunet de retrouver, dans l'histoire, les raisons qui ont fait que le gouvernement du Québec n'a jamais véritablement pris ses responsabilités de gouvernement national des Canadiens français, dans le but de montrer l'urgence de ces responsabilités prendre dans le présent.

La Confédération, malgré son caractère centralisé, s'est heurtée, dès l'origine, au provincialisme qui existait tant au Canada français qu'au Canada anglais. Jusqu'en 1930, les provinces s'opposeront avec succès à toute initiative du gouvernement fédéral qui pouvait leur apparaître comme une atteinte à leur autonomie. Dans ce contexte, où le nationalisme *Canadian* n'est qu'embryonnaire et le provincialisme dominant, la politique traditionnelle de laissez-faire du gouvernement du Québec demeurait, somme toute, peu dommageable pour la nation canadienne. Toutefois, au cours des années trente, la naissance d'une pensée nationaliste *Canadian* a mis fin à l'ancien provincialisme des Canadiens anglais.

> Ce gouvernement puissant fournit à la société anglo-canadienne les cadres politiques, économiques et sociaux dont toute nation a besoin pour se développer et s'épanouir. [...] Les universités du Canada anglais ont été à l'avant-garde de cette prise de conscience nationaliste anglo-canadienne. [...] L'enquête Rowell-Sirois-Dafoe et tout le programme de politique intérieure exécuté depuis une vingtaine d'années ont été leur œuvre. [...]

> Personne, au Canada anglais, ne conteste sérieusement la légitimité des buts nationalistes poursuivis par le gouvernement central. [...] Les autorités fédérales ont su se gagner le consentement et l'appui de la population. C'est pourquoi elles peuvent agir comme elles le font[76].

Brunet ne cache pas son admiration pour la société canadienne-anglaise et ses principaux dirigeants. Depuis 1760, elle poursuit le même objectif: bâtir contre les États-Unis rebelles un pays monarchique et britannique. Selon Brunet, l'histoire du Canada anglais «démontre le rôle décisif de la volonté humaine dans l'évolution historique d'une nation. Si un Canada britannique et monarchique s'est bâti contre les États-Unis c'est parce que six générations de colons anglais, attachés à leur tradition historique, l'ont voulu de toute leur volonté d'hommes[77].» De plus, en ce qui a trait à la rapidité et à l'immensité de la tâche que représente le développement d'un nationalisme *Canadian* au cours des vingt dernières années, Brunet y voit «un chef-d'œuvre de politique humaine qui mérite l'admiration de tout observateur impartial[78]». Le Canada anglais est l'exemple même de l'État moderne qui sait prendre des initiatives lorsque les événements le commandent et mettre ses universitaires à son service. Il appartient au Canada français de l'imiter.

> Nous savons que l'avenir appartient à ceux qui ont le courage de le bâtir. [...] Les raisons d'espérer en l'avenir ne manquent pas. C'est pourquoi nous proposons un vaste programme politique dont la mise en vigueur permettra aux Canadiens français de prendre la place qui leur revient dans la province et dans l'union canadienne. [...] Cette politique sera d'abord une politique de reconstruction et d'équipement. La Conquête a détruit le Canada français et celui-ci n'a pas été complètement rebâti depuis. Toutes les énergies de la société canadienne-française doivent être mobilisées à cette fin[79].

À l'exemple de ce que Frégault proposait en 1947, il s'agit de refaire le Canada français. Toutefois, il ne s'agit plus de le reconstruire en prenant appui sur la connaissance objective de nos traditions authentiques qui se sont constituées à l'origine. Sous l'influence de Séguin, la nation ne se présente plus d'abord comme un phénomène culturel. Elle est devenue une réalité systémique qui tient compte de l'interaction des principaux aspects qui conditionnent son existence interne et des rapports qu'elle entretient avec d'autres nations. Aussi, puisque l'histoire a amené deux nations à coexister dans un même État, une politique de reconstruction du Canada français doit tenir compte de la signification et de la tendance des rapports qu'elles ont entretenus jusqu'à maintenant entre elles. Ainsi, «l'ancien équilibre politique du pays a été faussé par l'expansion considérable de l'autorité et des pouvoirs du gouvernement national du Canada anglais[80]». Pour Brunet, la consolidation des cadres du Canada français a non seulement pour but d'assurer sa survivance, mais aussi de rétablir l'équilibre qui a été rompu. En somme, en proposant cette politique de reconstruction, Brunet a «la conviction de travailler honnêtement au bénéfice d'une véritable union canadienne et au maintien de la stabilité politique du Canada[81]». De plus, cette reconstruction des cadres du Canada français est intimement liée à une politique de modernisation.

> ...les cadres de la société canadienne-française [...] sont incomplets. Parfois, ils semblent archaïques. Mais ce n'est pas en les abandonnant et en les reniant que nous les renforcerons et que nous les moderniserons. [...] Si elle veut survivre, la société canadienne-française doit s'organiser elle-même et ne plus compter uniquement sur la tolérance, la charité et la bienveillance de la majorité pour réaliser cet idéal. La vie se moque des faibles et l'avenir n'appartient qu'aux forts. Il serait peut-être temps de nous en rendre compte[82].

De tous les cadres à reconstituer, le système d'éducation prend figure de véritable levier national. D'où l'importance que Brunet attache à l'implication financière de l'État provincial, non seulement au niveau de l'enseignement supérieur, mais pour tout le système d'éducation. Dès 1954-1955, il propose même la création d'un ministère de l'Éducation. Toutefois, selon lui, si l'État du Québec doit s'impliquer financièrement pour promouvoir l'éducation de la nation qu'il encadre et soutient, les intellectuels, en retour, devraient normalement être au service de la nation, ce qui ne semblera pas toujours le cas. Lorsque le gouvernement du Québec, à compter des années 1957-1961, se fera plus généreux dans le financement de ses universités, le combat de Brunet s'orientera vers le problème des inégalités criantes qui existent entre le financement de l'Université McGill et celui des universités canadiennes-françaises.

Selon un correspondant, la conférence «*Canadians* et Canadiens», qui a été reproduite quelques jours plus tard dans *Le Devoir* «a eu l'effet d'une bombe à travers tout le Canada français[83]». Elle a été prononcée devant trois cents jeunes qui s'étaient réunis dans le cadre du Congrès national de l'AJC qui se tenait à l'Université de Montréal.

> [Cette jeunesse] ...s'attendait à entendre chanter les gloires de ses ancêtres. Elle prévoyait une invitation à marcher sur leurs traces.
>
> Vous lui avez dit: «Nous faisons fausse route depuis deux siècles. Comme les peuples qui ont perdu la maîtrise de leurs destinées, mais qui survivent encore, nous nous sommes nourris de belles chimères. Celles-ci ont rendu

la réalité moins amère. Malheureusement, elles ont paralysé notre action. Je vous invite à réparer les erreurs de huit générations!!!» [...] Vous avez demandé à ces jeunes d'engager le combat[84].

Robert Rumilly le félicite tandis que Marcel Trudel veut «assurer à cette conférence une publicité du tonnerre!» Il lui demande cinquante et même cent exemplaires de sa conférence[85]. Par contre, *Le Devoir* la jugera pessimiste, étiquette qui ne quittera plus nos trois historiens iconoclastes[86].

La même année, Brunet réunira en un volume, dont l'intitulé reprend celui de sa conférence de 1953, la plupart des allocutions qu'il a prononcées au cours des quatre dernières années. Les commentaires de la critique sont en général positifs. Toutefois, Mgr Chartier lui reprochera sa tendance «à traiter de rêveurs, d'utopistes, de pêcheurs dans la lune, les partisans de l'histoire-science et plus encore ceux de l'histoire-patriotisme? Si sa méthode nous contraint à beaucoup d'humilité — ce qui est excellent — la leur nous inspirait au moins une certaine fierté de nous-mêmes et de nos ancêtres — ce qui n'était peut-être pas si mal[87].» Benoît Lacroix, pour sa part, n'arrive pas à se convaincre «de l'existence d'un nationalisme canadian méchant assimilateur[88]». Par contre, la plupart reconnaissent que ce livre «oblige le lecteur à s'interroger et à réviser des jugements trop hâtifs[89]». Lionel Groulx lui-même en fera l'aveu, non sans faire une critique serrée de l'ouvrage. Ainsi, Groulx commence par souligner que Brunet est celui qui, le premier, «aura établi, non pas les principes ni les règles peut-être, mais les données principales de cette interprétation ou de cette théorie» nouvelle qui ferait beaucoup parler d'elle depuis quelque temps. Son caractère novateur, selon Groulx, tiendrait à la place qu'elle accorde aux phénomènes économiques dans notre histoire. Toutefois, «cette primauté une fois accordée au facteur économique, nul ne s'étonnera que les "nouveaux historiens" aboutissent, en toute logique, à un rapetissement du passé canadien-français. De ce passé "image idéalisée", M. Brunet fait un beau saccage.» Par contre, Groulx rappelle du même souffle «qu'on ne saurait exiger d'un historien qu'il atténue ses jugements, si pessimistes soient-ils, au nom de l'intérêt patriotique. On ne peut le faire qu'au nom de la vérité historique. Sur ce terrain seul, l'on peut et l'on doit discuter avec la nouvelle école[90].» Le véritable problème est ailleurs.

Impressionnés par le rôle du facteur économique et par la catastrophe interminable où se débat toujours le peuple canadien-français, les «jeunes historiens», par un penchant ou une dialectique fort admissible, n'en seraient-ils pas venus à sous-estimer plus qu'il ne faut, un passé bâti dans la carence

> économique? [...] Est-ce à dire qu'il faille minimiser ou mépriser tout effort des mêmes vaincus, autre que l'effort économique, pour se dégager de l'étreinte de la conquête et en atténuer le poison?

De même,

> La nouvelle école ne traite guère avec moins de sévérité LaFontaine et ses successeurs sous l'Union des Canadas. Tous et même en 1867 auraient plus ou moins joué, pour le compte des «Canadians», un rôle de dupes ou de «collaborateurs», au sens péjoratif du mot. J'avoue que ces jugements m'impressionnent et m'invitent à réviser les miens. Un fait capital retient pourtant mon attention: l'existence, à l'heure actuelle, dans le Québec, d'un gouvernement national, au service de la nation canadienne-française... [...] Or ce gouvernement national n'est pas, que je sache, un champignon ni le cadeau de qui que ce soit. Par quel processus historique est-il là[91]?

Malgré ces remarques justifiées, Groulx avoue qu'il «accepte en grande partie la nouvelle interprétation de l'histoire canadienne». Il voit même dans l'ouvrage de Brunet «l'un des livres les plus courageux et le plus chargé de pensée que l'on ait écrits au Canada depuis bien des années[92]». Mais ce jugement est loin d'être partagé par tout le monde.

Notes

1. B. 222 p. 45-46.
2. B. 216 p. 35. Si les deux derniers faits sociaux apparaissent nettement dans sa thèse de doctorat, on ne retrouve par contre aucune trace de l'importance du «rôle d'une métropole nourricière dans l'organisation d'une société coloniale» avant 1950.
3. Brunet à Gustave Lamarche, 17 juin 1955, P136/A,316.
4. B. 24 p. 578.
5. B. 32 p. 11.
6. Brunet à Groulx, 18 mai 1955, Institut d'histoire de l'Amérique française.
7. Cité par Michel Lapalme, «Le nouveau chanoine Groulx s'appelle Séguin», *Magazine Maclean*, 6, 4 (avril 1966) p. 16.
8. Gérard Filion, «À qui la faute, si l'histoire est si mal enseignée?», *Le Devoir*, 22 mars 1961, p. 4.
9. Brunet à Groulx, 27 juin 1953, Institut d'histoire de l'Amérique française.
10. Entrevue avec Pierre Tousignant et Jean-Pierre Wallot, 6 décembre 1990.
11. S. 10 (texte de 1977) p. 64, 47.
12. B. 29 p. 23.
13. B. 55 p. 395.
14. Entrevue avec François Ricard, «Écrire l'histoire au Québec», Radio de Radio-Canada, 14 juin 1981, p. 6.
15. B. 5 p. 179.
16. *Ibid.*, p. 181.

17. *Ibid.*, p. 182.
18. *Id.*
19. B. 5 p. 183-184.
20. B. 5 (2e version) p. 92. Comme on le verra un peu plus loin, il faudra attendre 1955 pour que Brunet soutienne que la survivance ne fut pas le résultat d'un acte de volonté et, qu'en fait, les Canadiens français étaient condamnés à survivre.
21. Lionel Groulx, «Canadians et Canadiens — Études sur l'histoire et la pensée des deux Canadas», *Revue d'histoire de l'Amérique française*, 9, 1 (juin 1955), p. 126.
22. B. 5 (2e article) p. 22.
23. *Ibid.*, p. 24.
24. *Ibid.*, p. 22.
25. Cette définition est tirée du livre de Gilbert J. Garraghan, s.j., *A Guide to Historical Method* qu'a publié Jean Delanglez en 1946.
26. B. 5 (2e article) p. 22.
27. *Ibid.*, p. 22, 23.
28. *Ibid.*, p. 24.
29. *Ibid.*, p. 24; 26.
30. B. 11 p. 366. Alors que, sur cette question, Brunet fait appel à Henri-Irénée Marrou, Frégault à la même époque s'inspire de Bloch. Quant à Séguin, Brunet écrivait à un correspondant en 1954 que ce dernier se serait «toujours moqué» de Langlois et Seignobos. Voir à ce propos: Brunet à Fernand Grenier, 17 novembre 1954, P136/A,268.
31. Brunet à A.-R.-M. Lower, 20 juin 1952, P136/A,378.
32. Brunet à Marcellin Lahaie, 6 août 1952, P136/A,315.
33. Brunet à Marcel Trudel, 20 novembre 1951, P136/D3,1.
34. Brunet à Marcel Trudel, 5 mai 1952, P136/D3,1.
35. Trudel à Brunet, 12 mai 1952, P136/D3,1.
36. Brunet à Trudel, 18 mai 1952, P136/D3,1.
37. B. 30 p. 44.
38. Brunet à D. Jordan, 4 décembre 1952, P136/A,301.
39. Brunet à Henri Courtemanche, 25 avril 1952, P136/A,157.
40. Brunet à F.-A. Angers, 27 février 1952, P136/A,12.
41. B. 30 p. 39-40. Ce constat, qu'il reprend de Frégault, rejoint, d'une certaine manière, celui que Fernand Dumont établira en 1958 et à propos duquel je reviendrai plus loin: «De quelques obstacles à la prise de conscience chez les Canadiens français», *Cité libre*, 19, (janvier 1958), p. 22-28.
42. B. 6 p. 438.
43. B. 288 p. 8; B. 69; B. 100 p. 39.
44. Brunet à Jean-Louis Gagnon, 26 juillet 1955, P136/A,239.
45. B. 36 p. 59.
46. B. 30 p. 46, 37.
47. B. 23 p. 576.
48. B. 37 p. 275.
49. Fernand Grenier à Brunet, 22 octobre 1954, P136/A,268.

50. Brunet à Fernand Grenier, 17 novembre 1954, P136/A,268.
51. B. 30 p. 38.
52. B. 100 p. 39-40. Encore en 1985, l'histoire demeure pour Brunet «LA REINE DES SCIENCES SOCIALES». Brunet à René Durocher, 8 mars 1985, P136/A,210.
53. Brunet à Arthur Lower, 20 juin 1952, P136/A,378.
54. B. 27 p. 305.
55. B. 39 p. 281-282.
56. B. 39 p. 283.
57. B. 15 p. 46.
58. B. 27 p. 305.
59. B. 127 p. 157.
60. B. 5 p. 182.
61. B. 33 p. 71.
62. B. 45 p. 19.
63. *Ibid.*, p. 84.
64. B. 44.
65. B. 15 p. 47.
66. Brunet à François-Albert Angers, 3 novembre 1953, P136/A,12.
67. Brunet à Armand Maltais, 24 juillet 1969, P136/A,400.
68. B. 32 p. 13-14. Dans la même perspective, Brunet réagira avec véhémence, au fil de l'actualité, à toutes tentatives faites par Ottawa pour remplacer le mot fédéral par celui de national que ce soit pour l'appellation de la capitale ou de ses diverses institutions.
69. B. 29 p. 29, 30, 32.
70. B. 33 p. 33.
71. *Ibid.*, p. 37. Voir aussi B. 29 p. 18-20.
72. B. 33 p. 39. Voir aussi B. 29 p. 20-21.
73. B. 33 p. 41.
74. B. 29 p. 21, 22, 23, 24.
75. B. 33 p. 44, 45-46, 47.
76. *Ibid.*, p. 30, 31.
77. *Ibid.*, p. 33.
78. B. 29 p. 27.
79. B. 33 p. 74, 75.
80. *Ibid.*, p. 57.
81. B. 32 p. 15.
82. B. 36 p. 67.
83. D. B. à Brunet, sans date, P136/E,23.
84. *Ibid.*
85. Il ajoute: «Je suis justement à étudier avec mes étudiants la période 1760-1854: je leur sers la même doctrine que la tienne.» Trudel à Brunet, 4 novembre 1953, P136/A,581. Quelques mois plus tard, Trudel écrit de nouveau: «Vous faites du beau travail dans votre coin. Quand vous aurez amené nos compatriotes à avoir une vue réaliste des choses, vous leur aurez mis entre les mains une arme efficace; [...] mes

étudiants se sont jetés sur vous pour vous exploiter comme s'ils n'avaient pas mangé depuis deux semaines. Or ces mêmes étudiants vont enseigner en septembre dans les collèges: ce qu'ils vont en casser des pots.» Marcel Trudel à Brunet, 19 mai 1954, P136/A,581.

86. Voir *Le Devoir*, 6 novembre 1953 p. 4. Six mois plus tard, Brunet écrira à Marcel Trudel: «...je ne doute pas de l'avenir, même si en certains milieux on m'accuse de pessimisme. Au stage *[sic]* de la constatation des faits, il n'y a ni pessimisme, ni optimisme.» Brunet à Marcel Trudel, 12 mai 1954, P136/A,581.

87. Émile Chartier, Mgr., «*Canadians* et Canadiens», *Lectures*, 1, 19 (28 mai 1955), p. 148.

88. Benoît Lacroix, «Le Sens des faits — *Canadians* et Canadiens», *Revue Dominicaine*, (juin 1955), p. 309.

89. L., B., «*Canadians* et Canadiens», *Revue de l'Université Laval*, 10, 3 (novembre 1955), p. 280.

90. Lionel Groulx, ptre, «*Canadians* et Canadiens — Études sur l'histoire et la pensée des deux Canadas», *Revue d'histoire de l'Amérique française*, 9, 1 (juin 1955), p. 121, 123, 124.

91. *Ibid.*, p. 125-126.

92. *Ibid.*, p. 128. Brunet le remerciera pour ce compte rendu en ces termes: «Jamais disciple n'a reçu tel éloge de son maître. [...] Je n'ai qu'une ambition: me rendre digne de la confiance et de la paternelle amitié que vous me manifestez. Plusieurs de vos remarques et critiques sont justes. Soyez assuré que j'en tiendrai compte. Ma pensée et mon style se nuanceront à mesure que je vieillirai — en supposant que je mûrisse!» Brunet à Groulx, 25 juin 1955, Institut d'histoire de l'Amérique française.

CHAPITRE XIII

PREMIÈRES CONTROVERSES

> En commentant la conférence de presse du chanoine Groulx à C.B.F.T., vous avez accusé les historiens de ma génération de pessimisme noir. [...] Les mots pessimiste et optimiste servent à qualifier l'agir seulement. Et si la description réaliste des faits portent les hommes d'action au pessimisme, ils ne doivent pas tenir l'historien responsable de leur manque de courage et d'audace.
>
> MICHEL BRUNET à JEAN-LOUIS GAGNON, 26 juillet 1955.

Au cours des années cinquante, il n'est pas évident pour tous les universitaires québécois que le gouvernement du Québec soit le gouvernement national des Canadiens français. D'une part, le conservatisme social et le caractère rétrograde des institutions et des politiques provinciales en conduit plusieurs à associer «réformisme et fédéralisme centralisateur[1]». D'autre part, dans le contexte de la recherche d'émancipation individuelle qui se manifeste avec force au cours de ces années, le nationalisme, que l'on associe au cléricalisme et au duplessisme, est perçu comme une pensée rétrograde et antidémocratique. Enfin, la pauvreté des universités québécoises, le refus du gouvernement provincial d'accepter les subventions fédérales, puis sa lenteur à leur assurer lui-même un financement adéquat amène même un Pierre Elliott Trudeau à se sentir «profondément humilié de voir des universitaires capituler si facilement devant le siège de la faim, quand ce siège est en grande partie facilité par leur propre désintéressement de la chose politique[2]».

Par contre, étant donné que les universitaires devraient être les premiers à prendre conscience de leurs responsabilités envers la nation, surtout à cette époque où leur rôle est devenu déterminant dans l'orientation d'une société, Brunet s'explique mal les prises de position de la Faculté des sciences sociales de Laval en faveur de la centralisation fédérale, son refus d'admettre les conséquences de la Conquête, ainsi que son antiduplessisme virulent alors que ce dernier a toujours milité en faveur de l'autonomie provinciale, réussissant même le tour de force de redonner une certaine autonomie fiscale au Québec, en instituant un impôt provincial sur le revenu des particuliers en 1954. Vingt-cinq ans plus tard, Brunet écrit au sujet de cette époque: «En 1954, je plonge dans le débat politico-constitutionnel au sujet de l'intervention fédérale dans le financement de l'enseignement supérieur et soutiens le gouvernement du Québec dans ses luttes autonomistes. Mais en même temps, je dénonce les illusions des "nationaleux" agriculturistes. Lionel Groulx me prévient qu'à ce régime je serai bientôt seul, sans alliés, sans amis[3].» Effectivement, comme on le verra plus loin, c'est à peu près ce qui va lui arriver. Ces luttes que Brunet engage sur plusieurs fronts et le contexte plus général qui entoure ses combats politiques et idéologiques n'iront pas cependant sans l'amener à opérer un réajustement conceptuel important autour de 1955.

Il est difficile d'évaluer et de départager avec certitude la part qui revient à Brunet de celle qui revient à Séguin, même s'il est à peu près certain qu'elle a été centrale, ou encore à Frégault dans ce réajustement. On se rappelle que Séguin, en 1956, avait présenté pour la première fois au public «le drame des deux impossibles et de l'inévitable survivance[4]», c'est-à-dire l'impossible indépendance, l'impossible disparition et l'inévitable survivance dans la médiocrité collective. On a vu plus haut que, dès sa conférence de 1950, Brunet juge l'indépendance impossible. Par contre, il faut attendre 1955 pour qu'il en arrive à affirmer que la survivance n'est pas le résultat d'une résistance collective, mais qu'elle était en fait inévitable: que les Canadiens français étaient condamnés à la survivance.

C'est toujours dans cette même conférence de 1956 que Séguin propose à un plus vaste public que celui de ses étudiants son concept «d'agir par soi-même». Bien que ce concept apparaisse sous la plume de Brunet en 1955, il serait difficile de lui en attribuer la paternité étant donné l'importance que ce concept a pris dans les *Normes* de Séguin — qu'il présentait, selon Wallot, verbalement dès 1954 — sans compter que

Séguin n'a rien publié entre 1953 et 1956. Comme on l'a vu précédemment, «l'agir» est une catégorie philosophique que Séguin a repris de Maritain. Par contre, à suivre la généalogie du qualificatif «par soi-même» dans l'œuvre de Brunet, qualificatif qu'il associe étroitement à la notion de *self-government*, il semble que le contexte de la lutte pour l'autonomie provinciale ainsi que les débats engagés avec les universitaires de Laval, les intellectuels de *Cité libre* et les historiens canadiens-anglais ne soient pas étrangers au rôle central que lui attribuera Séguin dans ses *Normes* et que reprendra Brunet dans ses diverses polémiques. Ainsi, Brunet écrit, au lendemain du rétablissement d'un impôt québécois sur le revenu des particuliers: «Les Canadiens français ont appris de leurs partenaires anglo-canadiens eux-mêmes qu'un bon gouvernement ne remplace jamais le gouvernement que l'on se donne soi-même *(good government is no substitute for self-government*[5]).» Comme on le voit, cette formule constitue, par la même occasion, une réappropriation, au bénéfice des seuls Canadiens français, des symboles qui les ont maintenus pendant un siècle dans ce que Séguin appelait «l'illusion progressiste». En effet pour Brunet, qui reprend en cela Séguin, «le *self-government* d'une majorité n'est pas le *self-government* de la minorité qui y est soumise, même si les représentants de cette dernière y participent[6]».

Le concept «d'agir par soi-même» et la perspective séguiniste qui l'accompagne n'apparaissent que l'année suivante sous la plume de Brunet et s'inscrivent dans le prolongement des luttes autonomistes. D'une part, ce concept permet de mettre en relief le fait que les libertés individuelles et les libertés collectives appartiennent à deux domaines séparés. «C'est ainsi, par exemple, qu'on ne doit pas confondre agir individuel et agir collectif. Le succès d'un Canadien français dans les cadres du Canada anglais ne représente pas le succès de la collectivité canadienne-française. Il faut savoir que la liberté collective n'est pas la somme des libertés individuelles[7].» D'autre part, il permet surtout d'apporter des précisions sur la nature du processus d'assimilation d'une nation par une autre dans le contexte où de jeunes universitaires canadiens-français qui, normalement, devraient être au service de leur nation, préfèrent s'associer aux luttes du gouvernement fédéral, c'est-à-dire de la nation *Canadian*. En effet, il ne suffit pas seulement de penser par soi-même. Il faut surtout agir par soi-même.

> Comme vous pouvez le constater, le nationalisme *Canadian* ou le canadianisme de Bourassa ne peuvent être qu'essentiellement assimilateurs. [...] Quand comprendrons-nous cette vérité élémentaire? Tout geste posé par la

> majorité *Canadian*, même avec les meilleures intentions du monde, contribue à assimiler la minorité canadienne. [...] Chaque fois que ce gouvernement agit c'est nous qui n'agissons pas. Et l'assimilation la plus efficace est celle de *l'agir*. Nous pouvons conserver notre langue et être complètement assimilés. Nous serons nous-mêmes dans la mesure où nous agirons par nos propres institutions... [...] Je résume ce programme par une expression collégienne: *nous organiser au lieu de nous faire organiser*. Ça fait deux cents ans que nous nous faisons organiser! Ne serait-il pas urgent de voir nous-mêmes à nos affaires[8]?

Selon Brunet, le «fait sociologique» de l'assimilation n'aurait pas été convenablement interprété au Canada français «faute d'un véritable enseignement des sciences sociales. Et ce n'est pas en mettant nos universités sous la tutelle de la majorité que nous arrêterons le processus d'assimilation[9].» Cette évolution conceptuelle l'amène aussi à reconsidérer les rapports qui unissent les Canadiens français du Québec aux francophones du reste du Canada. Jusqu'alors, c'était au gouvernement du Québec qu'incombait la responsabilité de défendre les minorités canadiennes-françaises partout au Canada; leurs chances de survivance étant d'autant plus grande que le Québec serait fort et influent à l'intérieur de la fédération canadienne. À compter de 1955, Brunet considère que le sort des Canadiens français hors Québec équivaut à celui de simples immigrants que menace une assimilation rapide. Si, pour Brunet, «quiconque regarde vers Ottawa est un assimilé qui s'ignore[10]», que penser de ces Canadiens français, privés de gouvernement bien à eux et qui sont minoritaires partout au Canada?

> Ces gens semblent s'imaginer que nous sommes une minorité dans la province de Québec. On dirait qu'ils souffrent de nous savoir en majorité dans une province où nous pouvons compter sur un gouvernement qui, si nous savons le vouloir, est susceptible d'être mis à notre service comme collectivité. Ces pauvres minoritaires semblent n'avoir qu'un désir: nous réduire au niveau de minorité. Je n'ai jamais cru en ces associations qui nous mettent, nous du Québec, à la remorque de ces pauvres Canadiens de la dispersion. Leur sort pénible me touche profondément, mais ils ne m'imposeront jamais leur conception du problème canadien-français. Ils devraient savoir une fois pour toutes que nous ne sommes pas une minorité chez nous. Que dire des Canadiens français du Québec qui ont la mentalité des minoritaires franco-canadiens! Pourquoi nous en laisserions nous imposer par les plus assimilés à la majorité *Canadian?* Je crois urgent de définir les positions réelles des Canadiens français du Québec dans leurs relations avec les minorités. Celles-ci ne doivent pas être un poids mort pour nous et un gage entre les mains du Canada anglais[11].

L'une des composantes majeures du nationalisme traditionnel étant justement de définir les Canadiens français comme un peuple minoritaire à l'intérieur du Canada, ce changement d'optique — qui origine de Séguin — est décisif. Il préfigure les transformations idéologiques qui, à compter de la Révolution tranquille, vont amener les Canadiens français du Québec à s'identifier avec le territoire qu'ils habitent et où ils auront conscience d'être la majorité en se définissant dès lors comme Québécois. Pour Brunet, le mérite de ce changement d'attitude qui s'est opéré chez les Québécois revient principalement à Maurice Duplessis. En effet, ce serait grâce à lui si les Canadiens français se sont habitué «à regarder vers la capitale de leur province plutôt que vers celle de l'État fédéral[12]». Aussi, même si Duplessis a eu certaines attitudes discutables, qu'il s'est méfié des universitaires, que les dernières années du régime ont été «pénibles», qu'il a eu un flair politique et une caisse électorale bien garnie pour entretenir sa machine de propagande, là n'est pas la question selon Brunet. Ce qui importe, c'est que Duplessis a fait prendre conscience aux Canadiens français «qu'un gouvernement pouvait être un instrument au service du bien commun[13]». Même «les abus du régime» auraient contribué à faire l'éducation politique des Canadiens français. Pour Brunet, les deux grandes réalisations de Duplessis sont, sans conteste, d'avoir redonné l'autonomie fiscale à la province de Québec et de s'être opposé victorieusement à l'ingérence d'Ottawa en matière d'enseignement supérieur. Par là, «le pouvoir de taxer étant directement lié au droit de se gouverner soi-même[14]», Duplessis a préparé la voie à la Révolution tranquille et Jean Lesage n'a fait que poursuivre sa politique. Toute sa vie, surtout après que les intellectuels de la Révolution tranquille ait discrédité son image, Brunet prendra la défense de Duplessis. Encore en 1984, Brunet pouvait écrire:

> Comme observateur de la scène politique Québec-Canada depuis plus de cinquante ans et comme historien, je considère Maurice Duplessis comme notre premier homme d'État québécois. Pourquoi? Parce qu'il a compris que le POUVOIR [...] est le seul objectif retenu par les vrais politiques. Toute son administration a poursuivi un seul but: augmenter son pouvoir et en même temps celui du Québec. [...] tous les bâtisseurs d'États n'ont pas procédé autrement. Et Maurice Duplessis, qui avait hérité en 1936 et 1944 d'une modeste officine provinciale à la merci des subventions du Grand Frère d'Ottawa, a laissé à ses successeurs un gouvernement dynamique ayant enfin récupéré son autonomie fiscale. Celle-ci permit les grandes réalisations de la Révolution tranquille et nous a conduits à la création de l'État du Québec[15].

Enfin, le concept «d'agir par soi-même» permet de reconsidérer la nature même du nationalisme. Au début des années cinquante, Brunet reliait son émergence aux phénomènes des Révolutions américaine et française. Mais ce n'est qu'à compter de 1955 que le nationalisme devient une réalité qui «a toujours existé» puisqu'il «n'est que la manifestation naturelle et spontanée de la solidarité qui existe entre les membres d'une même collectivité[16]». C'est dans ce contexte global que Brunet va engager les débats avec «les logomaches des sciences sociales de Laval[17]» et les «nationaleux».

Espoirs

Les premiers désaccords entre Brunet et certains professeurs de la Faculté des sciences sociales de Laval surviennent en 1953, aux lendemains de la publication des *Essais sur le Québec contemporain*, livre qui regroupe les travaux qui ont été présentés dans le cadre du symposium, tenu à l'Université Laval en 1952, sur «Les répercussions sociales de l'industrialisation dans la province de Québec». Étant donné l'importance que Brunet accorde aux universitaires dans la vie d'une nation, il espère, à cette époque, «beaucoup de leurs travaux». Il écrit à Groulx:

> J'ai la conviction que ceux-ci serviront utilement le Canada français. En même temps, j'ai cherché à leur fournir quelques faits historiques qu'ils ignorent. C'est ce que j'appelle «mettre de l'huile dans leur lampe». J'ai cru nécessaire aussi de montrer le ridicule de leur petite «guerre froide» contre ce qu'ils nomment «l'école nationaliste». Pour moi, il n'y a pas d'école nationaliste. Il y a les Canadiens français qui se sont consacrés au service de la nationalité canadienne-française et ceux qui la trahissent — en prétendant vouloir son bien. Le problème c'est de faire tomber les masques. On y parviendra en étudiant et en exposant le problème canadien-français intégralement. C'est l'œuvre que vous avez poursuivie. C'est celle que ceux qui vous reconnaissent comme leur maître continuent[18].

En effet, Brunet trouve que ces divers essais constituent une contribution importante dans l'étude de notre milieu. Toutefois, des auteurs auraient négligé certains faits que Brunet se charge de leur rappeler. Par exemple, malgré tout l'intérêt de l'essai d'histoire économique de Faucher et Lamontagne, le phénomène essentiel a été mis de côté: «La société canadienne-française n'a jamais eu, depuis la Conquête, une bourgeoisie capitaliste capable de prendre l'initiative dans le développement économique du Canada français. Voilà le grand fait et le grand drame de l'histoire des Canadiens français.» Maurice Tremblay, comme Falardeau, ignoreraient aussi ce fait. De plus, Tremblay, malgré la lucidité dont il aurait fait montre dans son essai d'histoire de la pensée canadienne-française, croit porter un «coup fatal» au nationalisme contemporain en tombant «dans l'éloquence du plus pur nationalisme messianique. Celui-là même qu'il a précédemment critiqué[19].» Quant à Falardeau, il confondrait l'américanisme avec l'anglo-saxonisme, négligerait la réalité ethnique au profit d'une problématique des classes, tandis que sa conclusion serait des plus étonnante, pour ne pas dire déprimante, pour Brunet.

> En effet, dans les trois derniers paragraphes de son article, il invoque tous les grands thèmes patriotiques du folklore canadien-français: la contribution originale que nous apporterions à l'enrichissement culturel du Canada, notre supposé rôle décisif dans l'évolution politique du pays comme membre du Commonwealth et comme puissance internationale, notre message catholique. Il va jusqu'à nous prêter une grande «prudence politique peut-être mêlée d'astuce normande». On croirait lire l'un des disciples de l'école littéraire romantique de 1860. Époque où débute au Canada français le culte des innéités raciales[20].

Malgré tout, Brunet a confiance que ces «quelques faiblesses [...] seront corrigées par des recherches ultérieures[21]». Cependant, peu de temps après, Brunet perdra la belle confiance qu'il manifestait envers les professeurs de la Faculté des sciences sociales de Laval lorsqu'il apprendra que le mémoire que l'Université Laval désire soumettre à la commission Tremblay «a été rédigé par un disciple dévoué du P. Lévesque» et que celui-ci nie «à la Province toute raison d'être et aux Canadiens français tout droit de penser en Canadiens français». Même le «recteur fait tous les jours des déclarations d'amour à ces bons Anglais, en mâchonnant ses mots d'une façon érotique et Laval a l'air ainsi de battre la marche vers le dernier engloutissement[22]». Brunet, après avoir lu un article de Falardeau où celui-ci sous-estime «l'agressivité du nationalisme anglo-canadien ou *Canadian* [...] commence à douter de l'honnêteté intellectuelle de l'équipe des sciences sociales de Québec[23]». Marcel Trudel lui répondra:

> N'essayez pas de convaincre ces gens-là qu'ils ont tort; vous perdez votre temps, j'en sais quelque chose. Ils ont une méthode très simple pour s'assurer la victoire: eux, ils se placent au-dessus de tout, ils partent de principes premiers et tout doit ensuite entrer dans les tripes du syllogisme, l'interlocuteur comme le reste. Si vous ne les comprenez pas, c'est que vous n'êtes pas comme eux dégagé du contingent ou que vous êtes en retard: eux, ils font l'avenir et déjà ils sont en avance sur l'avenir. Nous ne sommes que des nationalistes, c'est-à-dire quelque chose comme des royalistes d'avant la révolution; eux, ils donnent la main fièrement à l'élément fédéral; ils lui

font confiance, au point de dire que les élections fédérales ont toujours été très propres, que tout ce qui vient du fédéral est pur. [...] Le mémoire de l'Université contient une partie idéologique qui me paraît sortie de la bouche de notre grand orateur du Centenaire, Mgr Vandry qui rêve d'une civilisation unique. Pour ma part, quand il s'agit de coucher avec les Anglais, je préfère les lits jumeaux.

Trudel ajoute:

Il y a quelque temps vous m'aviez parlé d'une rumeur au sujet de Lamontagne. Je viens d'apprendre de lieu sûr que la nomination de Lamontagne comme sous-ministre à Ottawa est décidée depuis février. On tarde à l'annoncer pour la raison suivante: Lamontagne a sous presse un bouquin dans lequel il veut, paraît-il, prouver que Québec a empiété sur Ottawa et qu'Ottawa ne fait que se défendre pour sauver son existence. Il faut, m'a-t-on dit, que le volume soit lancé avant la nomination pour qu'il n'ait pas l'air de parler à titre de sous-ministre[24]...

Quelques jours plus tard, on annonce effectivement la publication du livre de Maurice Lamontagne ainsi que sa nomination à titre de sous-ministre adjoint[25]. Dans ces conditions, il n'est pas surprenant que Brunet se propose de «commenter avec amours, délices et orgues le livre-révélation de M. Lamontagne[26]». Il veut aussi profiter de l'occasion pour dire tout ce qu'il «pense des pontifes pontifiant de la Faculté sans faculté du père Lévesque[27]».

Dans sa critique de l'ouvrage de Lamontagne, Brunet soulèvera le fait qu'il est facile d'accuser la province de Québec de vouloir vivre en marge de la société canadienne lorsque l'on ignore le phénomène de la colonisation britannique ainsi que le rôle qu'a joué la métropole dans ce processus. De même, il négligerait l'histoire politique du Canada anglais faute d'avoir lu les historiens canadiens-anglais. Mais surtout, Lamontagne, «comme la plupart de ses anciens collègues de la Faculté des Sciences sociales de Laval, refuse de tenir compte de la situation particulière des Canadiens français dans l'union canadienne». Selon Brunet, à l'exemple des *Canadians*, les Canadiens cherchent tout simplement à exprimer leur vouloir-vivre collectif. Mais, comme toutes les nations, ils ne peuvent espérer y arriver sans posséder des cadres qui leur appartiendraient en propre. C'est ce que Lamontagne refuserait de voir et c'est là sa principale contradiction. Devant les menaces qui pèsent sur la culture canadienne-française, il préfère laisser à une autre nation le soin d'assurer son épanouissement et accuser de séparatisme ceux qui ont «l'ambition légitime» de travailler à la protection des seuls cadres «qu'ils auront jamais», alors que Lamontagne ne peut ignorer «que la géographie et l'économie du continent nord-américain ne permettent pas la création d'un État canadien-français souverain dans la vallée du Saint-Laurent». En somme, l'essentiel du problème se ramène à ceci: «Depuis quand un groupe ethnique a-t-il l'obligation de protéger la culture d'un autre groupe ethnique[28]?»

Il faut savoir, par contre, que Brunet ne trouve pas que Lamontagne soit dénué de talent. Au contraire! Mais ce qui le désole le plus, c'est qu'un universitaire canadien-français qui, normalement, devrait être au service de sa propre nation, décide de défendre les intérêts de la nation *Canadian* qui, de surcroît, sont préjudiciables à l'épanouissement du Canada français. Pour l'instant, il interprétera le comportement de Lamontagne comme une preuve supplémentaire que le gouvernement provincial, à l'inverse du gouvernement fédéral, n'accorde pas assez de ressources et d'occasions de prestige à ses propres universitaires. En effet, Brunet écrira à ce propos à André Laurendeau:

> Ce volume révèle chez son auteur un talent exceptionnel. Les centralisateurs fédéraux ont trouvé en lui un défenseur brillant. Ils ont su se l'attacher. Il est regrettable que la société canadienne-française ne l'ait pas gardé à son service. Nous n'avons pas su comment utiliser nos ressources naturelles et nous ignorons aussi comment conserver nos ressources humaines[29].

Deux ans plus tard, Jean-Charles Falardeau, dans un article publié dans *Le Devoir* du 23 octobre 1956, se livrera à une attaque en règle contre Maurice Duplessis. Au nom de la démocratie, Falardeau refuserait «de reconnaître comme l'un des porte-parole légitimes de la société canadienne-française le chef politique qui a reçu quatre mandats consécutifs de l'électorat québécois». Non seulement, Falardeau ferait preuve d'un curieux sens de la démocratie mais, au surplus, il voudrait voir les électeurs du Québec se dissocier du seul gouvernement qui est au service du bien commun de la collectivité québécoise. «Le professeur de Laval, comme plusieurs autres intellectuels et dirigeants canadiens-français, approuve avec satisfaction la façon dont leurs compatriotes votent aux élections fédérales. Pourquoi ne se soumet-il pas au verdict des mêmes électeurs en politique provinciale[30]?» Brunet se demande même si Falardeau, à l'exemple de Lamontagne, ne chercherait pas à «mousser» ses intérêts personnels au détriment de l'importance des enjeux nationaux qui se nouent autour de lui, en appuyant la politique des centralisateurs fédéraux. C'est en quelque sorte pour contrebalancer ce pôle d'attraction du fédéral que Brunet, par exemple, proposera à Gérald Martineau, au lendemain de la mort de Maurice Duplessis, de créer une ou plusieurs bourses de prestige, à l'exemple du Canada anglais et des États-Unis, pour ceux qui poursuivent des recherches sur l'histoire du Canada.

Premiers accrochages

Dans le même temps où Brunet se livre à la critique de l'ouvrage de Lamontagne et met la dernière main au mémoire qu'il prépare pour la commission Tremblay, la Fédération des Sociétés Saint-Jean-Baptiste l'invite comme conférencier d'honneur, à l'occasion de la clôture du VIIIe Congrès général, et lui propose de parler des «Problèmes d'éducation au pays de Québec». Brunet ne voit pas d'inconvénient à y venir comme conférencier. Toutefois, il préférerait traiter d'un autre sujet que celui de l'éducation.

> Vous n'ignorez pas, cependant, que mes études sur l'évolution historique des deux Canadas m'ont conduit à une interprétation et à des conclusions qui ne s'accordent pas toujours avec l'enseignement traditionnel que nous avons reçu [...] Si vous croyez que les dirigeants de la Fédération sont intéressés à se mettre au courant de la nouvelle interprétation historique, je serais heureux et honoré de les rencontrer... [...]
>
> Je vous propose cinq sujets de conférence. Chacun soulèvera de nombreux points d'interrogation et d'exclamation. Si vous-même et vos collègues du bureau de direction croyez que le moment est venu pour les Canadiens français de laisser de côté les lieux communs séculaires et d'étudier leurs problèmes avec réalisme et objectivité, j'accepterai votre invitation... [...] Je tenais à vous prévenir que je ne suis pas un conférencier de tout repos déversant une prose incolore, inodore et sans saveur[31].

Le secrétaire de la Fédération choisira «Trois illusions de la pensée canadienne-française», sujet qui, pour Brunet, «contient le plus de dynamite[32]». En effet, depuis quelque temps déjà, Brunet s'est employé à mettre en relief les diverses illusions que les Canadiens français ont été amenés à cultiver à propos d'eux-mêmes. Déjà, dans «*Canadians* et Canadiens», il avait décrit celles qui ont vu le jour entre 1760 et 1850. Ainsi, entre 1760 et 1785, les Canadiens, croyant qu'ils constitueraient toujours l'immense majorité, n'auraient pas véritablement pris conscience qu'un deuxième Canada s'édifiait autour d'eux. Puis, à la suite de l'Acte de Québec et de l'Acte constitutionnel de 1791, ils se seraient imaginés que les autorités britanniques leur avaient confié la propriété exclusive du Bas-Canada. Ensuite, au lendemain de l'Union, ils auraient même pensé qu'ils étaient à l'origine du gouvernement responsable. Enfin, lorsque le pays pris le nom de Canada, au lendemain de la Confédération, un malentendu supplémentaire concernant l'importance que les Canadiens croyaient représenter à l'intérieur du pays s'ajouta aux précédents: «Le canadianisme tout court était né.» Il y en a même «qui s'imaginèrent participer à la réalisation des projets de La Vérendrye en voyant naître un Canada *A mari usque ad mare*[33]».

Dans un texte subséquent, Brunet précise qu'au moment où les Canadiens ne voient pas qu'un deuxième Canada s'édifient autour d'eux, c'est-à-dire entre 1760 et 1785, la bourgeoisie est évincée alors que la masse de la population amorce un repli vers l'agriculture, en attendant la prolétarisation: «Leurs horizons s'étaient rétrécis. Une existence de parasites débutait pour eux. On commença très tôt à prêcher le retour à la terre[34].» C'est dans le prolongement de ces premières recherches que Brunet prononce sa conférence de 1954 où il va présenter les trois illusions principales des Canadiens français.

> Trois grands thèmes synthétisent toutes les illusions de la pensée canadienne-française. L'agriculturisme c'est la somme de leurs illusions sur eux-mêmes et sur la vie. L'anti-impérialisme c'est la somme de leurs illusions sur le monde extérieur et sur la nature réelle du Commonwealth des Nations britanniques. Le canadianisme c'est la somme de leurs illusions sur le passé, le présent et l'avenir du Canada anglais[35].

L'expression «agriculturisme» date de cette conférence de 1954. Mais Brunet, dans le sillage de Séguin et de Frégault, avait déjà soulevé le fait qu'une civilisation dynamique ne peut s'édifier sur les bases d'une société paysanne. De même, on peut faire remonter à 1951 les premières dénonciations de Brunet concernant l'illusion que les Canadiens français ont entretenue, entre 1918 et 1938, dans leur croisade anti-impérialiste puisqu'en fait les Canadiens anglais n'auraient jamais désiré rompre complètement les liens qui les unissent à l'Empire britannique. Quant à la confusion entourant l'idée que les deux ethnies puissent pratiquer un canadianisme commun, Brunet avait déjà soulevé le fait, en s'appuyant sur Lower, qu'il ne peut y avoir un tel canadianisme commun puisqu'il existe deux Canadas. Dans sa conférence de 1954, Brunet reprend globalement la même argumentation. Il ajoute cependant que si la croyance en une vocation agricole est apparue chez les Canadiens français il y a plus d'un siècle, aujourd'hui encore «toute leur pensée politique, économique et sociale demeure encore sous l'influence de l'illusion agriculturiste». De même, Brunet va préciser que l'anti-impérialisme des Canadiens français reposait sur leur ignorance de la nature réelle du Commonwealth.

La population anglo-canadienne avait compris ses responsabilités comme membre du Commonwealth. Elle s'en est acquittée en 1899, en 1914 et en 1939. Le Canada anglais continue toujours la même collaboration interimpériale. Celle-ci n'est pas du colonialisme. C'est une entreprise familiale dont la maison mère est à Londres et à laquelle chaque succursale apporte sa contribution[36].

Enfin, Brunet va aussi souligner que si les Canadiens français «ont conçu un canadianisme purement utopique», cela est dû à leur méconnaissance de l'histoire du Canada anglais. «Celui-ci est un Royaume britannique bâti contre les États-Unis. Sa fidélité britannique est sa raison d'être. Le Canada n'a jamais été et ne sera jamais un pays bilingue.» Brunet conclut en disant qu'il faut retenir de ces trois illusions que «le nationalisme anglo-canadien ou *Canadian*, dont le centralisme fédéral est la manifestation politique, menace l'autonomie culturelle des Canadiens français du Québec. Ceux-ci ont la responsabilité de conserver libres et intacts les cadres provinciaux que la constitution de 1867 leur a donnés[37].»

Cette conférence a connu quelques échos. Ainsi, *L'Action catholique* croit que «peu de chefs ruraux, de curés et d'agronomes ont prêché "l'agriculturisme"[38]». À l'émission, «Le choc des idées» du 10 janvier 1955, Michel Brunet et Gérard Filion sont invités à un débat sur l'agriculture. Gérard Filion, voyant dans l'agriculture le rempart traditionnel contre l'assimilation, trouve le «mot malheureux» puisqu'il véhiculerait une «pointe de mépris» pour «la seule forme d'activité économique facilement accessible aux Canadiens français» depuis plusieurs générations. Toutefois, il est d'accord pour dire que l'agriculturisme n'est pas le propre des Canadiens français et qu'aujourd'hui «l'essentiel c'est d'en sortir[39]». La semaine suivante, les auditeurs sont invités à faire connaître leurs réactions. La plupart d'entre eux auraient évoqué le fait que «les ressources naturelles de la province, y compris la terre arable, appellent le Québec à une vocation industrielle plutôt qu'agricole». Quant aux cultivateurs eux-mêmes, ils ont surtout souligné qu'ils n'avaient «pas d'objection à ce que l'on s'efforce de multiplier indéfiniment le nombre des fermes, pourvu qu'on découvre, dans la même proportion, des marchés pour absorber» leur production, problème toujours actuel[40]. Dans *La Gazette des Campagnes*, Louis de Gonzague Fortin, professeur à la Faculté d'agriculture, trouve pour sa part que les conclusions de Brunet sont «trop hâtives, et plutôt surprenantes sous la plume d'un historien de profession[41]». Quant au *Bien Public*, journal qui est l'organe de l'Union nationale aux Trois-Rivières, il consacre à cette conférence un court article qui permet de mesurer toute la distance qui oppose Brunet au nationalisme le plus traditionnel, celui qui a justement été exploité dans un but électoraliste par un homme comme Maurice Duplessis.

> Avec une naïveté qui touche au cynisme, M. Brunet a vidé le fond de sa pensée. Il a parlé *Canadian* et il ne serait pas surprenant que le *Toronto Telegram*, le *Winnipeg Free Press* et autres publications farouchement anti-québécoises lui réclament à présent sa collaboration. [...] les illusions de M. Brunet ont pu paraître acceptables à des centaines de délégués qui les ont applaudies avec chaleur et frénésie. Ce n'est qu'au retour, en y regardant de plus près que les plus avisés de ces bonnes gens se seront rendu compte de l'ineptie profonde d'un pareil verbiage. Non, M. Brunet n'a pas raison contre les mœurs instinctives de tout un peuple. Ses inventions paradoxales paraissent fantaisistes et étriquées à côté de toute une ligne de pensée qui confine à la structure même de nos institutions[42].

Dès cette époque, la colère gronde dans les milieux nationalistes traditionnels[43]. Elle n'éclatera ouvertement qu'à la fin des années cinquante au moment même où, en une soudaine cacophonie, la révolte contre la nouvelle interprétation développée par les historiens de l'École de Montréal sera déjà générale. Pour l'instant, Groulx semble peser de tout son poids pour éviter qu'elle n'explose dans les milieux traditionnels.

> J'attendrai le texte de votre dernière conférence pour vous dire mon sentiment et vous savonner la tête, si c'est nécessaire. J'ai bien de la peine à vous défendre, vous et toute votre école, devant nos et vos meilleurs amis. On vous trouve bien révolutionnaires. Nous l'étions un peu, nous autres, vos déplorables aînés. Mais enfin, nous essayions, par-delà nos prédécesseurs, de nous relier à une tradition. On vous reproche de vous donner l'air de tout vouloir recommencer à zéro. Notre histoire, depuis 1760, ne serait qu'une longue erreur ou, pour employer des mots plus sévères et que je n'invente pas, une tradition de désolante imbécillité. Tout ce que je peux risquer de mieux, en votre faveur et pour vous défendre, car je m'y emploie de temps à autre, c'est de rappeler qu'une génération est fatalement en réaction contre celle qui la précède. Et que c'est votre droit, d'ailleurs, de ne pas penser comme vos aînés, et que ceux-ci s'accrocheraient vainement à l'illusion de vous en empêcher[44].

C'est au lendemain de cette conférence portant sur les «Trois illusions de la pensée canadienne-française» que Brunet va prendre l'habitude d'expédier à tous vents, ou presque, ses articles et ses conférences. Déjà, il avait pris la liberté de faire parvenir à Arthur Lower son *Histoire du Canada par les textes* et à Everett C. Hughes son compte rendu critique des *Essais sur le Québec contemporain*. Mais, maintenant, il demande à

Jean Pellerin «le privilège de recevoir cinquante (50) copies» de sa conférence étant donné, écrit-il, que «j'ai une longue liste de gens auxquels j'ai promis de faire parvenir mon texte[45]». Il serait fastidieux de retracer tous ceux à qui Brunet a fait parvenir ses écrits puisque le Fonds Michel-Brunet recèle six cent seize correspondants. De plus, Brunet ne mentionne pas toujours le titre des articles qui ont été expédiés. Par contre, il peut être intéressant de relever, de manière impressionniste, certains textes qui ont fait l'objet d'une diffusion plus particulière, soit par le nombre ou la qualité de ses destinataires. Ainsi, le mémoire qu'il a rédigé au nom de la Société Saint-Jean-Baptiste de Montréal pour le compte de la commission Tremblay, *Canada français et union canadienne*, a été expédié à Philippe Garigue, Blair Neatby et à l'évêque coadjuteur de Valleyfield Mgr Percival Caza. Quant au compte rendu du livre de Maurice Lamontagne intitulé *Le Fédéralisme canadien: évolution et problèmes*, Brunet l'a fait parvenir à Mgr Alphonse-Marie Parent, recteur de l'Université Laval et à Antoine Rivard, solliciteur général de la province de Québec. Son mémoire présenté à l'Université McGill en avril 1955, «Le nationalisme canadien-français et la politique des deux Canadas», a été expédié à Jean Drapeau, maire de Montréal. «La Conquête anglaise et la déchéance de la bourgeoisie canadienne (1760-1793)» a, pour sa part, été envoyé à Louis Saint-Laurent, premier ministre du Canada, à Georges-Émile Lapalme, chef du Parti libéral du Québec et à J. M. S. Careless, W. L. Morton, A. L. Burt, historiens canadiens-anglais. «Trois dominantes de la pensée canadienne-française: l'agriculturisme, l'antiétatisme et le messianisme», *La présence anglaise et les Canadiens —Études sur l'histoire et la pensée des deux Canadas* ainsi que deux articles parus en 1956, «Les deux Canadas» et «Coexistence: Canadian Style — A Nationalistic View», ont surtout été expédiés à des historiens canadiens-anglais. Enfin, le texte de la conférence que Brunet a prononcée dans le cadre des «Gray lecture», «*Canadians* and Canadiens: Why are they not Alike?», a pour sa part été reçu par Jean Drapeau et l'abbé Arthur Maheux.

La crise de conscience au Canada français

À cette époque, il devient de plus en plus évident, pour la plupart des intellectuels, que le Canada français traverse une profonde «crise de conscience». Toutefois, l'entente est moins certaine lorsqu'il s'agit d'en expliquer l'origine. Pour Brunet, cette crise de conscience constitue, d'une part, l'aboutissement d'une série de «chocs émotifs» qui, depuis un siècle, ont frappé les Canadiens français et «forcèrent les dirigeants du Canada français à examiner plus objectivement la situation du groupe ethnique dont ils étaient les guides et les interprètes». Aussi, «certains postulats traditionnels de la pensée collective durent être modifiés ou abandonnés». D'autre part, depuis quinze ans, sous l'influence conjuguée de l'accélération de l'histoire, de l'arrivée d'une nouvelle génération de spécialistes des sciences humaines dans les universités et grâce à «une plus grande liberté d'expression», il est devenu à la fois possible et impérieux de s'interroger plus systématiquement sur la situation exacte de la nation canadienne-française à l'intérieur du Canada. Bien sûr, «une grande confusion règne dans les esprits». Mais, «la confusion est inévitable dès qu'on renonce au dogmatisme et à l'autoritarisme dans le domaine des connaissances empiriques. La liberté de pensée et de parole est à ce prix.» De plus, cette crise de conscience serait salutaire puisqu'elle amènerait les Canadiens français à rejeter «une à une les anciennes illusions qui avaient rendu la vie de leurs ancêtres moins amère. Ils apprennent à prendre la mesure exacte de leur taille, dans tous les domaines, comme groupe ethnique distinct sur un continent anglophone et dans un pays qu'ils ne dirigent pas[46].» Selon Brunet, cette prise de conscience a été directement favorisée par la menace que représente le processus de centralisation fédérale pour la nation canadienne-française.

> Le conflit politico-constitutionnel qui dure depuis dix ans a directement influencé la crise de conscience actuelle du Canada français. [...] Le gouvernement fédéral s'affirme de plus en plus comme le gouvernement national de la majorité *Canadian*. [...] Face au nationalisme *Canadian*, dont le centralisme fédéral n'est que la manifestation politique, les Canadiens français du Québec ont dû prendre position. Il ne faut pas oublier qu'une collectivité se définit en s'opposant à une autre collectivité. C'est une loi de la physique politique[47].

Autrement dit, les empiétements du nationalisme *Canadian* ont obligé les Canadiens français à clarifier leur propre nationalisme. En effet, «l'avenir et le progrès de notre nationalité, écrit Brunet, exigent une prise de conscience totale de sa situation en cette deuxième moitié du XXe siècle[48]». Et de quoi doivent donc prendre conscience les Canadiens français?

> Le fait brutal se ramène à ceci: les Canadiens français ont réussi à survivre comme collectivité nationale mais ils sont une minorité soumise politiquement et économiquement à la majorité anglo-canadienne. Les principaux dirigeants du Canada français ont longtemps refusé de voir la réalité en

face. [...] Les minorités — sauf lorsqu'elles contrôlent la vie économique du territoire qu'elles habitent — n'ont pas l'habitude de conduire les majorités[49].

Pour d'autres, la «crise de conscience» qui secoue la société canadienne-française est d'une tout autre nature. En effet, quelques mois après que Brunet ait publié son article, Marcel Rioux faisait paraître l'un des trois textes qui, selon Jean-Charles Falardeau, «ont le plus contribué à opérer le décrochage avec les idéologies dominantes» au cours des années cinquante[50]. À l'exemple de Brunet et de plusieurs autres, Rioux croit qu'il est temps de mettre à profit les sciences sociales pour jeter un regard objectif sur les problèmes canadiens-français, si l'on veut être à même d'y apporter des éléments de réponses. Mais, selon ce dernier, c'est pour mieux écarter les brumes du nationalisme, d'où la «résistance» du milieu canadien-français à accepter une telle réévaluation. «En effet, il arrive souvent, à cause du caractère objectif vers lequel tendent les sciences sociales, qu'elles ne sont pas acceptées par ceux qui ont tout intérêt à élever des barrières entre les groupes ethniques; ils préfèrent envisager leurs problèmes au niveau de la sentimentalité et partir d'une idéologie socioculturelle plutôt que la réalité[51].» S'appuyant sur les concepts de culture et d'idéologie, tels que définis par l'anthropologie culturelle au cours des dernières années, Rioux se propose d'examiner le problème canadien-français à partir de trois types de solutions possibles qui renvoient à trois types particuliers de mentalité.

> Ces trois types de mentalité, qu'on peut appeler mythique, historique et existentiel, correspondent, d'une part, à l'évolution idéale des sociétés en général et, d'autre part, dans une société en voie de différenciation comme la nôtre, à trois types de mentalité au sein même du Québec. Ces types de mentalité existent dans les autres nations occidentales; la seule différence réside dans la proportion d'individus que représente chacun de ces types[52].

À partir de ce triptyque comtien, Rioux met en relief que l'idéologie partagée par la majorité des Canadiens français serait restée figée depuis 1760. Cette idéologie, qui nous a essentiellement définis comme minoritaires, français et catholiques, présenterait toutes les caractéristiques de la pensée mythique.

> La conscience mythique oriente l'action humaine en fonction d'un horizon défini une fois pour toutes; la vie mythique est par essence une pensée non déprise des choses, encore à demi incarnée, centrée sur le passé; elle est la répétition des gestes ancestraux qui viennent actualiser le présent. Dans les sociétés occidentales, ce type de mentalité n'existe plus à l'état pur comme

dans les sociétés tribales; il s'est dégradé en une espèce de romantisme où le passé devient matière à rêverie et à sensiblerie. Transposée dans le domaine socioculturel, cette mentalité ne peut qu'être chimérique et réactionnaire. Au lieu d'envisager tout le réel, d'essayer de le comprendre, ces romantiques en extraient ce qui cadre bien avec leurs thèses et se fabriquent une autre petite réalité[53].

Et ce serait justement la caractéristique «du comportemnent des minoritaires que de se montrer extrêmement méfiants envers le présent et de n'entrevoir l'avenir qu'avec beaucoup d'appréhension[54]». C'est ce qui expliquerait, selon Rioux, le manque de dynamisme de la culture canadienne-française puisque la pensée mythique l'aurait sclérosée dès le départ.

L'autre moment de l'évolution humaine idéale renvoie à la pensée historique et, «comme l'a montré Gusdorf, la conscience historique porte en soi le sens de l'universel et de l'individuel». Malheureusement, au Canada français, «loin de viser à l'épanouissement de la personne, l'histoire s'est mise au service de "notre doctrine nationale"». Parce que cette idéologie «nationale» est restée figée, elle a vite perdu contact avec la réalité d'où «un si profond décalage entre les modèles idéaux de la culture canadienne-française et les schèmes du comportement réel des Canadiens français» et l'Église serait la principale responsable de cet état des choses[55]. C'est ce décalage entre «l'idéologie et l'existence de tous les jours, entre la théorie et la pratique» qui est, selon Rioux, à l'origine de la «crise de conscience» des Canadiens français. En fait, «le national a proprement bouffé l'humain. Et la tragédie réside en ceci: alors que l'idéologie nous équipait pour vivre notre vie nationale, elle a laissé l'humain en friche; et comme on ne peut être national à cœur de jour, [...] le Canadien français a dû s'arranger pour vivre sa vie d'homme [...] à peu près sans modèles idéaux sur lesquels axer sa conduite.» La crise de conscience au Canada français ne peut provenir des nationalistes puisqu'ils «sont toujours des hommes de droite[56]» et que les gens de droite, réactionnaires par définition, ne remettent jamais en question l'ordre établi. Aussi, le seul groupe social qui puisse mettre fin à ce décalage en adoptant une «attitude existentielle ou objective», c'est le prolétariat.

> L'attitude existentielle ou objective veut juger des problèmes selon les catégories concrètes de l'existence, non pas par rapport au mythe, [...] mais selon l'optique de la personne humaine *[sic]* engagée dans la réalisation de ses potentialités. Il a fallu que le Québec s'industrialisât et se prolétarisât pour que ses nationaux se rendissent compte de l'irréalisme de ses

«éminents sociologues». [...] «Avec le prolétariat, dit [...] Merleau-Ponty, l'histoire dépasse les particularités du provincialisme et du chauvinisme et *met enfin* des individus ressortissant à l'histoire universelle et empiriquement universels à la place des individus locaux.» [...] L'attitude forcément existentielle, au sens plein du terme, que les prolétaires adoptent en face de la vie et du monde, coïncide avec les courants les plus engagés de la science sociale et de la philosophie modernes[57].

C'est pourquoi, «loin de désespérer de l'avenir des Canadiens français, la gauche saura les faire entrer dans l'histoire[58]». Toute l'argumentation de Rioux repose sur une opposition systématique qu'il établit entre le monde des essences et celui de l'existence, la gauche et la droite, le passé et l'avenir, l'universel et le national. Son objectif n'est pas seulement de condamner le nationalisme canadien-français, mais le nationalisme comme tel, puisqu'il y voit l'origine des obstacles qui ont toujours nui à l'épanouissement individuel et collectif des Canadiens français. Aussi, puisque «le principe des nationalités — à chaque groupe ethnique son État — ne veut plus rien dire dans un monde en train de s'unifier, est-il bien sage de nous en tenir à cette formule périmée[59]?»

Après la publication de cet article de Rioux, les expressions «mythe» et «existentiel» se retrouveront sous la plume de la plupart des intellectuels canadiens-français. François-Albert Angers, par exemple, pouvait écrire à Brunet en 1957:

> Certes vous avez raison de dire que «le problème se ramène essentiellement à un équilibre de forces entre l'État *Canadian* et l'État canadien-français du Québec...». [...] *Essentiellement*, c'est cela; mais qu'est-ce que cela signifie sur le plan *existentiel*. Car il faut descendre à ce plan. Et si, sur ce plan, il n'y a aucune différence à être servi par l'État fédéral, plutôt que par l'État provincial, alors pourquoi se battre tant les flancs[60]?

Cependant, là n'est pas l'important. En effet, le texte de Rioux constitue avant tout un révélateur de la situation. Il représente une tentative systématique et explicite pour expliquer l'origine d'un malaise généralisé qui repose sur le sentiment d'un profond décalage entre les représentations collectives, qui s'appuient sur des images d'un passé révolu ou imaginaire, et la situation actuelle des individus et des groupes sociaux qui, dans le présent, ont à interpréter et à vivre d'importants bouleversements. La réinterprétation à laquelle se livrent les historiens de l'École de Montréal n'a pas, non plus, d'autres objectifs. Toutefois, alors que ces derniers essaient d'interpréter la situation à partir d'un point de vue collectif, c'est-à-dire du national, Rioux, comme la plupart des intellectuels de l'époque, rejette cet angle de lecture pour y voir l'origine des retards que la société canadienne-française a accumulés dans sa marche vers le stade «objectif» de l'attitude existentielle; il préfère interpréter la situation à partir des individus et des groupes sociaux qui n'ont jamais véritablement eut droit à la reconnaissance officielle de notre «doctrine nationale». On se retrouve ainsi devant deux pôles idéologiques contraires qui sont tous les deux le fruit d'un même sentiment de décalage et des contradictions qui agitent le milieu social au cours des années cinquante.

Deux ans plus tard, Fernand Dumont reprendra la problématique de ce décalage entre l'existence de tous les jours et les représentations de soi que véhicule le nationalisme traditionnel. Il reconnaîtra, comme Rioux, que le nationalisme a exercé et exerce toujours une influence néfaste sur les consciences individuelles. Ainsi, au moment où interviennent les premières découvertes de soi chez les Canadiens français, «l'adolescent découvre son présent en se mettant au passé.» Mais le véritable problème, selon Dumont, c'est que ce passé a été tellement systématisé qu'il ne permet plus d'autres options que celle «où, pour être fidèle, on est prisonnier d'une seule définition de l'histoire — celle qui nous a définis tout entiers comme étant une minorité». Cette systématisation du passé ayant été opérée un siècle plus tôt par un groupe social — la bourgeoisie des professions libérales, dont les historiens ne furent que les «délégués» — les Canadiens français, devenus ouvriers et citadins, ont hérité de définitions d'eux-mêmes qui ne correspondent plus aux situations nouvelles qui sont intervenues depuis que le Canada français a cessé d'être une société traditionnelle pour devenir une société urbaine. Selon Dumont, le problème principal des Canadiens français se situerait «à la jointure de la conscience et de la culture[61]».

> Au Canada français, on laisse son adolescence de deux façons: en demeurant dans la coque mythique standardisée ou en la brisant brusquement. Or le drame, c'est que si l'adolescence est une chrysalide, la conscience historique, la conscience sociale n'en est pas une: comme j'ai essayé de le montrer, la conscience historique n'est pas *à moi*, elle est rigoureusement *moi*. C'est de là que naissent deux formes de conscience malheureuse: la défense de l'univers mythique, et son rejet qui n'est que l'envers de la première. [...] Le drame profond, c'est que ces deux types de conscience sont parallèles: on passe de l'un à l'autre en inversant les définitions, mais on ne sort pas d'une position du problème qui est, au fond, la même[62].

De plus, selon Dumont, le rejet de l'univers mythique comme expression de la conscience malheureuse amène même certains individus à élargir «spatialement la conscience mythique aux limites du Canada tout entier, nous gratifiant d'un mythe supplémentaire qu'ils appellent la nation canadienne». Pour rétablir le lien entre la culture et la conscience, Dumont propose «qu'on nous donne une autre histoire» qui ne masque plus la présence des divers groupes sociaux et des inégalités sociales qui existent à l'intérieur de la société canadienne-française pour ainsi retrouver «à la fois des tâches d'hommes et le visage d'une patrie enfin devenue notre contemporaine[63]». Autrement dit, ce n'est pas le nationalisme ou l'histoire nationale qu'il faut, comme tels, rejeter en réaction à l'irréalisme des modèles culturels qu'ils proposent: il s'agit plutôt de travailler à les rénover et à les actualiser pour que la culture et la conscience du Canadien français soient de nouveau réunies, afin de pouvoir s'engager en des projets et des options conformes aux défis du présent. Cette position de Dumont est marginale. Les intellectuels du Canada français préfèrent faire porter le chapeau au nationalisme comme tel plutôt que de s'interroger plus avant sur les facteurs qui ont conditionné son émergence et ses formes d'expression.

Pour Brunet, il est indéniable que le nationalisme traditionnel a toujours été irréaliste. Toutefois, plutôt que de se livrer à une simple condamnation, Brunet essaie de comprendre pourquoi il en a été ainsi en décrivant ses principales illusions, tout en essayant d'en expliquer l'origine. Avant 1955, Brunet n'avait jamais défini la nation ou le nationalisme précisément. Dans la foulée du réajustement conceptuel qui l'amène à introduire le concept «d'agir par soi même» et à réinterpréter la nature du phénomène de la survivance ainsi que de l'assimilation, le nationalisme devient une réalité naturelle et universelle.

> C'est tout simplement la manifestation de la solidarité naturelle qui existe entre les membres d'un groupe humain ayant une tradition historique et culturelle qui lui donne un caractère propre. Cette manifestation est plus ou moins consciente et plus ou moins complète selon les circonstances particulières qui ont conditionné et qui conditionnent le développement de ce groupe ethnique. Si celui-ci habite un milieu géographique donné et contrôle un ensemble d'institutions mises à son service, il forme une collectivité nationale distincte. Lorsqu'il est maître d'un État souverain, il constitue une nation au sens complet du mot. Le nationalisme n'est pas un sentiment ou un mouvement artificiel. Il est la conséquence de la nécessité qui oblige l'homme à vivre en société. Forcés de s'unir pour réaliser des tâches communes, les membres d'un groupe humain [...] s'affirment comme

collectivité en s'opposant aux sociétés qui les environnent. Telle est l'histoire du monde depuis qu'il est habité par les hommes. Les sociétés humaines ne s'édifient pas autrement. Et elles se perpétuent de la même façon[64].

En fait, selon Brunet, toutes les nationalités qui ont réussi à conserver certains cadres minimums «cherchent à conserver leur identité. Les Canadiens français du Québec ne font pas exception à cette loi historique[65]». Aussi, on peut faire remonter le nationalisme canadien-français au tout début de la fondation de la Nouvelle-France puisque dès le moment où «il y a une collectivité canadienne-française, il existe un nationalisme canadien-français[66]». Toutefois, si le nationalisme canadien-français véhicule des illusions, il faut comprendre que cela est dû aux circonstances historiques particulières que les Canadiens français ont été amenés à vivre depuis la Conquête. Pour la première fois, Brunet va établir une distinction entre un nationalisme complet et un nationalisme incomplet. Avant la Conquête, les Canadiens pratiquaient un nationalisme «complet: militaire, politique, économique et culturel». Après la Conquête, leur nationalisme ne pouvait être qu'incomplet puisqu'ils avaient perdu la maîtrise de leurs destinées. «C'est un nationalisme tronqué parce qu'une société vaincue, conquise et occupée n'est plus une société normale. [...] Ce nationalisme mutilé était la manifestation de la pensée politique diminuée d'une société malade[67].» L'année précédente, il écrivait à son cousin:

> Remarque bien, d'abord, que tous ceux qui dénoncent le nationalisme des autres ce sont ceux dont le nationalisme a réussi. Ils ont intérêt à maintenir le *statu quo*. Mais le *statu quo*, qu'il ne faut pas confondre avec l'ordre social prévu par le Créateur, n'est et ne sera toujours qu'un équilibre temporaire... [...] C'est une loi de la vie. Tout organisme vivant évolue continuellement. [...] De grandes injustices ont été commises au nom des idéaux nationalistes. [...] L'hitlérisme et le fascisme nous ont montré ce que l'orgueil nationaliste pouvait faire. Mais qui prétendra que le nationalisme canadien-français soit une menace à la dignité humaine et un danger pour la fraternité chrétienne? Seuls des rêveurs qui répètent docilement les leçons que d'autres leur ont apprises ou des propagandistes intéressés à tromper les Canadiens français peuvent soutenir de telles sottises. Pourquoi ne pas soutenir que le serin est un oiseau de proie[68]?

Entre 1951 et 1957, la représentation que Brunet se fait de l'évolution du nationalisme canadien-français et de la nature des illusions qu'il cultive se systématise par retouches successives. Quoique le tableau général soit arrêté autour de 1955, c'est en 1957 qu'il prendra sa forme quasi définitive. À ce moment, le nationalisme traditionnel du Canada français est lié à trois dominantes principales: l'agriculturisme, le messianisme et l'antiétatisme.

Selon Brunet, le nationalisme des Canadiens apparaissait déjà très appauvri dès la première génération qui suit la Conquête puisque les principales revendications des Canadiens se limitaient à la défense des lois françaises et de la religion catholique. Puis la défense de la langue est venue s'ajouter aux deux premières, au lendemain de la mise en vigueur de l'Acte constitutionnel de 1791. Mais c'est au cours de trois décennies qui entourent l'Acte d'Union, l'acquisition du gouvernement responsable et la Confédération que les Canadiens, devenus des Canadiens français, développeront leurs principales illusions.

> L'agriculturisme est avant tout une façon générale de penser, une philosophie de la vie qui idéalise le passé, condamne le présent et se méfie de l'ordre social moderne. C'est un refus de l'âge industriel contemporain qui s'inspire d'une conception statique de la société. [...] [Les agriculturistes] [...] persistent à soutenir que la vraie puissance des nations et les grandes civilisations s'édifient sur l'agriculture et la paysannerie. [...] On pourrait résumer toute la politique agriculturiste par ce mot d'ordre: «Pour vivre heureux, refusez de vivre à votre époque.» Il serait plus juste de dire: «Si vous voulez vivre une vie diminuée, réfugiez-vous dans le passé[69].»

Selon Brunet, bien que les Canadiens aient été obligés de se replier dans l'agriculture dès les premières décennies qui ont suivi la Conquête, il faut attendre le milieu du XIXe siècle pour qu'ils se découvrent «ou plutôt leurs dirigeants ont conclu pour eux — qu'ils avaient une vocation agricole». Trois phénomènes expliquent l'apparition de cette croyance. Premièrement, dans la foulée du romantisme, les Canadiens se sont inspirés de la théorie de la psychologie des peuples «pour expliquer leur évolution historique différente de celle de leurs concitoyens anglo-saxons. Leurs faiblesses devinrent des qualités et leurs insuffisances, des signes secrets de prédestination. Quiconque mettait en doute la supériorité, la vertu et le génie de la nation canadienne-française fut anathème.» Deuxièmement, la longévité de cette croyance s'explique du fait que les principaux porte-parole des Canadiens français ont «été formés ou influencés par des maîtres français de tradition agriculturiste ou libérale qui connaissaient très mal l'économie nord-américaine et qui ignoraient tout des problèmes économiques et sociaux de la nation canadienne-française». Enfin, il faut y voir le résultat de «l'absence d'un véritable enseignement supérieur des sciences politiques, économiques et sociales avec une équipe de professeurs de carrière et de chercheurs[70]». C'est pourquoi, selon Brunet, l'épiscopat du Québec pouvait publier, même en 1946, une lettre collective dans le but d'encourager la colonisation agricole.

Le messianisme s'inscrit dans le prolongement des conditions qui ont donné naissance à l'agriculturisme. Ainsi, «des sociologues, des philosophes, des orateurs patriotiques et des écrivains ont soutenu sérieusement que l'agriculture québécoise fournirait les assises matérielles d'une haute civilisation française et catholique en terre d'Amérique». Ce thème a d'abord été lancé par un Français, Rameau de Saint-Père, en 1859, puis repris par l'abbé Casgrain, Mgr Laflèche et Edmond de Nevers. Ce dernier «prévoit que la société agricole canadienne-française sera à l'avant-garde de la civilisation nord-américaine et qu'elle rayonnera par ses centres intellectuels et artistiques. Un peu plus de réflexion et d'observation lui aurait démontré que les communautés paysannes ont à peine les revenus nécessaires pour se donner un enseignement élémentaire convenable.» Encore une fois, le messianisme est l'expression d'un «processus de compensation bien connu des psychologues» qui vise avant tout à consoler la collectivité de son impuissance. Les Canadiens français développèrent ainsi un «faux spiritualisme» qui les amena à confondre «pauvreté et esprit de pauvreté, renoncement volontaire et privations imposées par les circonstances» ce qui contribua à engendrer un «climat social anormal[71]».

> Les hommes d'argent n'eurent pas dans la société canadienne-française la place qui leur revenait. Ils étaient des inadaptés. Les premiers Canadiens français qui réussirent à faire fortune se montrèrent très souvent plus assoiffés de lucre, plus jouisseurs, plus matérialistes que leurs concurrents *Canadian* ou *American.* [...] Dans une société qui a été longtemps privée d'un surplus économique, les nouveaux riches se conduisent toujours en parvenus grossiers. [...] La conduite souvent scandaleuse et ridicule de nos premiers millionnaires, leur anglomanie puérile, [...] leur manque de goût et de culture fournirent des arguments de plus aux contempteurs de la fortune. La richesse impose à ceux qui en bénéficient de lourdes responsabilités. Les premières générations d'enrichis sont souvent incapables de s'en acquitter. Particulièrement, lorsque les préjugés du milieu condamnent les succès matériels[72].

Groulx est d'accord pour reconnaître que la croyance en une mission littéraire et artistique du Canada français est à écarter. Toutefois,

> ...il n'en va pas de même de notre mission de chrétiens et de catholiques. [...] À certain messianisme, je ne puis pas abdiquer ma foi, parce que je ne suis pas libre de le faire. Et je comprends mal qu'on s'en moque. Je vous le dirai en toute franchise, mon cher Michel. Si quelque chose m'a soutenu,

dans ma vie et dans mon travail, qui souvent m'apparut dur, c'est cette pensée, cette foi en la dignité spirituelle d'un petit peuple qui, pour sa mission, son rôle dans l'Église et devant Dieu, mérite peut-être qu'on s'occupe de lui et qu'on l'aide à survivre. Pourquoi, en effet, et en raison même de sa mission, ne recevrait-il pas de là-haut, un traitement privilégié[73]?

Cependant, pour Brunet, l'illusion la plus insidieuse et la plus néfaste pour l'avenir de la nation canadienne-française est, sans conteste, l'anti-étatisme. Les Canadiens français «ont longtemps pensé — et plusieurs de leurs dirigeants le pensent encore — qu'ils réussiraient à organiser leur vie économique et sociale sans l'aide d'un gouvernement mis à leur service[74]». Encore une fois, cette dominante du nationalisme traditionnel ne peut s'interpréter, selon Brunet, sans tenir compte des conséquences de la Conquête. En effet, l'Église canadienne a connu une position précaire entre 1760 et 1840 et son existence était liée, au cours de cette période, au bon vouloir d'un pouvoir colonial omnipotent. Puis, en 1822, l'arrivée de Papineau à l'Assemblée serait venue donner une autre occasion au clergé de se méfier de l'autorité civile.

> Un libre penseur manifeste, entouré d'une pléiade de jeunes agitateurs inspirés par le romantisme révolutionnaire de l'époque, est devenu le chef national des Canadiens. Son dynamisme et son éloquence imposent silence aux esprits modérés. Quiconque cherche un terrain d'entente avec les autorités coloniales se voit accusé de trahison. Et la masse des électeurs applaudit le tribun! [...] L'Église constate avec étonnement que la liberté très limitée qu'elle a chèrement acquise est menacée, à la fois, par le gouvernement colonial [...] et par les hommes politiques canadiens eux-mêmes. [...] Le clergé se méfie, et avec raison, du gouvernement et des chefs de l'Assemblée[75].

Après l'Union, «la victoire démographique des *British Americans* avait complété la Conquête de 1760» et «il n'était plus possible de poursuivre les luttes stériles de Papineau[76]». C'est à partir de ce moment que le clergé va affirmer son ascendant sur la société canadienne-française.

> Maintenant qu'ils sont devenus la majorité [...], les *British Americans* ne voient plus la nécessité d'intervenir directement dans l'administration de l'Église. Les plus clairvoyants parmi eux ont même prévu que l'influence pacificatrice et conservatrice du clergé catholique sur la collectivité canadienne-française contribuera à consolider la domination politique et économique de la majorité britannique. [...] L'histoire subséquente du Canada [...] démontre combien ce calcul était juste[77].

Mais, dans le même temps, «la libre pensée avait fait des progrès considérables parmi les classes dirigeantes laïques et la population, en général, avait pris l'habitude de négliger ses devoirs religieux[78]». Aussi, l'Église, sous la direction de Mgr Bourget, lancera-t-elle un vaste programme de contre-réforme catholique. L'emprise qu'elle va ainsi acquérir sur la société canadienne-française contribuera directement au développement de l'antiétatisme puisque celle-ci conservera, même après la création du gouvernement provincial, son ancienne méfiance envers le pouvoir civil. De plus, un autre phénomène accentuera cette tendance.

> L'enseignement et la prédication des religieux français chassés de leur patrie par une législation sectaire contribueront à préciser davantage la pensée antiétatiste des principaux interprètes de la société canadienne-française. Quiconque propose une réforme, une initiative, une mesure, un projet nécessitant l'intervention de l'État provincial se voit soupçonné de conspirations maçonniques. [...] Un phénomène vraiment paradoxal s'ensuivit. [...] Un peuple catholique avait déclaré la guerre à son gouvernement catholique. Impossible de s'expliquer une telle situation sans une étude objective de la société canadienne-française depuis la Conquête[79].

Si l'État provincial apparaît aujourd'hui incapable de mettre en œuvre une politique dynamique, «ce sont nos maîtres à penser — évêques, théologiens, sociologues cléricaux, curés-curés et laïcs-bedeaux-curés — qui en portent la principale responsabilité. Ils ont systématiquement paralysé son action[80].» L'antiétatisme des Canadiens français ne pose pas seulement un problème dans le contexte où l'État fédéral étend lentement sa juridiction au détriment de la province de Québec ou parce qu'il a pris les devants en matière de politique sociale alors que le Québec tire de l'arrière. Le véritable problème est celui de l'assimilation: alors que la nation *Canadian* «agit» par le biais de son gouvernement national qui se trouve à Ottawa, les Canadiens français refusent ou ne croient pas à la nécessité «d'agir» collectivement par eux-mêmes. «Il est temps que nos intellectuels et nos dirigeants sachent que pour une collectivité l'assimilation c'est perdre la notion et le désir d'agir par elle-même[81].» Selon Brunet, il est un «principe» qui, une fois qu'il sera pleinement compris par les dirigeants politiques du Canada français, constituera la preuve qu'ils ont atteint une plus grande «maturité intellectuelle». «"*Good government is no substitute for self-government.*" Pour les Canadiens français du Québec, cette règle élémentaire de politique démocratique peut se traduire ainsi: "Le bon gouvernement de la majorité anglo-canadienne à Ottawa ne peut pas remplacer le gouvernement que les Canadiens français peuvent se donner eux-mêmes."[82]» Ce n'est pas le nationalisme en tant que tel qu'il faut rejeter, mais les illusions que les Canadiens français ont cultivées à propos d'eux-mêmes, en raison de leur évolution historique anormale. Bien que la politique d'autonomie provinciale mise de l'avant par Maurice Duplessis soit, selon Brunet, un pas dans la bonne direction, il reste que l'antiétatisme continue toujours à exercer son influence: «La politicaillerie la plus mesquine a envahi tous les domaines de notre vie collective parce que nous n'avons jamais réclamé de l'État une politique d'ensemble au service de la collectivité[83].»

C'est ce qui distingue fondamentalement Brunet de ses principaux opposants puisque certaines de ses analyses vont parfois dans la même direction que ces derniers. Ainsi, Brunet est d'accord pour dire que le nationalisme traditionnel a peur du présent et de l'avenir et qu'il a tendance à se replier de manière réactionnaire vers un passé incompatible avec les défis du monde actuel. Toutefois, pour lui, ce n'est pas le nationalisme en tant que tel qui produit immanquablement une telle attitude. C'est pourquoi il la définit comme de l'agriculturisme. De même, Brunet croit, comme plusieurs autres, qu'il est temps de s'attaquer au problème de l'inégalité sociale.

> Aujourd'hui, les citoyens attendent de leurs gouvernements la mise en vigueur d'une politique économico-sociale capable de leur assurer un minimum de sécurité matérielle et leur donnant les moyens de vivre humainement leur vie d'hommes. La société industrielle contemporaine dispose du surplus économique nécessaire pour satisfaire ces demandes légitimes. La justice sociale ne doit plus demeurer un idéal mais devenir, dans la mesure du possible et en tenant compte de surplus économique disponible, une réalité. [...] La stabilité et la prospérité de la société industrielle l'exigent. Sinon, c'est l'anarchie et la lutte des classes[84].

Enfin, il juge lui aussi que le clergé occupe une trop grande place à l'intérieur de la société québécoise. Il écrit à ce sujet à Bruno Lafleur:

> Vos remarques au sujet des jeunes chrétiens de *Cité libre* sont très justes. Je suis convaincu qu'ils finiront par comprendre l'ensemble du problème canadien-français. Comme vous, je crois que notre nationalisme doit se dégager de son complexe religieux. Cette évolution est déjà commencée et je m'en réjouis pour le plus grand bien de notre foi et pour le plus grand progrès de notre nation. Il appartient aux laïcs de prendre leurs responsabilités comme guides des Canadiens. Le clergé a une autre tâche comme dispensateur de la vérité et du salut[85].

Par contre, il ne faudrait pas rendre le clergé responsable de tous nos maux, en particulier du manque de démocratie au Canada français comme la plupart des antinationalistes le soutiennent. Brunet pense qu'il «est temps de détruire certaines affirmations qui sapent la confiance de la jeunesse dans les vertus intrinsèques du catholicisme et dans le rôle de l'Église au sein de notre société[86]». En effet, «ceux qui ont la mauvaise habitude d'accuser les Canadiens français de former un peuple conduit par ses curés n'ont rien compris à l'histoire du Canada français depuis la Conquête anglaise [...] Il est temps de savoir exactement une fois pour toutes qui a réellement dominé les Canadiens depuis que ceux-ci ont perdu la possession de leur pays et la maîtrise de leurs destinées comme nation distincte en Amérique du Nord[87].» Pour Brunet, c'est la liberté collective qui constitue le préalable indispensable à l'exercice d'une véritable démocratie puisque «la base même de tout régime démocratique pour une collectivité», c'est «la liberté pour ses membres de se gouverner eux-mêmes[88]». En d'autres termes, l'on ne pourra aborder le problème d'une démocratie véritable qu'une fois que les Canadiens français auront la possibilité d'exercer un minimum de libertés collectives. Selon Brunet, ce n'est pas parce que les nationalistes traditionnels se sont illusionnés qu'il faille leur jeter la pierre et rejeter du même coup le nationalisme comme l'a fait, par exemple, Pierre Elliott Trudeau dans son article «partiel et partial[89]» paru dans *La Grève de l'amiante:*

> Vous avouerez qu'il est très facile de ridiculiser nos «penseurs» [...] Mais il est plus difficile d'expliquer pourquoi ils ont ainsi erré [...]. Vous semblez croire que nos «penseurs» ont fait fausse route parce qu'ils étaient «nationalistes». Là réside votre grande erreur. Si leur pensée a chaviré ce n'est pas parce qu'ils ont voulu servir leur collectivité mais parce qu'ils étaient membres d'une nation naufragée depuis la Conquête. [...] Trop d'esprits sous-vitaminés et superficiels, parvenus de la science qui se gargarisent avec quelques mots savants, croient résoudre le problème canadien-français en proclamant la fin du nationalisme canadien-français et la fin de tout nationalisme. Cette profession de foi ne les empêche pas de se mettre au service du nationalisme *Canadian*, de faire de l'antiaméricanisme et de trouver normal le réveil nationaliste des peuples asservis du Moyen-Orient et d'Asie. Le seul nationalisme qui leur semble désuet, mesquin, inacceptable, c'est celui de la nationalité canadienne-française[90].

Pour Brunet, les anciens porte-parole de la nation canadienne-française ont fait ce qu'ils ont pu, compte tenu des circonstances. Bien sûr, le messianisme a peut-être amené la masse du peuple à se contenter trop facilement de son sort tout en favorisant l'émergence d'un «curieux complexe de supériorité chez certains dirigeants de la collectivité.» Toutefois, «il est aujourd'hui facile de ridiculiser ces calculs grandioses mais n'oublions pas qu'ils ont permis à des générations durement éprouvées de ne pas perdre espoir. C'est l'une des preuves du vouloir-vivre collectif de la nation[91].»

Notes

1. Voir Paul-André Linteau; René Durocher, Jean-Claude Robert et François Ricard, *Histoire du Québec contemporain — vol. II — Le Québec depuis 1930*, Montréal, Boréal Express, 1986, p. 328-329.
2. Pierre Elliott Trudeau à Brunet, 12 novembre 1956, P136/A,580.
3. B. 222 p. 46.
4. S. 8 p. 84.
5. B. 35 p. 4.
6. Brunet à Jacques Perrault, 31 août 1956, P136/A,472.
7. *Ibid.*
8. Brunet à Bruno Lafleur, 18 avril 1955, P136/A,313.
9. Brunet à Pierre Laporte, 17 octobre 1956, P136/A,328.
10. Brunet à Esdras Minville, 29 juin 1957, P136/A,395.
11. Brunet à F.-A. Angers, 15 août 1956, P136/A,12.
12. B. 120 p. 84.
13. B. 123 p. 127.
14. B. 63 p. 194.
15. B. 254.
16. Brunet à Vaclav Mudroch, 13 décembre 1956, P136/A,438.
17. Brunet à Richard Ares, s.j., 12 juillet 1957, P136/A,18.
18. Brunet à Groulx, 22 novembre 1953, Institut d'histoire de l'Amérique française.
19. B. 31 p. 442, 445.
20. B. 31 p. 448.
21. B. 31 p. 449.
22. Marcel Trudel à Brunet, 17 janvier et 2 février 1954, P136/A,581.
23. Brunet à Marcel Trudel, 12 mai 1954, P136/A,581.
24. Marcel Trudel à Brunet, 19 mai 1954, P136/A,581.
25. Maurice Lamontagne, *Le Fédéralisme canadien: évolution et problèmes*, Québec, Les Presses Universitaires Laval, 1954, 298 p. Brunet écrira à Groulx à propos de cette nomination: «...adjoint veut dire, en termes ottawaïens, canadien-français, bilingue et bonne-à-tout-faire, surtout les besognes que les "cheufs" ne font pas». Brunet à Groulx, 27 mai 1954, Institut d'histoire de l'Amérique française.
26. *Ibid.*
27. Brunet à Groulx, 7 juillet 1954, Institut d'histoire de l'Amérique française.
28. B. 37 p. 270, 277, 273.
29. Brunet à André Laurendeau, 10 juin 1954, P136/A,337.

30. B. 316.
31. Brunet à Jean Pellerin, 4 mai 1954, P136/A,225. Jean Pellerin lui répondra: «Vous avouez ne pas être un conférencier de tout repos. Je n'ai qu'un commentaire à ce propos: bravo. Nous sommes une majorité de jeunes dans la Fédération pour applaudir à l'audace. Comme vous, nous en avons "marre" des "lieux communs séculaires".» Jean Pellerin, à Brunet, 6 mai 1954, P136/A,225.
32. Brunet à Jean Pellerin, 12 mai 1954, P136/A,225.
33. B. 29 p. 22, 23.
34. B. 31 p. 442-443.
35. B. 35.
36. *Id.*
37. *Id.*
38. Anonyme, «L'Agriculturisme et nous», *L'Action catholique*, 28 janvier 1955, P136/C,2.
39. Gérard Filion, «L'agriculturisme», Texte dactylographié, 4 p. P136/C,2.
40. Louis-Philippe Poulin, «Commentaires — L'agriculturisme», Entrevue réalisée dans le cadre de l'émission «Le choc des idées», 17 janvier 1955, P136/C,2.
41. Anonyme, «Autour de l'agriculturisme», *La Gazette des Campagnes*, 7 avril 1955, p. 3. P136/C,2. Brunet lui répondra: «Quand je dénonce l'agriculturisme, je m'attaque à une conception statique de la vie, de l'économique, de l'État, de la politique, de l'éducation, etc. Soyez assuré que je n'ai pas l'intention de diminuer l'importance de l'agriculture dans l'organisation économique de toute société.» Brunet à L. de Gonzague Fortin, 31 mai 1955, P136/C,2.
42 *Le Bien Public*, 28 mai 1954, p. 1.
43. Ainsi, une des sections de la Société Saint-Jean-Baptiste présentera, dès 1955, une résolution pour condamner l'attitude des historiens de l'École de Montréal qui se lit comme suit: «La Fédération exprime le vœu que les professeurs d'université chargés d'enseigner l'histoire se bornent à enseigner l'histoire et laissent l'avenir à Dieu et au peuple canadien-français. Ces professeurs auraient déclaré, à la radio et à la télévision, que le peuple canadien-français était voué à la disparition comme tel. Ces professeurs, dit-on, ne connaissant pas plus l'avenir que le commun des mortels et, en faisant cette prophétie, ils font un tort considérable à leurs compatriotes.» *Le Devoir*, 12 juin 1955, p. 3. Ce projet de résolution sera rejeté par l'Éxécutif de la Fédération.
44. Groulx à Brunet, 29 mai 1954, Institut d'histoire de l'Amérique française.
45. Brunet à Jean Pellerin, 22 juin 1954, P136/A,225.
46. B. 40 p. 593, 594, 595, 597.
47. *Ibid.*, p. 601, 602.
48. Brunet à Roger Cyr, 23 novembre 1955, P136/A,225.
49. B. 40 p. 597, 598. En 1957, lorsque les conservateurs de Diefenbaker prendront le pouvoir, sans l'appui électoral du Québec, Brunet écrira à ce propos: «Depuis le 10 juin, je suis l'homme le plus heureux du Canada français. Nous avons enfin la chance de comprendre notre position réelle dans l'union canadienne. [...] Apprenons à voir le Canada anglais tel qu'il est. Il sera ensuite possible de nous concentrer sur

les problèmes essentiels du Canada français.» Brunet à Pierre Laporte, 12 juillet 1957, P136/A,328.

50. Jean-Charles Falardeau, «Antécédents, débuts et croissance de la sociologie au Québec», *Recherches sociographiques*, 15, 2-3 (mai-août 1974), p. 157. Les deux autres textes, sur lesquels je reviendrai plus loin, sont: Léon Dion, «Le nationalisme pessimiste: sa source, sa signification, sa validité», *Cité libre*, 18, (novembre 1957), p. 3-18; Fernand Dumont, «De quelques obstacles à la prise de conscience chez les Canadiens français», *Cité libre*, 19, (janvier 1958), p. 22-28.

51. Marcel Rioux, «Idéologie et crise de conscience du Canada français, *Cité libre*, 14, (décembre 1955), p. 4.

52. *Ibid.*, p. 10.

53. *Ibid.*, p. 11.

54. *Ibid.*, p. 1.

55. *Ibid.*, p. 12, 14-15. L'anticléricalisme a commencé à se manifester ouvertement à compter du début des années cinquante. Il y eut d'abord le *Refus global* (1948) de Borduas. Mais c'est avec la fondation de *Cité libre* et, surtout, à la suite de la publication, par la revue *Esprit*, d'un numéro spécial sur le Canada français (août-septembre 1952) que le cléricalisme sera ouvertement pointé du doigt comme étant le principal obstacle à l'épanouissement individuel et collectif des Canadiens français.

56. Marcel Rioux, *ibid.*, p. 3, 15, 29. Dans ses notes manuscrites, Brunet pastiche un passage d'une conférence d'André Malraux dans le but de répondre «à un Maurice Blain et à ceux qui soutiennent que le nationalisme "bouffe en nous l'humain"». Malraux aurait dit: «Nous savons désormais qu'on ne sera pas d'autant plus homme qu'on sera moins Français, mais qu'on sera simplement davantage Russe. Pour le meilleur comme pour le pire, nous sommes liés à la patrie et nous savons que nous ne ferons pas l'Européen sans elle.» Brunet écrit: «Il est temps de se rendre compte que nous ne serons pas d'autant plus hommes que nous serons moins Canadiens français, mais que nous serons simplement davantage *Canadians*.» P136/B,5.

57. *Ibid.*, p. 13.

58. *Ibid.*, p. 29. On sait que Robert Rumilly s'opposera avec véhémence aux mouvements gauchistes. Dans son livre *L'infiltration gauchiste au Canada français*, il écrivait que les professeurs de l'Institut d'histoire de l'Université de Montréal «sont presque les seuls, aujourd'hui, à résister au courant gauchiste» (p. 138). Nos trois historiens répliqueront par le biais du *Devoir:* «1) Les professeurs de l'Institut d'histoire ne savent et ne veulent savoir à quoi riment les appellations de "gauche" et de "droite" au Canada français. Ils ne prennent pas au sérieux la croisade anti-gauchiste de *Notre Temps* et Cie. 2) Ces professeurs ne se reconnaissent donc pas le mérite de "résister au courant gauchiste". 3) Ces professeurs ne veulent s'identifier à aucune chapelle dite de "gauche" ou de "droite". Ils sont agacés de se voir ranger avec les arriérés de quelque étiquette qu'on les décore.» B. 68-F.306-S.9.

59. Marcel Rioux, *ibid.*, p. 21.

60. F.-A. Angers à Brunet, 22 janvier 1957, P136/A,12.

61. Fernand Dumont, «De quelques obstacles...», *op. cit.*, p. 24, 25.

62. *Ibid.*, p. 25.

63. *Ibid.*, p. 25, 28.
64. B. 43 p. 235.
65. B. 37 p. 270.
66. Plan d'une conférence intitulée «Vers une revalorisation du nationalisme canadien-français» et prononcée devant les membres du cercle de l'AJC de l'Université de Montréal le 3 décembre 1958. P136/E,38.
67. B. 43 p. 236.
68. Brunet à son cousin (frère André M. Billette???), 6 septembre 1954, P136/A,61.
69. B. 67 p. 119, 139.
70. *Ibid.*, p. 124, 118, 133, 134.
71. *Ibid.*, p. 159, 160, 161, 163, 164.
72. *Ibid.*, p. 164-165.
73. Groulx à Brunet, 20 août 1957, Institut d'histoire de l'Amérique française.
74. B. 67 p. 143. De plus, «Edmond de Nevers, ne proposait-il pas dans son *Avenir du peuple canadien-français* (1896) l'abolition pure et simple du parlement provincial?» B. 33 p. 71. Brunet, renvoyant aux dernières pages de *L'enseignement français au Canada*, rappelle aussi que même «Groulx, qui demeure [...] l'homme le plus ouvert de sa génération, n'acceptait qu'avec crainte et tremblement l'aide financière — combien marginale! — de l'État provincial aux collèges classiques». Brunet à André Laurendeau, 4 septembre 1963, E16/C1,5.
75. B. 67 p. 151-152.
76. *Ibid.*, p. 153.
77. *Ibid.*, p. 155.
78. *Ibid.*, p. 155-156.
79. *Ibid.*, p. 157.
80. Brunet à Pierre Elliott Trudeau, 14 novembre 1956, P136/A,580.
81. B. 63 p. 210.
82. Brunet à Jacques Perrault, 29 août 1956, P136/A,472. Un peu plus tard, Brunet écrira au directeur du *Devoir:* «L'aide arbitraire venue de l'extérieur ne peut que nous maintenir dans le servilisme et dans l'infantilisme. La seule façon de marcher par soi-même c'est d'utiliser ses propres jambes. Même si une chaise roulante offerte et maniée par un autre permet d'avancer plus vite. [...] C'est ça la démocratie et le *self-government.*» Brunet à Gérard Filion, 17 octobre 1956, P136/A,229.
83. Brunet à André Laurendeau, 12 novembre 1957, P136/A,337.
84. B. 67 p. 142.
85. Brunet à Bruno Lafleur, 18 avril 1955, P136/A,313.
86. Brunet à Groulx, 20 janvier 1955, Institut d'histoire de l'Amérique française.
87. B. 86 p. 185 note 33.
88. Brunet à Jacques Perrault, 29 août 1956, P136/A,472.
89. Pierre Elliott Trudeau, «La province de Québec au moment de la grève», dans P. E. Trudeau, dir., *La Grève de l'amiante*, Montréal, Éditions du Jour, (1956), 1970, p. 1-91.
90. Brunet à Pierre-Elliott Trudeau, 23 septembre 1956, P136/A,580.
91. B. 120 p. 100-101.

CHAPITRE XIV

LA TOUR DE BABEL

En 1957, Léon Dion allait rassembler, dans un étrange pot-pourri, tous les arguments et les lieux communs que partagent ceux qui s'élèvent contre le nationalisme canadien-français dans le but de mettre à nu les rêves et les mythes que les historiens «souffreteux[1]» de l'École de Montréal ont commencé à faire circuler depuis quelques années. En effet, dans cet article, Dion structure son argumentation dans le but de retrouver la source et la signification du nationalisme... pessimiste! Quant à sa validité, toute sa démonstration mettra en relief qu'elle n'existe à peu près pas.

La réinterprétation de l'histoire à laquelle les néo-nationalistes se sont livrés tient, selon Dion, à un phénomène de génération qui renvoie à une «origine existentielle» particulière qui conditionne «non seulement des jugements mais aussi des mythes et des rêves». Ainsi, la différence principale entre Groulx et les néo-nationalistes tiendrait dans ce qu'ils ont substitué une perspective séculière à l'ancienne perspective ecclésiale de l'histoire nationale, ces deux perspectives renvoyant à deux mythes différents: «le mythe de la terre et d'une civilisation rurale» et le «mythe de la défaite irrévocable». Selon Dion, Groulx était peut-être rempli d'illusions mais, au moins, la perspective ecclésiale exprimait un «mythe positif». Aussi est-ce parce que la perspective séculière a été «incapable jusqu'à maintenant de parvenir à percevoir le "national" québécois de façon optimiste» qu'elle a été obligée de trouver «son expression dans le mythe le plus déprimant qui soit pour un peuple». Mais, selon Dion, le véritable problème, chez Groulx comme chez les néo-nationalistes, c'est que le national, en soi, est un mythe puisque «personne [...] n'a réussi à exprimer en termes concrets [...] [ce] que c'est que la "nation", que d'être "national".» Dans tous les pays occidentaux, les historiens du national auraient fait subir à l'homme moderne un véritable «conditionnement sociohistorique» qui l'a amené à se définir entièrement en terme de national et à investir dans ce rêve tous ses espoirs de libération. Au moins, si l'on fait abstraction du rêve de Groulx d'un État laurentien qui, selon Dion, s'inspire du fascisme, «la formule de la vocation apostolique et missionnaire des Canadiens français» ouvrait «le national sur l'universel», formule que ne peut retenir la perspective séculière du national puisqu'il ne lui reste «qu'un rêve qui puisse contenir tout entier les aspirations de la nation: le rêve de l'État[2]». Pour Dion, ce rêve de l'État est un mythe supplémentaire qui prolonge celui de la nation et c'est ce qui serait à l'origine du pessimisme des néo-nationalistes.

En effet, parce que la Conquête a rendu ce rêve impossible, les néo-nationalistes ne peuvent qu'imaginer ce qu'aurait pu être ce rêve en contemplant l'exemple américain. Mais ce rêve impossible rendrait aussi leur attitude dangereuse. Et Dion d'appeler à sa rescousse les apports de la psychanalyse et l'exemple du nazisme pour démontrer son point de vue. Ainsi, il ne serait pas difficile d'apercevoir que Brunet s'inspire de l'idéologie nationale allemande lorsqu'il place la «politique de force» au cœur de la représentation qu'il se fait des relations entre nations. Aussi, «le rêve de l'État national» des néo-nationalistes ne leur «fournit que la sensation plutôt répugnante du petit mangé par le gros». Mais, puisque ce rêve de l'État est impossible au Canada français, ils en viennent à faire «un rêve inverti[3]». C'est pourquoi, il leur suffirait d'une

> ...lueur d'espoir de voir jamais cette situation renversée pour que leurs attitudes se transforment en hargne, leurs allures déprimées en gestes triomphants et menaçants. [...] l'agressivité nationale transformée en impulsion suicidale, voilà ce que sont les néo-nationalistes. [...] Dans une telle perspective se libérer c'est, pour la nation, acquérir de puissants crocs et un énorme estomac avide; transcender c'est, pour elle, dévorer les nations plus faibles et les bien «assimiler»[4].

Il faut se rappeler qu'au cours des années cinquante, le mot Conquête n'avait pas bonne presse. On lui préférait l'expression «cession», mot qui, tout en étant beaucoup moins chargé des connotations de la force inévitable que recouvre toute conquête militaire, renvoyait à la représentation de l'abandon de la colonie par une France indigne. Encore en 1958, l'abbé Maheux pouvait, par exemple, écrire à Brunet son mécontentement à propos du fait que ce dernier utilise le mot «Conquête»: «Je déteste ce mot. Je préfère "cession"[5].» Pourtant, quelques mois plus tôt, Brunet lui avait fait une mise au point qui nous donne une indication supplémentaire de la chronologie particulière à laquelle a répondu l'élaboration des principaux concepts des *Normes* de Séguin.

> ...les faits historiques ont une logique brutale qui se moque éperdument des distinctions de l'humaniste qui voudrait voir dans l'histoire des hommes et des sociétés une confirmation de ses rêves généreux. La force domine toute l'histoire de l'humanité depuis la chute originelle. Et l'histoire de notre nationalité n'échappe pas à la règle[6].

Après avoir fait état du «rêve inverti» des néo-nationalistes, Dion poursuivra en reprenant la plupart des lieux communs de l'époque. Ainsi, une histoire nationale n'offrirait aucun espoir concret de transcendance pour les individus. De plus, puisque le cadre national a été idéalisé, il ne peut proposer aucune référence concrète aux groupes sociaux qui existent actuellement au Canada français. Pour Dion, «une historiographie qui ne parvient pas à établir un lien positif, réel et actuel entre un peuple et son passé doit être abandonnée ou ignorée parce qu'elle n'a pas de sens légitime[7]». De même, le temps n'est pas à l'autarcie économique et culturelle, mais à l'interdépendance entre les peuples. Par là, les dangers d'assimilation d'un peuple par un autre deviendraient relatifs, surtout au Canada. En somme, cette histoire que proposent les néo-nationalistes ne permet qu'un «constat d'échec». Toutefois, l'adoption d'une perspective séculière de l'histoire constituerait en soi un acquis important. C'est ce qui amène Dion à tempérer ses propos dans sa conclusion en souhaitant qu'une histoire sociale puisse se constituer aux côtés de l'histoire nationale.

L'antiétatisme étant, pour Brunet, la dominante de la pensée traditionnelle qui comporte le plus de conséquences pour l'avenir de la nation canadienne-française, on peut penser que cette attaque contre l'histoire néo-nationaliste et son «rêve inverti» de l'État, même si l'on n'en retrouve aucune trace dans sa correspondance, n'a certainement pas dû le laisser indifférent. Entre ceux qui appuient la centralisation fédérale et ceux qui rejettent l'État du Québec, comme cadre d'organisation de la vie collective de la nation canadienne-française, il n'est pas difficile d'apercevoir, selon Brunet, lesquels sont les plus à craindre. Il écrit à ce propos à François-Albert Angers:

> Deux écoles de pensée minent l'autonomie provinciale: celle qui a placé toutes ses espérances dans l'État central et celle qui veut confiner notre État provincial à une politique de laissez-faire. C'est cette dernière école de

> pensée qui a détaché les Canadiens français de leur gouvernement provincial et les a jetés dans les bras de l'État fédéral. [...] Je suis convaincu comme historien et comme *political scientist* que les véritables adversaires d'une autonomie provinciale dynamique ne sont pas surtout les partisans de la centralisation fédérale. Ils se recrutent chez ceux qui ont détruit et continuent à détruire chez nous la notion de l'État comme cadre d'organisation au service de la collectivité[8].

Le plus curieux pour Brunet, c'est que ceux-là même qui dénoncent le nationalisme traditionnel, au nom de l'objectivité scientifique et d'une pensée avant-gardiste, continueraient à entretenir ses illusions principales. Les «quelques faiblesses» que Brunet relevait dans sa critique des *Essais sur le Québec contemporain* sont en train de prendre un contour systématique et permanent non seulement chez les sociologues de Laval, mais chez tous les intellectuels ou intervenants d'importance du Canada français. C'est à partir de cette prise de conscience que les propos de Brunet commenceront à se radicaliser.

> Le nationalisme messianique traditionnel imprègne toute la pensée du R. P. Georges-Henri Lévesque qu'en certains milieux mal renseignés on a voulu représenter comme un homme qui aurait abandonné les siens [...] M. Maurice Lamontagne, tout en optant pour une «intégration lucide» au Canada anglais, n'a nullement l'intention d'appauvrir la culture canadienne-française et ne doute pas qu'elle peut avoir un bel avenir [...]. M. Maurice Tremblay, auquel ses recherches en histoire des idées ont pourtant révélé la pauvreté de notre pensée collective, s'imagine que le monde entier attend un message du Canada français [...]. M. Jean-Charles Falardeau, qui prétend avoir dépassé depuis longtemps le nationalisme de son temps de collège, ne craint pas de servir à ses lecteurs et à ses auditeurs toute la mythologie que ses professeurs d'histoire lui ont enseignée en rhétorique [...]. Quant à l'ouvriérisme, chaque numéro de *Cité libre* y sacrifie quelques pages et le livre consacré à *La Grève de l'amiante* s'en inspire directement et l'exalte[9].

Quant à Albert Faucher, il semble croire à la théorie de la psychologie des peuples et aux «innéités».

> L'auteur fait [...] étalage d'une science mal digérée. [...] Fidèle partisan du nationalisme *Canadian*, il exagère l'importance des capitaux américains dans l'industrie manufacturière du Canada. Et les Canadiens français dans tout cela? Pourquoi n'ont-ils pas joué un rôle plus considérable dans l'organisation économique du territoire qu'ils habitent depuis plus de trois cents ans? Tout simplement parce qu'ils n'avaient pas «la mentalité capitaliste», répond le professeur Faucher. C'est simple comme bonjour mais il fallait y penser! [...] Que penser d'un médecin qui expliquerait au patient qui

s'inquiète de sa débilité: «Mon ami, vous êtes malade parce que vous n'avez pas la mentalité d'un homme en santé?» M. Faucher prend la peine de préciser que cet état d'esprit a-capitaliste ou anticapitaliste date de l'époque de la Nouvelle-France et s'est maintenu «malgré la conquête». A-t-il étudié la carrière étonnante des grands commerçants canadiens qui ont bâti l'empire français d'Amérique[10]?

Selon Brunet, s'il en est ainsi, c'est qu'ils refusent de tenir compte des nouvelles recherches en histoire qui ont mis en évidence les conséquences de la Conquête sur le devenir de la nation canadienne-française et, plutôt que de s'arrêter à vouloir comprendre le milieu canadien-français dans ce qu'il a de spécifique, ils s'inspirent de théories à la mode qui n'ont rien à voir avec la réalité des Canadiens français tout en confondant agir individuel et agir collectif. Toutes les théories, traditionnelles ou nouvelles, qui cherchent à expliquer les causes de l'infériorité économique des Canadiens français, «ne vont pas à la racine du problème. Ces diagnostics s'en tiennent aux symptômes du mal. L'infériorité économique de la collectivité canadienne-française est la conséquence fatale de sa mise en servitude comme nation vaincue, conquise et occupée, réduite à un statut de minorité dans un pays qui ne lui appartient pas. Voilà la vérité dans toute sa brutalité. Il est temps de la connaître[11].» L'influence d'Everett C. Hughes, «père spirituel des sociologues de Laval et aussi de Montréal[12]» expliquerait, selon Brunet, ce manque de clairvoyance. Ceux de Laval seraient même arrivés à un point où

> ...ils ne semblent pas récupérables. Ils sont perdus dans leur vocabulaire pseudo-scientifique: bien immédiat, bien médiat, bien supérieur, vertu mineure, cadre national, salut de la personne, solidarité de classe, etc. Leurs thèses nébuleuses frôlent souvent le marxisme. [...] Ce sont ce que j'appelle des sous-vitaminés intellectuels, héritiers du vocabulaire de la scolastique dominicaine du moyen âge décadent. [...] À leur formation scolastique dominicaine, ils ont ajouté quelques mots savants empruntés aux sociologues de Chicago. Voilà leur bagage intellectuel. Ajoutons-y une haine aveugle pour M. Duplessis. Et c'est tout[13].

En 1954, au moment où Brunet associe encore les erreurs d'interprétation des sociologues de Laval à «quelques faiblesses» passagères, il faisait parvenir son compte rendu des *Essais sur le Québec contemporain* à Hughes. Ce dernier le remercie, mais contrairement à ce que Brunet y affirme à propos des dangers d'assimilation que Hughes aurait soulevés, ce dernier lui fait remarquer: «*I am not sure that I have any opinion on that*[14]» et ajoute que, de toute façon, aucune nation n'est éternelle. Brunet lui répondra qu'il est d'accord avec lui sur ce dernier point. Toutefois, écrit-il, «je n'ignore pas, cependant, le rôle de la volonté humaine dans l'évolution historique d'une société. Les nations, pas plus que les individus, n'ont le droit de se suicider. Je me demande pourquoi les Canadiens démissionneraient puisqu'ils ont les cadres minimums pour assurer leur survivance. À la condition de les utiliser pleinement et rationnellement[15].» L'année suivante, lorsque qu'il attribuera l'aveuglement de ses collègues de Laval au fait qu'ils sont les «disciples serviles du pseudo-sociologue Hughes[16]», le ton change.

Trois illusions principales de Hughes expliqueraient pourquoi celui-ci n'a pas réussi à comprendre la raison pour laquelle «les Canadiens français du XXe siècle forment une société sans dynamisme dont les membres sont des économiquement faibles livrés sans préparation et sans défense à l'industrialisation accélérée de leur milieu». Selon Brunet, la première illusion de Hughes consiste à penser que la Conquête n'a pas provoqué de transformations dans les structures sociales de la nation canadienne-française. C'est pourquoi il «s'imagine avec une candeur surprenante chez un *social scientist* que le choc entre les deux sociétés [...] ne s'est produit qu'au XXe siècle, au moment où la province de Québec entre définitivement dans l'âge industriel et urbain[17]». Ses deux autres illusions seraient aussi celles «de la plupart des Canadiens français».

> M. Hughes prétend que les Canadiens se sont éveillés collectivement à la vie politique «en synchronisme avec les Canadiens anglais» [...]. Il devrait savoir que deux nations, dont l'une est soumise à l'autre, ne peuvent pas conquérir leur liberté en même temps. Cette liberté ou *self-government* n'appartient qu'au «groupe dominant». [...] Enfin, l'auteur admet l'existence de civilisations complémentaires et affirme que deux peuples en viennent à remplir «des fonctions différentes à l'intérieur de la grande entité dont ils font partie» [...]. Il n'y a pas de civilisations complémentaires: une civilisation est complète ou incomplète[18].

L'illusion la plus grave est sans conteste la première. En effet, selon Brunet, «la faiblesse fondamentale de la pensée canadienne-française vient de l'incapacité ou du refus de comprendre le sens véritable de la Conquête de 1760[19]». C'est ce qui explique que les illusions du nationalisme traditionnel aient la vie dure. Mais la responsabilité n'en revient pas seulement à Hughes. Les pères Delos et Arès auraient aussi fait leur part. Ainsi, à Jacques Perrault, vice-président du Parti CCF québécois, qui dit appuyer son nationalisme sur les principes développés par Arès et Delos, Brunet répondra dans un de ses excès de langage qui lui est, par ailleurs, coutumier:

> Quant aux enseignements du père Delos, nous ne pourrons jamais évaluer le tort qu'ils nous ont causé. Ce prédicateur égaré en science politique avait une conception romantico-culturelle de la nation et du nationalisme. [...] La sociologie de la nation du père Delos est une construction carton-pâte qui ne tient nullement compte des dures réalités de l'évolution politique, économique et sociale des collectivités humaines. La popularité de ses théories s'explique facilement au Canada français. Celui-ci, à cause de son évolution historique anormale, avait acquis une conception tronquée de la nation et de la politique. Le père Delos avait rédigé en termes savants la pensée traditionnelle du Canada français. On l'acclama comme un prophète. On sait ce que le père Arès doit à Delos. On sait aussi, depuis le *Rapport Tremblay*, jusqu'où peut conduire cet enseignement[20].

En effet, même le rapport Tremblay, sur lequel Brunet fondait beaucoup d'espoirs, poursuivrait l'irréalisme du nationalisme traditionnel en exigeant, par exemple, «le retour de tous les impôts directs aux provinces et l'abandon par le fédéral de la législation sociale déjà en vigueur»! Selon Brunet, «ce document [...] constitue [...] le chant du cygne d'une génération qui, tout en ayant le mérite d'avoir voulu servir la collectivité canadienne-française, a eu la faiblesse de poursuivre un rêve intérieur et de ne pas voir la réalité en face». Dans l'intérêt de l'union canadienne, il est beaucoup plus judicieux, selon lui, de s'en remettre à l'esprit de la constitution de 1867. «Du côté canadien-français, abandonnons l'utopie séparatiste et la conception idyllique d'un fédéralisme qui n'a jamais existé (père Arès et Rapport Tremblay); du côté *Canadian*, qu'ils renoncent à l'utopie d'une Nation-État unifiée sous l'autorité d'un gouvernement fédéral [...] devenu gouvernement national[21].» L'irréalisme et la faiblesse des conclusions du rapport Tremblay tiendraient au fait que les commissaires ont «négligé de remettre en question les postulats qu'avaient adoptés les générations antérieures relativement à l'histoire des Canadiens français, du Canada et de sa constitution[22]». Quant à l'Institut canadien des Affaires publiques, Brunet est loin d'y voir un mouvement intellectuel d'avant-garde.

> La première année, on a parlé de démocratie sans chercher à savoir pourquoi les Canadiens français n'ont aucune tradition démocratique. L'an dernier, on a discuté fédéralisme sans se demander quelle est la nature réelle du fédéralisme en général et quel est le caractère fondamental du fédéralisme canadien. Sur l'éducation, tout indique qu'on nous prépare une salade de lieux communs sur l'humanisme et sur la démocratisation de l'enseignement. Le tout agrémenté de quelques flèches à l'adresse de nos éducateurs, de leurs méthodes et de leurs conceptions pédagogiques. C'est très

> regrettable. [...] Humanisme et démocratisation sont des sujets pour devoirs de rhétoriciens. Malheureusement, nous en sommes toujours à nos classes d'éloquence[23].

Malgré tout, Brunet ne croit pas qu'il faille être trop sévère à l'égard des universitaires québécois en général. À Gérard Filion qui, dans un éditorial, semble succomber trop facilement «au mépris des intellectuels très fréquent dans la société canadienne-française», il répond: «Il faut savoir quelles ont été et quelles sont les conditions faites à ceux qui se consacrent aux tâches de l'esprit au Canada français[24].» Mais cette indigence intellectuelle comporte, selon Brunet, un revers. Au nom de la démocratie et de la liberté, la plupart des intellectuels canadiens-français en viendraient à proposer une «intégration lucide» au Canada anglais.

> Et ils ont l'audace ou l'inconscience de prétendre que cette fameuse «intégration lucide» nous enrichira comme collectivité! Ils commettent l'erreur égoïste de confondre leur succès personnel et le bien commun de la collectivité. [...] Les Canadiens français du Québec joueront collectivement un rôle dans la mesure où ils s'uniront entre eux et agiront par eux-mêmes et pour eux-mêmes. C'est ça la démocratie et le *self-government*. Il semble que seul notre gouvernement provincial actuel a compris cette vérité élémentaire de science politique. M. Duplessis est en avance sur tous nos penseurs et nos professeurs d'économique et de science politique. C'est la plus belle preuve de la faiblesse et du vide de notre pensée et de notre enseignement supérieur[25].

La «folk society»

Entre 1957 et 1959, Brunet va de nouveau s'en prendre à Hughes, à propos du concept de *folk society* puisque la société canadienne-française n'aurait jamais constitué une «folk society». Ceux qui l'utilisent manifesteraient un manque d'objectivité et une ignorance profonde de l'histoire en ne voulant pas reconnaître que c'est la Conquête qui, en obligeant les Canadiens français à se replier sur l'agriculture, en a fait un peuple de traditions agricoles. Même que, selon Brunet, «la tradition paysanne n'a que superficiellement marqué la société canadienne-française[26]»! Après avoir pris connaissance d'un article où Brunet s'en prend plus particulièrement à lui, Everett C. Hughes fait part de son étonnement aux éditeurs de la *Canadian Historical Review*.

> *Perhaps the Conquest did radically change the social structure of French Canada. Good. Let M. Brunet and other historians tell us about it. [...] Quite unrelated to the problem of the industrialization of Quebec are these*

three questions, — (1) whether I go to a great deal of effort to prove that the French Canadians have «formed a folk society since the seventeenth century», (2) wheter the Canadiens did form a folk society, (3) why these gentlemen are so disturbed at the thought. To the first, I can say categorically that there is no such statement or implication in anything I have ever written. To the second question the answer is also negative. French Canadians were always quite diverse as to class, education and the like. Some of them were folk... [...] The third question is why these gentlemen are so concerned as to give so much time to refuting an alleged allegation that French Canadians were peasant or folk. [...] I am sorry not to be in Montreal now to find out what is the deeper cause of this revulsion at the thought that some French Canadians might have lived a life of such rich rural tradition as to merit the name of «folk culture»[27].

Pour Brunet, cette réaction de Hughes, écrit-il au directeur de la revue, «n'infirme nullement ce que j'ai dit au sujet des sociologues de son école. Au contraire, son intervention démontre combien il lui est difficile de saisir dans toute son ampleur le fait historique de la Conquête[28].» Par contre, si Hughes est incapable de reconnaître les conséquences de la Conquête, la faute ne lui en incombe pas entièrement puisque, selon Brunet, c'est aux historiens qu'il revient de faire toute la lumière sur le passé. Mais, pour ce faire, les historiens et les sociologues doivent commencer par se dégager de la tradition historiographique qui a toujours refusé de mettre en relief les conséquences de la Conquête, surtout que cette tradition n'aurait fait que mettre en forme explicite la propagande que les conquérants eux-mêmes ont commencé à faire circuler dès la Conquête. Selon Brunet, cette propagande s'est employée à noircir le Régime français dans le seul but de mieux faire ressortir les bienfaits de la Conquête, en discréditant les anciennes classes dirigeantes et en représentant les Canadiens comme «des serfs vivant sous un régime despotique et arbitraire». Elle a ainsi «donné naissance à la légende d'une colonie féodale en Amérique[29]». En contrepartie, les conquérants ont fait l'apologie de la supériorité des institutions anglaises tout en soutenant qu'ils avaient apporté la liberté, la prospérité et la sécurité aux Canadiens. Il est vrai que les conquérants se sont montrés bienveillants et très bien disposés envers les conquis. Mais, selon Brunet, «tous les vainqueurs commettent la naïveté de croire que les peuples qu'ils ont subjugués leur doivent de la reconnaissance, dès qu'ils les traitent avec justice et humanité[30]». Le mot liberté aurait même exercé une véritable fascination chez la petite bourgeoisie canadienne qui y voyait l'occasion d'étendre et de consolider ses activités commerciales. Mais elle a tôt fait de s'apercevoir que ce mot n'était qu'une illusion. Selon Brunet, il peut arriver qu'une nation conquise puisse conserver ses libertés individuelles, mais la liberté collective ne peut être que le privilège du groupe dominant et, sans liberté collective, une nation est nécessairement condamnée à l'infériorité à tous les niveaux. Dès la Conquête, les classes dirigeantes du Canada français ne se faisaient aucune illusion sur ce point. C'est pourquoi elles ne pouvaient pas non plus refuser de collaborer avec le conquérant. Toutefois, à trop vouloir s'attirer les faveurs et la protection des nouveaux maîtres, ils en sont venus à croire les boniments qu'ils répétaient pour prouver leur bonne foi.

> *The first spokesmen of French Canada [...] developed the habit of flattering their conquerors with the hope of gaining their protection. They gradually adopted all the commonplaces, watchwords, and slogans of their British masters about the rights of Englishmen and the exceptional merits of the British constitution. They spoke with scorn of the French régime knowing very well that such a language pleased the government and the British merchants. [...] The result was that after one generation, the leaders of French Canada had almost assimilated all the official thinking of their British rulers*[31].

Selon Brunet, c'est à partir de ce moment que les principaux dirigeants politiques, Papineau le premier, ne font plus de différence entre la liberté individuelle et la liberté collective. Ainsi, lorsque le Canada français a été annexé au Canada anglais, certains se sont même imaginés «*that they had obtained for their people the right to self-government*[32]». Cette époque marque aussi la naissance de l'historiographie canadienne-française. S'appuyant sur l'historien Herbert Butterfield, Brunet souligne que les premiers historiens sont toujours au service de la classe dominante. Aussi, une fois que le passé est ainsi systématisé par leurs soins, cette interprétation subsisterait tant que la composition des groupes sociaux ne s'est pas substantiellement modifiée. C'est ce qu'il appelle «the Whig interpretation». C'est pourquoi, avant même que le premier livre d'histoire ne soit écrit, la propagande avait fait son œuvre et elle apparaissait dès lors comme la vérité officielle. Pour Brunet, l'interprétation traditionnelle de l'histoire correspond à un véritable «phénomène d'hallucination collective[33]».

> L'erreur de nos historiens n'a pas été de croire en l'existence d'une nation canadienne-française. Celle-ci avait pris forme plusieurs décennies avant la naissance du premier historien canadien-français. Leur faiblesse — si c'en est une — fut d'accepter intégralement l'interprétation du passé qu'avaient construite, au niveau de l'action quotidienne, les dirigeants de la collectivité

> entre 1760 et 1820. Cette explication de l'évolution historique des Canadiens français était celle de l'équipe gagnante, celle des classes sociales dominantes au XIXe siècle. [...] La plupart des chercheurs contemporains en sciences sociales — même ceux qui prétendent apporter des vues nouvelles sur le passé et le présent du Canada français — ne se sont pas encore rendu compte combien ils demeurent tributaires des postulats traditionnels[34].

Selon Brunet, les historiens anglophones ont été les premiers à discréditer le Régime français en soutenant que les Canadiens formaient une société paysanne arriérée qui ployait sous le joug de l'absolutisme politique et croupissait dans l'ignorance. Pour eux, la Conquête fut le plus grand bienfait qui pouvait arriver aux Canadiens français: *«Smith, Fleming, Parkman, and Kingsford still continue to influence all the social scientists who write about French Canada, even those who have never read these old authors.»* Les historiens canadiens-anglais du XXe siècle n'auraient pas été plus clairvoyants. A. L. Burt, Edgar McInnis, J. M. S. Careless, D. G. Creighton et A. R. M. Lower auraient plus ou moins repris ces imageries. Les historiens canadiens-français n'ont pas non plus été plus lucides. À l'influence de l'école littéraire de 1860 s'ajoute celle de la propagande des conquérants et des historiens anglophones. *«With the exception of François Xavier-Garneau who partly realized what had been the consequences of the British Conquest for the Canadiens as a people, French-Canadian historians have, in general, adopted with only a few slight differences the historical interpretation of the American and English-Canadian scholars.»* Pour Brunet, cette situation indique jusqu'à quel point *«the French-Canadian upper classes have been engaged, since the Conquest, in a process of assimilation to English Canada*[35]». Entre 1840 et 1930, les Canadiens français ont commencé à se représenter comme un peuple qui s'était attaché à des traditions immuables, tandis que les collèges classiques enseignaient l'histoire de «l'équipe gagnante». Et c'est dans la foulée du succès remporté par cette propagande que le thème central de la survivance a pris forme. On a ainsi fait croire à tout un peuple que son évolution «aurait été contraire aux lois de l'histoire». Aussi en venait-on à la conclusion «que, puisque les Canadiens français ont survécu comme individus, ils auraient en même temps conservé leur entière liberté collective[36]». C'est pourquoi Brunet s'élève avec autant de force contre l'idée que la société canadienne-française ait pu former une *folk society*. La popularité de ce concept, au cours des années cinquante, représentait pour lui une «influence déformante» qui s'ajoutait à celles qui existaient déjà. En 1971, il écrira:

> Dès la décennie de 1940, il était pourtant possible de déceler l'influence déformante, par exemple, de la sociologie américaine dans l'étude de l'évolution de la collectivité canadienne-française. [Des] sociologues et anthropologues d'origine américaine ou disciples dociles de leurs mauvais maîtres s'amusaient à prétendre que les Canadiens français formaient un *folk society*. Ces descriptions incorrectes de la société franco-québécoise encouragèrent les *Canadians* de la période de 1930-1960 à conserver les préjugés que les générations anglo-canadiennes précédentes avaient entretenus à l'égard de leurs concitoyens francophones et retardèrent la réévaluation réaliste des relations interethniques au Canada, qui aurait dû se faire de toute urgence immédiatement après la guerre de 1939[37].

Pour Brunet, cette influence s'explique par le fait que la Conquête a amené les principaux dirigeants de la société canadienne-française à développer «une mentalité de doublement colonisés».

> Obligés de collaborer avec les autorités britanniques et avec les dirigeants du Canada anglais, elles s'efforcèrent d'imiter leurs maîtres qu'elles craignaient, détestaient et admiraient en même temps. D'autre part, cherchant à se raccrocher à une culture plus dynamique que la leur avec l'espoir de mieux résister à la pression anglo-saxonne, les membres des principales classes dirigeantes du Canada français ont longtemps vécu à l'heure de Paris[38].

Aussi, lorsque les universités canadiennes-françaises ont commencé à prendre de l'expansion au cours des années cinquante, les élites traditionnelles étaient prêtes «à ouvrir les chaires de leurs institutions à tous les étrangers de passage au Québec».

> Combien de professeurs importés, ignorant tout du milieu soumis à leur observation, n'ont-ils pas introduit dans l'étude des problèmes sociaux, économiques, culturels et politiques du Québec et du Canada des définitions, des hypothèses de travail et des modèles qui ne nous ont pas aidés à les comprendre, encore moins à les résoudre? Leur participation intempestive à nos débats publics n'a fait qu'ajouter à notre cacophonie idéologique! [...] En plus de déboussoler une pensée collective déjà bien anémique, cette invasion de professeurs étrangers, installés pour la plupart en permanence, a fermé des canaux de promotion aux universitaires canadiens eux-mêmes[39].

Le débat sur la *folk society* ira en s'amplifiant au cours des années jusqu'à ce qu'au colloque organisé par la revue *Recherches sociographiques* en 1962, sur la «Situation de la recherche sur le Canada français», l'on commence à mettre en doute cette représentation trop unitaire du Canada français que sous-tendait le concept de *folk society* et, dès lors, l'on ne l'utilisera plus que pour le contester. Selon Jean Blain, la popularité de ce concept reposait sur des «interprétations archaïques issues du XIXe siècle et que les sociologues étaient peut-être les derniers au milieu du XXe siècle à vouloir maintenir vivantes[40]». Mais cela ne signifie pas pour autant que les sociologues accepteront, en rechange, les conclusions des historiens de l'École de Montréal quant aux conséquences de la Conquête. Même si une ouverture est faite en ce sens par Philippe Garigue, Hubert Guindon et Fernand Dumont, ce sont les transformations sociales soudaines amorcées par la Révolution tranquille, conjuguées à la spécialisation croissante des secteurs de recherches, qui, plus directement, inviteront les sociologues à se livrer à une réévaluation du passé.

La réaction au «brunétisme»

En 1958, Brunet publie son deuxième recueil d'articles et de conférences, *La présence anglaise et les Canadiens*, livre qui serait un véritable *«best seller*[41]». Entre l'époque où il s'est fait connaître avec la formule *«Canadians* et Canadiens», et la publication de ce deuxième ouvrage, certains le portent aux nues et voient en lui un nouveau Lionel Groulx, alors que d'autres le supportent difficilement. Du côté du Canada anglais, la réaction des historiens au nouveau livre de Brunet prolonge les mêmes représentations qui ont cours depuis longtemps dans ce milieu sur le «nationalistic approach». Les commentaires de Frank Underhill et d'Arthur Lower sont, à ce point de vue, particulièrement éloquents. Tous les deux reconnaissent que deux des articles qui composent le livre *«are outstanding pieces of historical analysis*[42]». Par contre, ils jugent que les positions générales de Brunet relèvent de l'isolationnisme propre au nationalisme canadien-français, isolationnisme qui confine au tribalisme. Ainsi, selon Frank Underhill, *«if his Quebec community develops economically as he hopes, he and his friends are going to find it more and more difficult to maintain their minoritarian isolationism»*. Quant à Arthur Lower, il juge que Brunet *«carries his tribalism so far as to assert that members of the minority group should have the least possible to do with members of the majority*[43]». En somme, il n'y a rien de vraiment nouveau sous le soleil des historiens canadiens-anglais.

Surtout, la publication de son dernier ouvrage apparaît, dans certains milieux traditionnels, comme la somme du pessimisme. Selon Benoît Lacroix, «la thèse ou l'idée centrale [...] pourrait se résumer comme suit: il y a eu le Canada français et il y aura un Canada anglais[44]». Depuis le début des années cinquante, Brunet répète sans cesse que la nouvelle interprétation de l'histoire n'a pas pour objectif de semer le pessimisme, mais qu'elle invite plutôt les Canadiens français à réviser leurs postulats traditionnels dans le but de les inciter à plus de réalisme quant à leur importance réelle au sein du Canada.

Pour les milieux traditionnels, ce message est, jusqu'à un certain point, incompréhensible. L'histoire ayant, dans ces milieux, un rôle central à jouer dans l'éducation patriotique, comment une historiographie pourrait-elle s'acquitter adéquatement de ce rôle lorsqu'elle ramène à taille humaine les héros de la Nouvelle-France, présente la Conquête comme une défaite irréparable, tout en portant l'attention sur le fait que les Canadiens français n'auraient, depuis lors, qu'entretenu des illusions sur eux-mêmes? De plus, une telle historiographie remettait en question la tradition antérieure et ses «gloires intouchables», que Frégault dénonçait dix ans auparavant, ainsi que les représentations idéologiques d'ensemble qui y trouvaient leur fondement. Comme le faisait remarquer Léon Dion, le «lien positif» que cette historiographie entretient avec le passé devient difficile à discerner même si Brunet s'évertue à dire, toujours à la suite de Frégault, que l'enseignement de «l'Histoire n'a pas pour but principal de cultiver le patriotisme des élèves et des étudiants», mais qu'il «cherche d'abord à expliquer aux nouvelles générations la formation et l'évolution de la société à laquelle elles appartiennent et dans laquelle elles sont appelées à vivre[45]». Bien que Brunet sache pertinemment que la remise en question des postulats traditionnels ne peut être que «l'œuvre d'une nouvelle génération d'intellectuels[46]», il s'imagine, encore en 1956, que du fait que «les idées évoluent rapidement à notre époque d'accélération historique [...] ce qui surprenait hier est communément admis aujourd'hui[47]». La réaction des milieux traditionalistes va le ramener rapidement sur terre. Dès 1957, Groulx pour la première fois, mettra Brunet en garde contre le pessimisme que véhicule la «jeune école» et dont Maurice Séguin serait le principal responsable.

> Vous êtes pessimiste parce que vous travaillez et vous battez sans assez d'espérance. Vous vous laissez trop influencer, j'en ai peur — et même un peu notre ami Frégault — influence inconsciente mais réelle — par votre collègue Séguin, pauvre refoulé qui ne pourra jamais sécréter qu'un pessimisme foncier et total. Vous ne travaillez que pour un maigre espoir et un maigre avenir: celui d'un peuple condamné irrévocablement, selon vous, à une vie de parasites et de perpétuels domestiques.
>
> Certes, pas plus que vous, je ne trouve notre situation politique et économique, reluisante. En particulier, je n'ai jamais été un enthousiaste de notre

régime fédératif, même si je persiste à croire qu'un autre peuple, guidé par de vrais chefs, aurait pu en tirer un autre parti que les Canadiens français. [...] Mais dans mes exposés ou jugements les plus sévères, je n'ai jamais cru, à l'inverse de la jeune école, notre pauvre petit peuple acculé à une fatale impasse, condamné à la perpétuelle médiocrité. Que voulez-vous? [...] Je crois les nations catholiques plus guérissables que les autres, à la condition, je ne l'ignore point, que la Providence leur fournisse, à celles-là comme à celles-ci, des hommes, des chefs[48].

Quelques mois plus tard, ce sera au tour de Léo-Paul Desrosiers de s'interroger ouvertement sur le type d'éducation patriotique que véhicule cette École historique dont, à l'origine, le Canada français attendait beaucoup. Il est significatif de constater que ce dernier, dans les reproches qu'il a à adresser à Frégault, ne fasse aucune allusion aux conclusions de *La Guerre de la Conquête*. C'est qu'il a toujours sur l'estomac la préface aux écrits de Frontenac que Frégault a rédigé conjointement avec son épouse. Toutefois, Desrosiers ne croit pas que l'on puisse pour autant accuser Frégault «d'avoir manqué au patriotisme» puisque cette préface ne serait que le résultat de son «ignorance du sujet»!!! Par contre, deux autres historiens de l'Institut d'histoire «excitent plus d'inquiétude».

L'un, M. Séguin, a compilé une thèse qui n'est pas encore publiée. Malheureusement, d'autres historiens et même des sociologues l'ont déjà prise comme fondement pour des théories et des déclarations qui reçoivent beaucoup de publicité; on en tire des conclusions qui ne semblent pas cadrer avec la réalité vivante. [...] Quant à M. Brunet, il s'est aventuré très jeune dans les grandes synthèses historiques où il s'agit de l'exactitude des faits et de leur interprétation. A-t-il atteint la maturité d'esprit nécessaire pour de tels travaux? [...] Mais ses livres, personne ne peut les lire sans cribler chaque paragraphe de points d'interrogation, de distinctions, de réserves, de dissentiments. Ces constructions ne donnent au lecteur aucun sentiment de sécurité, elles sont souvent branlantes. [...] En général, un critique peut encore risquer le conseil suivant: nos historiens feraient bien de fuir comme la peste toute idée conçue trop vite, tout jugement outrancier, faux à sa face même, tout projet de fournir des aliments à des théories [...], tout souci d'ordre extrahistorique. [...] Voilà le domaine des métaphysiques, des philosophies, des théologies et non pas de l'histoire[49].

La réaction des milieux nationalistes s'organisera autour de trois pôles qui constituent autant de refus. Refus de voir les héros de la Nouvelle-France déboulonnés de leur socle; refus de voir la volonté humaine ramenée au rang de simple épiphénomène au profit d'un jeu de forces anonymes, de «lois de l'histoire» qui feraient du miracle de la survivance «un fait sociologique normal»; refus, par conséquent, de ses «lois de l'histoire» qui véhiculent un «défaitisme sans espérance» et qui, de plus, discréditeraient la mission providentielle du Canada français. Une lettre parue dans *Le Devoir* sous le couvert d'un pseudonyme, que l'auteur emprunte à l'un des mousquetaires d'Alexandre Dumas, résume significativement ces trois refus.

> Dollard et ses valeureux compagnons, on a tenté de les réduire en poudre il y a quelques années. Plus tard, on a découvert trois ou quatre nouveaux découvreurs du Canada et récemment un historien prétend que ce n'est pas étonnant que notre pays survive, que c'est un fait sociologique normal. C'est, écrit Michel Brunet, «le résultat d'un concours de circonstances que l'historien peut facilement analyser et qui doivent très peu à l'action éclairée des Canadiens eux-mêmes.» [...] Non, on ne fait pas un peuple uniquement avec des circonstances, et les circonstances qui accompagnèrent notre histoire nous ont le plus souvent desservis plutôt que de nous servir. Notre peuple, l'Église le reconnaît, a une mission providentielle à accomplir sur cette terre d'Amérique et c'est dans le sacrifice, dans le dévouement, dans la fidélité qu'il marche vers son glorieux destin. À ces coups de marteaux dans le visage de nos ancêtres ou sur le tableau de notre magnifique histoire, je préfère la réalité. Notre historien national, M. le chanoine Groulx écrivait un jour: «l'histoire, ce n'est pas une fatalité, un enchaînement de fatalités... l'histoire c'est un enchaînement d'actes volontaires, c'est un peuple qui, quand il est conscient, bâtit sa vie à peu près comme il veut»[50].

Tous ces refus se retrouvent chez Groulx. Il n'est donc pas étonnant de les reconnaître chez ses disciples. À ce propos, Guy Frégault faisait remarquer, dans son dernier livre, que «sa conception théorique de l'histoire, "science pratique qui tend à la conduite de la vie", "doctrine et maîtresse vivantes", pèse d'un poids considérable sur sa vision particulière de l'histoire du Canada français. Son œuvre historique veut être en même temps œuvre pédagogique et inspiratrice.» En 1958, Groulx publie *Notre grande aventure*, ouvrage où il «ne dissimule pas le dessein de pourvoir les jeunes de héros authentiques[51]». Puis, en 1960, Groulx affronte «la terrible Armada de tous les démolisseurs de Dollard» en publiant un petit opuscule pour contrer ce qui lui apparaît comme la manifestation «d'un peuple décadent» dans cet acharnement qui le conduit «à salir son lit et à détruire sa propre histoire[52]». Aussi, selon Frégault, «ce n'est pas un hasard si son dernier grand ouvrage d'histoire, fruit des travaux de sa vieillesse (1962), se trouve être *Le Canada français missionnaire: une autre grande aventure*. Jusqu'à la fin, il aura enseigné à son peuple que sa grande dignité consiste à être "de ceux par qui veulent s'accomplir les gestes divins"[53]».

Entre 1957 et 1960, les attaques des milieux traditionalistes contre Brunet commencent à surgir. En plus de celles de Desrosiers, d'Aramis, ou encore de Jean Genest[54], on retrouve aussi celle de Dominique Beaudin, ancien rédacteur en chef de *La Terre de chez nous*, qui s'élèvera contre les déformations que le «brunétisme» ferait subir à l'histoire.

> L'histoire du Canada, telle qu'elle apparaît dans «La présence anglaise et les Canadiens» est une histoire souvent méconnaissable, démoralisante, caricaturale. Elle est une déformation d'allure systématique. Elle tend à nous enlever le reste de fierté que nous avions envers le passé et nos ancêtres. Elle ôte à notre peuple l'une de ses principales raisons de durer. [...] Qu'est-ce que cette "histoire-interprétation"? [...] Si c'est répéter d'autres historiens en soutenant qu'on est le premier à mettre une vérité à jour, ne réinterprétons pas. Si c'est minimiser les quelques exploits de nos miliciens, rabattre les pauvres mérites reconnus aux ancêtres, faire d'eux des fantoches conduits par le destin, ne réinterprétons pas. Car «l'histoire-interprétation» verse alors dans le subjectivisme et s'apparente au libre examen des protestants[55].

L'année suivante, après un échange de lettres douces amères avec Brunet, Beaudin reprendra le bâton.

> Qu'attendons nous de l'histoire? Le fondement même de notre patriotisme. [...] L'histoire de M. Michel Brunet ne nous donne ni l'attachement au sol natal, ni le respect des ancêtres, ni la volonté de vivre, ni la vérité. Quand elle pourfend l'*agriculturisme*, c'est au fond l'agriculture tout entière qu'elle attaque à tous les temps: passé, présent et futur. Les subtiles distinctions n'y peuvent rien. [...] Heureusement, contre le *brunétisme*, il existe un puissant antidote: ce sont les œuvres du chanoine Groulx. Ce qu'il faut regretter, [...] c'est que celui-ci n'ait pas eu de disciples pour le continuer[56]!

En 1957, Groulx avait déjà mis en garde Brunet contre l'influence de Séguin. Au lendemain de la parution de *La présence anglaise et les Canadiens*, il attire son attention sur des «contradictions» dont Brunet ne pourrait sortir que «malaisément». En effet, comment concilier le «nationalisme authentique», que Groulx sent frémir à chaque page, avec cette idée que la conquête soit une «catastrophe irréparable»?

> Mais alors, comment ne voyez-vous pas que, pour un avenir aussi improbable, de conquête aussi laborieuse, un peuple, quel qu'il soit, et le nôtre en particulier, n'acceptera jamais les labeurs ou sacrifices qui, mesurés à la tâche, ne peuvent être qu'héroïques? [...] Vous me direz encore qu'il faut avoir le courage de regarder la situation en face. [...] Je ne crois guère à la tactique qui consiste à décourager pour encourager. Il est rare que l'arbrisseau tordu jusqu'à terre ait envie de se redresser. Votre opinion sur les

conditions de notre survivance, conditions étrangères à tout effort de la part des ancêtres, est de conséquence. Ces conditions sociologiques, ces étais, qu'invariablement l'histoire nous aurait fournis pour durer, existent-elles bien encore en 1958? Les choses ont bien changé depuis 1758. Or, ce peuple qui n'aurait eu qu'à se laisser vivre, qui ne devrait qu'à la seule chance d'avoir survécu, pensez-vous, en bonne raison, qu'il trouvera en lui-même, l'énergie d'affronter, tel qu'il se présente aujourd'hui, son formidable destin, et surtout pour le maigre avenir qu'on lui laisse entrevoir[57].

Au début des années soixante, Groulx cédera sous la pression conjugués des milieux traditionalistes et du durcissement des prises de position que manifeste la «jeune école» par l'intermédiaire de Brunet. En effet, en 1961, l'opposition au «brunétisme» atteint un sommet et prend l'allure d'un mouvement orchestré. Il y a d'abord Jean Genest s.j. qui publie un opuscule contre Brunet et qui systématise les trois refus des milieux nationalistes[58]. Puis, c'est à Gérard Filion de reprocher les critiques que Brunet adresse à l'endroit de l'enseignement de l'histoire dans les collèges et les universités puisque ses propres travaux historiques seraient bourrés «de vues simplistes» et son interprétation d'ensemble ne constituerait qu'une «simple hypothèse[59]». Au lendemain de la publication de ces textes, Groulx lui écrira: «Il pleut de ce temps-ci, presque en orage. Et, dans la pluie, se mêlent des grêlons.» Il en profitera pour lui rappeler le conseil qu'il lui avait prodigué au lendemain de la publication de *La présence anglaise et les Canadiens:* «Vous êtes en train, vous patriote canadien-français, de vous enferrer en des paradoxes d'où vous aurez grande peine à vous tirer.» Mais surtout, Groulx réitère sa mise en garde sur «l'influence malheureuse» que Séguin exercerait sur lui.

Que ne vous affranchissez-vous discrètement d'une influence qui vous a été jusqu'ici par trop funeste? Influence malheureuse que je ne suis pas seul à déplorer. Vous savez ce dont je veux parler: influence d'un malheureux refoulé, véritable cas de psychiatrie, me dit-on d'un peu partout, qui ne peut être qu'un pessimiste professionnel, incurable. Vous avez assez de talent, assez de personnalité pour vous tirer d'affaire tout seul, voler de vos propres ailes. Et pour qu'il en advienne ainsi, essayez de vous glisser le plus tôt possible, dans l'enseignement de l'histoire canadienne vers laquelle vous tendez par goût et par aptitudes[60].

L'orage n'était toutefois pas terminé. Dans le numéro de mai de *L'Action nationale*, Brunet est la cible de trois nouvelles attaques de la part de Jean-Louis Brouillé, de Dominique Beaudin et de François-Albert Angers qui, lui, remettra ça en septembre dans la *Revue d'histoire de l'Amérique française*[61]. On comprend ainsi pourquoi la correspondance que Groulx et Brunet entretenaient depuis 1950 se termine justement en 1961[62]. L'année suivante, à l'occasion du lancement de son livre, *Le Canada français missionnaire: une autre grande aventure*, Lionel Groulx aura aussi ces mots difficiles envers la «jeune école»:

> Je n'ai jamais cru, voyez-vous, qu'on doive écrire l'histoire autrement qu'on ne la trouve, ni que sous prétexte d'un renouvellement ou d'une nouvelle interprétation, chose en soi légitime, on puisse se permettre d'enjamber les textes et de réinventer le passé à sa façon... [...] Quoi qu'en pense une génération de jeunes désabusés qui voudraient tout ramener à leur taille de Lilliputiens, je n'admets point que soit close l'ère des héros et des saints[63]...

Malgré tout, Brunet, Frégault et Séguin conserveront quand même toute leur admiration pour celui qui fut «au Canada français, le maître-artisan d'une émancipation globale[64]».

La radicalisation de l'argumentation, des concepts et des prises de position des historiens de l'École de Montréal, surtout autour des années 1955-1957, est à l'origine de cette levée de boucliers de la part des milieux nationalistes traditionnels. Les historiens de l'École de Montréal, et Brunet en particulier, n'ont cependant jamais eu l'intention de se mettre à dos ces milieux traditionnels dont, de surcroît, Groulx était le chef de file. Toutefois, en faisant ressortir que la Conquête avait privé les Canadiens français de leur liberté collective, tout en les amenant à cultiver des illusions sur eux-mêmes, la survivance devenait, selon l'expression de Frégault, «une plaie, [...] un "accrochage à la vie", [...] conséquemment tout le contraire d'une vie pleine et rayonnante.» Dans ce contexte, si vivre, comme le pense Groulx c'est «persister dans son être», la fidélité aux ancêtres, qui constituait l'essentiel du credo de l'ancien nationalisme, perdait toute sa signification. En 1953, Groulx pouvait encore se permettre d'être railleur: «J'ai beaucoup de peine à partager l'optimisme, pour ne pas dire l'ingénuité de ceux-là qui, bien assurés de notre survivance, nous exhortent à ne plus penser qu'à vivre, à vivre intensément[65].» En ce début de Révolution tranquille, il ne pourra que faire part de son exaspération[66].

Le débat sur la bourgeoisie

Le débat sur la bourgeoisie s'amorce en 1956, au lendemain de la réaction de Fernand Ouellet à la publication, en 1955, de *La Guerre de la Conquête* de Frégault et d'un article de Michel Brunet intitulé «La Conquête anglaise et la déchéance de la bourgeoisie canadienne (1760-1793)». Mais c'est en 1946 qu'il faut situer l'origine de cette controverse puisque la question n'est pas tant de savoir s'il a existé ou non une bourgeoisie en Nouvelle-France que d'établir les causes de l'infériorité économique des Canadiens français et, par conséquent, de déterminer si la Conquête a exercé ou non une influence néfaste sur le devenir des Canadiens français. En effet, tous ces débats découlent de l'hypothèse de «l'embryon national», que Séguin a présentée pour la première fois dans son article intitulé «La Conquête et la vie économique des Canadiens», où il avait justement pour ambition d'y apporter une réponse. Dans ce texte, Séguin ne soulève pas explicitement le problème de la décapitation sociale chère à Brunet, pas plus qu'il ne soutient que la Nouvelle-France aurait possédé comme tel une grande bourgeoisie. Son attention est surtout retenue par le processus de déstructuration et de restructuration qu'implique le remplacement d'une colonisation par une autre.

Puis Frégault, de *François Bigot* à *La Société canadienne sous le régime français*, avait révisé, à partir de ses propres recherches et sous l'influence de Séguin, sa représentation originelle de la Nouvelle-France pour en faire une société essentiellement commerciale. Dès le début des années cinquante, ce n'est plus pour lui l'agriculture qui conditionne le développement de la Nouvelle-France, mais le commerce des fourrures et la présence de la métropole. «L'action de la métropole s'est révélée insuffisante et parfois mal inspirée: cela ne signifie pas qu'elle ait été superflue. Quant à l'importance du grand commerce, activité économique qui suppose une bourgeoisie, un simple examen des faits la met en relief[67].» Toutefois, Frégault précise:

> Il n'est pas aisé d'indiquer avec précision la limite qui sépare la classe moyenne de la grande bourgeoisie et celle-ci de l'aristocratie. À vrai dire, ces deux derniers groupes n'en font qu'un. [...] Titrée ou non, de petite noblesse ou de bonne bourgeoisie, la classe supérieure, enrichie par le commerce, donne le ton à la société canadienne. Elle forme une oligarchie qui se partage les postes de traite, occupe la plupart des fonctions publiques et se signale dans les expéditions militaires. En réalité, c'est elle qui a construit le Canada — celui qui disparaît en 1760 — en bâtissant son économie, en dirigeant son expansion territoriale et en inspirant sa politique[68].

Fernand Ouellet lui opposera, comme on l'a vu plus haut, que la Nouvelle-France constituait une société d'Ancien régime soumise à l'absolutisme politique, au dirigisme économique et aux monopoles d'État. L'initiative individuelle ne pouvant s'y exprimer librement, l'esprit capitaliste, tel que défini par Weber, Tawney et Sombart, était dans l'impossibilité de s'y épanouir[69]. Frégault lui répondra l'année suivante:

> Pour ne retenir que l'essentiel, la colonisation aurait eu du mal à s'épanouir au Canada parce que l'État s'en serait trop mêlé. Cette idée, qu'on se donne aujourd'hui l'illusion de découvrir dans des ouvrages à la mode, n'est pourtant pas nouvelle; elle est même vieillotte. Il n'est réellement pas nécessaire d'exciper de Sombart, de Weber, de Tawney et des *Annales* pour la présenter comme une révélation: elle est sortie toute armée, il y a longtemps, du puissant cerveau de Parkman, d'où elle a abouti chez M. Mason Wade, après avoir passé par les livres de M. Creighton et de M. Lower[70].

Pour Frégault, le monde des affaires et celui de la politique se confondaient en Nouvelle-France comme en Nouvelle-Angleterre. C'est pourquoi, il préférait parler d'oligarchie plutôt que de grande bourgeoisie capitaliste. Brunet, comme on l'a vu précédemment, s'inspire de prémisses différentes. Bien qu'il admette que des liens étroits puissent exister entre le politique et l'économique, la bourgeoisie capitaliste représente surtout pour lui la classe qui est à l'origine des États-nations et des institutions démocratiques. C'est aussi grâce à cette classe si les nations du continent européen ont pu effectuer leur expansion coloniale et que leurs colonies ont pu prospérer. Pour Brunet, «la Nouvelle-France avait eu sa bourgeoisie. [...] La création et l'expansion de l'Empire français d'Amérique ne s'expliquent pas sans la présence d'une classe dirigeante intéressée à la mise en valeur des richesses du continent[71].» À l'exemple de Frégault, il présentera les partenaires de Bigot comme étant l'élite économique du pays.

> La génération de 1760 et les historiens se sont montrés sévères à l'égard de ceux qui dirigèrent les destinées de la Nouvelle-France de 1745 à 1760. Sans s'en rendre compte, ils ont été les dupes et les victimes de la propagande du conquérant anglais qui avait tout intérêt à discréditer les anciennes classes dirigeantes de la colonie. [...] On ne leur a pas pardonné d'avoir eu recours à la concussion, à la spéculation et à bien d'autres moyens malhonnêtes pour s'enrichir rapidement. Le moment ne serait-il pas venu de porter un jugement plus objectif, plus réaliste? Ces hommes tant honnis furent aussi de grands brasseurs d'affaires, semblables à ceux qui ont bâti l'économie capitaliste de tous les pays occidentaux. Si la conquête de la colonie et la défaite de la France n'avaient pas mis brutalement fin à la carrière de ces riches capitalistes canadiens, ils feraient aujourd'hui partie de la galerie de nos grands hommes. Nous les considérerions comme les bâtisseurs du pays. [...] La postérité oublie généralement que les grandes fortunes ont souvent des origines malodorantes[72].

Pour le moment, le fait important à retenir de cet article de 1955, c'est que la grande bourgeoisie a émigré au lendemain de la Conquête et que les petits commerçants, qui sont demeurés au pays, ont été incapables de tenir tête aux capitalistes anglais. À l'exemple de Séguin, Brunet souligne que cette «déchéance» est un «phénomène sociologique» qui n'est que «la conséquence inéluctable de la Conquête». En effet, «le vainqueur n'avait pas la mission de protéger les Canadiens vaincus et de leur bâtir un ordre économique à leur service. Par sa seule présence, parce qu'il était le plus fort, il empêcha fatalement le vaincu de se constituer une élite d'hommes d'affaires ayant l'initiative de la mise en valeur de la province[73].»

La critique que Ouellet dirigera contre Brunet est à peu près semblable à celle qu'il adresse à Frégault. Toutefois, l'argumentation de Ouellet est un peu plus étoffée et le désir qu'il a de minimiser les conséquences de la Conquête y est plus apparent. Ainsi, selon lui, pour expliquer les carences que la société canadienne-française éprouvait au tournant du XIXe siècle, l'hypothèse la plus vraisemblable pour un historien, qui connaît la source des «réalités profondes» et ce qu'est une «bourgeoisie authentiquement capitaliste», aurait dû être la suivante:

> Pour l'historien désireux de retrouver les réalités profondes, une première solution apparaissait alors possible: la société du régime français n'aurait pas possédé de bourgeoisie authentiquement capitaliste. Mais alors s'évanouit le mythe de l'*Âge d'or* du régime français et, du coup, le nationalisme perd sa légitimation la plus forte: son soutien par l'Histoire[74].

Selon Ouellet, il n'a pas pu exister une bourgeoisie capitaliste en Nouvelle-France puisque «la société canadienne de l'époque est une société d'Ancien régime ayant comme pôle d'attraction sociale la noblesse». De plus, puisque la bourgeoisie capitaliste se définit par son «dynamisme économique», comment l'initiative individuelle aurait-elle pu se manifester dans une société soumise au «dirigisme économique» et où régnait la concussion? Ouellet admet cependant l'existence d'une petite bourgeoisie canadienne au temps de la Nouvelle-France. Par contre, son élimination au lendemain de la Conquête s'expliquerait du fait «qu'ils n'étaient pas préparés à entrer dans un ordre économique où, pour réussir, il fallait être un véritable entrepreneur et être capable de conduire des affaires sans la direction paternelle de l'État». Pour Ouellet, ce n'est pas la Conquête, mais la perspective nationaliste qui fait problème. En effet, il conclut en disant que «l'article de M. Brunet se situe dans une tradition d'historiens qui, sous couvert d'esprit scientifique, se sont révélés les serviteurs d'une idéologie qui, plus que la Conquête, a été la source de nos problèmes[75]». Brunet ne restera pas impassible devant cette diatribe. Il écrira à Ouellet: «Le seul point où vous avez entièrement raison c'est quand vous dénoncez le nationalisme lorsque celui-ci aveugle l'historien et l'amène à donner une fausse interprétation du passé.» Selon lui, Ouellet, à l'exemple de Faucher et des sociologues de Laval, poursuit les mêmes illusions qu'il dénonce et il lui conseille de relire les vieux manuels d'histoire.

> Il me semble que vous ignorez leur interprétation des faits. Vous constaterez — avec plaisir ou avec étonnement — que vous partagez entièrement leur credo messianique et nationaliste. Celui-ci prête aux Canadiens français des vertus surhumaines qui auraient miraculeusement permis à la collectivité, quoique conquise et réduite au statut de minorité, de conserver la pleine maîtrise de ses destinées. Une telle interprétation du passé s'inspire d'un romantisme puéril et exige de ses adeptes une forte dose de crédulité!
>
> Je sais que plusieurs jeunes intellectuels canadiens-français, qui se prétendent progressistes, continuent en cette deuxième moitié du XXe siècle les illusions de l'école littéraire de 1860. Ils croient aux innéités de la race et au grand rôle que celle-ci a joué et doit jouer dans l'expansion d'un Canada bilingue et biethnique! Libre à eux de faire de la poésie. Mais ils ne sont pas des hommes de science quoiqu'ils se déguisent en sociologues, en géographes, en économistes et en historiens. Quant à moi, je préfère m'en tenir à une analyse rigoureuse de l'évolution historique d'une collectivité qui a été incapable de se réaliser comme Nation-État et qui était trop nombreuse pour descendre au niveau d'un groupe d'immigrants sans agir collectif. Elle a été condamnée à survivre et quiconque n'est pas un romantique doit savoir que survivre n'est pas vivre[76].

Dès 1958, Brunet soulignera que le phénomène fondamental n'est pas en soi la décapitation sociale, mais bien le remplacement global de l'ancienne classe dirigeante par une autre.

> La société canadienne avait subi une décapitation sociale partielle qui contribua certainement à l'appauvrir. Mais ce phénomène ne doit pas être isolé des autres conséquences désastreuses de la Conquête. À lui seul, il n'explique pas l'évolution historique anormale de la collectivité canadienne-française depuis 1760. [...] [Le changement fondamental] fut l'introduction d'une nouvelle équipe de dirigeants formée des hauts fonctionnaires et des entrepreneurs capitalistes d'origine anglo-saxonne[77].

Autrement dit, le véritable problème c'est celui du remplacement d'une colonisation par une autre. Le débat en serait demeuré là si Jean Hamelin puis Fernand Ouellet n'avaient pas publié deux œuvres majeures qui allaient relancer la controverse.

En 1960, Jean Hamelin publie *Économie et société en Nouvelle-France*[78]. Ce livre lui voudrait une grande notoriété. D'abord pour avoir été le premier historien à introduire la méthode de l'École des Annales au Québec. Ensuite, pour avoir tracé la première courbe des prix du blé à l'époque de la Nouvelle-France. Mais surtout pour avoir relancé le débat sur la bourgeoisie, en niant le fait qu'il ait pu exister une grande bourgeoisie en Nouvelle-France. Pierre Harvey et Cameron Nish riposteront en soulevant de sérieuses réserves et Hamelin, dès 1967, nuancera sa position en s'inspirant des recherches de Nish qui, elles-mêmes s'appuyaient, jusqu'à un certain point, sur celles de Frégault[79]. Prenant le contre-pied des études françaises, Nish soutiendra que le concept de bourgeoisie est lié au contexte européen et qu'il est, par conséquent, inadéquat pour rendre compte des situations coloniales. À l'exemple de Frégault, il soulignera «que détenir un poste politique» ne conduit pas nécessairement «comme M. Ouellet le réclame, à une séparation des intérêts politiques et économiques. Au contraire, le pouvoir politique servait à lier ces intérêts politiques et économiques[80].»

Mais c'est en 1966 que le débat deviendra un peu plus aigre lorsque Fernand Ouellet publiera son *Histoire économique et sociale du Québec 1760-1850. Structure et conjoncture*[81]. Cet ouvrage, qui s'inspire de l'École des Annales et, en particulier, des travaux d'Ernest Labrousse, est apparu comme un renouvellement total de l'historiographie canadienne-française. Même Groulx en recommandera spécialement la lecture[82]. L'a-t-il fait parce que les conclusions de Ouellet venaient réfuter l'argumentation de ses anciens disciples? On peut se poser la question. Ainsi, dans la préface, Robert Mandrou précise que cet ouvrage se présente comme «une réfutation argumentée du "traumatisme" de 1763, qui aurait subjugué une nation encore adolescente et lui aurait imposé une sujétion qui se prolonge jusqu'à nos jours[83]». Sur quoi se fonde, en dernière analyse, les arguments de Ouellet? Sur un refus systématique de tenir compte du politique pour expliquer l'évolution des «structures» et des «conjonctures» de la société canadienne-française comme le lui reprochera Frégault dans son avant-propos du *XVIII*^e^ *siècle canadien*. En effet, pour Ouellet, l'absence d'une bourgeoisie canadienne-française au tournant du XIXe siècle et, par conséquent, l'infériorité économique des Canadiens français est le résultat de leur incapacité psychologique et culturelle de s'adapter aux exigences nouvelles du capitalisme et aux changements structuraux de l'économie au tournant du XIXe siècle. En ce sens, l'absence d'une grande bourgeoisie n'est que l'aboutissement du Régime français. Pour Ouellet, les Canadiens français auraient conservé une mentalité d'Ancien régime et l'école aurait exalté cette mentalité. Selon Stanley Bréhaut Ryerson, la thèse de Creighton, dont s'inspirerait Ouellet, se résumerait ainsi: «*Decked out in the repellent garb of political reaction, the merchants fought to prosper and extend their commercial power. The French Canadians, masquerading in the fashionable hues of liberal democracy, were heart and soul in the defence* of the ancien régime[84].» Malgré les nuances que Ouellet va apporter au fil du temps, il ne démordra jamais de cette idée voulant que ce soit la persistance, après la Conquête, d'une mentalité d'Ancien régime qui soit à l'origine de l'infériorité économique des Canadiens français. Ce débat a donc un caractère éminemment politique, même si Ouellet prétend, justement, avoir dépassé la perspective politique[85].

Les Canadiens après la Conquête

Brunet et Ouellet échangeront quelques propos aigres-doux à travers les colloques et les articles de revue. Mais Brunet ronge encore son frein. Il faut dire que, depuis presque vingt ans, il prépare un livre sur la première génération des Canadiens. En 1955, il «espère, écrit-il à Groulx, compléter avant 1960 ce volume que j'intitulerai *CONQUIS...* ou *Études sur la Conquête de 1760* ou *La Révolution canadienne*[86]». Il désire ainsi souligner à sa manière le bicentenaire de la capitulation de Montréal. Il écrit de nouveau à Groulx à ce sujet: «J'attends de pied ferme les imbéciles qui tenteront de dire en 1960 que la Conquête a été un bienfait! C'est pourquoi je voudrais tellement que mon livre paraisse avant cet anniversaire! Mais ce sera difficile[87].» À l'été de 1958, les quatre premiers chapitres sont rédigés. Toutefois, en 1959, il lui apparaît évident qu'il ne pourra terminer à temps. Il faut attendre le début de l'année 1966 pour que la première rédaction du manuscrit soit enfin complétée. C'est alors que Ouellet va publier son *Histoire économique et sociale*. Brunet y verra l'occasion de lui répondre.

Le problème, c'est que l'œuvre de Ouellet, comme le reconnaît d'ailleurs Brunet, est tout de même solide. Le seul ennui, c'est «que le professeur Ouellet n'a pas le droit de supposer que la Conquête n'a pas modifié l'évolution historique globale de la collectivité canadienne-française[88]». Mais il y a un autre problème, et de taille celui-là! La publication de l'ouvrage de Ouellet a peut-être bénéficié d'une publicité exagérée, véritable «fatras apologétique [...] dont, plus que Ouellet, sont responsables des flagorneurs ignorants en mal d'étayer une vieille option politique[89]». Mais, plus important encore, les transformations plus générales de la société québécoise et le développement de l'histoire sociale française et américaine accréditent l'ascendant de cette nouvelle manière de «faire de l'histoire». Alors que l'ouvrage de Ouellet paraît avant-gardiste, ou du moins de son temps, celui de Brunet semble «archaïque[90]». Brunet en a conscience. Il écrit à ce sujet dans l'avant-propos» de son livre:

> L'histoire écrite, celle que les hommes retiennent et qui les éclaire sur eux-mêmes, demeure avant tout une œuvre de synthèse. [...] De nos jours, plusieurs historiens en concurrence avec les spécialistes des sciences dites exactes, qu'imitent de nombreux lecteurs qui se veulent «dans le vent», fascinés par les prétentions de l'histoire quantitative, oublient trop souvent que les grandes découvertes sont bien plus le fruit d'une observation patiente de quelques faits dominants que le résultat d'un amoncellement de données hétéroclites et indigestes. Des colonnes de chiffres, des graphiques à trois volets et des tableaux en plusieurs couleurs peuvent utilement compléter un livre d'histoire. Ils ne remplacent jamais l'historien qui doit tenir compte de toutes les dimensions de l'agir collectif, premier objet de ses études... [...] Sa tâche primordiale est de saisir les lignes de force, d'identifier les défis réels, de déceler les déterminismes qui ont influencé l'époque qui retient son attention. Il lui faut parallèlement décrire comment les hommes qu'il rencontre dans sa démarche y ont fait face[91].

Les Canadiens après la Conquête a été écrit dans l'objectif de vérifier l'hypothèse originelle de Séguin voulant que la première génération de Canadiens, «victime d'une épreuve collective de caractère global [...], avait dû se constituer une pensée politique à court terme, de nature existentielle». Toutefois, «ce qui à l'origine avait été une pensée politique diminuée à des fins tactiques, se transforma en une philosophie permanente de la vie, celle d'une société qui avait perdu la maîtrise de ses destinées et dont les pseudo-dirigeants, appelés depuis rois-nègres, avaient accepté, bon gré, mal gré, le rôle de subalternes que les déterminismes historiques leur avaient préparé[92]». Ce livre, extrêmement polémique qui s'inspire abondamment aussi du dossier que Frégault a rassemblé dans *La Guerre de la Conquête*, peut se résumer de la manière suivante.

Privés de l'aide de leur métropole, les Canadiens ne pouvait résister ouvertement à l'occupant tandis que ce dernier faisait montre d'humanité envers eux. Il ne restait alors aux Canadiens que le choix de collaborer loyalement. C'est pourquoi, «la collaboration s'était établie à tous les échelons de la société et dans tous les domaines de la vie collective». Avant la Conquête, la masse des Canadiens s'identifiait naturellement à sa classe dirigeante. «Les habitants du Canada n'étaient pas des serfs vivant sous un régime despotique et arbitraire. [...] Aux heures de crise comme aux époques heureuses, [...] la population canadienne et sa classe dirigeante vivaient en harmonie, formaient un bloc solide.» Après la Conquête, la perte de la partie la plus influente de l'ancienne classe dirigeante et son remplacement par des éléments britanniques vont faire que les Canadiens «n'ont plus de chefs naturels, de porte-parole ayant leur pleine confiance. Ceux qui parlent et agissent en leur nom sont devenus beaucoup plus les agents du pouvoir auquel la défaite les a soumis que leurs interprètes véritables.» À partir de ce moment, la masse du peuple se réfugiera dans un état de résistance passive qui se manifestera chaque fois que les circonstances historiques lui en donneront l'occasion. Puis, Brunet reprend l'argumentation, que Séguin développait en 1953, voulant que la Proclamation royale n'ait pas assez tenu compte de la présence collective des Canadiens. Ainsi, les Britanniques imposèrent leurs lois, leurs institutions politiques et la religion protestante eut un statut privilégié. Toutefois, «dès que les conquérants constatèrent qu'ils avaient procédé trop hâtivement, ils modifièrent leur programme. Par un autre acte d'autorité, ils accordèrent quelques concessions aux vaincus.» Selon Brunet, «les Canadiens avaient la force que donne le nombre. [...] Le gouvernement britannique n'avait pas la liberté de rejeter les demandes des Canadiens lorsque celles-ci n'étaient pas directement opposées à ses intérêts fondamentaux.» Mais cela n'empêcha pas une «poignée d'entrepreneurs capitalistes» de prendre «immédiatement le contrôle de la vie économique de la *Province of Quebec*». Dès lors, «l'économie de la colonie s'organise comme si les Canadiens étaient absents[93]». Une lettre de Carleton à Shelburne apparaît, extrêmement convaincante pour Brunet à ce point de vue:

> Quelle doit être la réaction des Canadiens quand ils voient leurs compatriotes obligés d'avoir recours à des quêtes publiques pour se sortir de prison, même après avoir été reconnus innocents? Alors qu'ils sont restreints dans le commerce des fourrures, privés de leurs postes de pêche au loup de mer, dépouillés des propriétés qui leur appartenaient depuis des générations, gouvernés par des lois qu'ils ignorent, surchargés de droits innombrables, comment peut-on raisonnablement escompter que les Canadiens parviendront jamais à s'attacher à leur nouveau gouvernement[94]?

De même, si les conquérants avaient partagé la religion des conquis, les Canadiens n'auraient pas seulement été exclus de la vie politique et économique du pays, les principaux cadres ecclésiastiques auraient eux-aussi subi le même sort. C'est pourquoi, selon Brunet, «l'Église canadienne avait réussi à conserver un minimum d'autonomie mais elle dut subir sans protester la dictature des conquérants qui en avaient fait l'un des instruments de leur domination». En ces premières années du Régime anglais, les voies de la coexistence pacifique étaient encore à découvrir. Entre les deux formes de despotisme qui s'offraient à eux, les Canadiens ont choisi celle qui leur était la moins préjudiciable: «Pris entre le despotisme paternel du gouvernement britannique et le despotisme agressif des marchands anglais de la colonie, ils s'en remettaient spontanément à ceux qui pour eux représentaient l'autorité, c'est-à-dire le roi et le gouverneur.» Carleton, à la différence de Murray dont l'attitude relevait d'un «paternalisme autocratique», s'inspira pour sa part d'un despotisme lucide. Ayant plus en vue les intérêts militaires de l'Empire que ceux de la colonisation britannique, et croyant que les Canadiens constitueraient pour toujours «l'immense majorité de la population, [...] c'est en partant de cette hypothèse qu'il élabora le programme qui conduisit à l'Acte de Québec[95]». Reprenant Séguin, Brunet souligne que cette constitution eut, quant à elle, le tort de ne pas tenir suffisamment compte des intérêts des immigrants britanniques déjà établis au Canada. En conclusion, Brunet souligne que la Conquête n'a pas donné lieu à une simple occupation militaire, comme en France pendant la Deuxième Guerre mondiale, mais qu'elle a provoqué une substitution de colonisation qui devait peser lourd dans le devenir subséquent de la nation canadienne. C'est pourquoi:

> Personne ne peut sérieusement soutenir que les Britanniques, à la suite d'un conflit prolongé et épuisant, avaient conquis la vallée du Saint-Laurent pour y assurer la liberté et le progrès des Canadiens. [...] Dès les premières années de l'occupation britannique, les institutions politiques, économiques et ecclésiastiques du milieu se modifièrent pour s'adapter à la nouvelle conjoncture. [...] Du gouverneur jusqu'au plus modeste commis aux écritures, la fonction publique devint un canal de promotion réservé aux conquérants. Lorsque des Canadiens y entrèrent ce fut minoritairement, à titre d'employés subalternes, d'interprètes, d'otages et de mercenaires. [...] La situation fut la même dans l'ordre économique[96].

Dans le même ordre d'idées, comme les Britanniques n'ont pas pu «s'approprier les cadres cléricaux» et qu'ils «durent se contenter de les mettre en tutelle», il s'ensuivit que «la déchéance des laïques canadiens et les objectifs poursuivis par le conquérant eurent pour résultat de privilégier le rôle du clergé dans la société canadienne[97]».

Entre Brunet et Ouellet c'est un véritable dialogue de sourds. Bien sûr, l'idéologue c'est toujours l'autre. Ainsi, selon Ouellet, c'est à partir d'une «conception du caractère ethnique, fortement teintée de racisme, et d'une vision déformée des rapports sociaux et politiques à l'époque française que le professeur Brunet entreprend l'analyse de la conquête et de ses lendemains». De plus, Ouellet juge que «son étude n'oppose pas vraiment la méthode quantitative ou qualitative. Car l'une et l'autre [...] supposent une libération de certains mythes[98].» Quant à Brunet, les mêmes arguments reviennent. Ouellet fonderait son explication de l'infériorité économique des Canadiens après la Conquête sur «la psychologie des peuples». C'est aussi la raison pour laquelle il «se montre incapable de comprendre comment le refus du progrès chez les Canadiens s'identifie avec leur état de résistance passive[99]». En un mot, il appartient à «l'école idéaliste»:

> Son œuvre s'inspire de l'historiographie traditionnelle du Canada anglais (Creighton) et du Canada français (Groulx). Ajoutez-y la terminologie marxiste-wébérienne des sociologues qu'il a lus. [...] S'il attache tant d'importance aux carences individuelles et aux mentalités c'est parce qu'il est incapable de voir que celles-ci ne sont elles-mêmes que les conséquences et les produits d'une conjoncture globale qu'il a mal évaluée[100].

Même en 1985, Brunet revient à la charge dans un article assez dur que refusera de publier la *Revue d'histoire de l'Amérique française*. Jusqu'à la fin, le vieux lion a continué à rugir. Il faut dire que les événements qui s'inscrivent entre la Révolution tranquille et le milieu des années quatre-vingt l'ont à la fois réjoui et aigri.

En effet, malgré l'opposition à laquelle il a eu à faire face à la fin des années cinquante, il a par contre la satisfaction de voir qu'il n'a pas complètement prêché dans le désert. Ainsi, par exemple, un homme d'affaires canadien-français, et non des moindres puisqu'il est vice-président et gérant général de La Banque provinciale du Canada, lui écrit pour l'informer qu'il s'est inspiré de son article sur les «Trois dominantes de la pensée canadienne-française» pour rédiger sa dernière conférence[101]. Il fera de même l'année suivante. Au lendemain de la mort de Duplessis, Brunet éprouve la «joie légitime» d'entendre son successeur, Paul Sauvé, reprendre «certaines déclarations, certaines formules, certains mots qui avaient une proche parenté avec les idées et les mots d'ordre que je sème depuis six ans[102]». Mais surtout, il a la satisfaction de voir qu'avec la Révolution tranquille, non seulement l'État se modernise et commence à jouer pleinement son rôle, mais les Canadiens français, devenus des Québécois, s'identifient maintenant à leur territoire tandis que le gouvernement provincial est devenu pour eux leur gouvernement national. Pour la première fois de leur histoire, ils commencent enfin à agir en majorité. Ils ont découvert «le pouvoir que donne le nombre à l'heure de la démocratie sociale[103]». Une nouvelle classe dirigeante a vu le jour et ces nouveaux porte-parole des Québécois «savent maintenant qu'être bien gouverné par d'autres ne remplace pas le gouvernement que l'on se donne soi-même[104]». Dès 1964, Brunet se prononcera en faveur de l'indépendance du Québec. Hier encore, à l'exemple de Séguin, il la jugeait impossible et s'employait à dénoncer les séparatistes. En 1969, elle lui apparaîtra comme l'aboutissement d'un processus historique «irréversible».

Par ailleurs, le succès de l'histoire économique et sociale conjugué au déclin de l'histoire politique, à la montée du marxisme et au rejet pur et simple de la fonction sociale que les générations antérieures accordaient à l'historiographie l'ont rendu un peu plus maussade. Surtout, l'arrivée au pouvoir et le succès que remporte Pierre Elliott Trudeau[105], le déclenchement de la Crise d'octobre[106] et la défaite du référendum qui s'accompagne de l'adoption d'une nouvelle Charte constitutionnelle en 1981 le rendront terriblement aigri. «Il est dorénavant défendu de soutenir qu'un groupe culturel a besoin de s'autodéterminer s'il veut assurer son progrès sur un territoire où deux cultures s'affrontent. Désormais seuls seront reconnus les droits individuels. Cette conception étriquée de la réalité sociale québécoise ne peut que servir le nationalisme *Canadian*[107].» Jusqu'à la fin de sa vie, il aura essayé de faire comprendre à ses contemporains que le défi global des Québécois n'a pas véritablement changé au cours des siècles: «Nous faire organiser ou nous organiser nous-mêmes? "Canadians" ou Québécois[108]?»

Conclusion

Au sortir de l'Université Clark, Michel Brunet nous offre l'image d'un homme en qui cohabitent des représentations traditionnelles et des éléments de «modernité». À son nationalisme «mélange de bourassisme» qui accrédite toujours le «miracle de la survivance» vient se greffer une représentation des hommes dans le temps dont le devenir, compte tenu de l'évolution inévitable des contextes sociohistoriques, est lié à une succession de défis à relever, représentation qui se manifeste plus particulièrement dans ses appels en faveur d'une société canadienne-française plus libérale, plus démocratique et plus moderne. Dès cette époque, il lui semble évident que l'on ne peut *«turn the clock back»*. Aussi, entre ceux qui placent leurs espérances dans le maintien et l'essor d'une société agricole et ceux qui militent en faveur de la modernisation de la société et d'une reprise en charge «par en haut» de l'économie, il ne fait pas de doute dans son esprit où réside le sens de l'histoire. On peut penser que les origines sociales de Brunet et son admiration précoce envers la société américaine ont exercé une influence déterminante en faveur de ce parti pris. Toutefois, selon lui, une société ou, pour être plus précis, une nation ne saurait s'engager dans le sens de l'histoire sans le concours d'une élite éclairée qui lui permette de reconnaître, au préalable, les défis particuliers qu'elle a à relever. Cette fonction sociale éminente que Brunet prête à l'intellectuel est liée pour sa part à l'influence de Groulx, à ses premières expériences pédagogiques et à l'étude du contexte historique qui constituait l'objet de sa recherche doctorale. Mais cette fonction sociale renvoie aussi à une représentation de la nation qui en fait une réalité beaucoup plus organique que conflictuelle, d'où l'utilisation du concept de classe dirigeante chez Brunet et l'importance centrale qu'il lui prêtera toute sa vie pour le devenir de la nation.

C'est sur l'arrière-fond de cette représentation des choses que l'influence de Séguin est venue s'exercer sur Brunet. L'un et l'autre partagent une représentation du devenir historique qui fait une place centrale au développement diversifié de l'économie et aux aspects «progressifs» qui le sous-tendent. Ils éprouvent aussi, à l'instar de Frégault, un profond sentiment d'appartenance envers la nation canadienne-française et sont particulièrement conscients des problèmes politiques, économiques et sociaux qui l'affectent. Avant de connaître Séguin, Brunet était sensible au problème de l'infériorité économique des Canadiens français, mais c'était surtout la question de *«l'inferiority complex»* qui retenait son attention. Sans y attacher vraiment foi, il ne pouvait par contre s'expliquer pourquoi tant de Canadiens français agissaient comme s'ils étaient réellement inférieurs. Selon la perspective nationaliste traditionnelle, pour trouver remède à ce complexe il fallait, par une pédagogie appropriée, faire du peuple canadien-français «un peuple aux yeux ouverts et d'une échine aussi dure que l'échine anglaise[109]». Pour Séguin, c'était prendre le symptôme pour la cause. Aussi, puisque Brunet et Séguin partageaient les mêmes représentations globales sur la nature du devenir des sociétés, il ne fut pas difficile pour Séguin de convaincre Brunet qu'il fallait inverser les deux pôles du problème pour être à même de comprendre la nature profonde des obstacles auxquels la nation canadienne-française est confrontée et des implications qu'entraîne un tel renversement des perspectives pour son devenir. C'est à ce niveau que la fusion des perspectives s'est opérée et que le voile de Saïs a brusquement été levé chez Brunet. Mais il lui restait à convaincre ceux qui, dorénavant, lui apparaîtront comme «des aveugles, des sourds et des myopes».

Le caractère novateur de l'interprétation de Séguin exacerberait la fonction sociale éminente que Brunet prête à l'intellectuel. Deux autres influences contribueraient à l'amplifier. Ainsi, l'interprétation de Séguin repose sur une thèse en histoire économique. Elle s'inscrit ainsi dans le mouvement plus général de scientificité et de spécialisation des savoirs qui, en plus d'être à l'origine de la querelle entre les anciens et les modernes et d'opposer les générations, aura pour effet de frapper d'obsolescence les anciens savoirs qui supportaient jusqu'alors nos représentations de soi. À l'origine, Brunet place beaucoup d'espoir dans cet «effet de science» qui permettrait de travailler à l'amélioration de la qualité de la survivance en suppléant au nombre et à la richesse. Il faut dire, qu'en ce début des années cinquante, l'interprétation de Séguin, pour séduisante qu'elle soit, ne demeure qu'une hypothèse qu'il faut, dans un premier temps, étayer en mettant à contribution toutes les sciences humaines avant de songer à reconstruire le Canada français. Toutefois, Brunet prendra rapidement conscience que les autres chercheurs en sciences sociales qui, comme lui, travaillent à l'émergence des nouveaux savoirs scientifiques, n'ont même pas l'intention d'accorder quelque crédit que ce soit à cette hypothèse. Ce refus unanime qu'adresse la jeune communauté intellectuelle aux historiens de l'École de Montréal, au nom même de l'objectivité scientifique — puisque le nationalisme ne saurait être une réalité objective — s'inscrit aussi dans le contexte plus général des luttes que livre le gouvernement du Québec contre les tentatives des centralisateurs fédéraux. C'est cette conjoncture plus générale qui, par ailleurs amènera Brunet à s'élancer à l'assaut des tribunes et à plonger au cœur des débats.

C'est ce contexte d'oppositions et de contradictions idéologiques qui obligera les historiens de l'École de Montréal à approfondir et à radicaliser les concepts qui sous-tendent leur réinterprétation de l'histoire dans le but de démontrer les véritables enjeux qui agitent le présent. Mais ce faisant, ils vont se mettre à dos les milieux nationalistes traditionnels qui admettraient déjà difficilement que les héros de la Nouvelle-France et les politiciens de l'Union ne puissent être que de simples hommes soumis, comme eux, aux aléas de la conjoncture. Enfin, au moment où l'État du

Québec commence à agir comme un État moderne, que les Québécois s'identifient de plus en plus à leur gouvernement et que les mouvements indépendantistes se multiplient, l'émergence de l'histoire sociale et économique viendra, à son tour, frapper d'obsolescence l'histoire politique que pratiquent les historiens de l'École de Montréal et ce, avant même qu'ils n'aient réussi à convaincre complètement leurs collègues des conséquences de la Conquête. Étrange chassé-croisé où tout un peuple reprendra à son compte, en des débats passionnés, ce que ses intellectuels avaient, pour la plupart, rejeté.

Reste un dernier point. Comment expliquer que Brunet puisse reprendre l'essentiel du schéma de Séguin, tout en refusant de reconnaître, par exemple, que les Canadiens français soient condamnés irrémédiablement à la médiocrité collective; ou encore soutenir à la manière de Groulx qu'il puisse exister un Québec fort à l'intérieur de la Confédération et même en venir à croire que l'indépendance du Québec soit devenue l'aboutissement d'un processus historique «irréversible»? Bien sûr, Séguin lui reprochait son manque de nuances et ses tendances à la simplification, attitudes qu'il attribuait au fait que Brunet n'aurait pas pleinement compris tous les aspects de sa thèse, c'est-à-dire le caractère global que sous-tendait son approche. Selon moi, il faut chercher la réponse dans la représentation préalable que Brunet avait des hommes et de la société que révèle l'utilisation constante qu'il fait de l'expression «classe dirigeante»: alors que Séguin a une représentation systémique de la société, celle de Brunet est avant tout organique. Pour ce dernier, il y a ceux qui dirigent et ceux qui suivent. La fonction de l'histoire et aussi celle qu'il attribue à l'intellectuel y trouvent leur fondement. Il faut ajouter que, selon Brunet, même si la nation est moribonde, elle est toujours en vie. Et c'est en travaillant à enrichir cette lueur de vie que la nation pourra espérer améliorer ses conditions d'existence. Entre cette représentation des choses et le schéma de Séguin, une certaine filiation était possible, mais l'osmose était impossible.

Les transformations qu'a connues la société québécoise depuis 1960 viendront, contre Séguin, donner jusqu'à un certain point raison à Brunet, en ce sens qu'au-delà des déterminismes et des «lois sociologiques», on retrouve aussi l'action de certains hommes qui, comme lui, osent affronter et relever les défis que lui présente le destin. Par-delà tout ce qui l'a séparé de Groulx, c'est cette croyance profonde qui les a réunis.

À la fin de sa vie, Brunet polémique encore. Cette fois-ci, Brunet accuse Jean Hamelin d'être de mauvaise foi. Après un échange de lettres, où Brunet se rend compte de son erreur et, par conséquent, de son trop grand emportement, il veut temporiser les choses. Il écrit à Hamelin:

> L'un de vos collègues m'a déjà fait remarquer que, si j'avais eu un style moins agresseur, j'aurais peut-être convaincu un plus grand nombre de mes lecteurs. Je lui ai répondu que mon style faisait intégralement partie de mon être. Rappelez-vous la formule de Buffon: «Le style est l'homme lui-même.» [...] Vous savez l'estime et l'admiration que je vous porte — votre contribution au progrès de l'historiographie québécoise et canadienne est énorme, unique et remarquable, je me plais à le reconnaître — et, soyez assuré que je n'ai jamais eu l'intention de vous blesser[110].

Hamelin lui répondra:

> Vous êtes toujours à mes yeux un être au cœur tendre en proie à une passion brûlante. Votre «style agresseur» me semble être le débordement naturel de la tendresse que vous éprouvez envers un peuple qui n'arrive pas à s'insérer dans l'histoire et les êtres qui vous sont chers.

Et Brunet rédigera au bas de la lettre d'Hamelin cette annotation manuscrite:

> Vous avez fait de moi une description que vous a inspiré votre art de l'historien et du psychologue. Merci. Je dépose votre lettre dans votre dossier et ceux qui écriront peut-être sur Michel Brunet, après ma mort, s'en inspireront[111].

C'est le plus grand hommage que je puisse rendre à l'historien et à l'homme d'action que fut Michel Brunet.

Notes

1. Léon Dion, «Le nationalisme pessimiste: sa source, sa signification, sa validité», *Cité libre*, 18, (novembre 1957), p. 12.
2. *Ibid.*, p. 4, 6, 7, 8, 9.
3. *Ibid.*, p. 11.
4. *Ibid.*, p. 12.
5. Arthur Maheux à Brunet, 2 décembre 1958, P136/A,393.
6. Brunet à Arthur Maheux, 1er mai 1958, P136/A,393.
7. Léon Dion, *op. cit.*, p. 14.
8. Brunet à F.-A. Angers, 19 janvier 1957, P136/A,12.
9. B. 67 p. 162 note 70.
10. B. 57 p. 129.
11. B. 70 p. 229.
12. Brunet à Groulx, 2 mai 1955, Institut d'histoire de l'Amérique française.
13. Brunet à Richard Ares, s.j., 12 juillet 1957, P136/A,18.
14. Everett C. Hughes à Brunet, 11 mai 1954, P136/A,286.

15. Brunet à Everett C. Hughes, 26 mai 1954, P136/A,286.
16. Brunet à Pierre Elliott Trudeau, 23 septembre 1956, P136/A,580.
17. B. 47 p. 139.
18. *Ibid.*, p. 140.
19. B. 67 p. 116 note 4.
20. Brunet à Jacques Perrault, 31 août 1956, P136/A,472.
21. *Ibid.*
22. Brunet à Claude Morin, 25 novembre 1963, P136/A,430.
23. Brunet à L.-G. Giguère, 30 août 1956, P136/A,375.
24. Brunet à Gérard Filion, 14 novembre 1956, P136/A,229.
25. Brunet à Jean-Marie Morin, 16 novembre 1956, P136/A,431.
26. Brunet à John Saywell, 8 septembre 1959, P136/A,531.
27. Everett C. Hughes aux éditeurs du *Canadian Historical Review*, 7 août 1959, P136/A,531.
28. Brunet à John Saywell, 8 septembre 1959, P136/A,531.
29. B. 86 p. 173, 174.
30. *Ibid.*, p. 190.
31. B. 89 p. 101-102.
32. *Ibid.*, p. 103.
33. Brunet à Gérard Filion, 20 février 1957, P136/A,229.
34. B. 117 p. 43, 44.
35. B. 89 p. 97, 103-104.
36. B. 100 p. 34, 38.
37. B. 175 p. 156.
38. *Ibid.*, p. 148.
39. *Ibid.*, p. 151, 156.
40. Jean Blain, «Économie et société en Nouvelle-France», *Revue d'histoire de l'Amérique française*, 30, 3 (décembre 1976), p. 358. Cet article constitue une synthèse solide du support historique qui, de Parkman à Léon Gérin — en passant par Horace Miner, Robert Redfield et Everett C. Hughes — a amené les sociologues du Canada français à réduire «la complexité de la société d'origine pour faire entrer celle-ci dans le cadre étroit de la *Folk Society*, ce qui permettait d'y aller avec plus d'aise dans l'analyse du continuum rural-urbain», p. 356.
41. Brunet à John T. Saywell, 4 avril 1959, P136/A,531.
42. Il s'agit de B. 45 et B. 67. Frank Underhill, «La Présence anglaise et les Canadiens», *Canadian Historical Review*, 40, 2 (juin 1959), p. 160. Voir aussi A. R. M. Lower, «La présence anglaise et les Canadiens», *Queen's Quarterly*, 66, (hiver 1960), p. 681.
43. Frank Underhill, *op. cit.*, p. 162; A. R. M. Lower, *op. cit.*, p. 681.
44. Benoît Lacroix, «La présence anglaise et les Canadiens», *Revue d'histoire de l'Amérique française*, 12, 3 (décembre 1958), p. 429.
45. B. 71 p. 120.
46. Brunet à Gustave Lamarche, c.s.v., 26 février 1958, P136/A,316.
47. Brunet à Rodolphe Plante, 29 août 1956, P136/A,326.

48. Groulx à Brunet, 20 août 1957, Institut d'histoire de l'Amérique française.
49. Léo-Paul Desrosiers, «Nos jeunes historiens servent-ils bien la vérité historique et leur patrie?», *Notre Temps*, 28 décembre 1957, p. 2.
50. Aramis, «Coups de marteau sur le visage des ancêtres», *Le Devoir*, 7 janvier 1958, p. 4.
51. F. 354 p. 87.
52. Lionel Groulx, *Dollard est-il un mythe?*, Montréal et Paris, Fides, 1960, p. 7, 8.
53. F. 354 p. 88.
54. Voir Jean Genest, s.j., «Le duel Brunet-Barbeau», *L'Action nationale*, 49, 5 (janvier 1960), p. 393-396.
55. Dominique Beaudin, «Le "brunétisme" ou la déformation de l'histoire», *L'action nationale*, 48, 8 (avril 1959), p. 332, 333-334.
56. Dominique Beaudin, «L'agriculturisme, margarine de l'histoire», *L'Action nationale*, 49, 7 (mars 1960), p. 530.
57. Groulx à Brunet, 23 décembre 1958, Institut d'histoire de l'Amérique française.
58. Voir Jean Genest, s.j., *Qu'est-ce que le «brunétisme»?*, Montréal, 1961, 12 p.
59. Gérard Filion, «À qui la faute, si l'histoire est si mal enseignée?», *Le Devoir*, 22 mars 1961, p. 4.
60. Groulx à Brunet, 24 avril 1961, Institut d'histoire de l'Amérique française. Il faut noter que c'est effectivement à partir de ce moment que Brunet commencera à enseigner l'histoire du Canada à l'Université de Montréal.
61. Voir Dominique Beaudin, «L'histoire du Canada de M. Gustave Lanctôt», *L'Action nationale*, 50, 9 (mai 1961), p. 882; Jean-Louis Brouillé, «Encore M. Brunet!», *ibid.*, p. 898-900; François-Albert Angers, «Ah! c'est ça l'histoire objective!», *ibid.*, p. 912-916; «Naissance de la pensée économique au Canada français», *Revue d'histoire de l'Amérique française*, 15, 2 (septembre 1961), p. 206-212.
62. De plus, il faut attendre la mort de Groulx pour que Brunet recommence à publier dans la *Revue d'histoire de l'Amérique française* et dans *L'Action nationale*.
63. Cité par F. 354 p. 106.
64. B. 138 p. 71.
65. Lionel Groulx, «Survivre ou vivre», *Pour bâtir*, Montréal, Édition de l'Action nationale, 1953, p. 142.
66. Les deux premiers chapitres de ses *Chemins de l'avenir* (1964) sont particulièrement significatifs à ce point de vue.
67. F. 279 p. 16.
68. *Ibid.*, p. 14.
69. Voir Fernand Ouellet, «M. Michel Brunet et le problème de la conquête», *Bulletin des recherches historiques*, 62, 2 (avril-juin 1956), p. 96.
70. F. 305 p. 56.
71. B. 45 p. 20.
72. *Ibid.*, p. 23, 24.
73. *Ibid.*, p. 57.
74. Fernand Ouellet, «M. Michel Brunet...», *op. cit.*, p. 93.

75. *Ibid.*, p. 95, 97, 101.
76. Brunet à Fernand Ouellet, 1er novembre 1956, P136/A,452.
77. B. 86 p. 200; 203.
78. Jean Hamelin, *Économie et société en Nouvelle-France*, Québec, Les Presses de l'Université Laval, (s.d.), 137 p.
79. Voir Jean Hamelin, *Le Canada français: son évolution historique 1497-1967*, Trois-Rivières, Boréal Express, 1967, 164 p; Pierre Harvey, «Stagnation économique en Nouvelle-France», *L'Actualité économique*, 38, (1961), p. 537-548; Cameron Nish, «Bourgeoisie coloniale en Nouvelle-France, une hypothèse de travail», *L'Actualité économique*, 39, 2 (juillet-septembre 1963), p. 240-265.
80. Cameron Nish, *op. cit.*, p. 261.
81. Fernand Ouellet, *Histoire économique et sociale du Québec 1760-1850. Structure et conjoncture*, Montréal et Paris, Fides, 1966, 639 p.
82. Voir *Revue d'histoire de l'Amérique française*, 20, 2 (septembre 1966), p. 235.
83. Robert Mandrou, «Préface», *Histoire...*, *op. cit.*, p. XI.
84. Stanley Bréhaut Ryerson, *Connaître l'histoire, comprendre la société: un rapport en voie de mutation? Histoire de cas: une prise de conscience des vecteurs sociohistoriques du casse-tête Canada-Québec*, Thèse de doctorat, Université Laval, 1987, p. 21.
85. Jean-Pierre Wallot écrira à ce propos: «Fernand Ouellet, dans une phrase malheureuse, accuse "l'école de Montréal" [...] de mettre "l'histoire [...] au service d'une cause politique". Accuse-t-on Ouellet de politiser l'histoire parce que les Canadiens anglais utilisent son interprétation pour justifier notre infériorité et le fédéralisme tel qu'ils le conçoivent?» Jean-Pierre Wallot, compte rendu du livre de P. G. Cornell, J. Hamelin, F. Ouellet, M. Trudel, *Canada — Unité et diversité*, paru dans la *Revue d'histoire de l'Amérique française*, 22, 3 (décembre 1968), p. 450 note 1.
86. Brunet à Groulx, 23 juin 1955, Institut d'histoire de l'Amérique française.
87. Brunet à Groulx, 1er juillet 1958, Institut d'histoire de l'Amérique française.
88. Brunet à William Toye, 2 février 1970, P136/D3,31.
89. Jean Blain, «Le XVIIIe siècle canadien — Études», *Revue d'histoire de l'Amérique française*, 23, 1 (juin 1969), p. 123.
90. Entrevue avec Pierre Tousignant, 6 décembre 1990.
91. B. 153 p. 13.
92. *Ibid.*, p. 11, 12.
93. *Ibid.*, p. 39, 54, 101, 120, 104, 107.
94. Carleton à Shelburne, 11 avril 1768, cité par B. 153 p. 228.
95. B. 153 p. 128-129, 160, 211.
96. *Ibid.*, p. 283, 287.
97. *Ibid.*, p. 289-290.
98. Fernand Ouellet, «Les Canadiens après la conquête 1759-1775 — De la révolution canadienne à la révolution américaine», *Canadian Historical Review*, 51, 3 (septembre 1970), p. 311, 316. Dans le compte rendu de «L'idée d'indépendance au Québec» de Séguin, Ouellet écrit: «Pour le professeur Séguin, la suprématie du

caractère ethnique est telle qu'entre groupes ethniques, il ne saurait y avoir aucune communauté d'intérêts et de valeurs. [...] Il est vrai que les Britanniques auraient pu, comme ils le souhaitaient naturellement, noyer les Canadiens français en suscitant une immigration massive. Mais les Anglais, peut-être parce qu'ils étaient dans la peau du vainqueur, conservaient une certaine lucidité. Ils refusèrent de suivre aveuglément la pulsion ethnique.» Est-ce de l'angélisme ou une simple reprise de l'argument du «rêve inverti» de Dion? Fernand Ouellet, «L'idée d'indépendance au Québec: genèse historique», *Revue d'histoire de l'Amérique française*, 22, 4 (mars 1969), p. 638-639, 640-641.

99. Pièce manuscrite, P136/B,10.

100. Brunet à Marguerite Sicard-Bourque, 28 octobre 1970, P136/C,104.

101. Voir J. U. Boyer à Brunet, 25 octobre 1957, P136/A,83.

102. Brunet à Armand Maltais, 29 octobre 1959, P136/A,400.

103. B. 195 p. 68.

104. B. 131 p. 175.

105. Brunet a écrit pas moins d'une douzaine d'articles pour s'attaquer directement à lui.

106. L'imposition des mesures de guerre a paru excessive à Brunet mais, somme toute, elles ne représentaient pour lui qu'une simple répétition des rapports de force qui lient le Québec au reste du Canada. Par contre, comme il l'écrit à Jean Blain: «J'ose espérer que ces événements aideront à nous murir [...] Le manifeste du F.L.Q. — que j'ai appelé "Aurore l'enfant martyre, édition 1970" — les sermons fédéralistes de Pet, les admonitions de René Lévesque et les 100,000 emplois de Bourassa traduisent tous notre manque de maturité politique et notre idéalisme viscéral. Le messianisme — qu'il soit de la gauche ou de la droite, fédéraliste, socialiste, souverainiste, ouvriériste — n'est pas mort.» Brunet à Jean Blain, 30 octobre 1970, P136/A,64.

107. B. 218 p. 9. Il écrira à ce propos, de nouveau à Jean Blain: «10e anniversaire de la mise en vigueur de la Loi des mesures de guerre une autre étape de l'occupation britannique au Québec. Aujourd'hui, c'est la constitution-camisole-de-force concoctée par Machiavel-Trudeau. C'est le commencement de la fin: nous sommes rendus dans la chambre à gaz. Il ne reste qu'à ouvrir les robinets. Et je ne rigole pas.» Brunet à Jean Blain, 16 octobre 1980, P136/A,64.

108. B. 214.

109. Lionel Groulx, *Pourquoi nous sommes divisés*, Montréal, Les éditions de l'Action nationale, 1943, p. 7.

110. Brunet à Jean Hamelin, 22 avril 1985, P136/A,275.

111. Jean Hamelin à Brunet, 25 avril 1985, P136/A,275.

CONCLUSION

> ...ce qui est intelligible en histoire ne peut être formulé qu'en rapport avec les problèmes et les constructions conceptuelles qui prennent eux-mêmes naissance dans le flux de l'expérience historique.
>
> KARL MANNHEIM, *Idéologie et utopie.*

Au terme de ce tour d'horizon, il est maintenant possible de préciser, en une aperception globale, les forces et les enjeux qui sont intervenus dans ce processus de réinterprétation de notre histoire nationale qui est à l'origine du néo-nationalisme québécois et des mouvements indépendantistes contemporains. D'une part, il est indéniable qu'un écart s'est subitement creusé au lendemain de l'après-guerre, entre les représentations officielles de soi et les pratiques sociales effectives dans le sillage des transformations des genres de vie, sous l'impact d'une urbanisation et d'une industrialisation accélérées. De divers horizons — qui s'inscrivent entre le cri du cœur intempestif d'un «Refus global» et le réflexe réactionnaire des privilèges à préserver — la prise de conscience que quelque chose de décisif a soudainement changé paraît générale. D'autre part, une telle accélération subite de l'histoire pouvait difficilement éviter de prendre la forme d'un conflit de générations surtout que ces années cruciales sont aussi celles où l'expansion des universités et la révolution du «croyable» opérée par l'affirmation croissante de la science et de la technique viennent mettre en question et s'opposer aux évaluations morales qui soustendaient jusqu'alors l'appréhension de la réalité.

Toutefois, beaucoup plus fondamentalement, cet écart constitue le tournant d'un processus en gestation depuis au moins deux décennies. En effet, comme les autres sociétés occidentales, le Québec a été affecté par cette lame de fond qui a progressivement promu la liberté et l'épanouissement de la personne au rang de valeurs fondamentales. Apparues dans des sociétés où l'autorité de la tradition et la figure du passé imposent la soumission de l'individu aux normes collectives, de telles aspirations ne pouvaient trouver à se satisfaire tant que les cadres sociaux et les genres de vie n'aient eu à subir une mutation générale qui implique et repose, tout à la fois, sur un retournement complet de la flèche du temps. Au Québec, il faudra attendre la Révolution tranquille pour que soient réunies les conditions propices à un tel renversement des perspectives. Entre-temps, trois phases ont jalonné ce parcours qui correspond aussi à celui d'une génération.

Dans un premier temps, les années de la crise économique ont provoqué l'apparition d'un sentiment général chez la jeunesse intellectuelle, que les écrits du jeune Frégault et du jeune Séguin illustrent abondamment, qui fait que toute une génération de contemporains a eu l'impression d'exister mais pas de vivre pleinement; qu'une série d'obstacles difficiles à identifier viendrait entraver les possibilités d'accomplissement de la personne. Mais cette vision du monde, qui repose toujours sur les catégories de pensée de la culture humaniste, ne remettait cependant pas fondamentalement en question les principaux postulats de l'identité collective pas plus qu'elle n'élevait de doute sur le rôle du passé et de l'importance que revêtent les traditions pour le présent. Par contre, la crise économique est venue mettre à nu l'infériorité économique des Canadiens français.

Dans un deuxième temps, ce désir d'épanouissement individuel s'est inscrit dans le cadre des transformations économiques, sociales et culturelles d'envergure qui caractérisent les années quarante. Toutefois, les sources du capital n'ayant pas changé de langue, l'infériorité économique des Canadiens français est demeurée tout aussi évidente, malgré la reprise énergique de l'économie. De même, ces modifications profondes, qui ont amené certains à parler d'américanisme ou qui ont conduit d'autres à juger qu'un divorce se préparait entre le social et le national, n'ont pas pour autant réussi à entamer essentiellement le pouvoir de contrainte qu'exerçaient, dans la vie de tous les jours, les institutions traditionnelles qui sont toujours à dominante cléricale. Pour les aînés, qui modulent à peine l'ancienne rhétorique de la survivance nationale, l'industrialisation et l'urbanisation accélérées du milieu représentent une menace quant à l'avenir même de la nation canadienne-française. Pour la génération montante, les valeurs et les institutions traditionnelles, qui avaient jusqu'alors servi de dénominateurs communs à la mise en forme d'une identité collective, commencent à être ressenties comme un pouvoir coercitif. Plus particulièrement, le cléricalisme et l'idéologie de la survivance nationale apparaîtront de plus en plus comme les principaux responsables de l'aliénation collective dont la prise de conscience s'exacerbe. Esquissées à l'intérieur de la tradition romanesque, qui prend forme au cours des années quarante, il faut attendre la décennie suivante pour que ces dénonciations s'inscrivent en des projets plus explicites. Pour l'instant, à l'exemple des interrogations d'un jeune Frégault, l'objectif est d'en arriver à «voir clair en soi».

Au risque de simplifier, il semble que, devant les sollicitations en sens contraires qui agitent le présent, toute une génération ait commencé à interroger «l'espace d'expérience» que véhiculait la tradition, et les principaux référentiels sur lesquels cet espace s'articulait, non pas pour livrer au passé un procès sans appel, mais pour tenter d'y dégager, grâce à un travail d'arbitrage culturel méthodique, les traditions propres à répondre aux attentes que ne trouve plus à satisfaire le projet d'une simple survivance collective. Selon cette perspective, qui relève d'une problématique identitaire, le passé peut difficilement continuer à servir de norme idéale pour le présent. Par contre, le recours au passé se révèle toujours, pour cette jeune génération, comme une base solide où certaines traditions sont susceptibles d'être reprises pour être prolongées en des «courants de vie renouvelés». Ainsi, en 1945, même Marcel Rioux pouvait dire: «le retour vers le passé est pour nous un élan vers l'avenir[1]». Il faut dire qu'à ce moment, la nation est encore quasi exclusivement associée à la sphère culturelle et, par là, elle est définie comme une réalité spirituelle.

Cette crise identitaire révèle et exprime une modification importante dans l'appréhension du temps qui s'amplifiera au cours des décennies subséquentes. De plus en plus, et de façon dominante, le rôle du passé, comme référent majeur de l'identité collective, sera récusé à l'intérieur du plus vaste champ social, au profit des imageries de l'avenir. Cette crise identitaire marque également le moment où la scientificité commence à affirmer son ascendant au cœur des nouvelles définitions de soi qui vont prendre forme au cours de la décennie suivante. Un mot unique — celui de modernisation — résume cette collusion qui va s'instituer entre l'apologie de la scientificité et la figure de plus en plus obsédante du devenir. Il est révélateur que, dans le sillage de l'influence de la sociologie et de l'anthropologie culturelle américaines, les sciences sociales naissantes aient pris une part active dans cette inversion de la flèche du temps, en privilégiant le modèle voulant que la société québécoise ne soit intelligible qu'en fonction du continuum qui doit nécessairement s'établir entre une société traditionnelle et une société moderne. D'ailleurs, Maurice Séguin, en portant attention aux postulats de l'économie progressive, n'était-il pas porté par ce même souci? On ne saurait trop souligner le rôle idéologique que la science a joué dans ces nouvelles définitions de soi qui voient le jour au Canada français. Dès le début des années cinquante, la modification des référentiels et le sentiment d'une perte de définition de l'identité collective cohabitent avec la sensation d'être en retard par rapport aux autres sociétés occidentales. Rien ne traduit mieux ce sentiment de décalage que cette volonté unanime de réinterpréter la situation collective que l'on observe tant chez les sociologues de Laval que chez les historiens de l'Université de Montréal au cours de ces années. Dans une entrevue accordée en 1969, Guy Frégault pouvait dire à ce propos: «Nous étions un petit groupe à l'Université de Montréal pour qui l'histoire était un instrument de recherche sur une société donnée. Nos recherches ont tout naturellement porté sur la collectivité québécoise, parce qu'il s'agissait pour nous de rendre intelligible le Canada français à nos contemporains[2].» Jean-Charles Falardeau, dix ans auparavant, ne disait pas autre chose: «L'équipe des Sciences sociales de Laval [...] a été essentiellement engagée dans la tâche qu'il faut bien appeler sociologiquement par son nom, la tâche d'une nouvelle "définition" de la situation canadienne-française[3].» Projets convergents qui ne se sont pas moins traduits en des voies divergentes.

Dans un troisième temps, ce désir d'épanouissement a pris, au cours des années cinquante, les couleurs de la modernisation et de la démocratie sociale, au moment même où toute une génération s'est mise à ressentir le présent comme un passé. Il faut dire que ce sentiment s'est exacerbé lorsque la génération des aînés a durci son conservatisme social, réflexe réactionnaire que la nouvelle intelligentsia a consacré dans la mémoire collective des générations à venir en qualifiant cette période de «grande noirceur[4]». Toutefois, comme le soulignait déjà Fernand Dumont, en 1958, cette opposition entre deux générations apparaît surtout comme la manifestation de «deux formes de conscience malheureuse: la défense de l'univers mythique, et son rejet qui n'est que l'envers de la première[5]». Pour la nouvelle intelligentsia, les années cinquante ont été vécues, selon l'expression de Gérard Pelletier, comme des «années d'impatience». Quelques années avant la Révolution tranquille, un observateur lucide, qui est aussi un disciple de Michel Brunet, écrivait à ce propos: «Ce n'est pas tellement l'histoire que les nouveaux penseurs ignorent: c'est le passé qu'ils suppriment. [...] En réalité, ils rejettent le passé, avec ses efforts de recherches, parce qu'à leurs yeux le passé est entaché de nationalisme, et pour eux, le nationalisme, c'est tout ce qui n'entre pas dans leurs systèmes[6].» C'est là le courant dominant. La perspective développée par les historiens de l'École de Montréal a peut-être fait beaucoup de disciples parmi les étudiants, mais il faut attendre les années soixante pour que ces derniers occupent des postes de commande et, par là, une grande visibilité sociale. Par contre, au cours des années cinquante, tous ces jeunes intellectuels qui, contrairement à la plupart de leurs aînés, sont des laïcs et des spécialistes des sciences humaines interpréteront la situation en terme de «retard», même s'ils demeurent profondément divisés quant à la nature et aux causes réelles de ce «retard». Et c'est cette division, qui intervient à l'intérieur d'une même génération de jeunes intellectuels, qui permet de dépasser la perspective d'un simple conflit entre anciens et modernes et de cerner d'un peu plus près les influences qui ont été à l'origine de la réinterprétation de l'histoire du Canada à laquelle se sont livrés les historiens de l'École de Montréal.

En effet, ce qui fait l'originalité profonde de nos trois historiens, c'est qu'au lieu de suivre la pente antinationaliste que l'après-guerre avait ménagée à toute une génération, ils ont repensé en profondeur la signification du devenir de la société canadienne-française en fonction d'un point de vue nationaliste. Il faut dire cependant que c'est là un nationalisme qui a été redéfini à partir d'influences qui ont souvent peu à voir avec les catégories de pensée qui alimentaient jusqu'alors la pensée nationaliste traditionnelle.

D'une part, il est incontestable que cette réinterprétation s'inscrit dans le prolongement de ce désir d'épanouissement qui a d'abord pris forme au cours des années trente. Les cahiers sur le scoutisme du jeune Séguin et les premiers écrits de Frégault ne laissent pas de doute à ce sujet. Prolongeant la tradition humaniste dans laquelle ils avaient baigné, ce désir d'équilibre et d'accomplissement de la personne s'est manifesté de façon un peu plus intempestive dans le projet historiographique de «refaire le Canada français» qu'avait Frégault au cours des années quarante, projet qui révèle et proclame une foi naïve et pétulante dans l'objectivité de la science, ainsi que dans la fonction sociale de l'histoire. Aussi, alors même que ce dernier cherchait à situer ses premières œuvres dans le sillon de celles de Groulx, l'inversion de la flèche du temps, que supposait un tel projet, préfigurait et portait déjà en quelque sorte la marque du conflit de générations à venir.

D'autre part, cette réinterprétation est surtout liée à l'apport de nouveaux concepts issus des sciences sociales connexes et à l'influence que l'historiographie anglophone exercerait sur Séguin ainsi qu'aux perspectives nouvelles que suggéraient les développements récents de l'historiographie française. En effet, pendant que Frégault avait pour projet de «refaire le Canada français», Séguin cherchait dans sa thèse de doctorat à répondre à la même question d'ensemble que se posait la plupart de ses contemporains: comment expliquer l'infériorité économique des Canadiens français? Grâce à la conjonction de quelques idées directrices, Séguin allait délaisser la perspective culturelle et volontariste, qui dominait jusqu'alors les représentations de la nation, pour adopter un angle de lecture systémique. Selon ce point de vue, l'intelligibilité du devenir de la nation n'est plus le produit de volontés individuelles, mais le résultat d'une relation d'interdépendance, à la fois interne et externe, qui s'institue entre les principaux facteurs qui structurent la vie en société et dont les nations, c'est-à-dire les ethnies, constituent les sous-systèmes fondamentaux. Mais cette nation canadienne-française, dont il retrace le devenir, a peu à voir avec celle que la tradition historiographique avait préalablement définie. Non seulement est-elle dépeinte sous les traits d'une nation anormale, d'une «ethnie coincée par l'histoire», mais elle souffre au surplus d'une aliénation autrement plus fondamentale que celle dont la nouvelle intelligentsia a bien voulu l'affubler. En effet, alors que, pour cette dernière, c'est le nationalisme en lui-même qui apparaît comme un obstacle à l'émancipation, Séguin met en évidence, qu'au contraire, c'est l'incapacité, maintenant deux fois séculaires, du nationalisme canadien-français à s'articuler en une synthèse vivante qui constitue l'indice le plus sûr de notre infirmité nationale. Cette mise en perspective inédite amènera Frégault à trouver réponse à des interrogations plus anciennes, tandis que Brunet y verra le cadre d'analyse sans lequel il devient impossible d'interpréter adéquatement les défis particuliers que la marche des événements imposent à la nation canadienne-française.

Enfin, dernière influence sociale d'envergure, il ne faudrait pas sous-estimer, dans ce travail de réinterprétation de notre situation collective, les tensions et les luttes idéologiques qui ont entouré l'effort de centralisation fédérale. Comme le mettent en évidence la correspondance et les écrits de Brunet, les principaux concepts qui sous-tendent les *Normes* de Séguin ont gagné en précision et se sont radicalisés à la faveur de ces affrontements entre le fédéral et le provincial.

En somme, sans chercher à défendre ou à rejeter a priori l'univers mythique des aînés, ces historiens ont voulu répondre, à partir de l'histoire elle-même, aux questions d'ensemble qui préoccupaient leurs contemporains. Mais, arrivé à ce point, ils ne pouvaient que se mettre à dos à la fois les tenants du nationalisme traditionnel et les principaux représentants de la nouvelle intelligentsia. Pour les premiers, selon lesquels le passé est d'abord un modèle pour le présent, il était difficile d'accepter, et même d'imaginer, qu'un monde soit en train de prendre fin et, qu'avec lui, tout ce qui avait contribué à entretenir son intelligibilité. Pour les seconds, ce monde était à abattre, en raison même de l'importance exagérée que les premiers accordaient au passé et à ses traditions. Dans son impatience de rejeter l'ancien monde pour en reconstruire un et à la mesure de ses aspirations, cette intelligentsia, cherchant à se libérer dans une confiance naïve de toutes les contraintes, ne pouvait accorder aucun crédit à leurs collègues historiens qui, soutenant que la qualité de la vie individuelle est nécessairement liée à l'état des cadres de la vie collective, les invitaient à évaluer le poids de leur histoire. Cette intelligentsia reprenait ainsi, à travers un autre univers de pensée, et sans s'en rendre pleinement compte, la croyance véhiculée par l'ancienne idéologie de la survivance voulant que les Canadiens français soient entièrement libres de bâtir leur avenir, alors que les historiens de l'École de Montréal renouaient avec celle de la nation. C'est à partir de ces deux représentations de fond, que proposait la tradition idéologique antérieure, que s'est cristallisée la division qui est intervenue au sein de la nouvelle intelligentsia autour de la question nationale. Selon cette perspective, si la réinterprétation de notre histoire nationale peut être appréhendée, en une aperception globale, comme un effet de générations, la division qui s'opère dans le même temps parmi cette nouvelle catégorie d'intellectuels renvoie pour sa part à un phénomène de filiation.

Les années cinquante nous offriront le spectacle d'un véritable dialogue de sourds, alors qu'au cours des années soixante le néo-nationalisme gagne en popularité dans l'intelligentsia, s'incarne dans des mouvements sociaux et des partis politiques. La dualité de la conscience nationale, que dénonçait Groulx en 1924, persiste toujours mais, après un siècle, le nationalisme québécois a enfin délaissé les illusions compensatoires qui le confinaient dans l'apolitisme pour redevenir un nationalisme complet: à la fois politique, économique et culturel. Grâce au travail de pionniers qu'ont effectué les historiens de l'École de Montréal, une portion grandissante de la population s'accorde pour dire aujourd'hui qu'une nation ne saurait se satisfaire seulement d'acquis linguistiques ou culturels, malgré les reculs et les tentatives répétées pour nous y confiner. De même, contrairement à ce qu'affirment les contempteurs du nationalisme québécois, il est de plus en plus difficile de faire croire aux Québécois que l'indépendance soit un repliement sur soi et qu'elle ne puisse aller de pair avec l'interdépendance. Par contre, il est par ailleurs certain que le Québec, une fois souverain, deviendrait une nation satellite, à l'exemple d'ailleurs du Canada actuel vis-à-vis des États-Unis. Mais cette nation nouvelle aurait au moins «l'immense avantage d'être dotée de l'autonomie interne et externe et d'être présente par elle-même au monde[7]».

Notes

1. Marcel Rioux, «Qu'est-ce qu'une nation?», *L'action nationale*, 26, 1 (septembre 1945), p. 36.
2. Jean Montalbetti, «Les universitaires au pouvoir — Entretien avec Guy Frégault», *Les nouvelles littéraires*, 30 janvier 1969.
3. Jean-Charles Falardeau, «Lettre à mes étudiants», *Cité libre*, 23 (mai 1959), p. 14.
4. Voir à ce propos: Jocelyn Létourneau, «Québec d'après-guerre et mémoire collective de la technocratie», *Cahiers internationaux de sociologie*, 90, 1991, p. 67-87.
5. Fernand Dumont, «De quelques obstacles à la prise de conscience chez les Canadiens français», *Cité libre*, 19 (janvier 1958), p. 25.
6. Bruno Lafleur, «Introduction», Lionel Groulx, *L'appel de la race*, Montréal, Fides, (1922), 1956, p. 14, 15.
7. S. 13 p. 60.

BIBLIOGRAPHIE

I. SOURCES

MANUSCRITES

ARCHIVES DE L'UNIVERSITÉ DE MONTRÉAL
Fonds Michel-Brunet (P136)
Fonds Maurice-Séguin (P221)
Fonds du département d'histoire (E16)

INSTITUT D'HISTOIRE DE L'AMÉRIQUE FRANÇAISE
Fonds Michel-Brunet
Fonds Guy-Frégault

CENTRE DE RECHERCHES EN CIVILISATION CANADIENNE-FRANÇAISE
Fonds Guy-Frégault (P168)

ORALES

Entrevues
Lilianne Rinfret-Frégault, 12 novembre 1989
Tatiana Démidoff-Séguin, 4 décembre 1990
Robert Comeau, 4 décembre 1990
René Durocher, 5 décembre 1990
Jean-Pierre Wallot, 6 décembre 1990
Pierre Tousignant, 6 décembre 1990

PUBLICATIONS DE MAURICE SÉGUIN

1946

1. «La Conquête et la vie économique des Canadiens», *L'Action nationale*, 28, 4 (décembre 1946), p. 308-326. (Ce texte a été revu par l'auteur et réédité dans Robert Comeau, dir., *Économie québécoise*, Montréal, Les Presses de l'Université du Québec, 1969, p. 345-361. Cette dernière version a aussi été reproduite dans R. Durocher et P.-A. Linteau, dir., *Le retard du Québec et l'infériorité économique des Canadiens français*, Trois-Rivières, Boréal Express, 1971, p. 93-111. On la retrouve aussi dans Rodrigue Tremblay, dir., *L'économie québécoise*, Montréal, Les Presses de l'Université du Québec, 1976, p. 13-27. La première version de ce texte a été traduite en anglais et a paru dans Dale Miquelon, dir., *Society and Conquest — The Debate on the Bourgeoisie and Social Change in French Canada, 1700-1850*, Toronto, Copp Clark Publishing, 1977, p. 67-80.)

1947

2. *La nation «canadienne» et l'agriculture (1760-1850)*, Thèse de doctorat, Université de Montréal, 1947, 274 p. (Cette thèse a été publiée par les éditions du Boréal Express en 1970, 284 p., avec une introduction de Jean Blain. C'est cette dernière édition qui est utilisée.)

1948

3. «Le Régime seigneurial au pays du Québec, 1760-1864», *Revue d'histoire de l'Amérique française*, 1, 3 (décembre 1947), p. 382-402; 1, 4 (mars 1948), p. 519-532. (Version légèrement remaniée des chapitres VII et VIII de sa thèse de doctorat.)
4. Compte rendu du livre d'Edgar McInnis, *Canada, A Political and Social History*, (1947) dans *Revue d'histoire de l'Amérique française*, 2, 2 (septembre 1948), p. 296-299.

1949

5. Compte rendu du livre de Léon Gérin, *Le Type économique et social des Canadiens*, (1948), dans *Revue d'histoire de l'Amérique française*, 3, 1 (juin 1949), p. 127-129.

1953

6. «Notre civilisation (I) — La défaite de 1760 a empêché le Canada français de devenir une nation se suffisant à elle-même», *Le Devoir*, 22 septembre 1953, p. 8.
7. «Notre civilisation (II) — La lutte était inévitable entre les gouverneurs et les marchands anglais, au Canada, après 1760», *Le Devoir*, 29 septembre 1953, p. 5.

1956

8. «La notion d'indépendance dans l'histoire du Canada», *La Société historique du Canada, Rapport de l'Assemblée annuelle/Canadian Historical Association Report*, Ottawa, 1956, p. 83-85. (Résumé de communication.) (Il a aussi paru, avec de légères modifications dans *Maurice Séguin, historien du pays québécois vu par ses contemporains*, p. 213-215.)

1957

9. (En coll. avec Guy Frégault et Michel Brunet), «Lettre au Devoir — Les historiens ne prennent pas au sérieux la croisade anti-gauchiste», *Le Devoir*, 17 janvier 1957, p. 4.

1962

10. «Genèse et historique de l'idée séparatiste au Canada français», *Laurentie*, 119, (juin 1962), p. 964-996. (Texte retranscrit par Raymond Barbeau à partir d'une série de trois conférences télévisées présentées à Radio-Canada les 18, 25 mars et 1er avril 1962. Ce texte a été réédité sous le titre *L'idée d'indépendance au Québec — Genèse et historique*, Trois-Rivières, Boréal Express, 1968, 1977, 66 p., avec des notes critiques établies par André Lefebvre et contrôlées par Maurice Séguin. (C'est cette version qui est utilisée ici.) Ce texte a aussi été reproduit en partie dans J.-P. Bernard, dir., *Les rébellions de 1837-1838*, (1983), p. 173-189. Un court extrait a aussi paru dans Laurier L. LaPierre, dir., *Québec: hier et aujourd'hui*, (1967), p. 226-229. Un autre court extrait a été traduit en anglais et a paru dans Elizabeth Nish, dir., *Racism or Responsible Government: The French Canadian Dilemma of the 1840s*, (1967), p. 178-184. Cet extrait a été reproduit dans R. Douglas Francis and Donald B. Smith, dir., *Readings in Canadian History — Pre-Confederation*, 1982, p. 334-341.)
11. *Documents sur le British North America 1846-1848*, Montréal, Les Presses de l'Université de Montréal, 1962, 1973, 92 p.

1965

12. *Les Normes*, notes polycopiées pour le cours Histoire du Canada 480, 1965-1966, 58 p. (Fernand Harvey m'a procuré le document qu'il a reçu alors qu'il suivait le cours de Séguin. C'est cette version qui est utilisée ici. Ce texte a paru dans Robert Comeau, dir., *Maurice Séguin, historien du pays québécois vu par ses contemporains*, (1987), p. 81-197.)
13. *L'explication historique: synthèse de l'évolution politique (et économique) des deux Canadas*, deuxième partie des *Normes*, notes polycopiées pour le cours Histoire du Canada 480, 1965-196?, ? p. (Ce texte a paru dans Robert Comeau, dir., *Maurice Séguin, historien du pays québécois vu par ses contemporains*, (1987), p. 199-212.)

1967

14. *Le Rapport Durham*, traduction des principaux passages du rapport, avec le texte original en regard, document polycopié, de 1967 à 1970. (Fernand Harvey m'a procuré le document que Séguin avait distribué en 1968 alors qu'il suivait le cours «HC-584 Histoire du Canada, 1828-1867». C'est cette version qui est utilisée ici.)

1970

15. (En coll.), «Les origines et le sens de 1837», *Revue d'histoire de l'Amérique française*, 24, 1 (juin 1970), p. 81-84. (On retrouve une copie dactylographiée, effectuée à partir de l'enregistrement sonore, dans le Fonds Maurice-Séguin, boîte 2453. C'est cette version qui est utilisée.)

1973

16. «Le Québec», *Québec-Canada*, Paris, Édition du Burin, coll. «L'Humanité en marche», 1973, p. 41-165. (Ce texte a été corrigé à partir de la liste d'errata qu'a dressée Maurice Séguin. Fonds Maurice-Séguin, P221 boîte 2454.)

SANS DATE

17. Extraits du journal *Le Canadien, 1831-1842*, (documents polycopiés qui se sont accrus avec les années.)
18. Extraits de la *Correspondance de Durham*, (documents polycopiés qui se sont accrus avec les années.)

AUTRES

19. (Sans titre), série de 17 cours télévisés (dactylographiés et manuscrits), produite en 1964 et portant sur le Régime anglais, 1760-1960. Fonds Maurice-Séguin, P221, boîte 2455.
20. «Histoire du Canada», cours donné par Séguin aux élèves de syntaxe du Collège Sainte-Marie au cours de l'année 1944-1945. 28 pages manuscrites. Fonds Maurice-Séguin, P221 boîte 2453.

ENTREVUE DE MAURICE SÉGUIN

ANONYME, «Trois étapes dans la pensée politique de l'historien», *La Presse,* 27 mai 1967, p. 5.

PUBLICATIONS DE GUY FRÉGAULT

1937

1. «Où est la révolution», *L'Action nationale*, 9, 2 (février 1937), p. 81-89.
2. «Pour un ordre laurentien», *L'Action nationale*, 9, 3 (mars 1937), p. 144-150.
3. «Révolution et liberté — Tradition révolutionnaire», *L'Action nationale*, 9, 4 (avril 1937), p. 232-239.
4. Compte rendu du livre de Daniel-Rops *Ce qui meurt et ce qui naît*, (1937), dans *L'Action nationale*, 10, 1 (septembre 1937), p. 86-87.
5. Compte rendu du livre de Daniel-Rops, *Le communisme, dilemme des chrétiens*, dans *La Relève*, 3, 9-10 (septembre-octobre 1937), p. 268-270.
6. Compte rendu du livre de François Mauriac, R. P. Ducatillon, A. Marc, N. Berdiaeff, D. de Rougemont et Daniel-Rops, *Le communisme et les chrétiens*, (1937), dans *L'Action nationale*, 10, 2 (octobre 1937), p. 150-152.

1938

7. «Lettre», *La Relève*, 4, 1 (janvier 1938), p. 26-29.
8. «Sur Olivar Asselin et *Pensée française*», *La Relève*, 4, 1 (janvier 1938), p. 83-84.
9. Compte rendu du livre du R. P. Marie-Benoît Schwalm, *La société et l'État*, (1937, dans *L'Action nationale*, 11, 1 (janvier 1938), p. 83-84.
10. «De la culture», compte rendu de *Cité Chrétienne*, 5 décembre 1937, *L'Action nationale*, 11, 2 (février 1938), p. 174-175.
11. Compte rendu du livre de E. Borne et F. Henry, *Le Travail et l'homme*, (1937, dans *La Relève*, 4, 3 (mars 1938), p. 74-77.
12. Compte rendu du livre de Max Lamberty, *Le rôle social des idées*, (1936), dans *L'Action nationale*, 11, 3 (mars 1938), p. 262-264.
13. «France, espoir du monde», compte rendu d'un numéro spécial de *Temps présent*; *L'Action nationale*, 11, 4 (avril 1938), p. 351-352.
14. Compte rendu du livre de André Ulmann, *Le quatrième pouvoir: police*, (1935), dans *L'Action nationale*, 11, 4 (avril 1938), p. 351-352.
15. En coll. avec J.-M. Parent, compte rendu du livre de Henri Petit, *Un homme veut rester vivant*, (1936), dans *L'Action nationale*, 11, 5 (mai 1938), p. 437-438.
16. «Conditions de l'Ordre», *À nous la liberté*, 1, 1 (1er novembre 1938), p. 1-7.
17. Compte rendu d'un cahier collectif, *La France veut la liberté*, (1938), dans *L'Action nationale*, 12, 11 (novembre 1938), p. 280-281.
18. «Au-delà du machinisme», *La Relève*, 4, 7 (novembre-décembre 1938), p. 204-209.
19. «Exigences de la culture», *Le Quartier Latin*, 2 décembre 1938, p. 3.
20. «Tour d'horizon: — Au Junior Board of Trade — Le Congrès des diri-

geants de la jeunesse rurale — Notes sur le nationalisme — À propos de l'antisémitisme — L'agitation stérile des trublions», *Jeunesse*, 24 décembre 1938, p. 6.

1939

21. «Au carrefour des faits — des idées: succès Allemands... Mauvaise humeur italienne — L'Italie et la France — Aux armes, députés — Défense de la civilisation?», *Jeunesse*, 25 janvier 1939, p. 4.
22. «Au carrefour des faits — des idées: présence de Péguy — Les Réprouvés — Ottawa exagère — Le droit est-il mort?», *Jeunesse*, 25 février 1939.
23. «Au carrefour des faits — des idées: la vérité du paysan — Sur une pensée de Valéry — Message de Keyserling — Tradition et indépendance — Le sottisier international», *Jeunesse*, 25 mars 1939.
24. Compte rendu du livre de Robert Aron, *La Fin de l'Après-guerre*, (1938), dans *La Relève*, 4, 8 (mars 1939), p. 250-253.
25. En coll. avec Jean-Marie Parent, «Péguy, image de la France», *Les Idées*, 9, 4 (avril 1939), p. 339-361. (Cet article a aussi paru dans *Péguy et la vraie France*, Montréal, Édition Serge, 1944, p. 165-191.)
26. «Au carrefour des faits — des idées: jeunesses — Racisme italien», *Jeunesse*, avril-mai 1939.
27. Compte rendu du livre de Michel Gauvin, *Codréanu, l'homme de la forêt*, dans *Jeunesse*, 10 juin, 1939.
28. «Au carrefour des faits — des idées: jours d'équivoque — Valeurs françaises», *Jeunesse*, 10 juillet 1939.
29. Compte rendu du livre de Denis de Rougemont, *Journal d'Allemagne*, (1938), dans *La Relève*, 4, 9 (juillet 1939), p. 288-290.
30. «Au carrefour des faits — des idées: le message de Péguy — De l'antisémitisme», *Jeunesse*, septembre 1939.
31. «Le miracle de Racine», *Le Quartier Latin*, 24 novembre 1939, p. 4.

1940

32. «Du côté des chefs», *La Relève*, 4, 10 (janvier 1940), p. 311-314.
33. «L'art de l'historien», *Le Quartier Latin*, 9 février 1940, p. 4.
34. «Humanisme», *Le Quartier Latin*, 23 février 1940, p. 4.
35. «Clarté française», *Le Quartier Latin*, 8 mars 1940, p. 4.
36. «Balzac et le réalisme», *Le Quartier Latin*, 15 mars 1940, p. 4.
37. «Défenseur de la culture», *Le Quartier Latin*, 26 avril 1940, p. 4.

1941

38. L'Enfance et la Jeunesse de Pierre Le Moyne, Sieur d'Iberville», *Mid-America*, 23, 3 (juillet 1941), p. 214-235. (Une version remaniée de cet article constituera la majeure partie du premier chapitre d'*Iberville le Conquérant*, p. 29-61.)

39. «D'Iberville à Shenectady», *La Nouvelle Relève*, 1, 1 (septembre 1941), p. 36-43. (Une version remaniée de cet article constituera l'une des sections du chapitre III d'*Iberville le Conquérant*, p. 128-140.)
40. «Notre culture française», *L'Action nationale*, 18, 2 (octobre 1941), p. 144-147.

1942

41. «La mort de Pierre Le Moyne d'Iberville», *La Nouvelle Relève*, 1, 8 (mai 1942), p. 477-485. (Une version remaniée de cet article constituera la dernière section du chapitre VII d'*Iberville le Conquérant*, p. 401-408.)
42. Compte rendu du livre de Jules Romains, *Salsette découvre l'Amérique*, dans *La Nouvelle Relève*, 1, 10 (août 1942), p. 626-628.

1943

43. «Petit discours de la méthode», *Bulletin des Sociétés historiques canadiennes-françaises 1942*, Québec, Édition de la Culture, 1943, p. 6-9.
44. «Charles Le Moyne de Longueuil», *L'écrin*, Montréal, Agence Duvernay Inc., 1943, p. 51-52. (Version abrégée d'une section du premier chapitre d'*Iberville le Conquérant*, p. 30-44.)
45. «Adam Dollard des Ormeaux, figure de la résistance canadienne-française», *L'écrin*, Montréal, Agence Duvernay Inc., 1943, p. 67-68.
46. «Les mères de la Nouvelle-France», *Programme souvenir de la Société Saint-Jean-Baptiste de Montréal: la mère canadienne*, Montréal, Imprimerie Populaire, 1943, p. 21-24.
47. «Culture historique», *Amérique française*, 2, 4 (janvier 1943), p. 13-15.
48. Compte rendu du livre de Georges Bernanos, *Lettre aux Anglais,* dans *Amérique française*, 2, 4 (janvier 1943), p. 54-56.
49. Compte rendu du livre de Mason Wade, *Francis Parkman, Heroic Historian*, dans *Bulletin des recherches historiques*, 49, 1 (janvier 1943), p. 18-20.
50. «Francis Parkman», *Amérique française*, 2, 5 (février 1943), p. 27-31.
51. «Louis XIV, Homme d'État», *Amérique française*, 2, 7 (avril 1943), p. 47-52.
52. «Recherche de la Nouvelle-France — 1. Les conquérants», *Amérique française*, 2, 8 (juin 1943), p. 17-25.
53. «Le Statut de Westminster demeure», *Le Quartier Latin*, 10 décembre 1943, p. 8.

1944

54. *Iberville le Conquérant*, Montréal, Édition Pascal, 1944, 418 p.; 2e dir., *Pierre Le Moyne d'Iberville*, Montréal et Paris, Fides, 1968, 300 p.

55. *La Civilisation de la Nouvelle-France (1713-1744)*, Montréal, Édition Pascal, 1944, 285 p.; 2e éd., Montréal et Paris, Fides, 1969, 243 p; 3e édition, Montréal, Bibliothèque québécoise, 1990, 312 p.
56. «Le régime seigneurial et l'expansion de la colonisation dans le bassin du Saint-Laurent au XVIIIe siècle», *Société historique du Canada/Canadian Historical Association Report*, 1944, p. 61-73.
57. «L'éducation dans la vie nationale», *Programme souvenir de la Société Saint-Jean-Baptiste de Montréal: l'éducation*, Montréal, Imprimerie Populaire, 1944, p. 69-73.
58. Compte rendu du livre d'André Maurois, *Histoire des États-Unis, vol. I, 1492-1828*, (1943), dans *La Nouvelle Relève*, 3, 2 (janvier-février 1944), p. 115-119.
59. «Montréal capitale du Canada», *L'Action universitaire*, 10, 6 (février 1944), p. 5-9. (Cet article a été repris sous une forme modifiée dans *La Revue française*, 148 (janvier 1963), p. 39-43.)
60. «Recherche de la Nouvelle-France — 2. Les travaux et les jours», *Amérique française*, 3, 19 (février 1944), p. 16-30; 3, 20 (mars 1944), p. 34-41. (Une version remaniée de cet article constituera le 2e chapitre de *La Civilisation de la Nouvelle-France*, p. 97-117.)
61. «L'absolutisme en Nouvelle-France», *Amérique française*, 4, 27 (octobre 1944), p. 4-20. (Une version remaniée de cet article constituera le 3e chapitre de *La Civilisation de la Nouvelle-France*, p. 121-167.)
62. «Le mythe de M. le chanoine Groulx», *L'Action nationale*, 24, 3 (novembre 1944), p. 163-173.
63. «L'enseignement de l'histoire du Canada — 1. Remarques», *L'École canadienne*, 20, 3 (novembre 1944), p. 117-120.
64. «Michel Bibaud, historien loyaliste», *L'Action universitaire*, 11, 4 (décembre 1944), p. 1-7.

1945

65. «La recherche historique au temps de Garneau (La correspondance Viger-Faribault)», *Centenaire de l'Histoire du Canada de François-Xavier Garneau*, Montréal, Société Historique de Montréal, 1945, p. 371-390. (Conférence prononcée le 25 avril 1945, dans le cadre de la commémoration du centenaire de la publication de l'*Histoire du Canada* de Garneau.)
66. «Louis Riel, patriote persécuté», *L'Action nationale*, 25, 1 (janvier 1945), p. 15-22.
67. «Souvenir d'apprentissage», *Bulletin des recherches historiques*, 51, 1-2, (janvier-février 1945), p. 61-63.
68. «L'enseignement de l'histoire du Canada — 2. Le Régime français», *L'École canadienne*, 20, 6 (février 1945), p. 294-298.
69. «Actualité de Garneau», *L'Action universitaire*, 11, 7 (mars 1945), p. 8-16.

70. «L'enseignement de l'histoire du Canada — 3. La société canadienne», *L'École canadienne*, 20, 8 (avril 1945), p. 398-402.
71. «L'Enseignement de l'Histoire», *L'Action universitaire*, 11, 9 (mai 1945), p. 18-21.
72. «Visages de la Nouvelle-France: La société canadienne sous le régime français», *Le Devoir*, 14 juillet 1945, p. 1-2. (Première d'une série de huit causeries présentée à la radio de Radio-Canada.)
73. «Visages de la Nouvelle-France: Pierre Boucher», *Le Devoir*, 21 juillet 1945, p. 1-2.
74. «Visages de la Nouvelle-France: Charles Le Moyne de Longueuil», *Le Devoir*, 28 juillet 1945, p. 1, 4.
75. «Visages de la Nouvelle-France: Noël Chabanel», *Le Devoir*, 4 août 1945, p. 1-2.
76. «Visages de la Nouvelle-France: Pierre Le Moyne d'Iberville», *Le Devoir*, 11 août 1945, p. 1-2.
77. «Visages de la Nouvelle-France: Louis Jolliet», *Le Devoir*, 18 août 1945, p. 1.
78. «Visages de la Nouvelle-France: Jean-Baptiste Le Moyne de Bienville», *Le Devoir*, 25 août 1945, p. 1-2.
79. «Visages de la Nouvelle-France: Pierre de Rigaud de Vaudreuil-Cavagnial», *Le Devoir*, 1er septembre 1945, p. 1-2.
80. «L'enseignement de l'histoire du Canada — 4. La Conquête», *L'École canadienne*, 21, 1 (septembre 1945), p. 26-29.
81. «Crémazie ou la Badauderie littéraire», *L'Action universitaire*, 12, 2 (octobre 1945), p. 2-8.
82. «L'enseignement de l'histoire du Canada — 5. L'occupation», *L'École canadienne*, 21, 3 (novembre 1945), p. 136-139.
83. «La France et le divorce d'Henri VIII», *L'Action universitaire*, 12, 4 (décembre 1945), p. 11-15.

1946

84. Compte rendu du livre de Laval Laurent., o.f.m., *Québec et l'Église aux États-Unis sous Mgr Plessis*, (1945), dans *Culture*, 7, 1 (1946), p. 90-92.
85. «La Faculté des lettres, foyer de culture et de recherches», *L'Enseignement secondaire au Canada*, 25, 4 (janvier 1946), p. 227-230.
86. «La joie de vivre en Nouvelle-France», *Union médicale du Canada*, 75, 3 (mars 1946), p. 309-319. (Conférence prononcée à la soirée d'ouverture des «Journées médicales 1945» de la Société médicale de Montréal le 22 octobre 1945 à l'hôtel Windsor.)
87. «Le chanoine Groulx a abordé l'histoire par ses sommets», *Le Devoir*, 1er mars 1946, p. 8. (Allocution de Guy Frégault prononcée, le 28 février, au Cercle universitaire lors d'un banquet offert en l'honneur de Lionel Groulx par les Jeunesses laurentiennes.)

88. «Que vaut le témoignage de Radisson sur Dollard des Ormeaux?», *Notre Temps*, 25 mai 1946, p. 5, 9. (Numéro spécial sur Dollard des Ormeaux.)
89. «Trente ans après en histoire», *L'Action nationale*, 27, 6 (juin 1946), p. 454-460.
90. «L'histoire du Canada de Garneau», compte rendu du livre de François-Xavier Garneau réédité par Hector Garneau, *Histoire du Canada*, (1944-1945), dans *Lectures*, 1, 1 (septembre 1946), p. 19-22.
91. «À nous la liberté!», *L'Action nationale*, 28, 9 (septembre 1946), p. 3-8.
92. Compte rendu du livre de Gustave Lanctôt, *Garneau historien national*, (1946), dans *L'Action nationale*, 28, 9 (septembre 1946), p. 61-65.
93. «Ô notre histoire...», *L'Action nationale*, 28, 10, (octobre 1946), p. 83-84.
94. «Ennemond Massé», *L'Action nationale*, 28, 10 (octobre 1946), p. 101-116.
95. «Compte rendu du livre d'Édouard Montpetit, *Propos sur la montagne*, (1946), dans *L'Action nationale*, 28, 10 (octobre 1946), p. 162-164.
96. «Roger Duhamel», *La Revue Populaire*, (octobre 1946), p. 13, 73.
97. «Vive l'indépendance!», *L'Action nationale*, 28, 11 (novembre 1946), p. 165-167.
98. Compte rendu du livre de Rodolphe Girard, *Marie Calumet*, (1946), dans *L'Action nationale*, 28, 11 (novembre 1946), p. 245.
99. «Monsieur Bigot», *L'Action nationale*, 28, 12 (décembre 1946), p. 271-288.

1947

Liste des textes ayant paru dans l'*Encyclopédie Grolier*, Montréal, La Société Grolier, 1947-1948, 1952, 1954, 1957, 1960, 10 volumes.

Volume I

100. «Acte de Québec», p. 50.
101. «Acte de 1791», p. 50-51.
102. «Acte de la Confédération», p. 51-52.
103. «Acte d'Union», p. 52-53.
104. «Agniers», p. 114-115.
105. «Aigremont, François Clairambault d' (1653-1728)», p. 128.
106. «Aiguillon, Marie-Madeleine de Vignerod, duchesse d' (1604-1675)», p. 129.
107. «Ailleboust, Louis d' (1612-1660)», p. 131.
108. «Albanel, Charles (1616-1696)», p. 145-146.
109. «Allégeance (serment d')», p. 192.
110. «Alliance nationale», p. 211-212.
111. «Americ Vespuce (Amerigo Vespucci) (1451-1512)», p. 240-241.
112. «Amherst, Jeffrey (1717-1797)», p. 255-256.
113. «André, frère (Alfred Bessette, 1845-1937)», p. 294.

114. «Archives canadiennes», p. 437.
115. «Argenson, Pierre de Voyer, vicomte d' (1625-1709)», p. 446-447.
116. «Association catholique de la jeunesse canadienne-française», p. 533-534.
117. «Assomption (Société l')», p. 536.

Volume II

118. «Avaugour, Pierre Du Bois, baron d'», p. 3-4.
119. «Aylmer, Matthew W. (1775-1850)», p. 14.
120. «Beaucours, Jean-Maurice-Josué du Bois Berthelot, sieur de (1662-1750)», p. 116-117.
121. «Beauharnais, Alexandre, vicomte de (1760-1794)», p. 117.
122. «Beauharnais, Charles de la Boische, marquis de (1670-1749)», p. 118.
123. «Beauharnais, François de la Boische, baron de (1666-1746)», p. 119.
124. «Bécancour, René Robineau de (1626-1699)», p. 125-126.
125. «Bégin, Louis-Nazaire (1840-1925)», p. 133.
126. «Bégon, Michel (1674-1747)», p. 134.
127. «Bénédictins», p. 150-151.
128. «Biard, père Pierre (1567-1622)», p. 187-188.
129. «Biencourt, Charles de (1593-1638)», p. 208-209.
130. «Bienville, Jean-Baptise Le Moyne de (1680-1768)», p. 210-211.
131. «Bigot, François (1699?-1777)», p. 213.
132. «Bonaventure, Simon-Pierre Denys, sieur de (1654-1711)», p. 274.
133. «Boucher, Pierre (1622-1717)», p. 303-304.
134. «Bouchette, Jean-Baptiste (1736-1804)», p. 305-306.
135. «Bougainville, Louis-Antoine de (1729-1811)», p. 310.
136. «Bourassa, Napoléon, (1827-1916)», p. 316.
137. «Bourgeoys, Marguerite (1620-1700)», p. 320-321.
138. «Bourlamaque, François-Charles de (1716-1764)», p. 323-324.
139. «Brébeuf, Jean de (1593-1649)», p. 343-344.
140. «Bressani, François-Joseph (1612-1672)», p. 351.
141. «Briand, Jean-Olivier (1715-1794)», p. 356.
142. «Brock, sir Isaac (1769-1812)», p. 368.
143. «Cadillac, (Canada)», p. 437-438.
144. «Callières, Louis-Hector de (1646-1703)», p. 458-459.
145. «Canada, aperçu historique et évolution politique (de 1534 à nos jours)», p. 493-510.

Volume III

146. «Carignan (régiment de)», p. 41-42.
147. «Carillon (bataille de) (1758)», p. 42-43.
148. «Cartier, Jacques (1491-1557)», p. 63-66.
149. «Catherine de Saint-Augustin (mère), (1632-1668)», p. 85-86.
150. «Cavalier, Jean (1636-1720)», p. 110-111.

151. «Champlain, Samuel de (1570?-1635)», p. 166-170.
152. «Chemins de fer canadiens», p. 236-238.
153. «Chômage», p 300-301.
154. «Colbert, Jean-Baptiste (1619-1683)», p. 392-393.
155. «Colonisation du Canada», p. 411-413.
156. «Compagnies (de commerce et de peuplement)», p. 438-444.
157. «Compagnies de navigation», p. 444-445.
158. «Conscription», p. 477-478.
159. «Conseil souverain (ou supérieur) de la Nouvelle-France (1663-1760)», p. 478-479.
160. «Corte-Real, Gaspar, Michael et Vasco Annes», p. 534-535.
161. «Courcelles, Daniel de Rémy, sieur de (1626-1698)», p. 553-555.
162. «Coureurs des bois», p. 555.
163. «Craigh, sir James Henry (1748-1812)», p. 567.
164. «Crémazie, Joseph-Octave (1827-1879)», p. 574-575.

Volume IV

165. «Dalhousie, sir Georges Ramsay, comte de (1770-1838)», p. 23-24.
166. «Daniel, Saint-Antoine (1601-1648)», p. 37-38.
167. «De Caen, Guillaume et Émery», p. 65-66.
168. «Denonville, Jacques-René de Brisay», p. 94-95.
169. «Denys, Nicolas (1598-1688)», p. 104-105.
170. «Député», p. 107-108.
171. «Desandrouïns, Jean-Nicolas (1729-1792)», p. 112-113.
172. «Des Enclaves, Jean-Baptiste Guay (1702-1772?)», p. 118-119.
173. «Des Gouttes, marquis Charry», p. 120.
174. «Des Herbiers de l'Étenduère, Henri-François (1682-1750)», p. 120-121.
175. «Dieskau, Jean-Armand, baron de (1701-1767)», p. 157-159.
176. «Dîme», p. 171-172.
177. «Dollard des Ormeaux, Adam (1635-1660)», p. 200-201.
178. «Dollier de Casson, François (1636-1701)», p. 201-202.
179. «Dominion», p. 205.
180. «Dorchester, Guy Carleton, lord (1724-1808)», p. 209-211.
181. «Drucour, Augustin, chevalier de (1700-1762)», p. 234.
182. «Dumas, Jean-Daniel (1721-1792)», p. 251-252.
183. «Du Quesne Menneville, Ange, marquis (1702-1778)», p. 260-261.
184. «Durham, John George Lambton, lord (1792-1840)», p. 262-263.
185. «Elgin, James Bruce, douzième comte de Kincardine et huitième comte d' (1811-1863)», p. 343-344.
186. «Émigration canadienne-française», p. 358-359.
187. «Eschaillon, Jean-Baptiste de Saint-Ours d' (1669-1747)», p. 406-407.
188. «Esquimaux», p. 423-424.
189. «Fabre, Édouard, Charles (1827-1896)», p. 523-524.

190. «Faucher de Saint-Maurice, Narcisse-Henri-Edmond (1844-1897)», p. 542.
191. «Fénélon, François de Salignac (1641-1679)», p. 561-562.
192. «Ferland, Jean-Baptiste-Antoine (1805-1865)», p. 567.

Volume V

193. «Forbin-Janson, Charles-Auguste-Marie-Joseph de (1785-1844)», p. 50-51.
194. «Forts de l'ouest», p. 63.
195. «Fourrures», p. 74-79.
196. «Fréchette, Louis-Honoré (1839-1908)», p. 141.
197. «Frontenac, Louis de Buade, comte de Palluau et de (1622?-1698)», p. 152-155.
198. «Gage, Thomas (1721-1787)», p. 171.
199. «Galinée, René-François de Bréhan de (mort en 1678)», p. 180.
200. «Galissonnière, Roland-Michel Barrin, marquis de La (1693-1756)», p. 181-183.
201. «Galt, Alexander Tilloch (1817-1893)», p. 189-190.
202. «Garneau, François-Xavier (1809-1866)», p. 202-204.
203. «Garnier, saint Charles (1606-1649)», p. 204-205.
204. «Gaspé, Philippe-Aubert de (1786-1871)», p. 209-210.
205. «Gérin-Lajoie, Antoine (1824-1882)», p. 264-265.
206. «Gosford, Archibald Acheson, second comte de (1776-1849)», p. 314-315.
207. «Gouverneur», p. 325-326.
208. «Haldimand, sir Frederick (1718-1791)», p. 435-437.
209. «Head, sir Francis Bond (1793-1875», p. 463.
210. «Hocquart, Gilles (1694-1783)», p. 522-524.

Volume VI

211. «Hudson, Henry (mort en 1611)», p. 18-19.
212. «Iberville, Pierre Le Moyne d' (1661-1706)», p. 62-67.
213. «Île-du-Cap-Breton (Ile Royale)», p. 82-85.
214. «Immigration», p. 93-94.
215. «Iroquois», p. 173-174.
216. «Jogues, saint Isaac (1607-1646)», p. 273-275.
217. «Jolliet, Louis (1645-1700?)», p. 277-279.
218. «La Barre, Joseph, Antoine Lefebvre de (1622-1688)», p. 361-363.
219. «LaFontaine, sir Louis-Hippolyte (1807-1864)», p. 385-388.
220. «Le Moyne, Charles (1626-1685)», p. 484-485.
221. «Lévis, François-Gaston, seigneur et duc de (1720-1787)», p. 507-510.
222. «Louisiane», p. 578-583.
223. «Quelque chose de différent», *L'Action nationale*, 29, 1 (janvier 1947), p. 3-5.
224. Compte rendu du livre de Marcel Trudel, *Vézine*, (1946), dans *L'Action nationale*, 29, 1 (janvier 1947), p. 77-79.

225. «Le Canada français n'a pas besoin de savants», *L'Action nationale*, 29, 2 (février 1947), p. 83-85.
226. «La prédication de M. Bouchard», *L'Action nationale*, 29, 3 (mars 1947), p. 165-168.
227. «Démocratie», *L'Action nationale*, 29, 4 (avril 1947), p. 247-251.
228. «L'institut d'Histoire de la Faculté des Lettres, à l'Université de Montréal», *Culture*, 8, 2 (juin 1947), p. 198-199.
229. «L'Indépendance du Canada», *L'Action nationale*, 29, 6 (juin 1947), p. 450-477.
230. «Parmi les livres récents», compte rendu du livre de Watson Kirkconnel et Séraphin Marion, *The Quebec Tradition du Québec*, (1946), dans *L'Action nationale*, 30, 9 (septembre 1947), p. 74-75.
231. «Un traité de méthodologie», compte rendu du livre de Gilbert J. Garraghan, *A Guide to Historical Method*, (1946), *Revue d'histoire de l'Amérique française*, 1, 2 (septembre 1947), p. 163-165.
232. «Un petit compagnon nommé François Bigot», dans *Revue d'histoire de l'Amérique française*, 1, 2 (septembre 1947), p. 171-194. (Version intégrale de ce qui constituera le premier chapitre de *François Bigot —Administrateur français*, vol. I, p. 41-70.)
233. Compte rendu du livre de Séraphin Marion, *Octave Crémazie, précurseur du romantisme canadien-français*, (1946), dans *Revue d'histoire de l'Amérique française*, 1, 2 (septembre 1947), p. 301-303.
234. «Histoire, traditions et méthodes», *L'Action universitaire*, 14, 1 (octobre 1947), p. 35-42.

1948

235. *François Bigot — Administrateur français*, Montréal, Les Études de l'Institut d'histoire de l'Amérique française, 1948, 2 vol., 442 et 415 p. (Réédité en 1968.)
236. «Notes historiques», *Annuaire de la Faculté des lettres 1948-1949*, Montréal, Université de Montréal, 1948, p. 8-11.
237. «L'expédition du Duc d'Anville», *Revue d'histoire de l'Amérique française*, 2, 1 (juin 1948), p. 27-52. (Version intégrale de ce qui constitue la majeure partie du chapitre VII de *François Bigot — Administrateur français*, vol. I, p. 237-272.)
238. Compte rendu de l'article d'André Latreille, «À quoi sert l'histoire?», *La Revue de l'Université Laval*, 2 (1948), p. 753-768, dans *Revue d'histoire de l'Amérique française*, 2, 2 (septembre 1948), p. 309.
239. Compte rendu de l'article de Charles-Marie Boissonnault, «Les Canadiens et la révolte de Pontiac», *La Revue de l'Université Laval*, 2 (1948), p. 778-787; *Revue d'histoire de l'Amérique française*, 2, 2 (septembre 1948), p. 309.

240. Compte rendu de l'article d'Honorius Provost, «Un chapitre d'histoire religieuse dans le Maine», *La Revue d'histoire de l'Université Laval*, 2, (1948), p. 853-860, dans *Revue d'histoire de l'Amérique française*, 2, 2 (septembre 1948), p. 310.
241. Compte rendu du livre de J. R. MacGillivray, dir., *Letters in Canada 1947*, (1948), dans *Revue d'histoire de l'Amérique française*, 2, 3 (décembre 1948), p. 451-452.

1949

242. *Comment préparer une thèse*, Montréal, Université de Montréal, 1949, 18 p.
243. Compte rendu du *Rapport de l'archiviste de la province de Québec 1946-1947*, (1949), dans *Revue d'histoire de l'Amérique française*, 3, 1 (juin 1949), p. 130-132.
244. «Jean Delanglez, s.j. (1896-1949», *Revue d'histoire de l'Amérique française*, 3, 2 (septembre 1949), p. 165-171.
245. Compte rendu du livre de Jacques Toutain, *Canada*, (1945), dans *Revue d'histoire de l'Amérique française*, 3, 2 (septembre 1949), p. 270-272.

1950

246. Compte rendu du livre de Pierre-Georges Roy, *Bigot et sa bande et l'Affaire du Canada*, (1950), dans *Revue d'histoire de l'Amérique française*, 3, 4 (mars 1950), p. 609-613.
247. «Témoignages d'historiens canadiens français — Pour ou contre le manuel d'histoire unique?», *L'Action nationale*, 35, 5 (mai 1950), p. 375-378.
248. «Une équipe d'historiens», *Notre Temps*, 1er juillet 1950, p. 1.
249. «Anciens historiens de la Louisiane», *Notre Temps*, 29 juillet 1950, p. 6.
250. Compte rendu du livre de Jean Delanglez, s.j., *Louis-Jolliet, vie et voyages (1645-1700)*, (1950), dans *Revue d'histoire de l'Amérique française*, 4, 2 (septembre 1950), p. 276-284.
251. «Le rôle nécessaire des jeunes intellectuels», *Notre Temps*, 7 octobre 1950, p. 1.
252. «50 ans d'histoire au Canada français», *Le Devoir*, 25 novembre 1950, p. 17.

1951

253. «Foyer de vie intellectuelle», *Le Quartier Latin*, 30 janvier 1951, p. 3.
254. «Un cadet de Gascogne: Philippe de Rigaud de Vaudreuil», *Revue d'histoire de l'Amérique française*, 5, 1 (juin 1951), p. 15-44. (Version intégrale du premier chapitre de son livre *Le Grand Marquis — Pierre de Rigaud de Vaudreuil et la Louisiane*, p. 49-88.)

255. Compte rendu de l'article de Marcel Giraud «La France et la Louisiane au début du XVIIIe siècle», dans *Revue historique*, 204 (octobre-décembre 1950), dans *Revue d'histoire de l'Amérique française*, 5, 1 (juin 1951), p. 137-138.
256. Compte rendu de la *Revue historique*, 206 (juillet-septembre 1951), dans *Revue d'histoire de l'Amérique française*, 5, 3 (décembre 1951), p. 440-442.
257. «Civilisation et littérature canadiennes au XVIIIe et au XIXe siècle», *Reflets*, 1, 1 (décembre 1951), p. 7-15.

1952

258. (En coll. avec Michel Brunet), «La province de Québec — La plus grande province du Canada», *Pays et nations —Le Monde en couleurs*, Montréal et Québec, La Société Grolier, 1952, 1953, 1954, vol. VI, p. 65-80; 1962, 1965, p. 64-77.
259. (En coll. avec Michel Brunet et Marcel Trudel), *Histoire du Canada par les textes — 1534-1854*, Montréal et Paris, Fides, 1952, 1956, 1960, 297 p; Édition revue et augmentée, 2 vol. 1963, 262 p. et 281 p.
260. *Le Grand Marquis — Pierre de Rigaud de Vaudreuil et la Louisiane*, Montréal et Paris, Fides, 1952, 481 p.; 1962, 1966, 483 p.
261. Compte rendu du livre de Marcel Giraud, *Histoire du Canada*, (1950), dans *Revue d'histoire de l'Amérique française*, 5, 4 (mars 1952), p. 595-596.
262. «Notre Institut d'histoire», *Le Quartier Latin*, 7 mars 1952, p. 1-2.
263. Préface au livre de René Latourelle s.j., *Études sur les écrits de Saint Jean de Brébeuf*, Montréal, Édition de l'Immaculée-Conception, 1952, p. XVII-XX. (Un extrait de cette préface a paru dans *L'Enseignement secondaire au Canada*, 31, 4 (mai 1952), p. 261-262.)
264. «L'histoire», *Perspectives*, Montréal, Imprimerie Jacques-Cartier, 2e édition, 1952, p. 35.
265. Compte rendu du livre de Gustave Lanctôt, *Réalisations françaises de Cartier à Montcalm*, (1951), dans *Revue d'histoire de l'Amérique française*, 6, 1 (juin 1952), p. 143-145.
266. «Le rayonnement culturel de nos universités», *La Presse*, 14 juin 1952, p. 52.
267. Compte rendu du livre de Michel Mollat, *Le Commerce maritime normand à la fin du moyen âge*, (1952), dans *Revue d'histoire de l'Amérique française*, 6, 3 (décembre 1952), p. 450-453.

1953

268. Compte rendu du livre de Fernand Grenier, dir., *Papiers Contrecœur et autres documents concernant le conflit anglo-français sur l'Ohio de 1745*

à 1756, (1952), dans *Revue d'histoire de l'Amérique française*, 6, 4 (mars 1953), p. 573-575.

269. Compte rendu de la *Revue historique*, 208 (octobre-décembre 1952), dans *Revue d'histoire de l'Amérique française*, 6, 4 (mars 1953), p. 592-593.
270. Compte rendu du livre de John Francis MacDermott, dir., *The Early Histories of St-Louis*, (1952), dans *Canadian Historical Review*, 34, 2 (juin 1953), p. 176-177.
271. «Antiquaires et historiens», *Notre Temps*, 22 août 1953, p. 1. (Cet article a été reproduit dans la *Revue de l'École normale*, 3, 2 (décembre 1966), p. 109-113.)
272. Compte rendu du livre de Fernand Grenier, dir., *Papiers Contrecœur et autres documents concernant le conflit anglo-français sur l'Ohio de 1745 à 1756*, (1952), dans *Canadian Historical Review*, 34, 3 (septembre 1953), p. 298.
273. «Les Européens découvrent l'Amérique», *Notre Temps*, 5 septembre 1953, p. 1.
274. «Ce n'est pas arrivé par hasard», *Notre Temps*, 19 septembre 1953, p. 1-2.
275. «La Guerre de Sept ans et la civilisation canadienne», *Revue d'histoire de l'Amérique française*, 7, 2 (septembre 1953), p. 183-206.
276. «Nous sommes le figuier stérile», *Notre Temps*, 10 octobre 1953, p. 8, 2.
277. «L'enseignement du chanoine Groulx à la jeunesse», *Notre Temps*, 5 décembre 1953, p. 8. (Allocution prononcée le 21 novembre pour présenter le chanoine Groulx aux convives réunis à l'hôtel Windsor sous la présidence du cardinal Paul-Émile Léger.)
278. Compte rendu de la *Revue historique*, 209 (avril-juin 1953), 210 (juillet-septembre 1953), dans *Revue d'histoire de l'Amérique française*, 7, 3 (décembre 1953), p. 455-456.

1954

279. *La Société canadienne sous le Régime français*, Ottawa, La Société historique du Canada, «Brochure historique» n° 3, 1954, 1971, 16 p. (De larges extraits de cette brochure ont paru dans *Le Devoir*, 23 juin 1958, p. 31, 10. Elle a aussi été traduite en anglais, en 1954, dans la même collection sous le titre *Canadian Society in the French Regime.*)
280. «Pages d'histoire», *Revue française de l'élite européenne*, 43, 1954, p. 30-34.
281. Compte rendu du livre de Marcel Giraud, *Histoire de la Louisiane française I: le règne de Louis XIV*, (1953), dans *Revue d'histoire de l'Amérique française*, 7, 4 (mars 1954), p. 573-577.
282. Compte rendu du livre de Marcel Giraud, *Histoire de la Louisiane française I: le règne de Louis XIV*, (1953), dans *Canadian Historical Review*, 35, 3 (septembre 1954), p. 249-250.

283. Compte rendu du livre de Brigham Day, *Le Canada et les droits de l'homme: le concept des Droits de l'Homme dans la politique étrangère et la constitution du Canada*, (1953), dans *Canadian Historical Review*, 35, 3 (septembre 1954), p. 253-254.
284. Compte rendu du livre d'Edgar McInnis, dir., *25 Years of Canadian Foreign Policy*, (1953), dans *Canadian Historical Review*, 35, 3 (septembre 1954), p. 261.
285. «L'Histoire du Canada 1. — Première tentative coloniale», *Notre Temps*, 6 novembre 1954, p. 1; 7. (Premier d'une série de quinze articles écrits en collaboration avec Marcel Trudel.)
286. «La déportation des Acadiens», *Revue d'histoire de l'Amérique française*, 8, 3 (décembre 1954), p. 309-358. (Version intégrale du chapitre VI de *La Guerre de la Conquête*.)
287. «L'Histoire du Canada 3. — Les premiers grands bourgeois», *Notre Temps*, 4 décembre 1954, p. 8; 2.
288. «L'Histoire du Canada 5. — Les grandes constructions», *Notre Temps*, 24 décembre 1954, p. 1-2.

1955

289. *La Guerre de la Conquête*, Montréal et Paris, Fides, 1955, 1966, 1970, 514 p. (Traduction anglaise par Margaret-M. Cameron, *Canada: the War of the Conquest*, Toronto, Oxford University Press, 1969, 427 p.)
290. «L'Histoire du Canada 6. — Le traité d'Utrecht», *Notre Temps*, 8 janvier 1955, p. 8.
291. «L'Histoire du Canada 8. — La déportation des Acadiens», *Notre Temps*, 5 février 1955, p. 1-2.
292. «L'Histoire du Canada 9. — Les bouleversements de la défaite», *Notre Temps*, 19 février 1955, p. 1-2.
293. Compte rendu du livre de Mason F. Wade, *The French Canadians 1760-1945*, (1955), dans *Revue d'histoire de l'Amérique française*, 8, 4 (mars 1955), p. 582-583.
294. «L'Histoire du Canada 13. — Fléchissement intellectuel», *Notre Temps*, 16 avril 1955, p. 1-2.
295. Compte rendu du livre de Robert Rumilly, *Histoire des Acadiens*, 2 vol., (1955), dans *Revue d'histoire de l'Amérique française*, 9, 1 (juin 1955), p. 131-133.
296. Compte rendu du livre de W. S. MacNutt, *The Making of the Maritime Provinces 1713-1784*, (1955), dans *Revue d'histoire de l'Amérique française*, 9, 1 (juin 1955), p. 134-136.
297. Compte rendu du livre de Mason F. Wade, *The French Canadians 1760-1945*, (1955), dans *International Journal*, 10, 3 (été 1955), p. 220-222.

298. «Le chevauchement des cultures», *Le fédéralisme*, Rapport de la 2e Conférence annuelle de l'Institut canadien des Affaires publiques tenue du 21 au 25 septembre 1955 à Sainte-Adèle, p. 32-34. (Cette conférence a aussi été reproduite dans *Le Devoir*, 23 septembre 1955, p. 11; *L'Action nationale*, 45, 3 (novembre 1955), p. 253-256; *La Nouvelle revue canadienne*, 1956, p. 215-217.)

299. Compte rendu du livre de Donald Creighton, *John A. Macdonald: The Old Chieftain*; *Revue d'histoire de l'Amérique française*, 9, 3 (décembre 1955), p. 443-448.

1956

300. (En coll. avec Lilianne Frégault), *Frontenac, Louis de Buade, comte de Palluau 1622-1698*, Montréal et Paris, Fides, coll. «Classiques Canadiens», 1956, 1967, 95 p.

301. «Canadianism — A Symposium», *Canadian Historical Association Report*, 1956. (Interventions de Frégault aux pages 81-82.)

302. «L'Empire britannique et la conquête du Canada (1700-1713)», *Revue d'histoire de l'Amérique française*, 10, 2 (septembre 1956), p. 153-182. (Cet article a été reproduit dans *Le XVIIIe siècle canadien*, p. 58-85.)

303. Compte rendu du livre de Nellis M. Crouse, *La Vérendrye: Fur Trader and Explorer*, (1956), dans *Canadian Historical Review*, 37, 3 (septembre 1956), p. 268-269.

304. Compte rendu de la revue *Les Cahiers des Dix*, 20, (1955), dans *Canadian Historical Review*, 37, 3 (septembre 1956), p. 284-285.

1957

305. «La colonisation du Canada au XVIIIe siècle», *Cahiers de l'Académie canadienne-française*, 2, Montréal, l'Académie canadienne-française, 1957, p. 53-81. (Cet article a été reproduit dans *Le XVIIIe siècle canadien*, p. 364-387. Il a aussi été traduit en anglais dans Dale Miquelon, dir., *Society and Conquest*, 1977, p. 85-104.)

306. (En coll. avec Michel Brunet et Maurice Séguin), «Lettre au Devoir — Les historiens ne prennent pas au sérieux la croisade anti-gauchiste», *Le Devoir*, 17 janvier 1957, p. 4.

307. Compte rendu du livre d'Arnold J. Toynbee, *A Study of History*, dans *International Journal*, 12, 3 (été 1957), p. 227-230.

308. Compte rendu de la *Revue historique*, 217 (avril-juin 1957), dans *Revue d'histoire de l'Amérique française*, 11, 3 (décembre 1957), p. 446-448.

1958

Liste des biographies rédigées par Frégault dans l'*Encyclopedia Canadiana*, Ottawa, The Canadian Company Limited, 1958, 1960, 1962, 10 volumes.

309. «Frontenac, Louis de Buade, Comte de Palluau et de», vol. IV, p. 287-288.
310. «Vaudreuil, Philippe de Rigaud de», vol. X, p. 217.
311. «Vaudreuil, Pierre de Rigaud, marquis de», vol. X, p. 217.
312. «Champlain et les recommencements de la colonisation française en Amérique», *Le Devoir*, 23 juin 1958, p. 19.
313. Compte rendu du livre de Samuel Baillargeon, *Littérature canadienne-française*, (1957), dans *Revue d'histoire de l'Amérique française*, 11, 4 (mars 1958), p. 575-578.
314. Compte rendu de la *Revue historique*, 218 (octobre-décembre 1957), dans *Revue d'histoire de l'Amérique française*, 12, 1 (juin 1958), p. 140-141.

1959

315. «Essai sur les finances canadiennes (1700-1750)», *Revue d'histoire de l'Amérique française*, 12, 3 (décembre 1958), p. 307-322; 12, 4 (mars 1959), p. 459-484; 13, 1 (juin 1959), p. 30-44; 13, 2 (septembre 1959), p. 157-182. (Cet article a été reproduit dans *Le XVIII*e *siècle canadien*, p. 289-363.)
316. «Le bicentenaire de la bataille de Carillon», *Le livre de l'année 1959*, Montréal, Grolier, 1959, p. 236-238.
317. «Les Finances de l'Église sous le régime français», *Écrits du Canada français*, 5, Montréal, 1959, p. 147-171. (Cet article a été reproduit dans *Le XVIII*e *siècle canadien*, p. 134-158.)
318. Compte rendu du livre de Léopold Lamontagne, dir., *Royal Fort Frontenac*, (1958), dans *Canadian Historical Review*, 40, 2 (juin 1959), p. 163-165.
319. Compte rendu du livre de W. J. Eccles, *Frontenac: The Courtier Governor*, (1959), dans *Canadian Historical Review*, 40, 4 (décembre 1959), p. 344-346.

1960

320. «La Compagnie de la Colonie», *Revue de l'Université d'Ottawa*, 30, 1 (janvier-mars 1960), p. 5-29; 30, 2 (avril-juin 1960), p. 127-149.

1961

321. «Politique et politiciens au début du XVIIIe siècle», *Écrits du Canada français*, 11, 1961, p. 91-208. (Cet article a été reproduit dans *Le XVIII*e *siècle canadien*, p. 159-241.)
322 .«La culture et la vie au Canada français», *Avenir du Canada et culture française*, (En coll.), Travaux du XIVe Congrès de l'ACELF tenu à Charlottetown en août 1961, Montréal, Édition de l'ACELF, 1961, p. 169-174.
323. «Un professeur livre un message à ses anciens élèves», *Le Devoir*, 11 février 1961, p. 9, 12. (Conférence prononcée devant les étudiants de la Faculté des lettres de l'Université de Montréal.)

324. «L'Église et la société canadienne au début du XVIIIe siècle», *Revue de l'Université d'Ottawa*, 31, 3 (juillet-septembre 1961), p. 351-379; 31, 4 (octobre-décembre 1961), p. 517-542. (Cet article a été reproduit dans *Le XVIIIe siècle canadien*, p. 86-133.)

1962

325. «The Foundation of Montreal», *Revue française*, 146, 1962, p. 17-24.
326. «Les pouvoirs publics et la culture: l'expérience québécoise», *Administration publique du Canada/Canadian Public Administration*, 6, 2 (juin 1963), p. 133-139.

1963

327. «Notre patrimoine culturel», *Le Documentaire*, 25, 7 (février 1963), p. 174-184.
328. «À nous la liberté!» (Éditoriaux 1946-1947), *L'Action nationale*, 52, 7-8 (mars-avril 1963), p. 753-762.
329. «Une société à hauteur d'homme: La Nouvelle-France», *Revue d'histoire de l'Amérique française*, 17, 1 (juin 1963), p. 3-11. (Allocution prononcée à l'occasion du Congrès de l'Institut d'histoire de l'Amérique française le 27 avril 1963.)
330. «Riopelle, une œuvre universelle en art canadien», *Vie des arts*, 31 (été 1963), p. 45.

1964

331. (En coll. avec Marcel Trudel), compte rendu de leur livre *Histoire du Canada par les textes*, (1963), dans *L'Enseignement secondaire au Canada*, 43, 1 (1964), p. 64.
332. «La Nouvelle-France à l'époque de Marie de l'Incarnation», *Revue d'histoire de l'Amérique française*, 18, 2 (septembre 1964), p. 167-175. (Conférence prononcée devant l'Association France-Québec à Tours, le 18 avril 1964. Elle a été reproduite dans *Québec 65*, 3 (février 1965), p. 77-82.)

1965

333. «Formation de la personnalité», *Vient de paraître*, 1, 4 (avril 1965), p. 7.

1966

334. «L'Action du ministère des Affaires culturelles», *Vient de paraître*, 2, 1 (janvier 1966), p. 9.
335. «L'importance du théâtre dans notre évolution», *Le Devoir*, 28 mars 1966, p. 10.
336. «De la prise de conscience à la prise des responsabilités», *Culture vivante*, 1 (juin 1966), p. 61-62.

1967

337. «Coopération culturelle France-Québec», *Vient de paraître*, 3, 5 (décembre 1967), p. 29.

1968

338. *Le XVIIIe siècle canadien —Études*, Montréal, HMH, 1968, 1970, 387 p.
339. «La Nouvelle-France, territoire et population», *Le XVIIIe siècle canadien*, p. 13-57. (Seul article inédit.)
340. «Hommage au chanoine Groulx — l'historien fut marqué par son époque», *Le Devoir*, 13 mai 1968, p. 5; «L'historien a dominé son temps», 14 mai 1968, p. 5. (Allocution prononcée, le 11 mai 1968, à l'occasion de la réunion générale de l'Institut d'histoire de l'Amérique française. Elle a aussi été reproduite dans la *Revue d'histoire de l'Amérique française*, 22, 1 (juin 1968), p. 3-16; *Québec 68*, 5 (octobre 1968), p. 34-45; *Pleins Pouvoirs*, 1, 7-8, 1968; *L'Action nationale*, 57, 10 (juin 1968), p. 842-856. C'est cette dernière version qui est utilisée ici.)
341. «Eighteen Century French America», *French Canadian and Canadian and Acadian genealogical Review*, 1, 2 (été 1968), p. 105-113. (Allocution prononcée à l'Université de Tulane, le 8 mars 1968, à l'occasion du 250e anniversaire de la Nouvelle-Orléans.)
342. «Olivier Maurault (1886-1968)», *Revue d'histoire de l'Amérique française*, 22, 2 (septembre 1968), p. 348-349.

1969

343. «Vingt-cinq ans après», préface à la réédition de *La Civilisation de la Nouvelle-France*, 2e édition., Montréal et Paris, Fides, 1969, p. 9-11.
344. «Lionel Groulx, témoin de la fidélité et de l'objectivité vivante en histoire», *Le Devoir*, 20 mai 1969), p. 4. (Allocution prononcée, le 17 mai 1969, au congrès de l'Institut d'histoire de l'Amérique française. Elle a été reproduite dans la *Revue d'histoire de l'Amérique française*, 23, 1 (juin 1969), p. 3-5. C'est cette version qui est utilisée.)

1970

345. «Présentation», Émile-Auguste Salone, *La colonisation de la Nouvelle-France — Études sur les origines de la nation canadienne-française*, (Paris, 1905), Trois-Rivières, réédition Boréal Express, 1970, p. V-IX.
346. «Un homme qui a bien servi», *Culture vivante*, 19 (novembre 1970), p. 3-5.

1973

347. «La place des manuscrits est aux archives nationales», *Archives*, 2, 1973, p. 46-61.

348. «Le peuple, les arts et vous», *Culture vivante*, 28 (juin 1973), p. 10-12.

1976

349. *Chronique des années perdues*, (s.l.), Leméac, 1976, 253 p.
350. «Texte de M. Guy Frégault», (En coll.), *Pour l'évolution de la politique culturelle*, Québec, Document de travail, 1976, p. 53-55.
351. «Réception de M. Guy Frégault», *Comptes rendus trimestriels des séances de l'Académie des Sciences d'Outre-Mer*, 36, 1, 1976, p. 151-157. (Allocution prononcée le 19 mars 1976 lors de son élection à l'Académie des Sciences d'Outre-Mer.)
352 .«La culture ou rien — Préparer le terrain — Éviter le coup publicitaire», *Le Devoir*, 5 juin 1976, p. 24. (Ce texte a aussi paru dans *Pour l'évolution de la politique culturelle*, Québec, Couthuran, 1976, p. 55-62.)

1977

353. (En coll.), *Rapport du groupe de travail sur l'Institut d'histoire et de civilisation du Québec*, Québec, ministère des Affaires culturelles, 1977, 282 p.

1978

354. *Lionel Groulx tel qu'en lui-même*, (s.l.), Leméac, 1978, 237 p.
355. «Aspects de Lionel Groulx», Maurice Filion, dir., *Hommage à Lionel Groulx*, Montréal, Leméac, 1978, p. 81-94. (Cet article, dont on retrouve des extraits légèrement remaniés aux pages 7 à 23 et 36 à 40 de *Lionel Groulx tel qu'en lui-même*, est, en fait, à l'origine du projet d'écrire ce dernier livre.)
356. «Combats pour la langue française», *Cahiers de l'Académie canadienne-française*, 15, 1978, p. 113-121.

COURS PUBLIÉS

357. «Cours de civilisation canadienne-française», 2, 9 et 16 novembre 1953. Fonds Guy-Frégault P168/10/12. (Ces résumés ont aussi parus dans *Le Devoir*, 3 novembre 1953, p. 8; 12 novembre 1953, p. 10; 18 novembre 1953, p. 10.)

COURS NON PUBLIÉS

358. «Quelques polémiques littéraires», 1945. Fonds Guy-Frégault P168/25/9.

AJOUTS

359.«M. Guy Frégault et le chanoine Groulx», *La Presse*, mars 1946.

ALLOCUTIONS ET TEXTES DIVERS

Note: les allocutions de Guy Frégault qui apparaissent ici ne constituent qu'une minime partie de celles qu'il a prononcées à titre de sous-ministre des Affaires culturelles.

360. «La situation culturelle du Québec», Québec, 1er juin 1977. Fonds Guy-Frégault P168/27/1
361. (Sans titre), texte de présentation au Mémoire sur la politique culturelle du gouvernement du Québec, 17 avril 1974. Fonds Guy-Frégault P168/31/13.
362. «Allocution prononcée à l'occasion du feu de la Saint-Jean, à Québec», 23 juin 1973. Fonds Guy-Frégault P168/31/13.
363. «Allocution prononcée à l'occasion du colloque international sur Péguy», Université McGill, 9 mars 1972. Fonds Guy-Frégault P168/1/2.
364. «Notes sur le multiculturalisme», 1971. Fonds Guy-Frégault P168/31/10.
365. «Allocution prononcée au lancement des Mémoires de Lionel Groulx, aux Éditions Fides», 22 octobre 1970. Fonds Guy-Frégault P168/31/9.
366. «Prononcée lors de sa réception d'un Doctorat ès lettres Honoris Causa à l'Université de Waterloo», 25 octobre 1968. Fonds Guy-Frégault P168/ 2/ 10.
367. «Message du premier ministre du Québec à l'occasion des fêtes du Canada français», *La Presse*, 21 juin 1968. (Texte rédigé par Guy Frégault.)
368. «Allocution prononcée devant le cercle des femmes canadiennes au Château Frontenac», 19 janvier 1966. Fonds Guy Frégault P168/29/12.
369. «Allocution prononcée au lancement d'une étude sur *Le Roman canadien-français*», 3 mars 1965. Fonds Guy Frégault P168/30/7.
370. «Allocution prononcée à l'occasion du premier colloque international des sociologues de langue française», Lac Beauport, 29 septembre 1964. Fonds Guy-Frégault P168/30/1.
371. «Présentation de Michel Brunet», conférencier invité au Club Richelieu de Québec, 2 septembre 1964. Fonds Guy-Frégault P168/30/1.
372. «Un Québec bien portant, essentiel à un Canada français bien viable», allocution prononcée à l'occasion du 10e anniversaire du collège de Hearst, 13 juin 1963. Fonds Guy-Frégault P168/29/26.
373. «Allocution prononcée à l'occasion du 25e anniversaire des Éditions Fides», 29 septembre 1962. Fonds Guy-Frégault P168/3/4.
374. «Prononcée lors de son acceptation de la chaire A.-J. Freiman à l'Université d'Ottawa», octobre 1959. Fonds Guy-Frégault P168/2/7.
375. «Canadiens et *Canadians*», Gray Lectures, 21 pages dactylographiées, novembre 1952. Fonds Guy-Frégault P168/27/8.
376. «Au-delà du capitalisme», texte manuscrit vraisemblablement rédigé en 1939. Fonds Guy-Frégault P168/25/7.
377. «L'Ordre nouveau», texte manuscrit sans date (probablement entre 1937 et 1939.) Fonds Guy-Frégault P168/25/7.

(SANS DATE)

378. «Projet d'histoire 1960-1970», titre ajoutée par madame Frégault, sans date, Texte dactylographié. Fonds Guy-Frégault P168/25/14.

379. (Sans titre), plan d'un projet d'histoire du Québec 1960-1975, sans date, texte manuscrit. Fonds Guy-Frégault P168/31/15.

380. «Comments on Nationalism and Regionalism in Canadian History», 7 pages dactylographiées, (conférence prononcée après 1959) Fonds Guy-Frégault P168/27/8.

381. «Toynbee et la Nouvelle-France», 5 pages dactylographiées, Fonds Guy-Frégault P168/27/8.

DEUXIÈME AJOUT

382. «The Epoch of the Belle-Rivière», *Pennsylvania History*, 18, 3 (juillet 1951), p. 185-196. (Traduction du chapitre XII de *François Bigot, administrateur français*.)

383. «Formation intellectuelle et spécialisation», *Croire et savoir*, 10, (novembre 1951), p. 11-16.

ENTREVUES DE GUY FRÉGAULT

Nolin, Jacques, «Chronique des années perdues», *Nos Livres*, 8 (juin-juillet 1977), n° 214.

Montalbetti, Jean, «Les universitaires au pouvoir — Entretien avec Guy Frégault», *Les nouvelles littéraires*, 30 janvier 1969.

Pontaut, Alain, «Interview de Guy Frégault — Dans trois ou quatre générations nous serons là», *La Presse*, 31 août 1968, p. 29.

M, A., «Pour Guy Frégault, le 18e siècle québécois est celui des idées contre les moyens», *Le Devoir*, 31 août 1968, p. 9.

O'Neil, Jean, «Situation de l'histoire avec Guy Frégault», *La Presse*, supplément «Cinéma», 2 mars 1963, p. 2-3.

Robillard, Jean-Paul, «Interview-éclair avec Guy Frégault», *Le Petit Journal*, 10 février 1957, p. 60.

Léger, Jean-Marc, «Guy Frégault», *Le Quartier Latin*, 7 novembre 1947, p. 3.

Langevin, André, «Nos écrivains — Guy Frégault», *Notre Temps*, 5 avril 1947, p. 1, 3.

PUBLICATIONS DE MICHEL BRUNET

1942

1. «Impression d'un débutant», *L'École canadienne*, 17, 7 (mars 1942), p. 319-321.

1946

2. *Les relations entre le Canada et les États-Unis*, M. A., Lettres, Université de Montréal, 1946, 110 p.

1949

3. *The Massachusetts Constitutional Convention of 1853*, Thèse de doctorat, Clark University, Worcester, Massachusetts, 1949, XXII-472 p.
4. «The Massachusetts Constitutional Convention of 1853», *History and International Relations*, 1949, p. 71-75.

1950

5. «L'enseignement de l'histoire, contribution à l'éveil du sens national», *Pédagogie-Orientation*, 4, 4 (octobre 1950), p. 179-185; 5, 1 (mars 1951), p. 20-27. (Conférence prononcée à la réunion annuelle des inspecteurs d'écoles de la province, le 17 août 1950. Elle a aussi été publiée dans une version abrégée et modifiée dans *Canadians et Canadiens*, p. 83-93.)
6. Compte rendu du livre de Robert Rumilly, *Le frère Marie-Victorin et son temps*, (1949), dans *Revue d'histoire de l'Amérique française*, 4, 3 (décembre 1950), p. 438-441.

1951

7. «Les idées politiques de la *Gazette littéraire* de Montréal (1778-1779)», *Canadian Historical Association Report*, 1951, p. 43-50.
8. Compte rendu du livre de Léon Lemonnier, *Histoire du Canada français*, (1949), dans *Revue d'histoire de l'Amérique française*, 4, 4 (mars 1951), p. 585-586.
9. «Avant de critiquer les dirigeants et les diplomates américains», *L'Action universitaire*, 17, 4 (juin 1951), p. 3-14.
10. Compte rendu des *Mémoires de la Société Royale du Canada*, 3e série, 44, 1950, sections I et II, dans *Revue d'histoire de l'Amérique française*, 5, 2 (septembre 1951), p. 290-294.
11. «Le métahistorien Arnold J. Toynbee et la minorité canadienne-française», *Revue d'histoire de l'Amérique française*, 5, 3 (décembre 1951), p. 362-372. (Ce texte a aussi paru dans *Canadians et Canadiens*, p. 69-82.)

12. «Notice au sujet de Fleury Mesplet», *Revue d'histoire de l'Amérique française*, 5, 3 (décembre 1951), p. 401-403.

1952

13. (En coll. avec Guy Frégault), «La province de Québec — La plus grande province du Canada», *Pays et nations —Le monde en couleurs*, Montréal et Québec, La Société Grolier, 1952, 1953, 1954, vol. VI, p. 65-80; 1962, 1965, p. 64-77.
14. (En coll. avec Guy Frégault et Marcel Trudel), *Histoire du Canada par les textes*, Montréal, Fides, 1952, 1956, 1960, 297 p.; Édition revue et augmentée, 1963, 2 vol. 262 p. et 281 p.
15. «Le Rapport Massey: réflexions et observations», *L'Action universitaire*, 18, 2 (janvier 1952), p. 39-47. (Ce texte a aussi paru dans *Canadians et Canadiens*, p. 47-58.)
16. Compte rendu du livre de Robert Rumilly, *Histoire du Canada*, (1951): *Revue d'histoire de l'Amérique française*, 5, 4 (mars 1952), p. 589-593.
17. Compte rendu du livre de Robert Hamilton, dir., *Canadian Quotations and Phrases; Literary and Historical*, (1952), dans *Revue d'histoire de l'Amérique française*, 6, 1 (juin 1952), p. 142-143.
18. Compte rendu du livre de Herbert Butterfield, *The Whig Interpretation of History*, (1950), dans *Revue d'histoire de l'Amérique française*, 6, 2 (septembre 1952), p. 291-293.
19. «Pax Romana — En marge d'un congrès récent», *Notre Temps*, 13 septembre 1952, p. 1; 3.
20. «The secret Ballot issue in Massachusetts Politics from 1851 to 1853», *The New England Quarterly*, 25, 1952, p. 354-362.
21. «Le problème nègre aux États-Unis», *L'Action universitaire*, 19, 1 (octobre 1952), p. 6-28.

1953

22. «Premières réactions des vaincus de 1760 devant leurs vainqueurs», *Revue d'histoire de l'Amérique française*, 6, 4 (mars 1953), p. 506-516. (Ce texte a aussi paru dans *La présence anglaise et les Canadiens*, p. 37-48.)
23. Compte rendu du *Rapport de la Société canadienne d'histoire de l'Église catholique pour l'année 1950-1951*, dans *Revue d'histoire de l'Amérique française*, 6, 4 (mars 1953), p. 575-577.
24. Compte rendu du livre de Shepard B. Clough, *The Rise and Fall of Civilization*, (1951), dans *Revue d'histoire de l'Amérique française*, 6, 4 (mars 1953), p. 577-578.
25. Compte rendu du livre de Donald Creighton, *John A. Macdonald: The Young Politician*, (1952), dans *Revue d'histoire de l'Amérique française*, 6, 4 (mars 1953), p. 579-582.

26. Compte rendu des livres de Robert Rumilly, *Histoire de la Province de Québec* (vol. XXIV; XXV; XXVI), (1953), dans *Revue d'histoire de l'Amérique française*, 7, 1 (juin 1953), p. 121-128. (Ce texte a aussi été reproduit dans *Canadians et Canadiens*, p. 95-106.)
27. Compte rendu de la revue *The Canadian Journal of Economics and Political Science*, 19, août 1953, dans *Revue d'histoire de l'Amérique française*, 7, 2 (septembre 1953), p. 300-305.
28. Compte rendu du livre d'Edmond Préclin et Victor-L. Tapié, *Le XVIII*[e] *siècle*, 2 vol. (1952), dans *Canadian Historical Review*, 34, 3 (septembre 1953), p. 300-302.
29. «Canadians et Canadiens», *Le Devoir*, 6 novembre 1953 p. 4, 6; 7 novembre p. 4, 8. (Conférence prononcée au Congrès national de l'AJC, le 1er novembre 1953. Elle a aussi paru dans *Canadiens et Canadiens*, p. 17-32. C'est cette version qui est utilisée. Elle a aussi parue en anglais dans Ramsay Cook, dir., *French-Canadian nationalism*, (1969), p. 284-293.)
30. «Histoire et historiens», *Canadians et Canadiens*, Montréal et Paris, Fides, 1954, p. 33-46. (Conférence prononcée à l'hôtel Ritz-Carlton devant le club des Anciens du Collège Sainte-Marie, le 30 novembre 1953.)
31. Compte rendu du livre de Jean-Charles Falardeau, dir., *Essais sur le Québec contemporain*, (1953), dans *Revue d'histoire de l'Amérique française*, 7, 3 (décembre 1953), p. 440-449. (Ce compte rendu a été reproduit dans *Canadians et Canadiens*, p. 107-118.)

1954

32. *Canadians et Canadiens — Études sur l'histoire et la pensée des deux Canadas*, Montréal et Paris, Fides, 1954, 1959, 173 p., 1979, 182 p.
33. (En coll.), *Canada français et union canadienne*, Montréal, Édition de l'Action nationale, 1954, p. 15-125. (Mémoire présenté par la SSJB de Montréal à la Commission Royale d'enquête sur les problèmes constitutionnels — commission Tremblay.)
34. «L'anti-impérialisme des Canadiens et la fidélité britannique des Canadians», *Canadians et Canadiens*, p. 119-152. (La conclusion de ce texte a aussi paru dans *Un siècle de littérature canadienne*, (1967), p. 341-343.)
35. «Trois illusions de la pensée canadienne-française: l'agriculturisme, l'anti-impérialisme et le canadianisme», *Le Devoir*, 2 juin 1954, p. 4. (Résumé d'une conférence prononcée au banquet de clôture du VIIIe Congrès général de la Fédération des Sociétés Saint-Jean-Baptiste, le 23 mai 1954.)
36. «L'aide fédérale aux universités: les deux points de vue», *Canadians et Canadiens*, p. 59-67. (Conférence prononcée à l'Université de Montréal devant les membres du Front universitaire, le 25 janvier 1954.)
37. «M. Maurice Lamontagne et sa conception du fédéralisme canadien», compte rendu du livre de Maurice Lamontagne, *Le Fédéralisme canadien:*

évolution et problèmes, (1954), dans *Revue d'histoire de l'Amérique française*, 8, 2 (septembre 1954), p. 262-278. (Ce texte a aussi paru dans *Canadians et Canadiens*, p. 153-173. La conclusion a aussi été reproduite dans *Le Devoir*, 27 septembre 1954, p. 4.)

38. Compte rendu du livre de G.-P. Gilmour, dir., *Canada's To-Morrow*, (1954), dans *L'Actualité économique*, 30, 3 (octobre-décembre 1954), p. 564-566.
39. «La science politique au service de l'union canadienne», *L'Action nationale*, 44, 4 (décembre 1954), p. 272-292. (Conférence prononcée à Québec le 7 novembre 1954.)

1955

40. «Les crises de conscience et la prise de conscience du Canada Français», *L'Action nationale*, 44, 7 (mars 1955), p. 591-603. (Causerie prononcée dans le cadre d'une «Rencontre des Amis du Devoir».)
41. «Liberté, démocratie et Britannisme», compte rendu du livre d'Arthur R. M. Lower, *This Most Famous Stream*, (1954), dans *Revue d'histoire de l'Amérique française*, 8, 4 (mars 1955), p. 570-580.
42. «Nécessité et importance des recherches en sciences sociales», *Revue canadienne de géographie*, 9, 2-3, (avril-septembre 1955), p. 115-118. (Conférence prononcée devant le Front Universitaire AJC, à l'Université de Montréal, le 9 mars 1955.)
43. «Le nationalisme canadien-français et la politique des deux Canadas», *La présence anglaise et les Canadiens*, (1958), p. 233-292. (Version modifiée d'un mémoire présenté à un séminaire du Department of Economics and Political Science de l'Université McGill, le 4 avril 1955.)
44. «Manquons-nous réellement de techniciens?», *Le Devoir*, 11 juin 1955, p. 4.
45. «La Conquête anglaise et la déchéance de la bourgeoisie canadienne (1760-1793)», *Amérique française*, 13, 2 (juin 1955), p. 19-84. (Cet article a été reproduit dans *La présence anglaise et les Canadiens*, p. 49-112. Il a aussi été reproduit en anglais dans Dale Miquelon, dir., *Society and Conquest*, (1977), p. 143-161.)
46. Compte rendu du livre d'Adrien Thério, *Jules Fournier, journaliste de combat*, (1954), dans *Revue d'histoire de l'Amérique française*, 9, 1 (juin 1955), p. 136-138.
47. Compte rendu du livre d'Everett C. Hugues et Helen M., *Where Peoples Meet: Racial and Ethnic Frontiers*, (1952), dans *Revue d'histoire de l'Amérique française*, 9, 1 (juin 1955), p. 138-140.
48. Compte rendu du livre de A. L. Burt, *Guy Carleton, Lord Dorchester (1724-1808): Revised Version*, (1955), dans *Revue d'histoire de l'Amérique française*, 9, 2 (septembre 1955), p. 294-298.

49. Compte rendu de la revue *Les Cahiers des Dix*, 19, Montréal, 1954, dans *Culture*, 16, 3 (septembre 1955), p. 350-352.
50. «Rétractations — Sur une fausse attribution de découvertes», *Les Carnets Viatoriens*, 20, 4 (octobre 1955), p. 293-294.
51. Compte rendu du livre de Chester Martin, *Foundations of Canadian Nationhood*, (1955), dans *L'Actualité économique*, 31, 3 (octobre-décembre 1955), p. 472-475.
52. «La formation d'une élite dynamique», *Relations*, 15, 179 (novembre 1955), p. 298.
53. «La conservation historique — Il ne faut pas reconstruire mais conserver», *L'Action nationale*, 45, 4 (décembre 1955), p. 288-295. (Ce texte a été reproduit dans *L'École canadienne*, (février 56), p. 355-360.) (Mémoire préparé par Brunet à la demande des autorités universitaires qui l'avaient délégué à une réunion de spécialistes en conservation historique tenu à Cooperstown, New York.)

1956

54. «Canadianisme et *Canadianism*», *Canadian Historical Association Report*, 1956, p. 79-81.
55. «Qu'est-ce que l'assimilation?», *L'Action nationale*, 45, 5 (janvier 1956), p. 388-395. (Ce texte a été reproduit dans *La présence anglaise et les Canadiens*, p. 197-203.)
56. Compte rendu du livre de H. S Ferns et B. Ostry, *The Age of Mackenzie King: The Rise of the Leader*, (1955), dans *Revue d'histoire de l'Amérique française*, 10, 1 (juin 1956), p. 126-128.
57. Compte rendu de *L'Enseignement primaire*, (15 avril 1956), «La situation économique des Canadiens français», dans *Revue d'histoire de l'Amérique française*, 10, 1 (juin 1956), p. 128-130.
58. «Les deux Canadas», *Journal de Genève*, 210, 8 septembre 1956, p. 3.
59. «La nouvelle politique soviétique et le désarroi du monde occidental», *Culture*, 17, (septembre 1956), p. 232-241.
60. «Coexistence: Canadian Style — A Nationalistic View», *Queen's Quarterly*, 63, 3 (automne 1956), p. 424-431. (Version remaniée d'une conférence prononcée en mai 1956, dans le cadre des rencontres de l'ICAP.)
61. «Professions traditionnelles et réalités sociales», *Présence*, 3, 1 (10 octobre 1956), p. 1; 8.
62. «Pourquoi n'avons-nous pas un ministère de l'Éducation?», *Alerte*, 13, 122 (octobre 1956), p. 228-232.
63. «L'aide fédérale aux universités et le problème des relations fédérales-provinciales — Quand le gouvernement d'Ottawa acceptera-t-il de se soumettre à la constitution?», *L'Action nationale*, 46, 3 (novembre 1956),

p. 191-215. (Cet article a été reproduit intégralement trois mois plus tard dans la même revue: 46, 5-6, (janvier-février 1957), p. 399-422.)

64. Compte rendu des livres de Lilianne et Guy Frégault, *Frontenac;* Marcel Trudel, *Champlain;* Michel Dassonville, *Crémazie;* Benoît Lacroix, o.p., *Saint-Denys Garneau* (1956), paru dans la *Revue d'histoire de l'Amérique française*, 10, 3 (décembre 1956), p. 445-447.

1957

65. «La pratique du patriotisme dans un pays multinational et la situation particulière des Canadiens français», *Symposium sur le patriotisme au Canada français*, Édition ACELF, 1957, p. 29-37. (Cet article a été reproduit dans *La présence anglaise et les Canadiens*, p. 211-220.)

66. «La présence anglaise en Amérique», *Cahiers de l'Académie canadienne-française*, 2, Montréal, 1957, p. 85-112. (Cet article a été reproduit dans *La présence anglaise et les Canadiens*, p. 15-36.)

67. «Trois dominantes de la pensée canadienne-française: l'agriculturisme, l'anti-étatisme et le messianisme», *Écrits du Canada français*, 3, 1957, p. 31-118. (Cet article a été reproduit dans *La présence anglaise et les Canadiens*, p. 113-166. C'est cette version qui est utilisée ici. Il a aussi été reproduit en anglais dans *Society and Conquest*, (1977), p. 162-171.)

68. (En coll. avec Guy Frégault et Maurice Séguin), «Lettre au Devoir — Les historiens ne prennent pas au sérieux la croisade anti-gauchiste», *Le Devoir*, 17 janvier 1957, p. 4.

69. «L'interprétation historique traditionnelle devant les réalités sociales du passé et du présent», *Le Devoir*, 14 mars 1957, p. 17.

70. «L'inévitable infériorité économique des Canadiens français», *La présence anglaise et les Canadiens*, p. 221-232. (Causerie prononcée lors d'un colloque sur la situation économique du Canada français au congrès annuel de la Société Saint-Jean-Baptiste de Montréal, le 16 mars 1957.)

71. «L'Éducation patriotique au Canada français», *Alerte*, 14, 128 (avril 1957), p. 118-123.

72. Compte rendu du livre de Marcel Trudel, *L'Église canadienne sous le Régime militaire, 1759-1764: les problèmes*, (1956), dans *Revue d'histoire de l'Amérique française*, 11, 1 (juin 1957), p. 115-118.

73. «Pourquoi parlons-nous le français?», *La Presse*, 22 juin 1957, p. 57.

74. «La victoire des conservateurs peut nous aider à voir clair», *Le Devoir*, 8 juillet 1957, p. 4.

75. «La révolution française sur les rives du Saint-Laurent», *Revue d'histoire de l'Amérique française*, 11, 2 (septembre 1957), p. 155-158.

76. Compte rendu du livre de Léopold Lamontagne, *Arthur Buies, homme de lettres*, (1957), dans *Revue d'histoire de l'Amérique française*, 11, 2 (septembre 1957), p. 293-295.

77. «Les *Canadians*, l'État fédéral et l'éducation des citoyens du Canada», *L'Action nationale*, 47, 3 (novembre 1957), p. 273-284.
78. Compte rendu du livre de J.-T. Saywell, *The Office of Lieutenant-Governor: A Study in Canadian Government and Politics*, (1957), dans *Revue d'histoire de l'Amérique française*, 11, 3 (décembre 1957), p. 441-442.

1958

79. *La présence anglaise et les Canadiens —Études sur l'histoire et la pensée des deux Canadas*, Montréal, Beauchemin, 1958, 292 p; 1964, 1968, 323 p.
80. «Canadianisme et *canadianism*», *La présence anglaise et les Canadiens*, p. 167-190.
81. «Un problème historique mal posé: la survivance collective des Canadiens et leur résistance à l'assimilation», *La présence anglaise et les Canadiens*, p. 191-209. (Conférence prononcée au Cercle juif de langue française le 28 novembre 1957.)
82. «Le recours à l'anonymat», *Le Devoir*, 13 janvier 1958, p. 4.
83. «À l'Université, les problèmes sont à la mesure de l'institution», *Alerte*, 15, 135 (janvier 1958), p. 4-7.
84. «Peut-on séparer la recherche de l'Enseignement universitaire?», *Alerte*, 15, 137 (mars 1958), p. 68-71.
85. «La stratégie du parti conservateur et les mirages du nationalisme CANADIAN», *Le Devoir*, 27 mars p. 4-5; 28 mars p. 4, 12; 29 mars 1958 p. 4.
86. «Les Canadiens après la Conquête — Les débuts de la résistance passive», *Revue d'histoire de l'Amérique française*, 12, 2 (septembre 1958), p. 170-207. (Il a été reproduit dans *Les Canadiens après la Conquête*, p. 51-79.)
87. «Le royaume du Canada et la république des États-Unis», *Les relations canado-américaines*, Rapport de la cinquième conférence annuelle de l'Institut canadien des Affaires publiques, 1958, p. 15-20.
88. «Canadians and Canadiens: Why are they not Alike?», *Culture*, 20, 1 (mars 1959), p. 15-24. (Conférence prononcée dans le cadre des «Gray Lecture» à l'Université de Toronto, le 29 octobre 1958.)
89. «The British Conquest: Canadian Social Scientists and the Fate of the Canadiens», *Canadian Historical Review*, 40, 2 (juin 1959), p. 93-107. (Conférence prononcée dans le cadre des «Gray Lecture», à l'Université de Toronto, le 31 octobre 1958. Elle a aussi été reproduite dans Carl Berger, dir., *Approaches to Canadian history*, (1967), p. 84-98.)
90. «Quelles devraient être les propositions fiscales de la province de Québec?», *Le Devoir*, 3 décembre p. 4; 4 décembre 1958 p. 4, 8.

1959

91. «M. Michel Brunet — Enquête sur le nationalisme canadien-français», *Tradition et progrès*, 2, 2 (décembre 1958 — mars 1959), p. 20-21.
92. «Le rôle des métropoles et des entrepreneurs dans la colonisation de l'Amérique et la mise en valeur de la vallée du Saint-Laurent», *Canadian Historical Association Report*, 1959, p. 16-21. (Ce texte a aussi paru dans *Le Québec libre*, (Cahier I), 1959, p. 4-14.)
93. «Ludger Duvernay et la permanence de son œuvre», *Alerte*, 16, 147 (avril 1959), p. 114-120.
94. «Passé, présent et avenir du Canada français», *Les Cahiers de Nouvelle-France*, 10 (mai-août 1959), p. 109-115.
95. Compte rendu du livre de Norbert Lacoste, *Les Caractéristiques sociales de la population du Grand Montréal*, (1958), dans *Revue d'histoire de l'Amérique française*, 13, 2 (septembre 1959), p. 281-282.

1960

96. «Le rêve des Séparatistes laurentiens et la réalité pancanadienne», *Les Cahiers de Nouvelle-France*, 12 (décembre 1959 — janvier 1960), p. 285-290.
97. «Servitudes du bilinguisme», *Cahiers de l'Académie canadienne-française*, 5, 1960, p. 61-70. (Cet article a été revu et augmenté dans *Québec — Canada anglais*, p. 185-204.)
98. «Organiser un État provincial dynamique — Tel est, après la Conquête le premier objectif de notre patriotisme», *Le Devoir*, 29 janvier 1960, p. 2, 16.
99. «Les Canadiens et la France révolutionnaire», *Revue d'histoire de l'Amérique française*, 13, 4 (mars 1960), p. 467-475.
100. «La science historique au Canada français: son évolution et ses développements actuels», *Québec — Canada anglais*, (1968), p. 30-42. (Causerie donnée sous les auspices de la SSJB de Montréal, le 31 mars 1960.)
101. «Canada français 1960», *Le Devoir*, 31 mai 1960, p. 4.
102. «Au-delà du nationalisme linguistique — Pas de salut de la langue sans le salut du Canada français "global"», *Le Devoir*, 22 juin 1960, p. 23.
103. «The University as a Public Institution in French Canada from Louis XIII to the Electoral Campaign of 1960», *Administration publique du Canada/Canadian Public Administration*, 3, 4 (décembre 1960), p. 344-349. (Communication présentée à la douzième conférence annuelle de l'Institut d'Administration publique du Canada, à Banff du 14 au 17 septembre 1960.)
104. «L'autonomie des provinces et la Constitution», *Châtelaine*, 1, 2 (novembre 1960), p. 18-20.

105. «Patriotes! Les jeunes le sont à leur manière», *Alerte*, 17, 163 (décembre 1960), p. 306-309.

1961

106. (En coll.), *L'Université dit Non aux Jésuites*, Montréal, Édition de l'Homme, 1961, 158 p.
107. «Qu'est-ce qu'un bon service de la statistique?», *Le Bulletin de la SSJB de Montréal*, 9 (février 1961), p. 3, 6.
108. «L'évolution du nationalisme au Canada français — De la Conquête à 1961», *Le Magazine Maclean*, 1 (mars 1961), p. 19, 56-58, 62.
109. «L'historien et la révolution contemporaine», *Le Devoir*, 3 juin 1961. (Discours de réception à l'Académie canadienne-française prononcé le 29 mai 1961. Il a aussi été reproduit dans *Québec — Canada anglais*, p. 21-29. C'est cette dernière version qui est utilisée.)
110. (En coll.), *La crise de l'enseignement au Canada français: urgence d'une réforme*, Montréal, Édition du Jour, 1961, 123 p. (Mémoire présentée à la Commission royale d'enquête sur l'Enseignement par l'Association de professeurs de l'Université de Montréal, le 29 novembre 1961.)
111. «La recherche et l'enseignement de l'histoire», *Bulletin annuel de la Société de pédagogie de Montréal*, 2 (novembre 1961), 72-81. (Allocution prononcée devant les membres de la Société de pédagogie de Montréal, le 18 mars 1961. Elle a aussi été reproduite dans *La Presse* et *Le Devoir* du 20 mars 1961 et dans *Québec — Canada anglais*, p. 43-55. C'est cette dernière version qui est utilisée ici.)

1962

112. *Les Canadiens et les débuts de la domination britannique 1760-1791*, Ottawa, Société Historique du Canada, Brochures Historiques n° 13, 1962, 24 p.; 1966, 26 p. (Un extrait a paru dans *Québec, hier et aujourd'hui*, (1967), p. 212-214. Cette brochure a été traduite en anglais et publiée, dans la même collection, sous le titre *French Canada and the Early Decades of British Rule, 1760-1791*, 1963, 1965, 1971, 16 p. Elle a aussi été reproduite dans *Readings in Canadian History — Pre-Confederation*, (1982), p. 239-252.)
113. Compte rendu du livre de W. L. Morton, *The Canadian Identity*, (1961), dans *Canadian Historical Review*, 43, 1 (mars 1962), p. 68-69.
114. (En coll.), «Mémoire de la Société Saint-Jean-Baptiste de Montréal sur l'éducation nationale», *L'Action nationale*, 51, 9-10 (mai-juin 1962), p. 757-839. (Mémoire présenté à la commission Parent.)
115. «Brèves histoires de nos partis politiques», *Le Devoir*, 2, 4 et 5 juin 1962. (Ils ont été reproduits dans *Québec — Canada anglais*, p. 177-184.)
116. «Si Macdonald revenait...», *La Presse*, 30 juin 1962. P136/D2,73.

117. «Commentaire — L'étude du XIXe siècle canadien-français et l'interprétation de l'équipe gagnante», *Recherches sociographiques*, 3, 1-2 (janvier-août 1962), p. 43-44. (Ce «commentaire» a été remanié et reproduit dans *Québec — Canada anglais*, p. 56-58.)

1963

118. *Le financement de l'enseignement universitaire au Québec*, Montréal, Les publications de l'Académie canadienne-française, 1963, 31 p.
119. «Peut-on refaire trois siècles et demi d'histoire?», *Le Quartier Latin*, 26 mars 1963, p. 3, 4.

1964

120. *Le fédéralisme, l'Acte de l'Amérique du Nord Britannique et les Canadiens-français*, Montréal, Édition de l'agence Duvernay Inc., 1964, p. 19-107. (Mémoire de la SSJB de Montréal au comité parlementaire de la constitution du gouvernement du Québec, 1964. Les quatre chapitres rédigés par Brunet ont été reproduit dans *Québec — Canada anglais*, p. 231-286.)
121. «French Canadian Interpretations of Canadian History», *Canadian Forum*, 44, 519 (avril 1964), p. 5-7. (Conférence prononcée à la Thornill Secondary School, le 12 février 1964. Elle a été reproduite dans *Rebuilding the Canadian Union*, (1964), p. 5-11.)
122. «L'évolution de la Confédération depuis 1867», *A New Concept Confederation? Vers une nouvelle Confédération?*, 1965, p. 40-60.
123. «L'homme canadien-français contemporain», *Québec — Canada anglais, deux itinéraires, un affrontement*, Montréal, HMH, 1968, p. 123-132. (Texte révisé d'une allocution prononcée au Club Richelieu de Québec, le 2 septembre 1964.)

1965

124. «Towards The Discovery Of A New Quebec And The Rebuilding Of The Canadian Union», *The Humanities Association Bulletin*, 16, 1 (printemps 1965), p. 29-39. (Conférence prononcée dans le cadre de la semaine du Canada français à l'Université de l'Alberta en janvier 1965. C'est une version remaniée et augmentée d'un article paru précédemment dans *Queen's Quarterly*, 63, 3 (automne 1956), p. 424-431.)
125. «Le rapport Parent, notre évolution historique et l'enseignement de l'histoire au Québec», *Société des Professeurs d'histoire du Québec — Bulletin de liaison*, 3 (février 1966), p. 1-4. (Conférence prononcée à l'Université de Montréal, le 18 décembre 1965, lors d'une réunion de la Société des professeurs d'histoire du Québec. Elle a aussi paru dans *Québec — Canada anglais*, p. 59-64. C'est cette dernière version qui est utilisée ici.)

126. «Histoire et conscience sociale — L'évolution de notre société appelle le renouvellement de l'enseignement de l'histoire», *Le Devoir*, 29 décembre 1965, p. 4.

1966

127. *Société, pouvoir politique, nation et État: le cas de la collectivité canadienne-française ou québécoise*, 1966, 42 p. (Étude préparée à l'intention des services de recherche de la Commission royale d'enquête sur le bilinguisme et le biculturalisme (1966.) Cette étude a aussi paru dans *Québec — Canada anglais*, p. 133-159.)
128. «The French Canadian's search for a Fatherland», dans Peter Russel, dir., *Nationalism in Canada*, Toronto, McGraw Hill, 1966, p. 47-60.
129. «La longue misère de notre enseignement supérieur 1) Nées tardivement, vivant petitement, nos "universités" ne furent pendant longtemps que des centres médiocres»; «2) Nos universités doivent être exigeantes envers elles-mêmes et confiantes envers l'État», *Le Devoir*, 31 mars et 1er avril 1966, p. 4. (Conférence prononcée lors du colloque de l'Association des diplômés à l'Université de Montréal, le 18 mars 1966.)
130. Compte rendu du livre de P. A. Crépeau et C. B. Macpherson, dir., *The Future of Canadian Federalism/L'Avenir du fédéralisme canadien*, (1965), dans *Canadian Historical Review*, 47, 2 (juin 1966), p. 165-166.
131. «Les Canadiens français devant la Confédération 1) La grande illusion née en 1867 persista longtemps malgré forces déceptions amères»; «2) De l'autonomie provinciale à la grande option de demain: égalité ou indépendance», *Le Devoir*, 1er et 2 septembre 1966, p. 5, p. 4. (Conférence prononcée, le 23 août 1966, au colloque sur la Confédération organisé par la Société historique du Canada à l'Université de la Colombie Britannique. Elle a été reproduite dans *Québec — Canada anglais*, p. 163-176. C'est cette dernière version qui est utilisée ici.)

1967

132. «Éloge de Lionel Groulx», *Le Devoir*, 29 mai 1967, p. 5. (Éloge prononcé au Hall d'honneur de l'Université de Montréal le 25 mai 1967. Ce texte a été reproduit dans *La Presse*, 5 juin 1967.)
133. Compte rendu du livre de Hilda Neatby, *Quebec: The Revolutionary Age, 1760-1791*, (1966), dans *Canadian Historical Review*, 48, 2 (juin 1967), p. 159-160.
134. «Doctorat Honoris Causa à M. Victor Barbeau», *Le Devoir*, 1er juin 1967, p. 5.
135. «Les immigrants, enjeu de la lutte entre les deux collectivités fondatrices du Canada», *Québec — Canada anglais*, p. 205-220. (Conférence prononcée au deuxième Congrès National sur les Slaves du Canada à l'Université

d'Ottawa, le 10 juin 1967. Ce texte a été reproduit dans *Slavs in Canada*, vol. 2, (1968), p. 31-44.)

136. «Le professeur des universités franco-québécoises: évolution de son rôle au sein de notre société», *Cahiers de Cité Libre*, 17, 5 (15 juin 1967), p. 12-17. (Communication présentée au colloque organisé par l'Association des professeurs de l'Université de Montréal, le 6 avril 1967. Une version révisée de ce texte a été publiée dans *Québec — Canada anglais*, p. 98-105. C'est cette dernière qui est utilisée ici.)

137. «Cent ans de Confédération et centenaire de l'État du Québec», *La Presse*, 5 août 1967, p. 8-10. (Ce texte a été reproduit dans *Québec-Canada anglais*, p. 221-230. C'est cette dernière version qui est utilisée ici.)

138. «Lionel Groulx (1878-1967), historien national», *Canadian Historical Review*, 48, 3 (septembre 1967), p. 299-305. (Cet article a été reproduit dans *Québec — Canada anglais*, p. 65-74. C'est cette dernière version qui est utilisée ici.)

139. «Les subventions de rattrapage», (En coll.), *Les investissements universitaires: planification et coordination*, Montréal, Édition du Jour, 1968, p. 83-100. (Communication donnée, le 2 décembre 1967, à la deuxième Commission du 4ᵉ Colloque des diplômés de l'Université de Montréal. Elle a été reproduite dans *Notre passé, le présent et nous*, p. 98-115. C'est cette version qui est utilisée ici. Elle a aussi paru en anglais dans *Queen's Quarterly*, 75 (hiver 1968), p. 613-631.)

1968

140. «Canada — Histoire et politique», *Encyclopedia Universalis*, vol. III, Paris, 1968, p. 840-847; version modifiée: vol. IV, 1984, p. 110-120.

141. En collaboration avec et J. Russel Harper, *Un essai de gravure romantique sur le pays du Québec au XIXᵉ siècle/A 19th Century Romantic Sketch of Quebec: Quebec 1800 W. H. Bartlett*, Montréal, Édition de l'Homme, 1968, 103 p.

142. *Québec — Canada anglais, deux itinéraires, un affrontement*, Montréal, HMH, 1968, 1969, 309 p.

143. «La crise de l'éducation au Québec et l'enseignement de l'histoire à l'Université», *L'École dynamique*, (juin 1968), p. 13-19. (Conférence prononcée au Congrès annuel de la Société des professeurs d'histoire du Québec à l'Université de Montréal, le 30 mars 1968. Elle a été reproduite dans *Le Professeur d'histoire*, 1 (novembre 1968), p. 56-72; *Notre passé, le présent et nous*, p. 116-132. Un extrait a aussi paru dans *L'Action nationale*, 58, 2 (octobre 1968), p. 176-178.)

144. «Évolution historique de notre système d'enseignement», *Québec — Canada anglais*, (1968), p. 77-97.

145. «La démocratie et les Canadiens français», *Québec — Canada anglais*, (1968), p. 106-122.

146. «Les États-Unis seraient-ils ivres de pouvoir?», *La Presse*, (magazine), 11 mai 1968, p. 4, 6, 8-9.
147. «Deux problèmes de coexistence pacifique — Les Américains noirs aux USA et les Canadiens français au Canada», *La Presse*, (magazine), 22 juin 1968, p. 11-12, 14.
148. «Ma première rencontre avec Lionel Groulx», *L'Action nationale*, 57, 10 (juin 1968), p. 890-898.
149. Compte rendu du livre de J. L. Granatstein, *The Politics of Survival: The Conservative Party of Canada, 1939-1945*, (1967), dans *Revue d'histoire de l'Amérique française*, 22, 1 (juin 1968), p. 116-118.
150. Compte rendu du livre *Canada, un siècle, 1867-1967*, (1967), dans *Revue d'histoire de l'Amérique française*, 22, 1 (juin 1968), p. 118-119.
151. «La campagne électorale de 1968 — Un pays qui se cherche et la tentative de diversion de M. Pierre-Elliott Trudeau», *La Presse*, 22 juin 1968. (Cet article a aussi paru dans *Notre passé, le présent et nous*, p. 207-214.)
152. «La Commission B-B ou la fin d'un mirage», *Le Devoir*, 3 janvier 1969, p. 4. (Texte d'un commentaire donné à Radio-Canada, le 27 décembre 1968.)

1969

153. *Les Canadiens après la Conquête 1759-1775: de la révolution canadienne à la révolution américaine*, Montréal, Fides, 1969; 1980; 313 p.
154. «Bye-bye to B & B», *The Vancouver Sun*, 17 janvier 1969.
155. «Continentalism and Quebec nationalism: A Double Challenge to Canada», *Queen's Quarterly*, 76, 3 (automne 1969), p. 511-527. (Conférence prononcée à l'Université de London, le 13 février 1969.)
156. «L'Église catholique du Bas-Canada et le partage du pouvoir à l'heure d'une nouvelle donne (1837-1854),», *Communications de la Société historique du Canada*, 1969, p. 37-51. (Cette étude a été présentée lors d'une réunion conjointe de la Canadian Historical Association et de la Canadian Catholic Historical Association à York University, le 6 juin 1969. Elle a été reproduite dans *Les idéologies québécoises au 19ᵉ siècle*, (1973), p. 83-97 et dans *Notre passé, le présent et nous*, p. 71-88.)
157. Compte rendu des livres d'Edward M. Corbett, *Quebec Confronts Canada*, (1967), et de Claude Julien, *Canada: Europe's Last Chance*, (1968), dans *Canadian Historical Review*, 50, 1 (mars 1969), p. 97-99.
158. «Quand un historien se mêle de lire dans la boule de cristal», dans Stephen Clarkson, dir., *Visions 2020*, Edmonton, M. G. Hurtig Ltée, 1970, p. 123-127. (Cet article a été reproduit dans *Notre passé, le présent et nous*, p. 48-52.)
159. Compte rendu du livre de O. J. Firestone, *Industry and Education — A Century of Canadian Development*, (1969), dans *Revue d'histoire de l'Amérique française*, 23, 2 (septembre 1969), p. 303-304.

160. Compte rendu du livre de John Garner, *The Franchise and Politics in British North America, 1775-1867*, (1969), dans *Revue d'histoire de l'Amérique française*, 23, 2 (septembre 1969), p. 304-306.

161. Compte rendu du livre de L. F. S. Upton, *The Loyal Whig — William Smith of New York & Quebec*, (1969), dans *Revue d'histoire de l'Amérique française*, 23, 2 (septembre 1969), p. 306-308.

162. «Canadiens, Canadiens français, Québécois: à la minute de vérité», *Le Devoir*, 30 avril 1970, p. 5. (Conférence prononcée lors d'un Congrès spécial de la Fédération des SSJB du Québec tenu à Montréal du 14 au 16 novembre 1969. Elle a été reproduite dans *Notre passé, le présent et nous*, p. 17-23. C'est cette version qui est utilisée ici.)

163. Compte rendu du livre de George F. G. Stanley, *A Short History of the Canadian Constitution*, (1969), dans *Revue d'histoire de l'Amérique française*, 23, 3 (décembre 1969), p. 465-466.

164. Compte rendu du livre de Louis-Philippe Audet, *Bilan de la réforme scolaire au Québec, 1959-1969*, (1969), dans *Revue d'histoire de l'Amérique française*, 23, 3 (décembre 1969), p. 466-467.

1970

165. «Histoire vécue et histoire enseignée», dans (En coll.), *L'Histoire et son enseignement*, Montréal, Les Presses de l'Université du Québec, 1970, p. 13-23. (Cet article a aussi été reproduit dans *Notre passé, le présent et nous*, p. 135-146. C'est cette version qui est utilisée ici.)

166. (En coll.), «La bourgeoisie en Nouvelle-France: essai de définition», *Revue d'histoire de l'Amérique française*, 24, 1 (juin 1970), p. 79-81.

167. «Parti Quebecois Was the Real Winner», *Toronto Daily Star*, 2 mai 1970.

168. «Establishment, Establishments et société québécoise», *Éducation et société*, 1 (septembre 1970), p. 6-7. (Cet article a aussi été reproduit dans *Notre passé, le présent et nous*, p. 180-182. C'est cette version qui est utilisée ici.)

169. «Seules les nations de la francophonie peuvent comprendre l'itinéraire des Québécois», *La Presse*, 28 septembre 1970, p. A-5 et D-14. (Conférence prononcée à Montréal, le 21 septembre 1970, à l'occasion du premier colloque du Comité international d'historiens et de géographes de langue française. Elle a été reproduite dans *Bulletin de liaison*, 1 (janvier 1971), p. 53-82; *Cahiers de Clio*, 26, 1971, p. 33-48; *Notre passé, le présent et nous*, 1976, p. 24-40.)

170. Compte rendu du livre de Carl Berger, *The Sense of Power: Studies in the Ideas of Canadian Imperialism 1867-1914*, (1970), dans *International Journal*, 26, 1 (hiver 70), p. 279-281.

171. «Canada's Unity and the French Canadian's Survival as a Collectivity», *The Canadian Journal of History and Social Science*, 5, 1 (novembre 1970), p. 39-46.

172. «Le Québec à l'ombre de la liberté britannique — Deux cent dix ans d'occupation étrangère et cent soixante-dix-huit ans de démocratie dirigée», *Le Devoir*, 13 novembre 1970, p. 19. (Communication présentée à un colloque de la SSJB de Montréal sur le système électoral du Québec, le 7 novembre 1970. Elle a été reproduite dans *L'Action nationale*, 60, 4 (décembre 1970), p. 281-284 et dans *Notre passé, le présent et nous*, (1976), p. 158-161. C'est cette version qui est utilisée ici.)
173. «Victime de l'accélération de l'histoire, M. Trudeau deviendra-t-il le fossoyeur du Canada contemporain?», *Le Devoir*, 30 décembre 1970, p. A6-A7. (Ce texte a aussi paru dans Claude Ryan, dir., *Le Québec qui se fait*, (1971), p. 97-106. Une version remaniée a aussi paru dans *Notre passé, le présent et nous*, p. 215-226.)

1971

174. «Au terme d'une longue trajectoire — Le Québec deviendra-t-il enfin la patrie des Canadiens français?», *Le Devoir*, 24 février 1971, p. 4, 6. (Causerie prononcée le 23 février à la SSJB de Montréal. Elle a aussi paru dans *Notre passé, le présent et nous*, p. 162-167.)
175. «L'université colonisée 1) Le Québec défini par des étrangers»; «2) L'invasion américaine au Canada anglais», *Le Devoir*, 17 et 18 mai 1971, p. 4, p. 5. (Conférence prononcée au banquet de clôture d'un colloque, tenu au collège Loyola, sous les auspices du Comité national pour la canadianisation des universités canadiennes, le 14 et 15 mai 1971. Elle a aussi paru dans *Notre passé, le présent et nous*, p. 147-157. C'est cette version qui est utilisée ici.)
176. «Essai d'histoire comparée: religion et nationalisme», Paul M. Migus, dir., *Sounds Canadian: Languages and Cultures in Multi-Ethnic Society*, (1975), p. 114-120. (Communication présentée lors de la Quatrième conférence nationale du comité interuniversitaire slave-canadien, le 21 mai 1971, à l'Université d'Ottawa. Elle a aussi été publiée dans *Notre passé, le présent et nous*, (1976), p. 89-97.)
177. «Correspondence», *Canadian Historical Review*, 52, 2 (juin 1971), p. 234-235.
178. Compte rendu du livre de Norman Penlington, dir., *On Canada: Essays in Honour of Frank H. Underhill*, (1971), dans *Revue d'histoire de l'Amérique française*, 25, 2 (septembre 1971), p. 260-261.
179. «Finances publiques et liberté nationale», *L'Action nationale*, 61, 4 (décembre 1971), p. 267-280. (Conférence prononcée au dîner-causerie mensuel de la SSJB de Montréal, le 20 octobre 1971. Ce texte a aussi été reproduit dans *Notre passé, le présent et nous*, p. 168-179.)
180. Compte rendu du livre de Claude Galarneau, *La France devant l'opinion canadienne (1760-1815)*, (1970), dans *Canadian Historical Review*, 52, 4 (décembre 1971), p. 430-431.

1972

181. «La révision constitutionnelle — Un problème canadien ou québécois?», *L'Action nationale*, 61, 8-9 (avril-mai 1972), p. 681-688. (Ce texte a aussi été reproduit dans *Notre passé, le présent et nous*, p. 227-233.)
182. «Le fédéralisme canadien: ses origines et son évolution», *Notre passé, le présent et nous*, p. 183-193. (Conférence prononcée au Centre culturel canadien de Paris, le 25 mai 1972.)
183. «Les Français du Canada et le problème historiographique de la Conquête britannique», *Comptes rendus trimestriels de l'Académie des Sciences d'Outre-Mer*, 32, 2, 1972, p. 269-274. (Allocution prononcée à l'Académie des Sciences d'Outre-Mer de Paris, le 26 mai 1972. Elle a aussi paru dans *Notre passé, le présent et nous*, p. 41-47. C'est cette version qui est utilisée ici.)

1973

184. «Historical Background of Quebec's Challenge to Canadian Unity», dans Dale C. Thomson, dir., *Quebec Society and Politics: Views from the Inside*, Toronto, McClelland & Stewart, 1973, p. 39-51.
185. Compte rendu du livre de Virginia B. Platt and David C. Skaggs, dir., *Of Mother Country and Plantation*, (1971), dans *Canadian Historical Review*, 54, 1 (mars 1973), p. 82-84.
186. «De la nation canadienne-française d'hier à la société québécoise de demain — Les retombées d'une double révolution en marche», *La Presse*, 23 juin 1973. (Cet article a aussi été reproduit dans *Notre passé, le présent et nous*, p. 53-56. C'est cette version qui est utilisée ici.)
187. «Mgr Irénée Lussier, recteur de l'Université de Montréal», *Le Devoir*, 13 août 1973, p. 4.
188. «Ce que taisent les panégyristes de Louis Saint-Laurent», *Le Devoir*, 20 août 1973, p. 5.
189. «L'Acte de Québec: première étape d'une association entre deux collectivités», *L'Action nationale*, 63, 6 (février 1974), p. 479-486. (Conférence prononcée le 28 novembre 1973, à la SSBJ de Montréal à l'occasion du deuxième centenaire de l'Acte de Québec.)

1974

190. «Pour la première fois, nous commençons à agir en majorité», *Le Devoir*, 22 octobre 1974, p. 4.
191. Compte rendu du livre d'Hilda Neatby, *The Quebec Act: Protest and Policy*, (1972), dans *Canadian Historical Review*, 55, 2 (juin 1974), p. 188-189.
192. «Le rôle de l'histoire et de la géographie», dans Ludger Beauregard, dir., *L'avenir de l'histoire et de la géographie*, Québec, 1976, p. 33.

193. «La minorité anglophone du Québec: de la Conquête à l'adoption du Bill 22», *L'Action nationale*, 64, 6 (février 1975), p. 452-466. (Conférence prononcée au Cégep de Hull devant la Société historique de l'Ouest du Québec, le 8 décembre 1974. Elle a été reproduite dans *Notre passé, le présent et nous*, p. 194-204. C'est cette version qui est utilisée ici.)

1975

195. «L'évolution économique du Québec et les frustrations séculaires des Québécois», *Notre passé, le présent et nous*, (1976), p. 57-68. (Conférence prononcée, le 10 mars 1975, à l'École des hautes études commerciales de Montréal où se tenait la «Semaine de l'économie québécoise» organisé par l'Association des étudiants de cette institution.)
196. «Histoire et politique», *Revue de l'Association canadienne d'éducation de langue française*, 4, 2 (avril 1975), p. 2-4.
197. «Mgr Jean-Olivier Briand, homme d'État au service des Canadiens ou valet à la solde des autorités britanniques?», *Asticou*, 16 (septembre 1976), p. 9-21. (Conférence prononcée au Cégep de Hull, le 24 novembre 1975, sous l'égide de la Société d'histoire de l'Ouest du Québec.)

1976

198. *Notre passé, le présent et nous*, Montréal, Fides, 1976, 278 p.
199. «Avant et depuis le 30 octobre 1972 — Les mutations fonctionnelles et les sincérités successives de M. Trudeau: de la trudeaumanie à la trudeaucratie», *Notre passé, le présent et nous*, p. 234-258.
200. «Le grand paradoxe de la carrière fédérale de Pierre Trudeau — Antinationaliste au Québec, M. Trudeau aura surtout contribué à renforcer le centralisme fédéral et le nationalisme "canadian"», *Le Devoir*, 30 juin 1976, p. 5.
201. «Old Quebec Is Dead and Buried», *Toronto Daily Star*, 20 novembre 1976.
202. Compte rendu du livre de R. D. Cuff et J. L. Granatstein, *Canadian-American Relations in Wartime*, (1975), dans *Revue d'histoire de l'Amérique française*, 30, 3 (décembre 1976), p. 417-418.

1978

203. «Le Québec et la présence française en Amérique», *Forces*, 43, 2e trimestre 1978, p. 22-29.
204. «Le Québec, la révolution américaine et l'intervention de la France», *Nouvelles recherches québécoises*, 1, 1 (1978), p. 55-66.
205 «Lionel Groulx et l'histoire de notre "désassimilation"», *Bulletin de la Bibliothèque nationale du Québec*, 12, 1 (1978), p. 5-6. (Extraits d'une communication présentée lors d'une table ronde réunissant Michel Brunet,

Fernand Dumont, Hélène Pelletier Baillargeon et Pierre Savard à la Bibliothèque nationale du Québec, le 16 janvier 1978. Elle a été reproduite en entier dans *L'Action nationale*, 74, 9 (mai 1985), p. 871-876.)

206. Compte rendu du *Dictionnaire biographique du Canada, vol. IX: 1861-1870*, (1976), dans *Canadian Historical Review*, 59, 1 (mars 1978), p. 62-65.

207. Compte rendu du livre de Frank Mackinnon, *The Crown in Canada*, (1976), dans *Canadian Historical Review*, 59, 1 (mars 1978), p. 65-66.

1979

208. «Préface», *Who's who in Quebec, Biographies canadiennes-françaises/ Who's who in Quebec*, Montréal, Éditions Biographiques canadiennes-française Limitée, 1979, 26e édition, p. 5.

209. «Deux grands écrivains: Lionel Groulx et Guy Frégault», *Nos livres*, 10, (février 1979), non paginé.

210. Compte rendu du livre de Walter Gordon, *A Political Memoir*, (1977), dans *Revue d'histoire de l'Amérique française*, 33, 1 (juin 1979), p. 83-86.

1980

211. «Mémoire collective et projets politiques», *Relations*, 40, 455 (janvier 1980), p. 3-4. (Réflexion à propos du Livre blanc sur la souveraineté-association.)

212. Compte rendu du livre de Serge Gagnon, *Le Québec et ses historiens de 1840 à 1920: La Nouvelle-France de Garneau à Groulx*, (1978), dans *The American Historical Review*, 85, 1 (février 1980), p. 238.

213. «Despotisme renouvelé et capitalisme éclairé», *Acadiensis*, 9, 2 (printemps 1980), p. 108-112.

214. «Vers la souveraineté», *Le Devoir*, 9 mai 1980, p. 9.

215. Compte rendu du livre de Claude Galarneau, *Les Collèges classiques au Canada français (1620-1970)*, (1978), dans *Canadian Historical Review*, 61, 3 (septembre 1980), p. 376-377.

216. «Guy Frégault: l'itinéraire d'un historien de *La Civilisation de la Nouvelle-France* (1944) à *La Guerre de la Conquête*, (1955)», Pierre Savard, dir., *Guy Frégault, 1917-1978*, Montréal, Édition Bellarmin, 1981, p. 27-39. (Conférence prononcée lors du colloque tenu sur Guy Frégault au Centre de recherche en civilisation canadienne-française de l'Université d'Ottawa, le 7 novembre 1980.)

217. Compte rendu du livre de Gérald A. Beaudoin, *Essais sur la Constitution*, (1979), dans *Revue d'histoire de l'Amérique française*, 34, 3 (décembre 1980), p. 440-441.

1981

218. «Toujours à la recherche de l'égalité», *L'information nationale»*, avril 1981, p. 9-10.
219. «La question constitutionnelle et le projet Trudeau: où le premier ministre veut-il conduire le Canada et le Québec?», *Cahiers d'histoire*, 2, 1 (automne 1981), p. 1-6.
220. «Le Prince de Machiavel», *Le Soleil*, 16 janvier 1981, p. A-7.
221. «Le fédéralisme canadien vu de Londres, 1867-1980», *L'Action nationale*, 70, 6 (février 1981), p. 451-462. (Mémoire soumis à la Commission parlementaire de l'Assemblée nationale sur le rapatriement de la constitution.)
222. «Mes années de formation, le révisionnisme de la décennie cinquante et mes engagements», dans Guy Rocher, dir., *Continuité et rupture: les sciences sociales au Québec*, vol. I, Montréal, Les Presses de l'Université de Montréal, 1984, p. 45-50. (Communication présentée dans le cadre d'un colloque organisé par La Société royale du Canada, les 15, 16 et 17 octobre 1981. Elle a été reproduite dans *L'Action nationale*, 74, 10 (juin 1985), p. 989-995.)
223. «Faut-il oublier l'histoire religieuse du Québec? Notre christianisme romain, un héritage et un projet», *Critère*, 32 (automne 1981), p. 148-156. (Conférence donnée dans le cadre d'un colloque organisé par la revue *Critère*.)

1982

224. «Les immigrants en Amérique du Nord — Des partenaires d'une même aventure», *Questions de culture*, 2, 1982, p. 17-22.
225. Compte rendu du livre de Jean Bergeron, ptre, *L'agriculture et l'Église — Deux amies intimes d'origine divine*, (1943), dans *Dictionnaire des œuvres littéraires du Québec 1940-1959 — III*, Montréal, Fides, 1982, p. 24-25.
226. Compte rendu du livre de Lionel Groulx, *L'indépendance du Canada*, (1949), dans *Dictionnaire des œuvres littéraires du Québec 1940-1959 — III*, Montréal, Fides, 1982, p. 509-510.
227. Compte rendu du livre de Joseph Schull, *Un Grand Patron: une biographie de Donald Gordon*, (1981), dans *Revue d'histoire de l'Amérique française*, 35, 4 (mars 1982), p. 599-602.
228. «Les deux discours de Jean Chrétien», *Le Devoir*, 26 mars 1982, p. 8.
229. Compte rendu du livre de Paul-André Linteau, *Maisonneuve ou comment des promoteurs fabriquent une ville, 1883-1918*, (1981), dans *Relations*, 482, (juillet-août 1982), p. 202.
230. Compte rendu du livre de Brian Young, *George Étienne Cartier: Montreal Bourgeois*, (1981), dans *Revue d'histoire de l'Amérique française*, 36, 2 (septembre 1982), p. 278-279.

231. «Nord-Américain et francophone», *Le Devoir*, 25 octobre 1982, p. 13.
232. «Déterminismes et accidents de l'histoire: le cas de la collectivité française-canadienne-québécoise», *L'information nationale*, (novembre 1982), p. 10-11.
233. (Sans titre), *La Presse*, 29 décembre 1982. (Lettre aux lecteurs.)

1983

234. «Enseigner l'histoire nationale au Québec: un triple défi», *Bulletin de la Société des professeurs d'histoire du Québec*, 21, 2 (janvier 1983), p. 7-9. (Allocution prononcée au banquet de la Société des professeurs d'histoire du Québec.)
235. «Historien et homme d'action», *Le Devoir*, 18 mars 1983, p. 7. (Éloge prononcé le 11 mars 1983 lors des funérailles de Robert Rumilly. Cet éloge a également été publié en français et en anglais dans le *Bulletin de la Société historique du Canada*, (printemps 1983), p. 11.)
236. «Qui doit s'adapter?», *Le Devoir*, 21 mars 1983, p. 8. (Cette lettre aux lecteurs a aussi été expédiée à neuf autres journaux du Québec.)
237. «Le parti libéral fédéral et l'art d'être au pouvoir», *Relations*, 43, 488 (mars 1983), p. 61-63.
238. «Des fleurs, suivies de propos à bâtons rompus», *La Presse*, 13 juillet 1983, p. A-7.
239. «Lionel Groulx, 1878-1967», *L'Action nationale*, 74, 10 (juin 1985), p. 1022-1025.
240. Compte rendu du livre de J. L. Granatstein, *The Ottawa Men: The Civil Service Mandarins, 1935-1957*, (1982), dans *Revue d'histoire de l'Amérique française*, 37, 2 (septembre 1983), p. 348-351.
241. «La question linguistique au Manitoba», *Le Droit*, 30 septembre 1983, p. 7.
242. «Trudeau se sert de la question linguistique à des fins mesquines», *Le Devoir*, 3 octobre 1983, p. 13-14.
243. «Du visionnaire au gestionnaire», *Le Devoir*, 19 octobre 1983, p. 8. (Extrait d'une allocution prononcée le 1er octobre 1983 lors d'un colloque organisé par l'École nationale d'administration publique sur le thème «Crise et leadership».)
244. «À la recherche d'une métropole nourricière: Ludger Duvernay, Ignace Bourget et Joseph-G. Barthe (1832-1855)», *L'Action nationale*, 74, 9 (mai 1985), p. 915-923. (Communication présentée le 21 octobre 1983 au congrès annuel de l'Institut d'histoire de l'Amérique française.)
245. «Un moment de détente dans la vie de Lionel Groulx», *Le Devoir*, 22 octobre 1983, Cahier spécial, p. 4.

1984

246. Compte rendu du livre de Pierre Elliott Trudeau, *Le fédéralisme et la société canadienne-française*, (1967), dans *Dictionnaire des œuvres littéraires du Québec 1960-1969 — V*, Montréal, Fides, 1984, p. 339-341.
247. «La longue marche du peuple québécois», dans (En coll.), *Découvrir le Québec — Un guide culturel*, Québec, Édition Québec français, 1984, p. 14-21.
248. «Le Québec: Une histoire qui commence au XVIe siècle», *Le Courrier du Parlement*, avril 1984, p. 6-7. (Extrait d'un texte écrit à la demande du ministère des Affaires intergouvernementales qui voulait un résumé en dix pages de l'histoire du Québec (!) pour la distribuer aux journalistes étrangers. La version intégrale a paru dans *L'Action nationale*, 74, 10 (juin 1985), p. 977-982.)
249. «Les guerres de Langue au Canada — Le cas manitobain», *Relations*, 499, (avril 1984), p. 80-83.
250. «Jacques Cartier et la prise de possession toponymique francophone de l'Amérique du Nord», dans (En coll.), *450 ans de noms de lieux français en Amérique du Nord*, Québec, Publications du Québec, 1986, p. 13-15. (Conférence prononcée à Québec, le 11 juillet 1984, à l'ouverture du Premier Congrès international sur la toponymie française de l'Amérique du Nord.)
251. «L'avenir des minorités francophones à l'heure d'un nouveau Québec», *L'Action nationale*, 74, 1 (septembre 1984), p. 13-18.
252. «Feu Maurice Séguin — Les étapes de l'historien et du maître à penser», *Le Devoir*, 8 septembre 1984, p. 11, 14.
253. «Des utopies néfastes», *Le Devoir*, 12 septembre 1984, p. 8.
254. «Le rôle de M. Duplessis», *La Presse*, 15 octobre 1984, p. A-7.
255. «Le dernier livre de J.-L. Gagnon», *L'Action nationale*, 75, 1 (septembre 1985), p. 57-59.
256. «Témoignages significatifs», *La Revue indépendantiste*, 18-21, (printemps 1986), p. 101.

1985

257. «Lettre au Pr. Ouellet», *L'Action nationale*, 74, 9 (mai 1985), p. 945-947. (*La Revue d'histoire de l'Amérique française* avait d'abord refusé de publier cette mise au point.)
258. «Un volume de Gérard Pelletier», *L'Action nationale*, 74, 9 (mai 1985), p. 949-951. (Ce compte rendu a été refusé par le comité de rédaction de la *Revue d'histoire de l'Amérique française*.)
259. «Adieu, mère patrie!», *Horizon Canada*, 2, 19 (juin 1985), p. 433-439.

COURS PUBLIÉS

260. *Introduction à l'histoire du Canada de 1760 à nos jours*, Hist. 480, Montréal, Université de Montréal, 1964, 27 p.
261. *Histoire politique, économique et sociale des États-Unis (1864-1965)*, Montréal, Université de Montréal, 1966, 40 p.; 1972, 54 p.
262. *Précis d'histoire du Canada — De la Nouvelle-France à nos jours*, Montréal, Librairie de l'Université de Montréal, 1972, 76 p.
263. *Histoire politique, économique et sociale du Québec et des Québécois: le premier centenaire de l'État du Québec*, Montréal, Librairie de l'Université de Montréal, 1975, 45 p.
264. *Histoire du Canada et des Canadians*, Montréal, Librairie de l'Université de Montréal, 1978, 52 p.

(SANS DATE)

265. *Précis d'histoire de la civilisation atlantique*, Hist. 430, Montréal, (sans date), 25 p.
266. *Introduction à la discipline historique et méthodologique*, Hist. 400, Montréal, Université de Montréal, (sans date), 50 p.

TEXTES DIVERS (NON PUBLIÉS)

267. (pseudonyme de Michel De Guise), «On ne joue pas avec l'amour», texte proposé à *La Patrie*, 8 août 1935, 4 pages dactylographiées, P136/D1,18.
268. (pseudonyme de Michel De Guise), «L'ascension étonnante de Bonaparte, le Corse aux cheveux plats», texte proposé à *La Patrie*, 8 août 1935, 4 pages dactylographiées, P136/D1,19.
269. «Mesure de notre taille», 24 mai 1936, 3 pages dactylographiées, P136/E,21.
270. «Nos droits», 23 mai 1937, 3 pages dactylographiées, P136/E,22.
271. «Les Canadiens français et le projet d'un drapeau dit "national"», *Le Courrier Laurentien*, P136 C/116.
272. «Sommes-nous embourgeoisés?», Conférence prononcée au collège André-Grasset le 3 décembre 1954, P136/E,24.
273. «Éducation et éducation nationale au Canada français», commentaires remis à Richard Bergeron, président de la Commission d'éducation patriotique de l'ACELF, 3 février 1955. 7 pages dactylographiées, P136/D1,22.
274. «Henri Bourassa (1868-1952)», 16 pages dactylographiées, P136/E,26. (Causerie prononcée au Monument National, le 21 juillet 1955.)
275. «Relations économiques de Canada français avec l'Europe», 3 pages dactylographiées, 13 octobre 1955, P136/A,32.
276. «Nos combats pour la liberté», 1964. 3 pages dactylographiées, P136/D1,14.

277. *Mémoire soumis à l'attention du nouveau directeur et de mes collègues*, novembre 1967, 12 pages dactylographiées, E16/B,55.
278. «La Conquête, toujours présente», causerie prononcée le 29 juillet 1969. 7 pages dactylographiées, P136/E,88.
279. «Le problème des relations interethniques au Québec et au Canada — Existence d'une collectivité nationale québécoise», août 1977, 23 pages dactylographiées, P136/C,51.
280. «Un historien, ancien Côte-des-Neigiens, raconte», 6 pages manuscrites, P136/E,114.

(SANS DATE)

281. L'évolution économique de la vallée du Saint-Laurent et les Canadiens français», (sans date), 9 pages dactylographiées, P136/E,16.
282. «Sort des hommes d'affaires Canadiens après la Conquête», (sans date), 2 pages dactylographiées, P136/C,51.
283. «Les ambitions légitimes et les responsabilités du jeune homme d'affaires», (sans date), 10 pages dactylographiées, P136/E,33.
284. «Les contradictions de M. Fernand Ouellet», (sans date), 6 pages dactylographiées. Fonds Brunet P136/D1,7.

MÉMOIRES INTIMES

285. «Carnets personnels — Quelques réflexions personnelles au fil des jours et des heures», 27 novembre 1940 au 17 avril 1943, 51 pages manuscrites, P136/J2,20.
286. (sans titre), agenda étudiant annotée au fil des jours de janvier à mars 1941, P136/J2,21.
287. «Mon journal I — II», 24 avril 1949 au 25 mai 1949, 133 pages manuscrites, P136/ J2,22.

AJOUT

288. «Les recherches en sciences sociales», sans date, 11 pages dactylographiées, P136/ E,5. (Allocution prononcée devant le Club Richelieu.)
289. «Le rôle de la presse au Canada français, spécialement de la presse libre hier, aujourd'hui, demain», 19 pages manuscrites, (Sans date) P136/E,10.
290. «Relations canado-américaines», 1953, 36 pages manuscrites, P136/E,8.
291. «Sur une caricature», *L'Autorité*, 14 novembre 1953, p. 4.
292. «Nécessité de faire l'éducation des contribuables québécois», 25 février 1955, 3 pages dactylographiées, P136/C,20.
293. «A Residuary Culture», *Le Devoir*, 4 juin 1955, p. 4.
294. (Sans titre), texte d'une émission de télévision au réseau anglais de Radio-Canada, 2 pages dactylographiées, 20 novembre 1956, P136/E,30.
295. «Le rôle et la fonction de professeur d'université», 2 pages dactylographiées, P136/E,39.

296. «L'universitaire de 1959 devant l'action politique», 3 pages manuscrites, P136/ E,40.

297 .«La fidélité canadienne-française et l'union canadienne», 15 pages dactylographiées, P136/E,43. (Conférence prononcée le 31 août 1959.)

298. «Le bilinguisme et l'union canadienne», 5 pages dactylographiées, P136/E,45. (Causerie prononcée lors de l'Assemblée annuelle de la Conférence canadienne des arts, tenue à Montréal du 27 au 29 novembre 1959.)

299. «La conquête de 1760... après deux siècles de patience», 1 page dactylographiée, 26 avril 1960, P136/D2,64.

300. «Le nationalisme canadien-français: ses origines et son évolution», 23 pages manuscrites, P136/E,59. (Conférence prononcée le 14 novembre 1961.)

301. «Le Canada français face aux problèmes d'enseignement de la seconde moitié du XXe siècle», 6 pages dactylographiées, P136/E,61. (Conférence prononcée à Sherbrooke le 3 mars 1962.)

302. «Réflexions sur un récent manifeste», 2 pages dactylographiées, P136/C,135. (Ce texte devait paraître dans *Socialisme 64.*)

303. Compte rendu du livre de Donald Creighton, *The Road to Confederation*, (1964), lu à Radio-Canada (réseau anglais) le 13 décembre 1964, 3 pages dactylographiées, P136/E,71.

304. «Le rapport préliminaire de la Commission fédérale d'enquête sur le bilinguisme et l'opinion publique canadienne», 4 pages dactylographiées. P136/E,74. (Texte des propos tenus à l'émission «Commentaires» de Radio-Canada, le 2 mars 1965.)

305. «Les grandes étapes de l'histoire de l'enseignement au Québec, 1635-1972», 3 pages dactylographiées, P136/E,94. (Résumé de la causerie prononcée devant les membres de l'Association France-Québec, à Paris, le 8 juin 1972.)

306. «Conduite de barbares», 6 novembre 1974, 1 page dactylographiée, P136/ D1,38.

307. «Changement d'empire», *Encyclopédie de la jeunesse*, 1978, 7 pages dactylographiées, P136/D2,120.

308. «Notre révolution culturelle et l'étape de la recherche scientifique», 10 pages dactylographiées, P136/E,101. (Conférence prononcée devant le Comité d'histoire et d'archéologie subaquatique du Québec, le 21 avril 1979.)

309. «Les gens changent», *Le Devoir*, 1er mai 1980, p. 8.

310. «M. Pierre Elliott Trudeau: un homme déphasé», 12 mai 1980, 3 pages dactylographiées, P136/C,113.

311. «Un assimilé...», *La Presse*, 19 mai 1980, p. B-1.

312. «Bilinguisme», *La Presse*, 12 novembre 1984, p. A-7.

DEUXIÈME AJOUT

313. «Montréal, ville anglo-américaine», *Notre Temps*, 23 décembre 1950, p. 9.

314. «Trois illusions de la pensée canadienne-française», *Alerte*, 11 (mai-juin 1954), p. 137-145.

315. «Le fédéralisme canadien de M. Maurice Lamontagne», *Notre Temps*, 19 juin 1954, p. 1. (Causerie prononcée à Radio-Canada.)

316. «Le professeur Jean-Charles Falardeau et les besoins universitaires», *Le Devoir*, 29 octobre 1956, p. 4.

317. Compte rendu du livre d'Arthur Lower, *A Pattern for History*, (1978), dans *Revue d'histoire de l'Amérique française*, 33, 4 (mars 1980), p. 597-598.

ENTREVUES DE MICHEL BRUNET

Lacroix, Yvan André et Lise Pothier, entrevue réalisée au domicile de Michel Brunet le 22 février 1985, P136/K,2, (2 cassettes.) (Inaudible)

Ricard, François, «Écrire l'histoire au Québec», Radio de Radio Canada, 14 juin 1981, 14 p.

Racette, Johanne et France Sainte-Marie, entrevue réalisée avec Michel Brunet, à l'Université de Montréal, pour le Service des archives, le 1er décembre 1980, P136/K,1, (1 cassette.)

Gravel, Claude, «Nous vivons dans une démocratie dirigée», *La Presse*, 8 mai 1980, p. A-15.

Cook, Ramsay, «An Interview with Michel Brunet», dans Eleanor Cook, dir., *The Craft of History*, Toronto, Canadian Broadcasting Corporation, 1973, p. 45-83.

«Michel Brunet et sa conception de l'histoire», *Le Devoir*, 25 avril 1970, p. 15.

Clark, Marcel, «Interview avec M. Michel Brunet, professeur au Département d'histoire de l'Université de Montréal», *Le Quartier Latin*, 50, 30 (6 février 1968), p. 8.

Benoît, Jacques, «Si elle crève, ce sera de suralimentation — McGill crie famine... en savourant la part du lion», *Le Petit Journal*, 23 septembre 1965, p. 6.

Bombardier, Denise, «Quand on est majorité, on doit prendre ses responsabilités», *Le Quartier Latin*, 4 février 1964, p. 12.

Anonyme, «Aux yeux de M. Michel Brunet le séparatisme se présente comme une étape normale de l'évolution de la pensée politique du Québec», *La Presse*, 16 juin 1961, p. 5, 8.

Chalout, Pierre, «Québec est trop bien nourri pour devenir séparatiste», *Le Petit Journal*, 23 avril 1961, p. 45. (Un court extrait de cet interview a aussi paru dans *Laurentie*, 113 (juin 1961), p. 680.)

Bégin, Laurent, «L'indépendance politique — Aberration ou évolution nécessaire?», *Le Quartier Latin*, 14 mars 1961, p. 1. (Cet interview a été reproduit dans *Laurentie*, 113 (juin 1961), p. 681-682.)

Poulin, Louis-Philippe, «Agriculturisme», Entrevue réalisée dans le cadre de l'émission «Le choc des idées», 10 janvier 1955, P136/C,2.

II. ÉTUDES

GÉNÉRALES

ANGERS, François-Albert, «Ah! c'est ça l'histoire objective!», *L'Action nationale*, 50, 9 (mai 1961), p. 912-916.

ANONYME, «Brunet: les anglophones du Québec doivent apprendre à devenir une minorité», *Le Devoir*, 25 février 1966, p. 6.

—, «Le «canadianisme», une chimère, une réalité ou une grave équivoque?», *La Presse*, 9 juin 1956, p. 41, 68.

—, «L'impossible indépendance», *La Presse*, 9 juin 1956, p. 43.

ARAMIS, «Coups de marteau sur le visage des ancêtres», *Le Devoir*, 7 janvier 1958, p. 4.

BARBEAU, Victor, «Mesure de l'homme», *L'Action*, 15 mai 1963.

BEAUDIN, Dominique, «L'agriculturisme, margarine de l'histoire», *L'Action nationale*, 49, 7 (mars 1960), p. 506-530.

—, «Le "brunétisme" ou la déformation de l'histoire», *L'action nationale*, 48, 8 (avril 1959), p. 329-342.

BLAIN, Jean, «Économie et société en Nouvelle-France», *Revue d'histoire de l'Amérique française*, 26, 1 (juin 1972), p. 3-31; 28, 2 (septembre 1974), p. 163-186; 30, 3 (décembre 1976), p. 323-362;

—, «Maurice Séguin ou la rationalisation de l'histoire nationale», préface à *La «nation canadienne» et l'agriculture (1760-1850)*, Trois-Rivières, Boréal Express, 1970, p. 17-40.

BROUILLÉ, Jean-Louis, «Encore M. Brunet», *L'Action nationale*, 50, 9 (mai 1961), p. 898-900.

BRUCHÉSI, Jean, «Tué au Fort Beauséjour», *Les Cahiers des Dix*, 18 (1953), p. 67-84.

CHARTIER, Émile, Mgr., *Trente années d'Université (1914-1944)*, Montréal, Université de Montréal, 1982, 95 p.

—, «Histoire et idée nationale», *La vie de l'esprit 1760-1925*, Montréal, Valiquette, 1941, p. 77-97.

COMEAU, Robert, dir., *Maurice Séguin, historien du pays québécois vu par ses contemporains*, Montréal et Québec, VLB éditeur, 1987, 307 p.

—, «Lionel Groulx, les indépendantistes de "La Nation" et le séparatisme (1936-1938)», *Revue d'histoire de l'Amérique française*, 26, 1 (juin 1972), p. 83-102.

DESROSIERS, Léo-Paul, «Nos jeunes historiens servent-ils bien la vérité historique et leur patrie?», *Notre Temps*, 28 décembre 1957, p. 1-2.

DION, Léon, «Le nationalisme pessimiste: sa source, sa signification, sa validité», *Cité libre*, 18, novembre 1957, p. 3-18.

DUCHESNEAU, Alain, *Le cheminement historiographique de Guy Frégault, 1936-1955*, Québec, mémoire de maîtrise, Université Laval, 1987, L-204 p.

DUMONT, Fernand, «De quelques obstacles à la prise de conscience chez les Canadiens français», *Cité libre*, 19, (janvier 1958), p. 22-28.

FILION, Gérard, «À qui la faute, si l'histoire est si mal enseignée?», *Le Devoir*, 22 mars 1961, p. 4.

—, «Nous ne sommes pas des imbéciles», *Le Devoir*, 7 novembre 1953, p. 4.

GAGNON, Serge, «Pour une conscience historique de la révolution québécoise», *Cité libre*, 16, 83 (janvier 1966), p. 4-19.

GENEST, Jean, s.j., *Qu'est-ce que le «brunétisme»?*, Montréal, 1961, 12 p.

—, «Le duel Brunet-Barbeau», *L'Action nationale*, 49, 5 (janvier 1960), p. 393-396.

HAMEL, Guy, «L'agriculturisme, un mal imaginaire», *L'Action catholique*, 27 juin 1958, p. 8.

HAMELIN, Jean, *Économie et société en Nouvelle-France*, Québec, Les Presses de l'Université Laval, (s.d.), 137 p.

HARVEY, Pierre, «Stagnation économique en Nouvelle-France», *L'Actualité économique*, 38, (1961), p. 537-548.

LAPALME, Michel, «Le nouveau chanoine Groulx s'appelle Séguin», *Magazine Maclean*, 6, 4 (avril 1966), p. 16, 48, 50, 54.

LÉGER, Jean-Marc, «Dialogue fécond ou dangereux?», *La Presse*, 23 septembre 1955, p. 24, 53.

LESAGE, Jean, «Un nouveau sauveur de notre culture», *Le Clairon-Québec*, 24 janvier 1947, p. 7.

NISH, Cameron, «Bourgeoisie coloniale en Nouvelle-France, une hypothèse de travail», *L'Actualité économique*, 39, 2 (juillet-septembre 1963), p. 240-265.

OUELLET, Fernand, *Histoire économique et sociale du Québec 1760-1850 Structure et conjoncture*, Montréal et Paris, Fides, 1966, 639 p.

—, «Le nationalisme canadien-français: de ses origines à l'insurrection de 1837», *Canadian Historical Review*, 45, (décembre 1964), p. 277-292.

—, «Les fondements historiques de l'option séparatiste dans le Québec», *Liberté*, 21, (mars 1962), p. 90-112.

—, «M. Michel Brunet et le problème de la Conquête», *Bulletin des recherches historiques*, 62, 2 (avril-juin 1956), p. 92-101.

RICARD, François, *Écrire l'histoire du Québec*, Radio de Radio-Canada, 14 juin au 13 septembre 1981, série d'entrevues réalisées avec 14 historiens québécois.

RIOUX, Marcel, «Idéologie et crise de conscience du Canada français, *Cité libre*, 14, (décembre 1955), p. 1-29.

ROY, Christian, «Le personnalisme de L'Ordre Nouveau et le Québec, 1930-1947. Son rôle dans la formation de Guy Frégault», *Revue d'histoire de l'Amérique française*, 46, 3 (hiver 1993), p. 463-484.

SAVARD, Pierre, dir., *Guy Frégault, (1918-1977)*, Montréal, Édition Bellarmin, 1981, 91 p.

—, «Un quart de siècle d'historiographie québécoise, 1947-1972», *Recherches sociographiques*, 15, 1 (janvier-avril 1974), p. 77-96.

SYLVESTRE, Guy, «Guy Frégault», *La Revue populaire*, (octobre 1946), p. 12; 73.

TOUSIGNANT, Pierre, «À la mémoire de Michel Brunet», *Le Devoir*, 6 septembre 1985, p. 8.

—, «À la mémoire de Maurice Séguin», *Le Devoir*, 30 août 1984, p. 8.

WALLOT, Jean-Pierre, «L'histoire et le néo-nationalisme des années 1947-1970», *Continuité et rupture —Les sciences sociales au Québec*, Montréal, Les Presses de l'Université de Montréal, 1984, p. 111-116.

—, «L'histoire et la recherche du sens», *Revue d'histoire de l'Amérique française*, 37, 4 (mars 1984), p. 533-542.

—, «Groulx, historiographe», *Revue d'histoire de l'Amérique française*, 32, 3 (décembre 1978), p. 407-434.

—, Compte rendu du livre de Paul. G. Cornell, Jean Hamelin, Fernand Ouellet, Marcel Trudel, *Canada — Unité et diversité,* dans *Revue d'histoire de l'Amérique française*, 22, 3 (décembre 1968), p. 450-451.

—, «Notes bibliographiques — Le professeur Maurice Séguin», *Revue d'histoire de l'Amérique française*, 20, 3 (décembre 1966), p. 486-498.

—, «Le Canada français: classes sociales, idéologie et infériorité économique», *Revue d'histoire de l'Amérique française*, 20, 3 (décembre 1966), p. 477-486.

COMPTES RENDUS

ALCESTE, «La Civilisation de la Nouvelle-France», *Le Devoir*, 10 février 1945, p. 8.

ANONYME, «Les illusions de M. Brunet», *Le Bien public*, 28 mai 1954, p. 1.

BÉGIN, Émile, «Le Grand Marquis», *Revue de l'Université Laval*, 7, 5 (janvier 1953), p. 467-469.

—, «Histoire du Canada par les textes», *Revue de l'Université Laval*, 6, 10 (juin 1952), p. 846-847.

—, «La Civilisation de la Nouvelle-France», *L'Enseignement secondaire au Canada*, 25, 2 (novembre 1945), p. 138-140.

BLAIN, Jean, «Le XVIIIe siècle canadien — Études», *Revue d'histoire de l'Amérique française*, 23, 1 (juin 1969), p. 122-126.

—, «Guy Frégault — La Guerre de la Conquête 1754-1760», *Recherches Sociographiques*, (mai-août 1967), p. 236-239.

—, «Notre littérature — La Guerre de la Conquête», *L'Action nationale*, 45, 7 (mars 1956), p. 621-628.

—, «Histoire du Canada par les textes», *Le Devoir*, 21 juin 1952, p. 7.

BONENFANT, Jean-Charles, «Les Canadiens après la Conquête, 1759-1775», *Le Devoir*, 25 avril 1970, p. 15.

BOYER, Lucien, «Un livre de Guy Frégault — La Guerre de la Conquête», *Le Devoir*, 21 janvier 1956, p. 5.

BROUILLETTE, Benoît, «Iberville le Conquérant», *Canadian Historical Review*, 26, 2 (juin 1945), p. 193-194.

BURT, A. L., «La société canadienne sous le régime français», *Canadian Historical Review*, 35, 4 (décembre 1954.) p. 352.

—, «François Bigot: administrateur français», *Canadian Historical Review*, 30, 2 (juin 1949), p. 162-163.

CHAPUT-ROLLAND, Solange, «La Guerre de la Conquête par Guy Frégault», *Points de vue*, 1, 5 (janvier-février 1956), p. 19-20.

—, «François Bigot, administrateur français», *Amérique française*, 7, 3 (1948-1949), p. 87-88.

CHARTIER, Émile, Mgr., «Canadians et Canadiens», *Lectures*, 1, 19 (28 mai 1955), p. 148.

COLLIN, W. E., «La Guerre de la Conquête», *University of Toronto Quarterly*, 26, 3 (avril 1957), p. 396-398.

—, «Iberville le Conquérant — La Civilisation de la Nouvelle-France», *University of Toronto Quarterly*, 14, 3 (avril 1945), p. 279-280.

CORRIVEAU, Patrice, «Michel Brunet — Canadians et Canadiens», *Revue de l'Université d'Ottawa*, (octobre-décembre 1955), p. 506.

—, «Guy Frégault — Le Grand Marquis», *Revue de l'Université d'Ottawa*, 23, 1 (janvier-mars 1953), p. 128.

COURRIÈRES, Georges, «Iberville le Conquérant», *La Presse*, 3 juin 1944, p. 32.

D., G.-E., «Iberville le Conquérant», *Canadian Forum*, 32, 8 (avril 1945), p. 603.

—, «La Civilisation de la Nouvelle-France», *Le Canada français*, 23, 8 (avril 1945), p. 639.

D'ANJOU, Marie Joseph, s.j., «La Guerre de la Conquête», *Relations*, 16, 186 (juin 1956), p. 174.

—, «"Canadians" et Canadiens», *Collège et famille*, 13, 1 (février 1956), p. 43-44.

DAVELUY, Marie-Claire, «La Société canadienne sous le régime français», *Notre Temps*, 19 février 1955, p. 6.

—, «Histoire du Canada par les textes», *Lectures*, 9, 1 (septembre 1952), p. 15-22.

DAVIAULT, Pierre, «La Civilisation de la Nouvelle-France», *Le Droit*, 17 février 1945, p. 2.

—, «Iberville le Conquérant», *Le Droit*, 27 mai 1944, p. 2.

DESHAIES, Bruno, «Québec — Canada anglais — Deux itinéraires, un affrontement», *Revue d'histoire de l'amérique française*, 22, 4 (mars 1969), p. 625-633.

DESMARCHAIS, Rex, «Iberville le Conquérant», *L'École canadienne*, 19, 10, (juin 1944) p. 528-529.

DESROSIERS, Léo-Paul, «La Conquête», *Le Devoir*, 18 mars 1967, p. 15.

—, «Réflexions sur un récent ouvrage de MM. Frégault, Trudel et Brunet», *Notre Temps*, 21 juin 1952. *(Histoire du Canada par les textes.)*

—, «François Bigot, administrateur français», *Revue d'histoire de l'Amérique française*, 2, 4 (mars 1949), p. 590-596.

—, «Quelques ouvrages récents d'Histoire du Canada», *Culture*, 5, 2 (juin 1944), p. 181-183. *(Iberville le Conquérant.)*

DUHAMEL, Roger, «Les "Écrits du Canada français" se recommandent à l'attention de tous», *La Patrie* (du dimanche), 9 juin 1957, p. 26. (À propos de "Trois dominantes de la pensée canadienne-française".)

—, «Le premier gouverneur canadien», *L'Action universitaire*, (juillet 1953), p. 95-97.)

—, «François Bigot, administrateur français», *L'Action universitaire*, 15, 3 (avril 1949), p. 70-71.

—, «La Civilisation de la Nouvelle-France», *L'Action nationale*, 25, 2 (février 1945), p. 146-151.

—, «Iberville le Conquérant», *L'Action nationale*, 24, 1 (août-septembre 1944), p. 60-62.

GABOURY, J. M., c.s.c., «François Bigot, administrateur français», *Lectures*, 5, 7 (mars 1949), p. 398-402.

GAGNON, Serge, «La Nation canadienne et l'agriculture 1760-1850 de Maurice Séguin», *Livres et auteurs québécois*, 1970, p. 190-192.

—, «Québec-Canada anglais — Deux itinéraires un affrontement», *Livres et auteurs canadiens*, 1968, p. 169-170.

GRENIER, Fernand, «Histoire du Canada par les textes», *Culture*, 14, 1 (mars 1953), p. 98-101.

GROULX, Lionel, ptre, «La Guerre de la Conquête», *Revue d'histoire de l'Amérique française*, 9, 4 (mars 1956), p. 579-588.

—, «Canadians et Canadiens — Études sur l'histoire et la pensée des deux Canadas», *Revue d'histoire de l'Amérique française*, 9, 1 (juin 1955), p. 120-129.

—, «François Bigot, administrateur français», *L'Action nationale*, 33, 2 (février 1949), p. 50-61.

HAMEL, Émile-Charles, «La Civilisation de la Nouvelle-France par Guy Frégault», *Le Jour*, 31 mars 1945, p. 5.

—, «Un héros canadien», *Le Jour*, 13 mai 1944, p. 5. *(Iberville le Conquérant.)*

HAMELIN, Jean, «La Guerre de la Conquête», *Culture*, 19, 1 (mars 1958), p. 114-116.

HOULE, Jean-Pierre, «Iberville le Conquérant, par Guy Frégault», *Bulletin des études françaises*, 4, 19 (mai-juin 1944), p. 75-76.

L., B., «La Guerre de la Conquête», *Revue de l'Université Laval*, 10, 8 (avril 1956), p. 764-765.

—, «Canadians et Canadiens», *Revue de l'Université Laval*, 10, 3 (novembre 1955), p. 279-280.

L., M.-A., «Iberville le Conquérant», *Revue Dominicaine*, 50, 2 (décembre 1944), p. 313.

LACROIX, Benoît, «La présence anglaise et les Canadiens», *Revue d'histoire de l'Amérique française*, 12, 3 (décembre 1958), p. 428-434.

—, «Le Sens des faits — Canadians et Canadiens», *Revue Dominicaine*, (juin 1955), p. 308-309.

—, «Histoire du Canada par les textes», *Revue d'histoire de l'Amérique française*, 6, 1 (juin 1952), p. 140-142.

LALIBERTÉ, Paul, (pseud. de Roger Duhamel), «La Civilisation de la Nouvelle-France», *Le Bloc*, 1er février 1945, p. 6.

LAMARCHE, Antonin, «Guy Frégault — La Guerre de la Conquête», *Revue Dominicaine*, 62, 1 (avril 1956), p. 189-190.

LAMARCHE, Gustave, «Les découvertes du professeur Michel Brunet», *Les Carnets Viatoriens*, 20, 3 (juillet 1955), p. 196-198. *(Canadians et Canadiens.)*

LANCTÔT, Gustave, «La Civilisation de la Nouvelle-France», *Canadian Historical Review*, 26, 3 (septembre 1945), p. 319-321.

LATERREUR, Marc, «Histoire du Canada par les textes», *Revue d'histoire de l'Amérique française*, 17, 4 (mars 1964), p. 580-582.

LEDOUC, Paul, «D'Iberville le Conquérant», *Le Devoir*, 13 mai 1944, p. 8.

LÉGER, Jean-Marc, «Un maître livre — Le «François Bigot» de Guy Frégault», *Notre Temps*, 24 décembre 1948, p. 3.

LEMIRE, Maurice, «La «nation canadienne» et l'agriculture (1760-1850)», *Dictionnaire des œuvres littéraires du Québec — V*, Montréal, Fides, 1987, p. 584-585.

LOWER, A. R. M., «La présence anglaise et les Canadiens», *Queen's Quarterly*, 66, (hiver 1960), p. 681-682.

—, «Histoire du Canada par les textes», *Canadian Historical Review*, 34, 1 (mars 1953), p. 58.

MATHIEU, Jacques, «La Civilisation en Nouvelle-France par Guy Frégault», *La Nouvelle Relève*, 3, 10 (janvier 1945), p. 618-621.

—, «Iberville le Conquérant», *La Nouvelle Relève*, 3, 10 (janvier 1945), p. 621-622.

OUELLET, Fernand, «Les Canadiens après la conquête 1759-1775 — De la révolution canadienne à la révolution américaine», *Canadian Historical Review*, 51, 3 (septembre 1970), p. 310-316.

—, «L'idée d'indépendance au Québec: genèse historique», *Revue d'histoire de l'Amérique française*, 22, 4 (mars 1969), p. 637-643.

—, «Histoire du Canada par les textes», *Livres et auteurs canadiens*, Québec, Les Presses de l'Université Laval, 1963, p. 97-98.

—, «La Guerre de la Conquête», *Vie des arts*, 3 (mai-juin 1956), p. 33-34.

P., A., «"Canadian" ou Canadien», *Relations*, 13, 156 (décembre 1953), p. 330-331.

P., H., «La Guerre de la Conquête par Guy Frégault», *L'Action catholique*, 21 janvier 1956, p. 4.

ROBILLARD, Jean-Paul, «Le dernier Frégault — La Guerre de la Conquête», *Le Petit Journal*, 29 janvier 1956, p. 54.

ROY, André, «Iberville le Conquérant», *L'Action catholique*, 13 juin 1944, p. 4.

STACEY, C. P., «La guerre au Canada il y a deux siècles», *Journal de l'Armée canadienne*, 10, 4 (octobre 1956), p. 127-130. *(La Guerre de la Conquête.)*

STANLEY, George F. G., «La Guerre de la conquête», *Canadian Historical Review*, 39, 1 (mars 1958), p. 67-69.

—, «La Civilisation de la Nouvelle-France», *Revue de l'Université d'Ottawa*, 16, 2 (avril-juin 1946), p. 224.

TANGUAY, Jean-Charles, «Canadians et Canadiens», *L'Action nationale*, 44, 9 (mai 1955), p. 837-840.

THÉBERGE, Jean-Yves, «Un livre indispensable et d'une grande clarté», *Le Canada français*, 10 septembre 1969, p. 34. *(Les Canadiens après la Conquête.)*

—, «Québec-Canada», *Le Canada français*, 6 juin 1968, p. 34.

UNDERHILL, Frank, «La Présence anglaise et les Canadiens», *Canadian Historical Review*, 40, 2 (juin 1959), p. 160-162.

VALOIS, Marcel, «La Guerre de la Conquête», *La Presse*, 2 janvier 1956, p. 64.

—, «Canadians et Canadiens» *La Presse*, 14 mars 1955, p. 7.

VAUGEOIS, Denis, «Les Canadiens après la Conquête, (1759-1775)», *Revue d'histoire de l'Amérique française*, 24, 3 (décembre 1970), p. 420-427.

VOISINE, Nive, «Les Canadiens après la Conquête», *Culture*, juin 1970, p. 162-163.

YON, Armand, «La Civilisation de la Nouvelle-France», *Bulletin des études françaises*, 5, 25 (mai-juin 1945), p. 78-79.

OUVRAGES ET ARTICLES GÉNÉRAUX

ACTION NATIONALE, «Le régime capitaliste», 1, 4 (avril 1933), p. 193-194.

ANGERS, François-Albert, «Naissance de la pensée économique au Canada français», *Revue d'histoire de l'Amérique française*, 15, 2 (septembre 1961), p. 204-229.

—, «Quelques facteurs économiques et sociaux qui conditionnent la prospérité de l'agriculture», dans Esdras Minville, dir., *L'agriculture*, Montréal, Fides, 1943, p. 427-481.

ARLES, Henri D', «Groulx et Chapais», *Nos historiens*, Montréal, Bibliothèque de l'Action française, 1921, p. 193-243.

BASTIEN, Hermas, *Ces écrivains qui nous habitent*, Montréal, Beauchemin, 1969, 227 p.

BARBEAU, Victor, *Mesure de notre taille*, Montréal, Imprimerie du Devoir, 1936, 245 p.

BEAUDET, Marie-Andrée, *L'impact de la situation linguistique sur la formation du champ littéraire au Québec 1895-1914*, Thèse de doctorat, Université Laval, 1989, p. 300-315.

BEHIELS, Michael D., «Le nationalisme québécois avant la Révolution tranquille», dans Jean-François Léonard, dir., *Georges-Émile Lapalme*, Montréal, Les Presses de l'Université du Québec, 1988, p. 89-97.

—, *Prelude to Quebec's Quiet Revolution —Liberalism versus Neo-nationalism 1945-1960*, Kingston et Montréal, McGill-Queen's University Press, 1985, 366 p.

BÉLANGER, André-J., *Ruptures et constantes —Quatre idéologies du Québec en éclatement: la Relève, la JEC, Cité libre, Parti Pris*, Montréal, Hurtubise HMH, 1977, 219 p.

BERGER, Carl, *The Writing of Canadian History — Aspects of English-Canadian Historical Writing since 1900*, Toronto, University of Toronto Press, (1976), 1986, XIV-363 p.

BLAIN, Jean, «La moralité en Nouvelle-France: les phases de la thèse et de l'antithèse», *Revue d'histoire de l'Amérique française*, 27, 3 (décembre 1973), p. 408-416.

—, «La frontière en Nouvelle-France», *Revue d'histoire de l'Amérique française*, 25, 3 (décembre 1971), p. 397-407.

BLOCH, Marc, *Apologie pour l'histoire*, Paris, Armand Colin, 1977, 167 p.

BONENFANT, Jean-Charles, «Retour à Thomas Chapais», *Recherches sociographiques*, 15, 1 (janvier-avril 1974), p. 41-55.

BRASILLACH, Robert, *Une génération dans l'orage — Mémoires — Notre avant-guerre — Journal d'un homme occupé*, Paris, Plon, (1941), 1968, 508 p.

BRÉHAULT RYERSON, Stanley, *Connaître l'histoire, comprendre la société: un rapport en voie de mutation? Histoire de cas: une prise de conscience des vecteurs sociohistoriques du casse-tête Canada-Québec*, Thèse de doctorat, Université Laval, 1987, 54 p.

BRODIN, Pierre, *Maîtres et témoins de l'entre-deux-guerres*, Montréal, Édition Valiquette, (1943), 1945, 247 p.

CHESNEAUX, Jean, *Du passé faisons table rase?*, Paris, Petite collection Maspero, 1976, 190 p.

COMEAU, Robert, dir., *Économie québécoise*, Montréal, Les Presses de l'Université du Québec, 1969, 495 p.

CREIGHTON, Donald G., *The Empire of the St-Lawrence*, Toronto, Macmillan, (1937), 1956, VI-441 p.

DANEAU, Marcel, «Évolution économique du Québec, 1950-1965», *L'Actualité économique*, 41, 4 (janvier-mars 1966), p. 659-692.

DANIEL-ROPS, *Éléments de notre Destin*, Paris, Édition Spes, 1934, 253 p.

DECHÊNE, Louise, «Coup d'œil sur l'historiographie de la Nouvelle-France», *Études canadiennes/Canadian Studies*, 3, (1977), p. 45-58.

DELOS, J.-T., *Le problème de civilisation — La nation*, Montréal, Édition de l'Arbre, 1944, vol. I, p. 163-180; vol. II, p. 194-206.

DION, Léon, *Nationalisme et politique au Québec*, Montréal, Édition HMH, 1975, 177 p.

DOMENACH, Jean-Marie, *Ce qu'il faut enseigner*, Paris, Seuil, 1989, 190 p.

—, *Emmanuel Mounier*, Paris, Seuil, coll. «Écrivains de toujours», 1972, 190 p.

—, «Le Canada français — Controverse sur un nationalisme», *Esprit*, 2 (février 1965), p. 290-328.

—, «Les principes du choix politique», *Esprit*, 18, 174, (décembre 1950), p. 820-838.

DUBUC, Alfred, «L'influence de l'École des Annales au Québec», *Revue d'histoire de l'Amérique française*, 33, 3 (décembre 1979), p. 357-386.

DUCHESNE, Raymond, *La science et le pouvoir au Québec (1920-1965)*, Québec, Éditeur officiel du Québec, 1978, 126 p.

DUMONT, Fernand, «Des embarras de l'interprète à l'avenir de l'interprétation», dans *Construction/destruction sociale des idées: Alternances, récurrences, nouveautés*, Montréal, Cahiers de l'ACFAS, 1987, p. 9-20.

—, *L'anthropologie en l'absence de l'homme*, Paris, Presses universitaires de France, 1981, 369 p.

—, «Une révolution culturelle?», dans F. Dumont *et al.*, dir., *Idéologies au Canada français 1940-1976, vol I: La Presse — La Littérature*, Québec, Les Presses de l'Université Laval, 1981, p. 5-31.

—, «La culture québécoise: ruptures et traditions», dans Jean Sarrazin et Claude Glayman, dir., *Dossier Québec*, Paris, Stock, 1979, p. 59-69.

—, «Les années 30 — La première Révolution tranquille», dans (En coll.), *Idéologies au Canada français 1930-1939*, Québec, Les Presses de l'Université Laval, 1978, p. 1-20.

—, «Actualité de Lionel Groulx», dans Maurice Filion, dir., *Hommages à Lionel Groulx*, Montréal, Leméac, 1978, p. 55-80.

—, «Le projet d'une histoire de la pensée québécoise», dans (En coll.), *Philosophie au Québec*, Desclée, 1976, p. 23-48.

—, «Du début du siècle à la crise de 1929: un espace idéologique», dans (En coll.), *Idéologies au Canada français (1900-1929)*, Québec, Les Presses de l'Université Laval, 1974, p. 1-15.

—, «Idéologie et savoir historique», dans *Chantiers*, Montréal, Édition Hurtubise, HMH, 1973, p. 63-83.

—, «De l'idéologie à l'historiographie: le cas canadien-français», dans *Chantiers*, Montréal, Hurtubise, HMH, 1973, p. 85-114.

—, «Vie intellectuelle et société depuis 1945: la recherche d'une nouvelle conscience», dans Pierre de Grandpré, dir., *Histoire de la littérature française du Québec*, vol. II, Montréal, Beauchemin, 1969, p. 15-22.

—, «Idéologies au Canada français, 1850-1900: quelques réflexions d'ensemble», *Recherches sociographiques*, 10, 2-3 (mai-décembre 1969), p. 145-156.

—, *Le lieu de l'homme — La culture comme distance et mémoire*, Montréal, Hurtubise, HMH, (1968), 1971, 233 p.

—, «Le temps des aînés», *Études françaises*, 5, 4 (novembre 1969), p. 467-472.

—, «La représentation idéologique des classes au Canada français», *Recherches sociographiques*, 7, 1 (janvier-avril 1965), p. 9-22.

—, «Idéologie et conscience historique dans la société canadienne-française du XIXe siècle», dans Claude Galarneau et Elzéar Lavoie, dir., *France et Canada français du XVIe au XXe siècle*, Québec, Les Presses de l'Université Laval, 1966, p. 269-290.

—, «La liberté a-t-elle un passé et un avenir au Canada français?», dans Roland Houde, dir., *Histoire et philosophie au Québec*, Trois-Rivières, Les Éditions du Bien Public, 1979, p. 105-115.

ÉLIAS, Norbert, *La civilisation des mœurs*, Paris, Calmann-Lévy, (1939), 1976, p. 11-73

FALARDEAU, Jean-Charles, «Antécédents, débuts et croissance de la sociologie au Québec», *Recherches sociographiques*, 15, 2-3 (mai-août 1974), p. 135-165.

—, «Écrivains et écrivants», dans *Notre société et son roman*, Montréal, HMH, 1967, p. 65-73.

—, «Des élites traditionnelles aux élites nouvelles, *Recherches sociographiques*, 7, 1-2, (janvier-août 1966), p. 131-145.

—, dir., *Essais sur le Québec contemporain*, Québec, Les Presses universitaires Laval, 1953, 260 p.

FEBVRE, Lucien, *La terre et l'évolution humaine*, Paris, Albin Michel, coll. «L'évolution de l'humanité», (1922), 1970, p. 11-42.

FOHLEN, Claude, *L'Amérique anglo-saxonne de 1815 à nos jours*, Paris, Presses universitaires de France, 1965, p. 155-167; p. 303-325.

FOLLIET, Joseph, «Nationalisme», *Mes Fiches*, 1, 2 (avril 1937), p. 39.

FORTIN, Lucienne, «Les Jeunes-Canada», dans Fernand Dumont, dir., *Idéologies au Canada français 1930-1939*, Québec, Les Presses de l'Université Laval, 1978, p. 215-233.

FOURNIER, Marcel, *L'entrée dans la modernité — Science, culture et société au Québec*, Montréal, Édition Saint-Martin, 1986, 240 p.

FRUCHON, Pierre, «Compréhension et vérité dans les sciences de l'esprit», *Archives de philosophie*, 29, 1966, p. 297.

GAGNON, Serge, *Le Québec et ses historiens de 1840 à 1920 — La Nouvelle-France de Garneau à Groulx*, Québec, Presses de l'Université Laval, 1978, 474 p.

—, «La nature et le rôle de l'historiographie — Postulats pour une sociologie de la connaissance historique», *Revue d'histoire de l'Amérique française*, 26, 4 (mars 1973), p. 479-531.

—, «Historiographie canadienne ou les fondements de la conscience nationale», dans André BEAULIEU, Jean HAMELIN et B. BERNIER, dir., *Guide d'histoire du Canada*, Québec, Presses de l'Université Laval, 1969, p. 3-61.

GALARNEAU, Claude, *Les collèges classiques au Canada français*, Montréal, Fides, 1978, p. 165-243.

GODBOUT, A. «Les préoccupations en histoire et les thèses de M. l'Abbé Maheux», *Culture*, 4 (1943), p. 28-43.

GRANGER, Gilles-Gaston, *La raison*, Paris, Presses universitaires de France, coll. «Que sais-je?», (1955), 1979, 126 p.

GROULX, Lionel, *Mes mémoires*, 4 volumes, Montréal, Fides, 1970 – 437 p.; 1971 – 418 p.; 1972 – 412 p.; 1974 – 464 p.

—, *Chemins de l'avenir*, Montréal, Fides, 1964, p. 7-45.

—, *Dollard est-il un mythe?*, Montréal et Paris, Fides, 1960, 57 p.

—, «Ma conception de l'histoire», *L'Action nationale*, 49, 8 (avril 1960), p. 603-617.

—, *Pour bâtir*, Montréal, Ed. de l'Action nationale, 1953, 217 p.

—, «Un Institut d'histoire» *Revue d'histoire de l'Amérique française*, 2, 3 (décembre 1948), p. 472-479.

—, «Le coureur de bois, type social», *L'Action nationale*, 31, 5 (janvier 1948), p. 23-38.

—, «M. Thomas Chapais», *Liaison*, 1, 1947, p. 12-17.

—, «L'originalité de notre histoire», dans (En coll.), *Centenaire de l'Histoire du Canada de François-Xavier Garneau*, Montréal, Société historique de Montréal, 1945, p. 31-53.

—, «La Providence et la conquête anglaise de la Nouvelle-France», *Notre Maître, le passé*, 3e série, Montréal, Granger Frères limitée, 1944, p. 125-164.

—, *Pourquoi nous sommes divisés*, Montréal, Les éditions de l'Action nationale, 1943, 42 p.

—, «La bourgeoisie et le national», dans (En coll.), *L'avenir de notre bourgeoisie*, Montréal, Édition Bernard Valiquette, 1939, p. 91-125.

—, *Directives*, Montréal, Éditions du Zodiaque, 1937, 271 p.

—, *Orientations*, Montréal, Éditions du Zodiaque, 1935, 311 p.

—, «L'éducation nationale et les écoles normales», *L'Action nationale*, 4, 1 (septembre 1934), p. 5-25.

—, *Notre Maître, le passé*, vol. I, Montréal, Bibliothèque de l'Action française, 1924, p. 7-20, 263-269.

—, *Notre avenir politique*, Montréal, Bibliothèque de l'Action française, 1923, p. 7-30, 233-250.

—, *Lendemains de conquête*, Montréal, Bibliothèque de l'Action française, 1920, 237 p.

—, *La naissance d'une race*, Montréal, Granger Frères limitée, (1919), 1938, 287 p.

HAMELIN, Jean, *Histoire du catholicisme québécois —Le XXe siècle —vol. II —De 1940 à nos jours*, Montréal, Édition du Boréal Express, 1984, 425 p.

—, dir., *Histoire du Québec*, Saint-Hyacinthe et Toulouse, Edisem et Privat, 1977, 538 p.

HARVEY, Fernand, «L'histoire des travailleurs québécois: les variations de la conjoncture et de l'historiographie», dans Fernand Harvey, dir., *Le mouvement ouvrier au Québec*, Montréal, Boréal Express, 1981, p. 9-48.

—, *Bibliographie de six historiens québécois (Michel Bibaud, F.-X. Garneau, Thomas Chapais, Lionel Groulx, Fernand Ouellet, Michel Brunet)*, Québec, Institut supérieur des sciences humaines, 1970, 43 p.

HERTEL, François, *Pour un ordre personnaliste*, Montréal, Édition de l'arbre, 1942, p. 7-43.

KENT-BARBER, Nigel, «La théorie du commerce principal chez MM. Creighton et Ouellet», *Revue d'histoire de l'Amérique française*, 22, 3 (décembre 1968) p. 401-414.

LACOURSIÈRE, Jacques, PROVENCHER, Jean et Denis VAUGEOIS, *Canada-Québec — Synthèse historique*, Montréal, Édition du Renouveau Pédagogique, 1970, p. 496-563.

LACROIX, Benoît, *L'histoire dans l'antiquité*, Montréal et Paris, Institut d'études médiévales et J. Vrin, 1951, 252 p.

LAFLEUR, Bruno, «Introduction», Lionel Groulx, *L'appel de la race*, Montréal, Fides, (1922), 1956, p. 9-93.

LAMARCHE, Thomas-M., o.p., *À qui le pouvoir? À qui l'argent? Corporatisme/crédit/travail*, Montréal, Édition de l'œuvre de presse dominicaine, 1938, 240 p.

LANCTÔT, Gustave, «Les historiens d'hier et l'histoire d'aujourd'hui», *Canadian Historical Association Report*, 1941, p. 5-14.

LAURENDEAU, André, *La crise de la conscription 1942*, Montréal, Les Éditions du Jour, 1962, 157 p.

—, «Conclusions très provisoires», *L'Action nationale*, 31, 6 (juin 1948), p. 413-424.

LEMIRE, Maurice, «La colonisation du Canada», *Dictionnaires des œuvres littéraires du Québec*, vol. II, Montréal, Fides, 1980, p. 258-262.

LE MOYNE, Jean, «Saint-Denys-Garneau, témoin de son temps», dans *Convergences*, Montréal, HMH, 1961, p. 219-241.

LÉTOURNEAU, Jocelyn, «Québec d'après-guerre et mémoire collective de la technocratie», *Cahiers internationaux de sociologie*, 90, 1991, p. 67-87.

LÉVESQUE, Georges-Henri, o.p., «La première décennie de la Faculté des sciences sociales à l'Université Laval», *Continuité et rupture — Les sciences sociales au Québec*, Montréal, Les Presses de l'Université Laval, 1984, p. 51-63.

—, «Itinéraires sociologiques», *Recherches sociographiques*, 15, 2-3, (mai-août 1974), p. 203-211.

—, «Socialisme canadien — La C.C.F.», *L'Action nationale*, 2, 2 (octobre 1933), p. 91-116.

LEVITT, Kari, *La capitulation tranquille: les «multinationales» — pouvoir politique parallèle?*, Outremont, Édition L'Étincelle, (1970), 1972, 220 p.

LINTEAU, Paul-André, DUROCHER, René et Jean-Claude ROBERT, *Histoire du Québec contemporain — vol. I — De la Confédération à la crise (1867-1930)*, Montréal, Boréal Express, 1979, 660 p.

— et François RICARD, *Histoire du Québec contemporain — vol. II — Le Québec depuis 1930*, Montréal, Boréal Express, 1986, 739 p.

LIPIANSKY, Edmond, «L'"Ordre Nouveau" (1930-1938)», dans Edmond Lipiansky et Bernard Rettenbach, *Ordre et démocratie*, Paris, Presses Universitaires de France, 1967, p. 1-103.

LIPOVETSKY, Gilles, *L'ère du vide — Essais sur l'individualisme contemporain*, Paris, Gallimard, 1983, 315 p.

LOWER, Arthur R. M., *Colony to Nation — A History of Canada*, Toronto, London et New York, Longmans, Green & Company, 1946, XII-600 p.

—, «Two Ways of Life: The Primary Antithesis of Canadian History», *Canadian Historical Association Report/Société Historique du Canada*, 1943, p. 5-18.

MAHEUX, abbé Arthur, «Le nationalisme canadien-français à l'aurore du XXe siècle», *Canadian Historical Association Report*, 1945, p. 58-74.

—, *Pourquoi sommes-nous divisés?*, Montréal, Beauchemin, 1943, 219 p.

—, *Ton histoire est une épopée — Nos débuts sous le régime anglais*, Québec, Les Éditions du Bois-Francs, 1941, 213 p.

MAIRET, Gérard, «Peuple et Nation», dans François Châtelet et Gérard Mairet, dir., *Les idéologies*, vol. III, Paris, Hachette, coll. «Marabout», 1981, p. 51-73.

MARITAIN, Jacques, *Art et scolastique*, Paris, L. Rouart, 1935, 312 p.

MINVILLE, Esdras, «La colonisation», dans E. Minville, dir., *L'agriculture*, Montréal, Fides, 1943, p. 275-346.

—, *Invitation à l'étude*, Montréal, Fides, 1943, 171 p.

—, «Ce que nous voulons...», *L'Action nationale*, 6, 2 (octobre 1935), p. 92-102.

NEATBY, Blair, *La grande dépression des années 30 — La décennie des naufragés*, Montréal, Édition La Presse, (1972), 1975, 202 p.

OUELLET, Fernand, «La modernisation de l'historiographie et l'émergence de l'histoire sociale», *Recherches sociographiques*, 26, 1-2, 1985, p. 11-83.

—, «L'émergence dans le Canada du XXe siècle de l'histoire comme science sociale», *Mémoires de la Société Royale du Canada*, quatrième série, 20, 1982, p. 35-81.

PELLETIER, Gérard, *Les années d'impatience — 1950-1960*, Montréal, Stanké, 1983, 320 p.

RAFFESTIN, Claude, «Éléments pour une théorie de la frontière», *Diogène*, 134 (avril-juin 1986), p. 3-6.

RIOUX, Marcel, «Qu'est-ce qu'une nation?», *L'action nationale*, 26, 1 (septembre 1945), p. 25-37.

ROY, Gabrielle, *La détresse et l'enchantement*, Montréal, Boréal Express, 1984, 505 p.

RUMILLY, Robert, *Histoire de Montréal — V*, Montréal, Fides, 1974, p. 23-38.

—, *Histoire de l'École des Hautes Études Commerciales de Montréal*, Montréal, Beauchemin, 1966, p. 112-161.

—, *Le problème national des Canadiens français*, Montréal et Paris, Fides, 1961, 147 p.

—, *Histoire de la province de Québec — vol 31-32-33*, Montréal et Paris, Fides, 1959, 266 p.; 1959, 262 p.; 1961, 261 p.

—, *L'infiltration gauchiste au Canada français*, Montréal, Édité par l'auteur, 1956, 147 p.

TOUCHARD, Jean, «L'esprit des années 1930: une tentative de renouvellement de la pensée politique française», dans Guy Michaud, dir., *Tendances politiques dans la vie française depuis 1789*, Paris, Hachette, 1960, p. 87-120.

TOUSIGNANT, Pierre, «La problématique du gouvernement responsable vue dans une nouvelle perspective historique», *Revue d'histoire de l'Amérique française*, 42, 2 (automne 1988), p. 253-261.

—, «Problématique pour une nouvelle approche de la constitution de 1791», *Revue d'histoire de l'Amérique française*, 27, 2 (septembre 1973), p. 181-234.

TRUDEAU, Pierre Elliot, dir., *La Grève de l'amiante*, Montréal, Éditions du Jour, (1956), 1970, p. IX-XVIII, 1-91, 379-406.

TRUDEL, Marcel, *Mémoires d'un autre siècle*, Montréal, Boréal, 1987, 313 p.

—, «Un historien se penche sur son passé», *Communications historiques/ Historical Papers*, 51, 1982, p. 132-141.

—, *Louis XVI, le Congrès américain et le Canada — 1774-1789*, Québec, Édition du Quartier latin, 1949, p. VII-X.

VAUGEOIS, Denis, *L'Union des deux Canadas — Nouvelle conquête?*, Trois-Rivières, Éditions du Bien Public, 1962, 241 p.

VIAU, Pierre, «La fin de l'humanisme classique», dans (En collaboration), *Options humanistes*, Paris, Les Éditions ouvrières, 1968, p. 16-28.

WALLOT, Jean-Pierre, «La pensée révolutionnaire et réformiste dans le Bas-Canada (1773-1815)», *Un Québec qui bougeait — Trame sociopolitique du Québec au tournant du XIXe siècle*, Québec, Boréal Express, 1973, p. 253-318.

INDEX

Table des matières

COMPOSÉ EN TIMES CORPS 10,5
SELON UNE MAQUETTE RÉALISÉE PAR JOSÉE LALANCETTE
CET OUVRAGE A ÉTÉ PRÉPARÉ PAR GASTON DESCHÊNES
ET DENIS VAUGEOIS
ÉDITEURS À L'ENSEIGNE DU SEPTENTRION
ET ACHEVÉ D'IMPRIMER EN NOVEMBRE 1993
SUR LES PRESSES DE L'IMPRIMERIE MARQUIS
À MONTMAGNY, QUÉBEC